when the sun goes down and the moon comes up

carl albert angst

adolphe appia

auguste baud-bovy

arnold böcklin

camille corot

ferdinand hodler

alexandre perrier

auguste de niederhaüsern rodo

carlos schwabe

simone tallichet

albert trachsel

ugo rondinone

félix vallotton

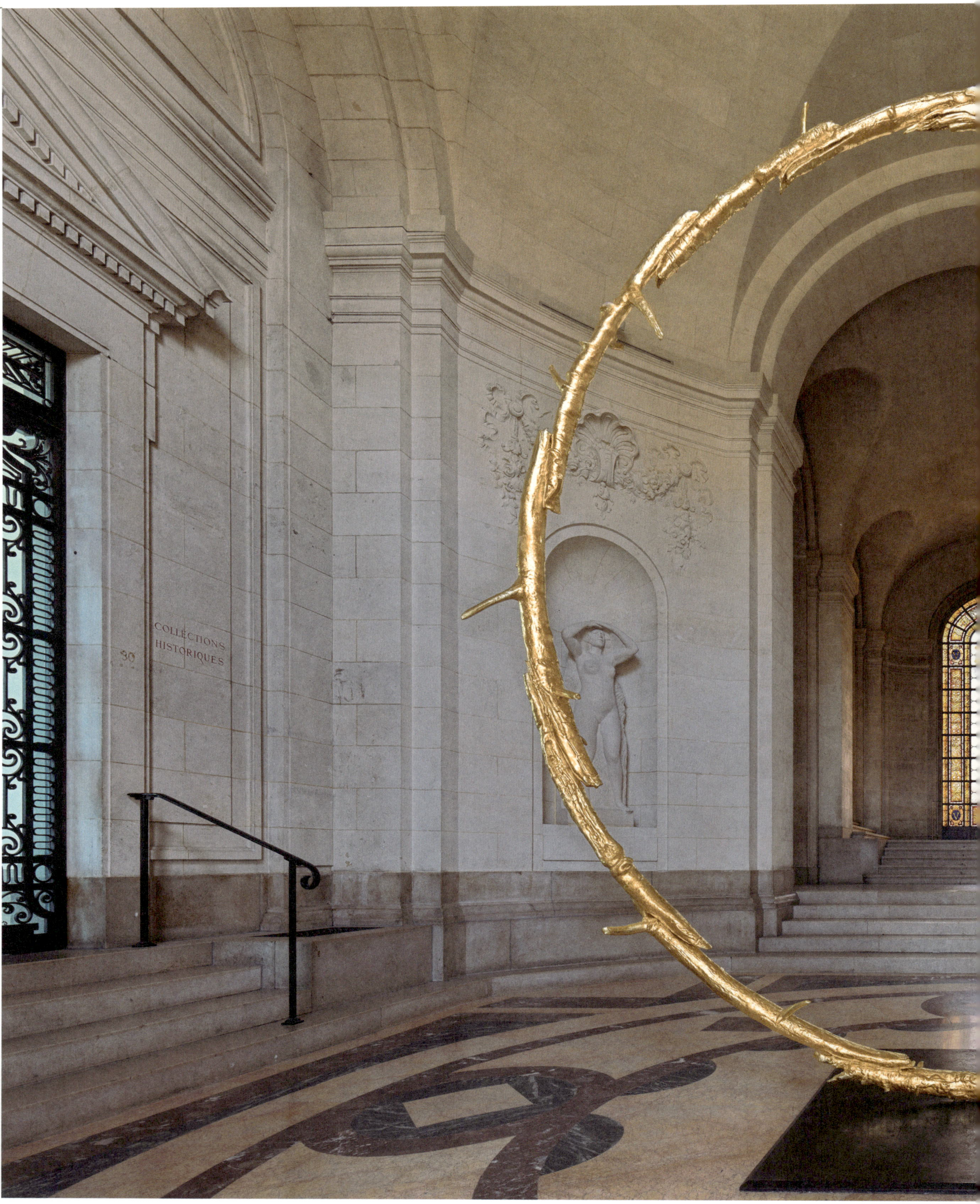

espace rythmique · ouverture

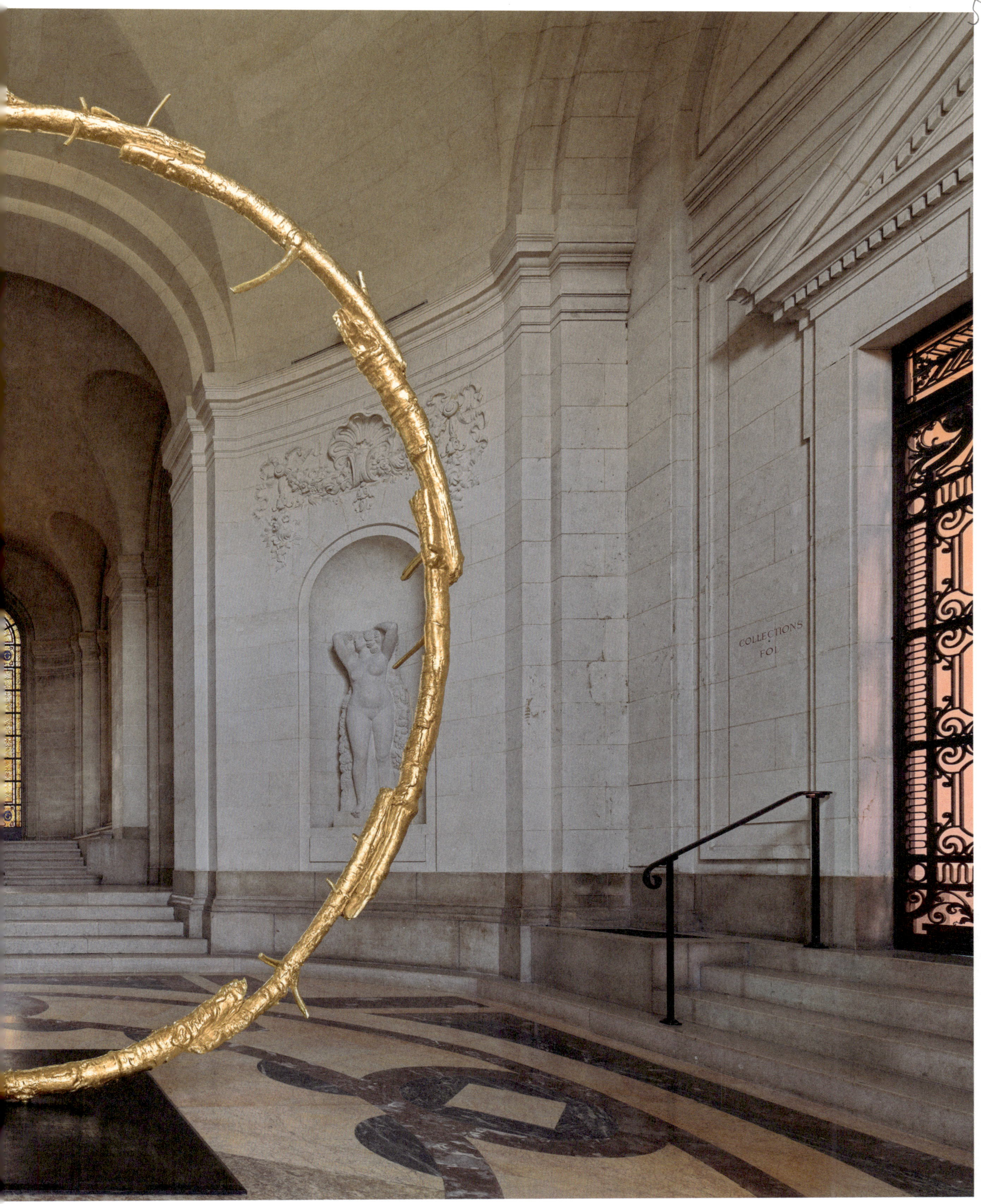

ugo rondinone

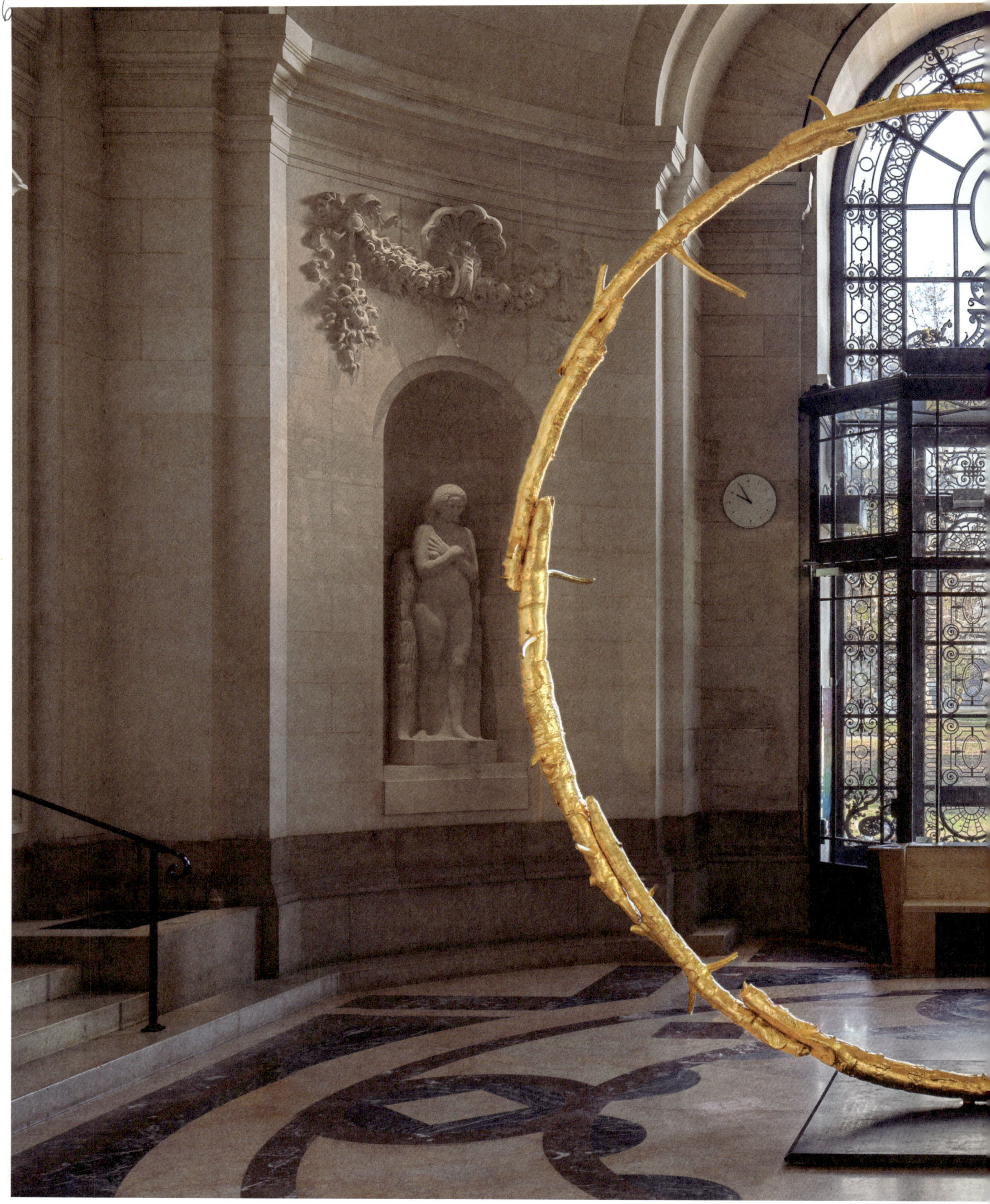

ugo rondinone

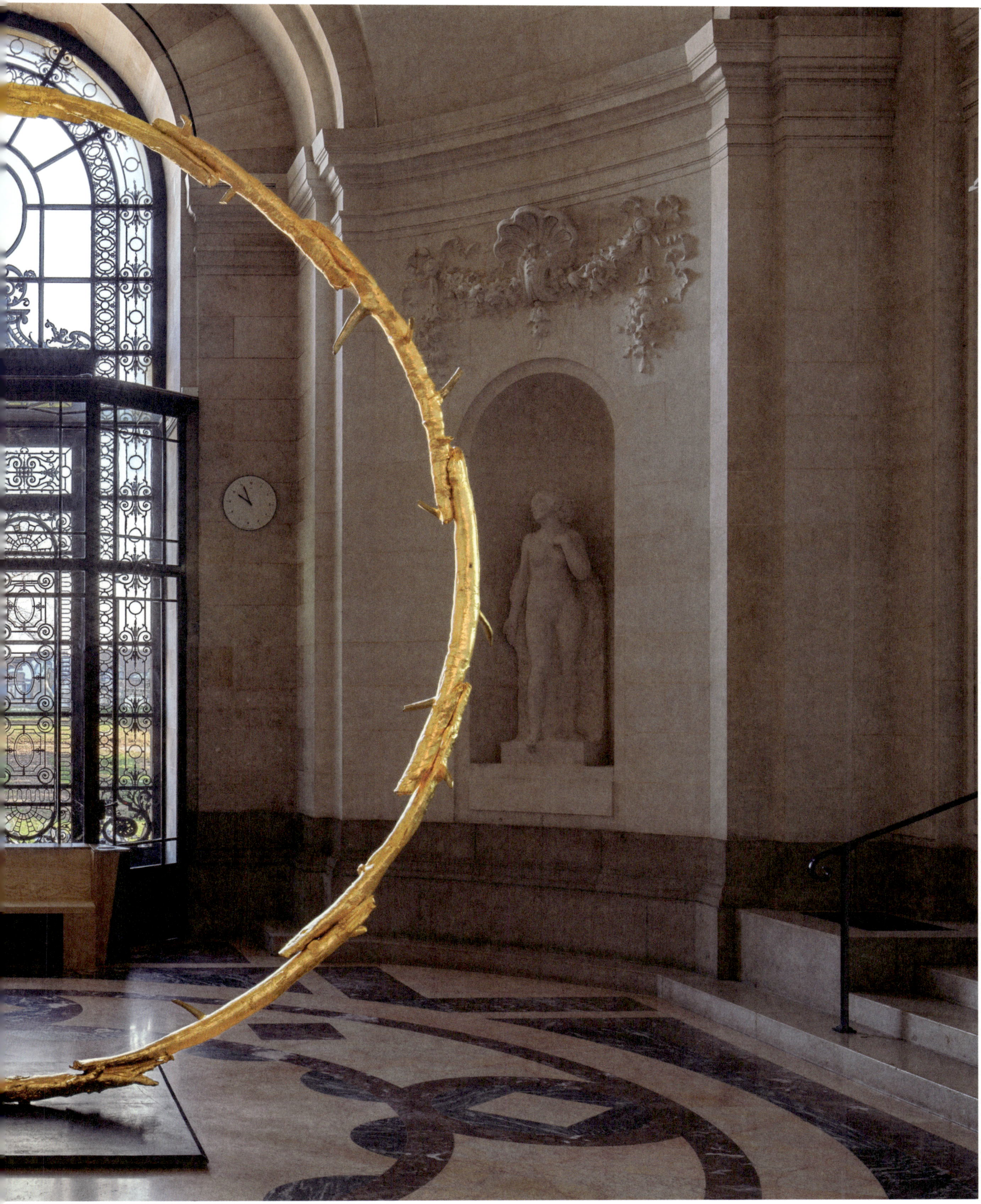

the sun 2022

8

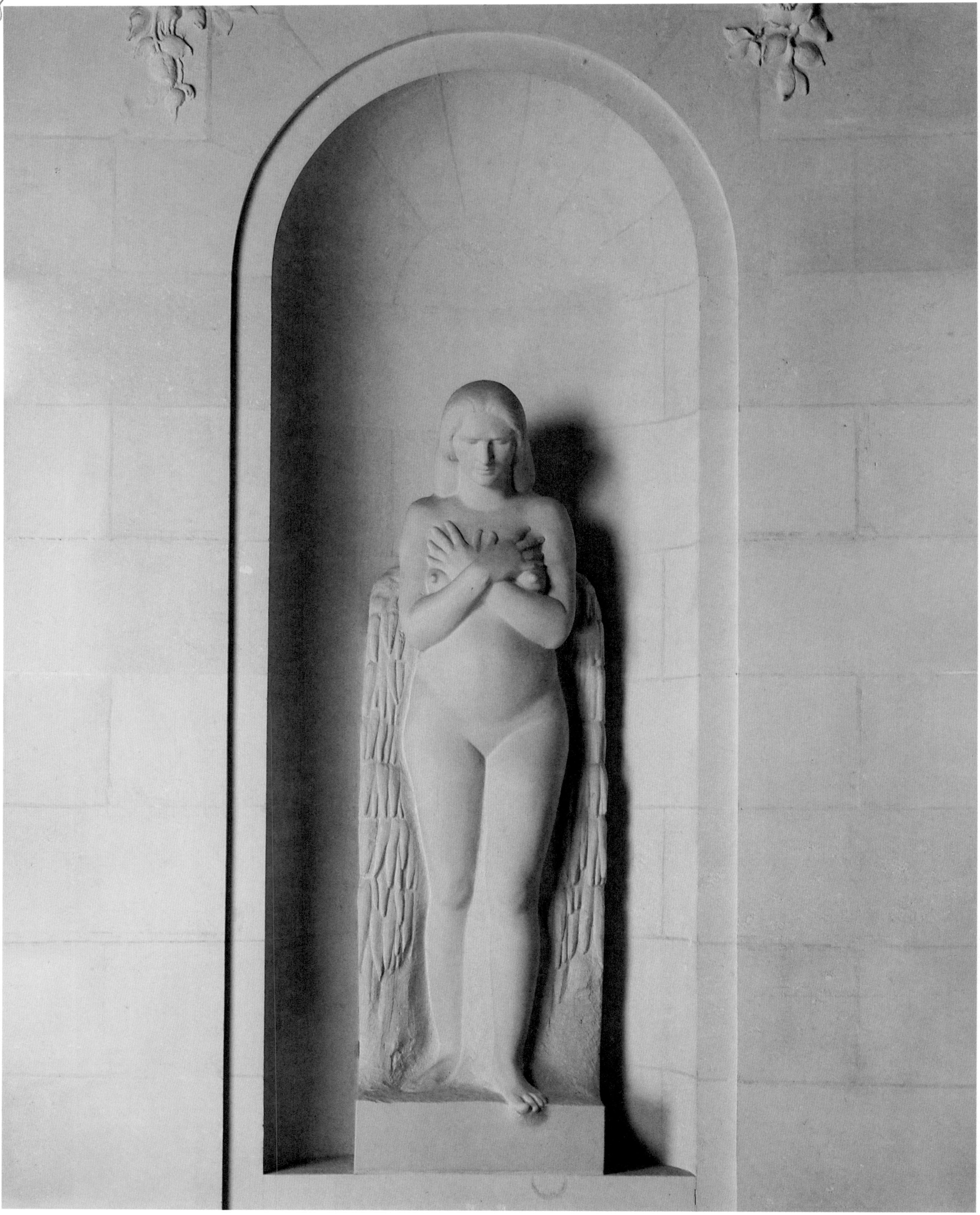

carl albert angst

hiver 1923

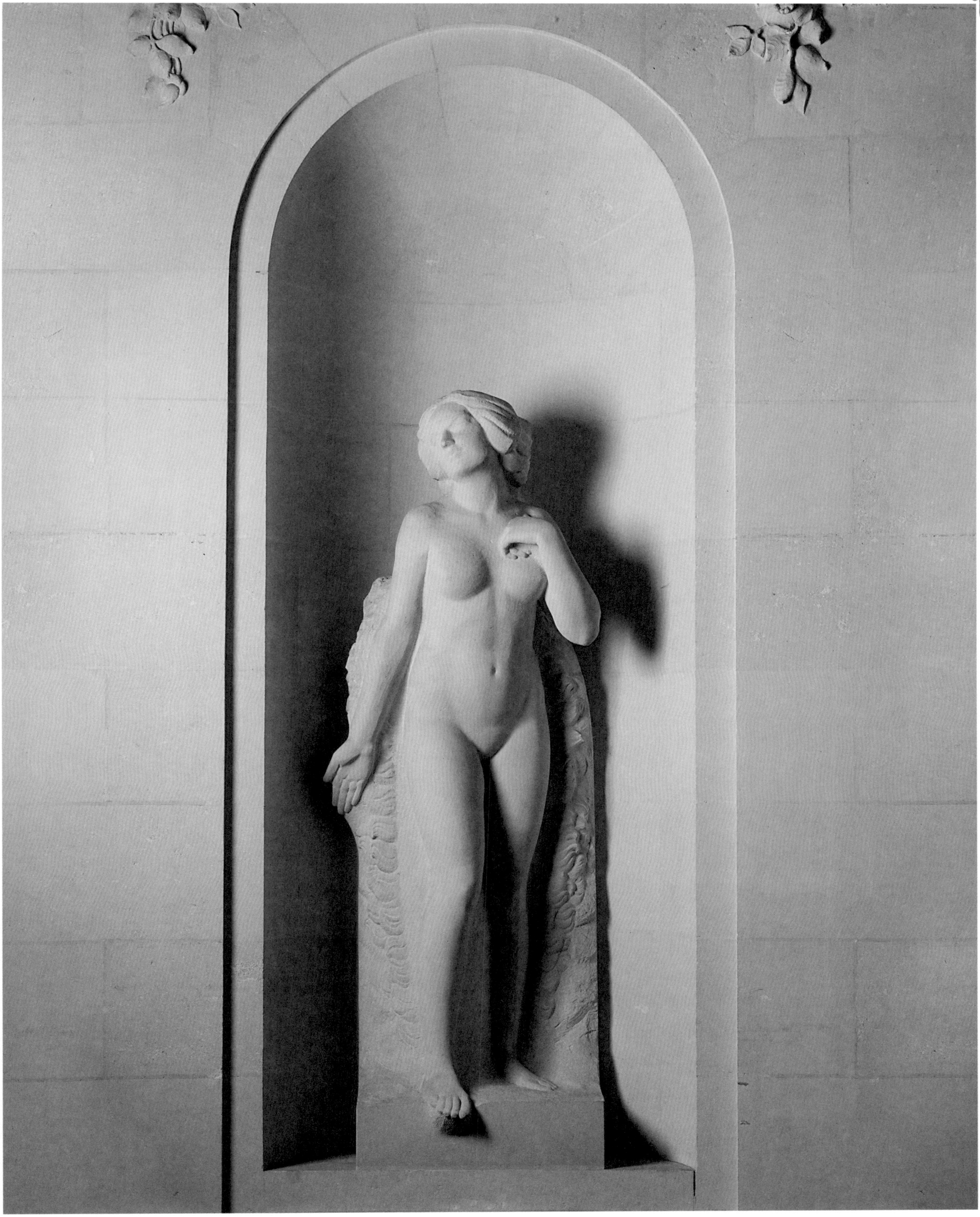

printemps 1923

10

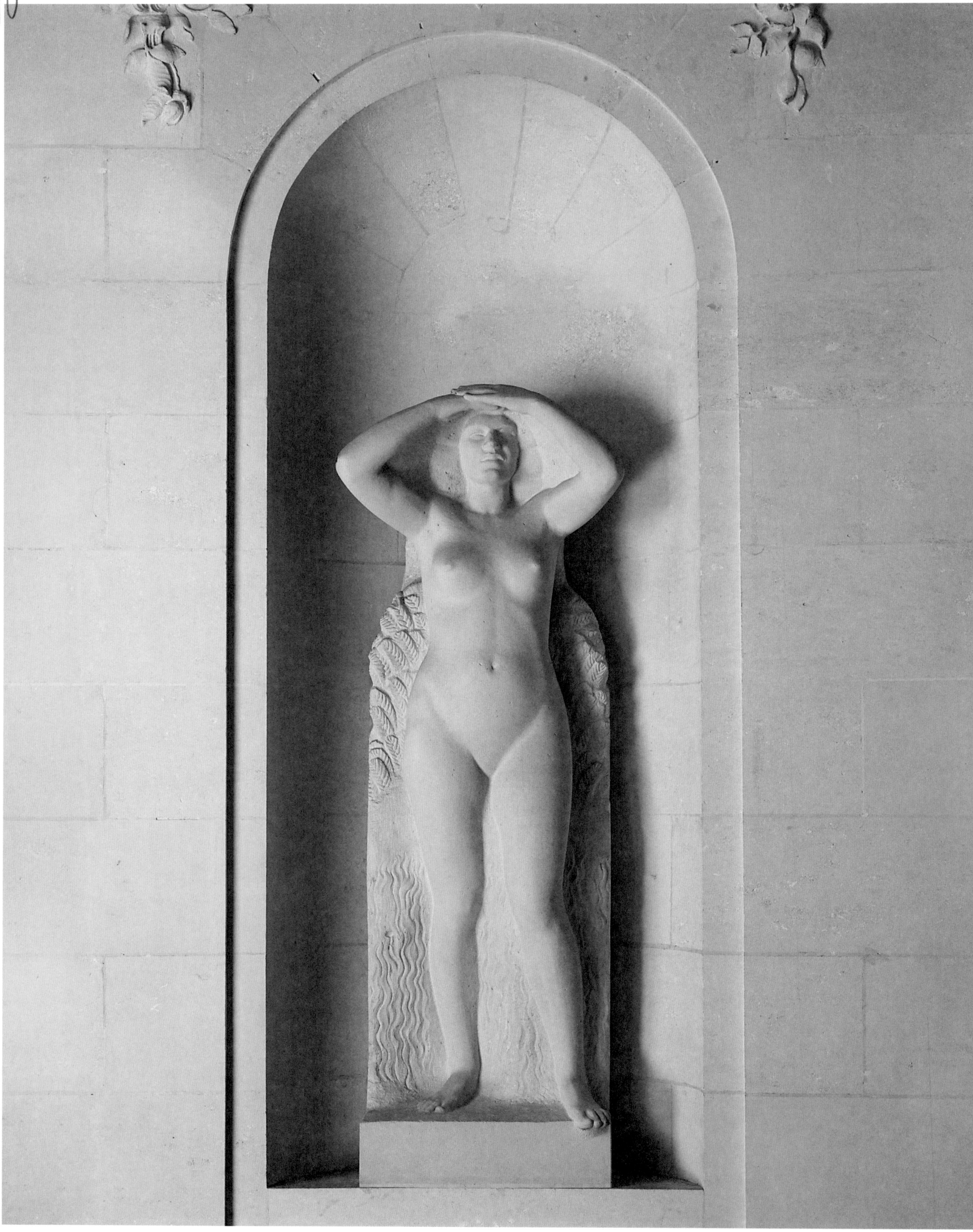

été 1923

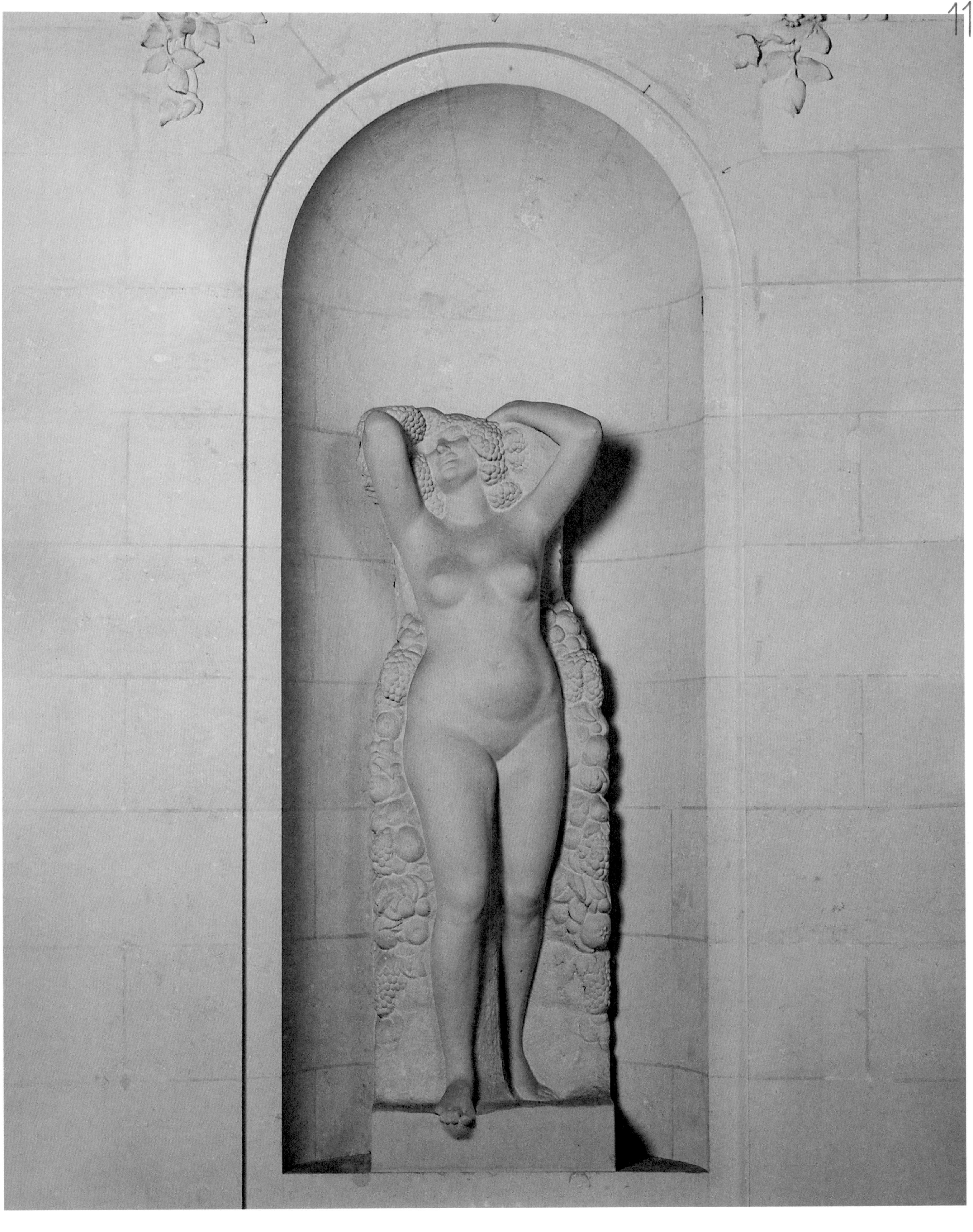

automne 1923

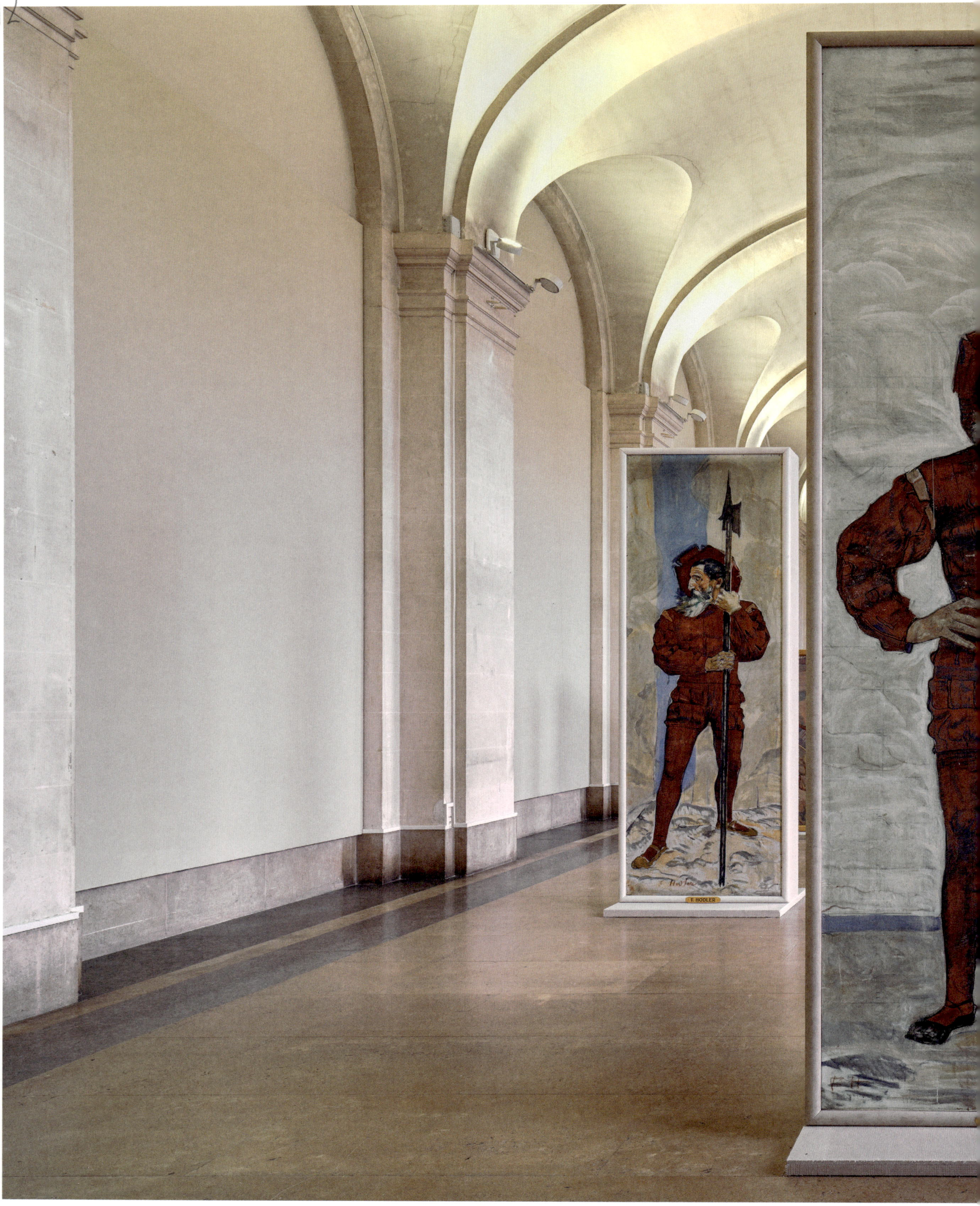

espace rythmique . dix piliers

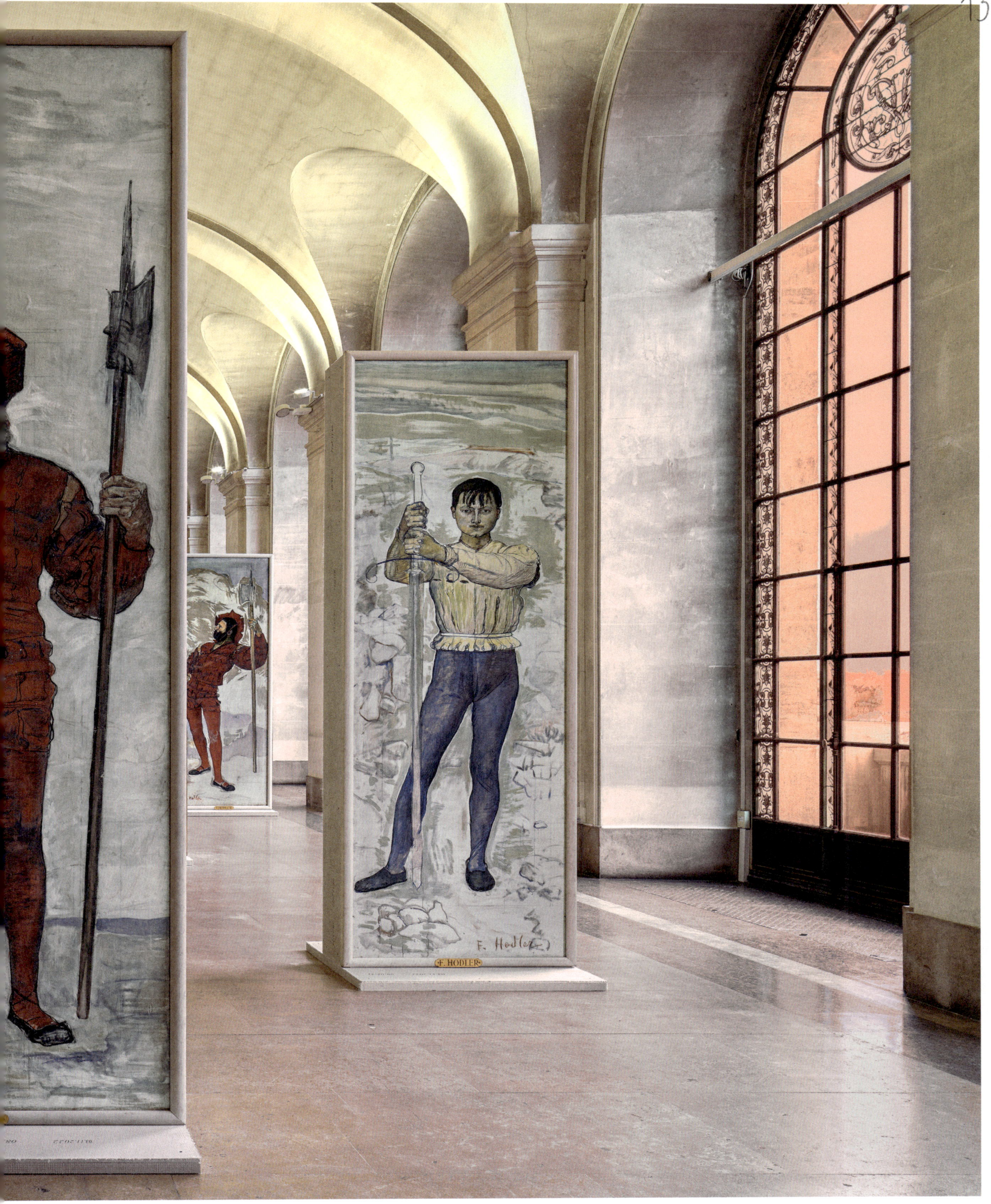

ferdinand hodler

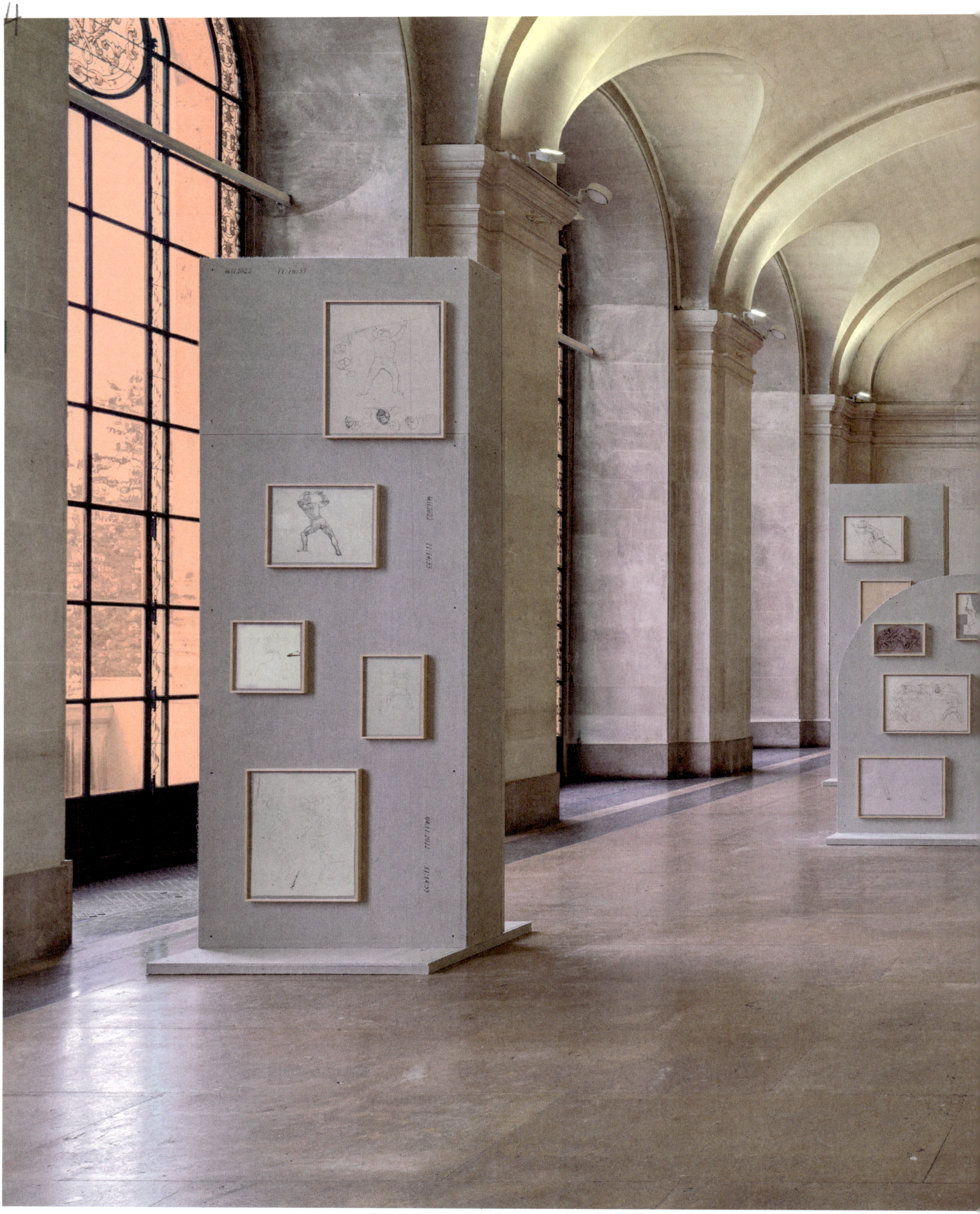

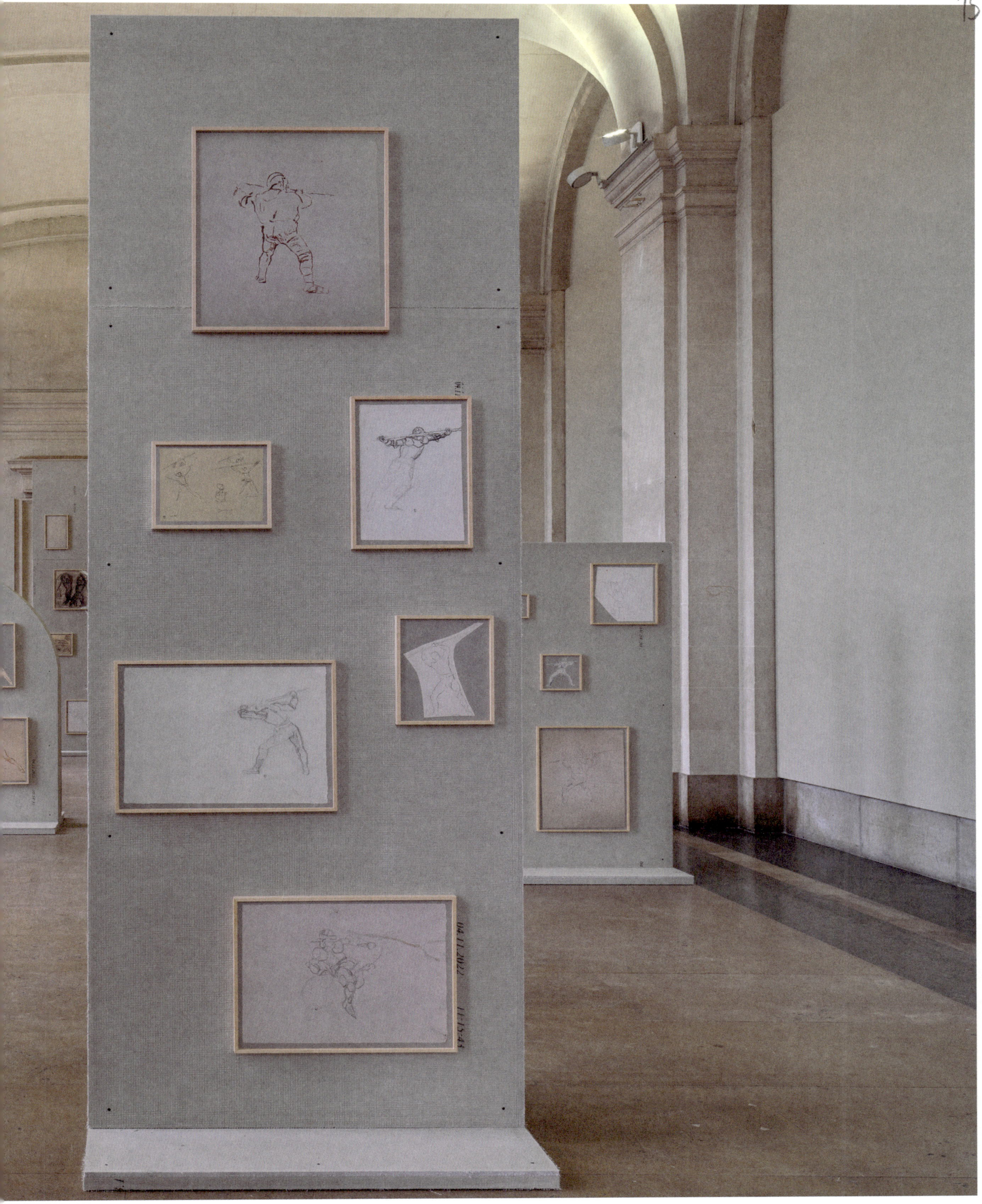
04.11.2022 11:15:44

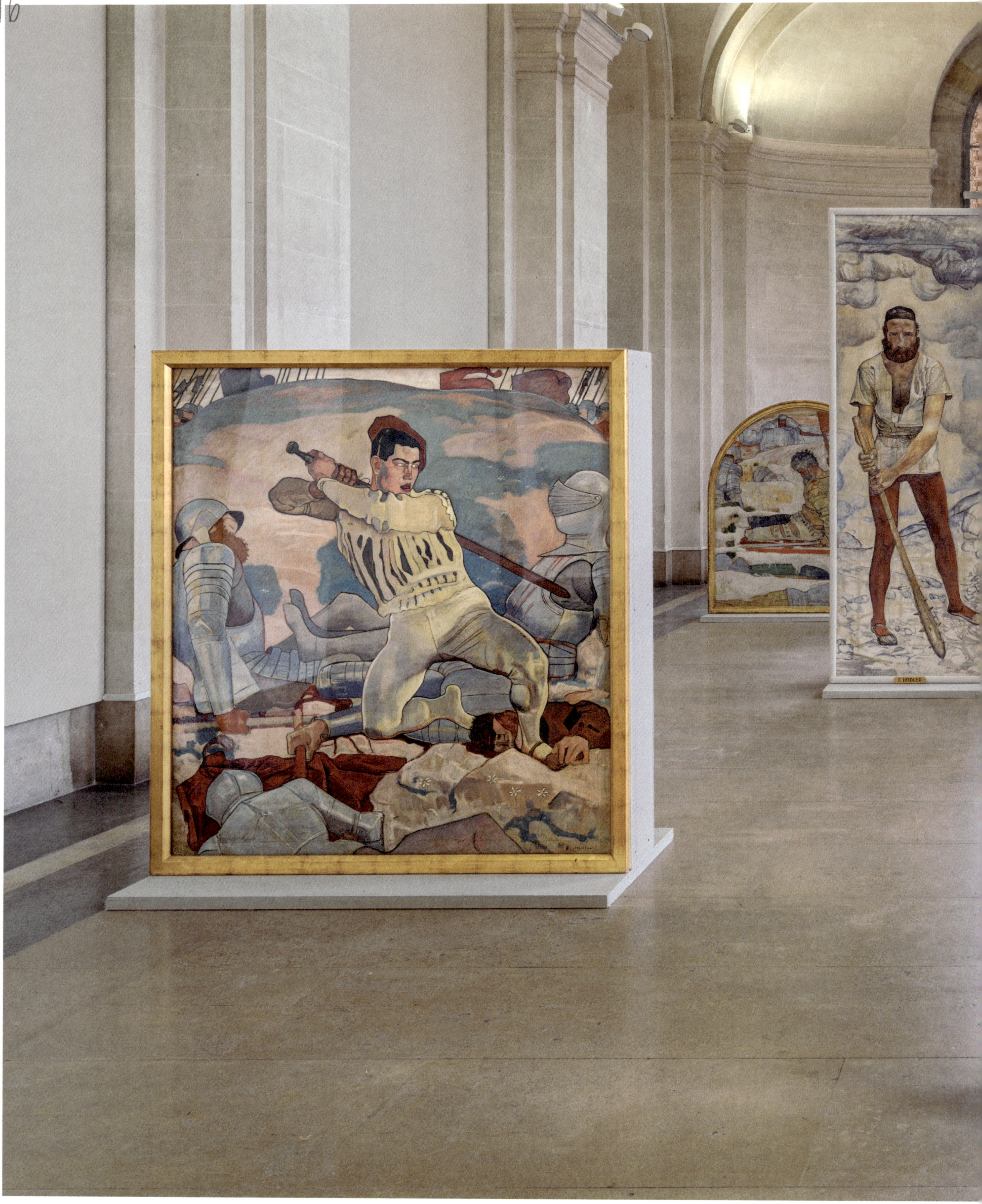

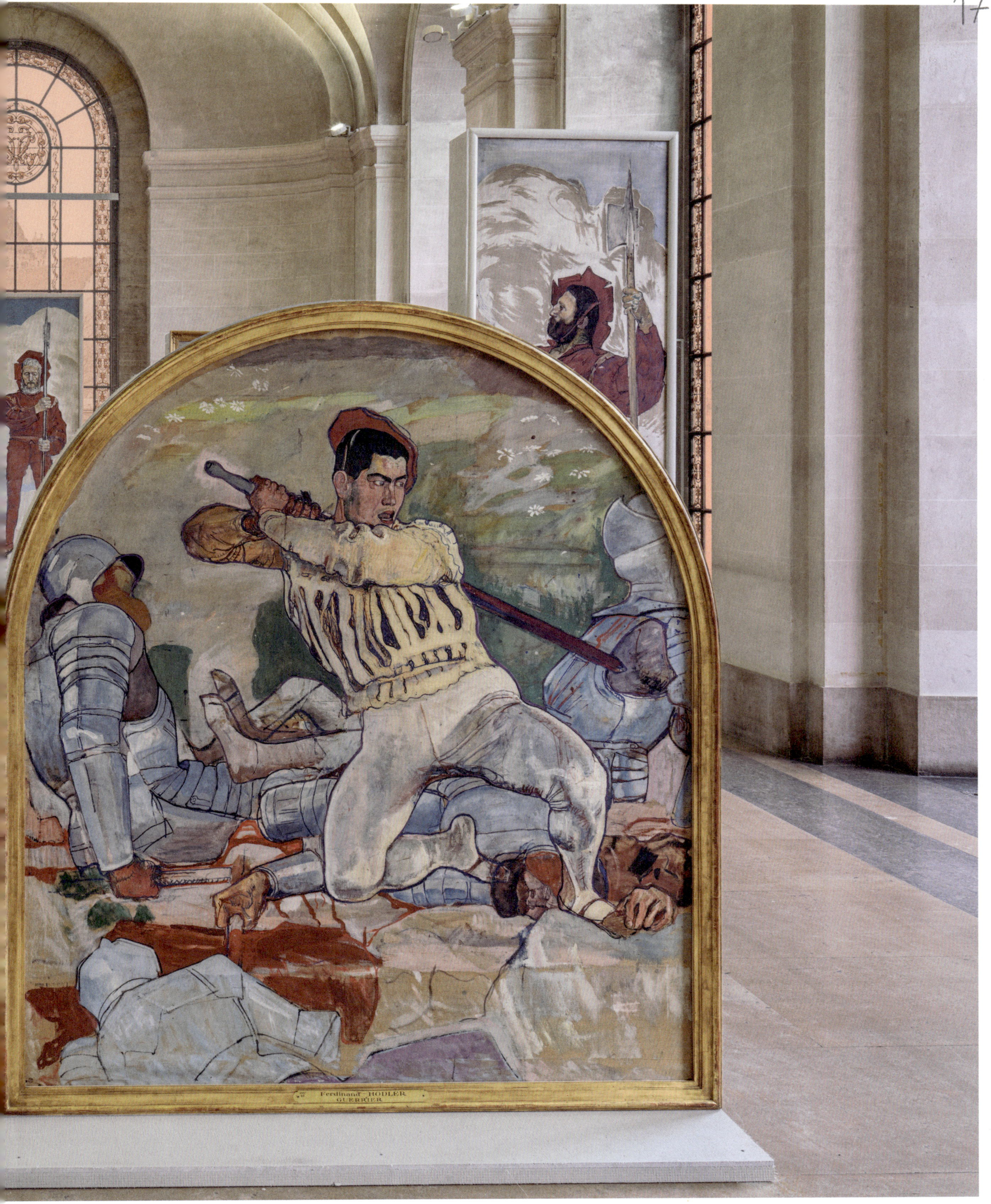
Ferdinand HODLER
GUERRIER

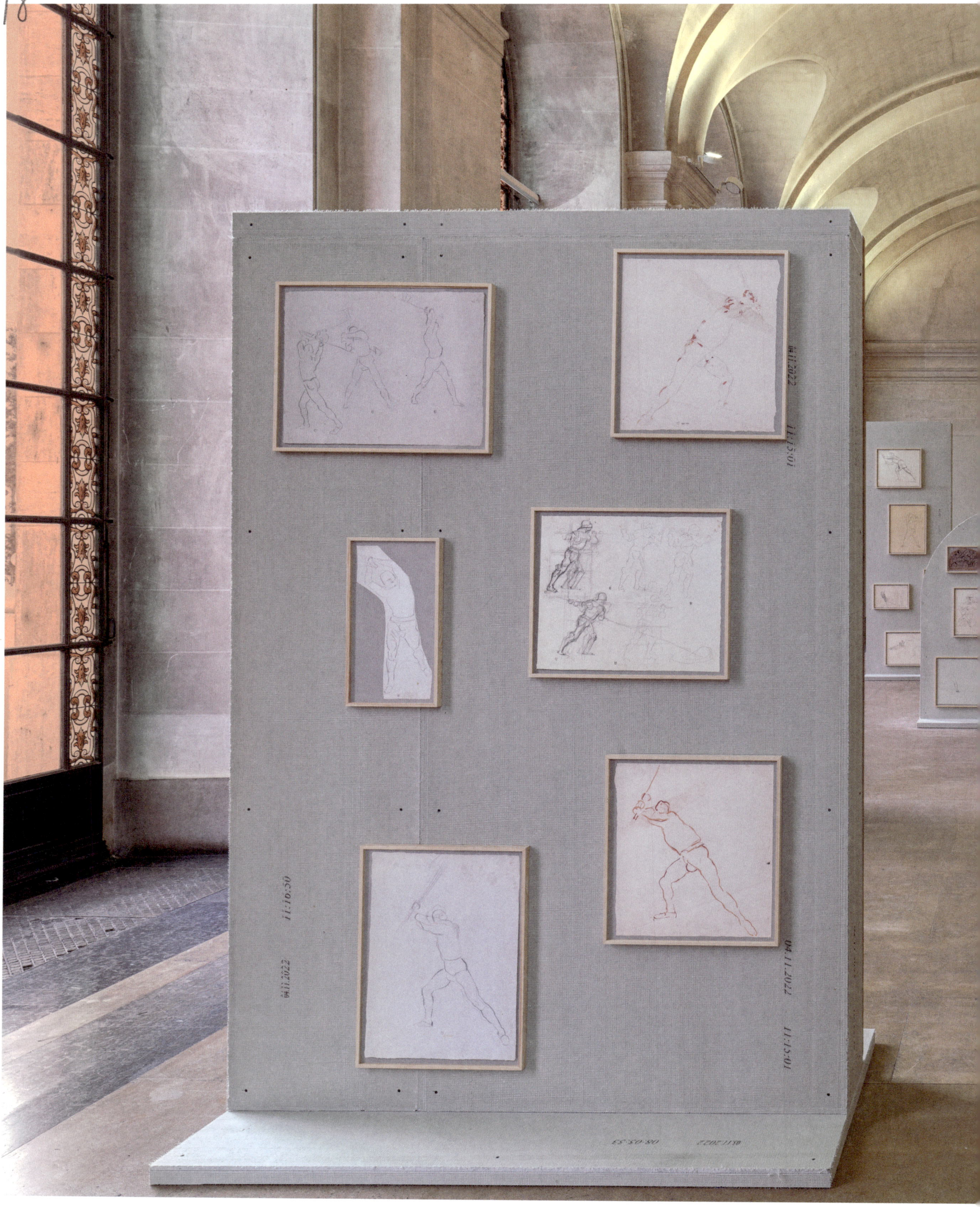
04.11.2022
11:15:01
11:16:50
04.11.2022
04.11.2022
11:15:01

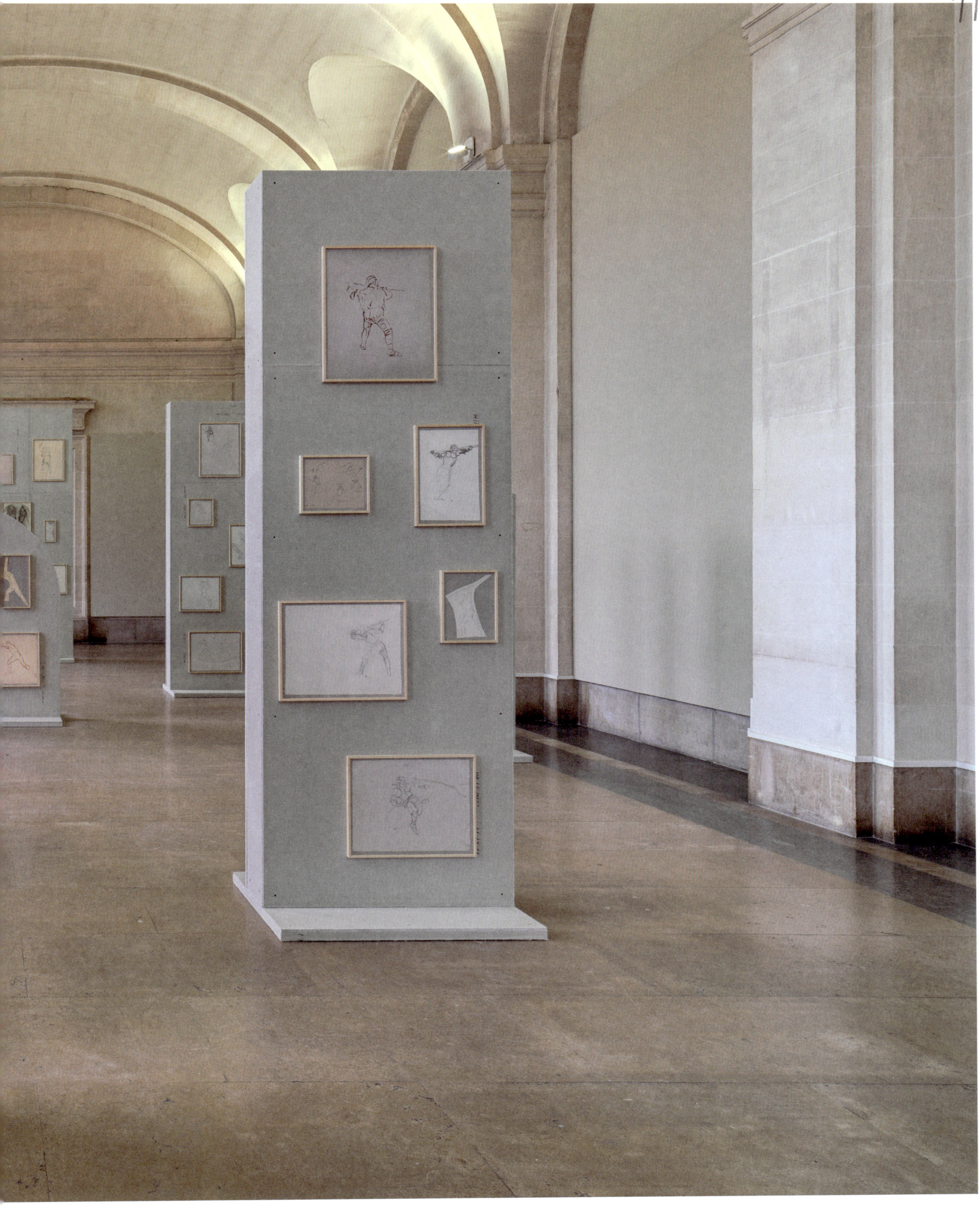

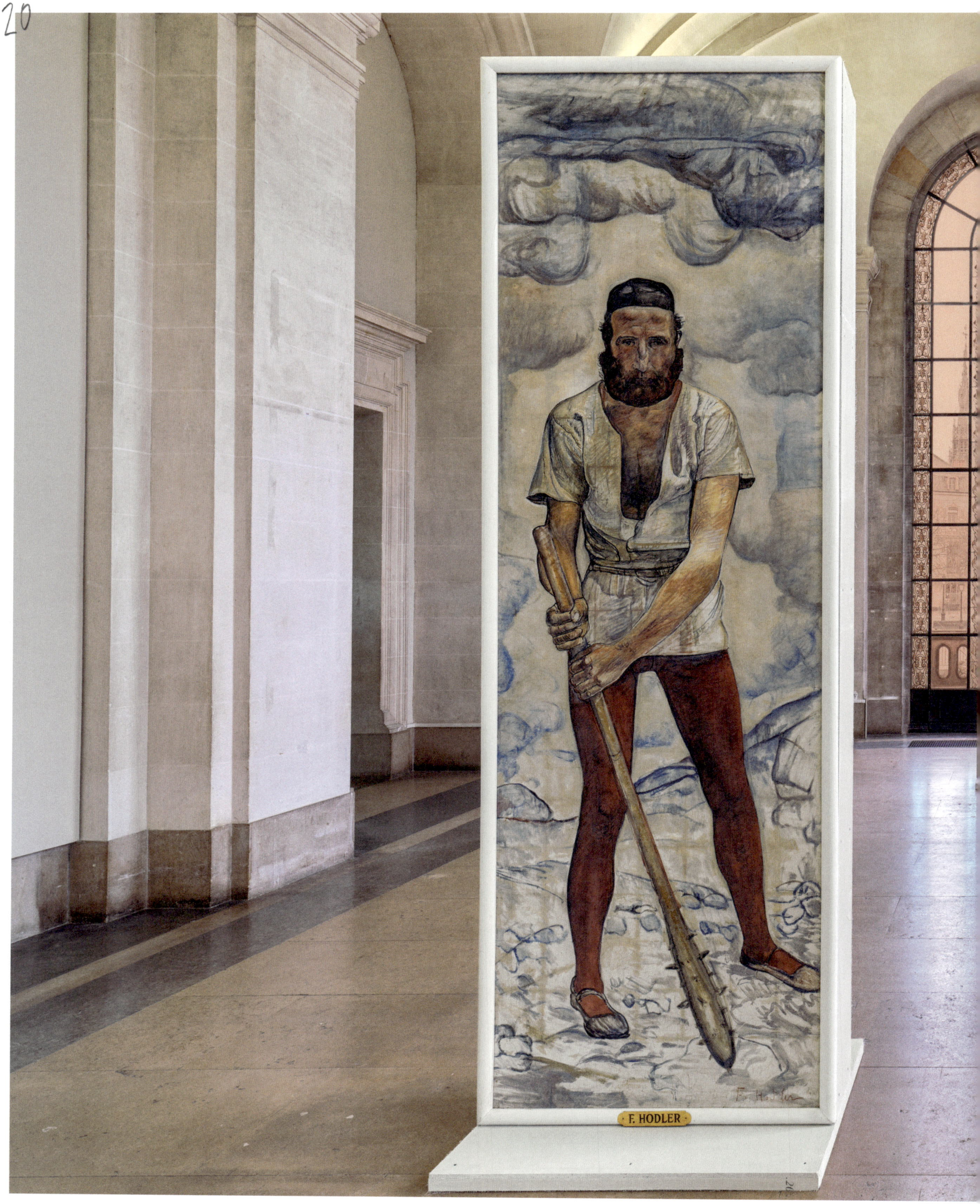
F. HODLER

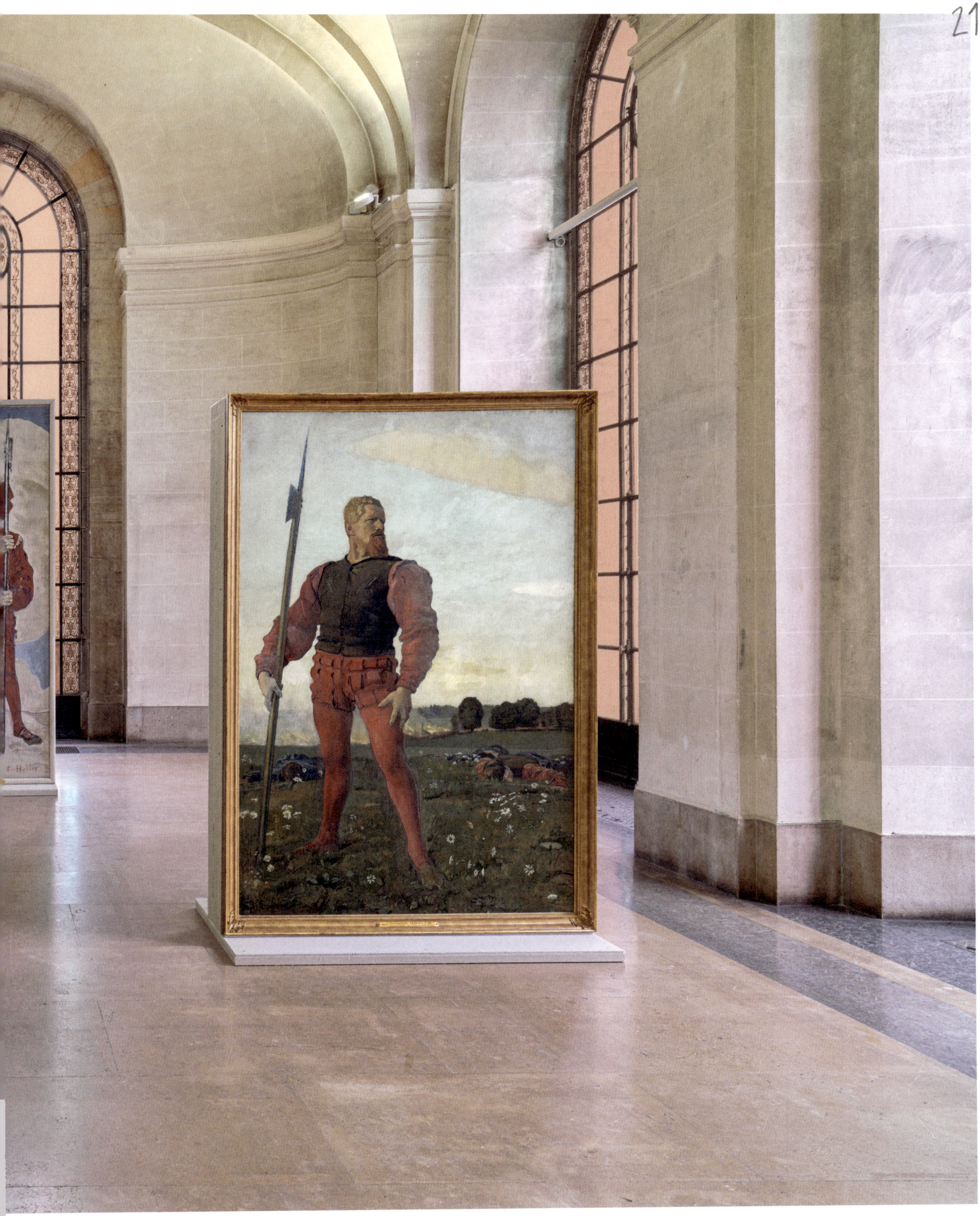

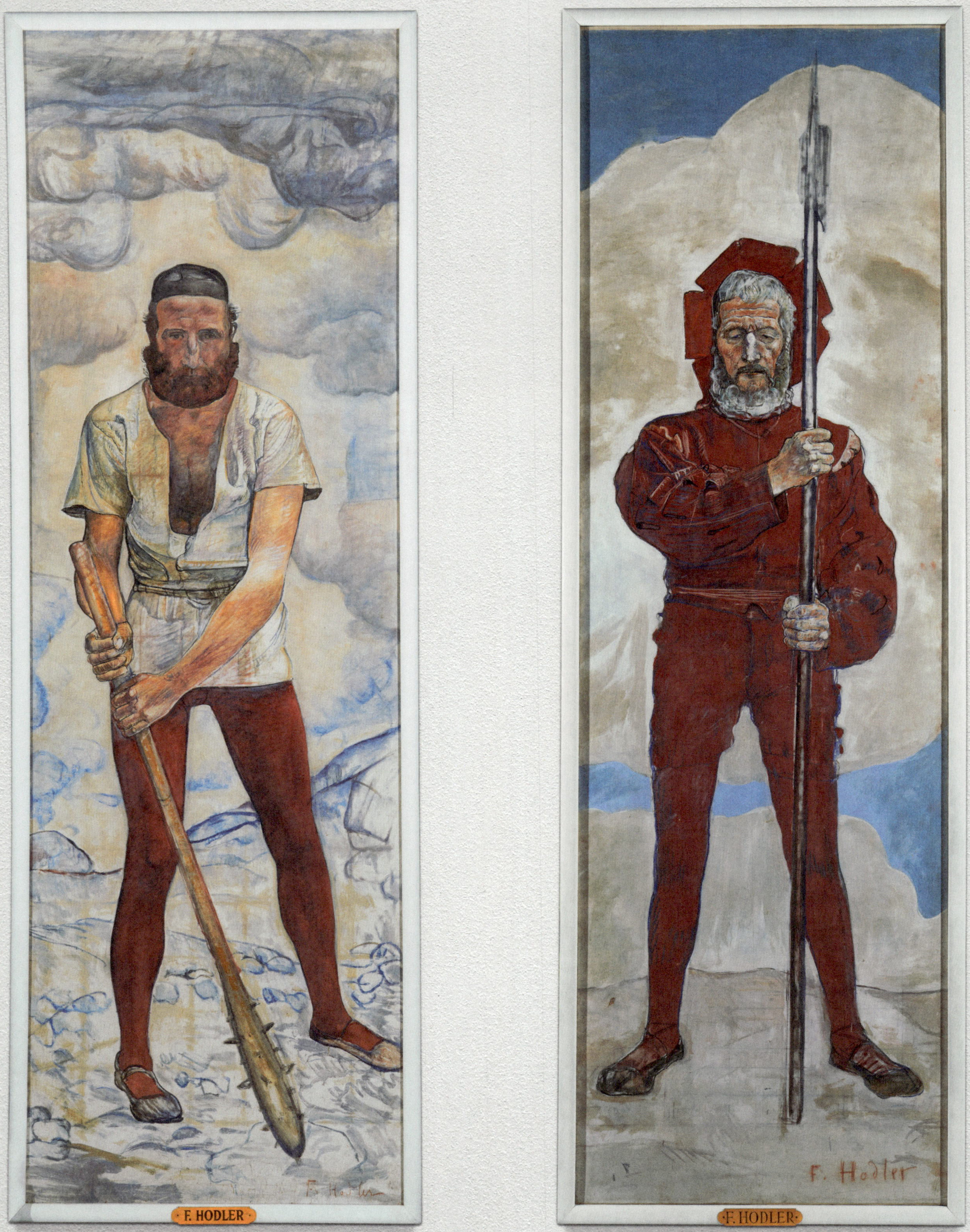

ferdinand hodler guerrier au morgenstern . guerrier à la hallebarde 1895 - 1896

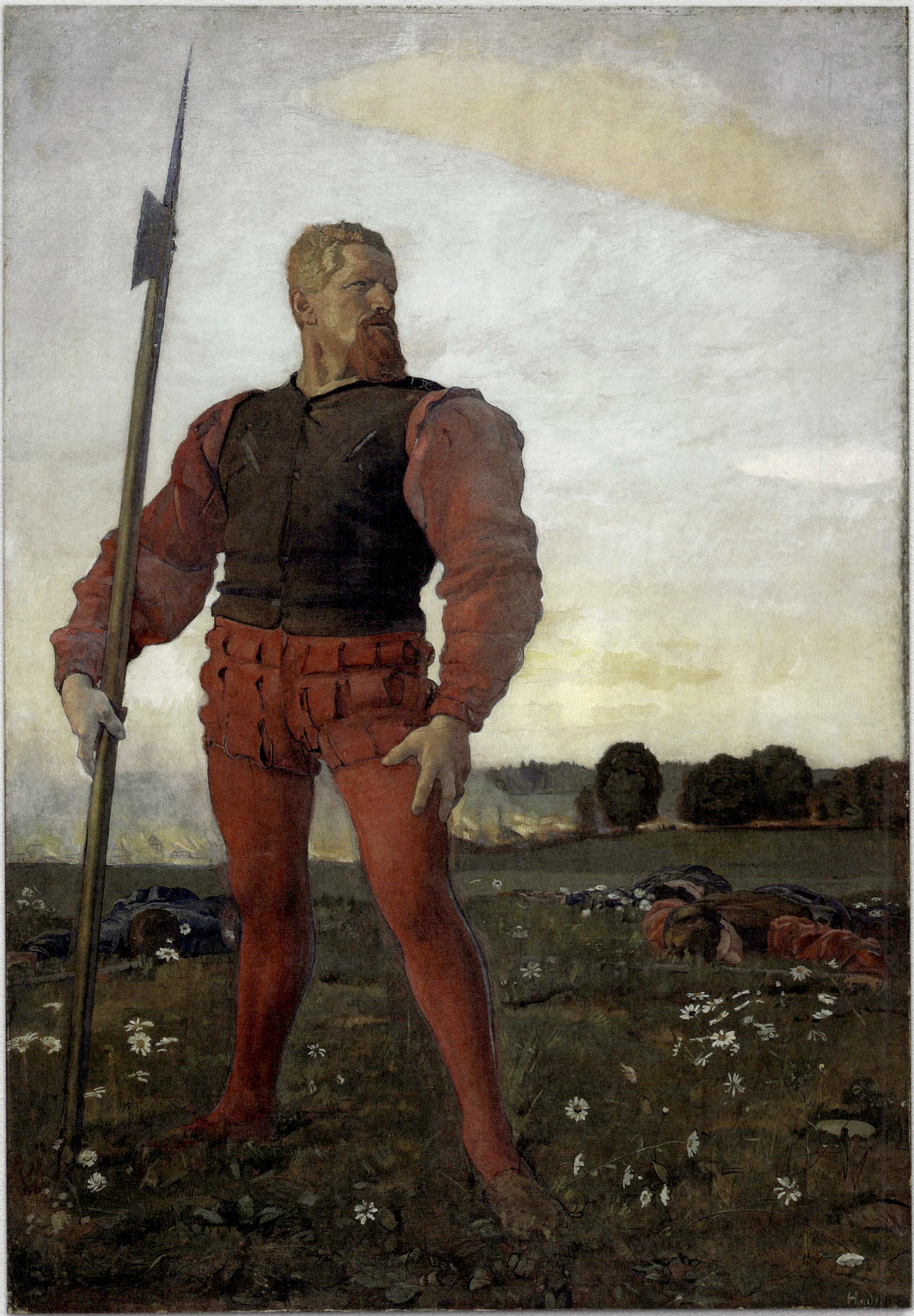

le guerrier furieux 1883-1884

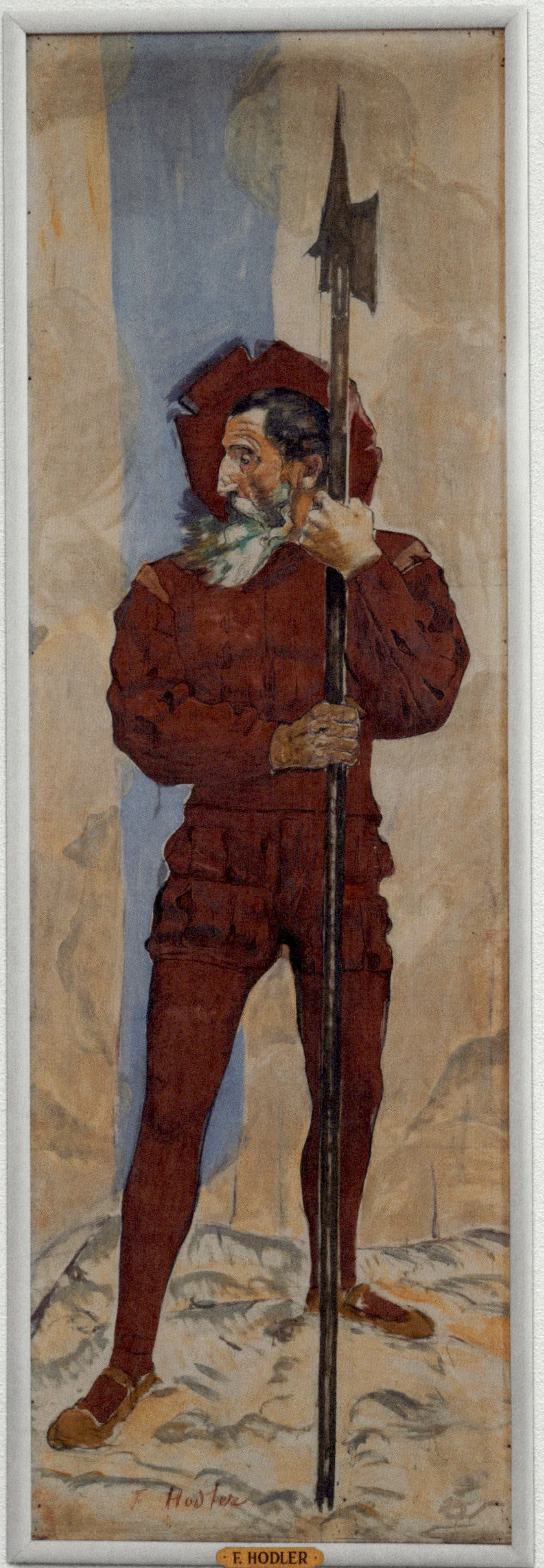

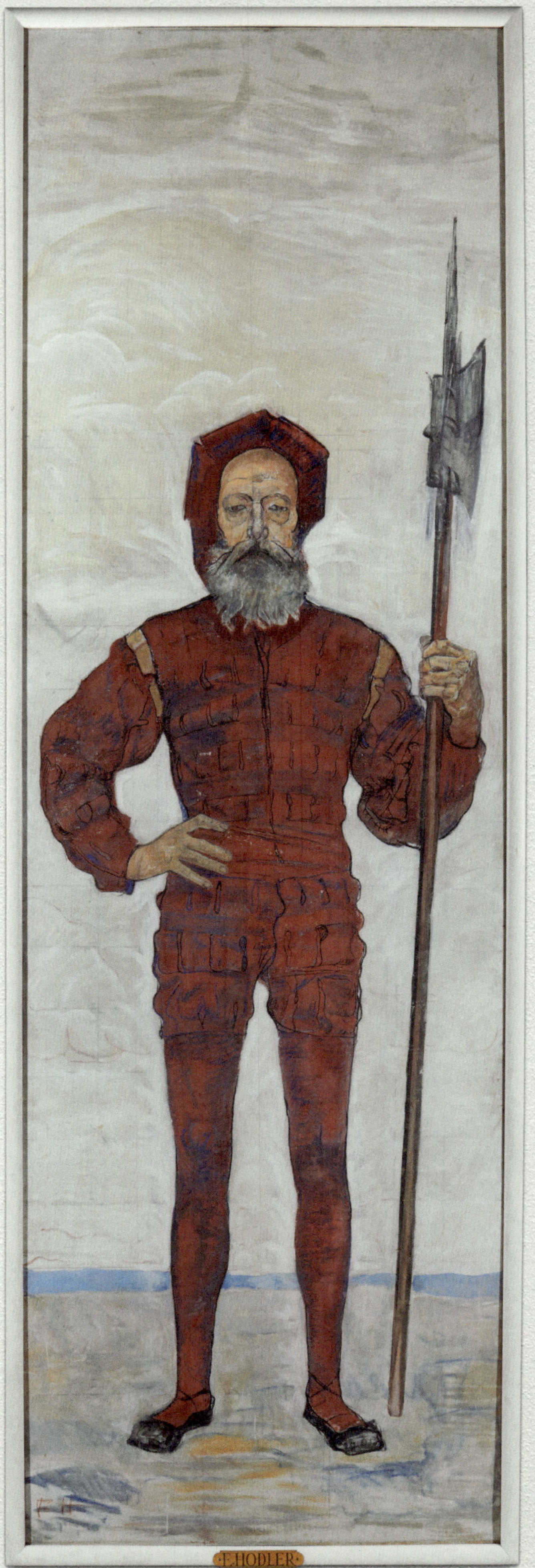

guerriers à la hallebarde

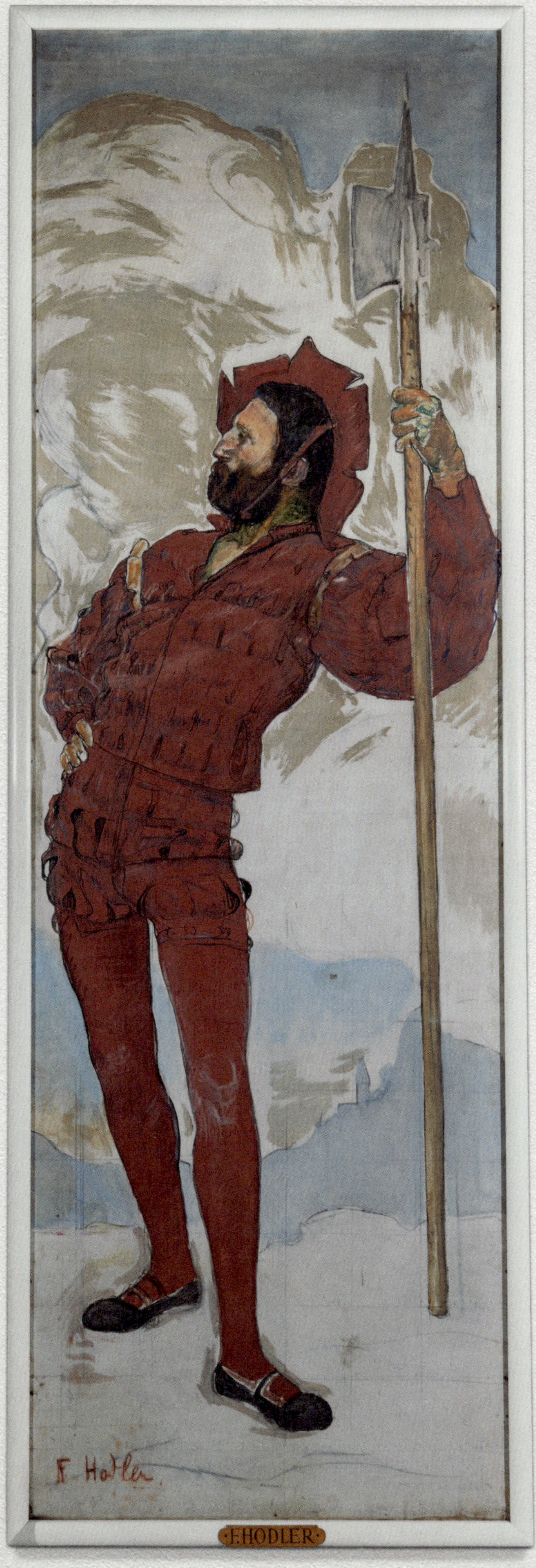

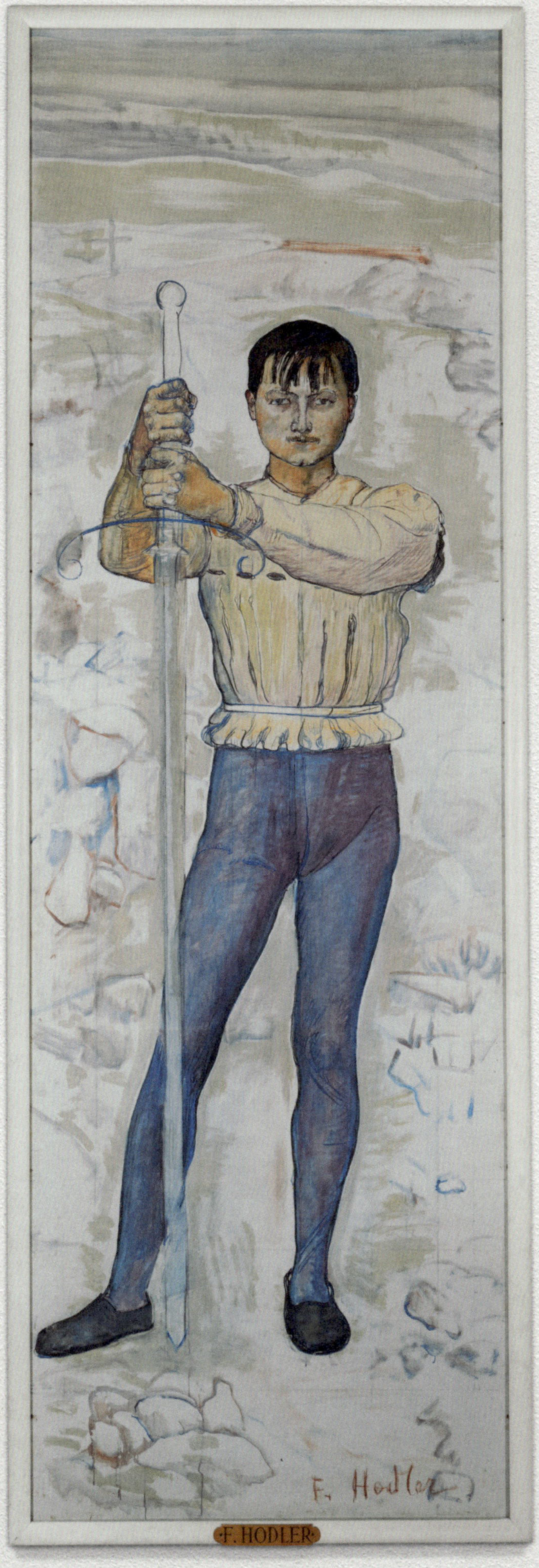

jeune guerrier tenant une épée à deux mains 1895-1896

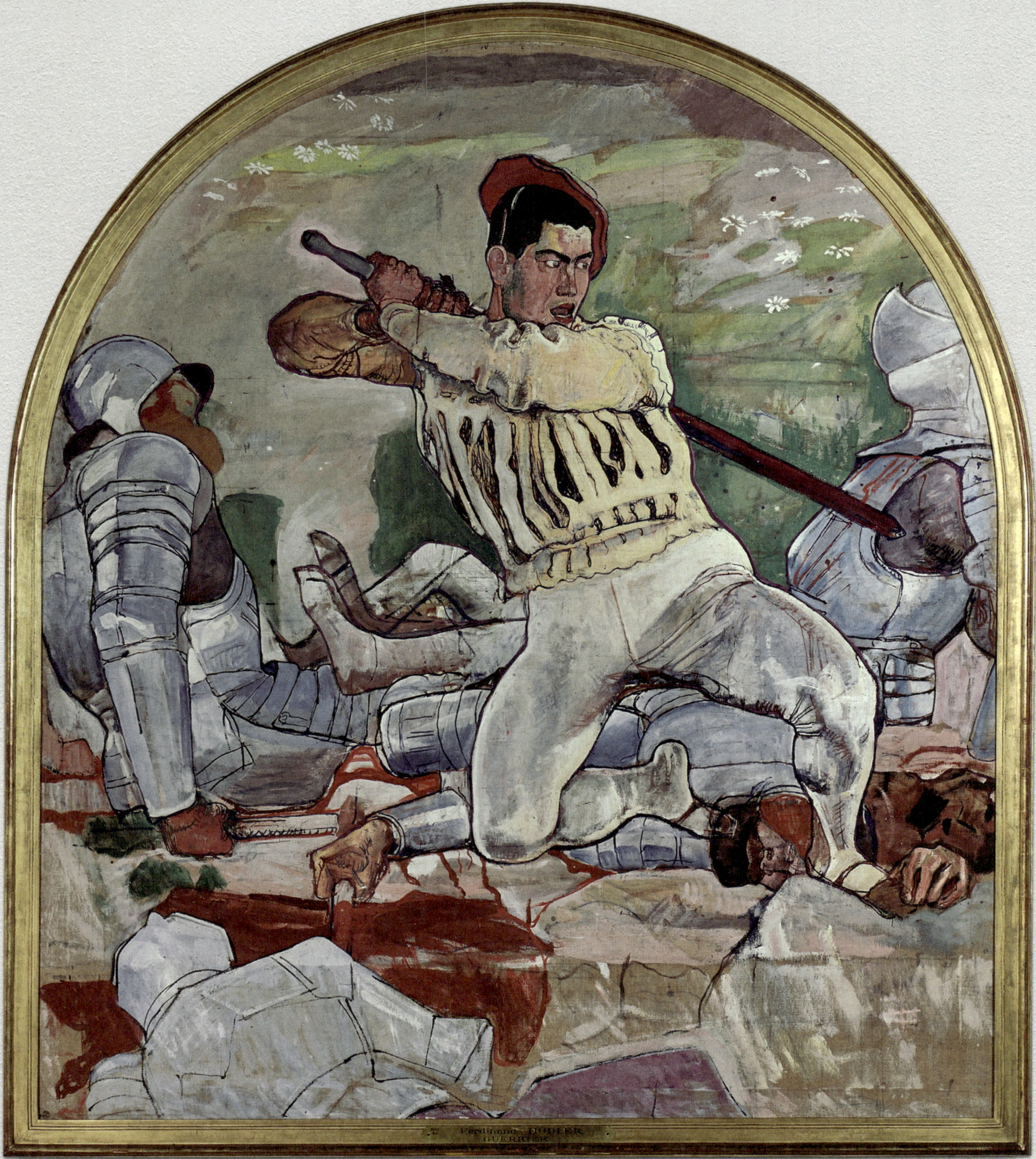

study for "le guerrier dietegen luttant à l'épée"   1906-1907

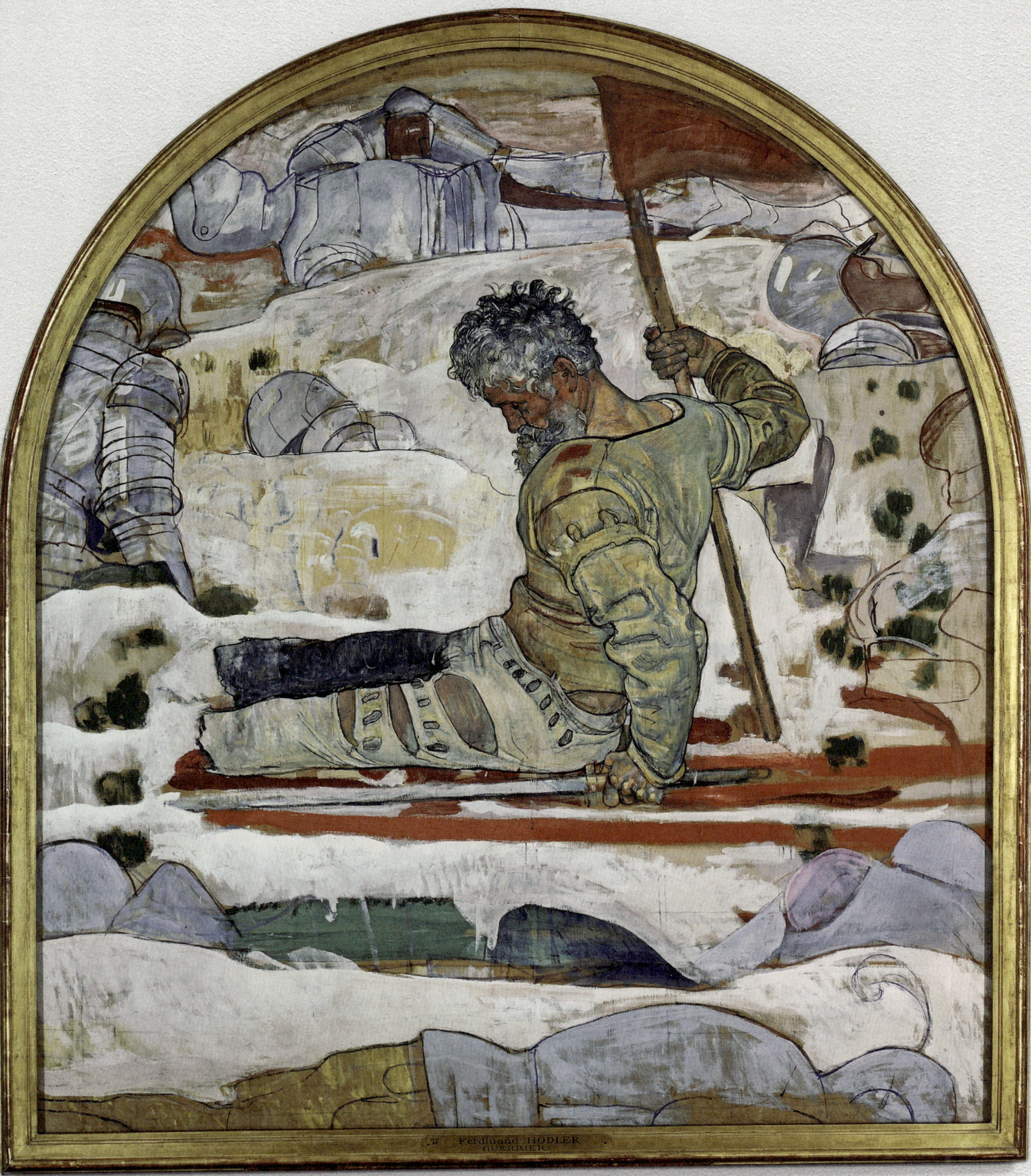

study for "le porte-drapeau hans baer blessé" 1898 - 1899

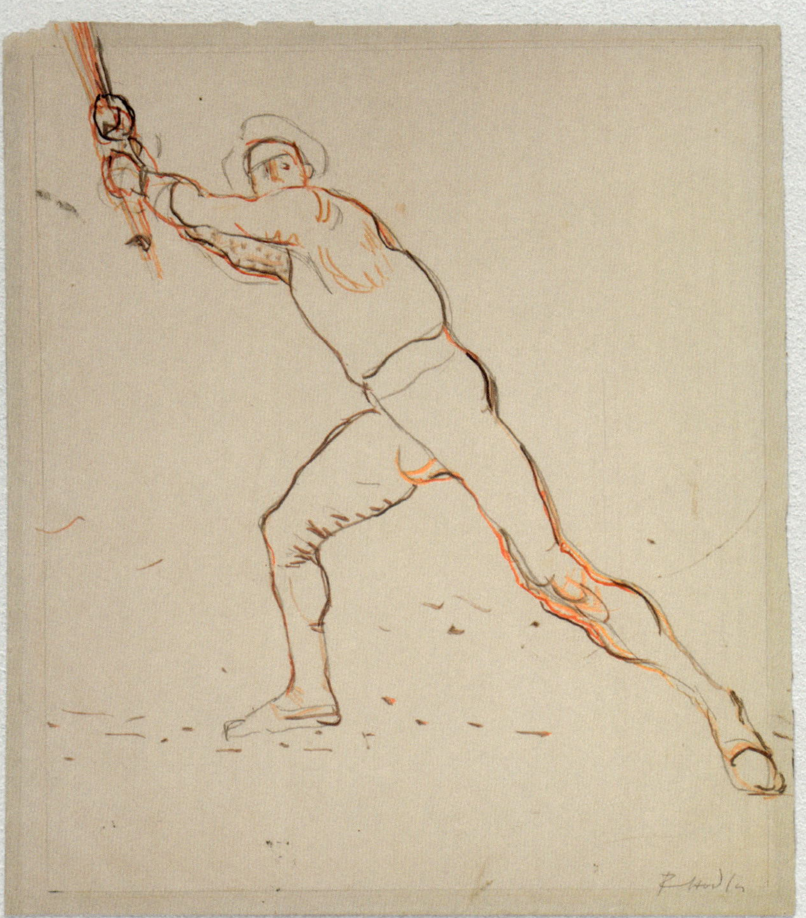

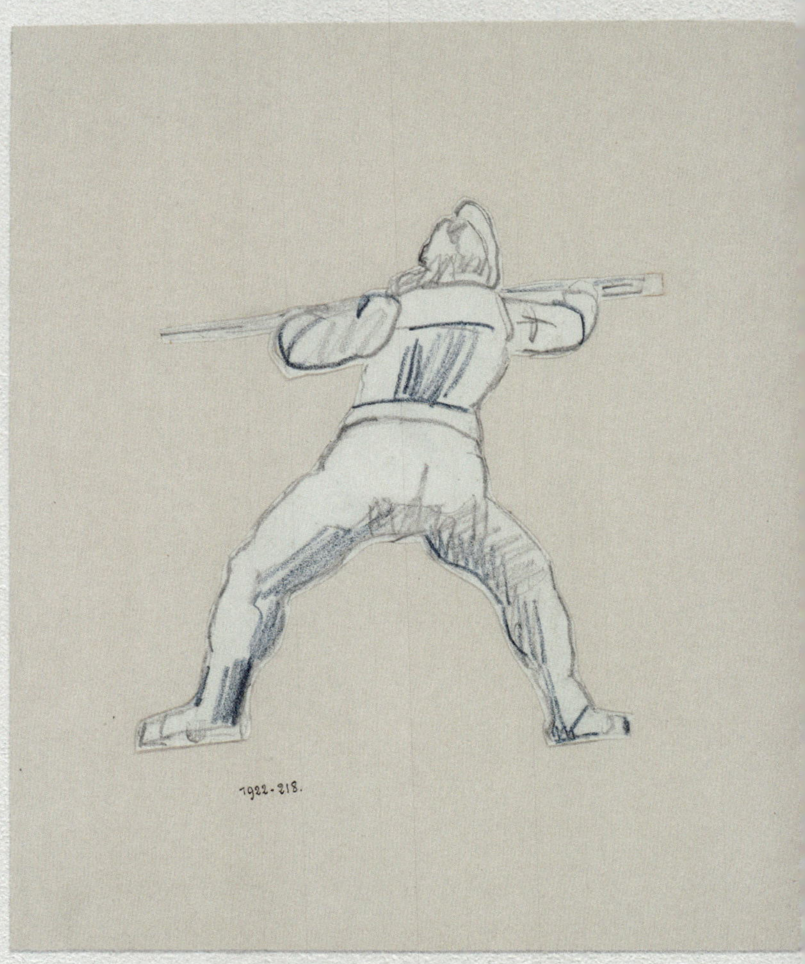

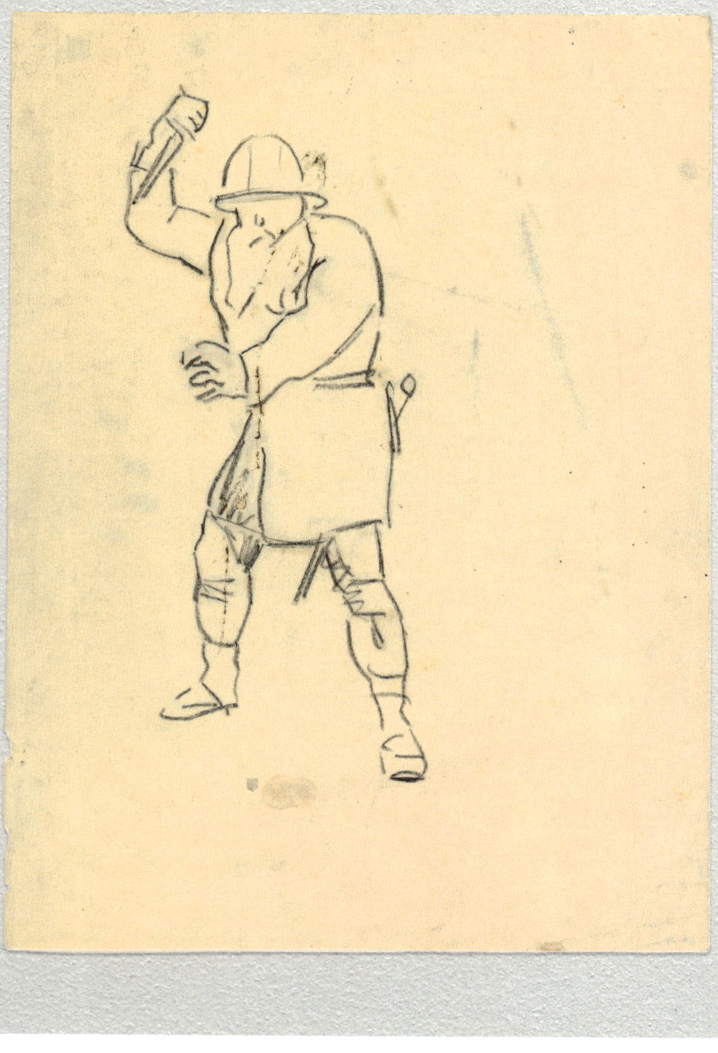

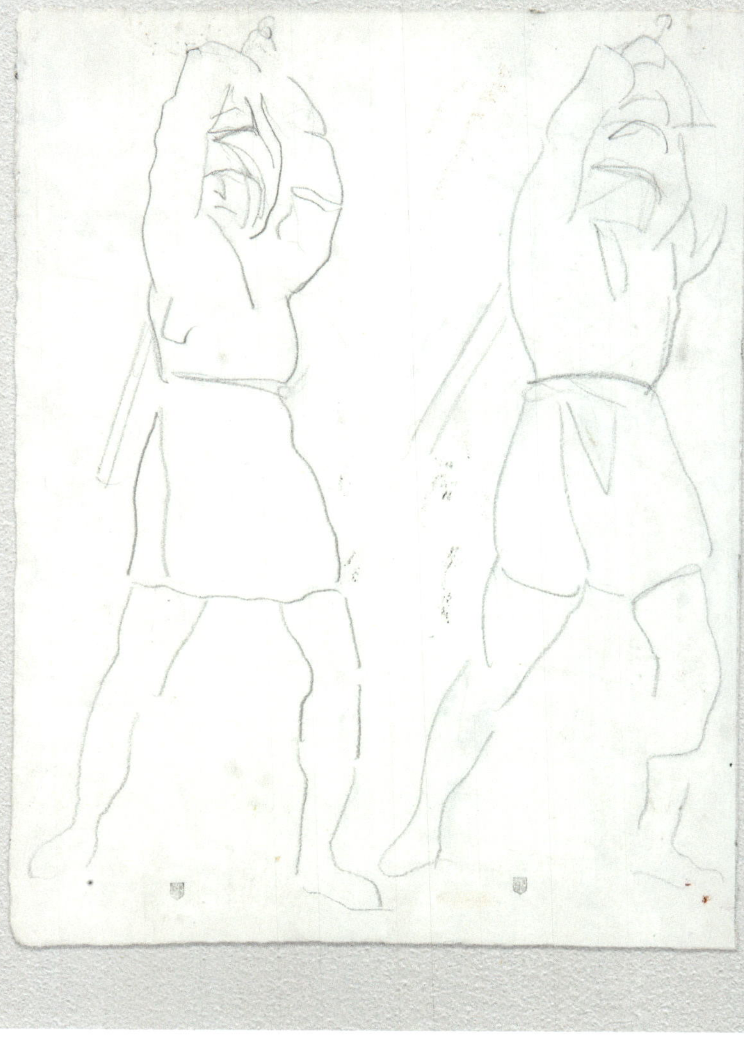

ferdinand hodler

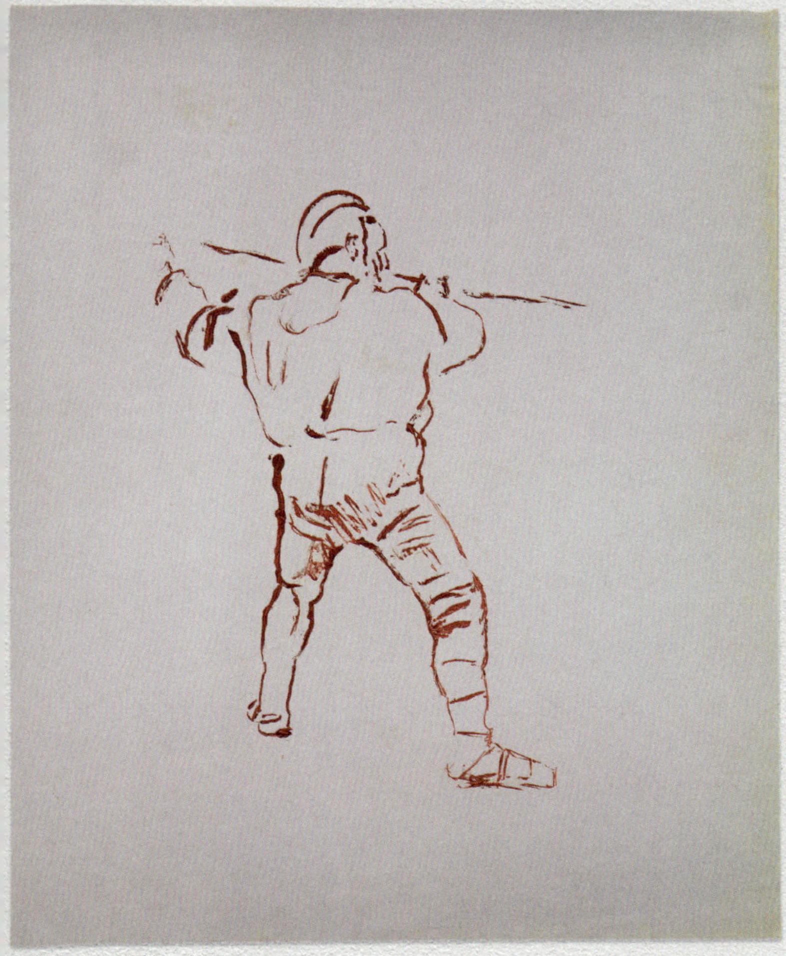

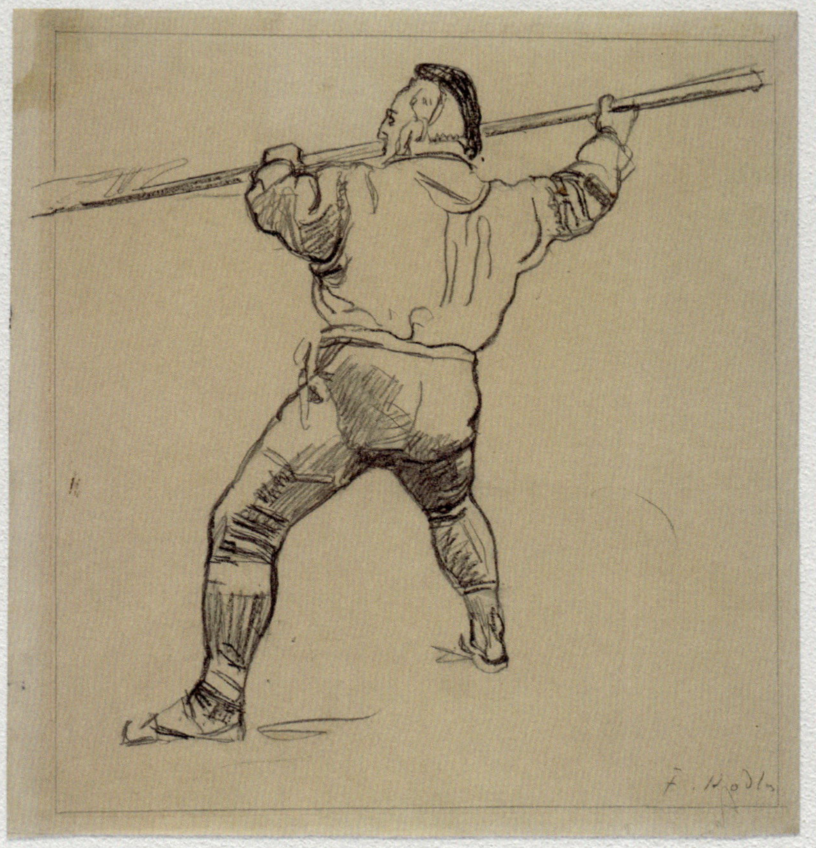

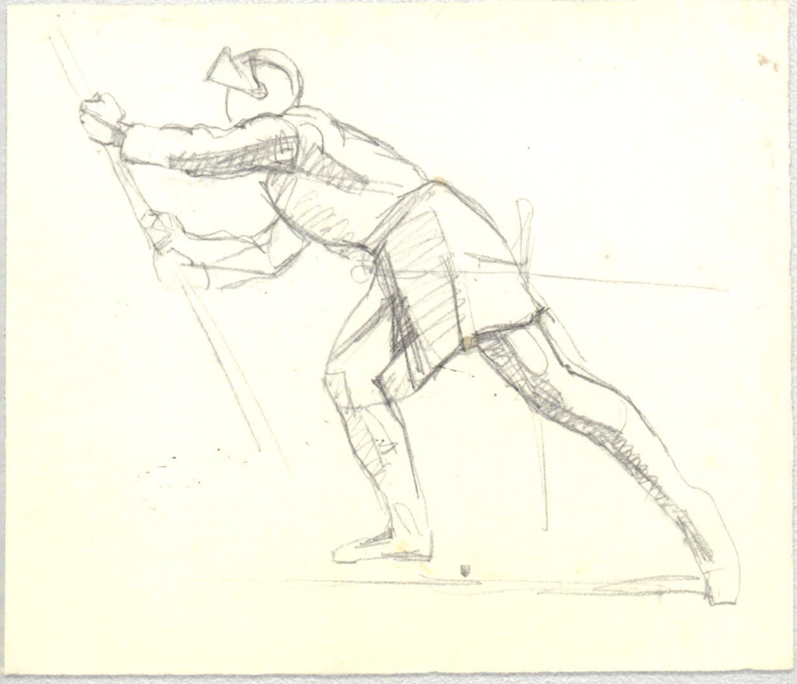

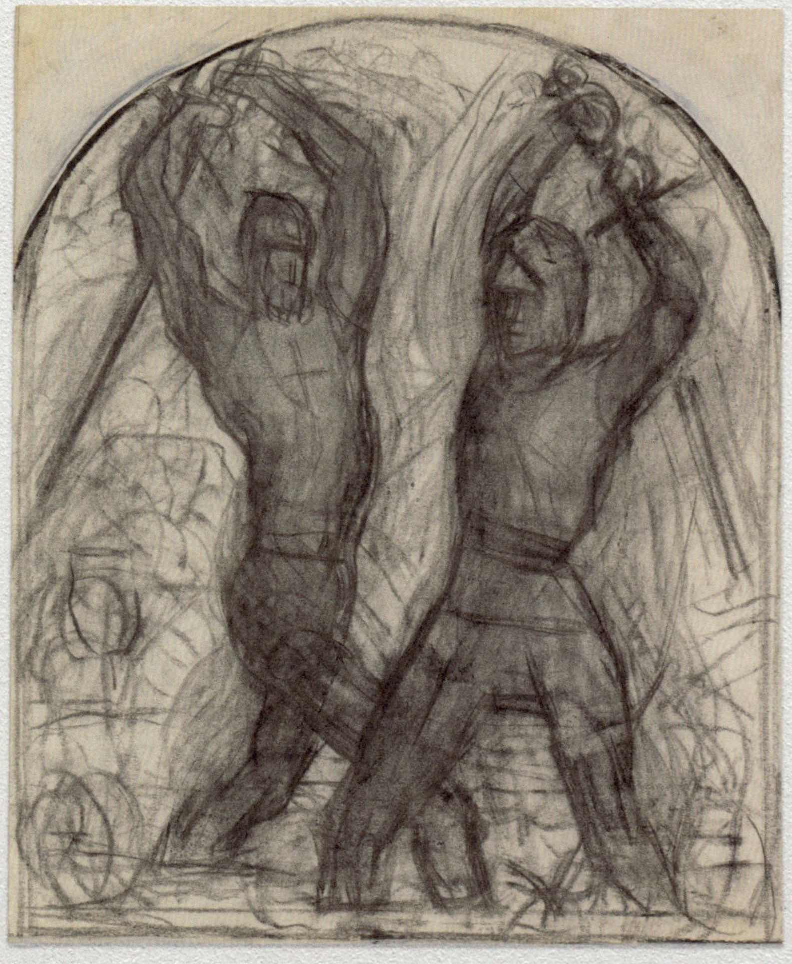

studies for "la bataille de morat" 1915 - 1917

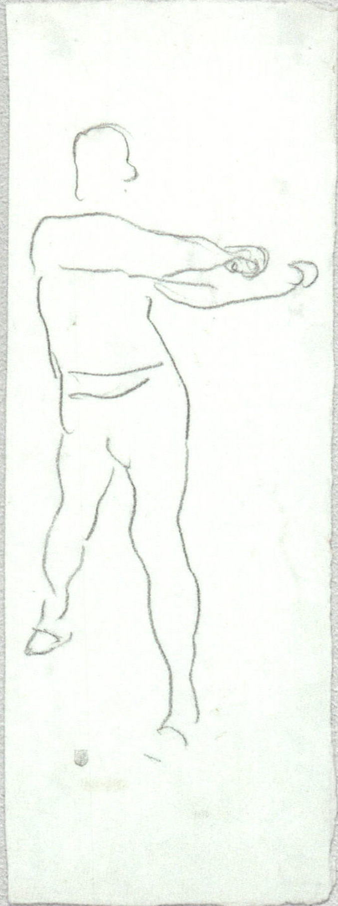

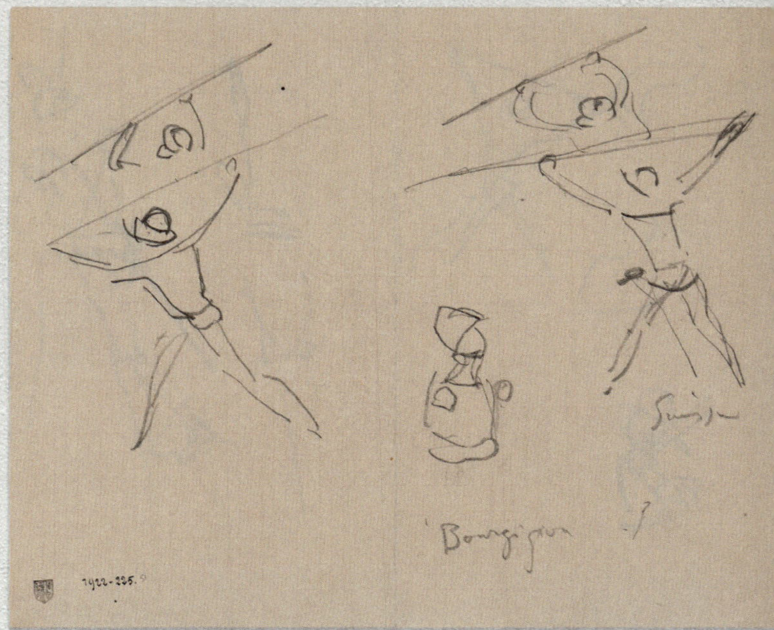

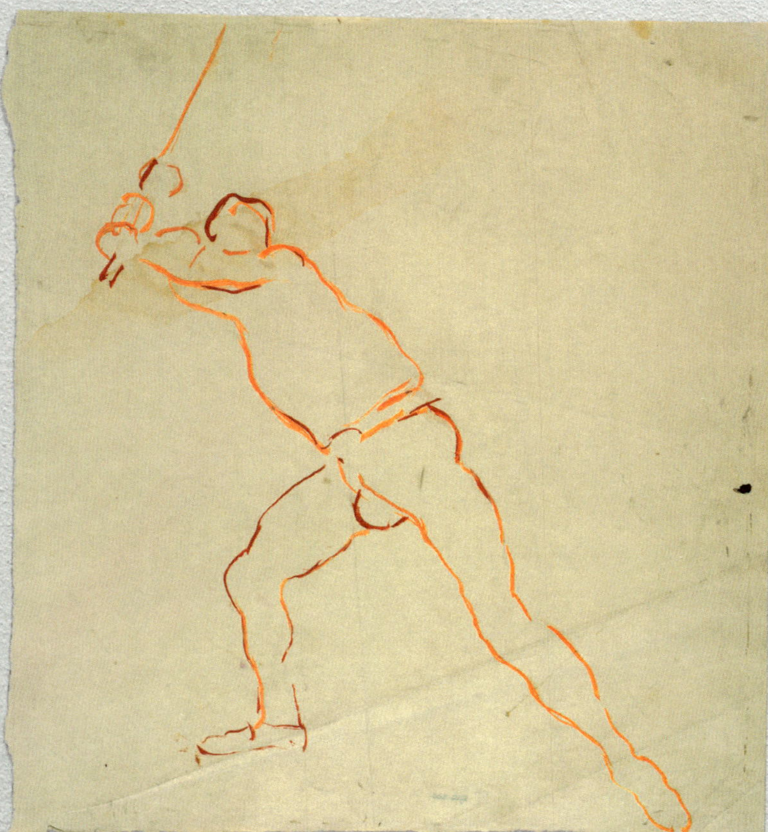

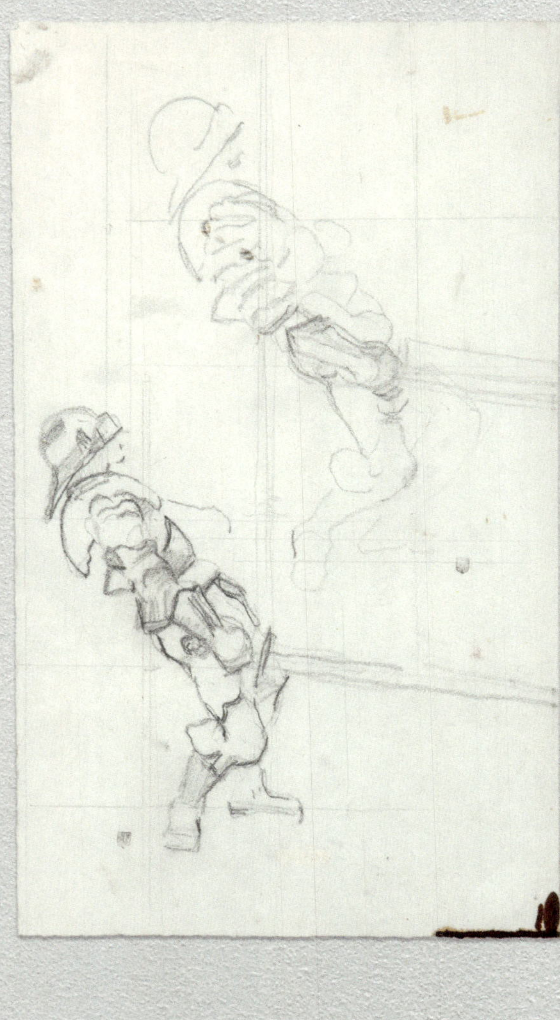

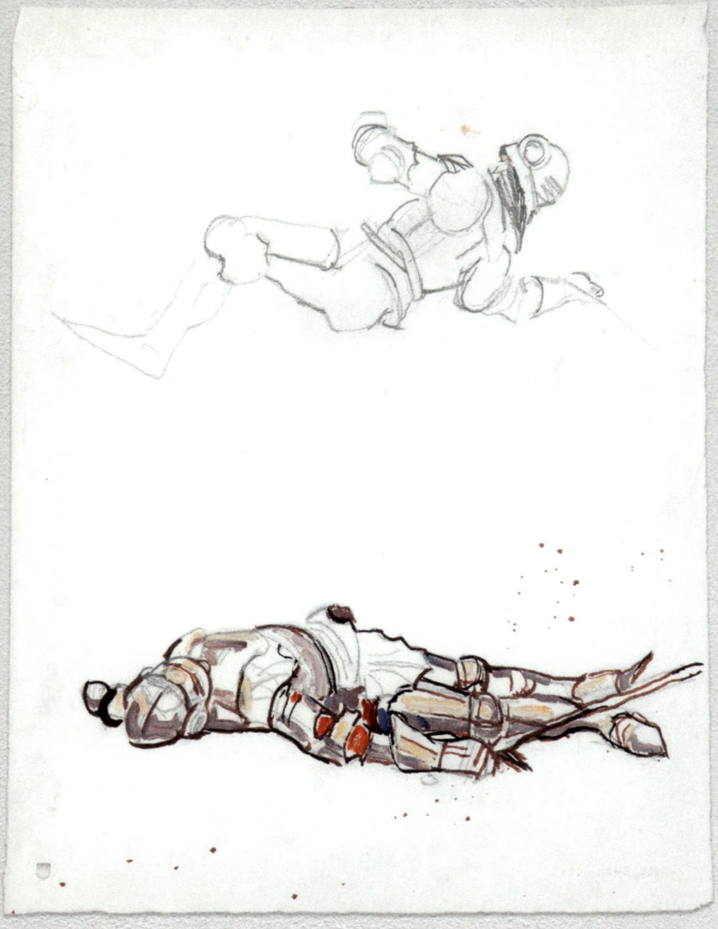

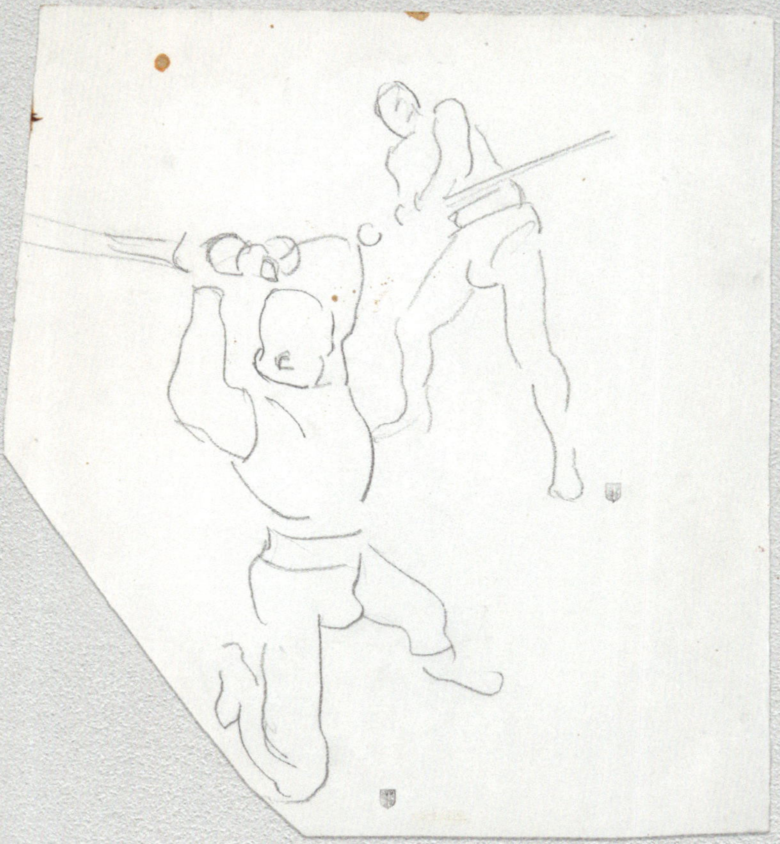

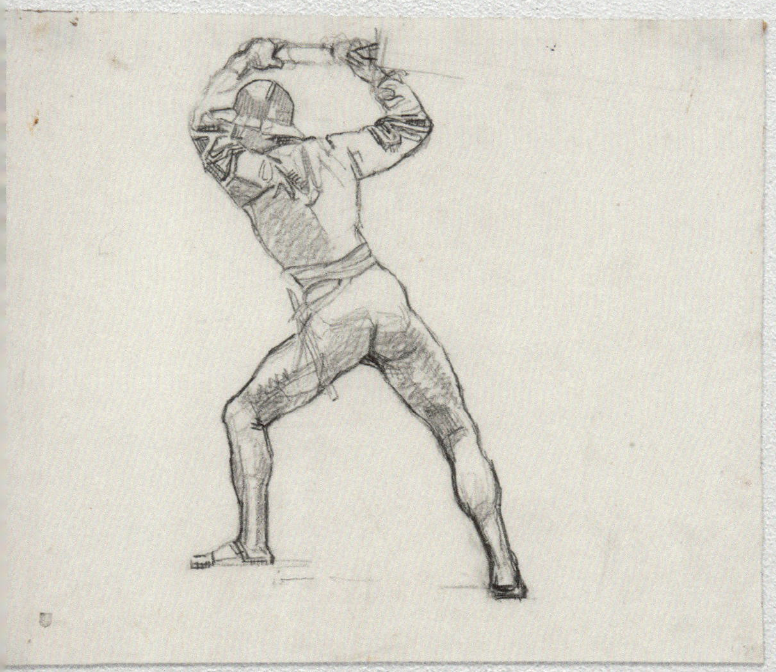

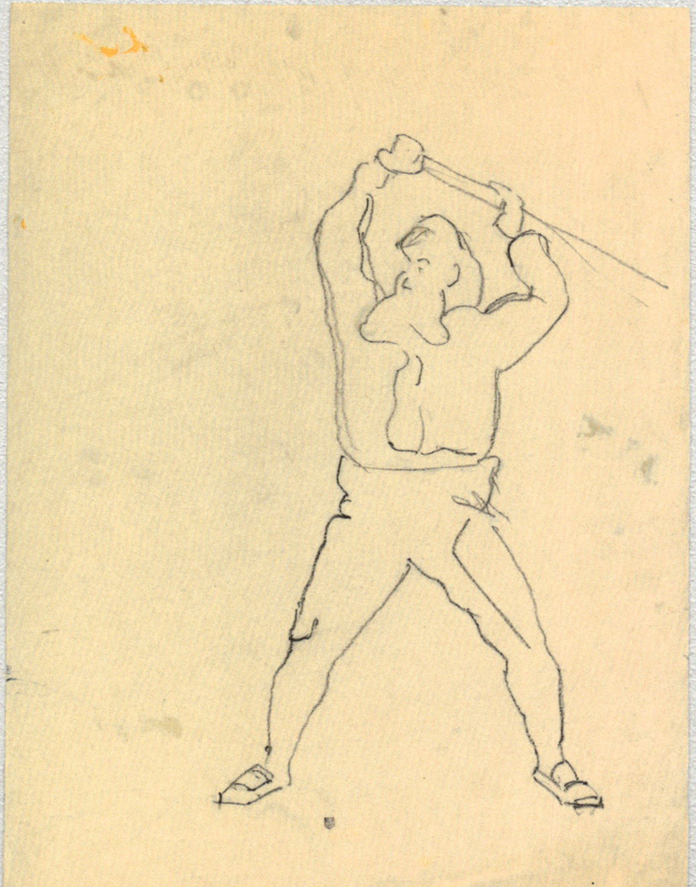

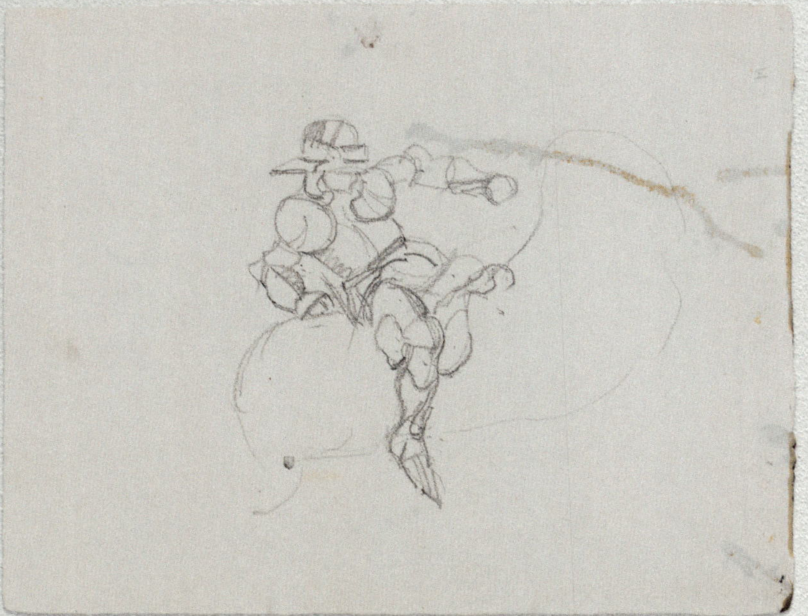

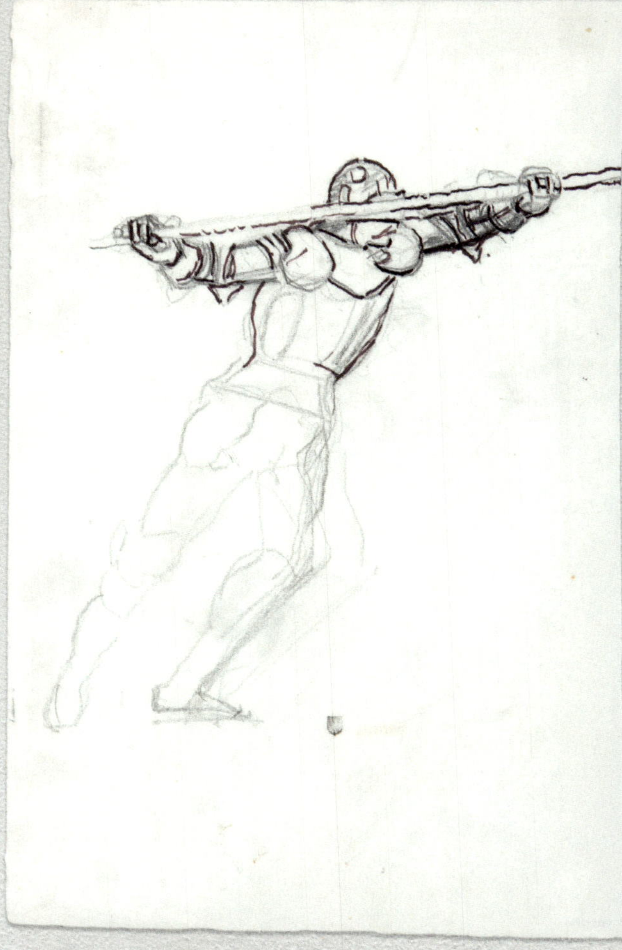

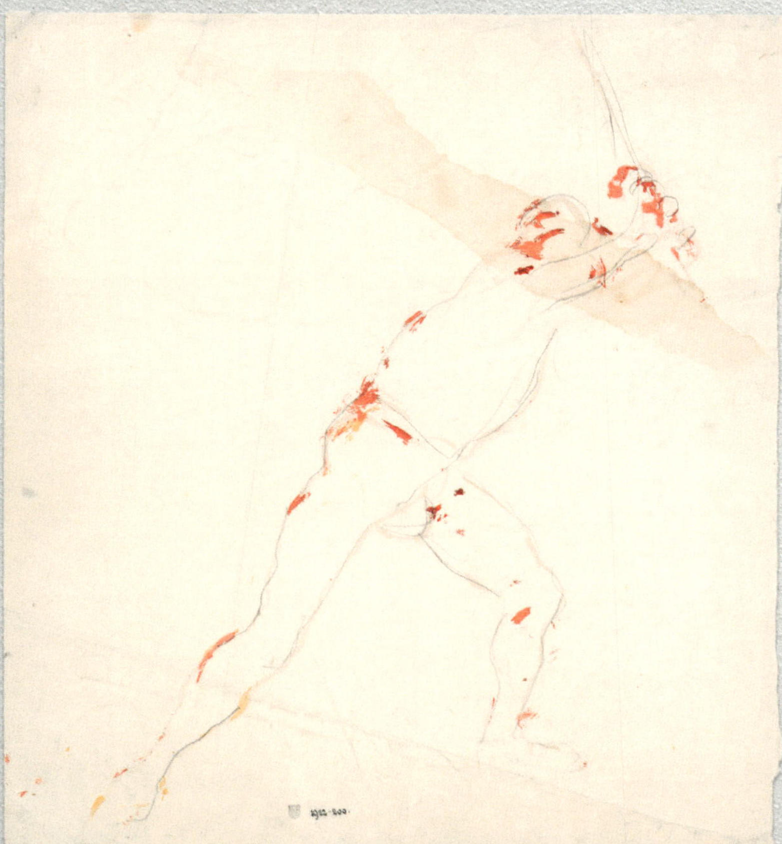

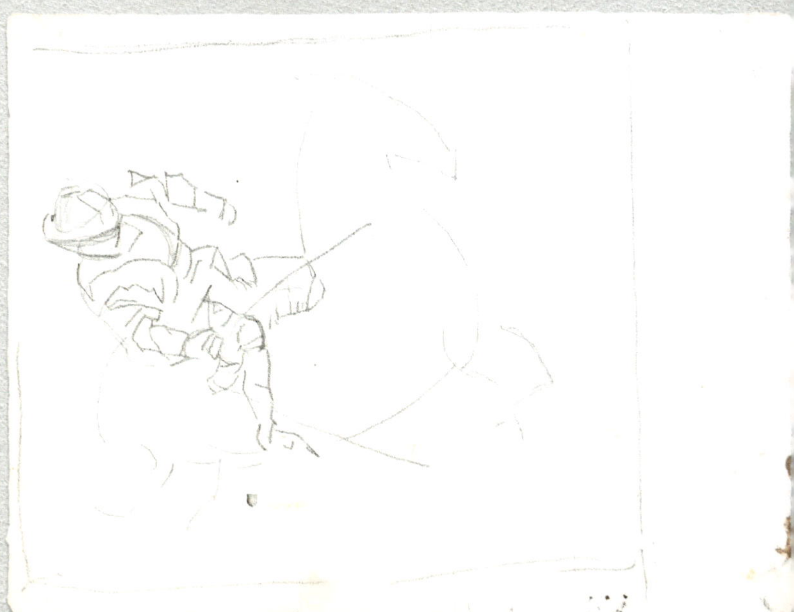

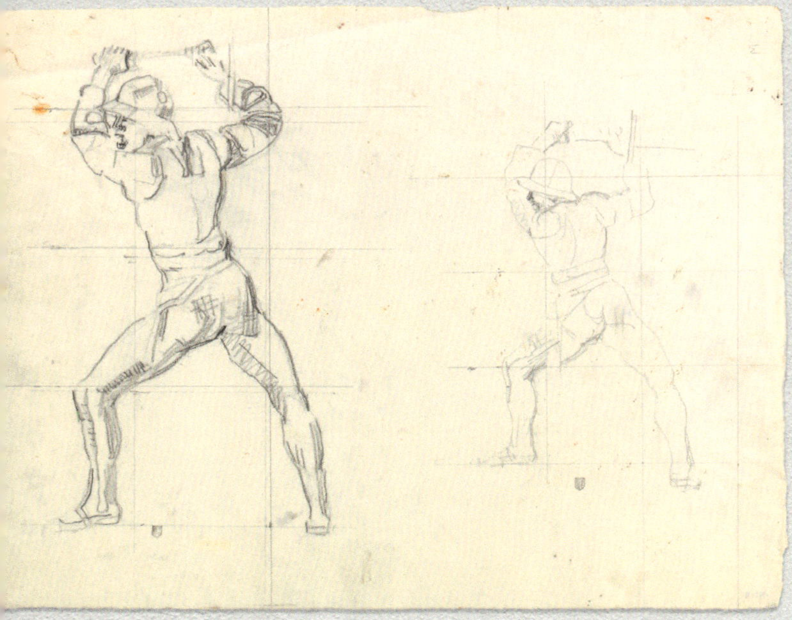

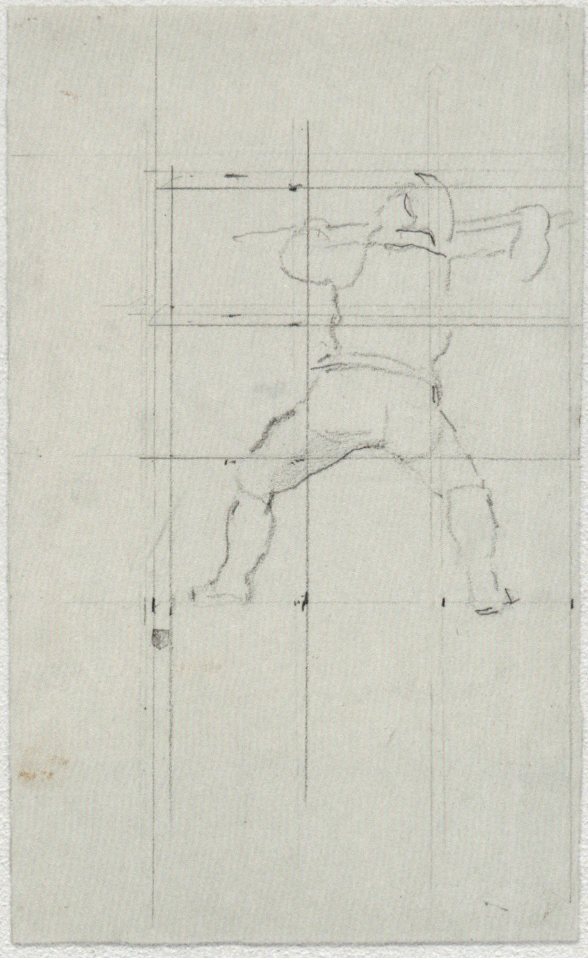

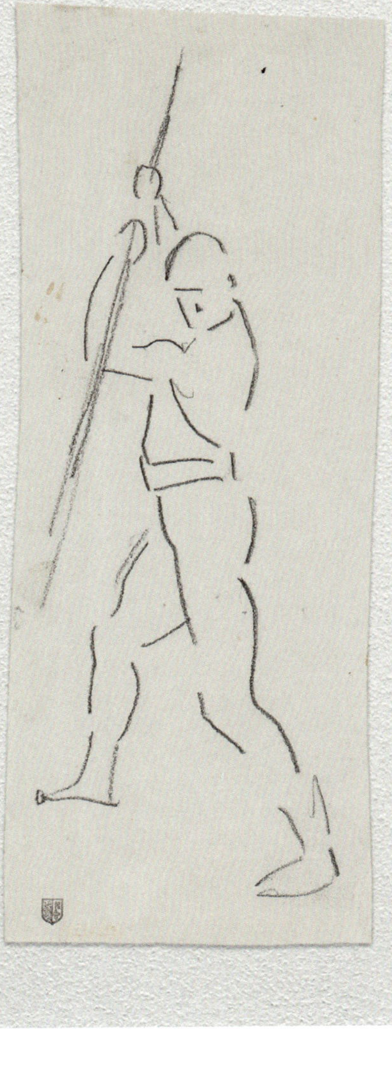

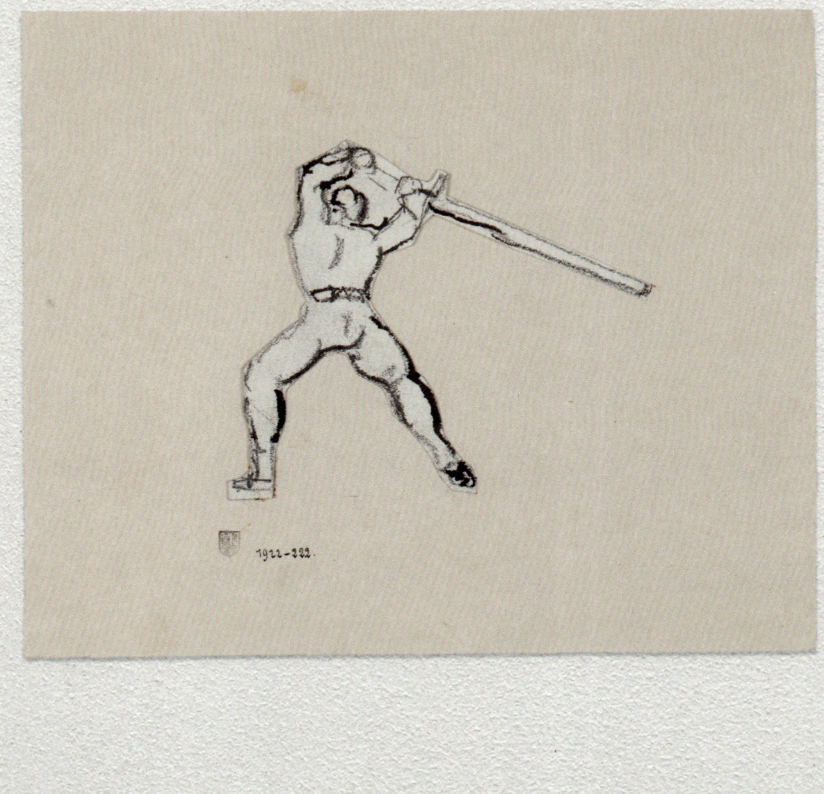

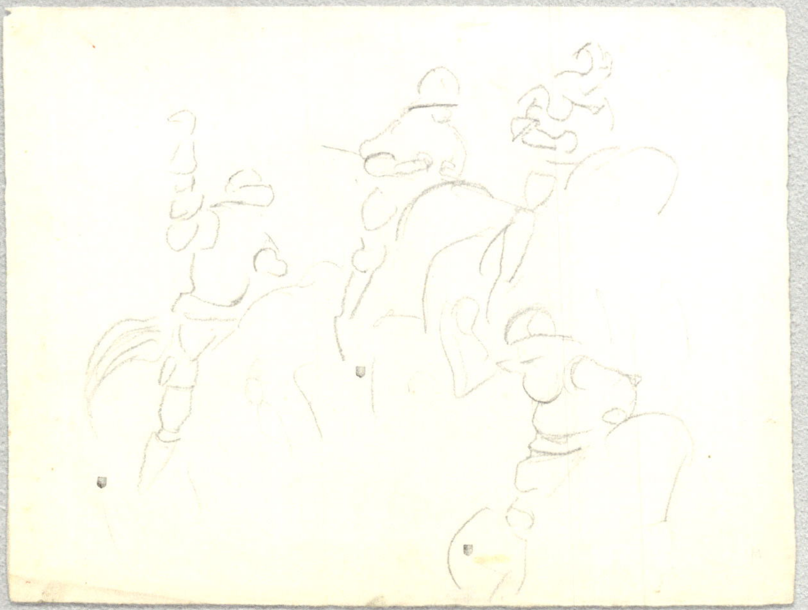

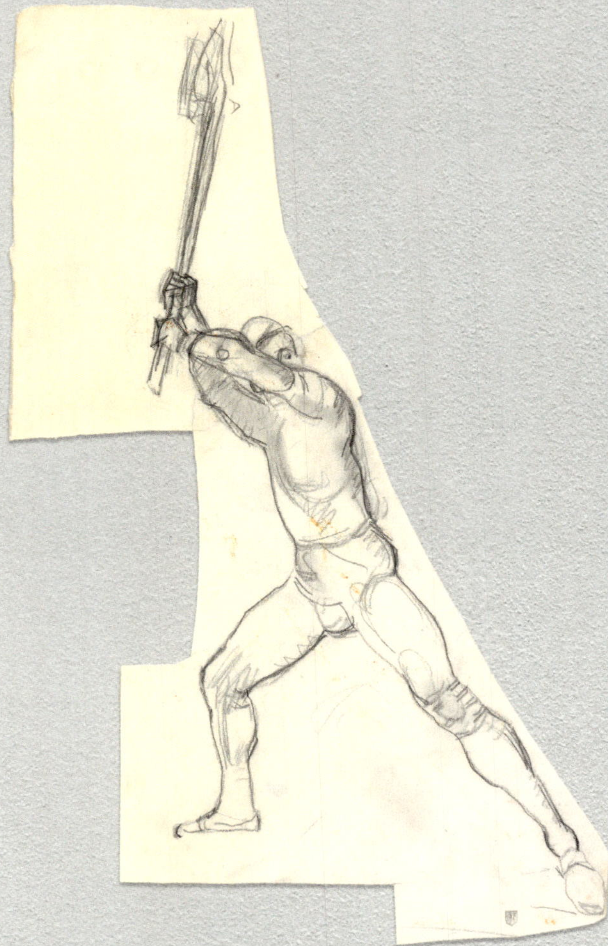

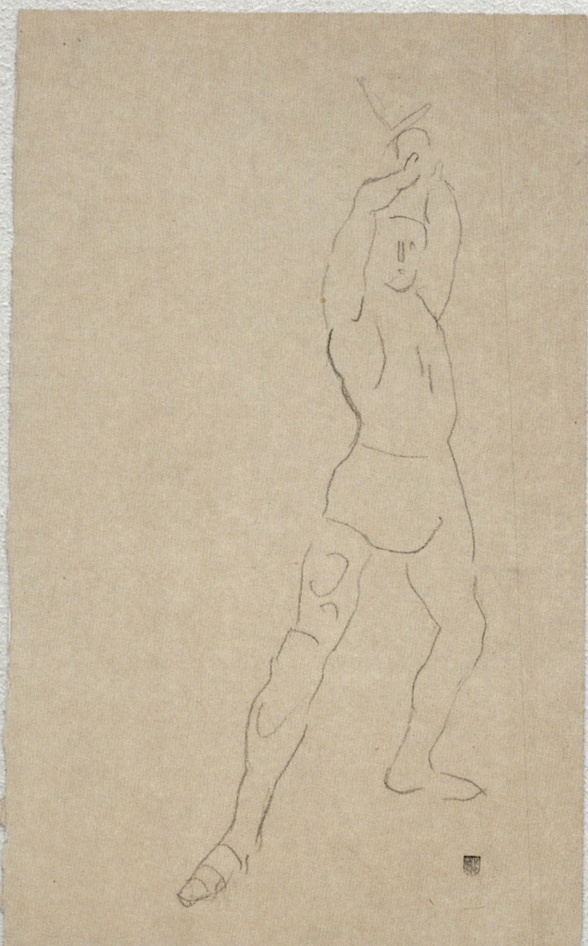

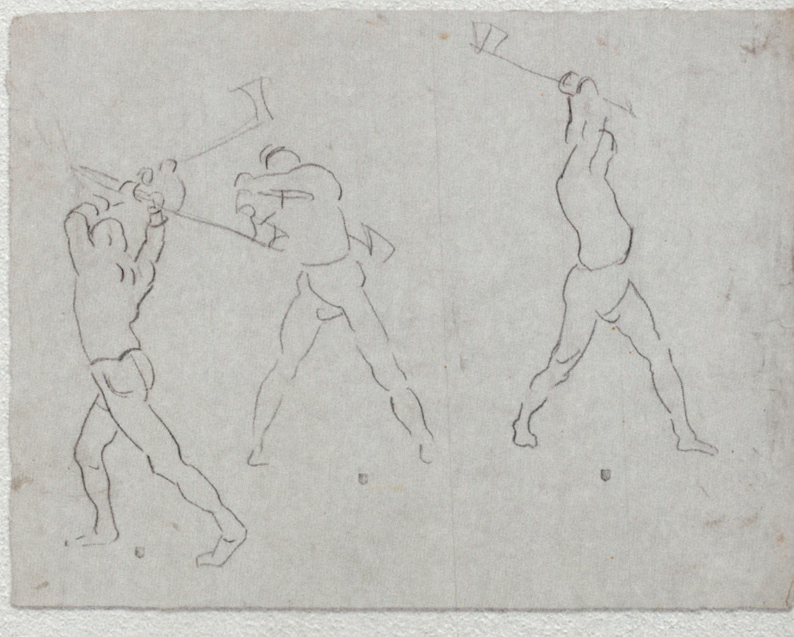

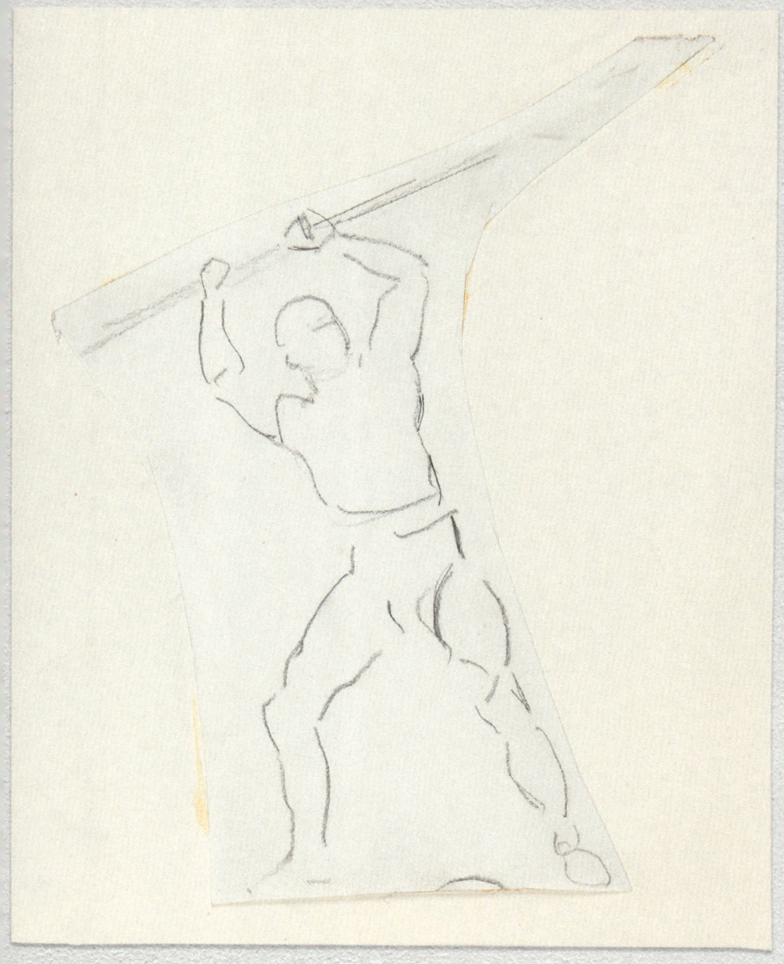

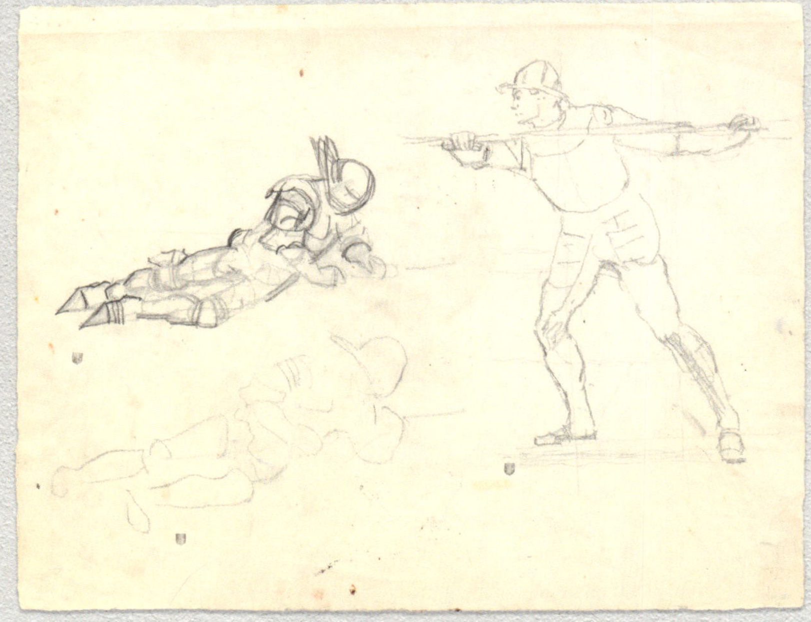

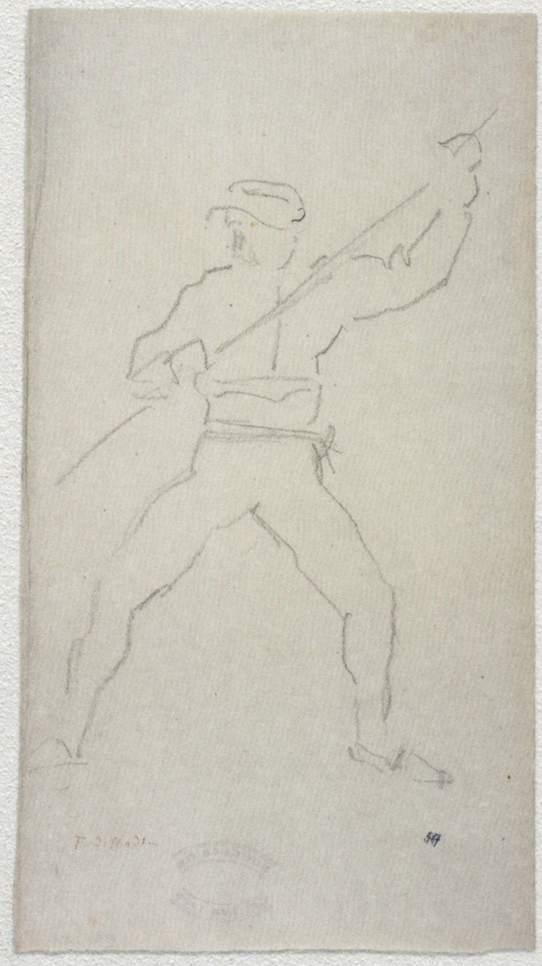

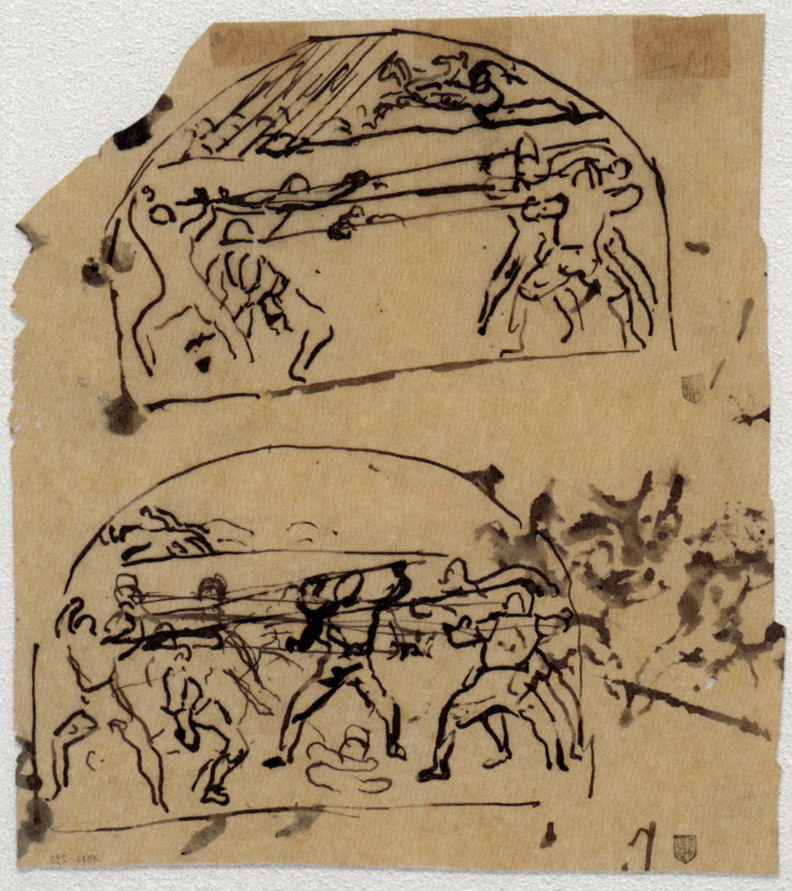

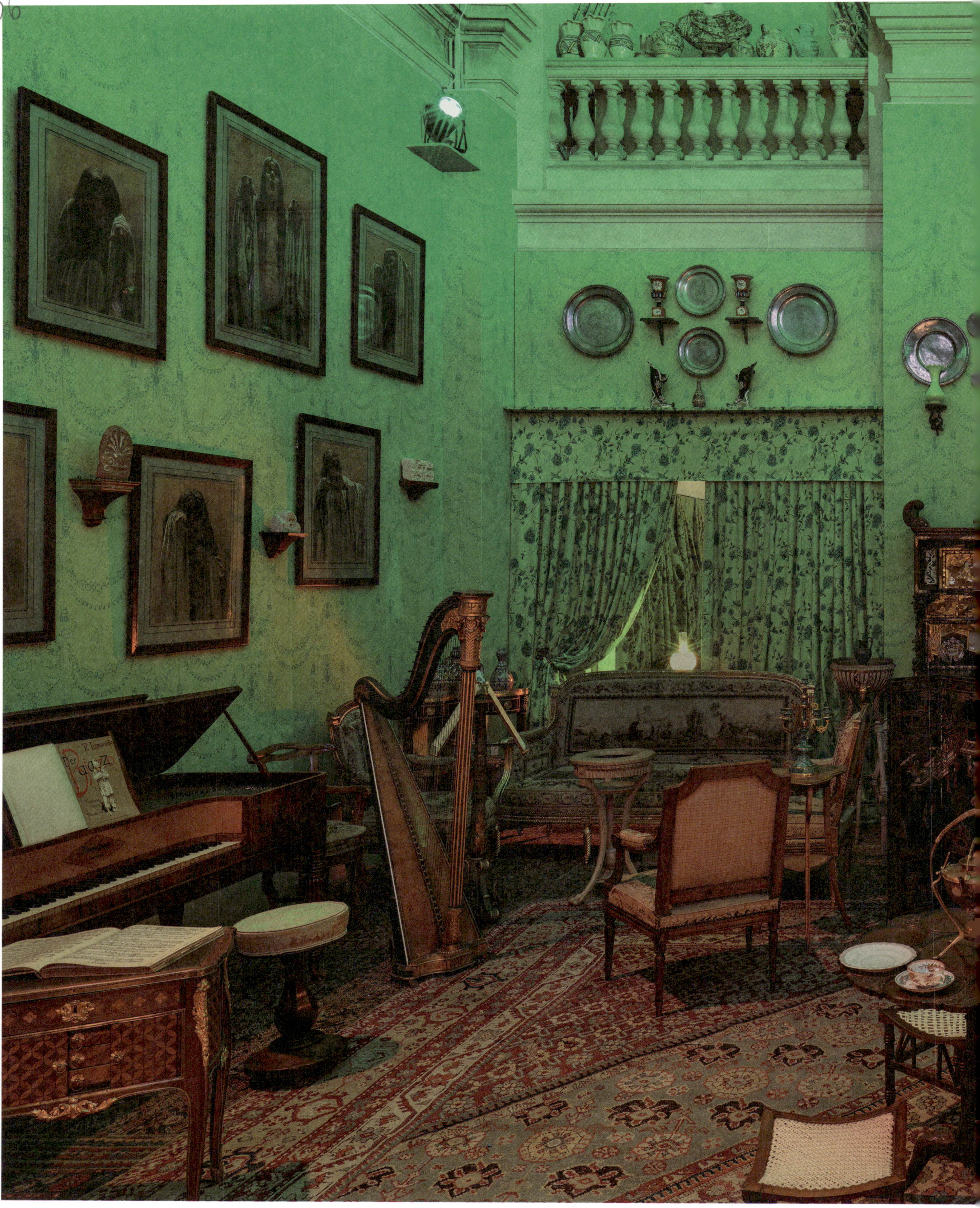

espace rythmique , cheminement

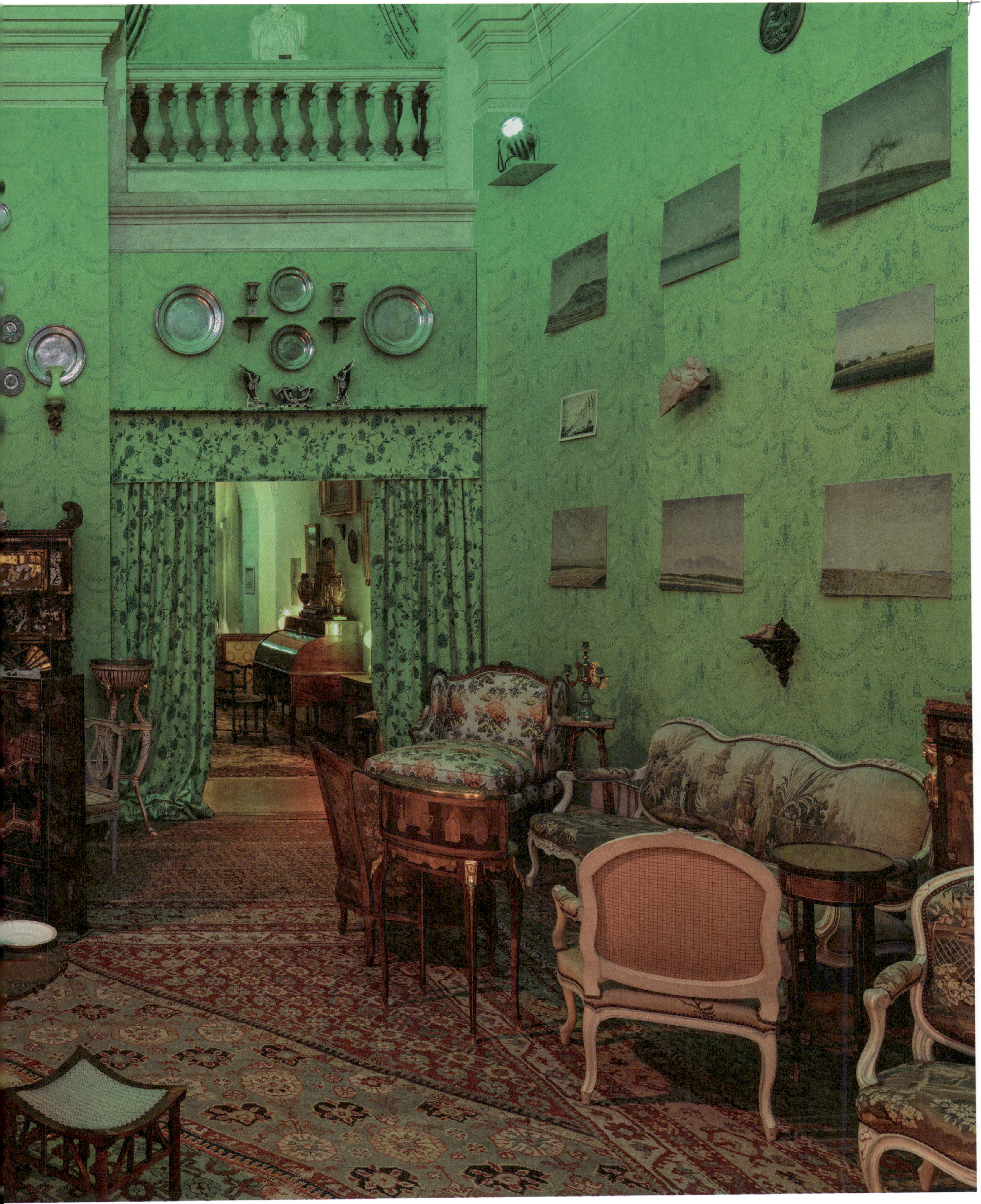

ferdinand hodler's garçonnière

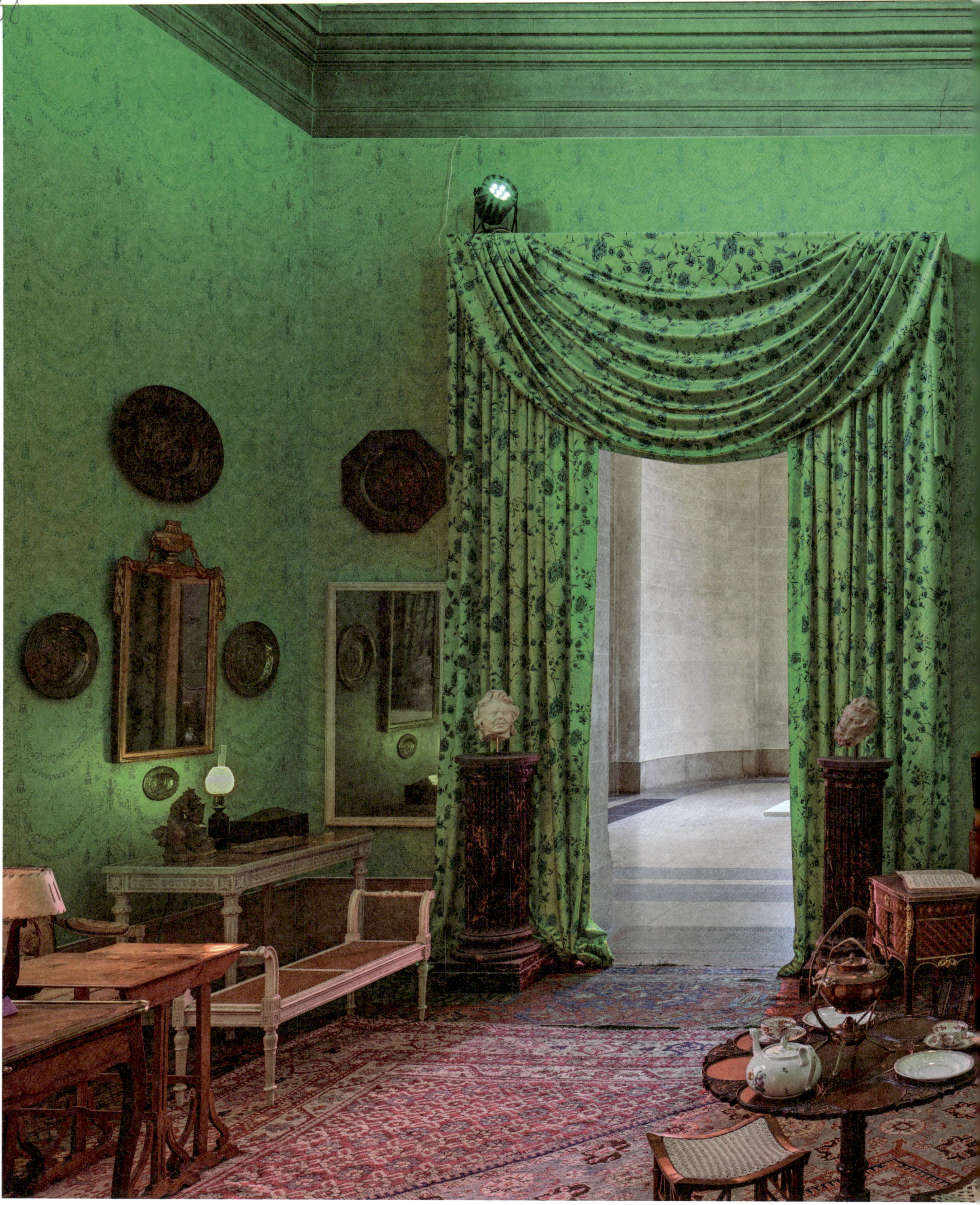

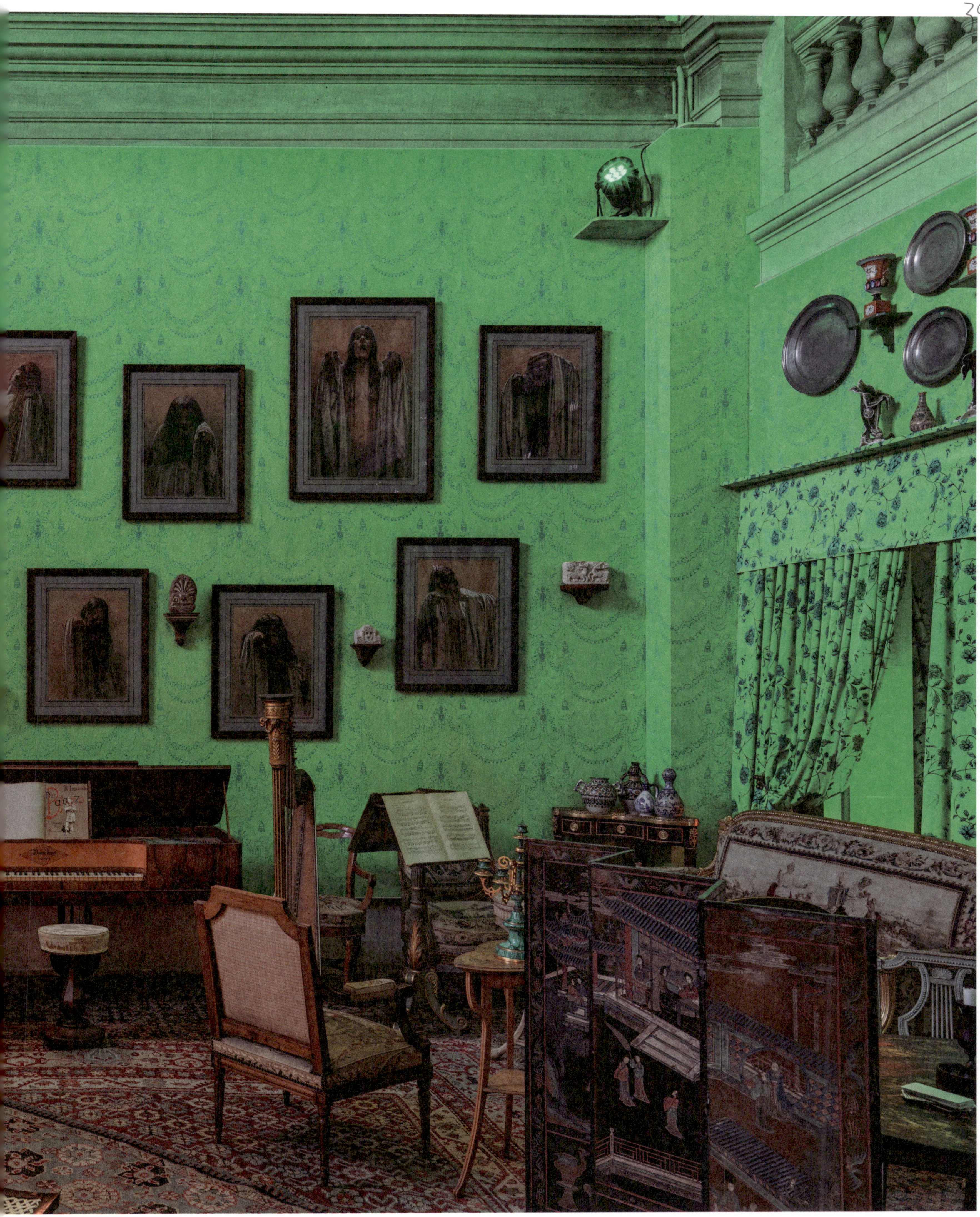

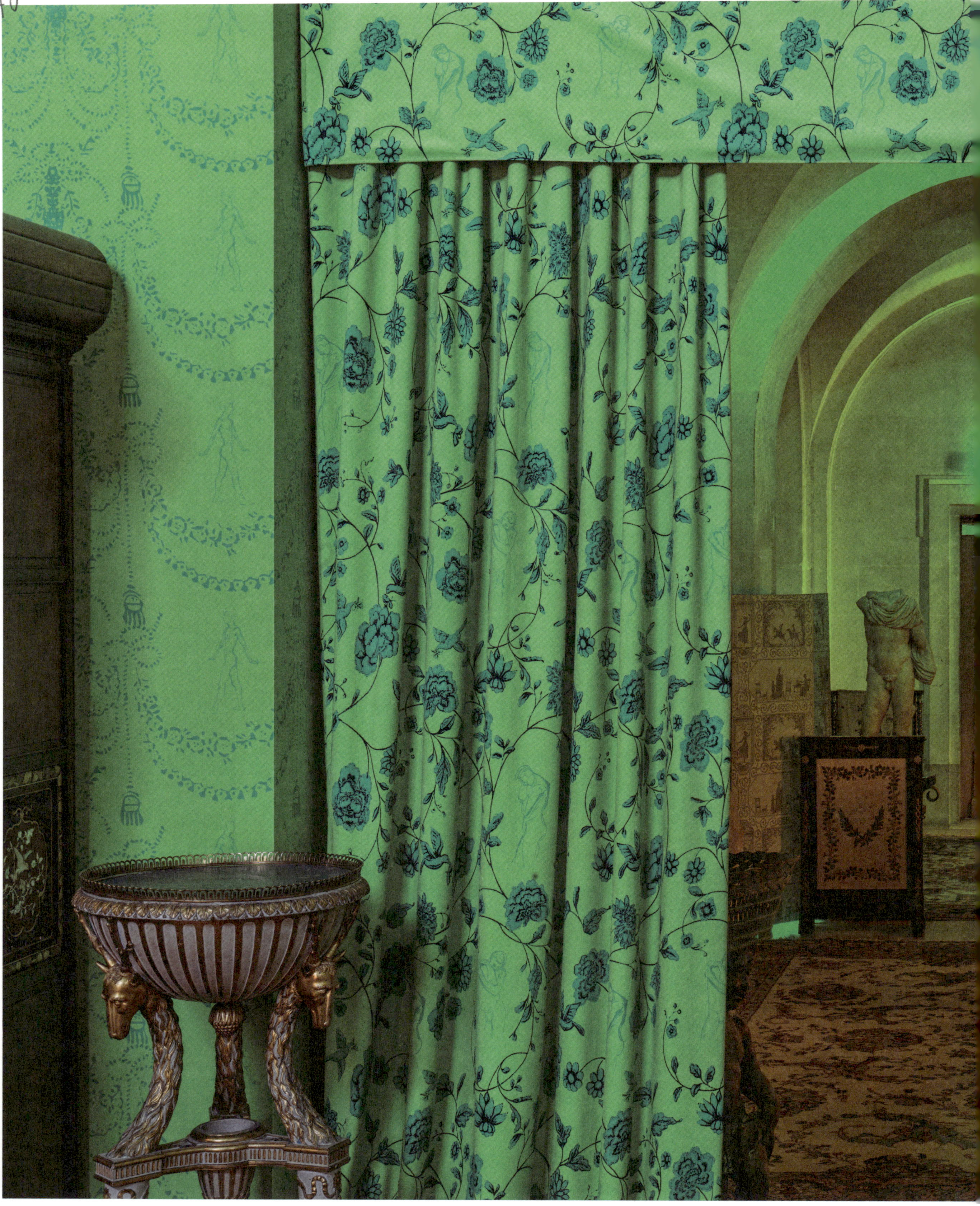

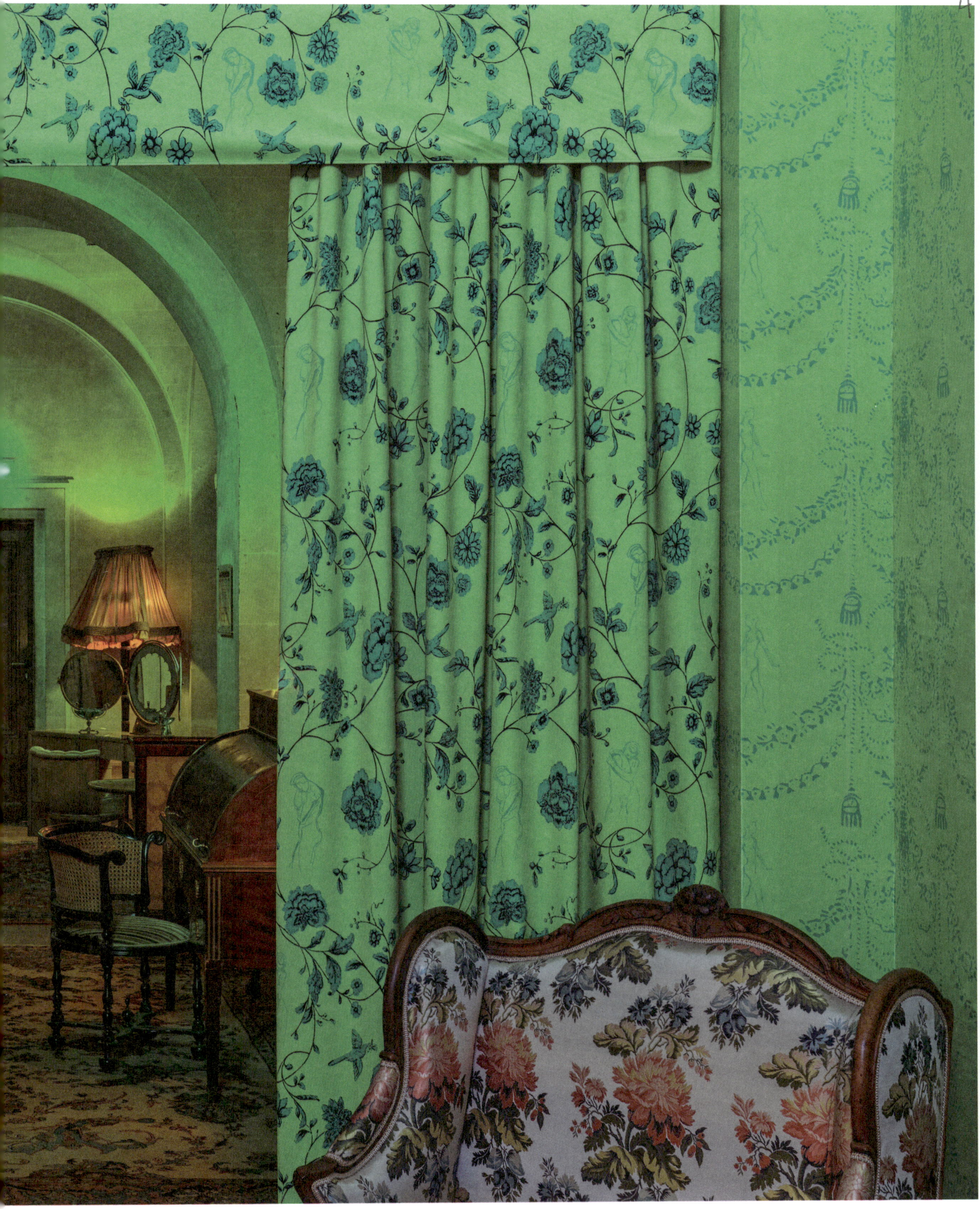

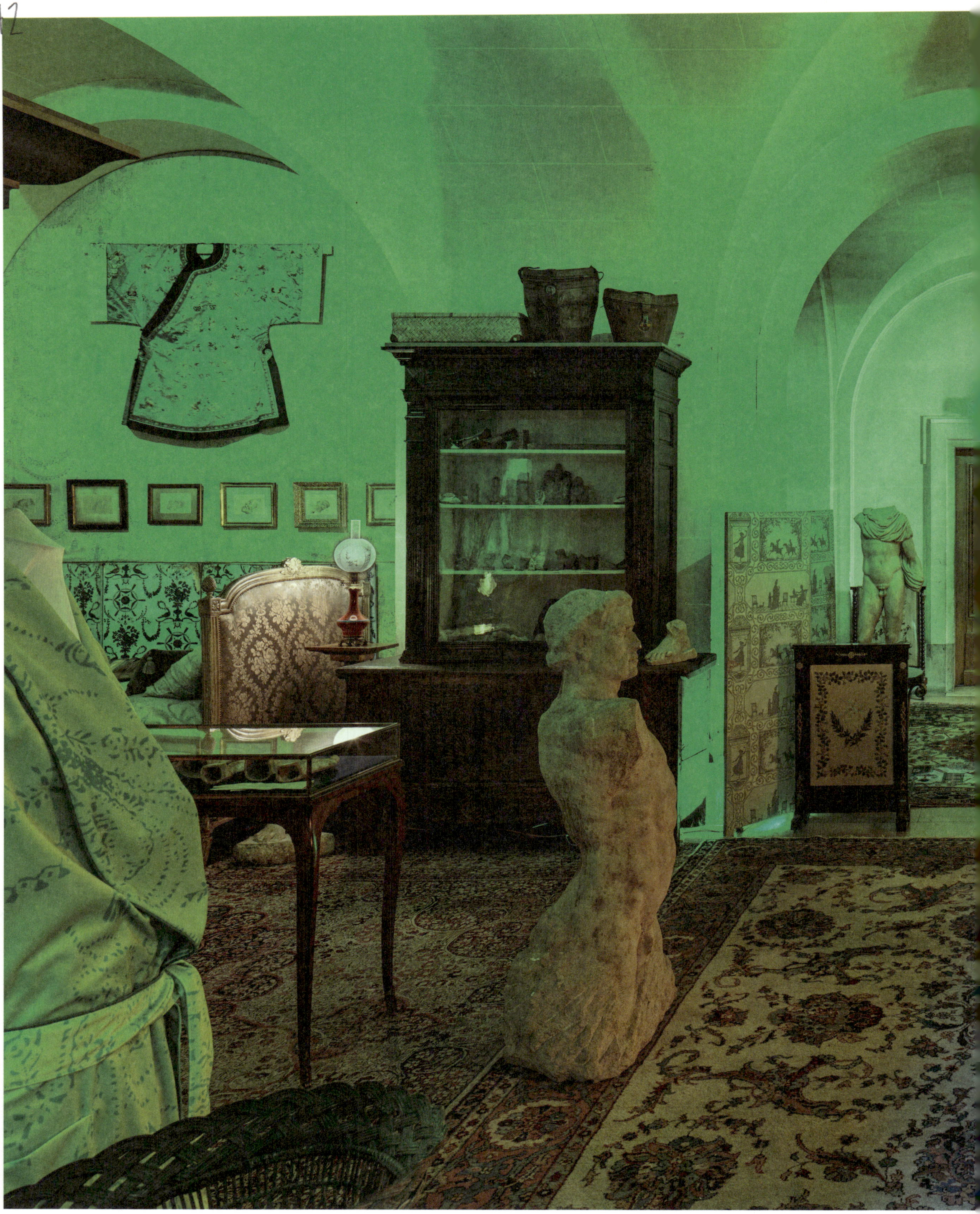

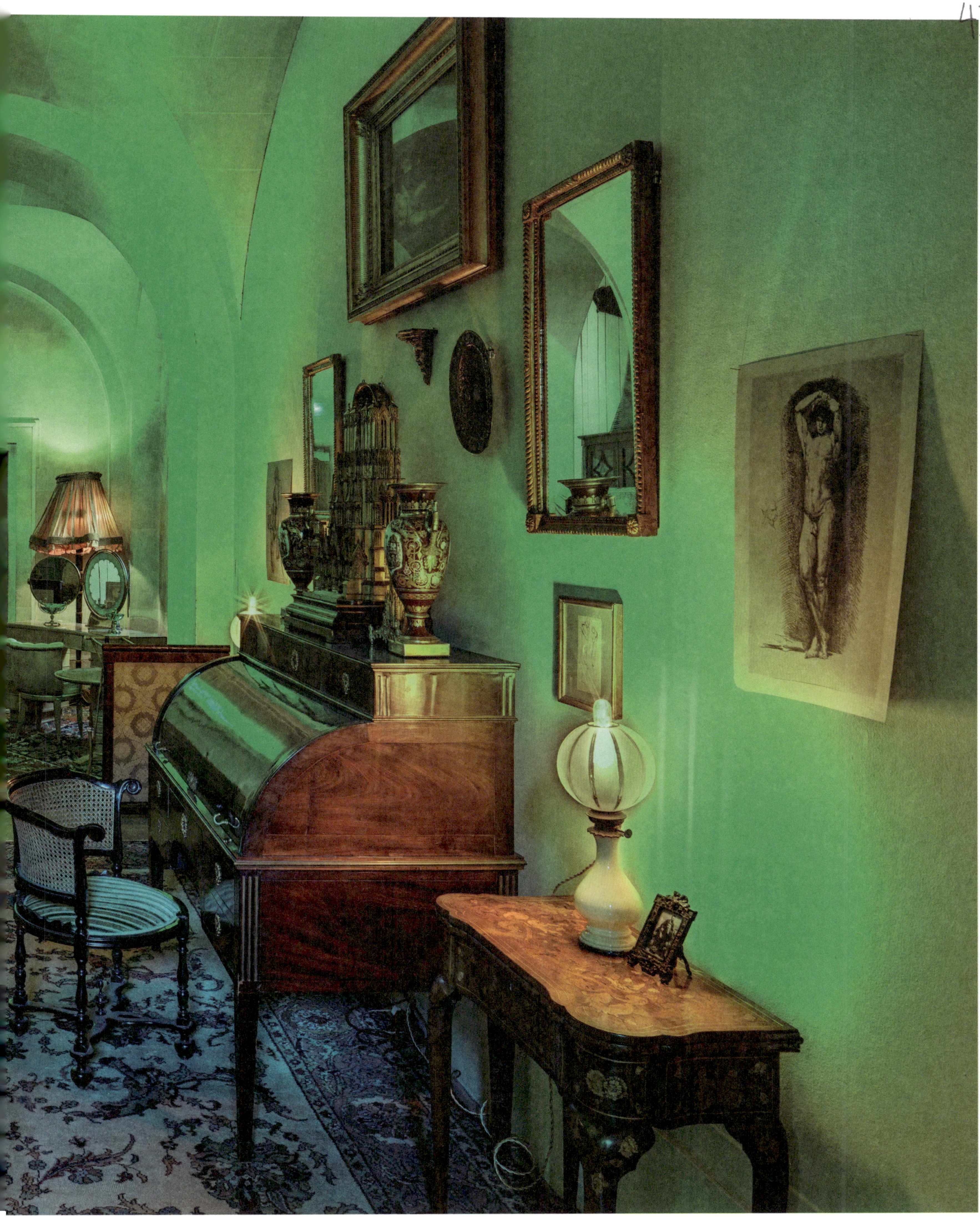

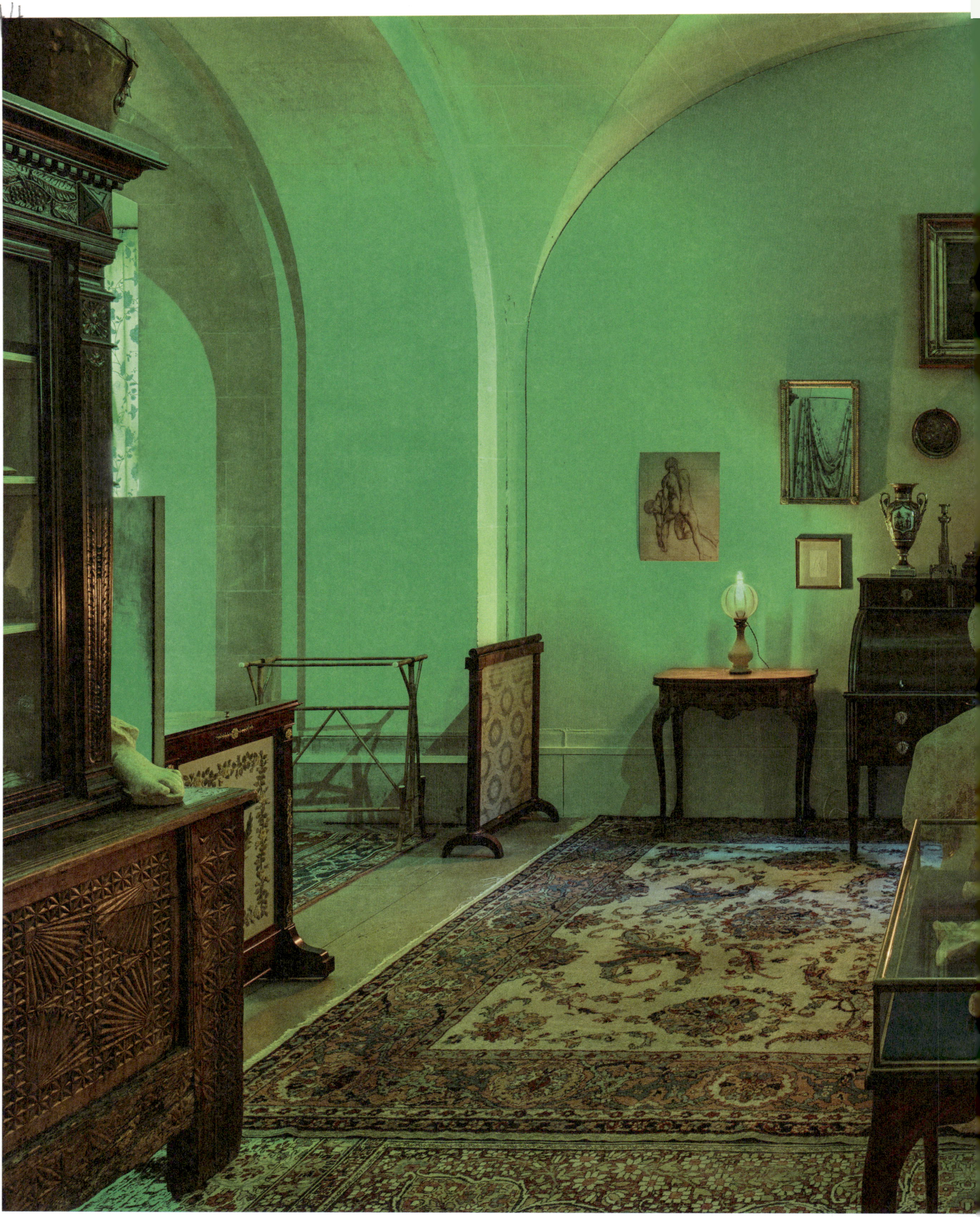

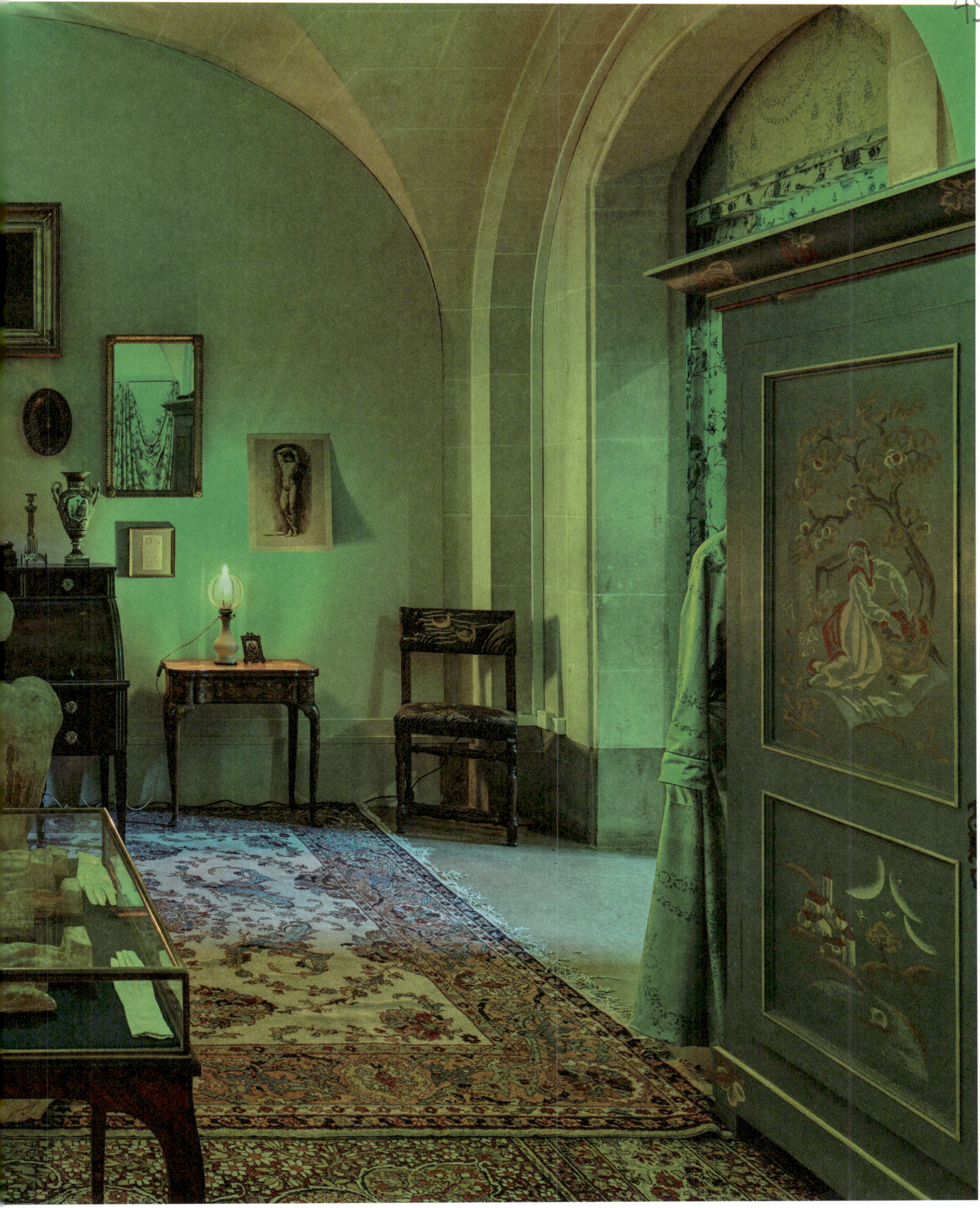

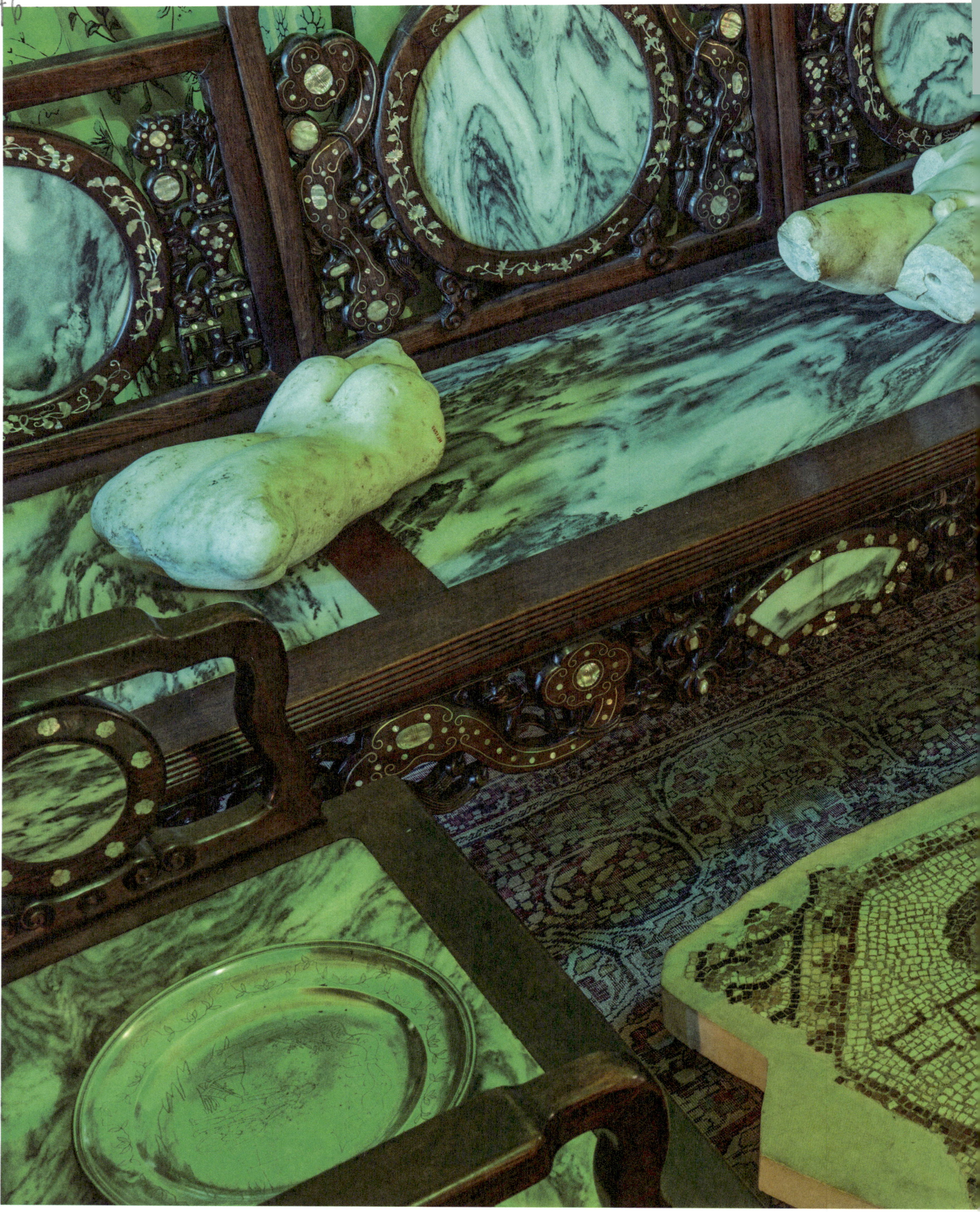

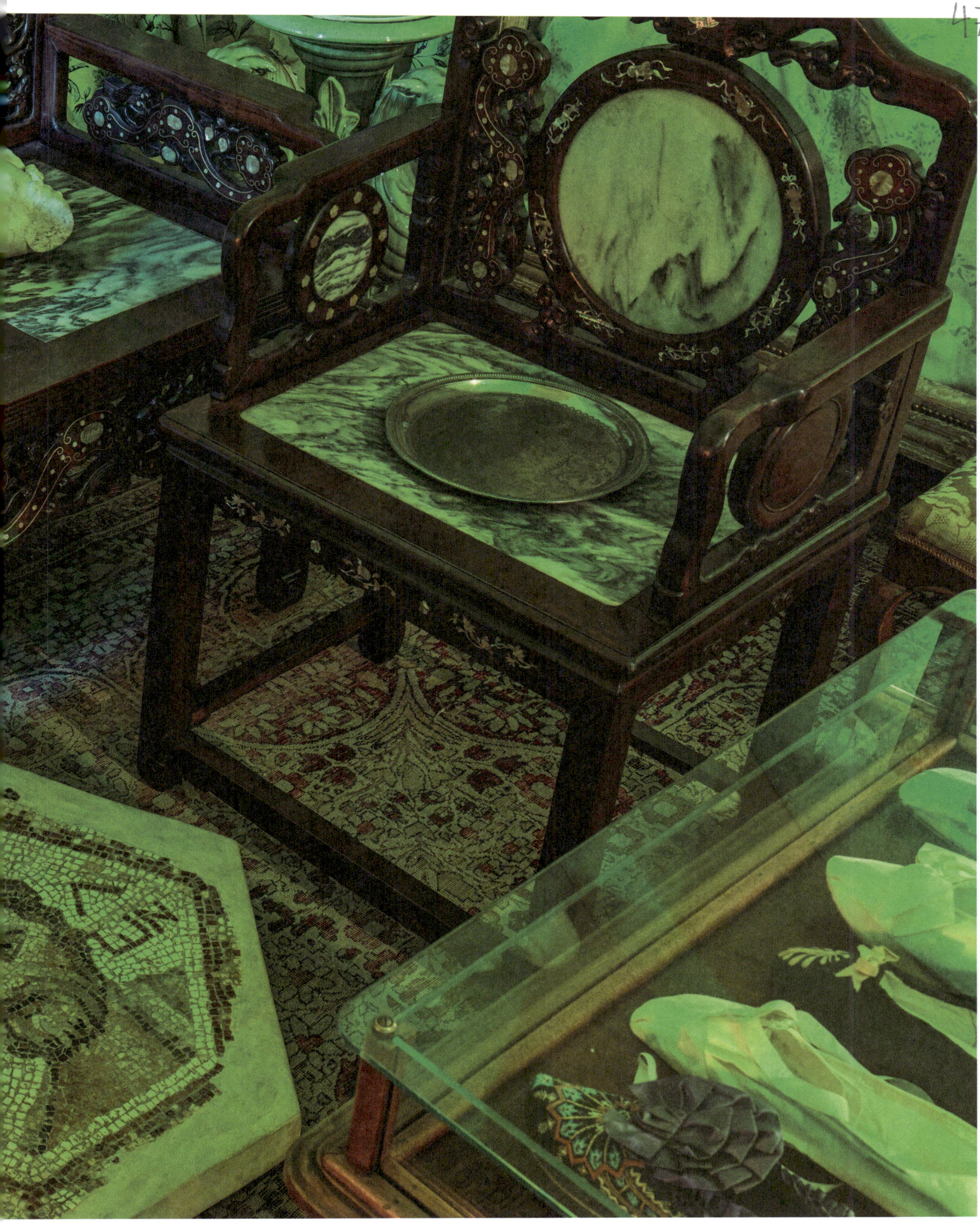

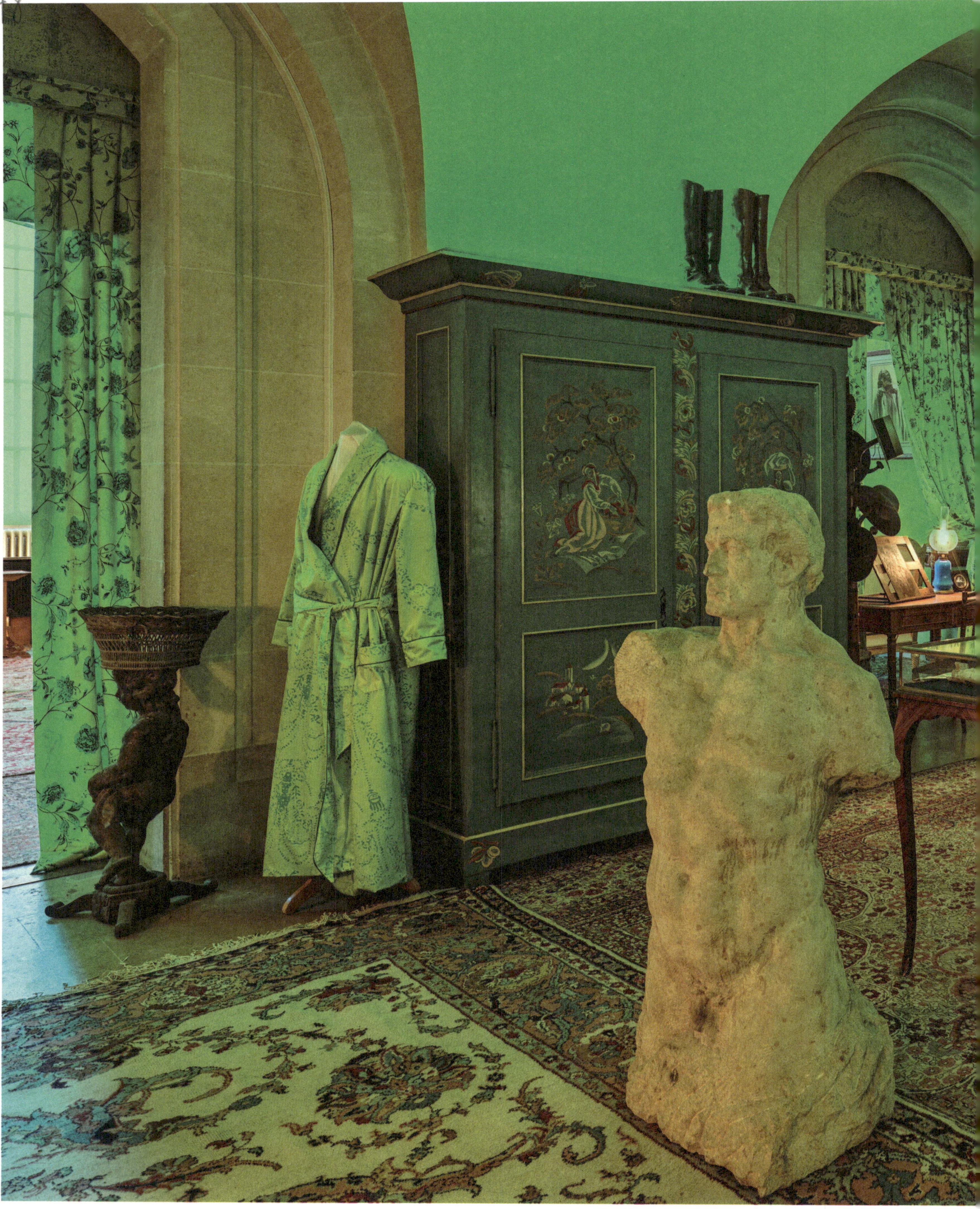

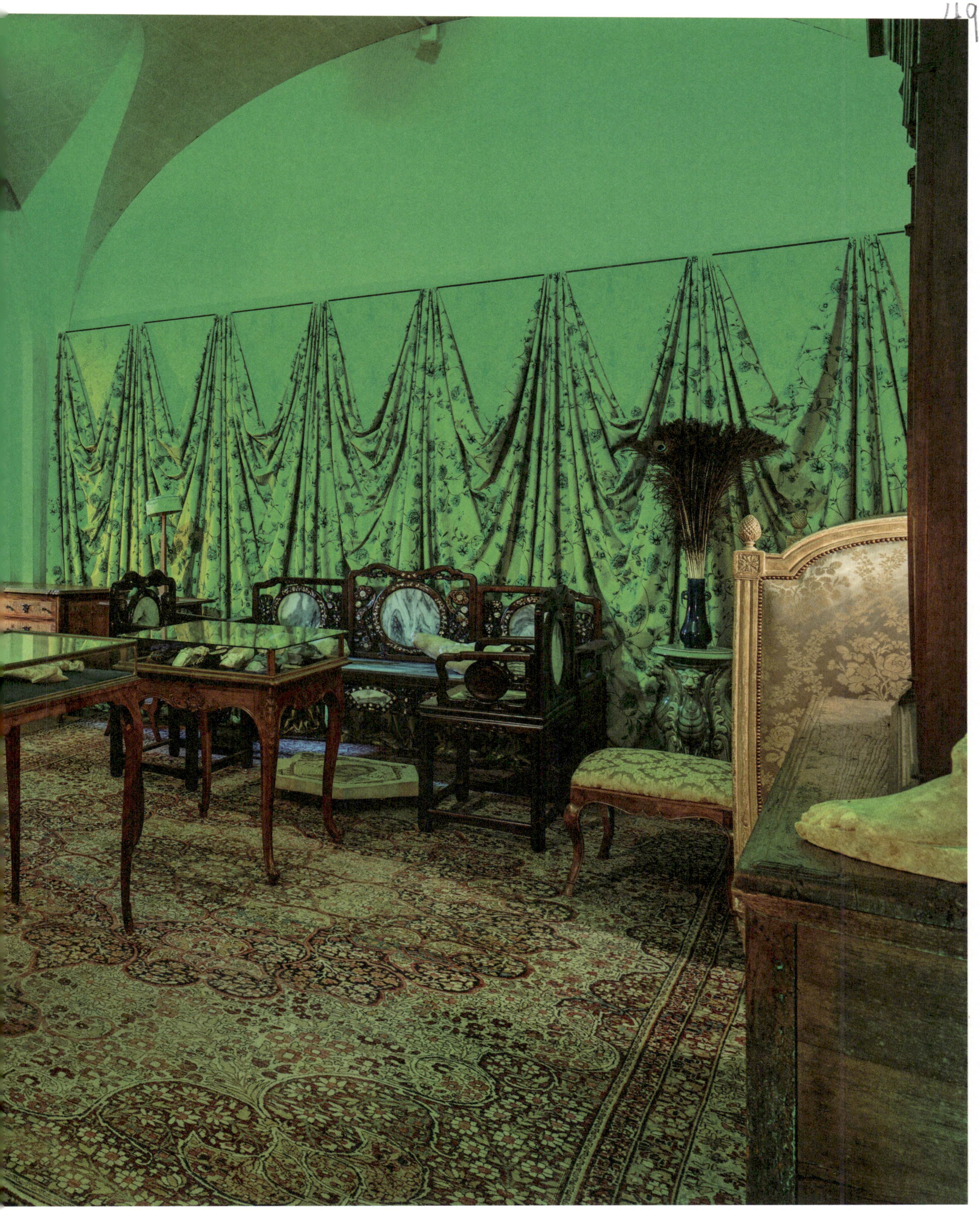

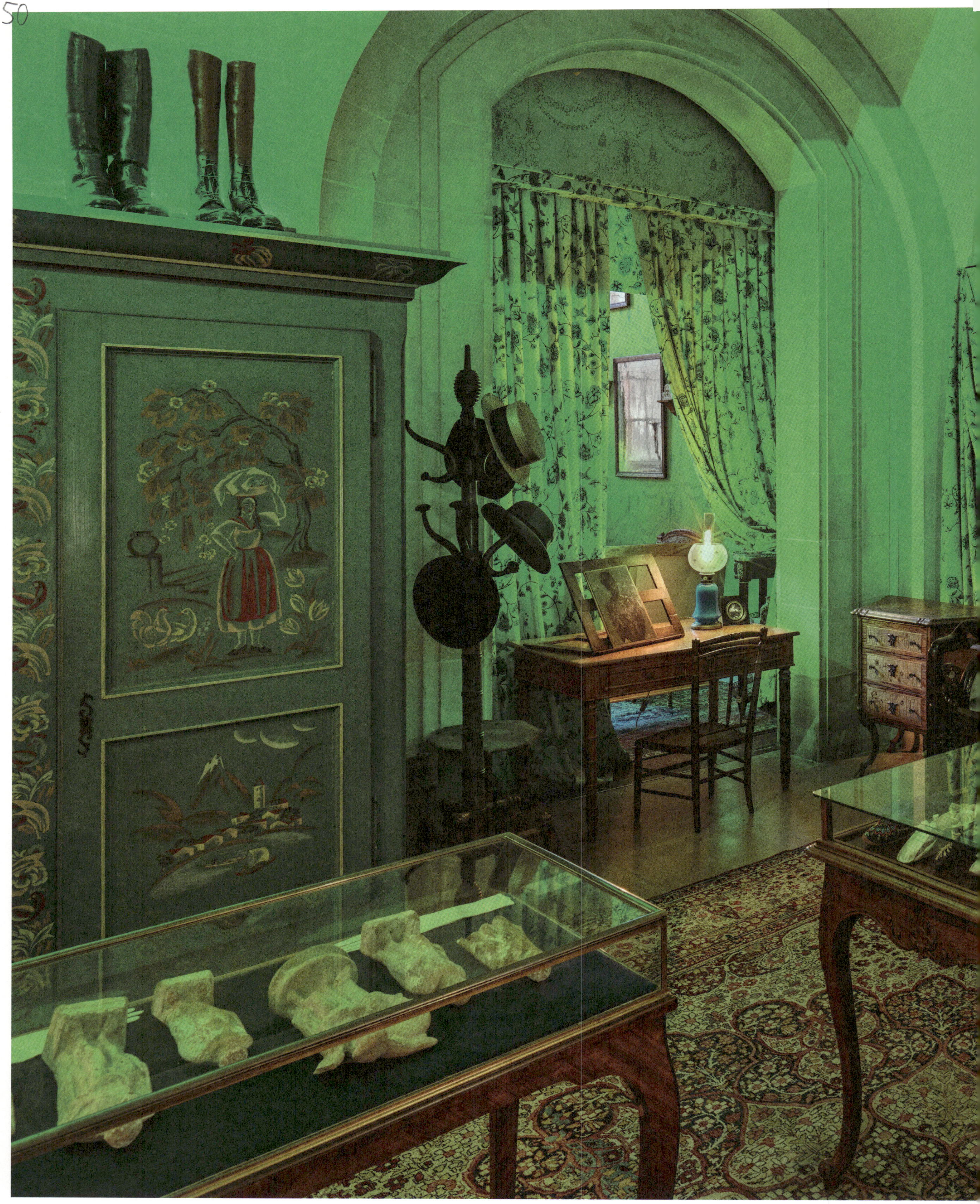

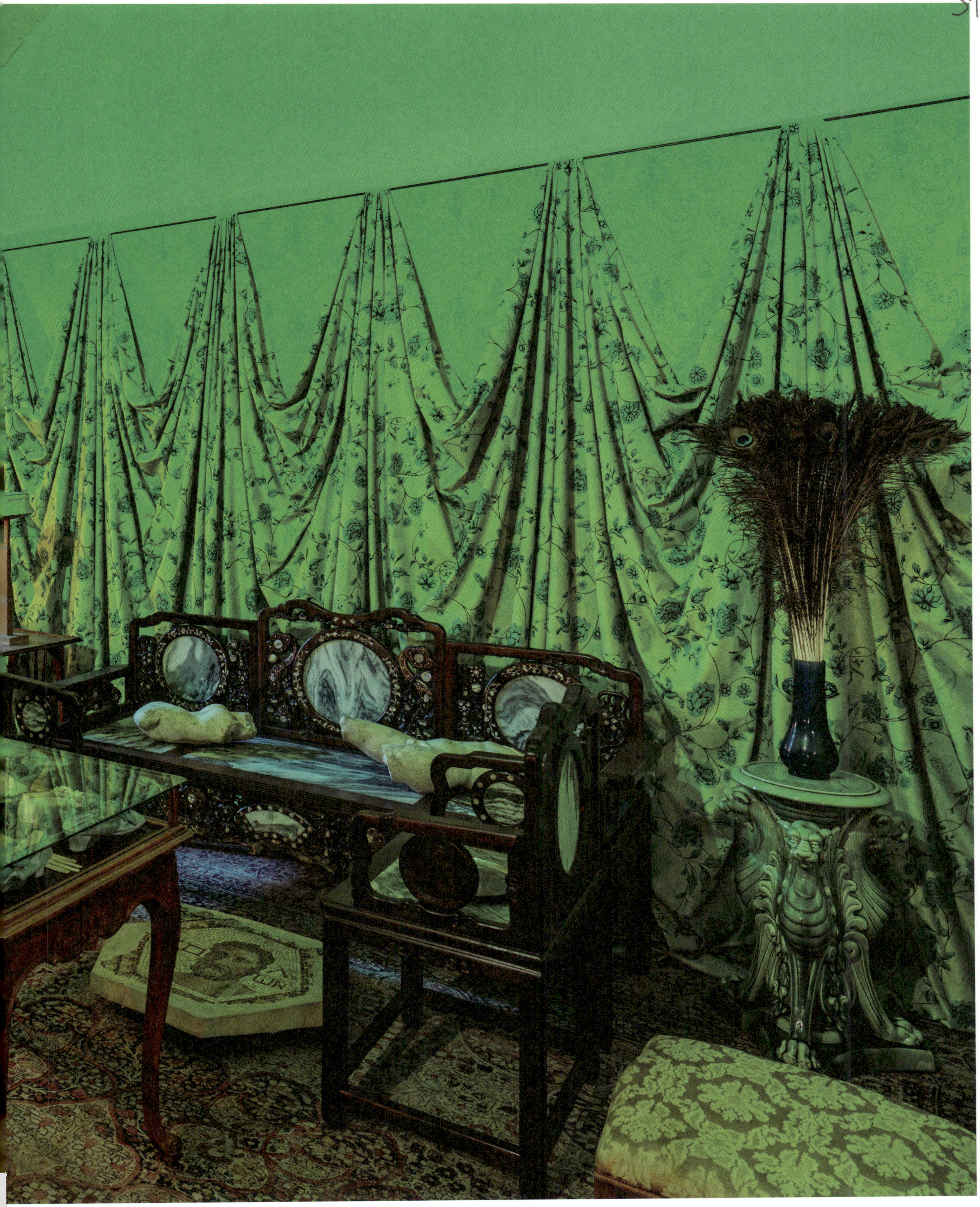

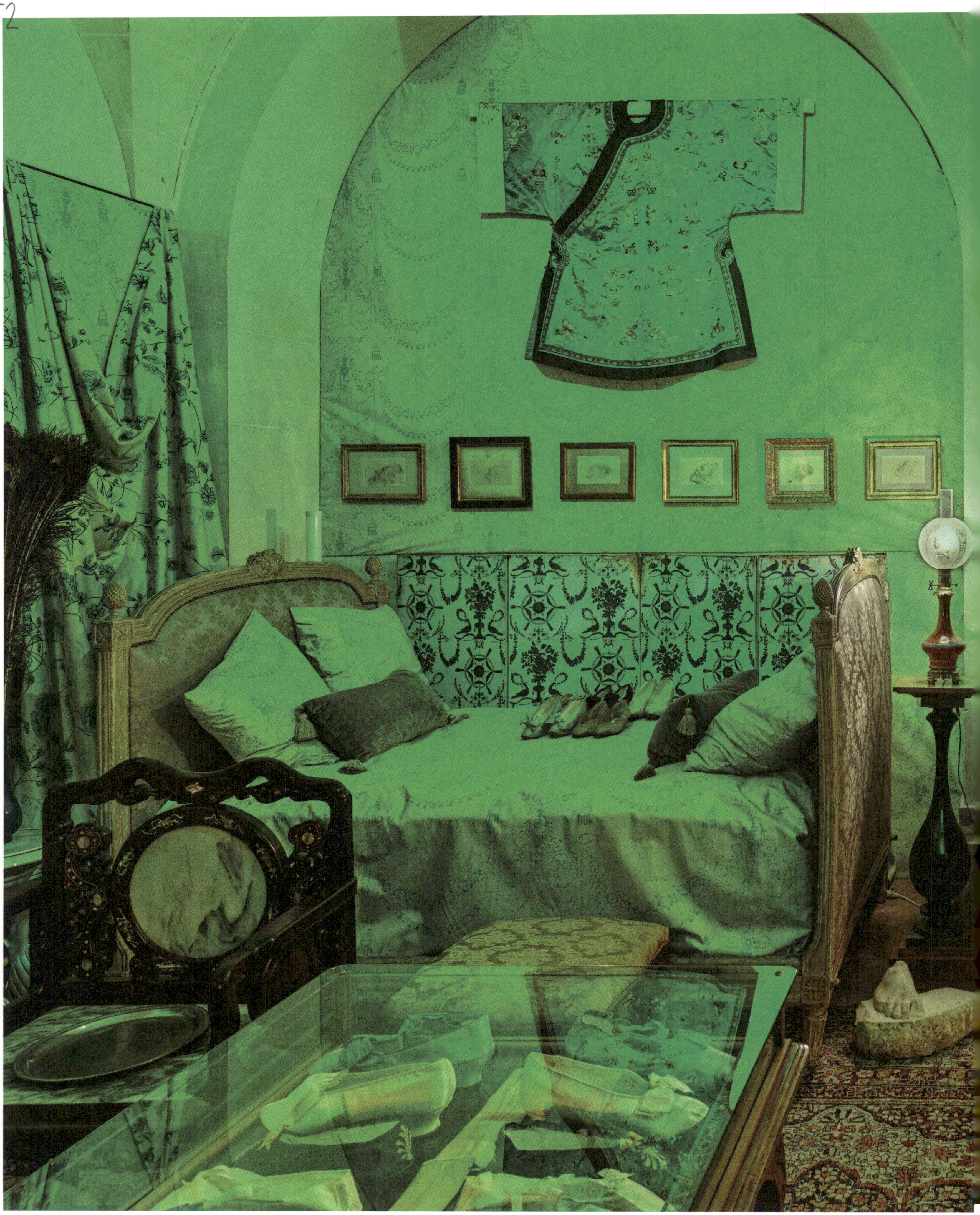

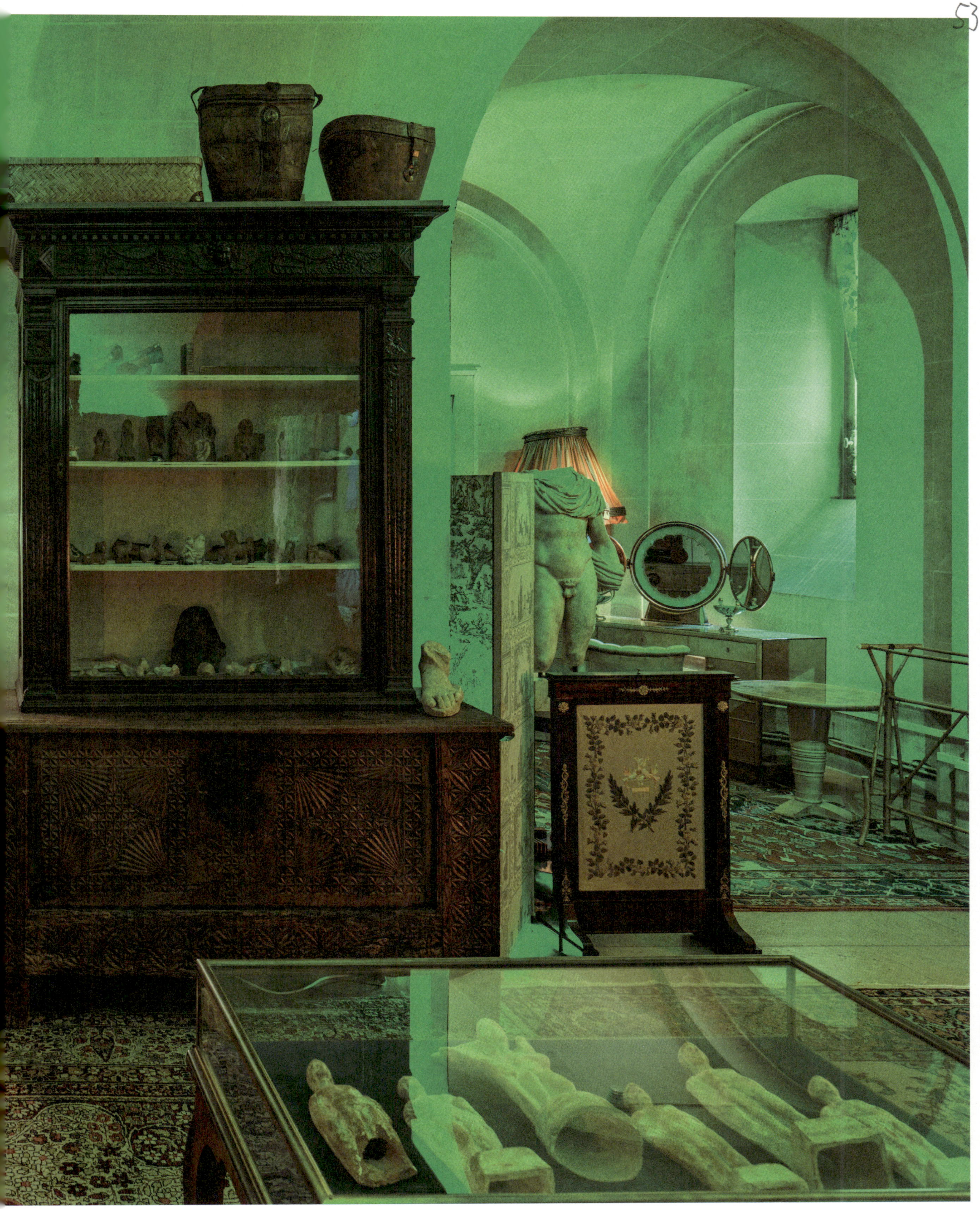

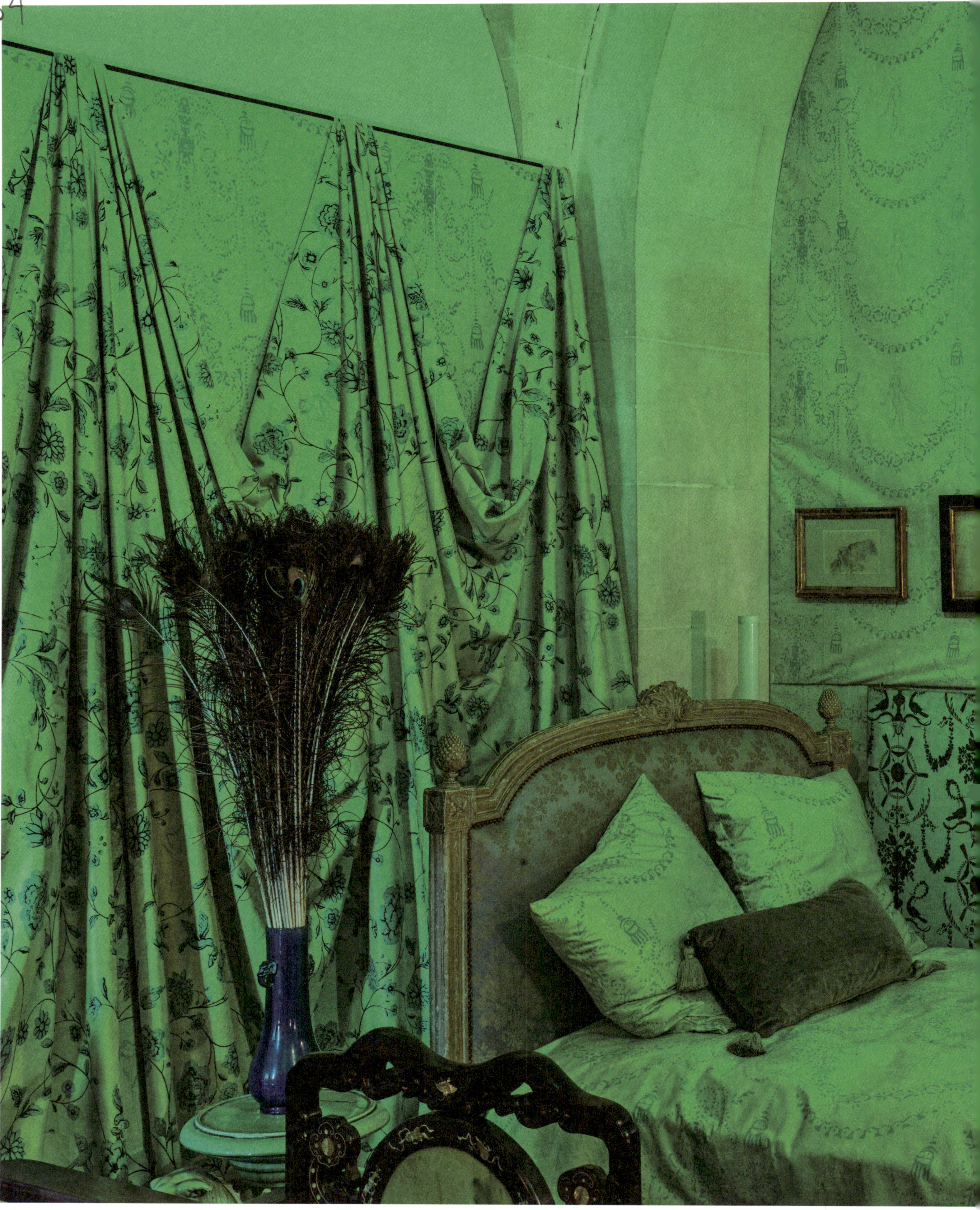

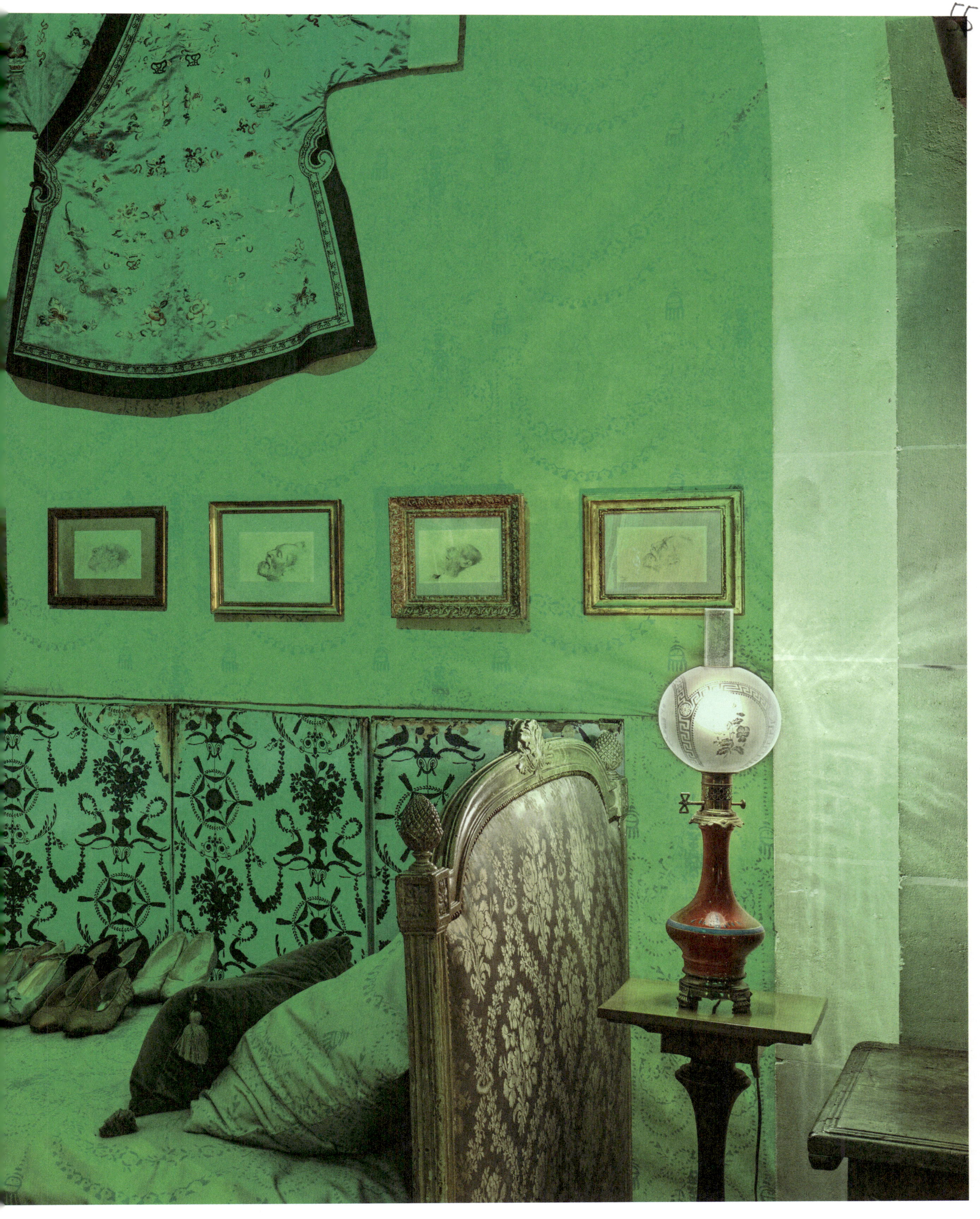

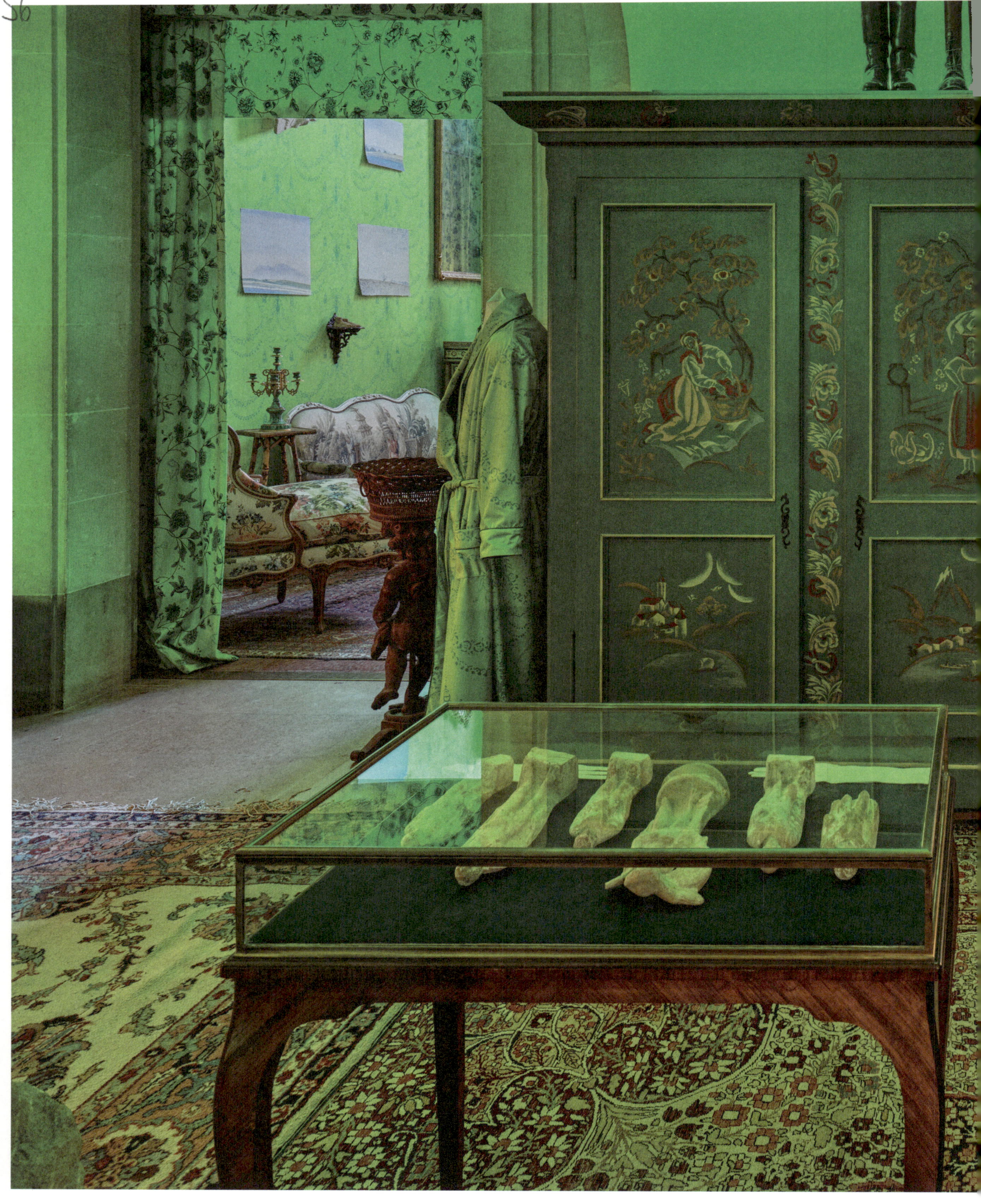

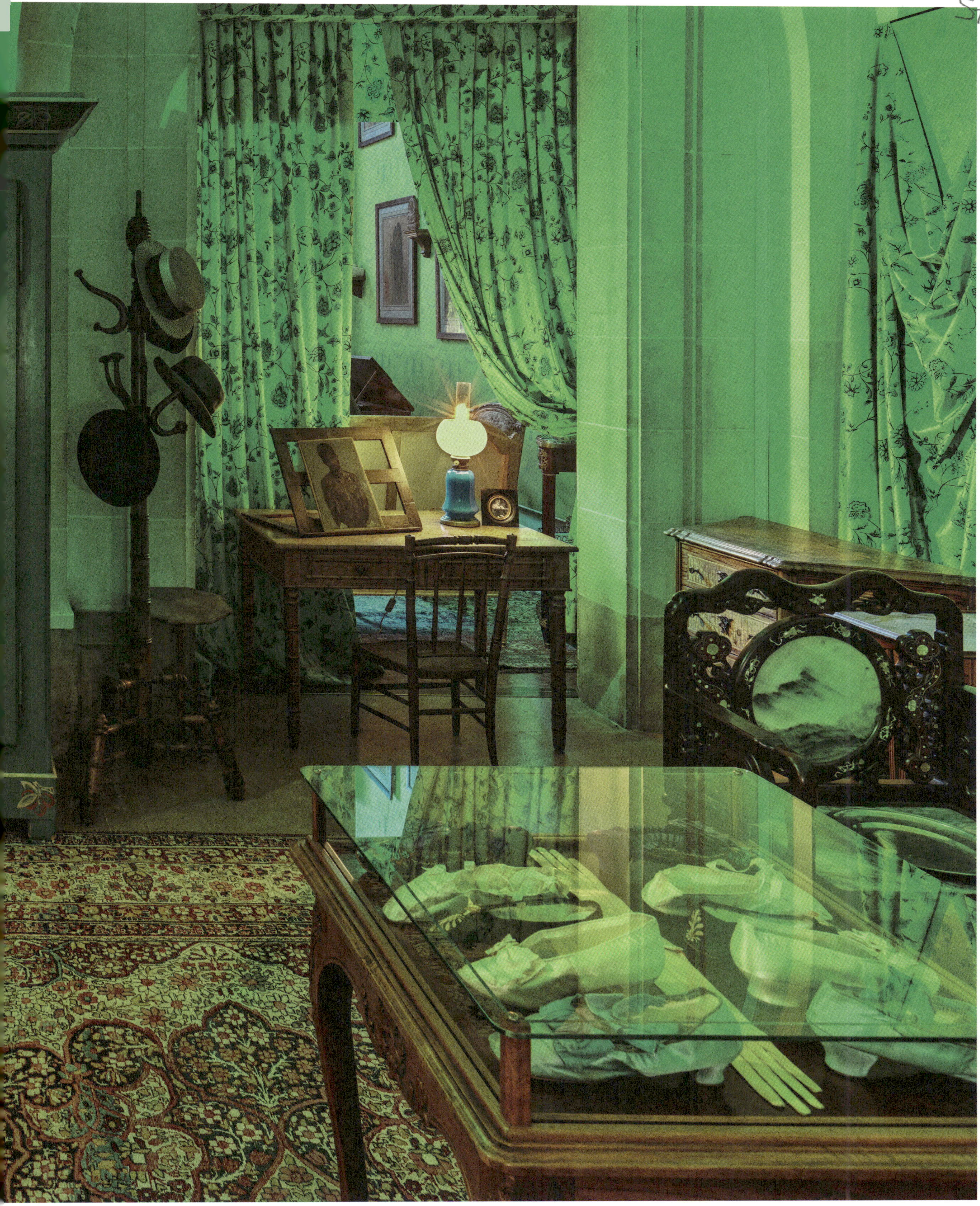

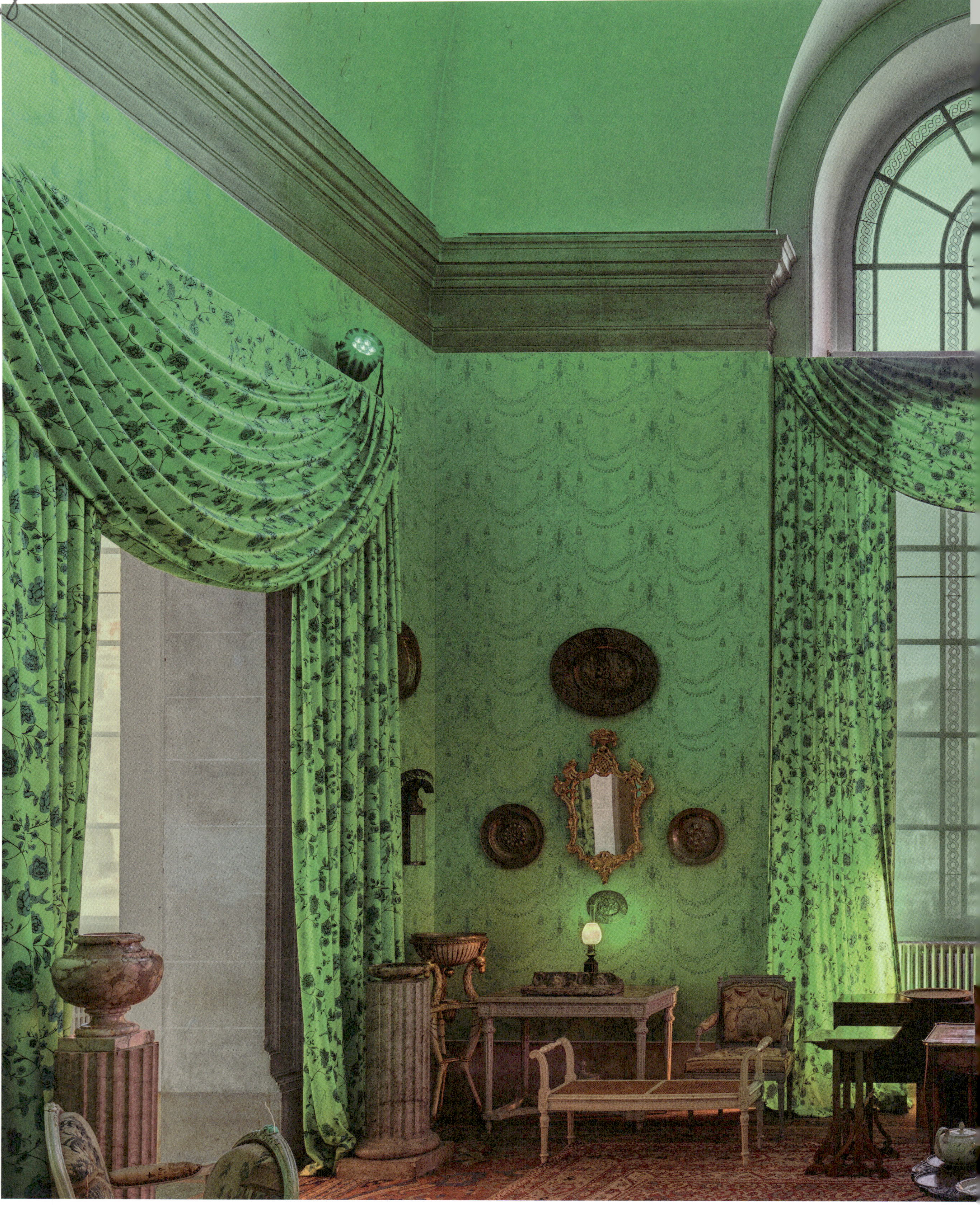

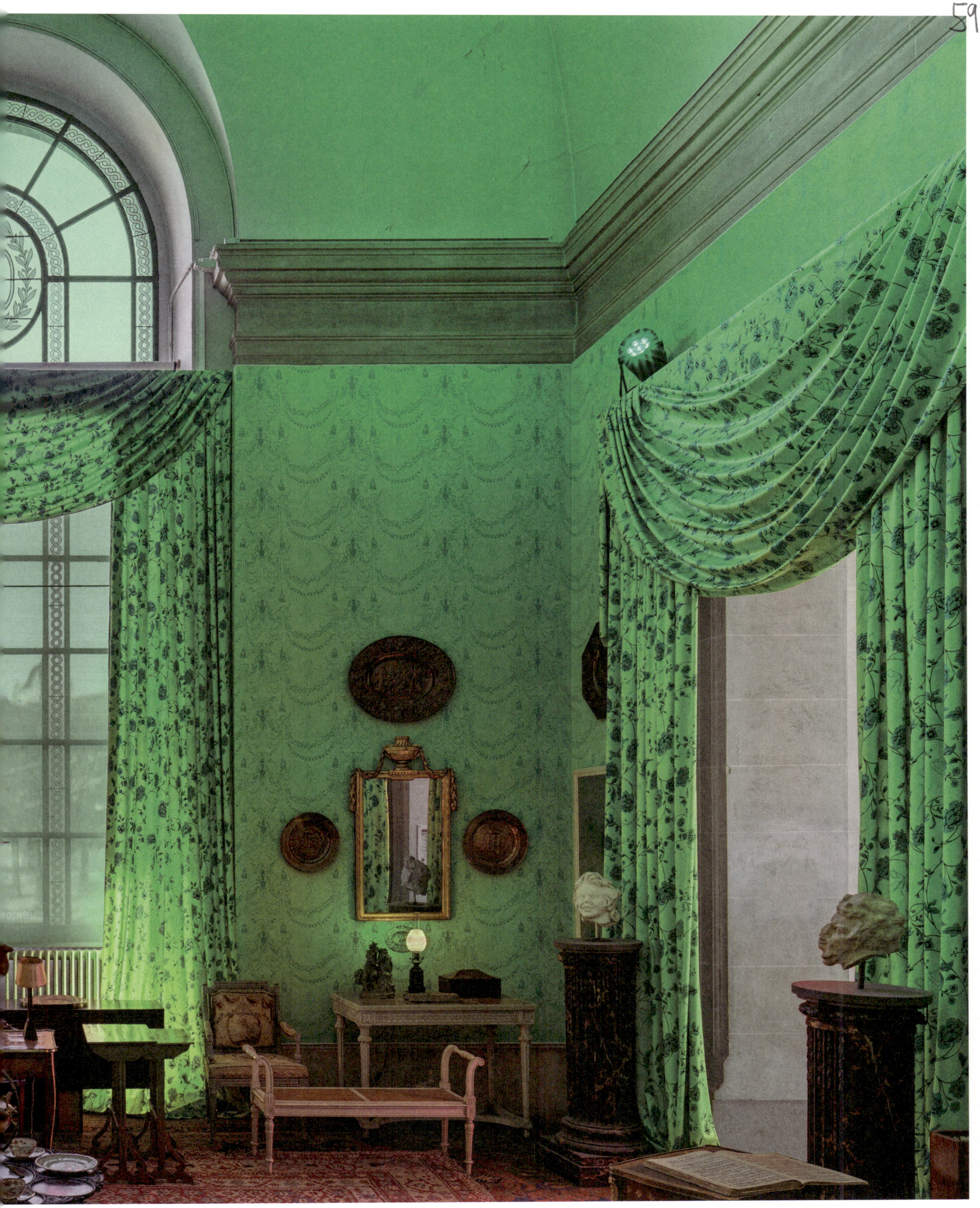

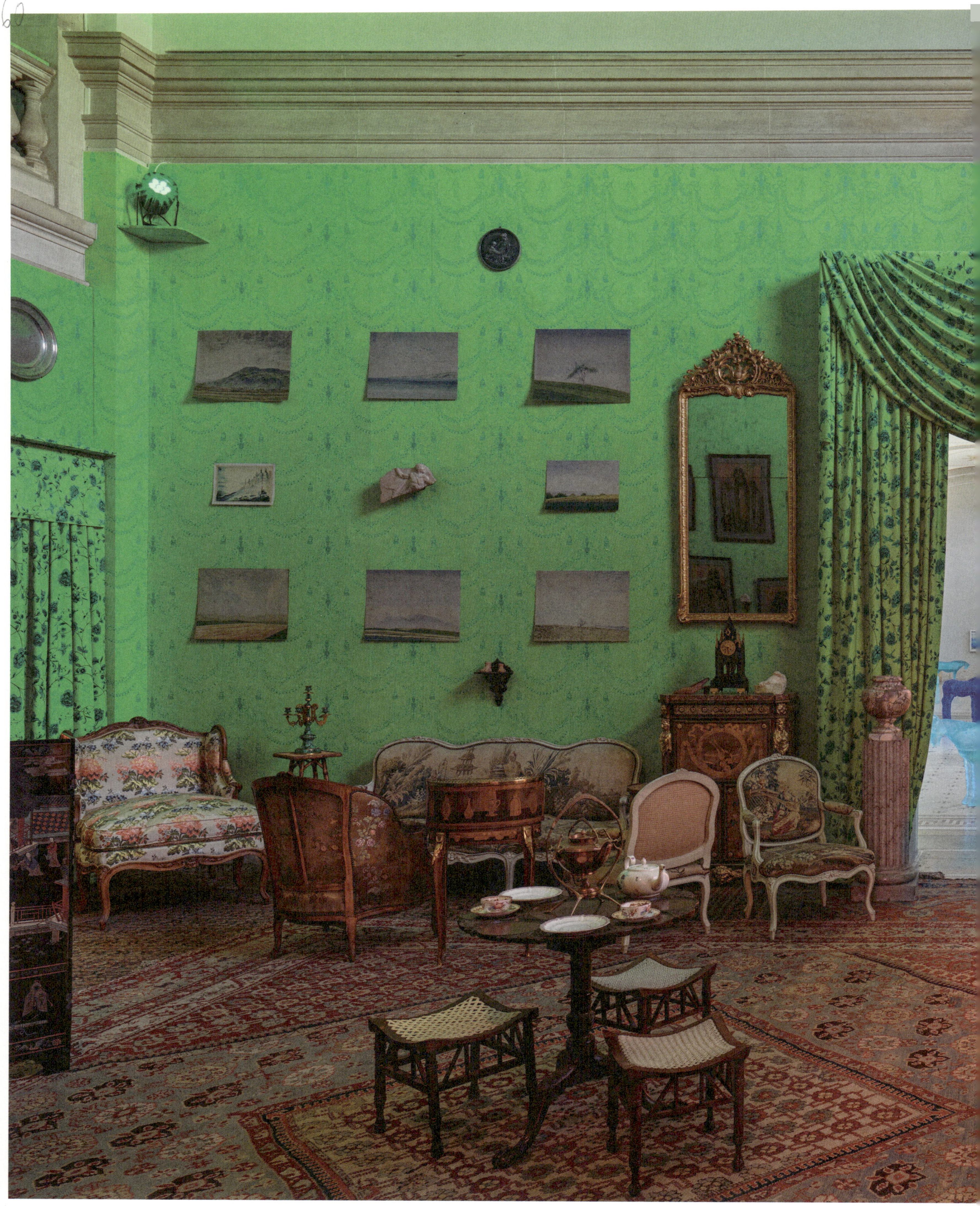

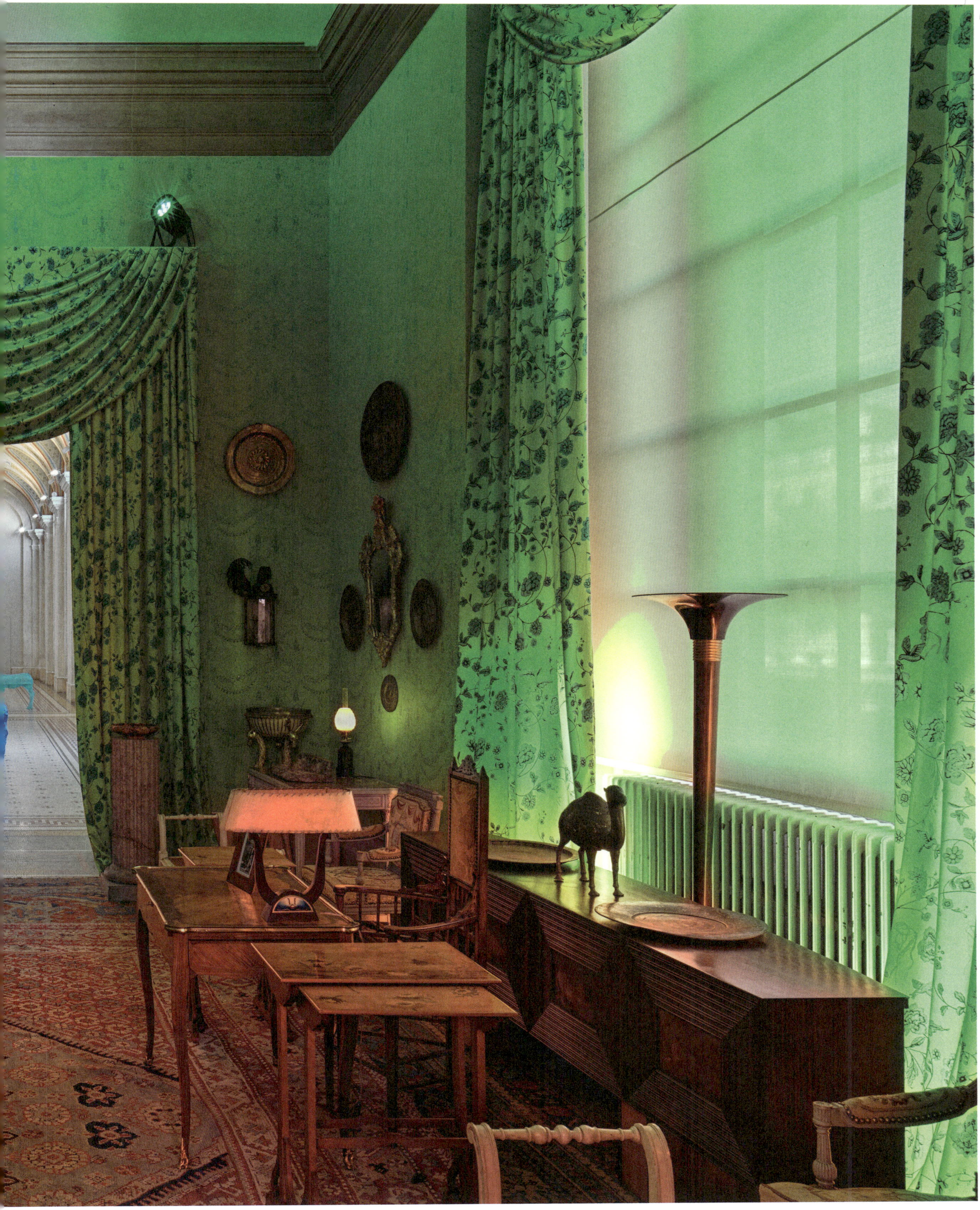

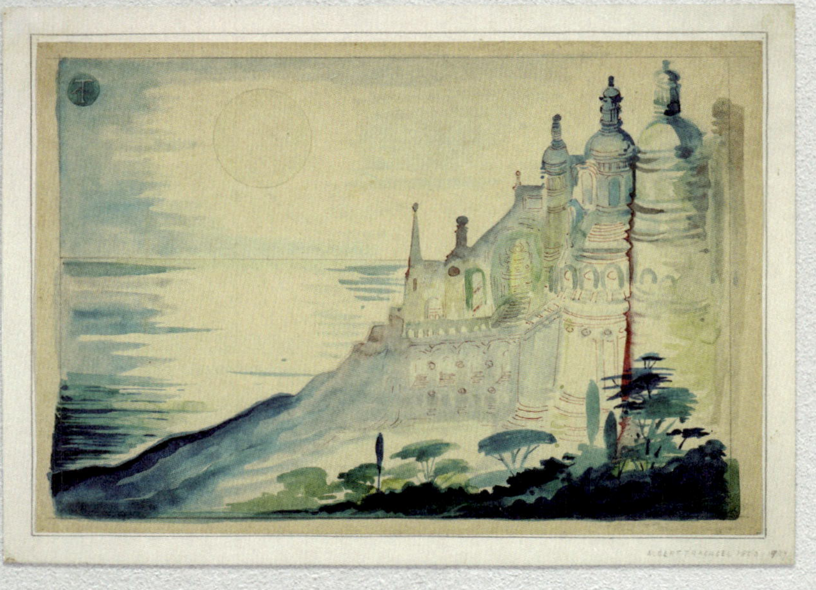

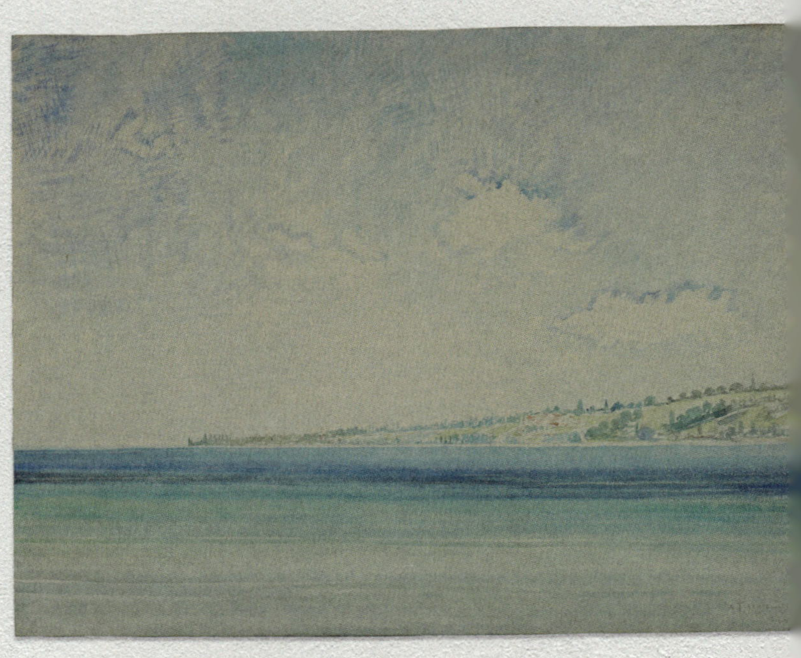

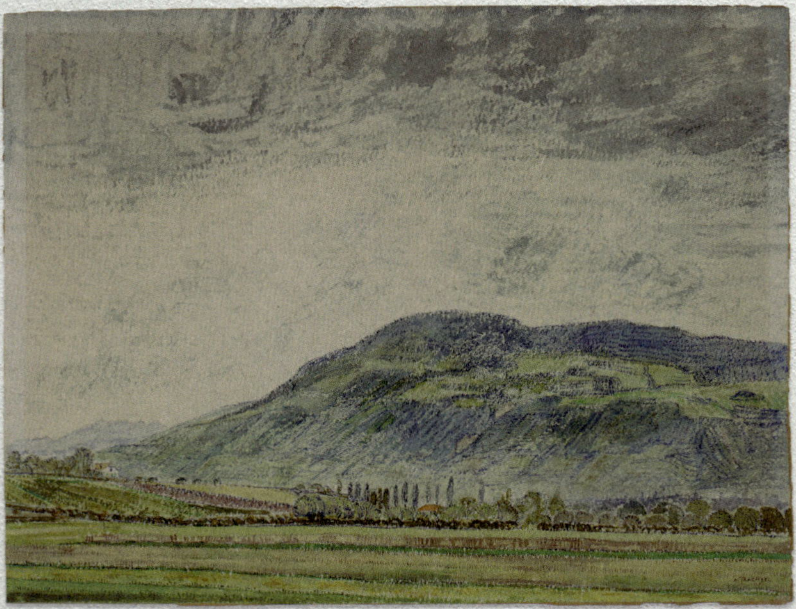

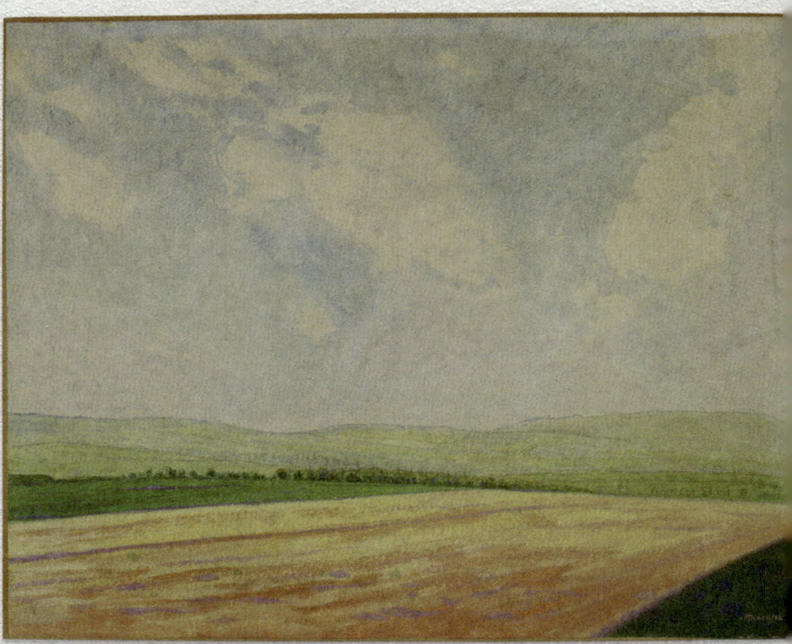

albert trachsel

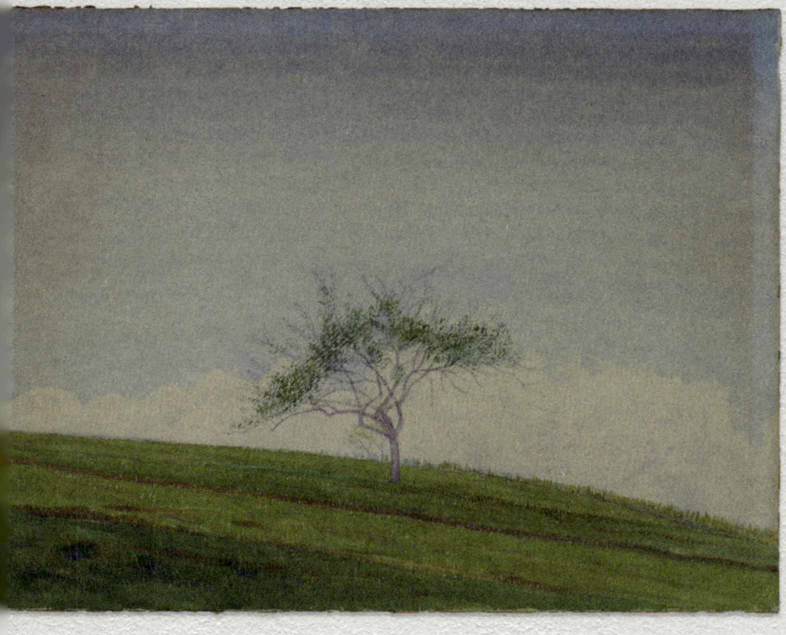

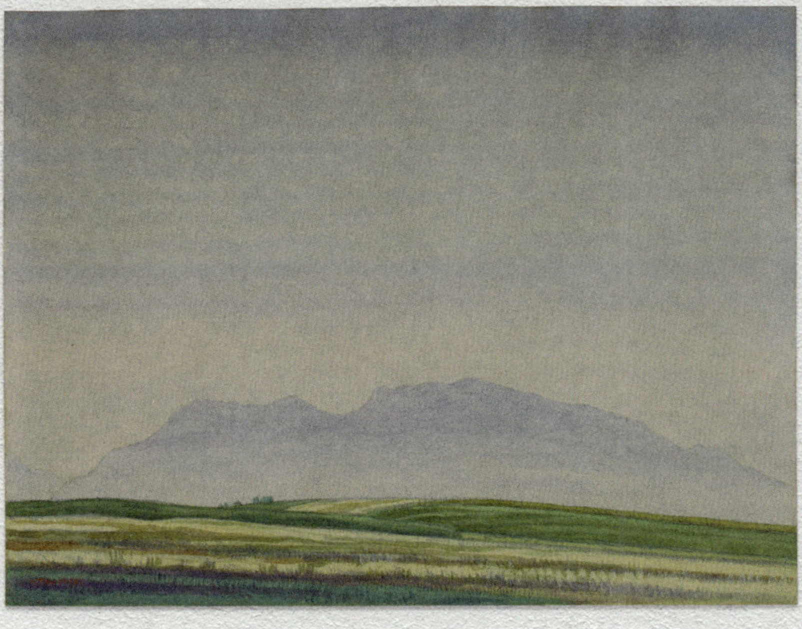

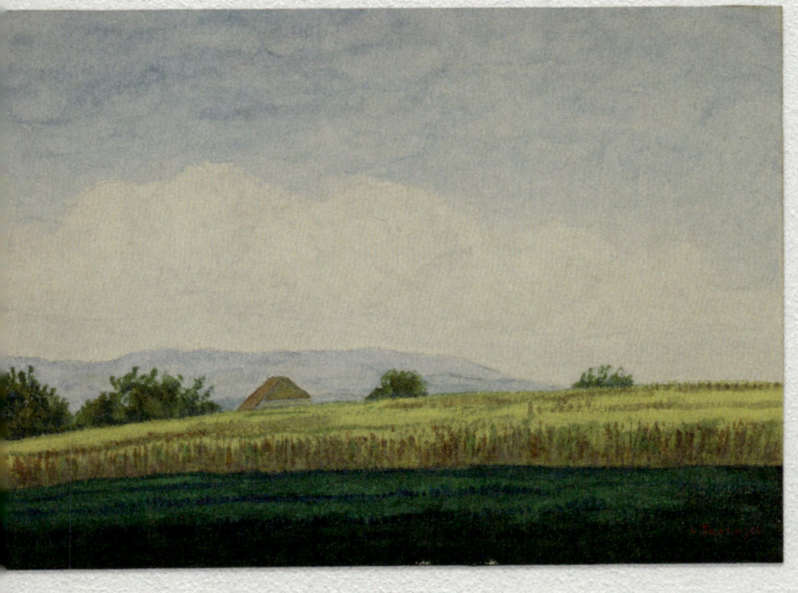

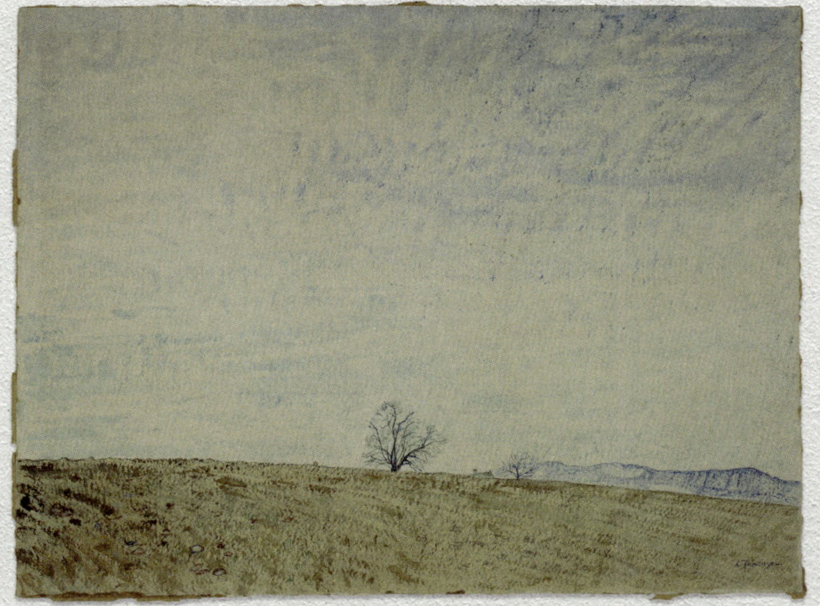

landscapes 1897-1915

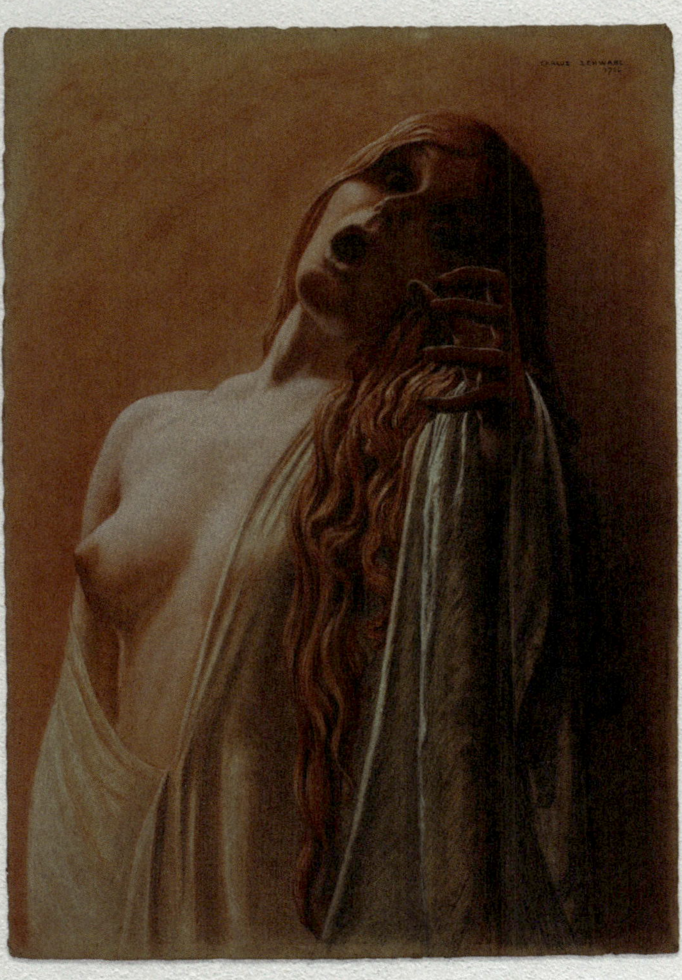

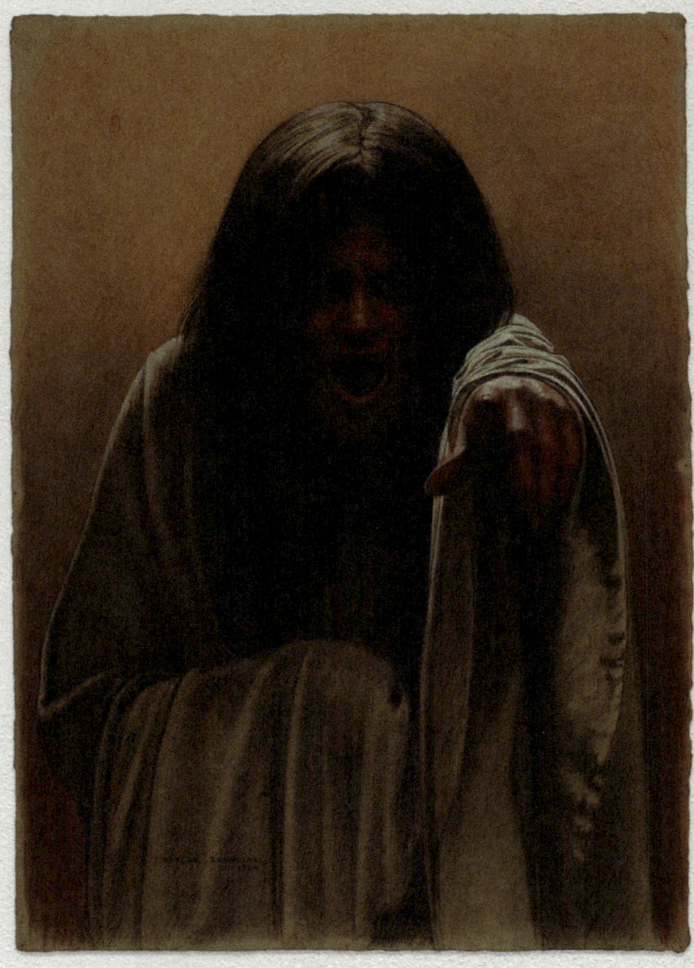

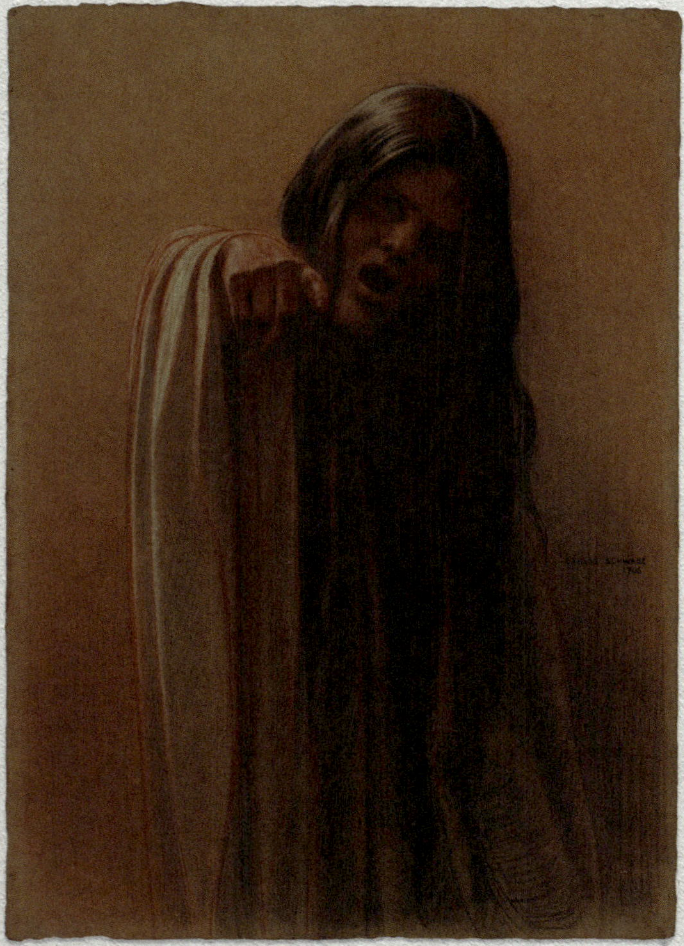

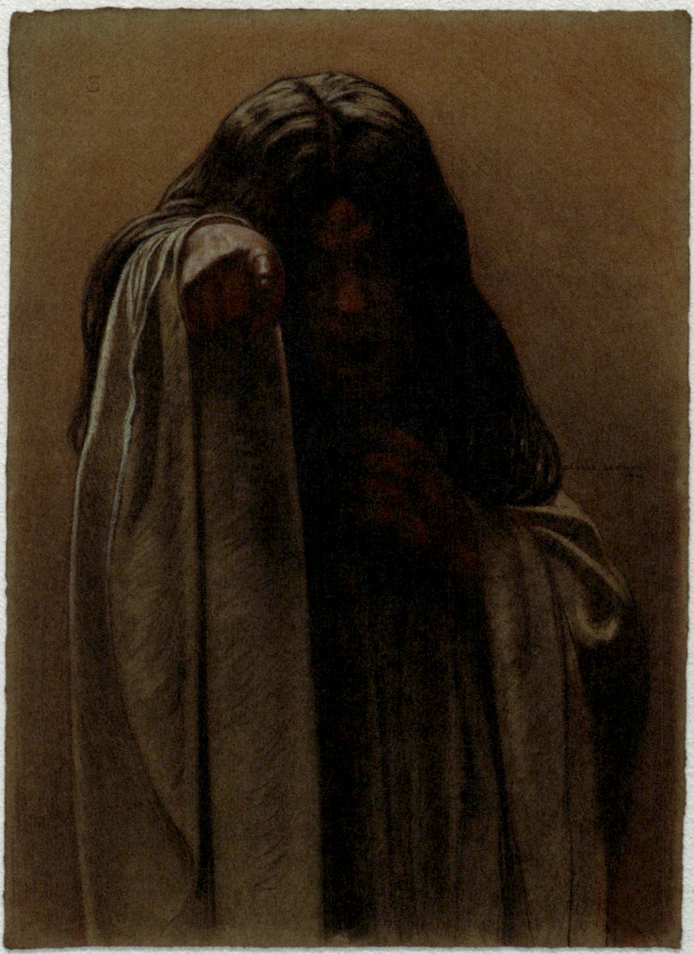

carlos schwabe

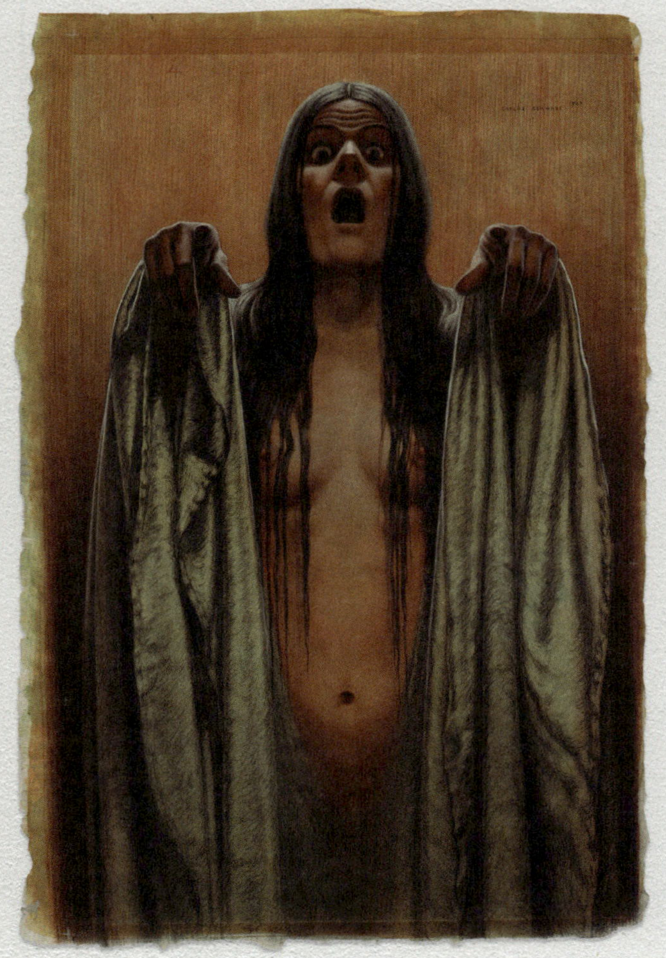

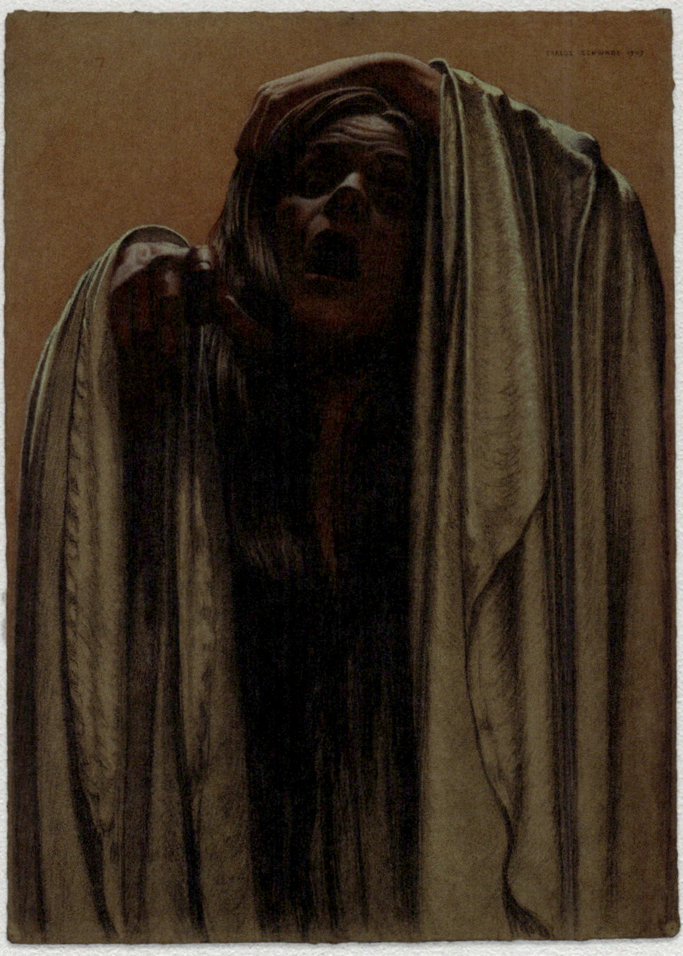

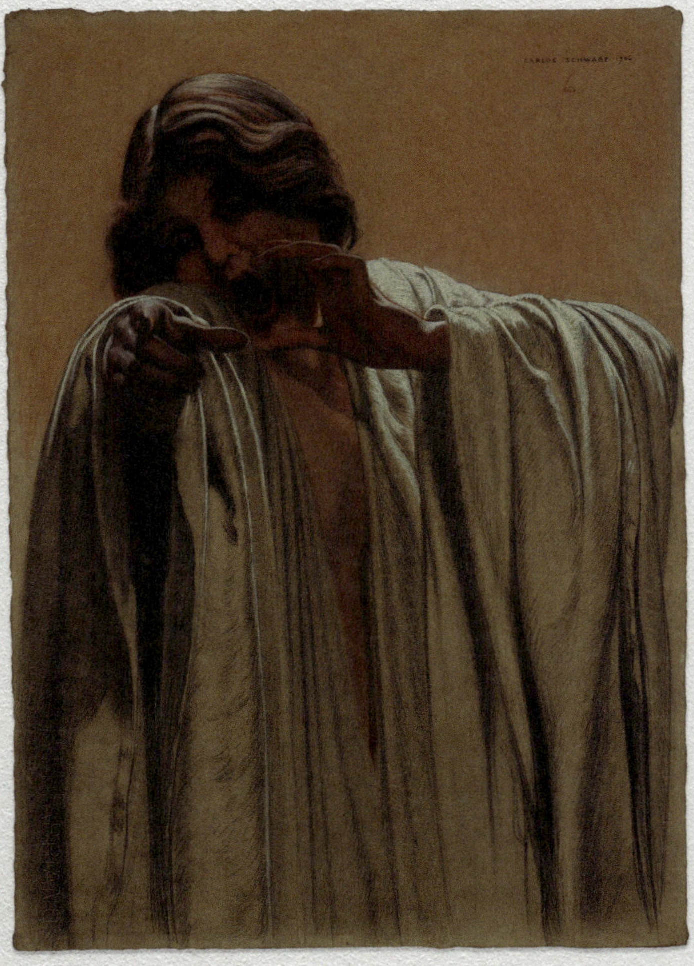

studies for "la mer" ("la vague") 1906

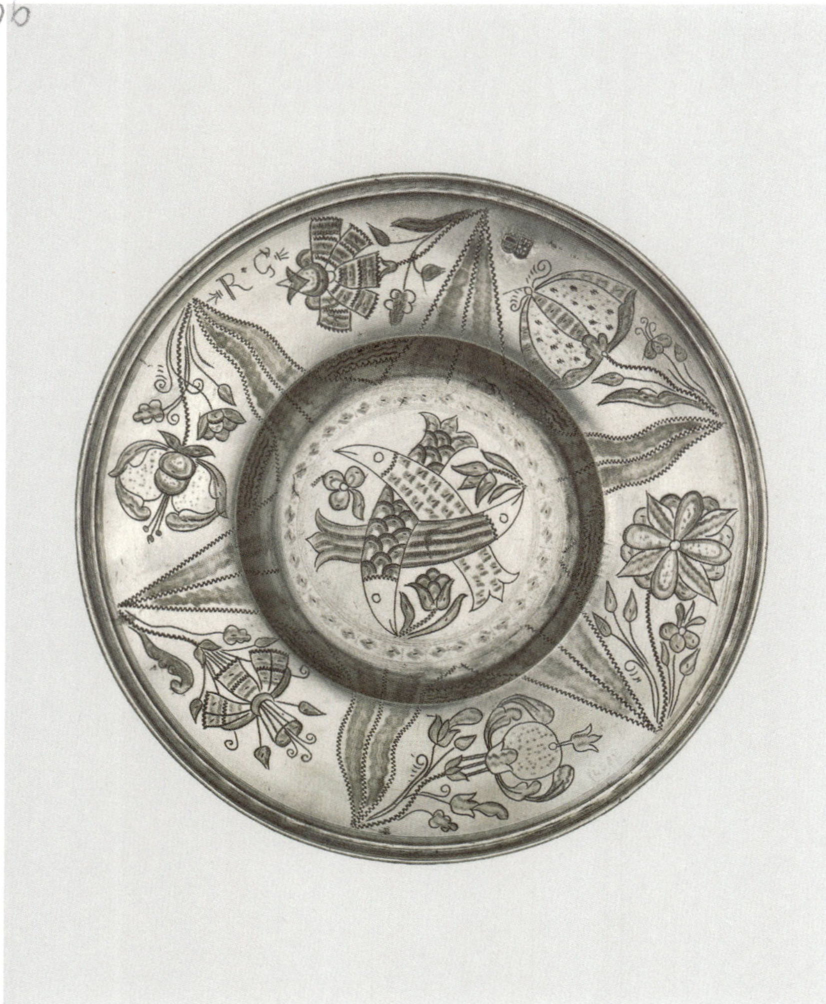
R·G

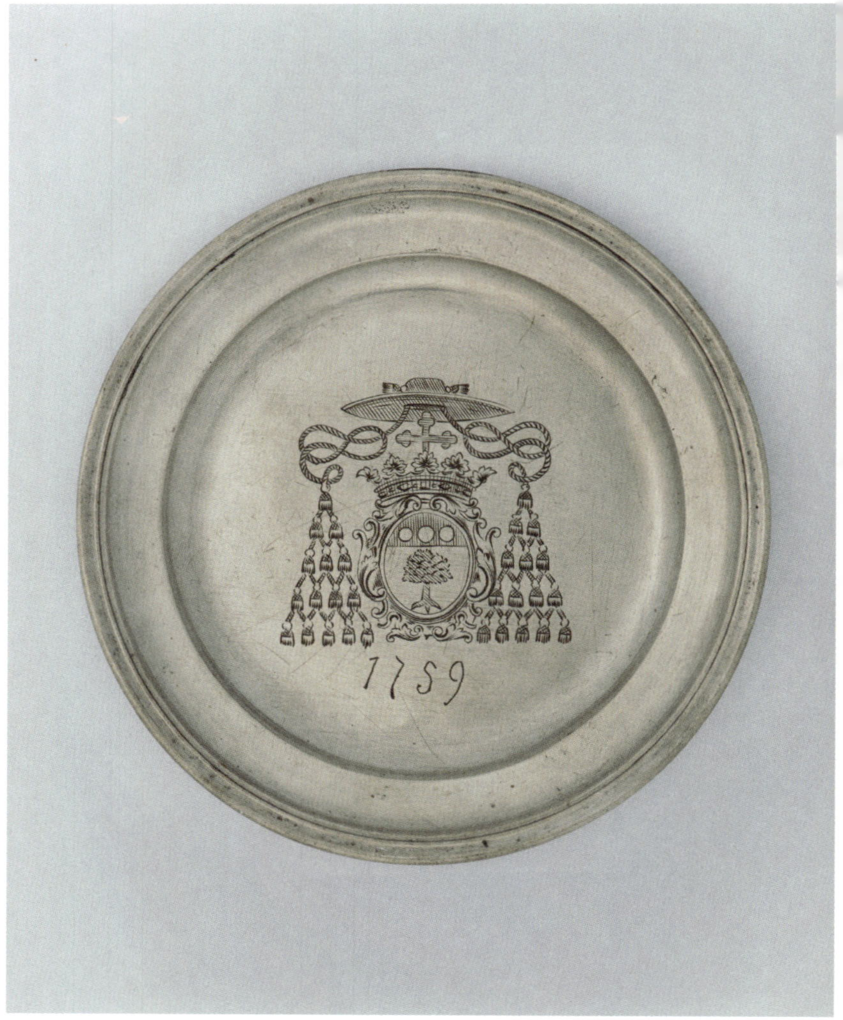
1759

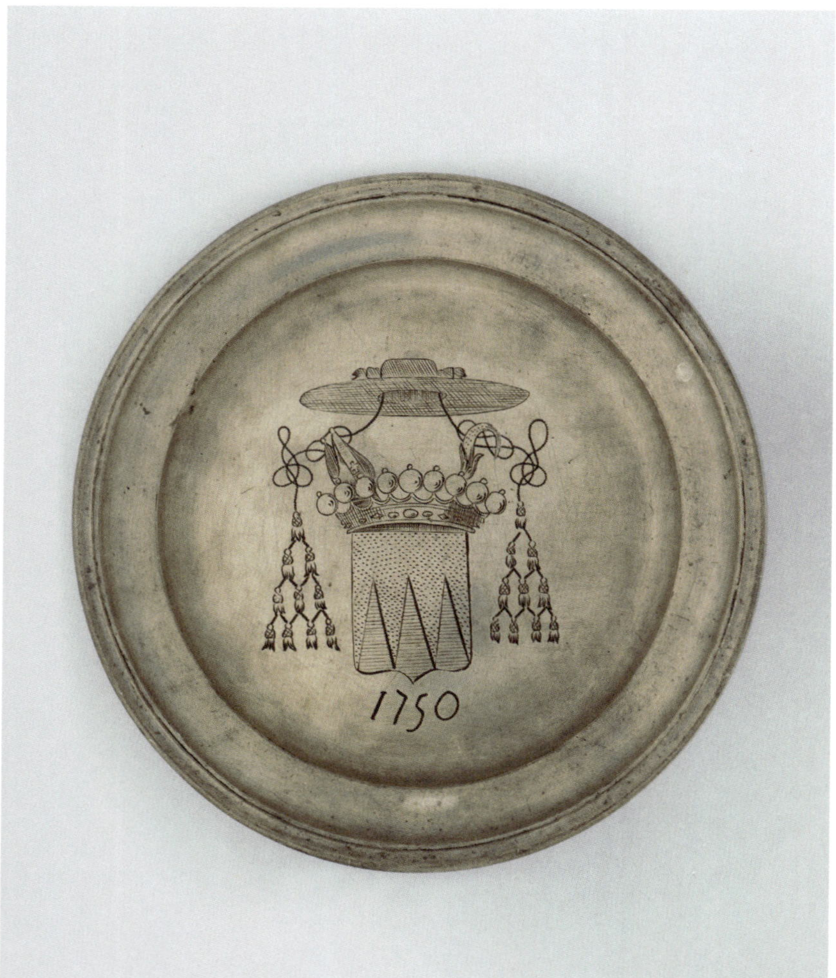
1750

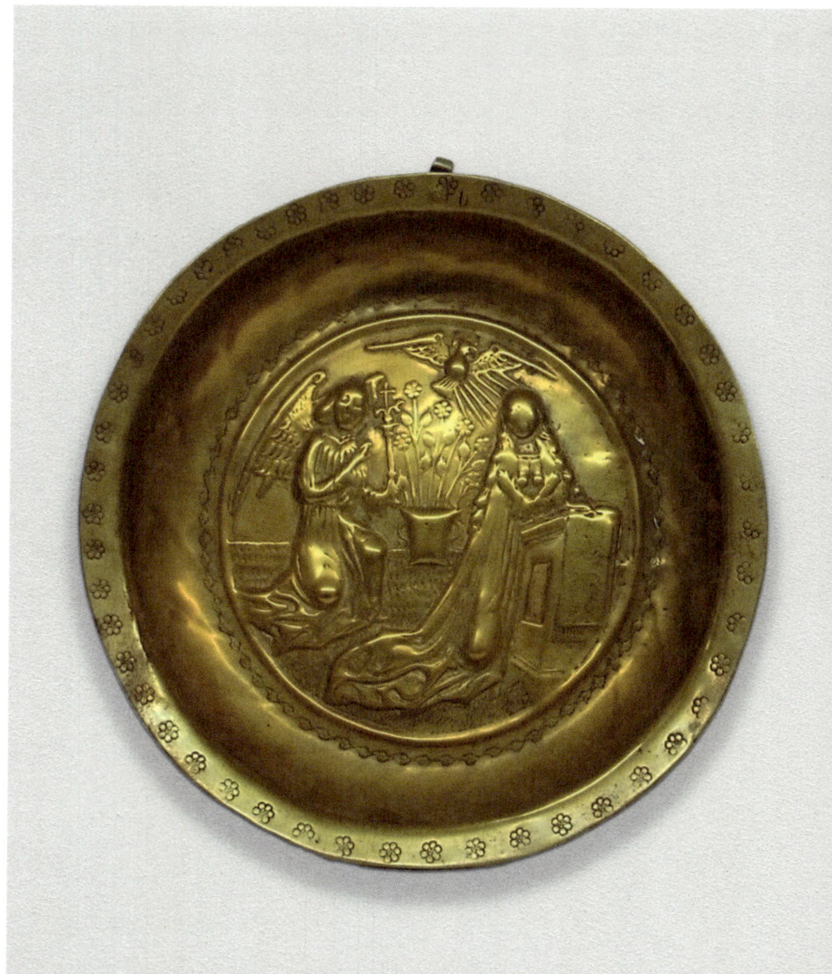

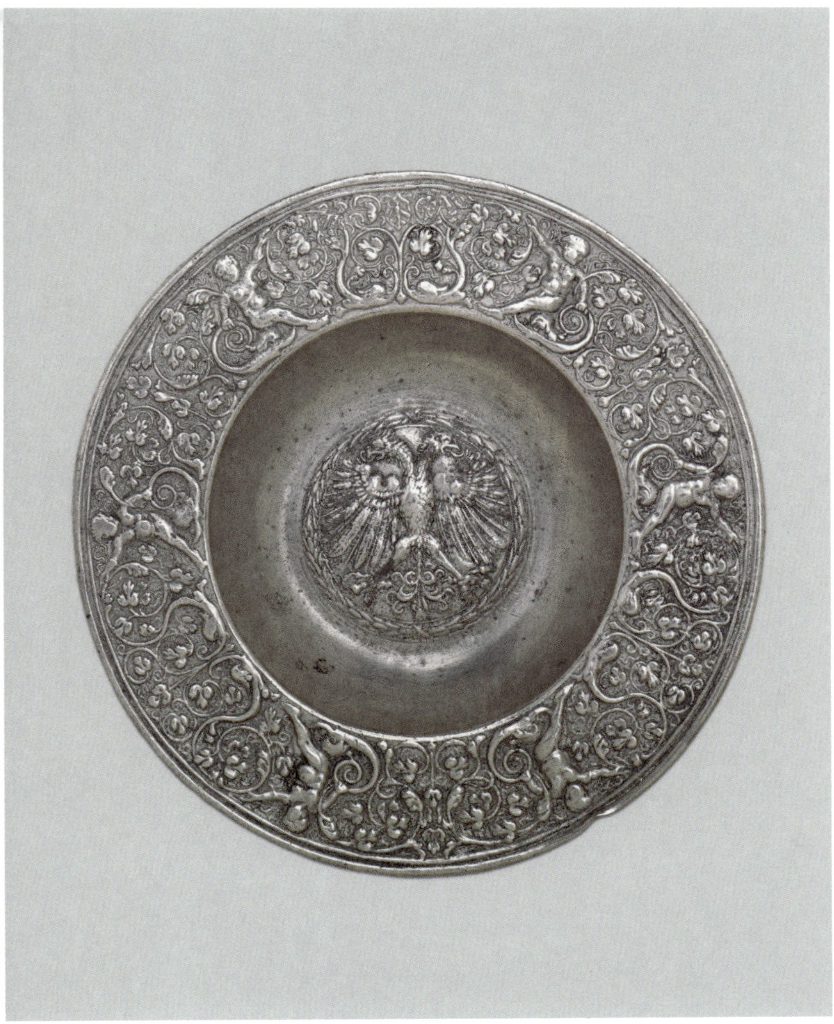

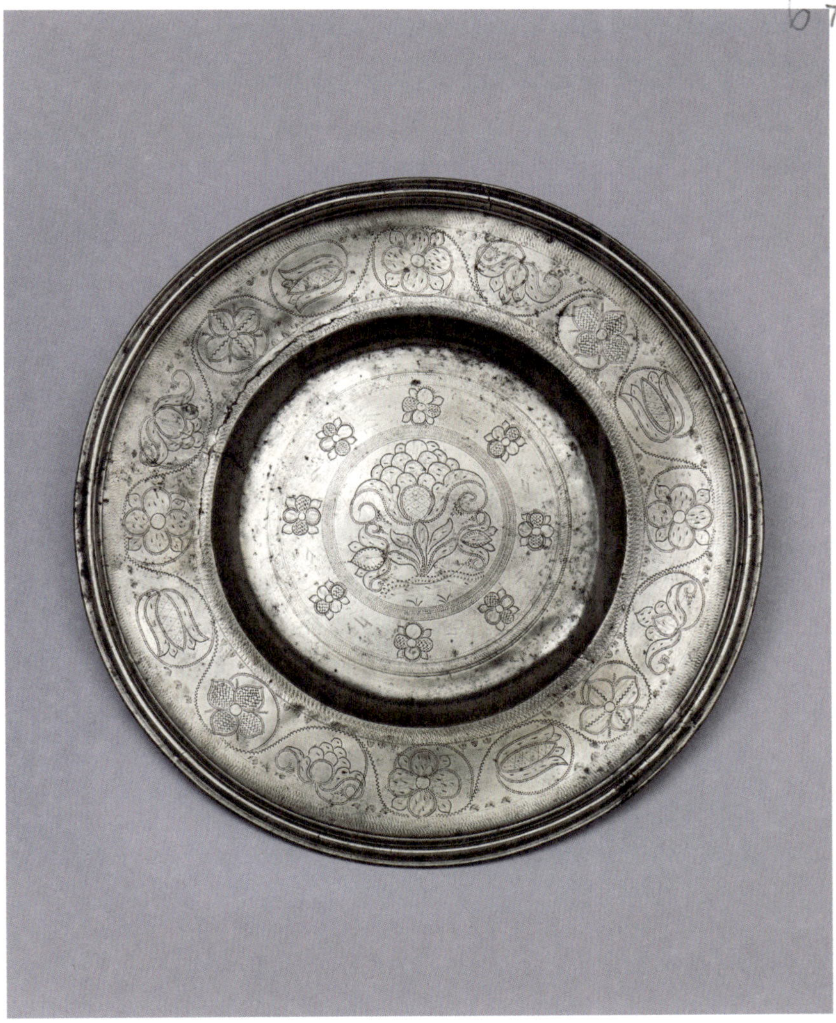

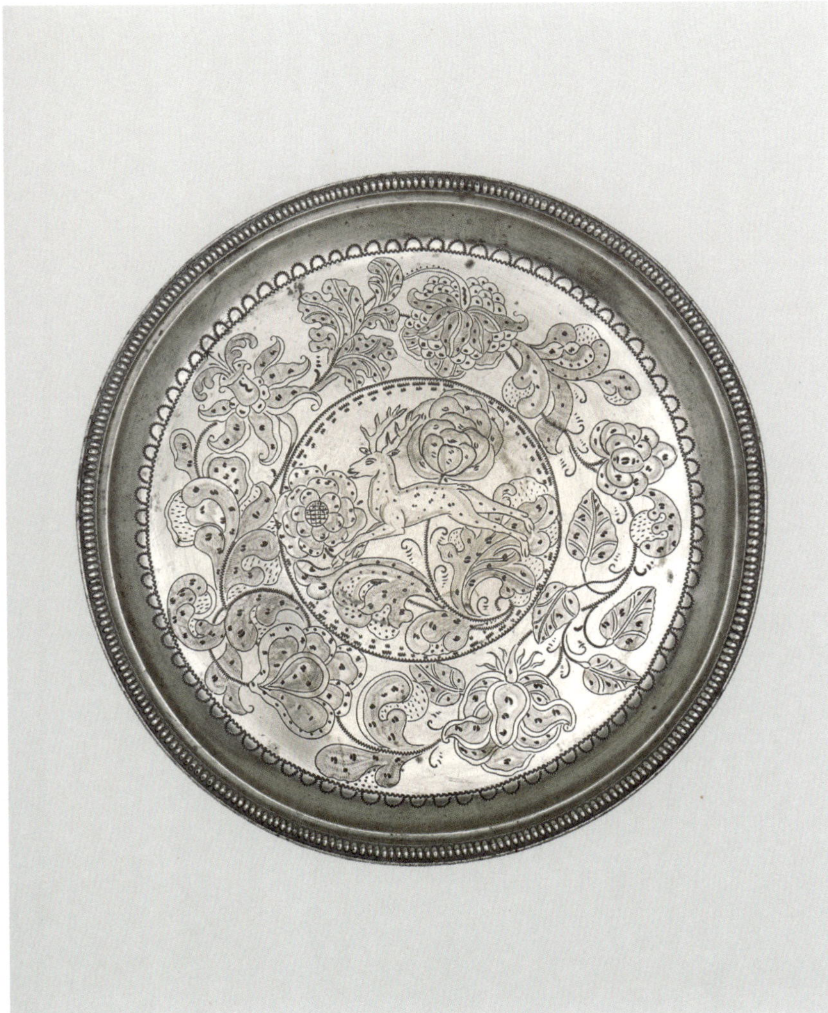

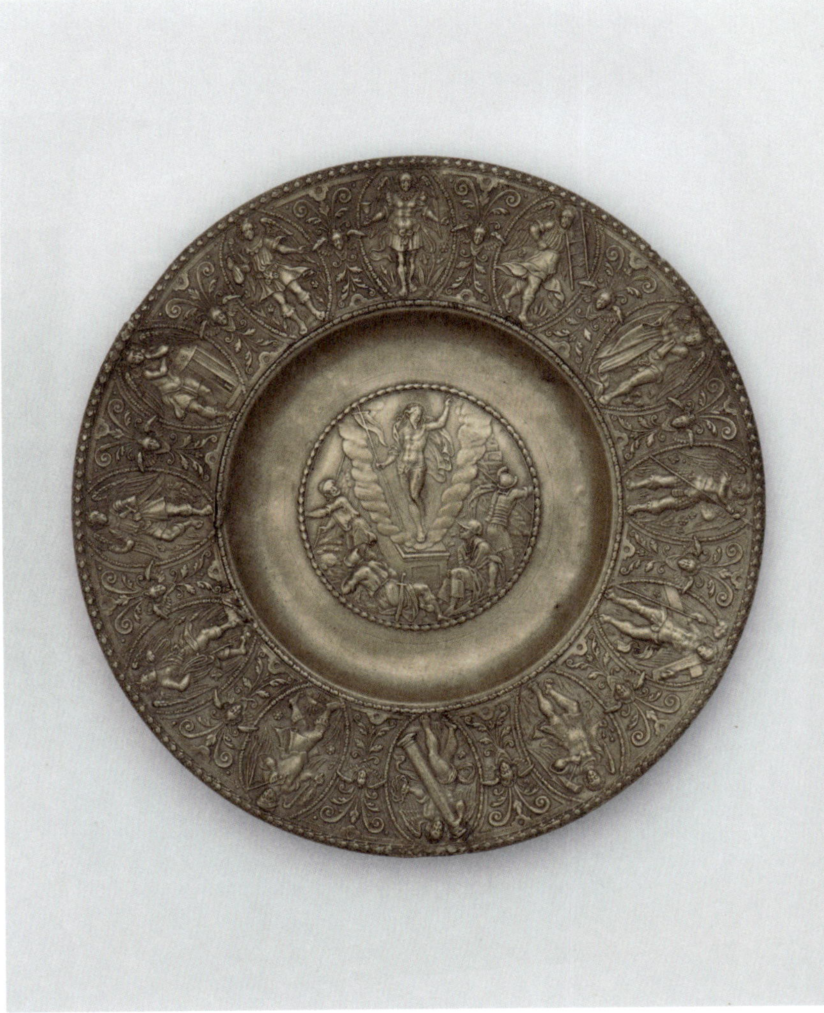

plates and dishes XV-XIX century

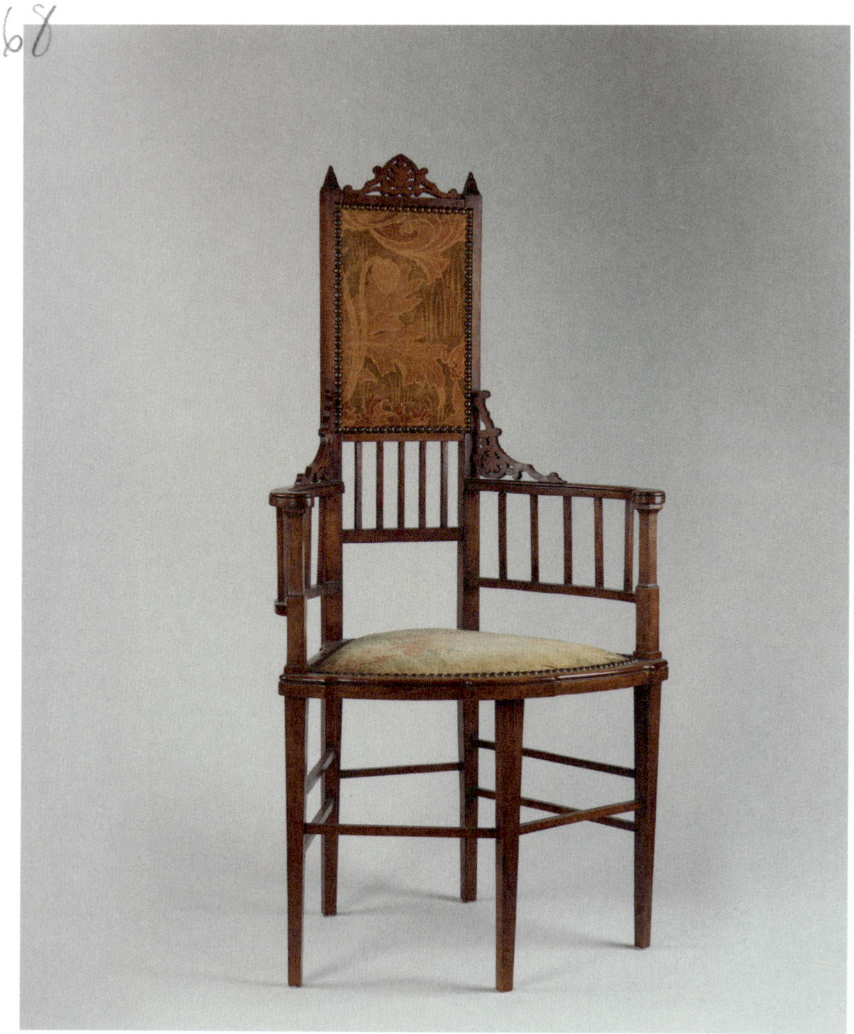

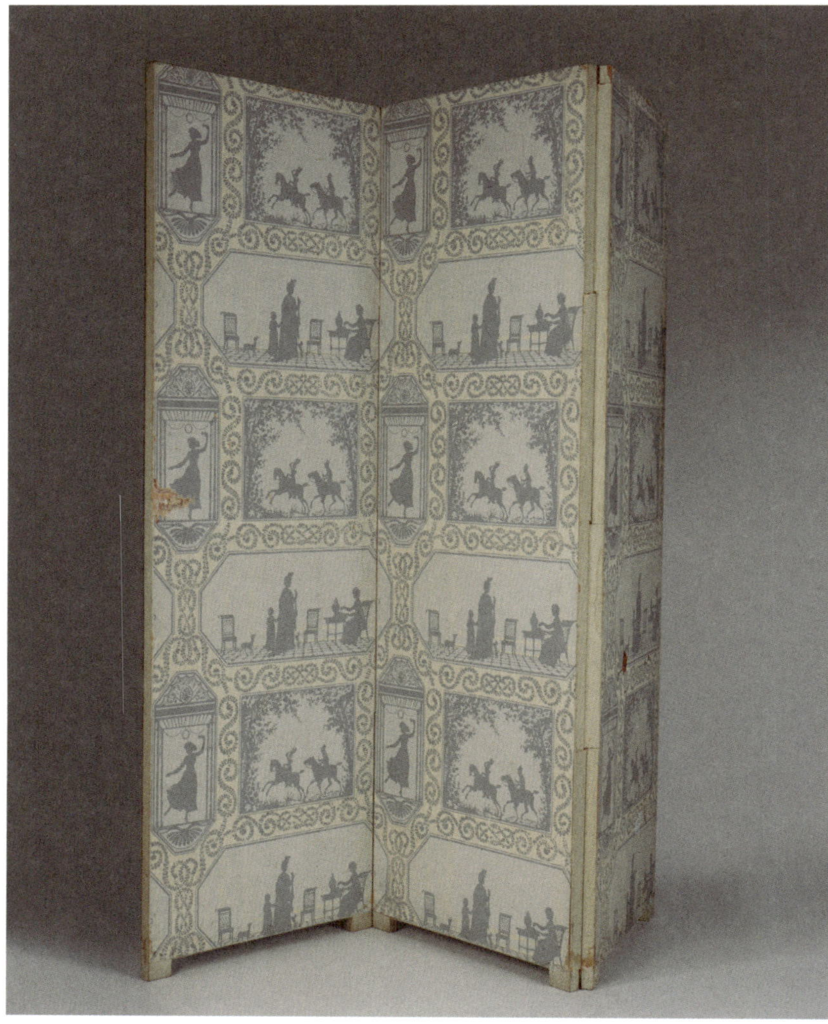

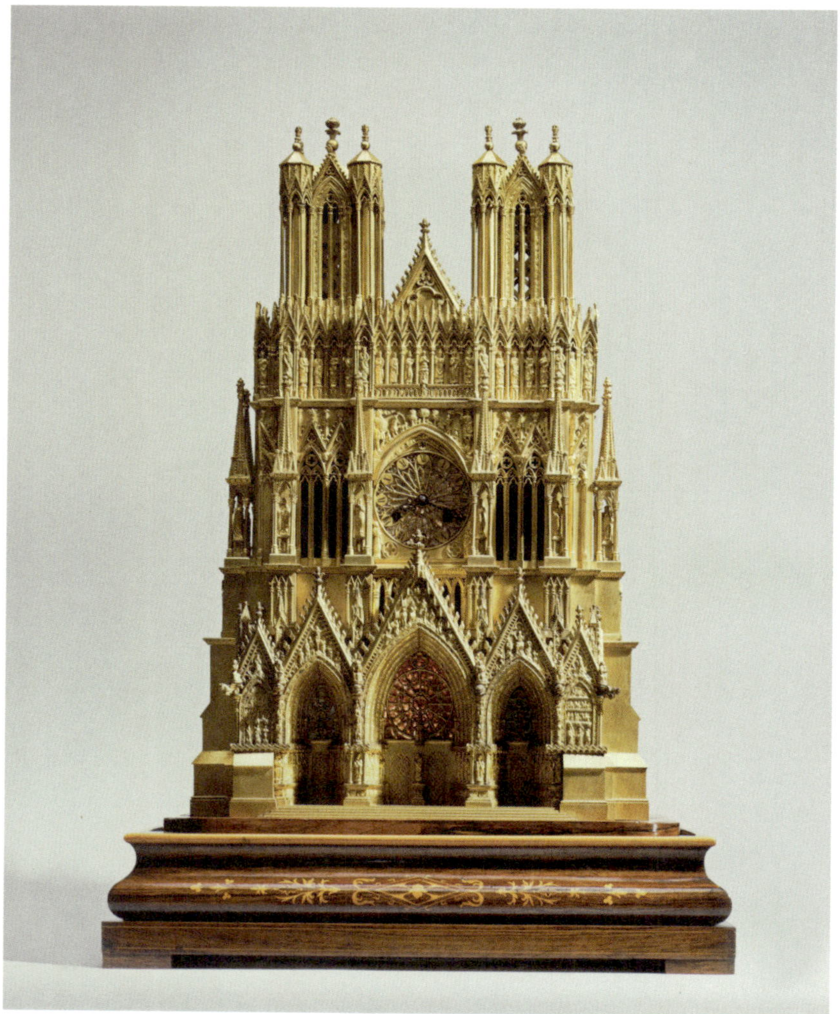

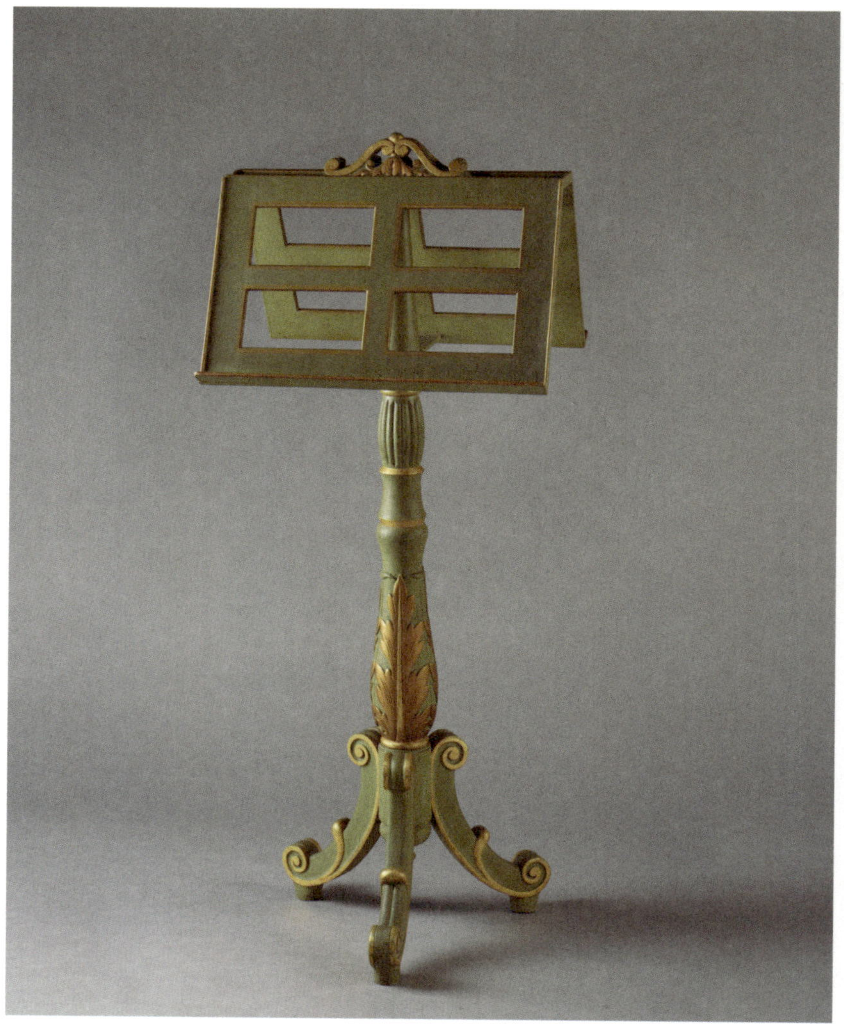

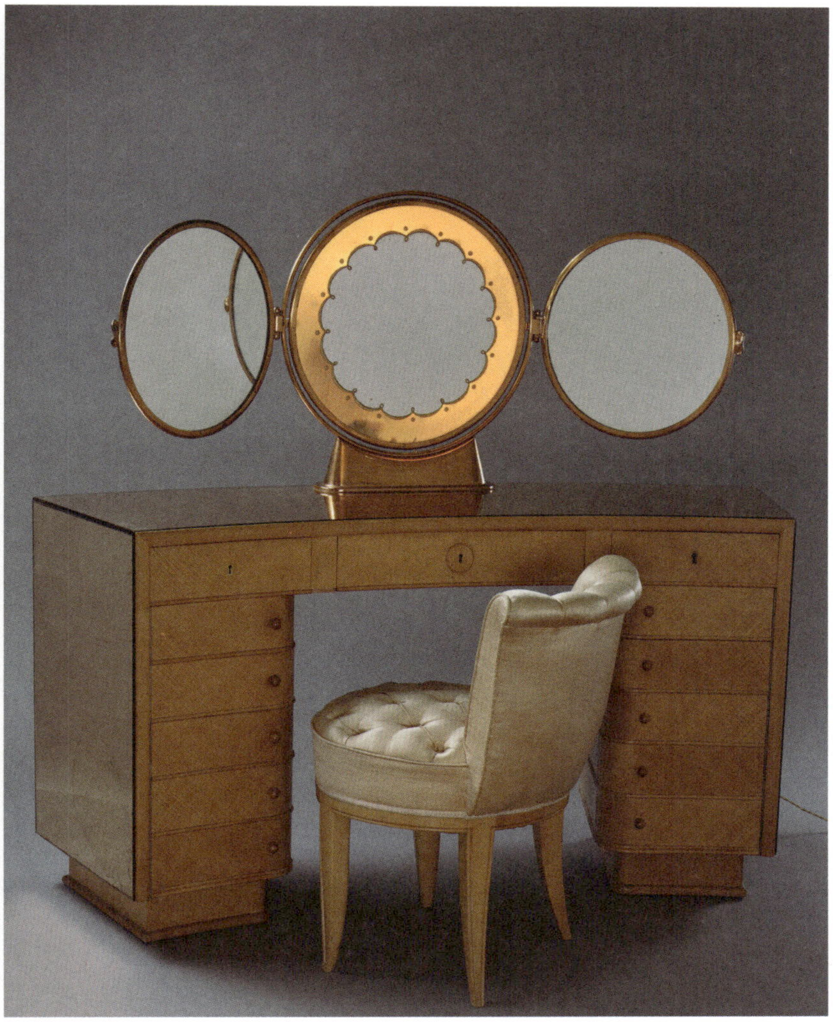
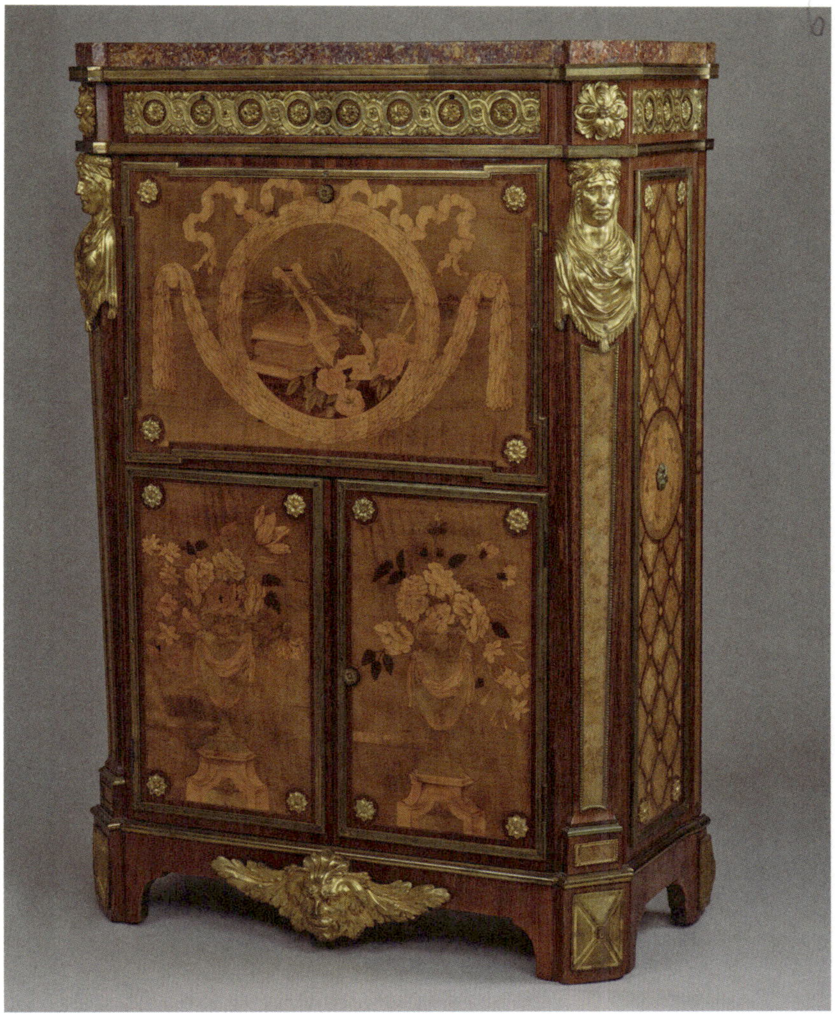
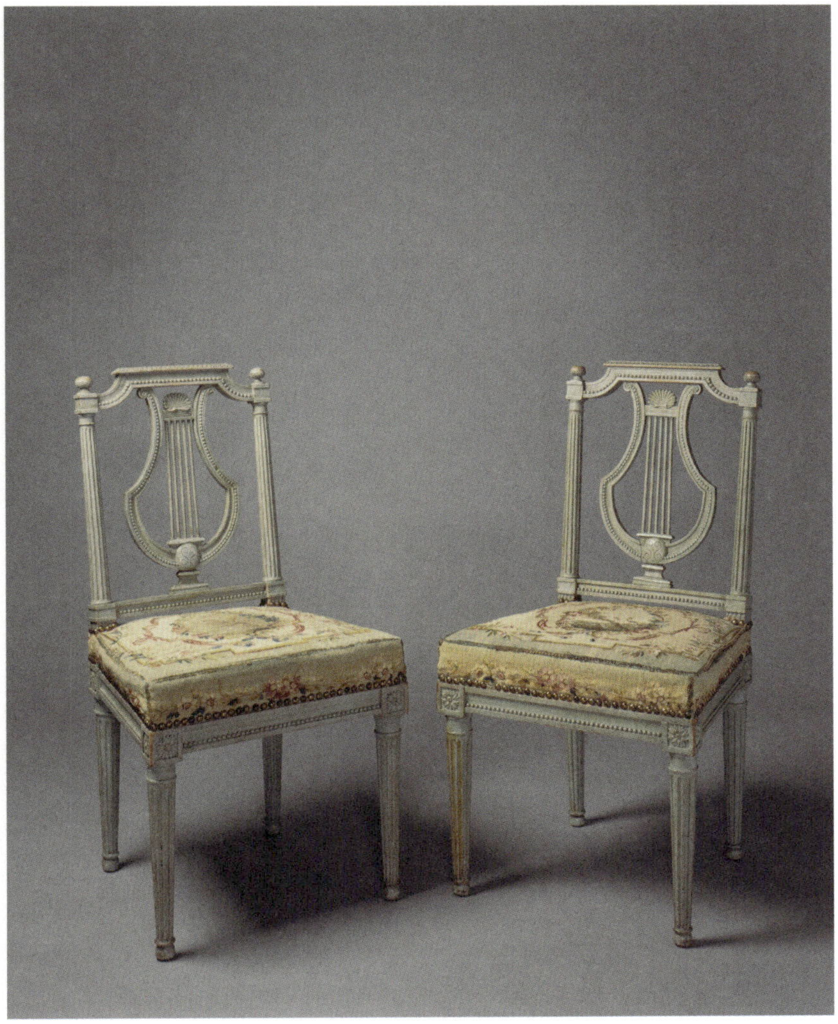
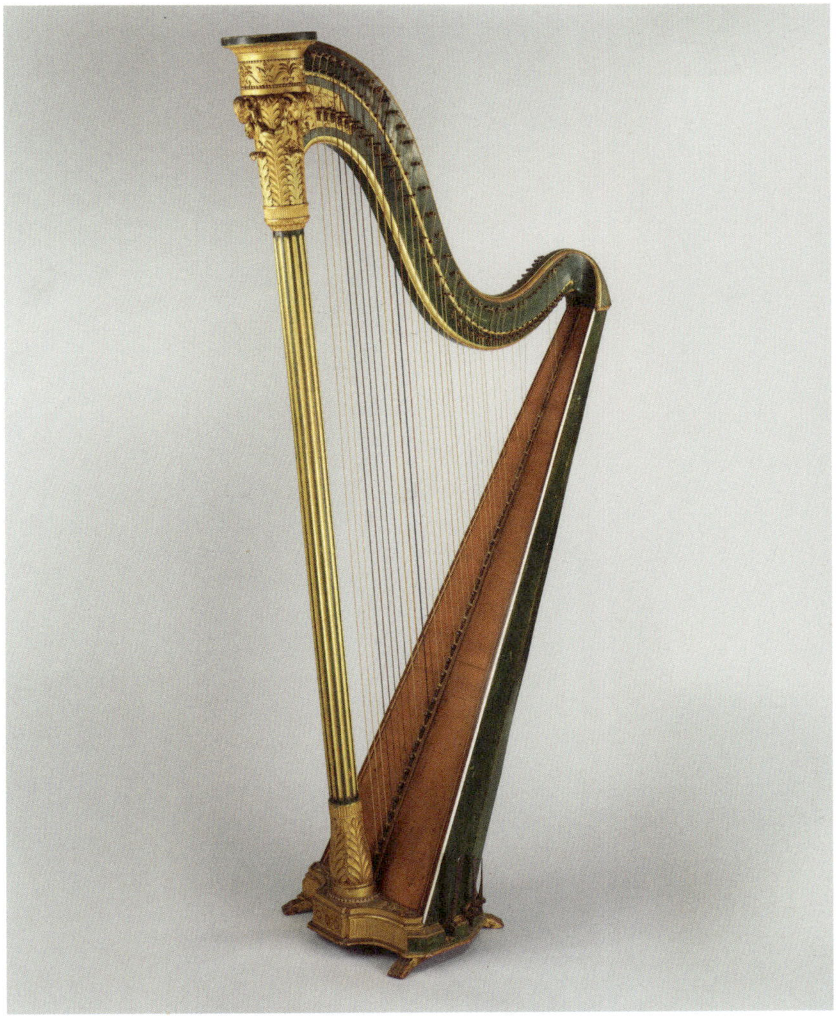

furniture XV-XIX century

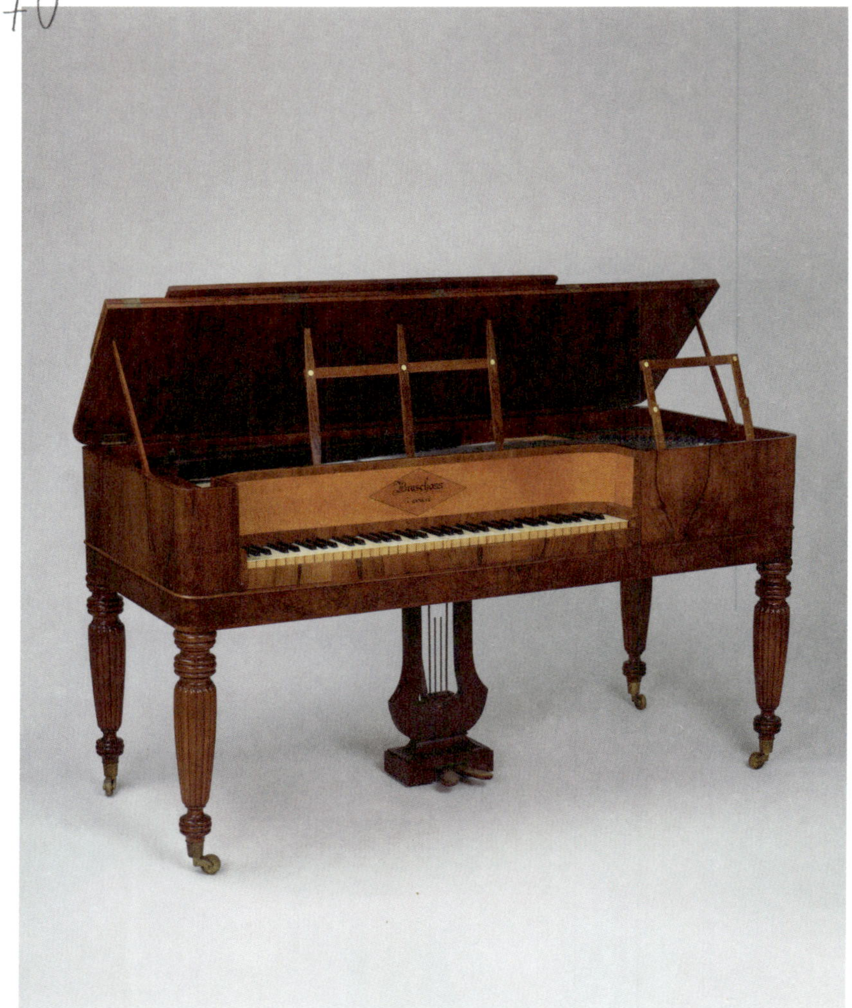

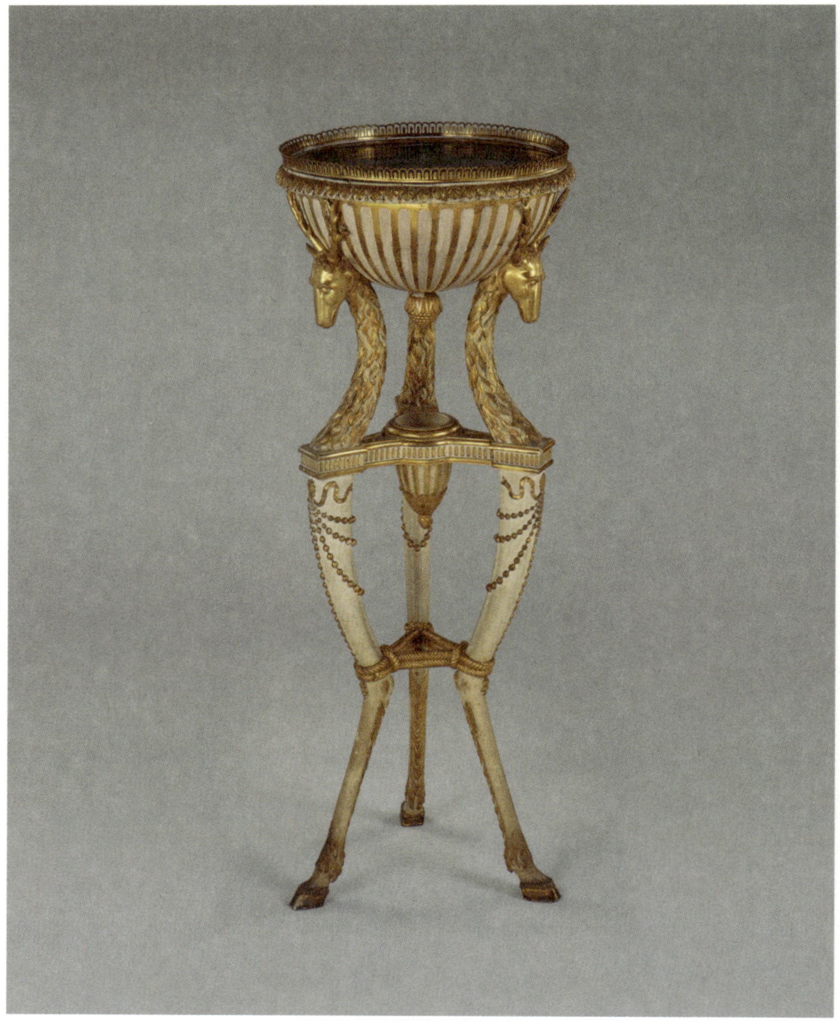

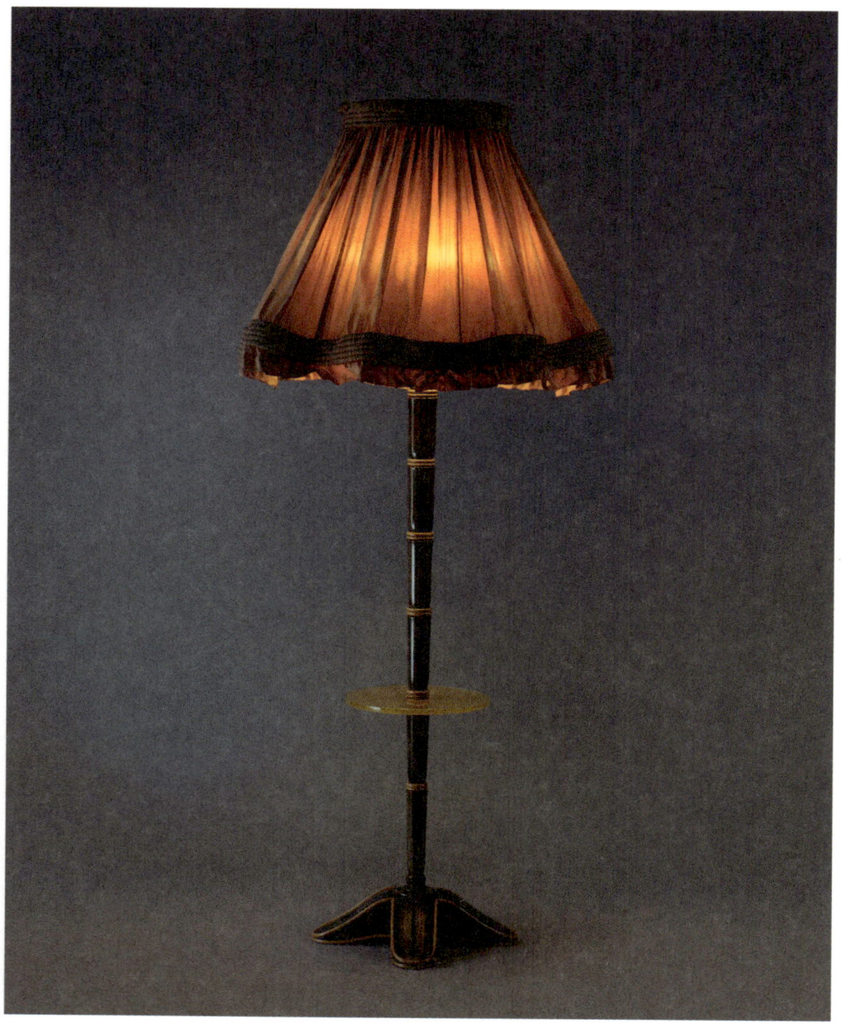

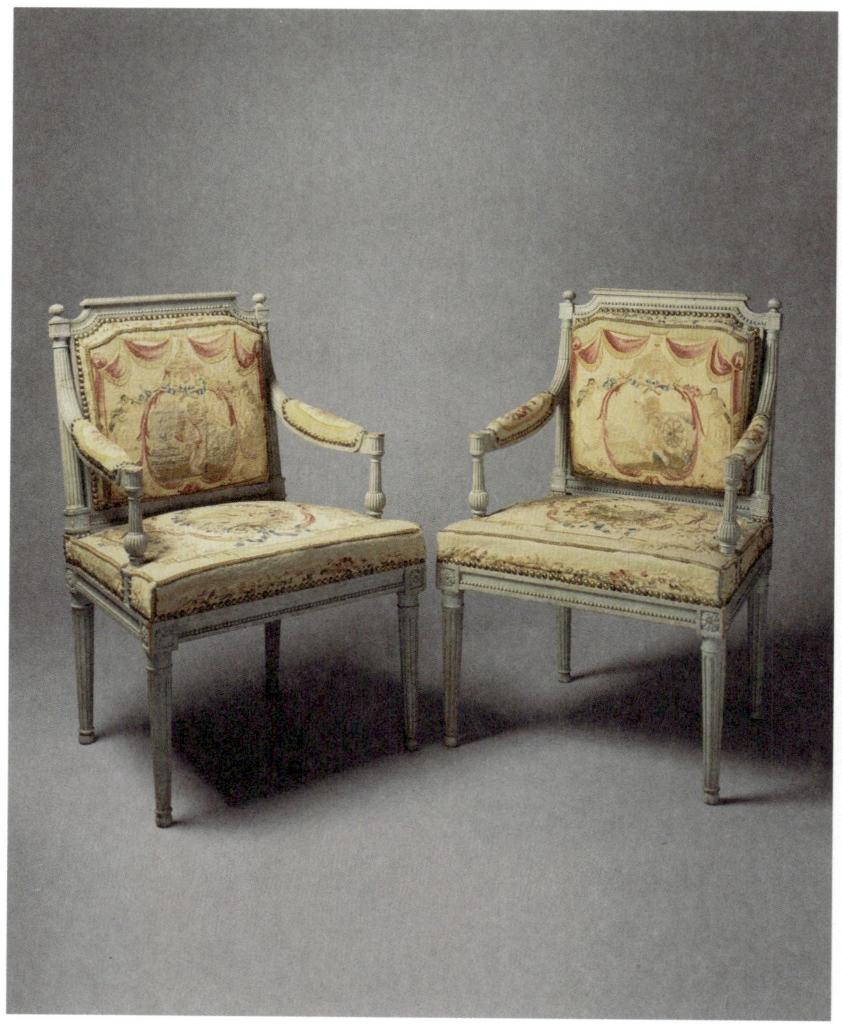

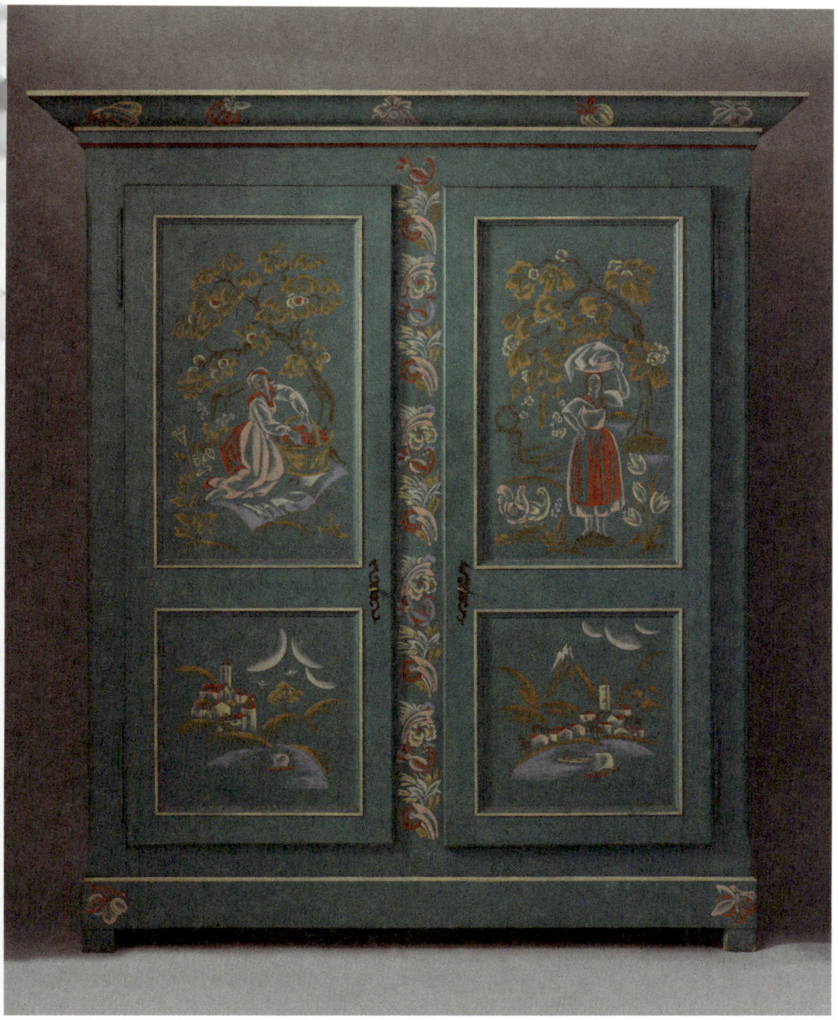

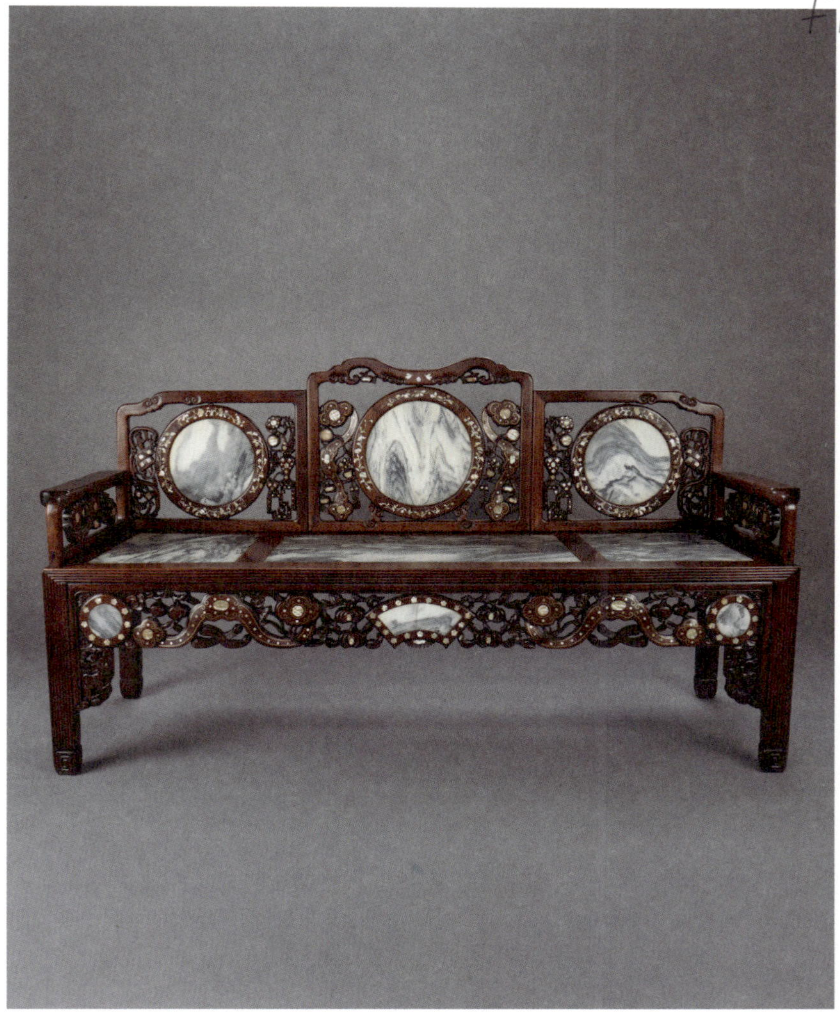

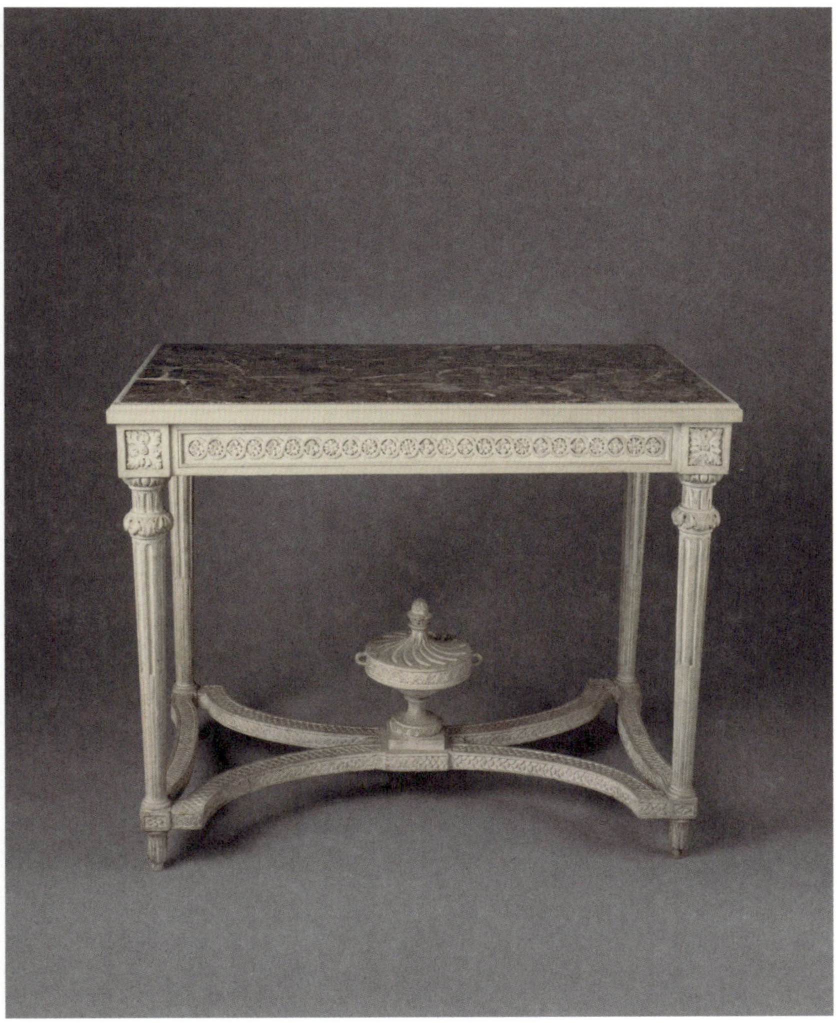

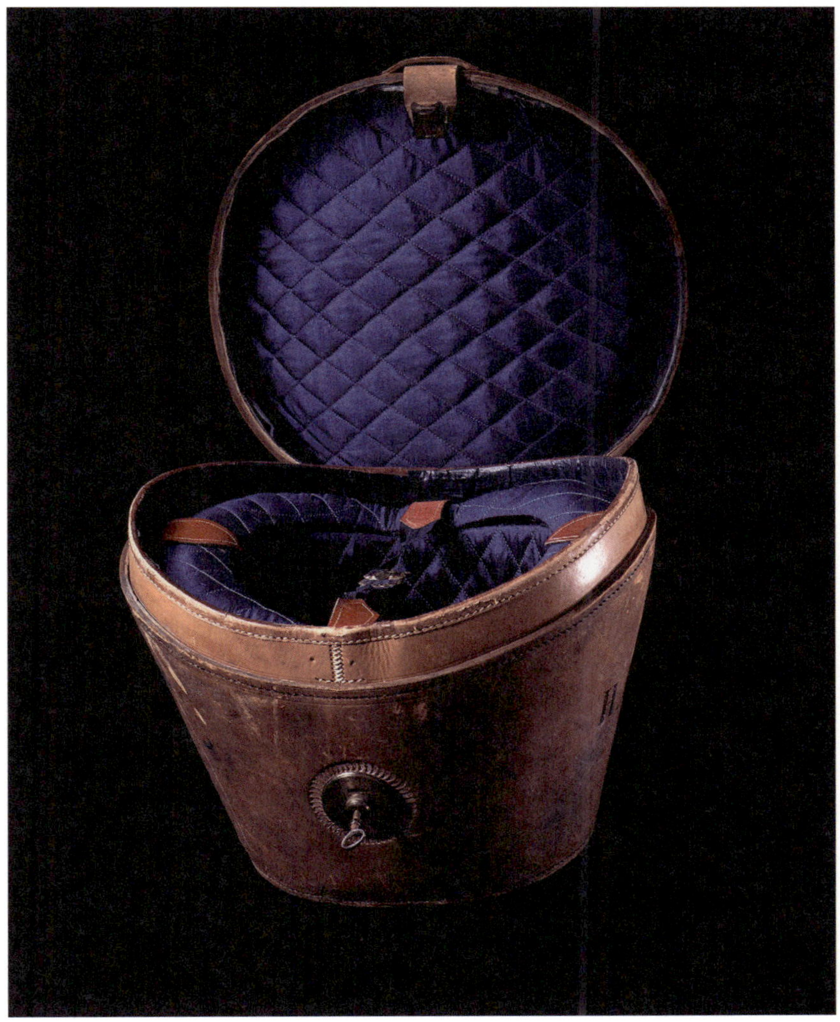

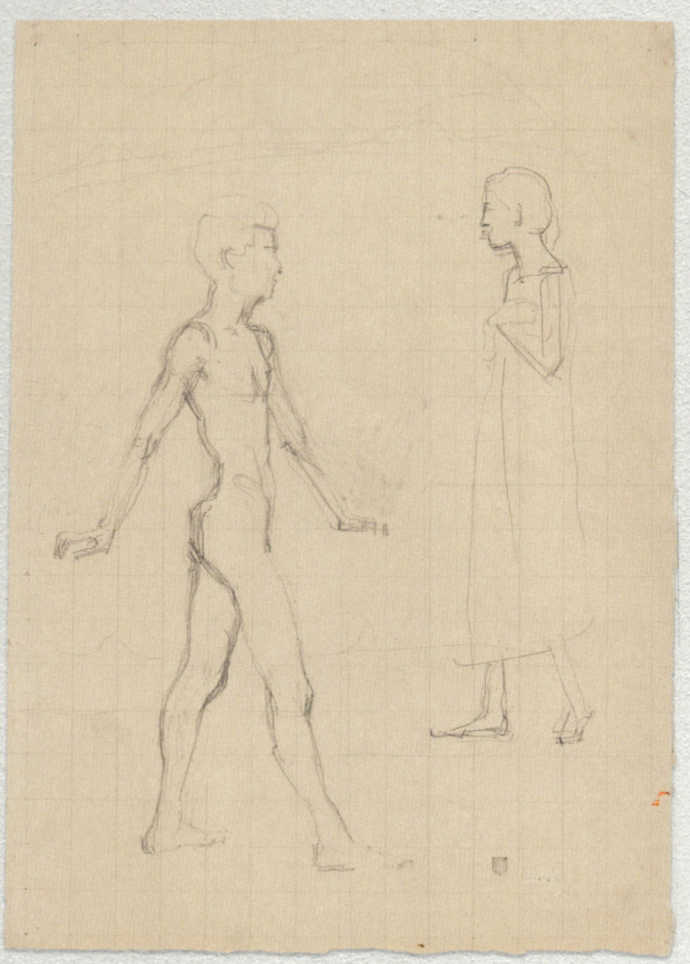

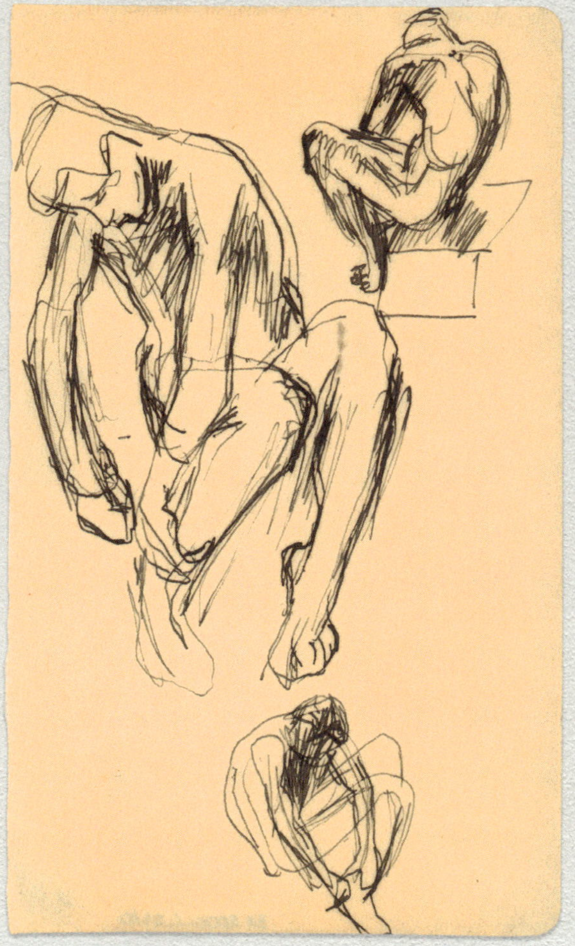

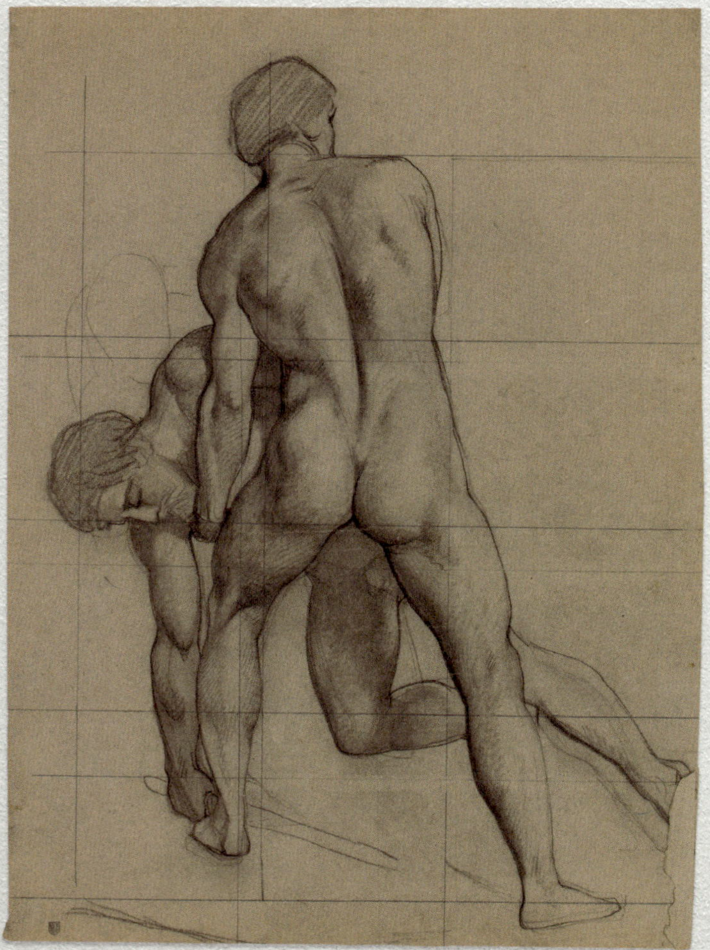

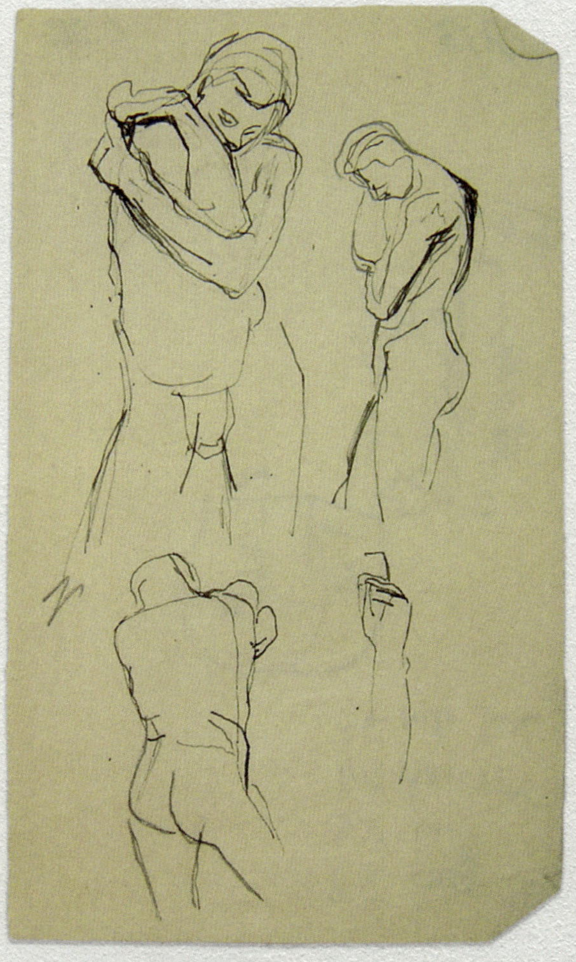

ferdinand hodler nicolas chifflart carl albert angst

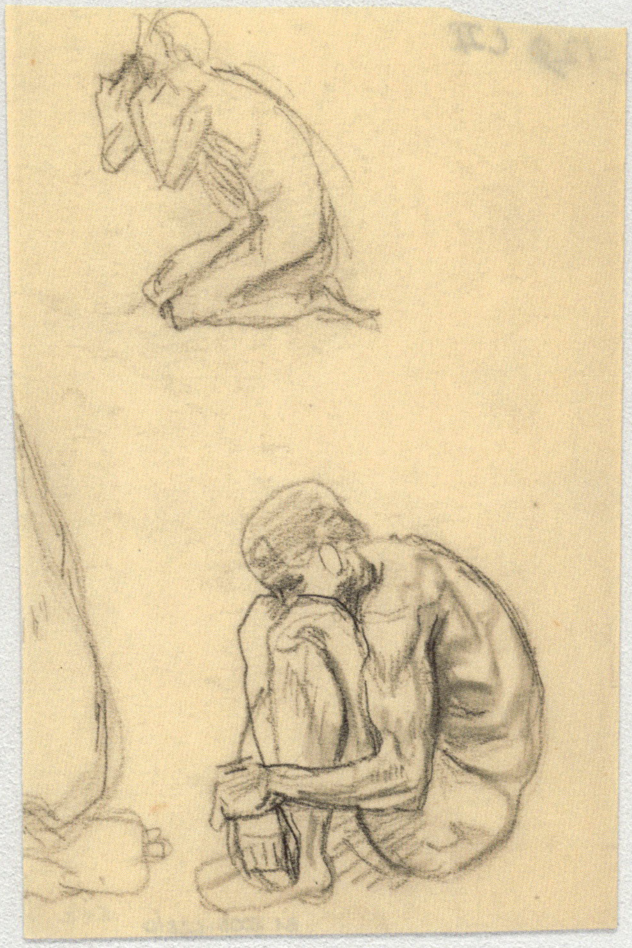

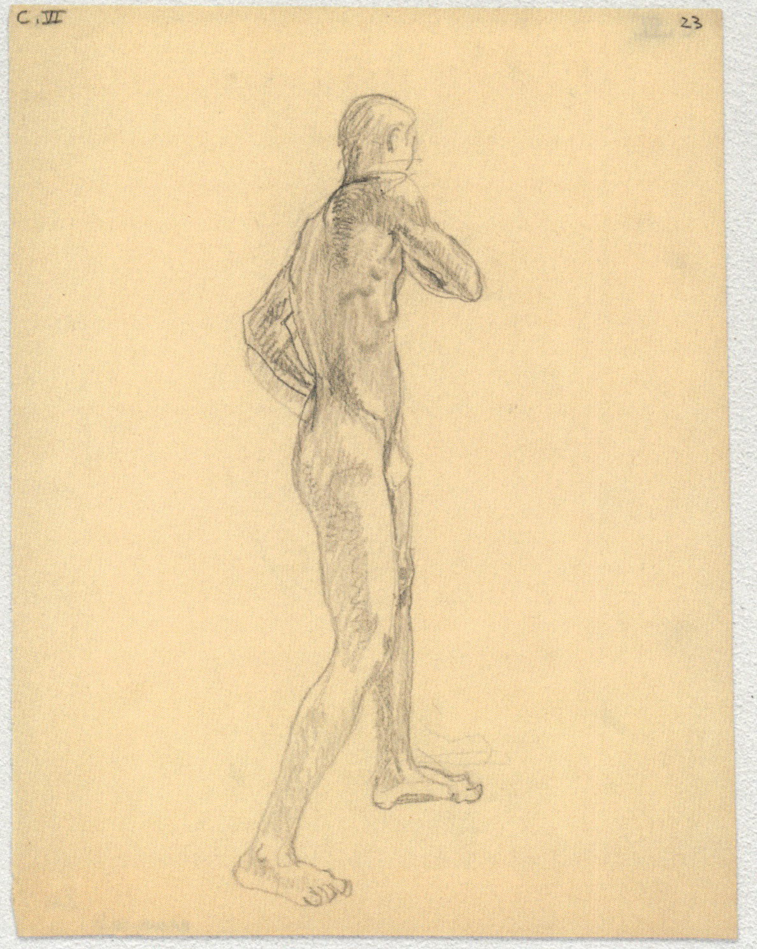

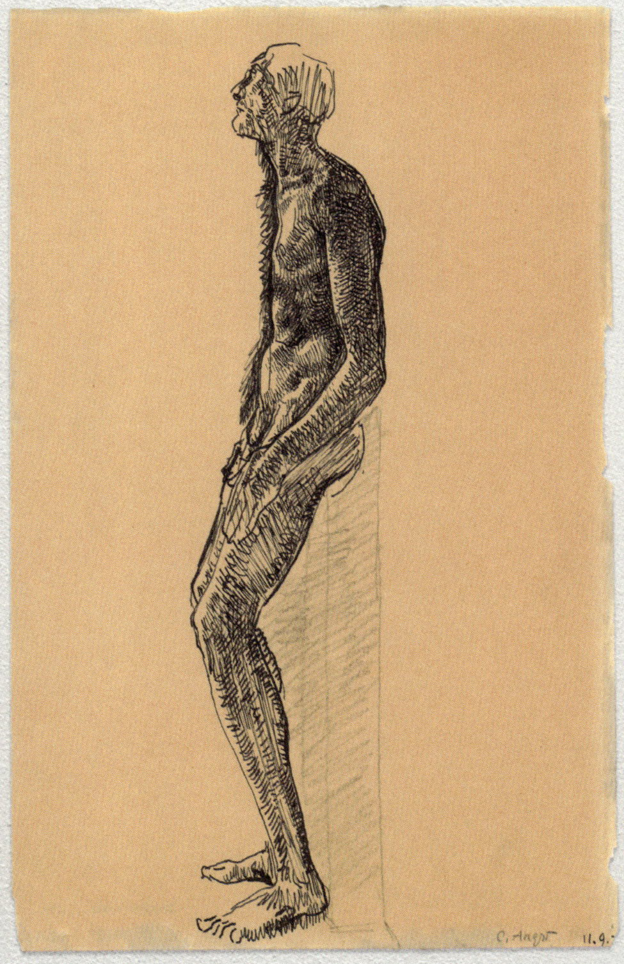

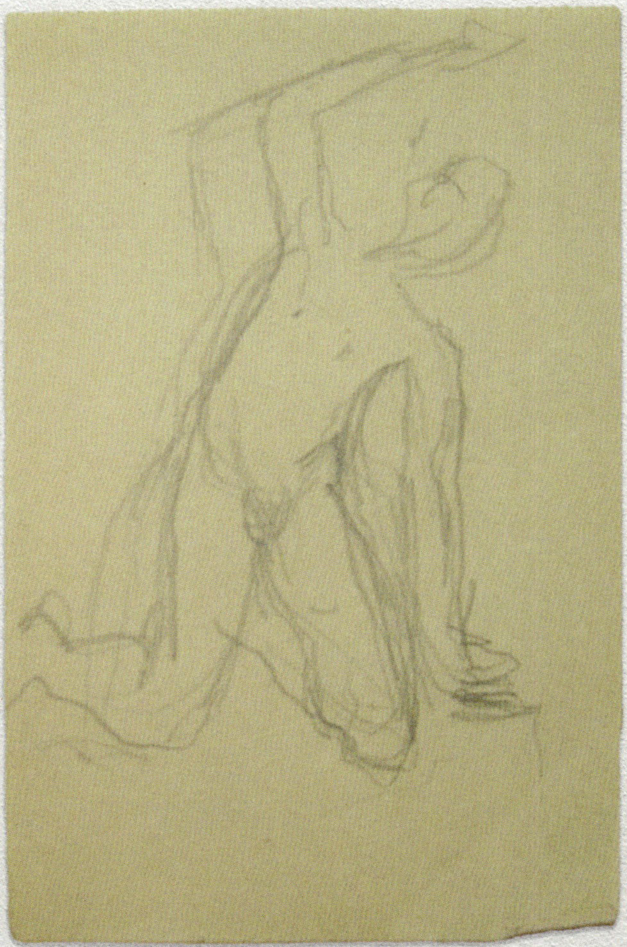

male nudes XIX century

74

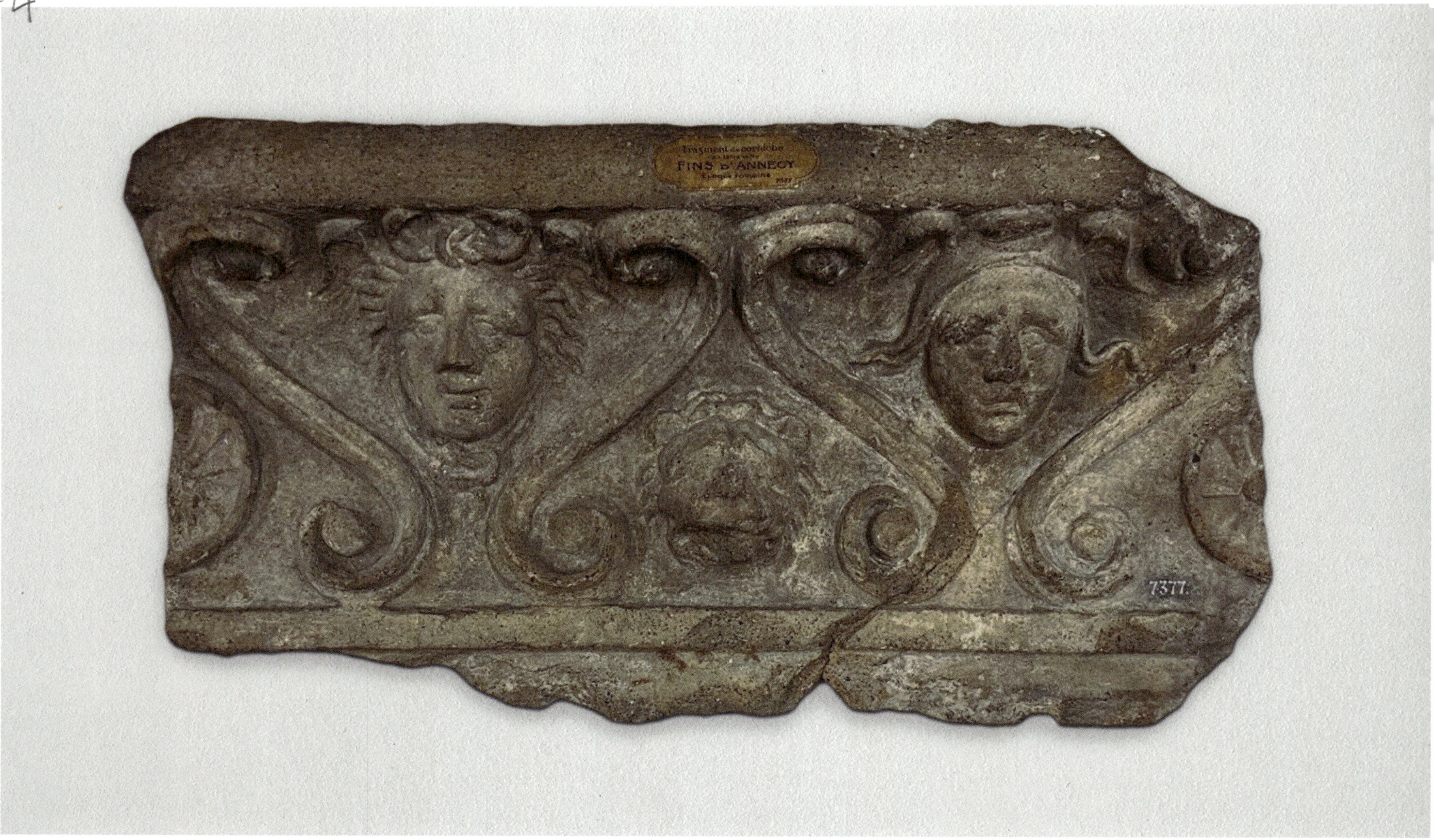

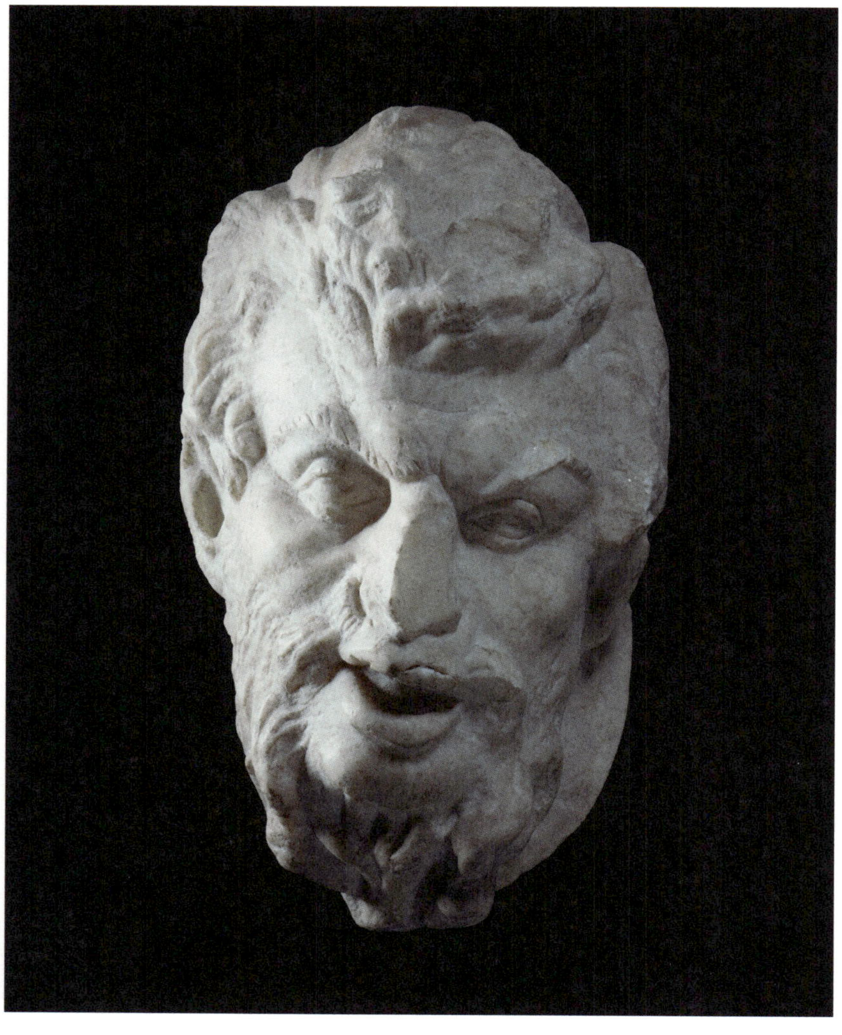

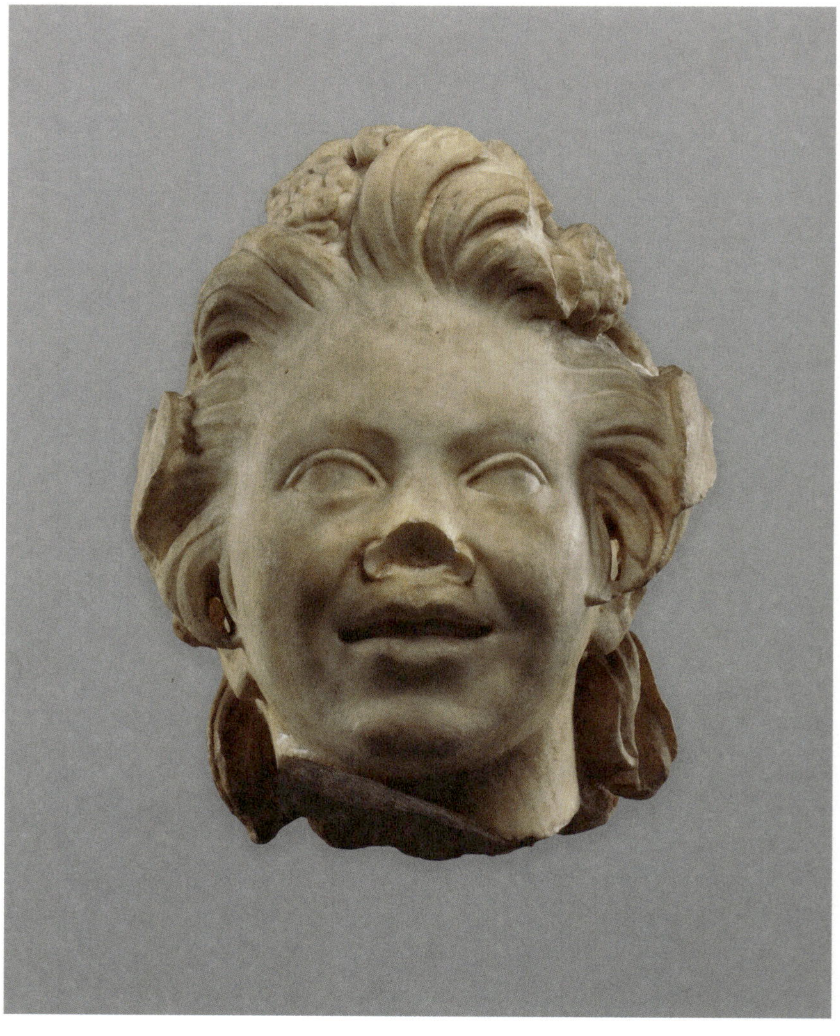

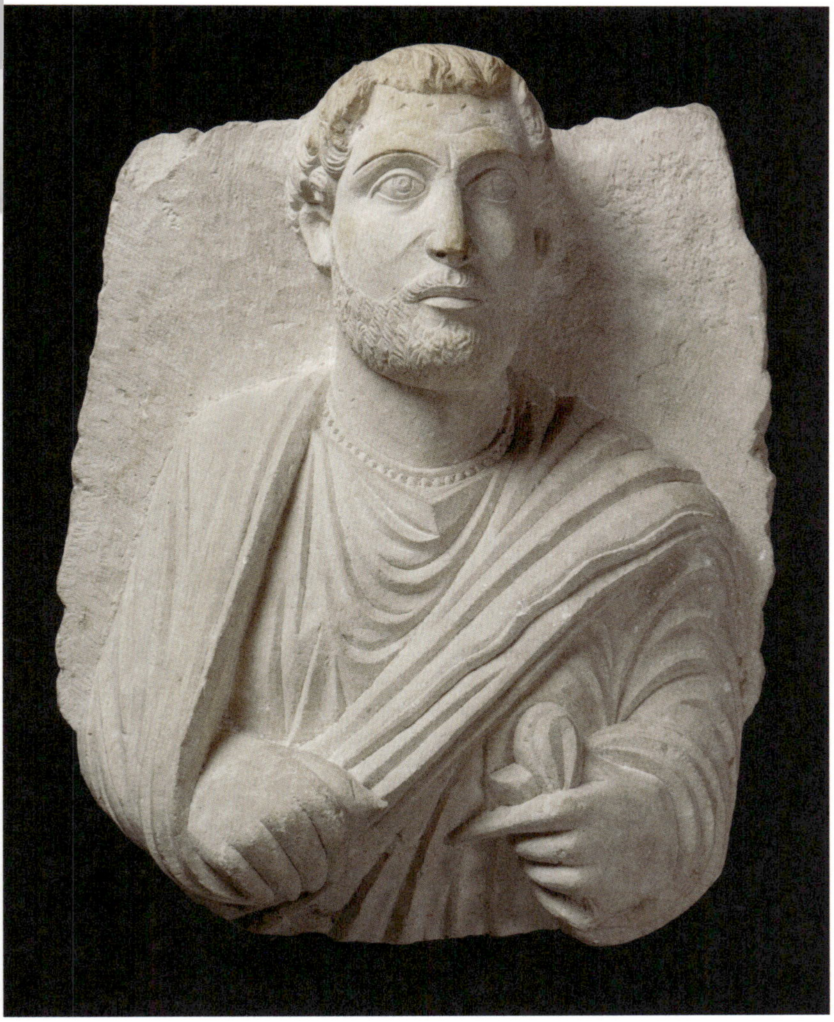

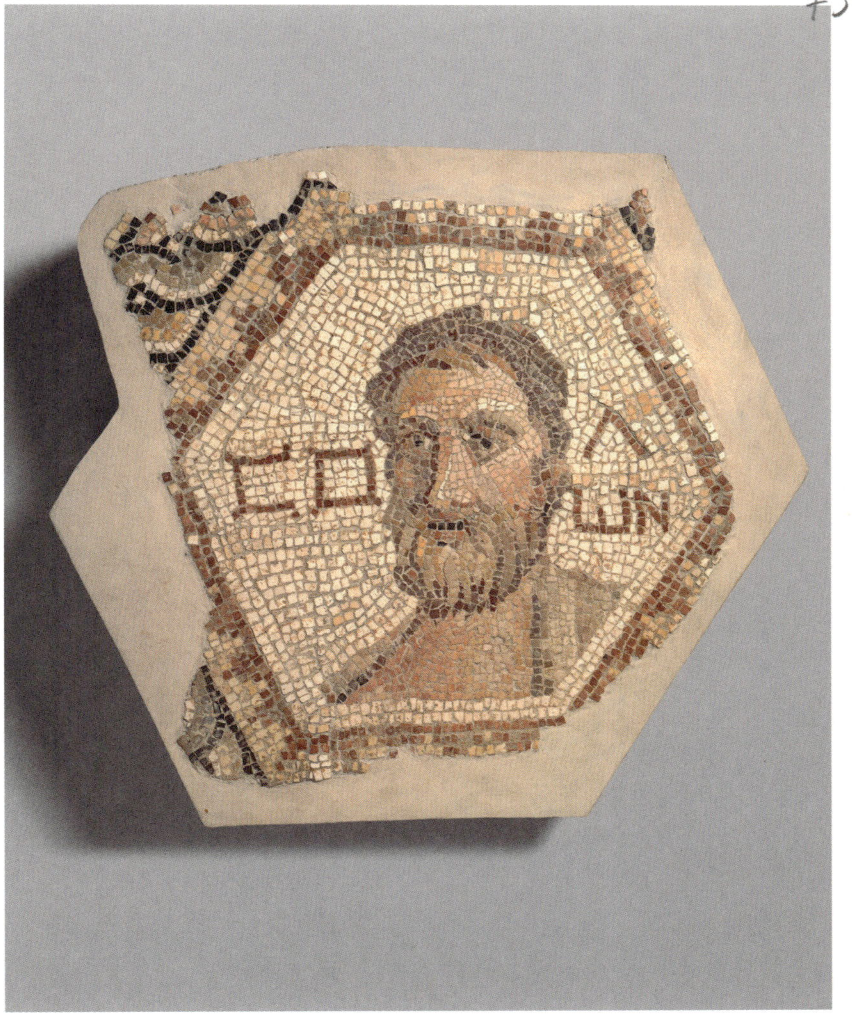

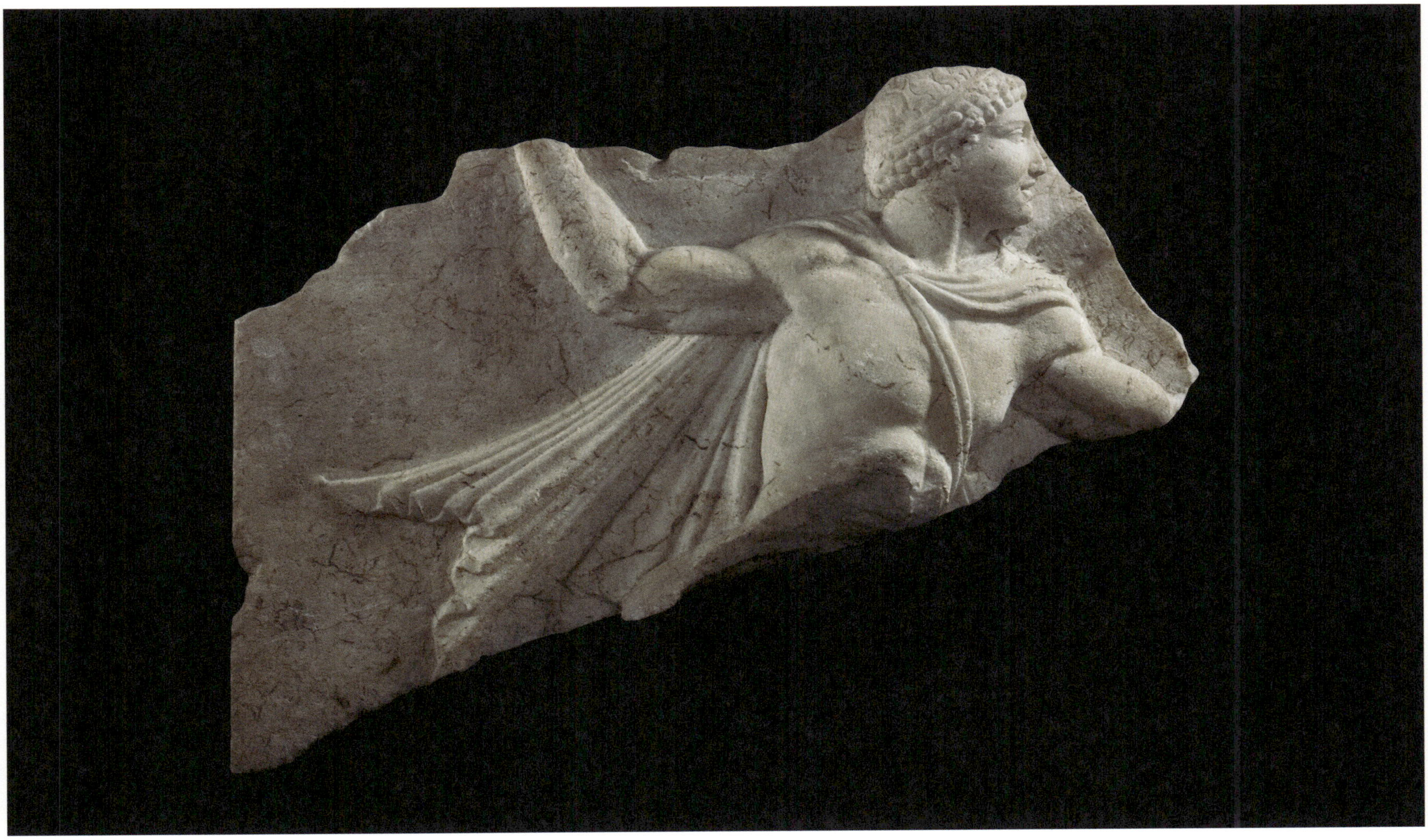

antique sculpture fragments

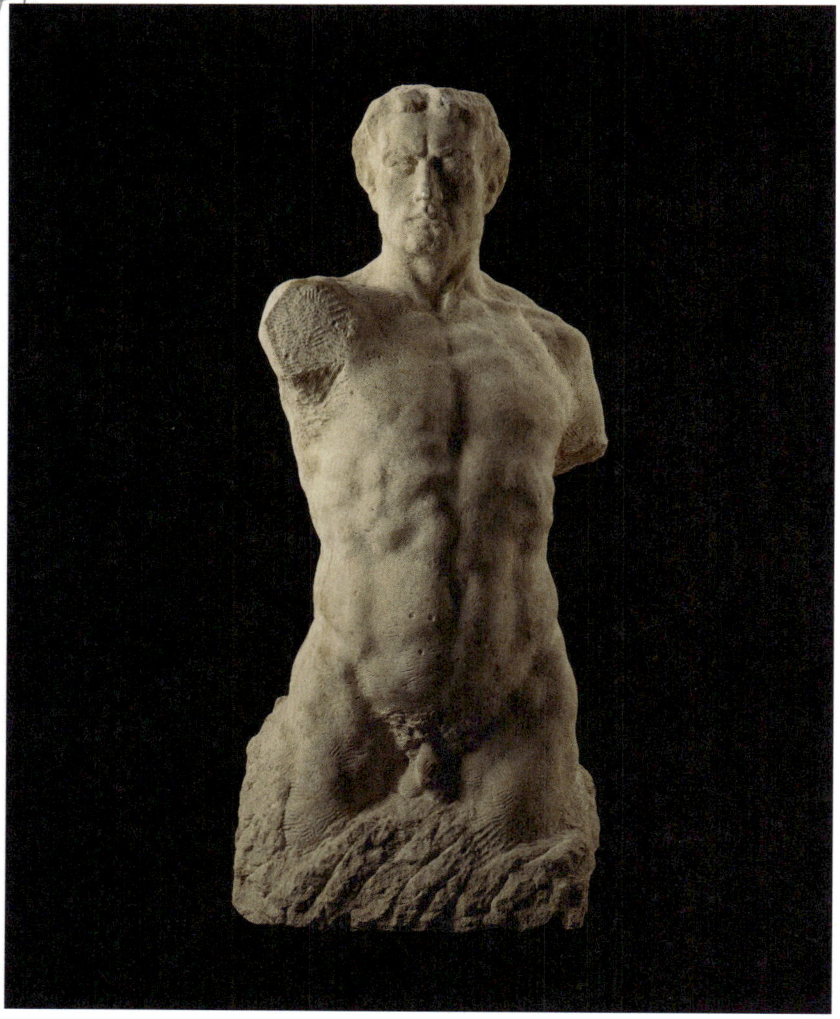

auguste suter male torso 1912

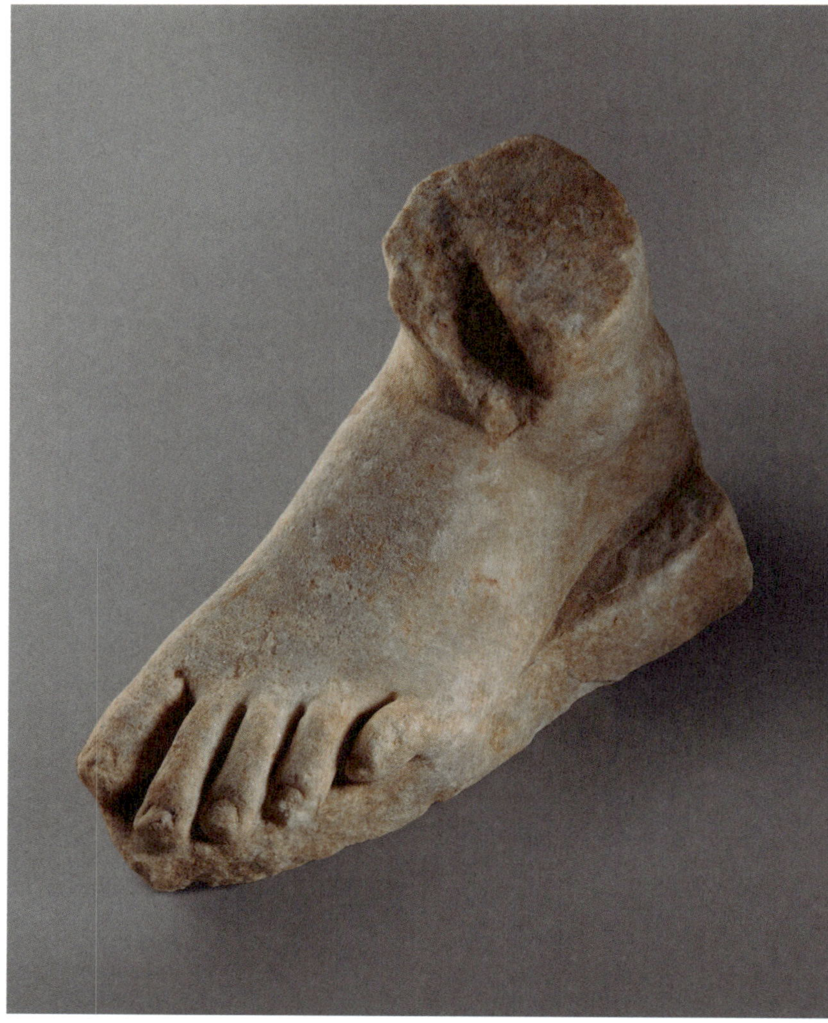

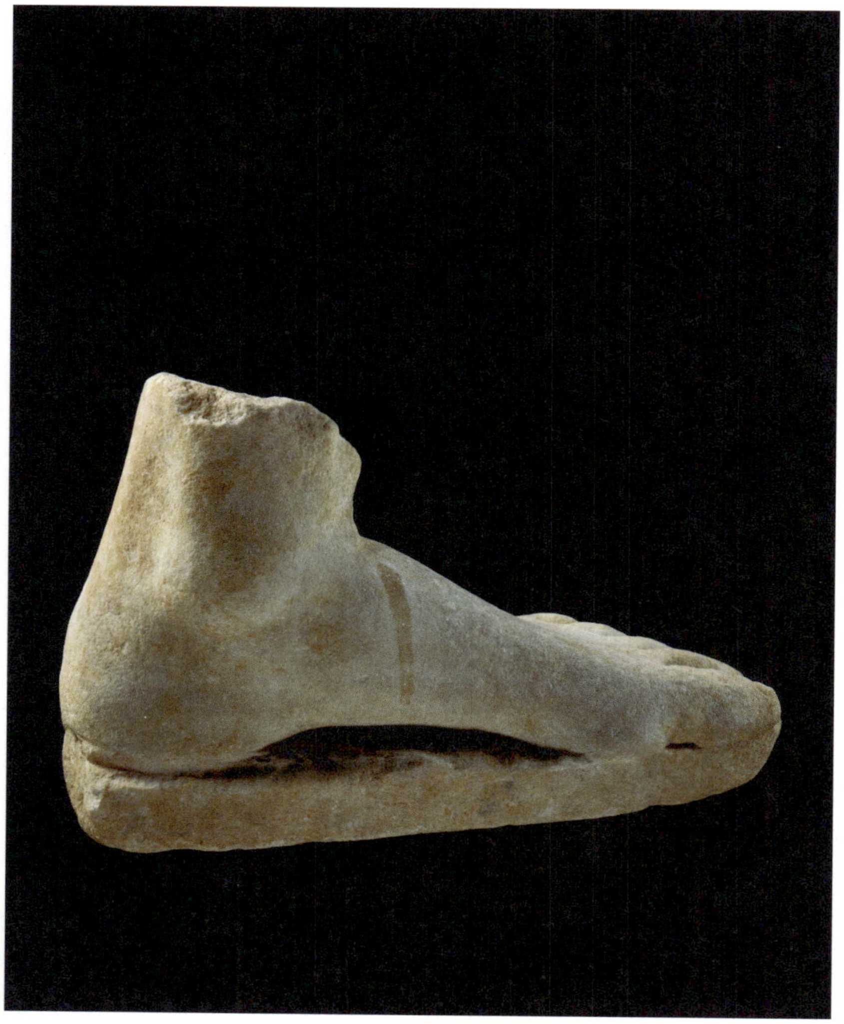

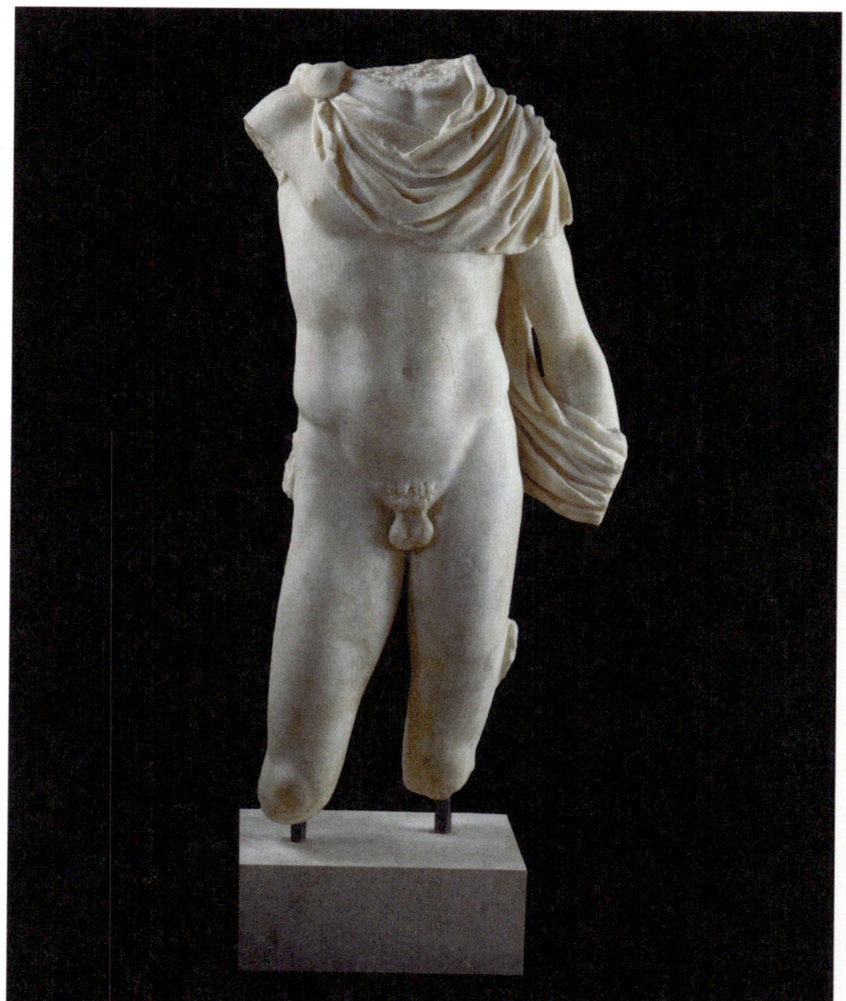

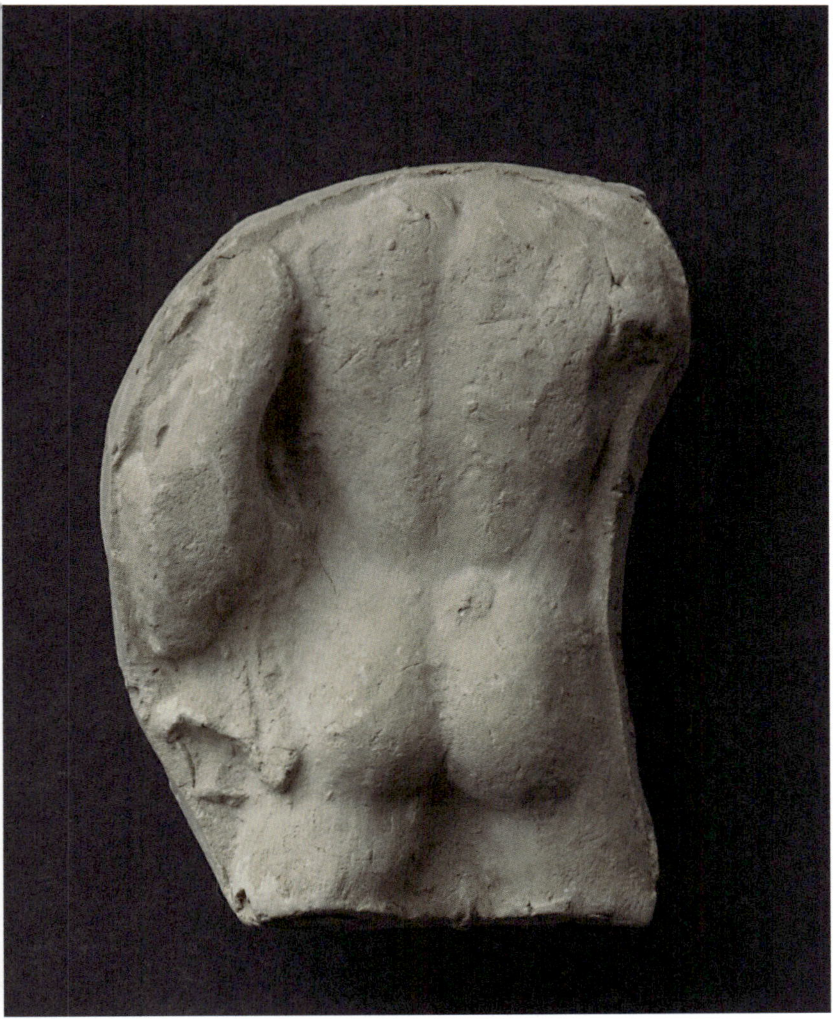

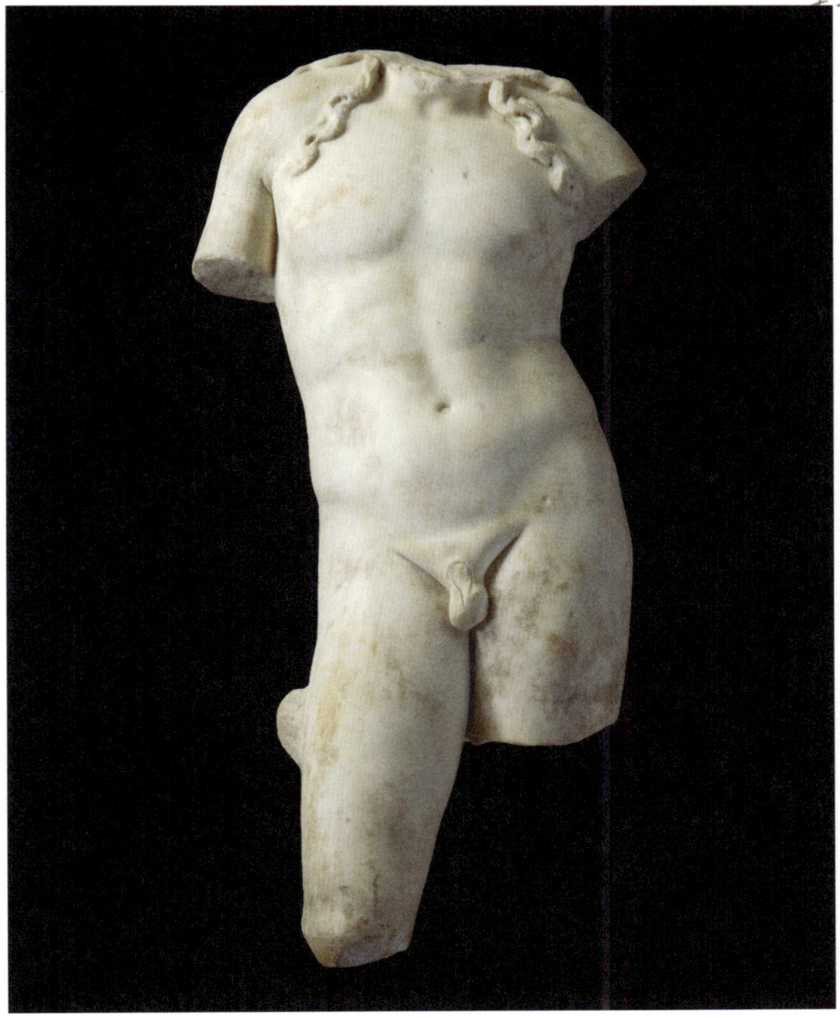

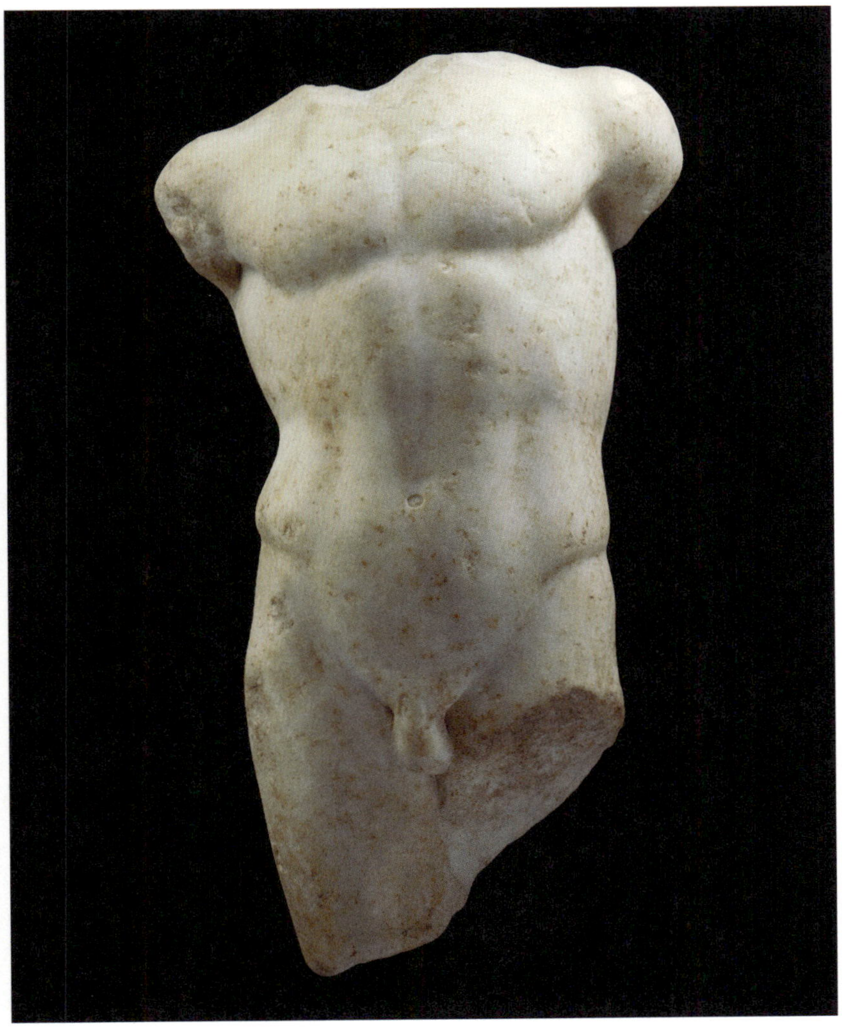

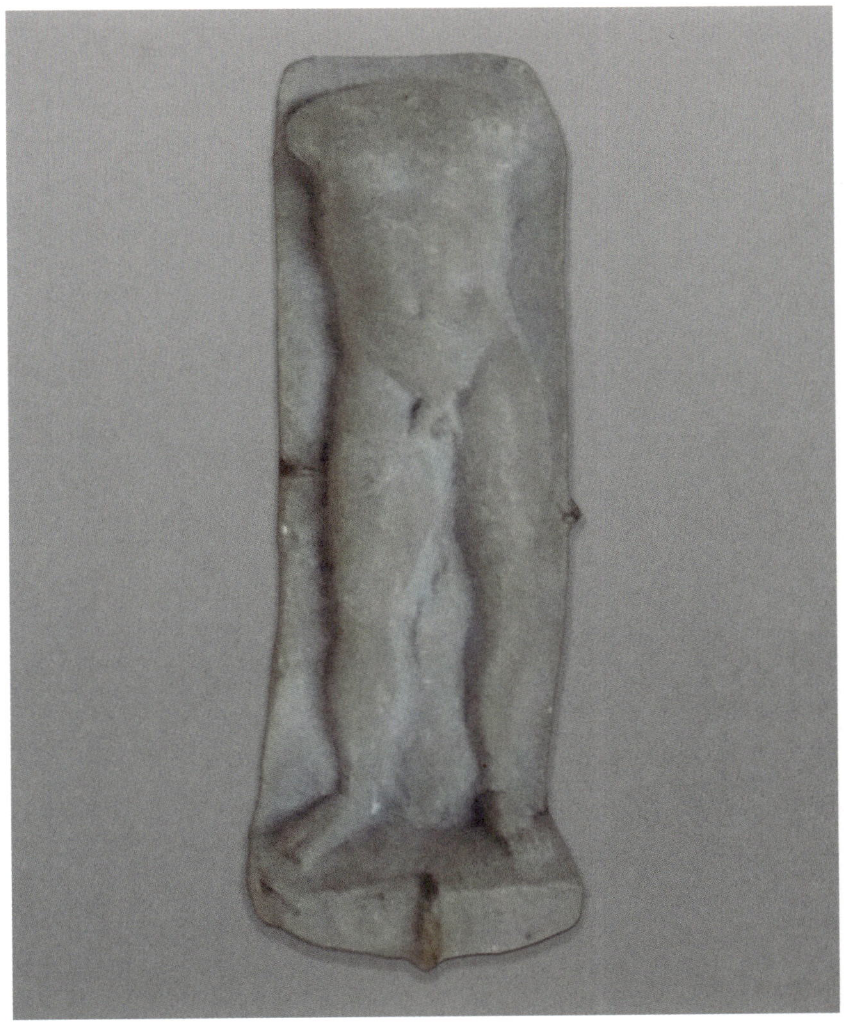

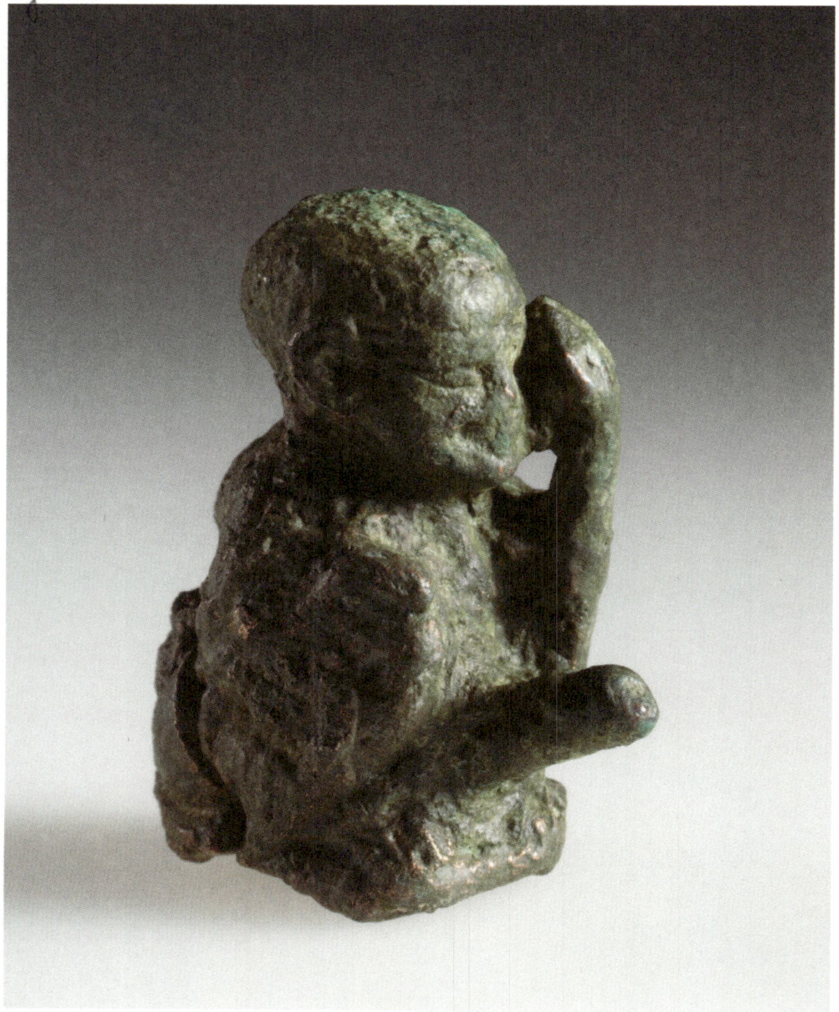

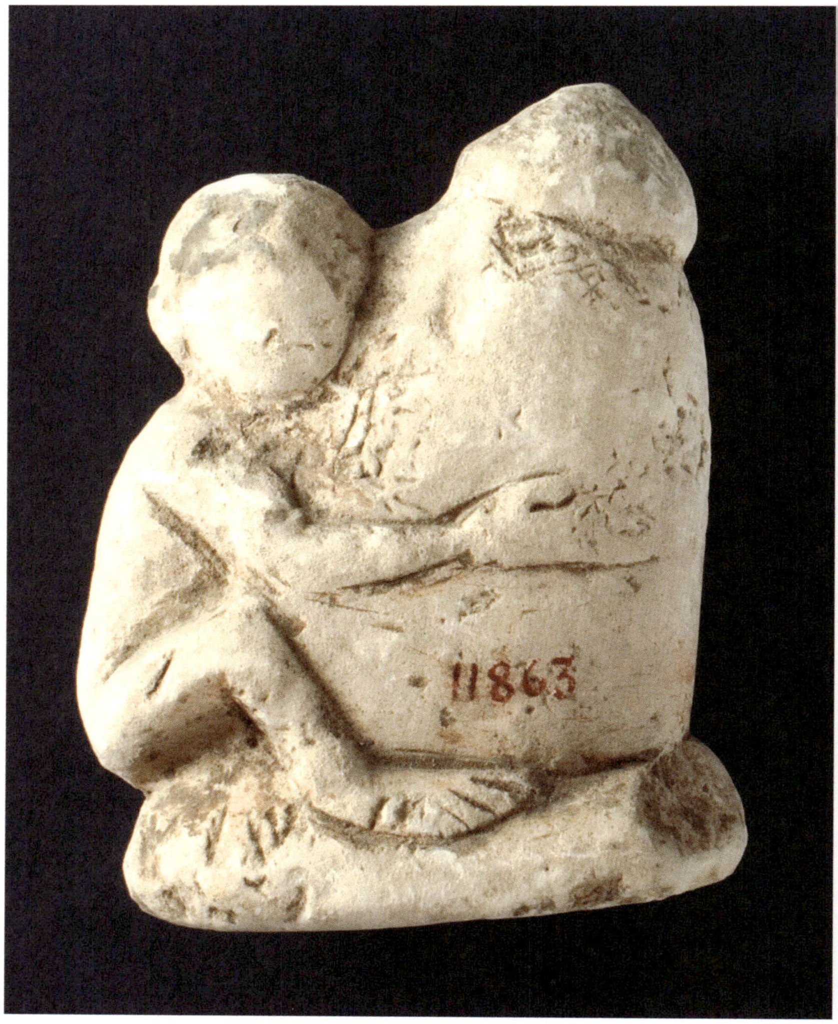
11863

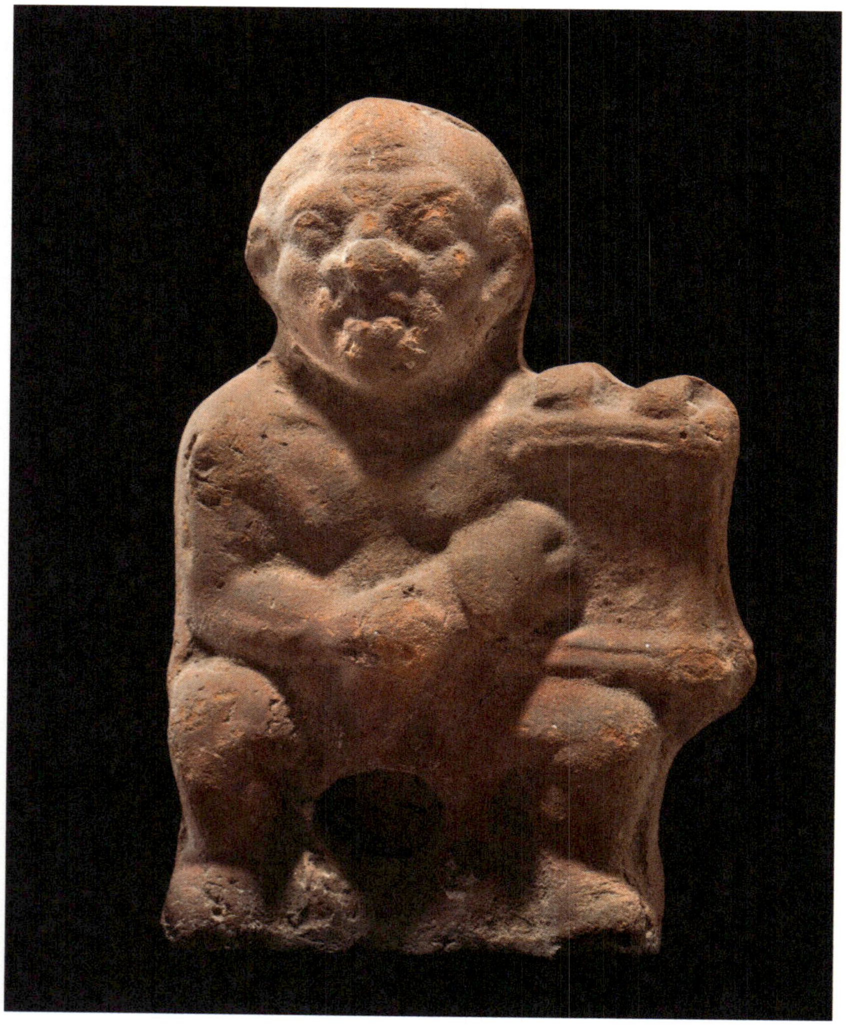

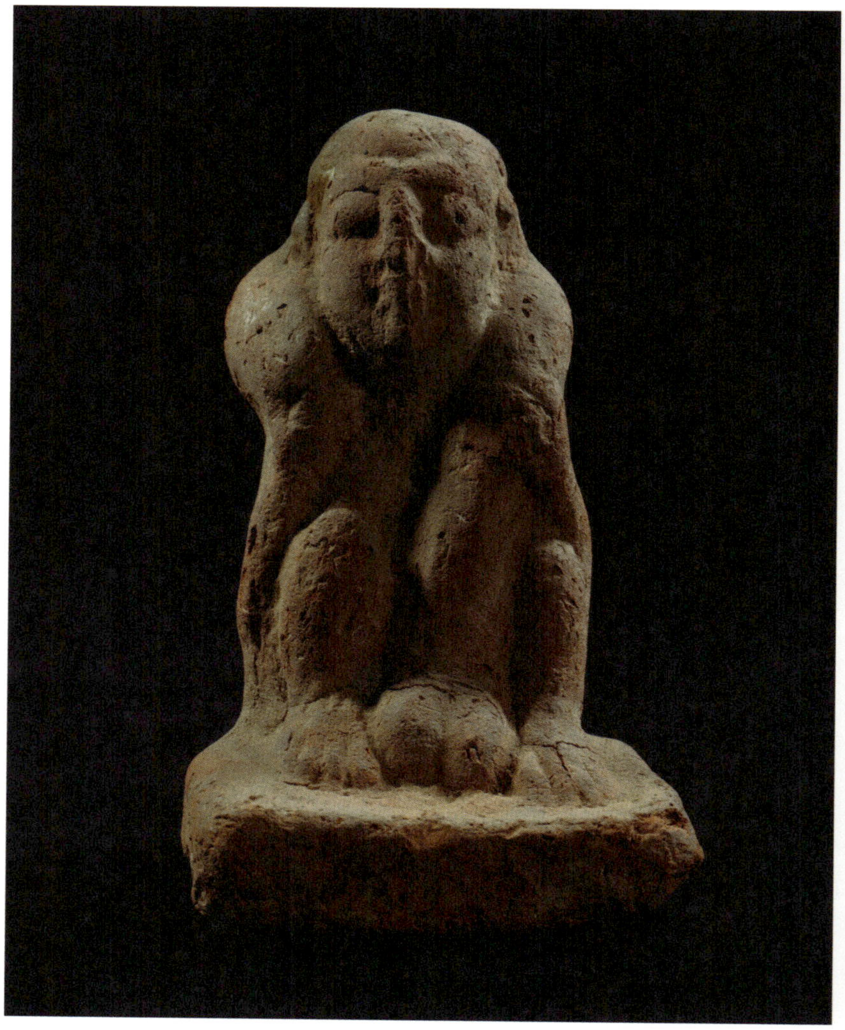

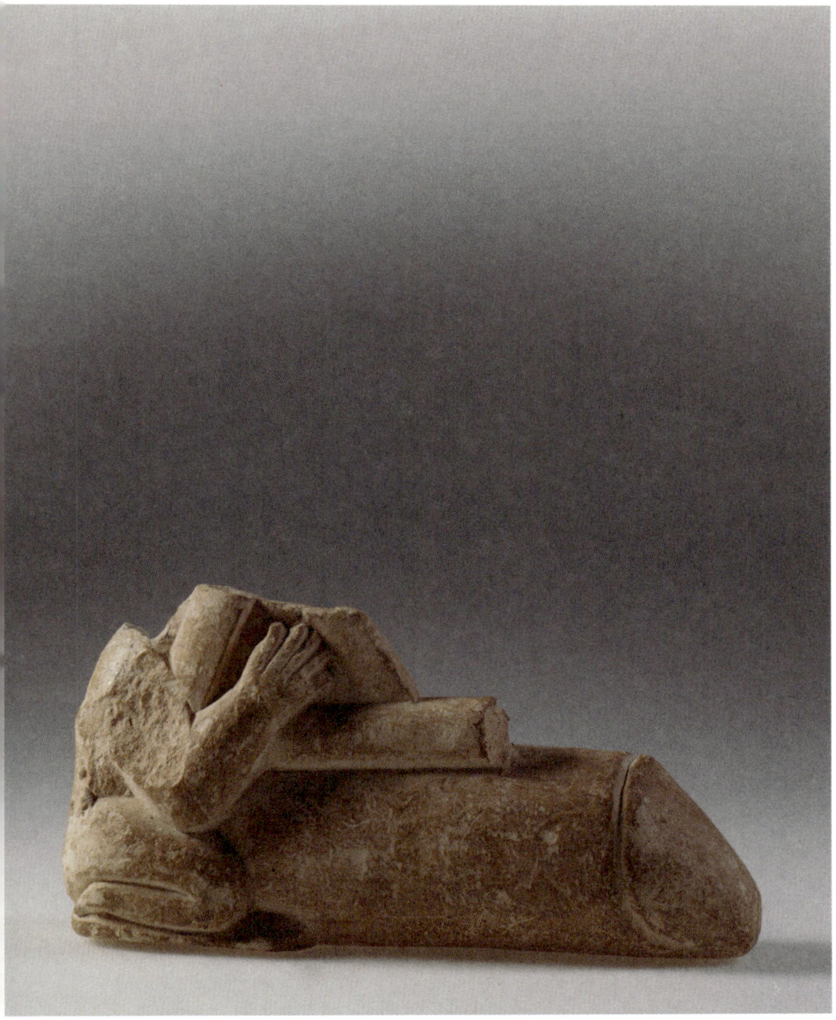

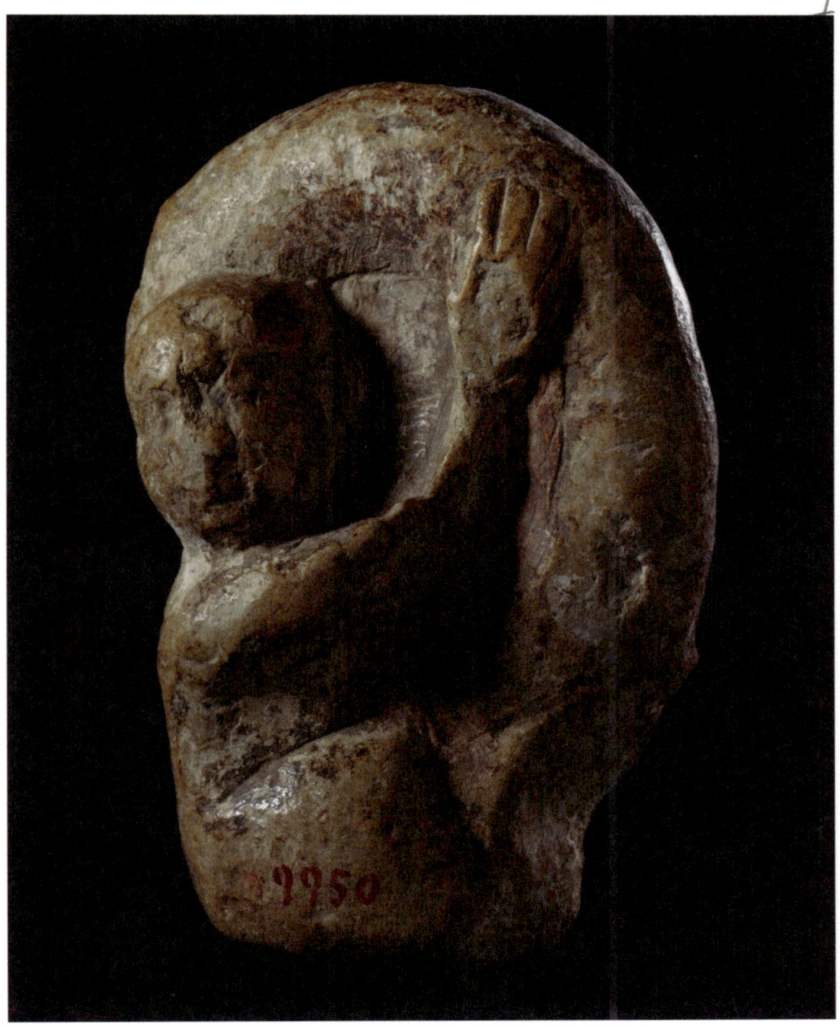

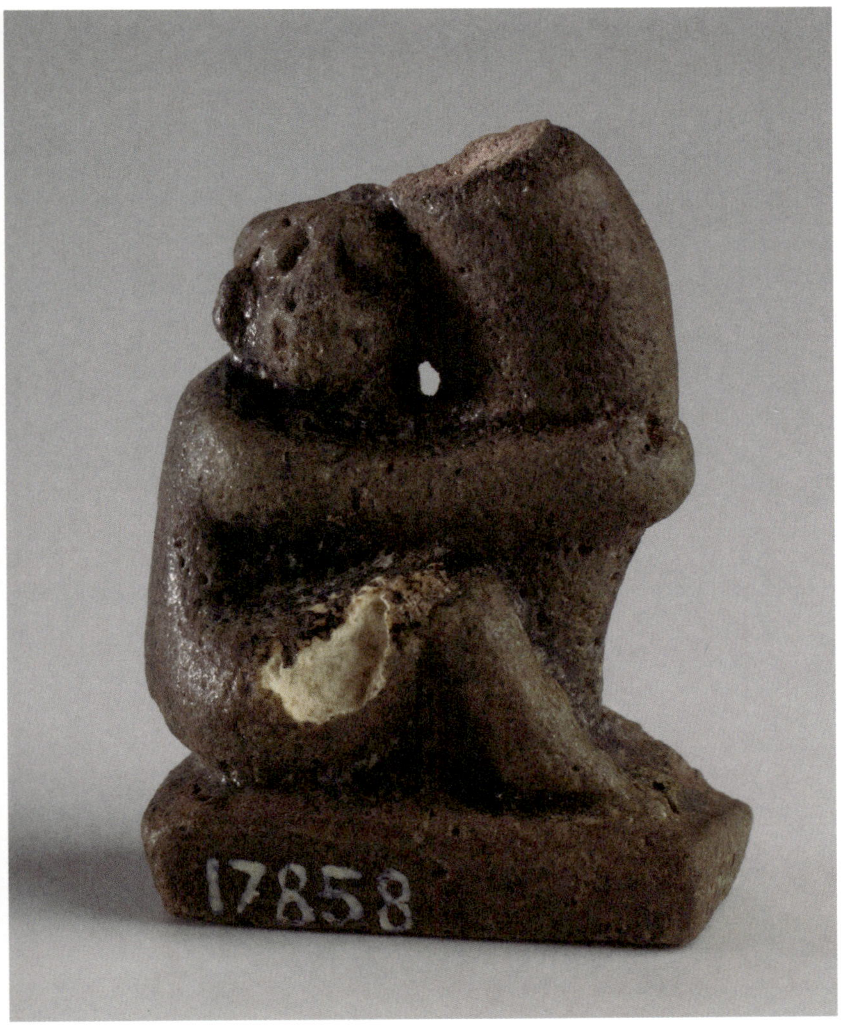

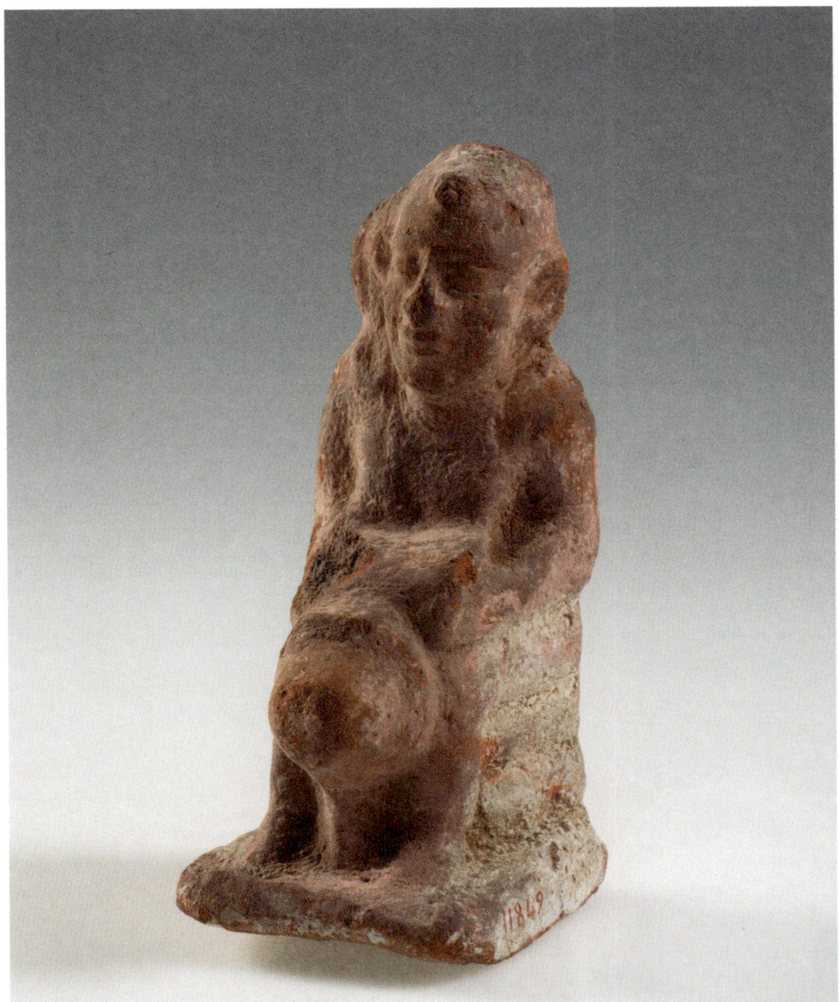

antique phallic figurines

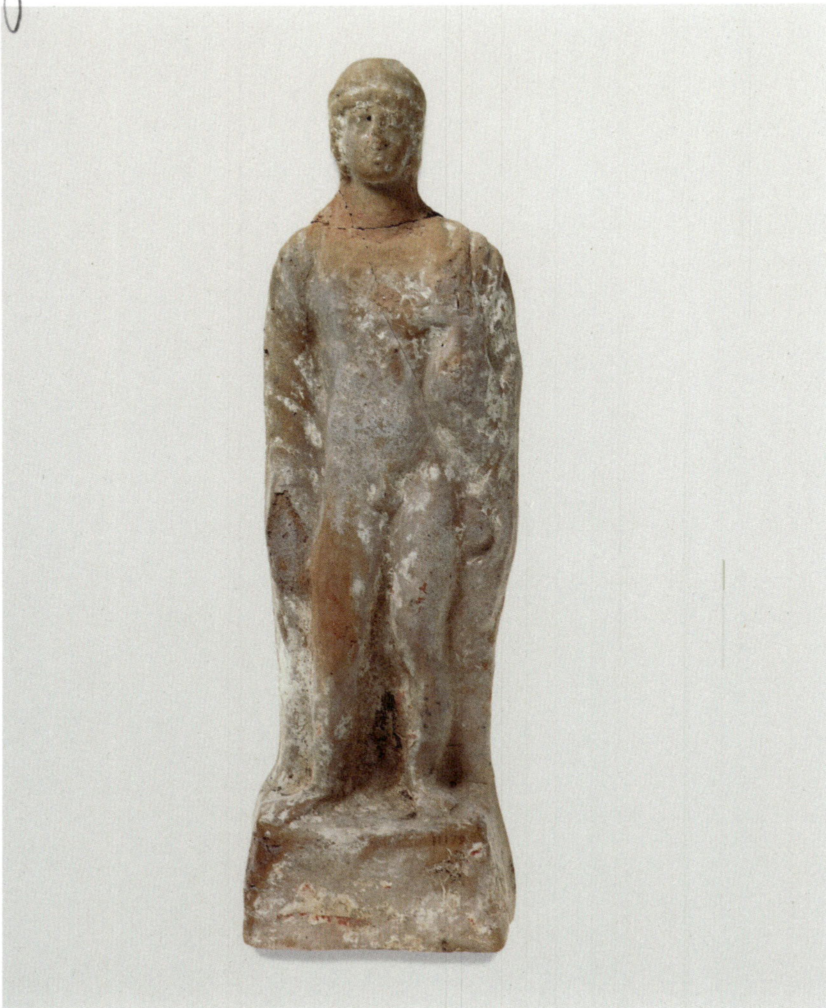

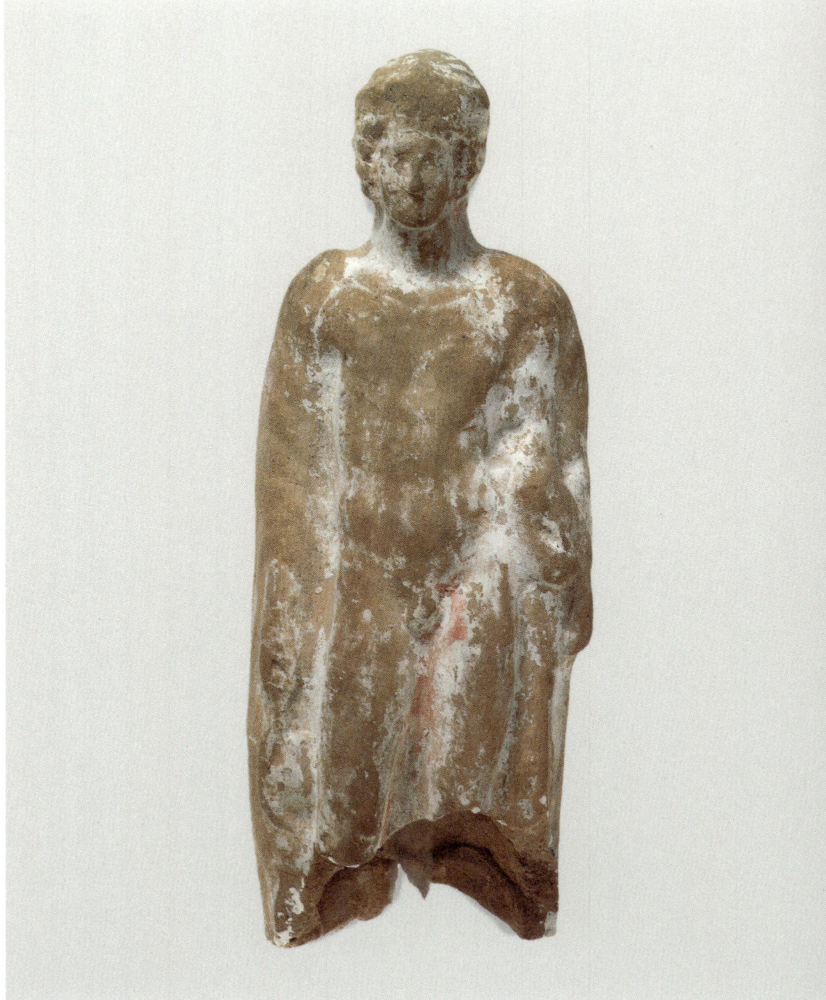

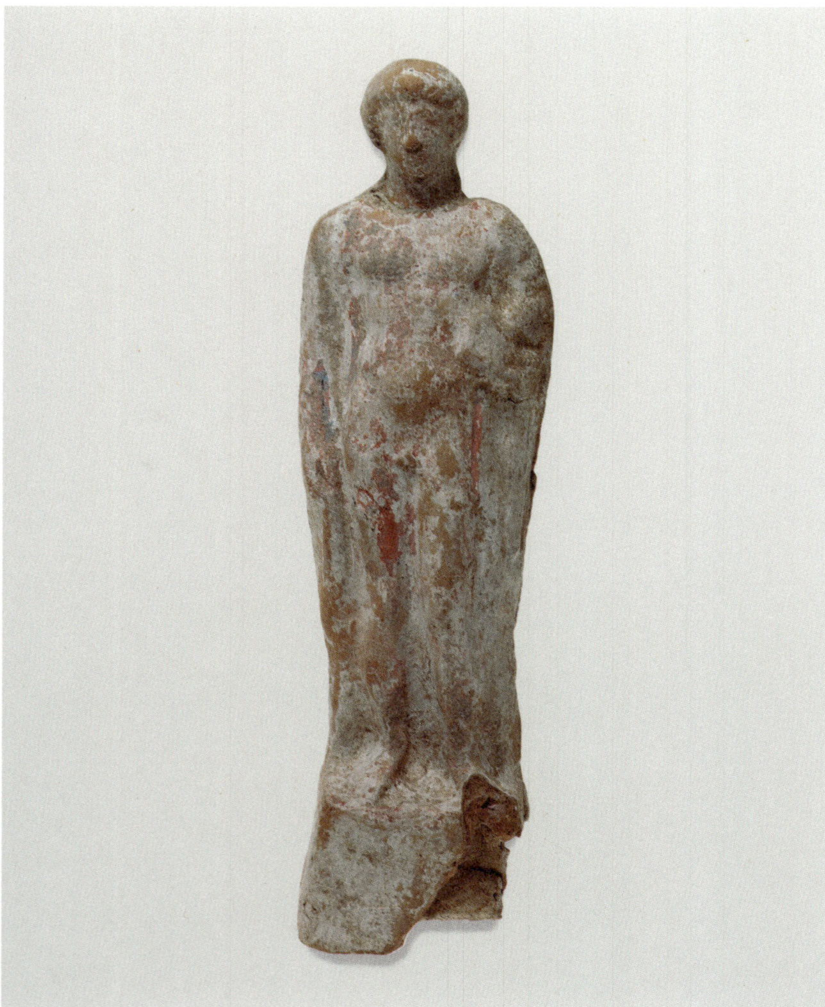

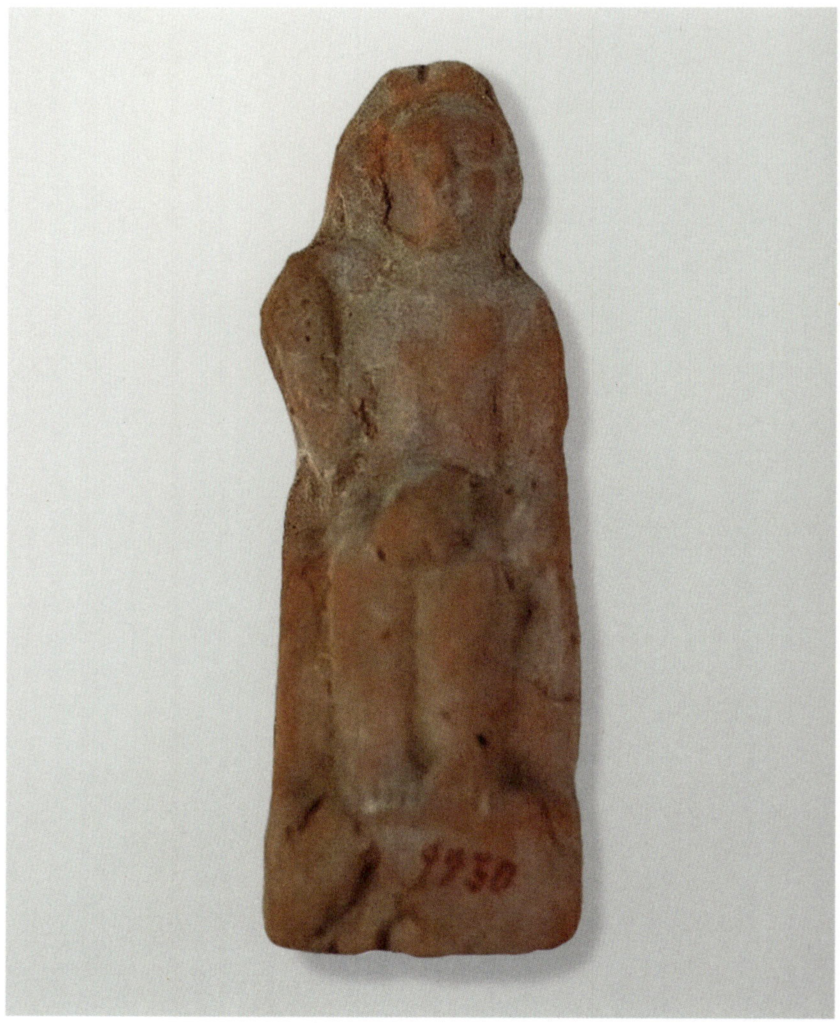

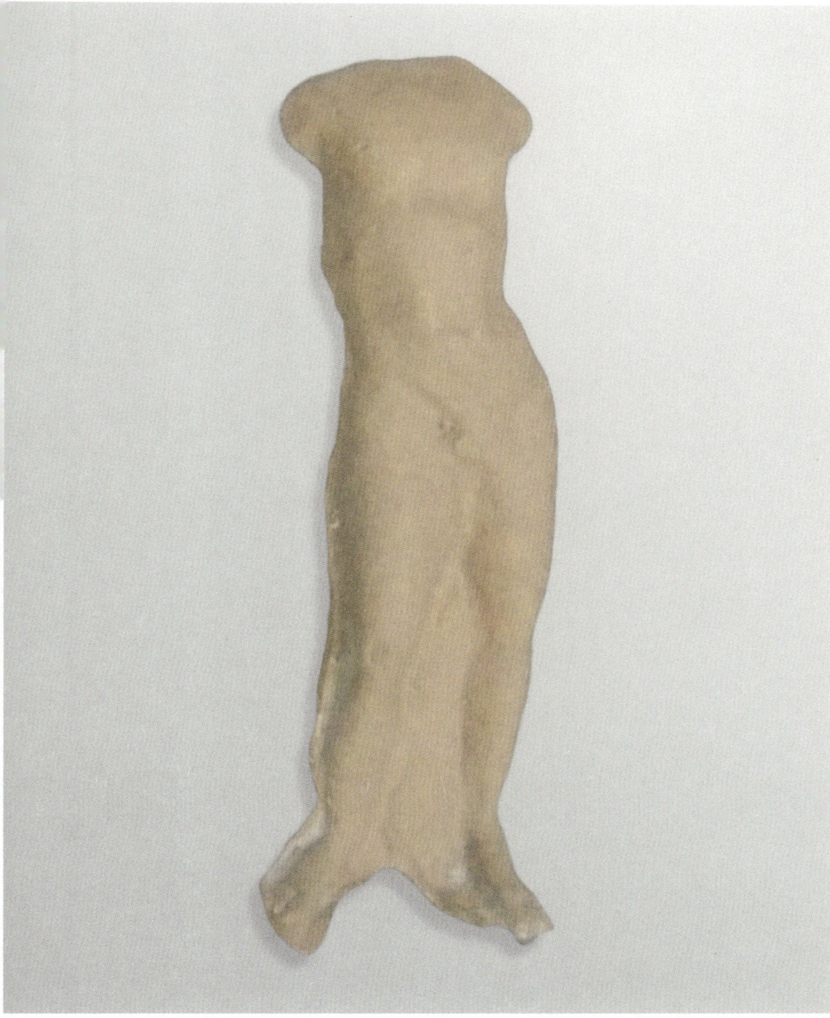

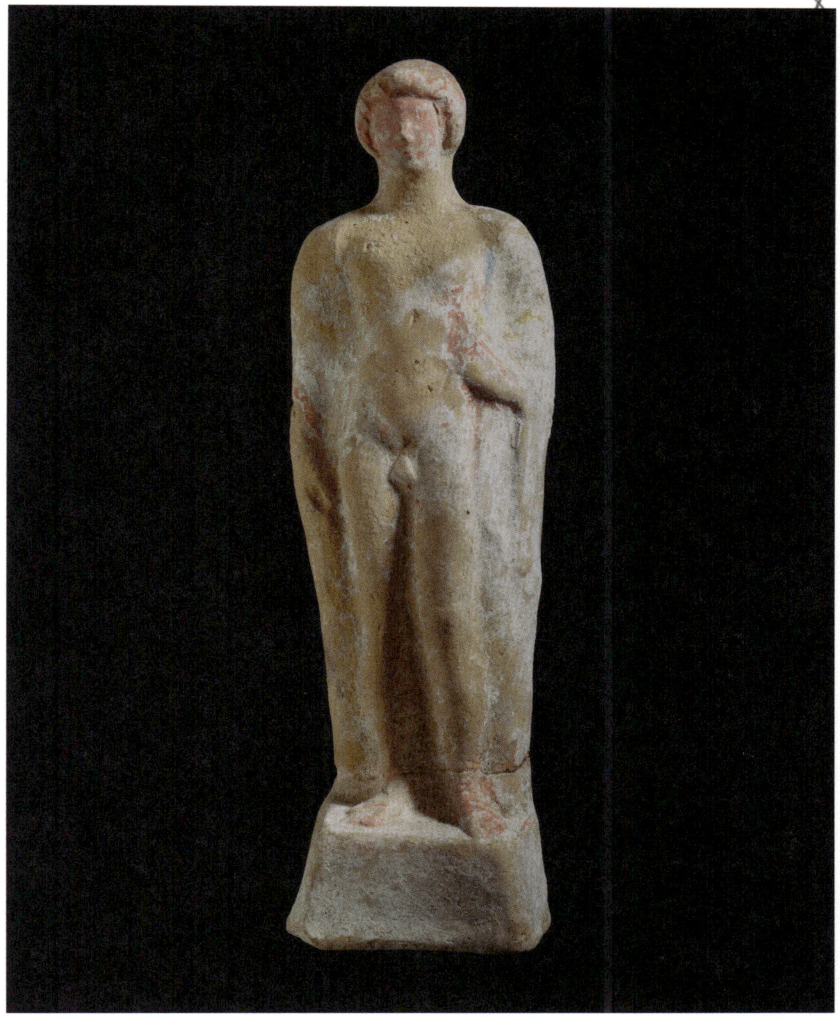

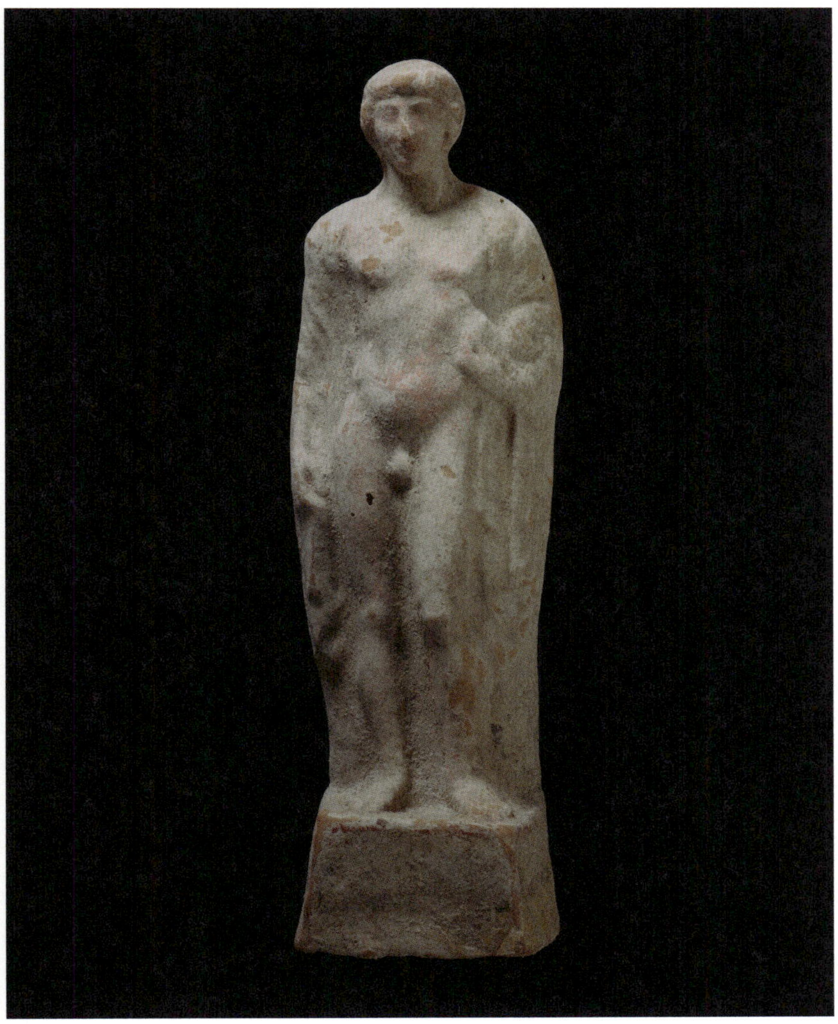

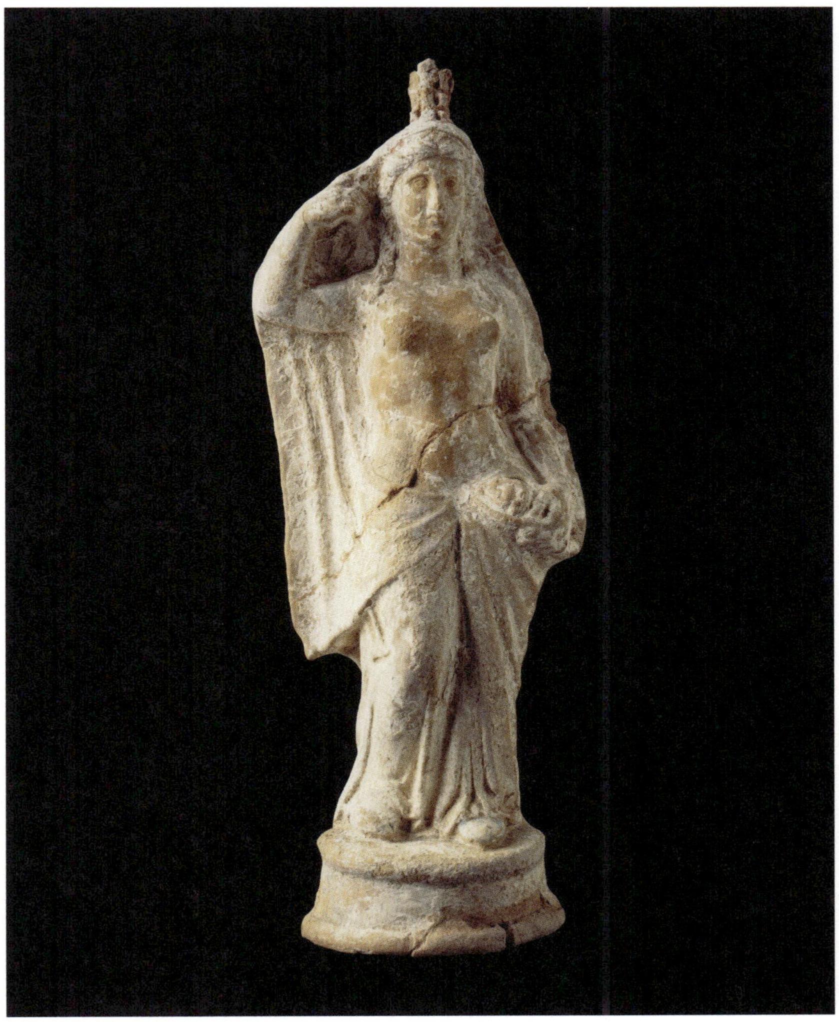

antique figurines

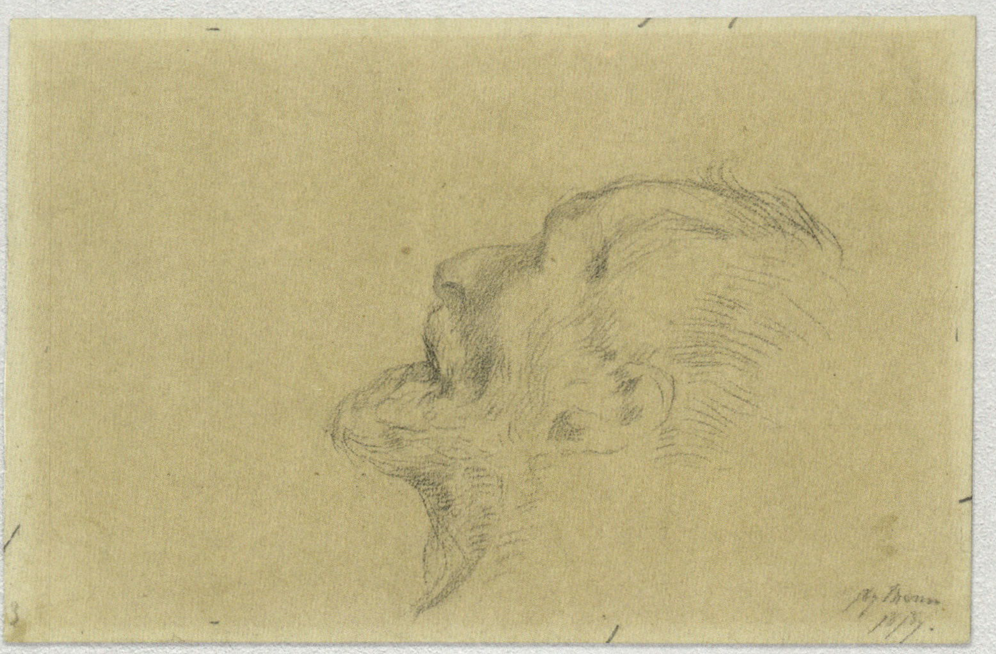

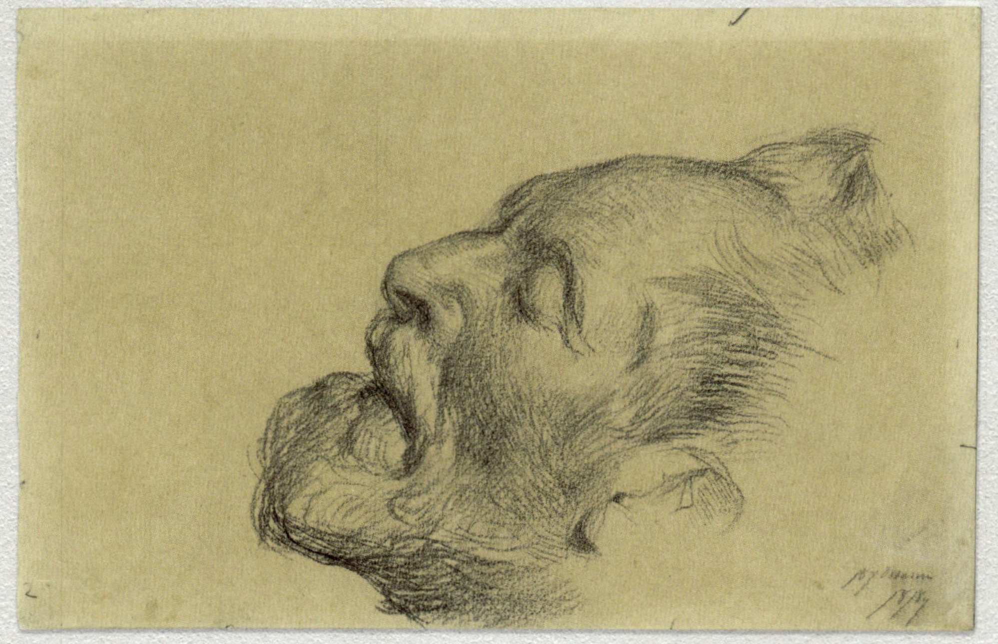

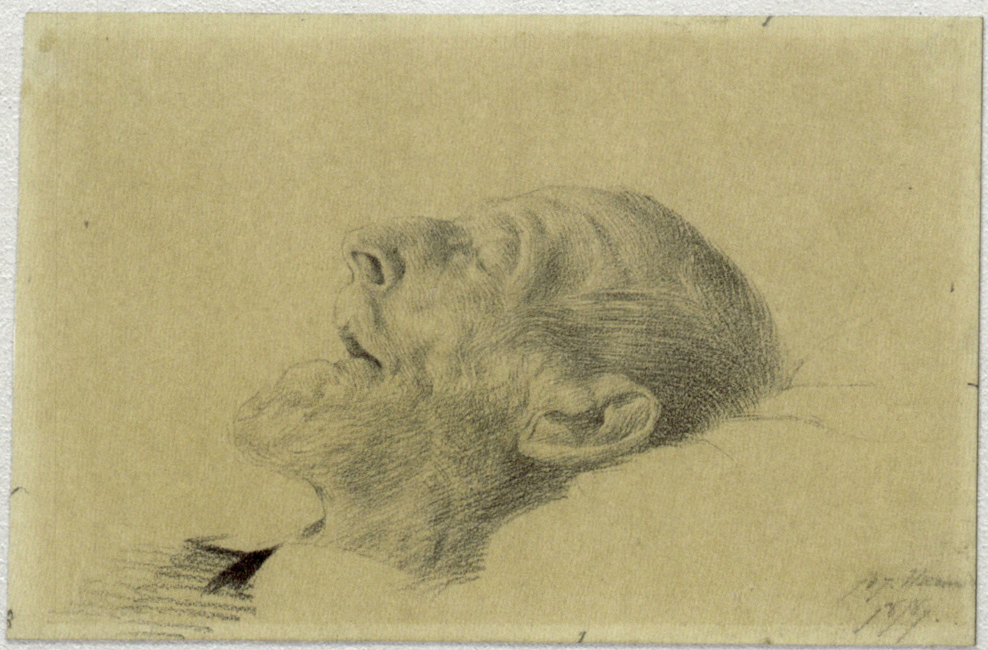

auguste baud-bovy

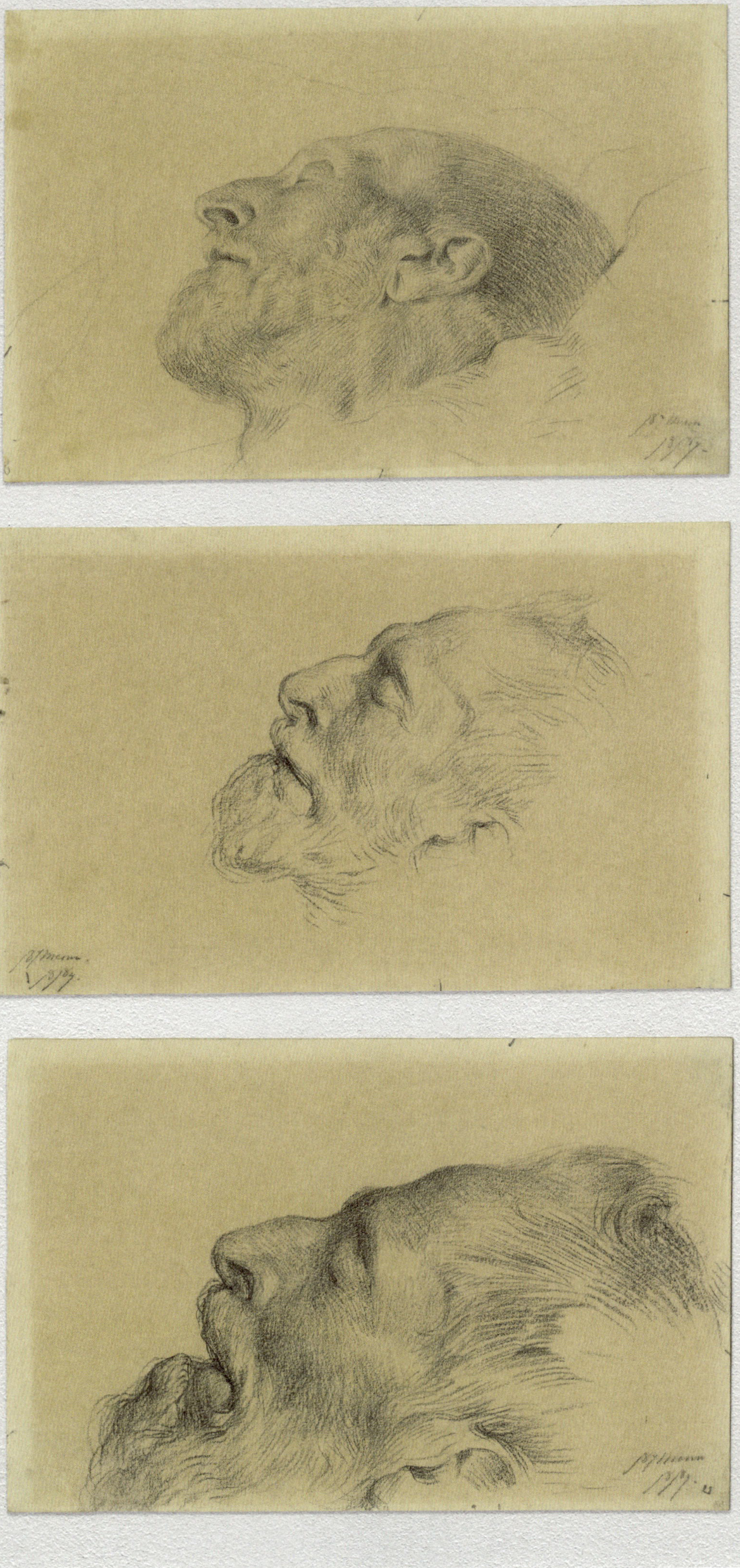

barthélemy menn mourant 1893

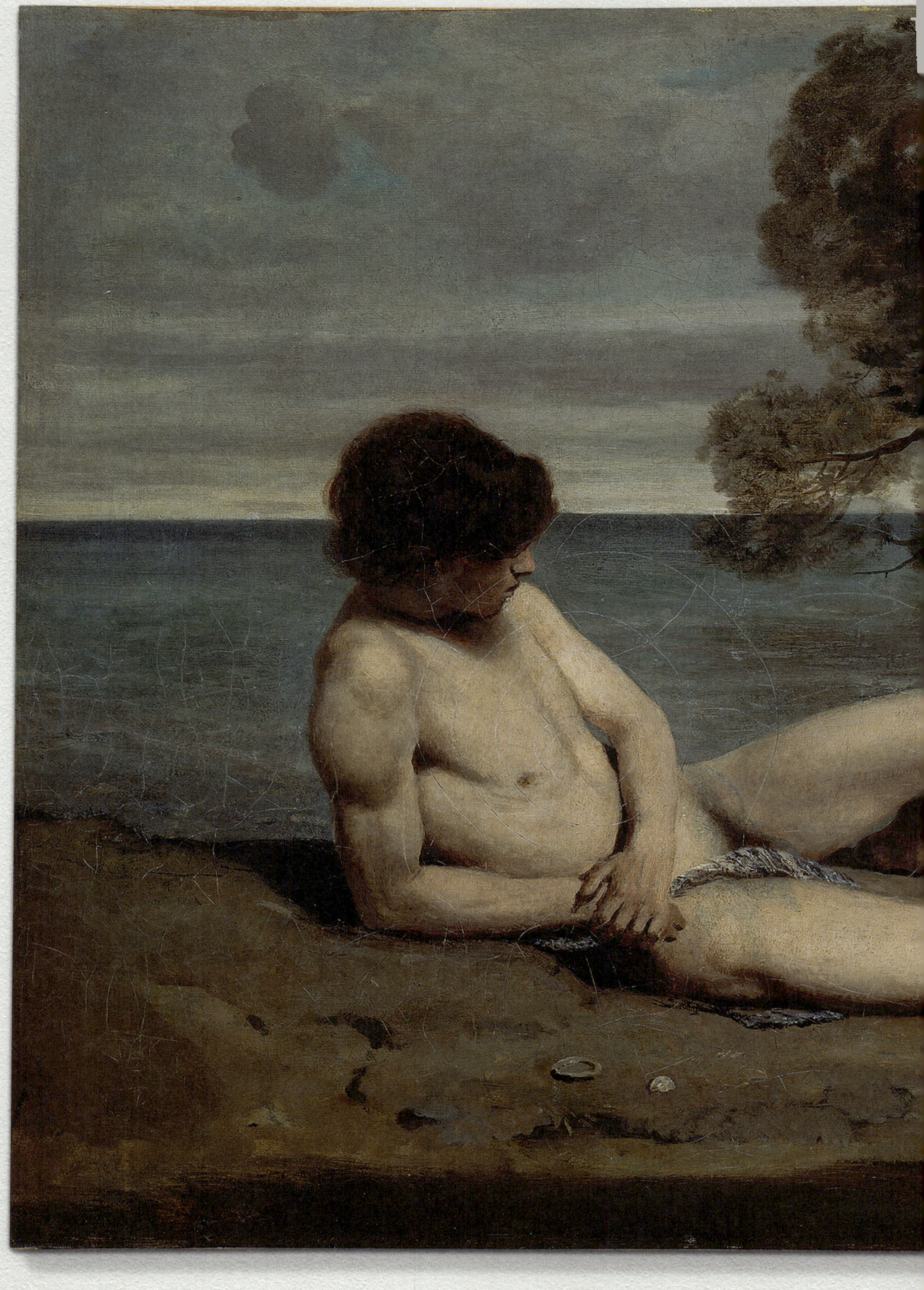

camille corot

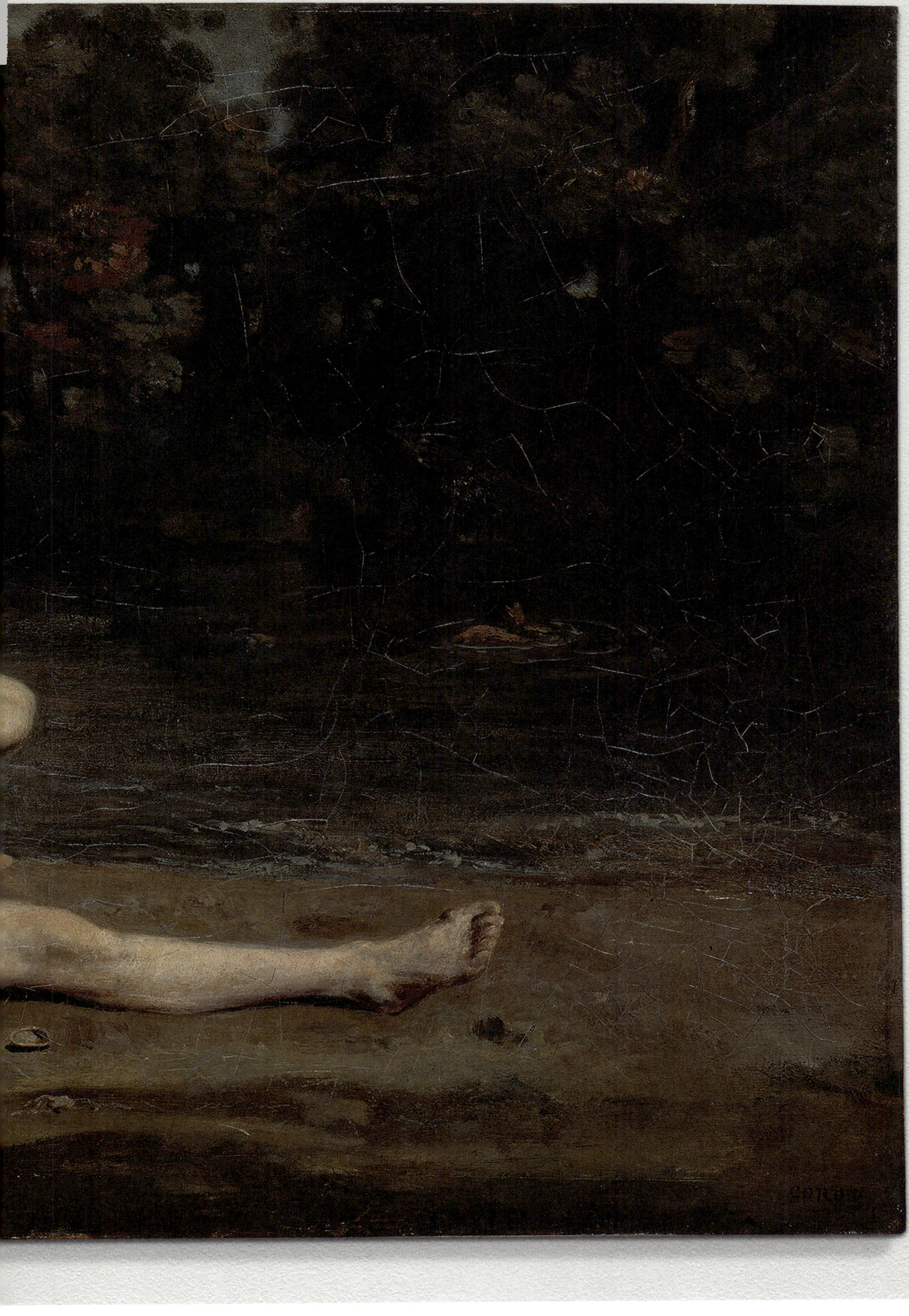

jeune baigneur étendu sur la grève c. 1860

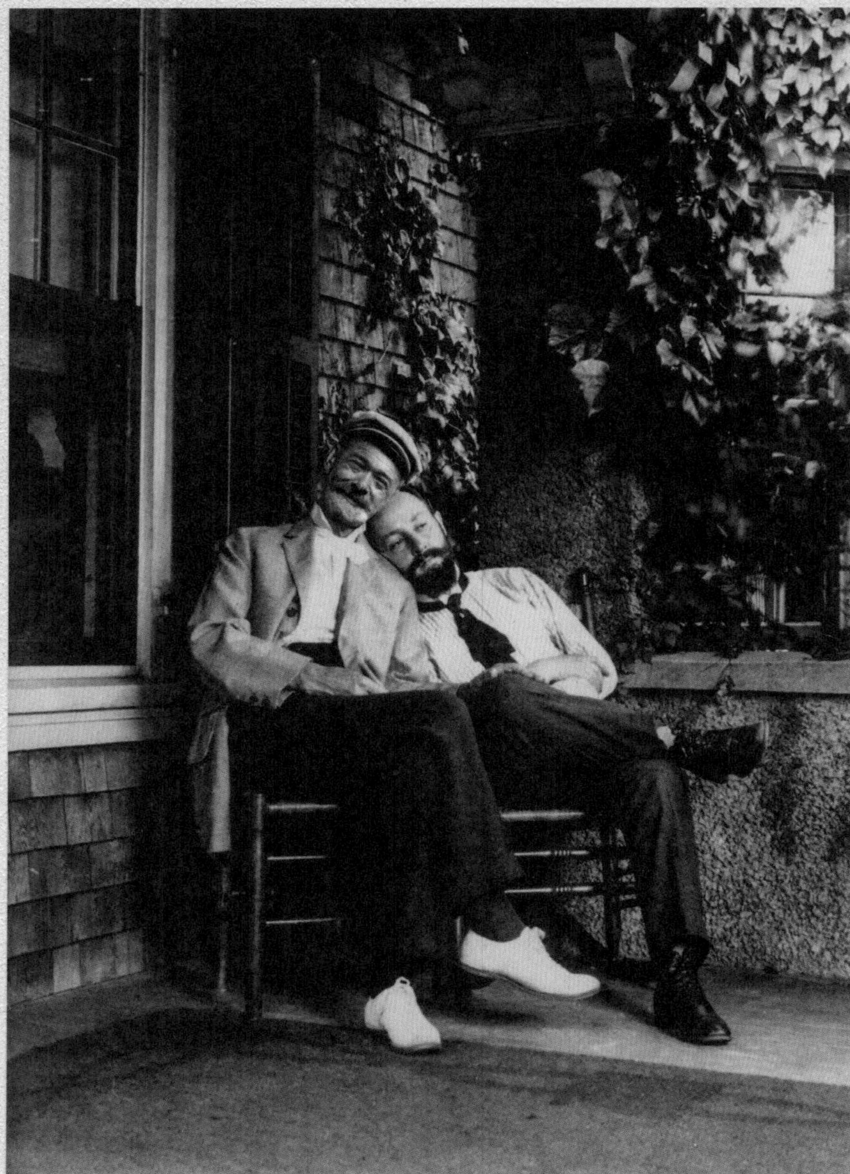

ugo rondinone

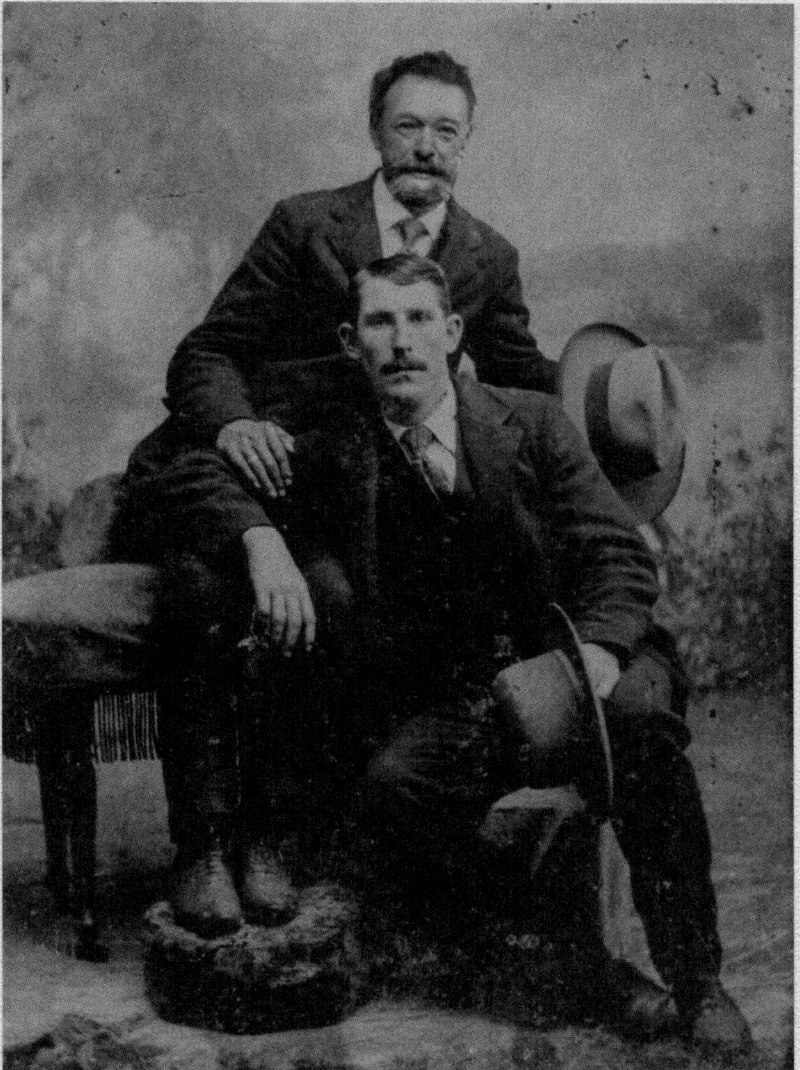

ferdinand and moritz 1900

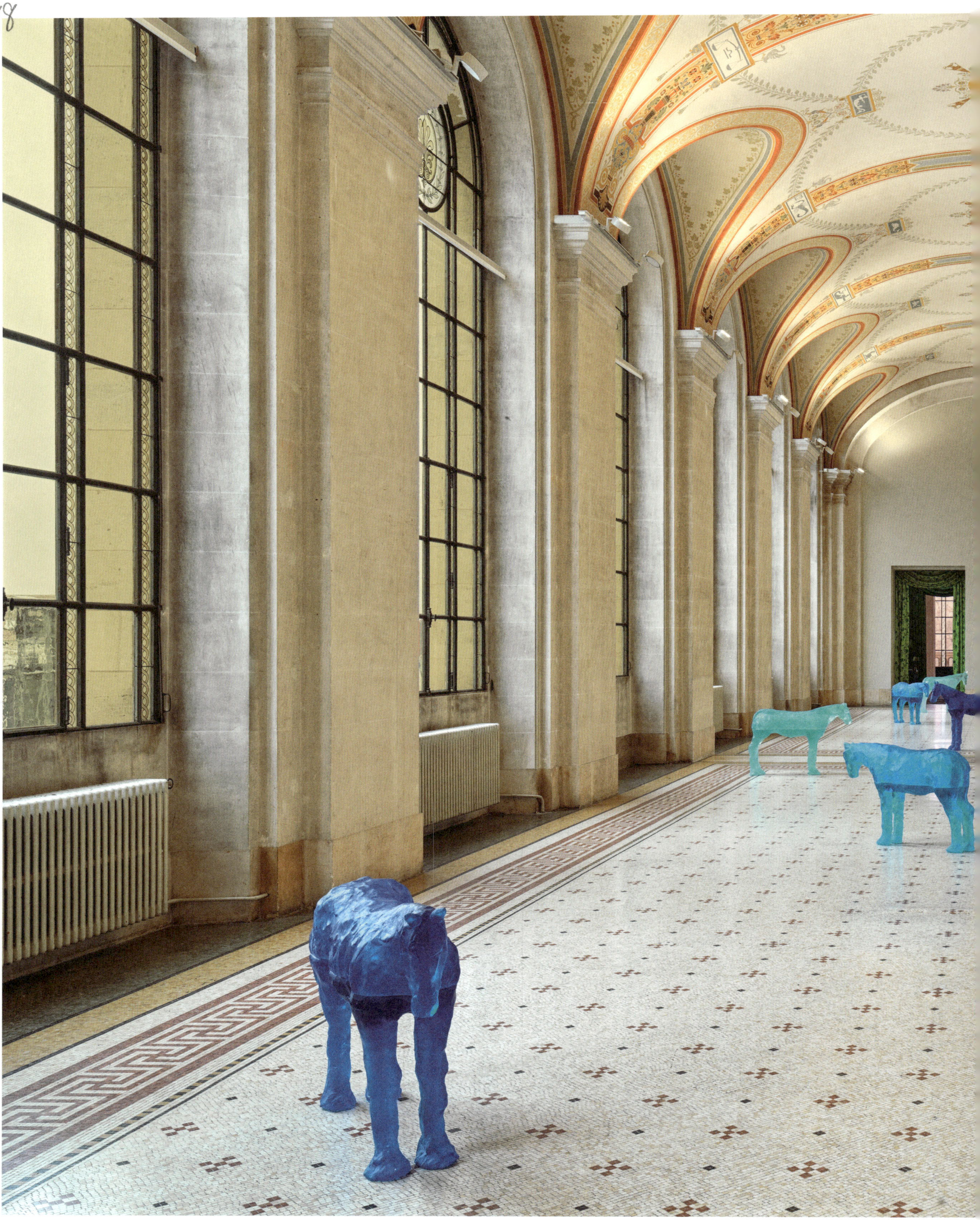

espace rythmique . ciel ouvert

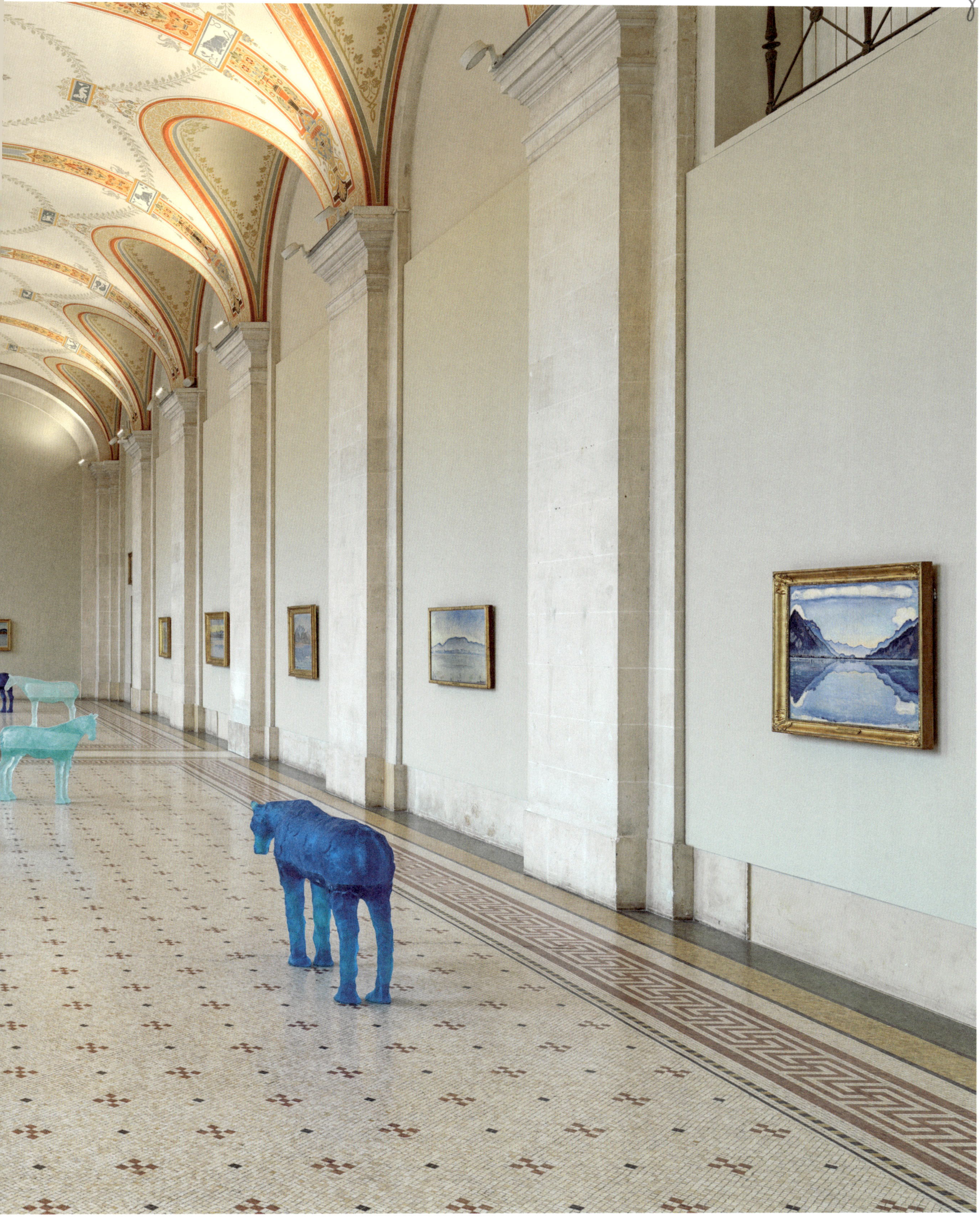

ferdinand hodler   ugo rondinone

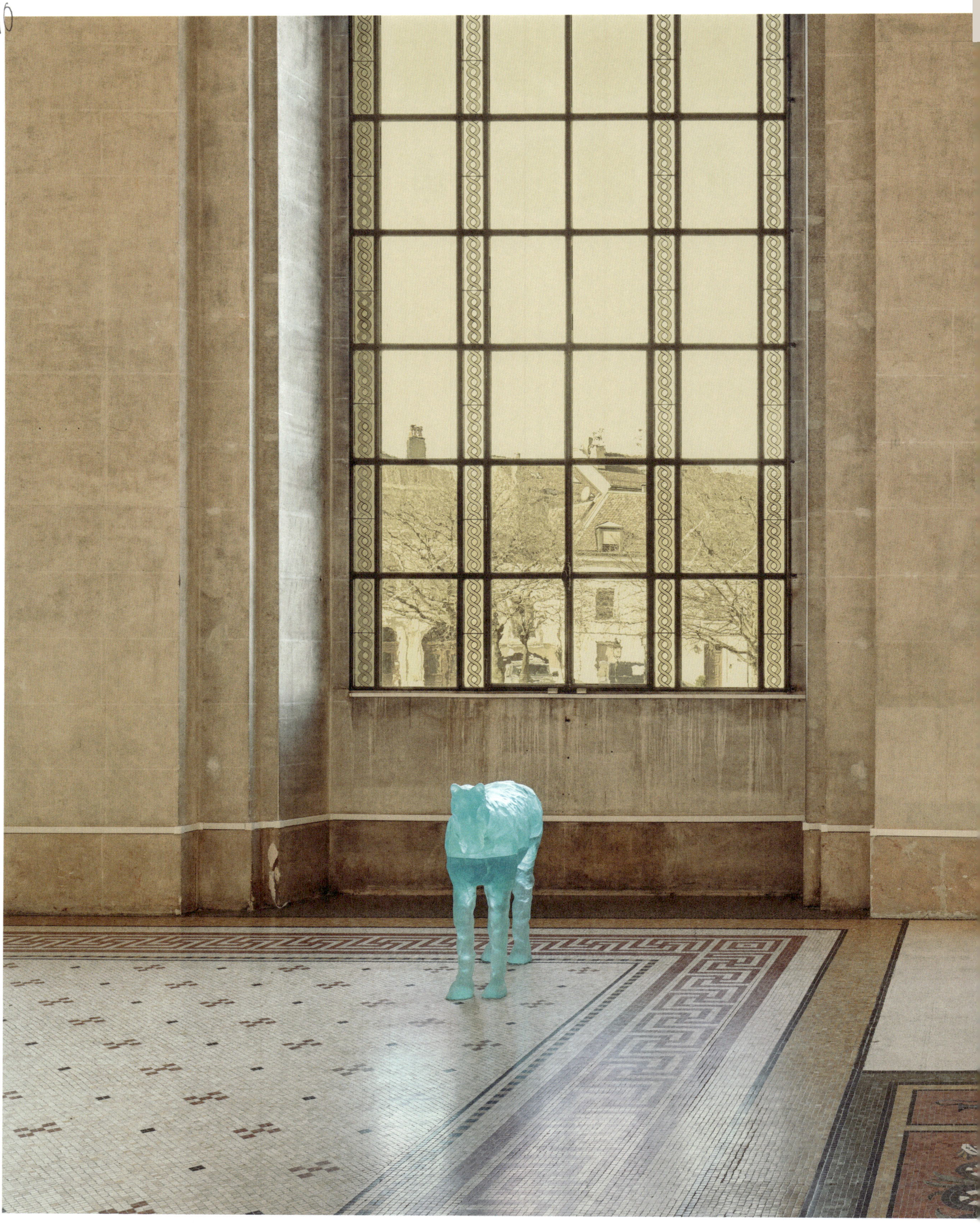

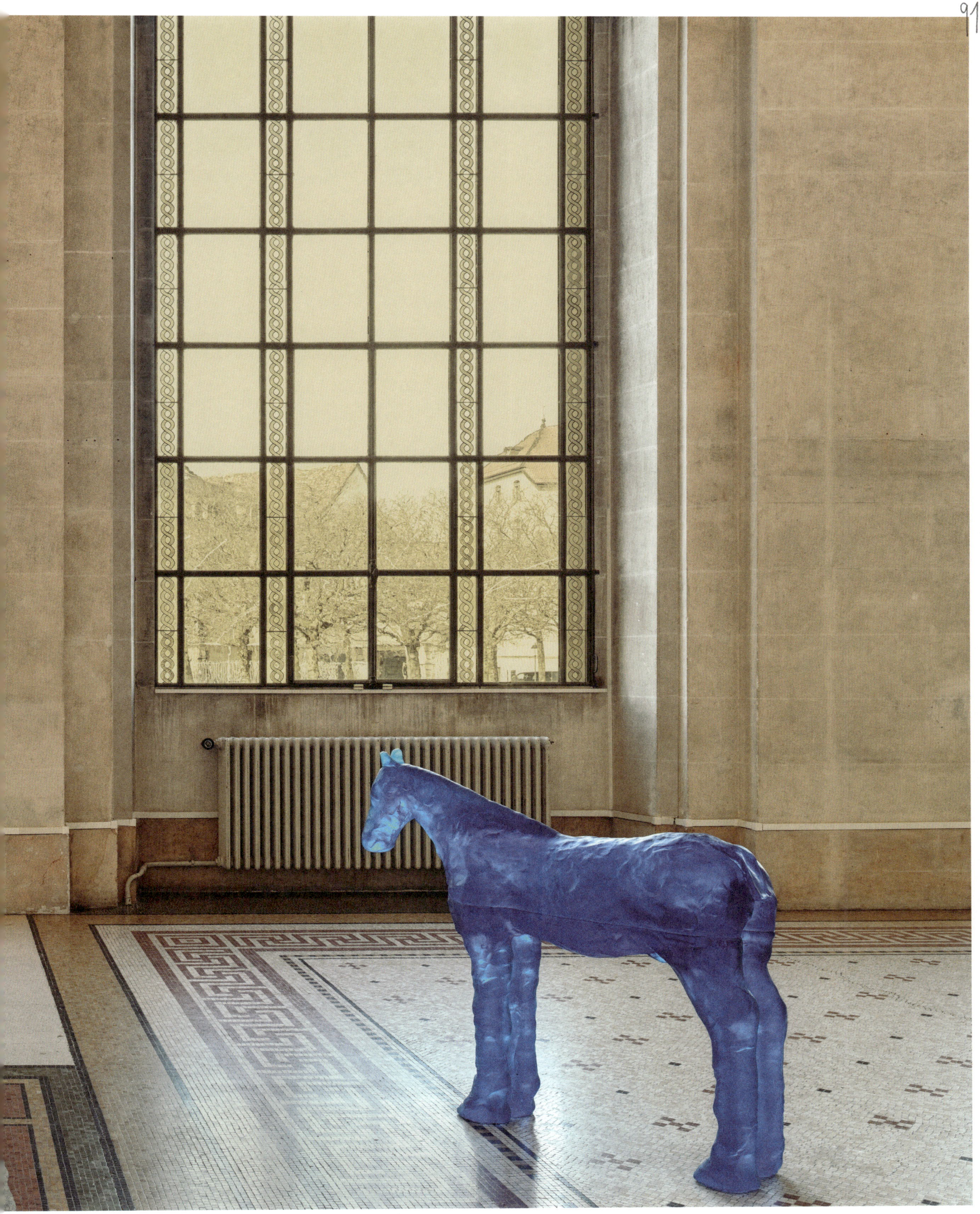

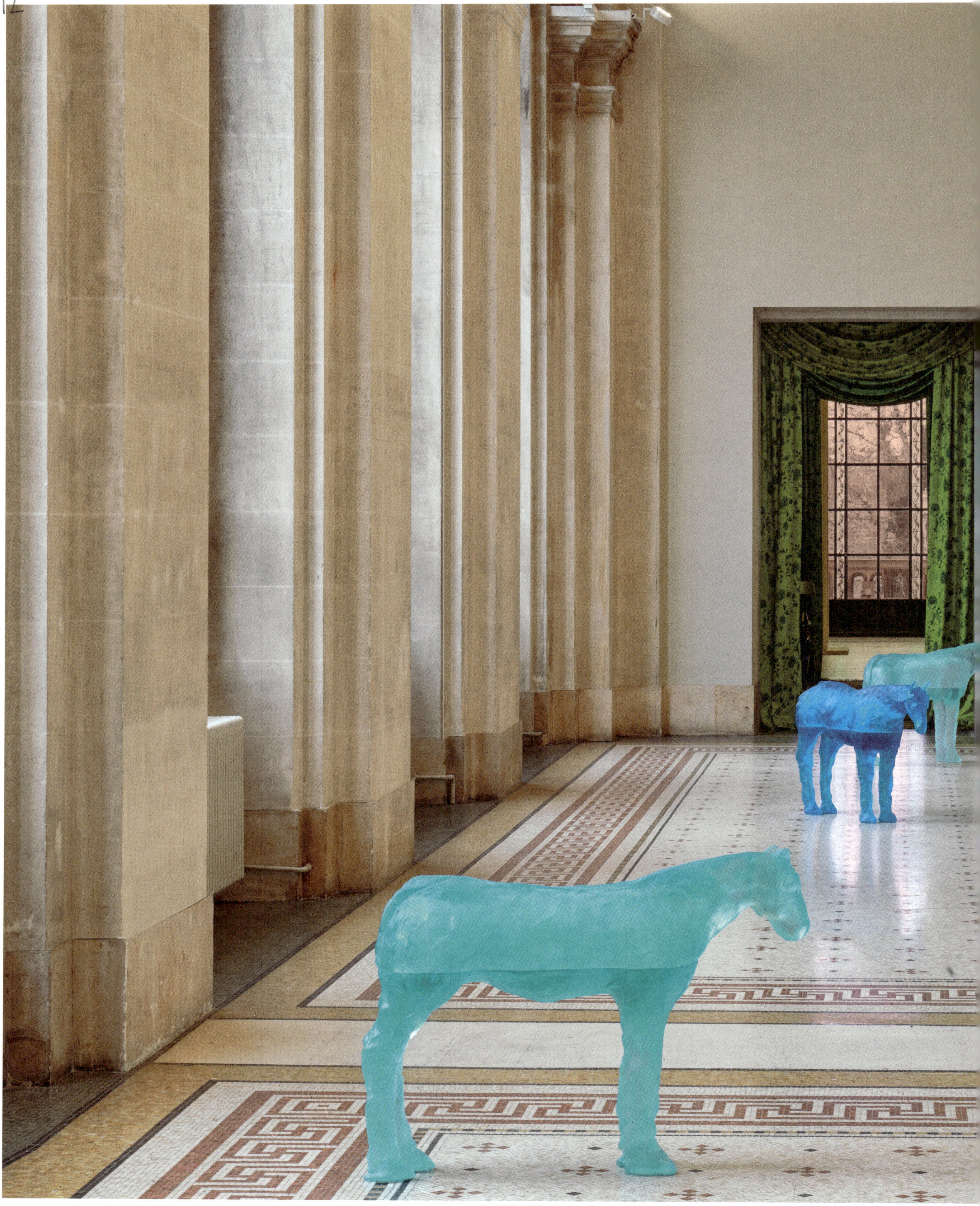

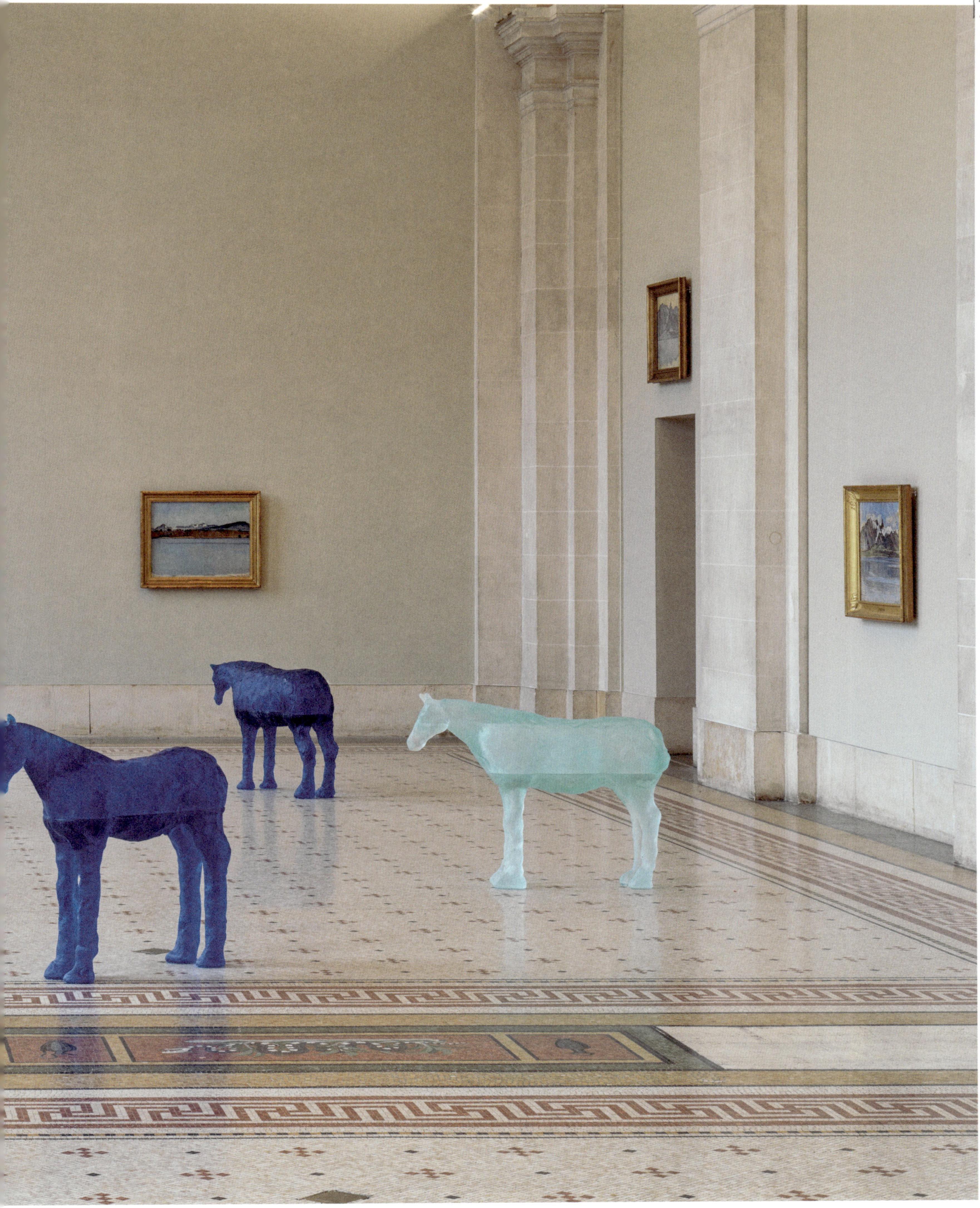

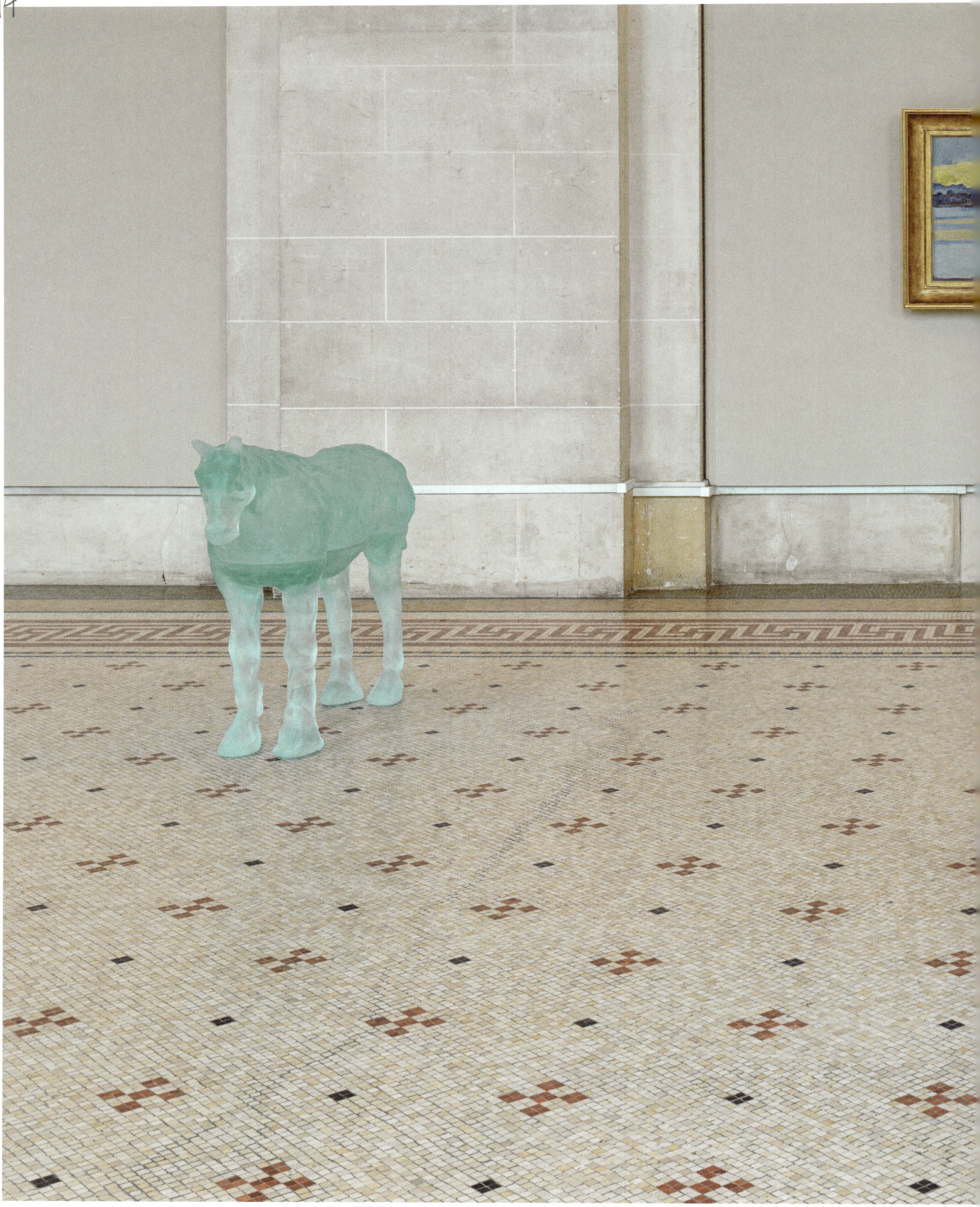

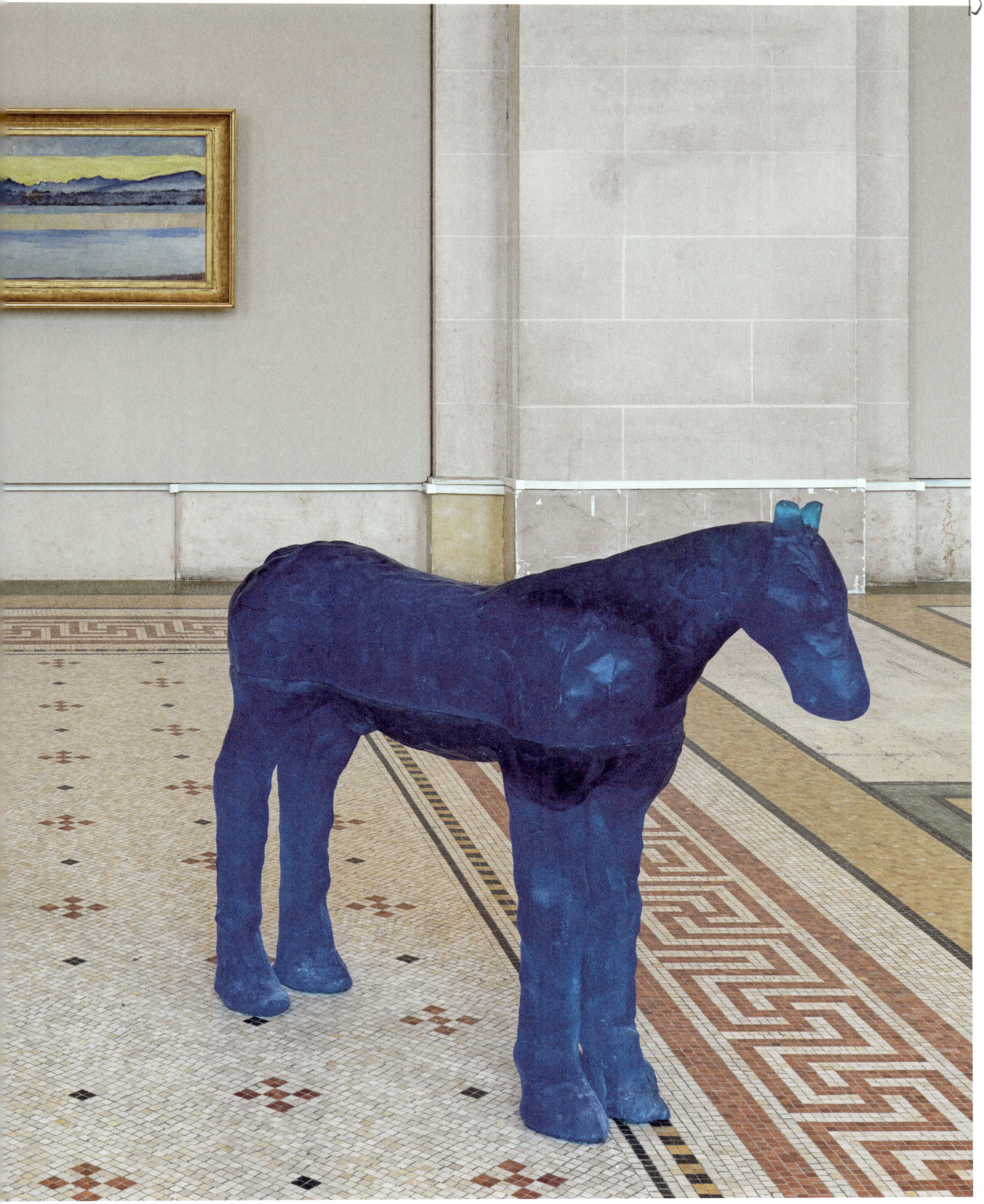

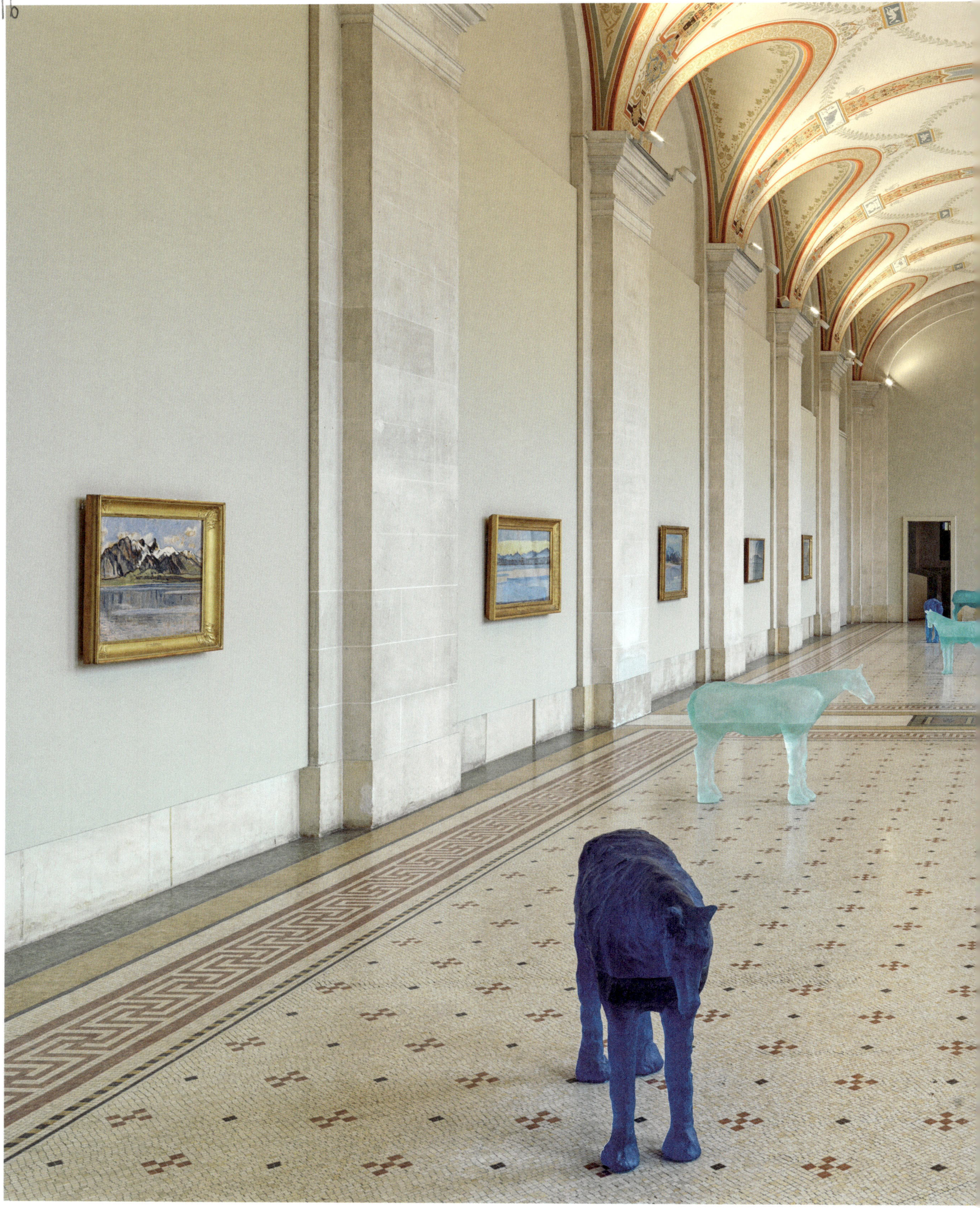

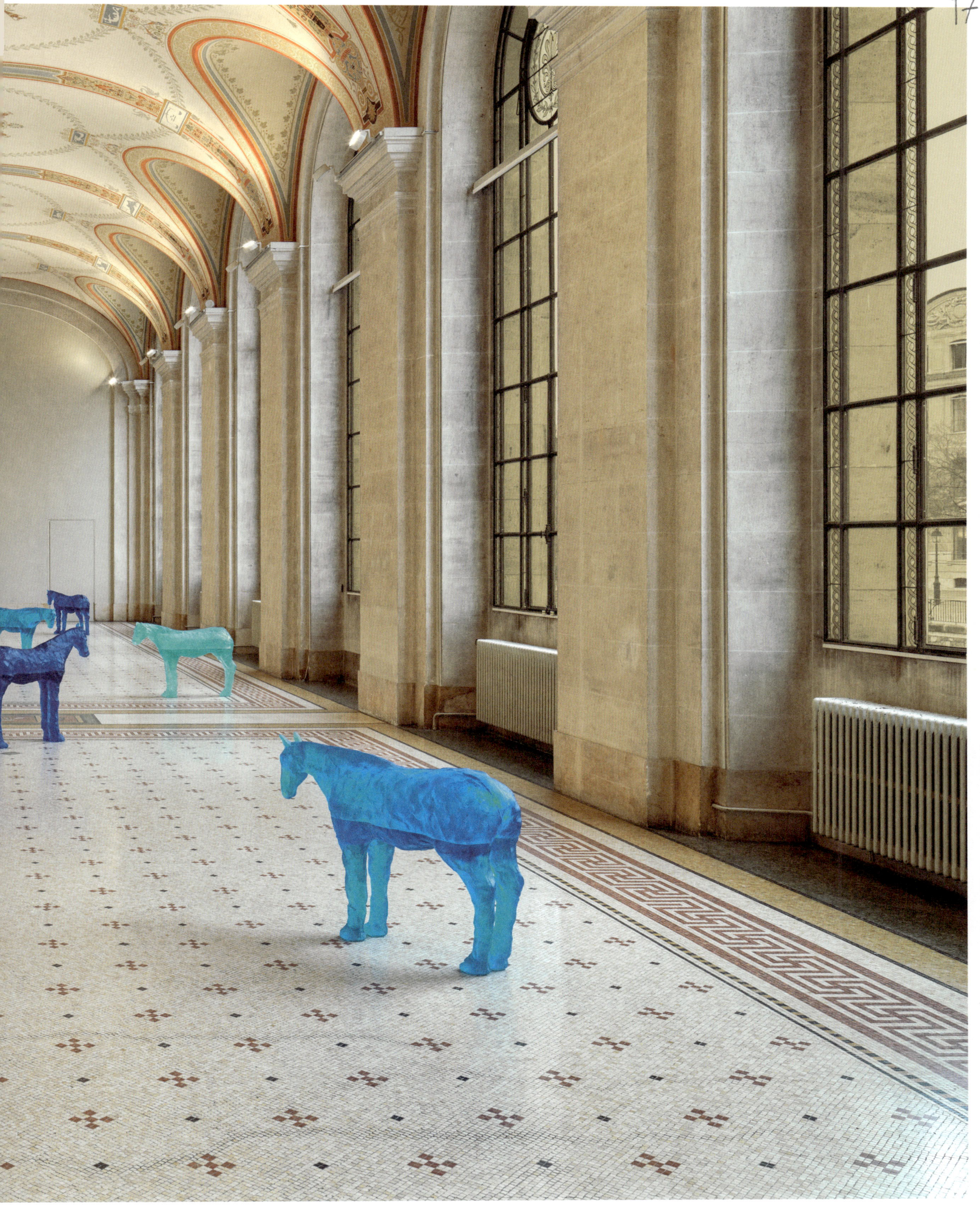

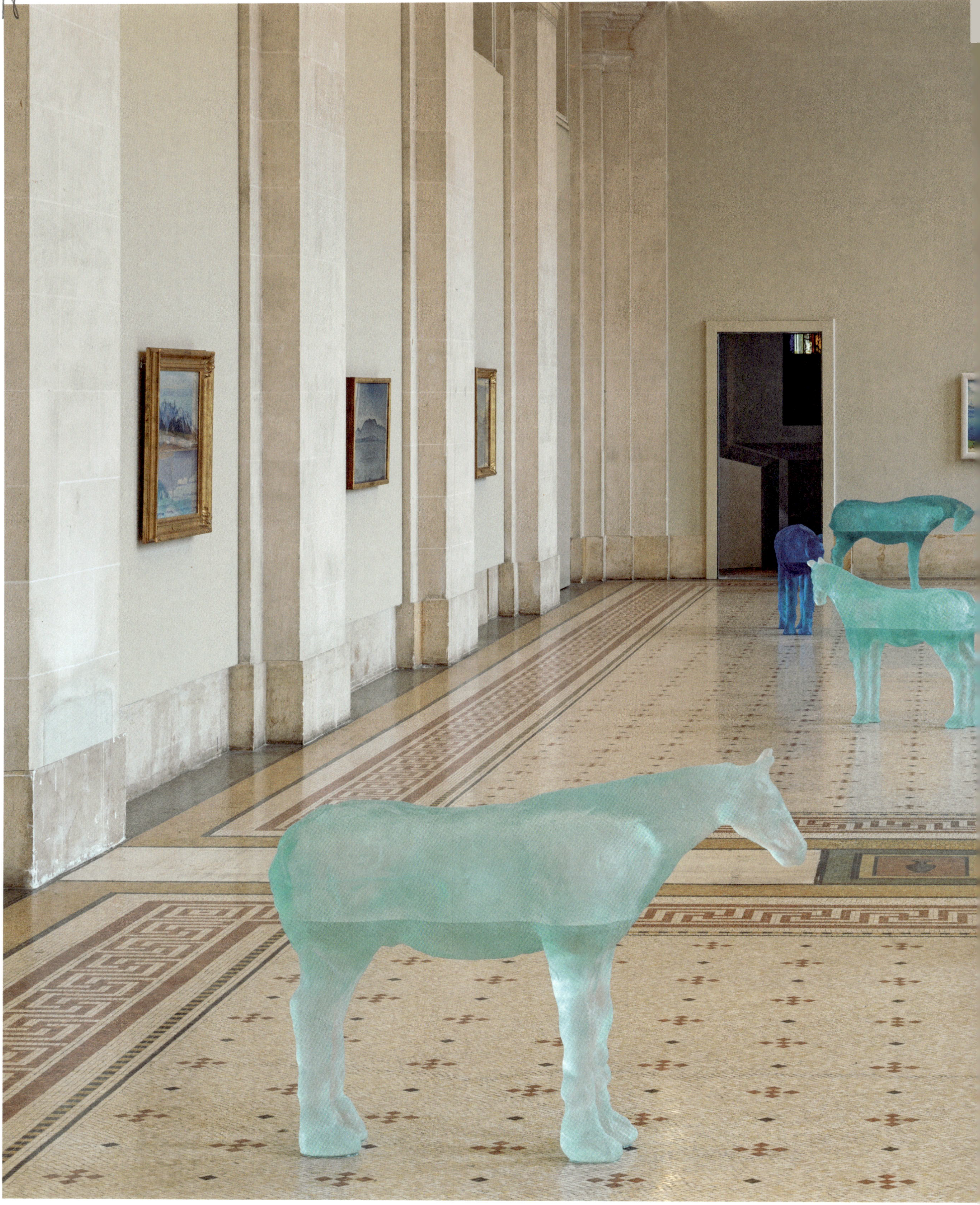

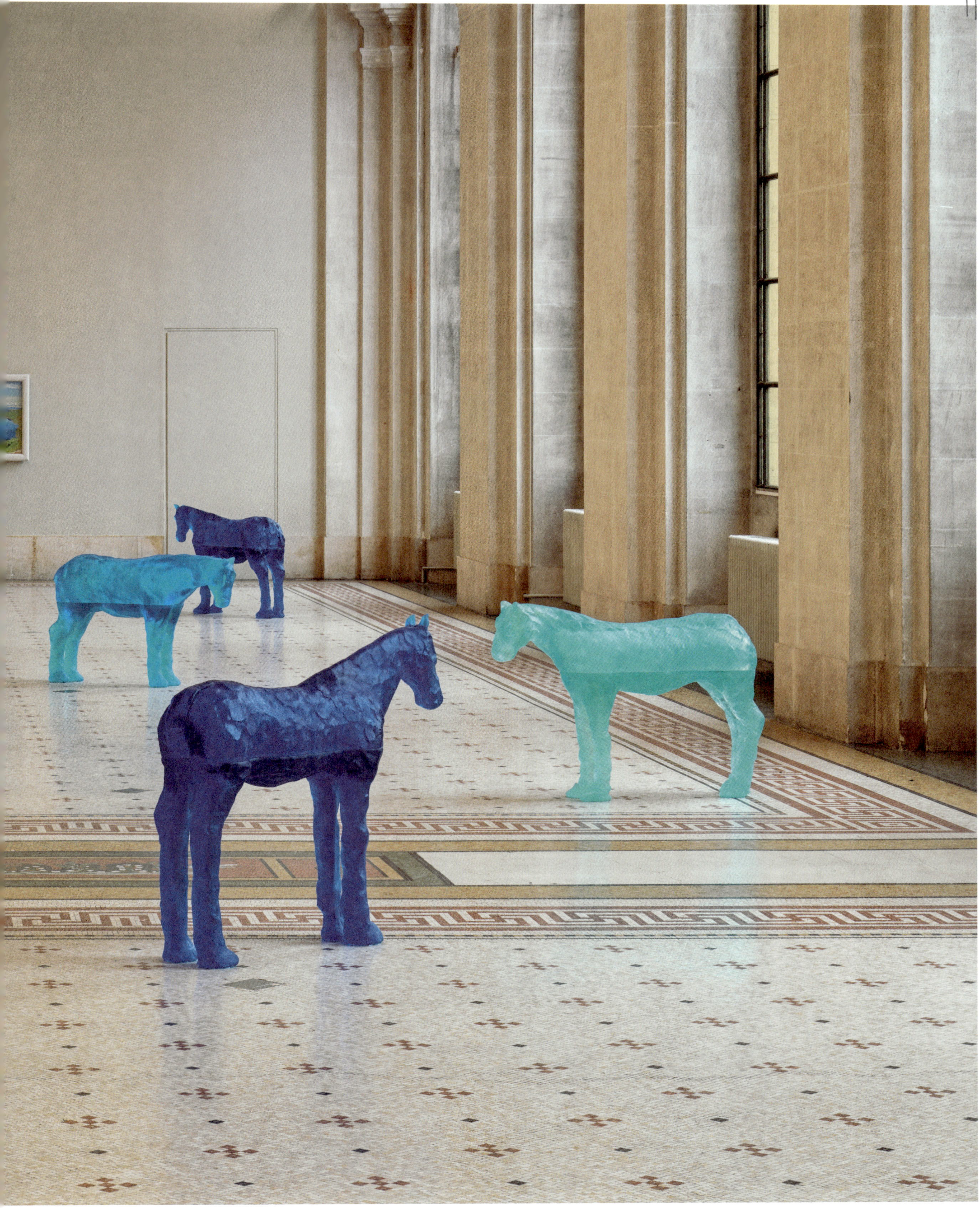

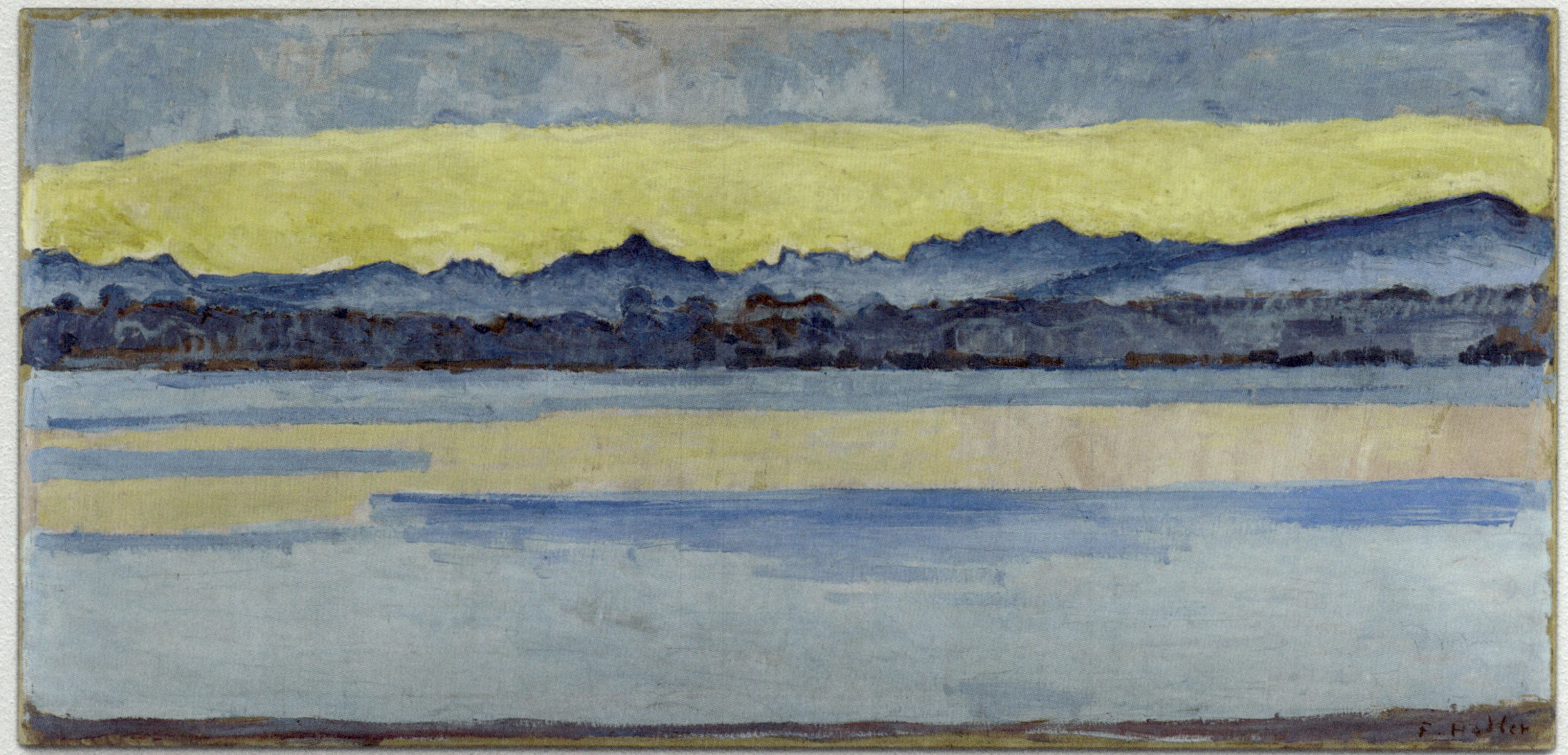

le lac léman et le mont-blanc à l'aube 1916

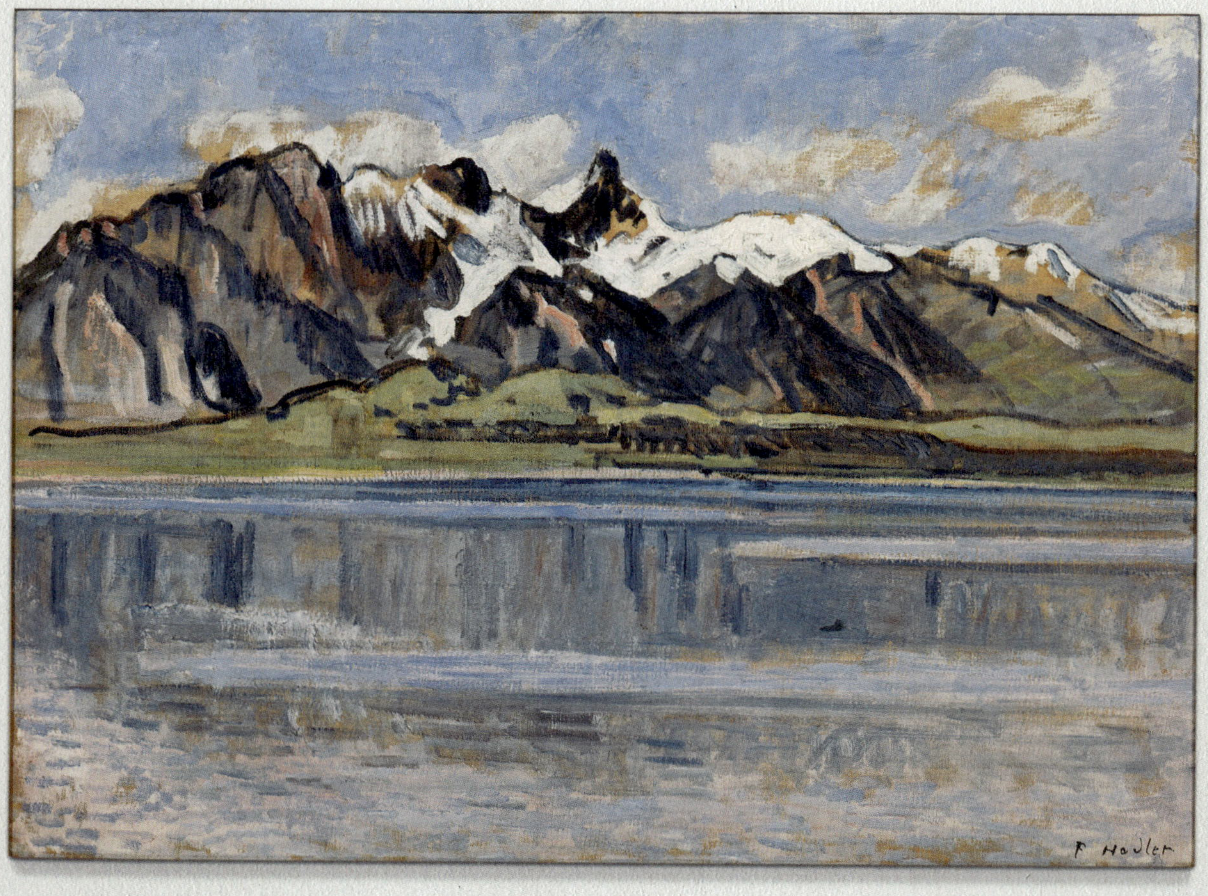

ferdinand hodler le lac de thoune et le stockhorn, printemps c.1913

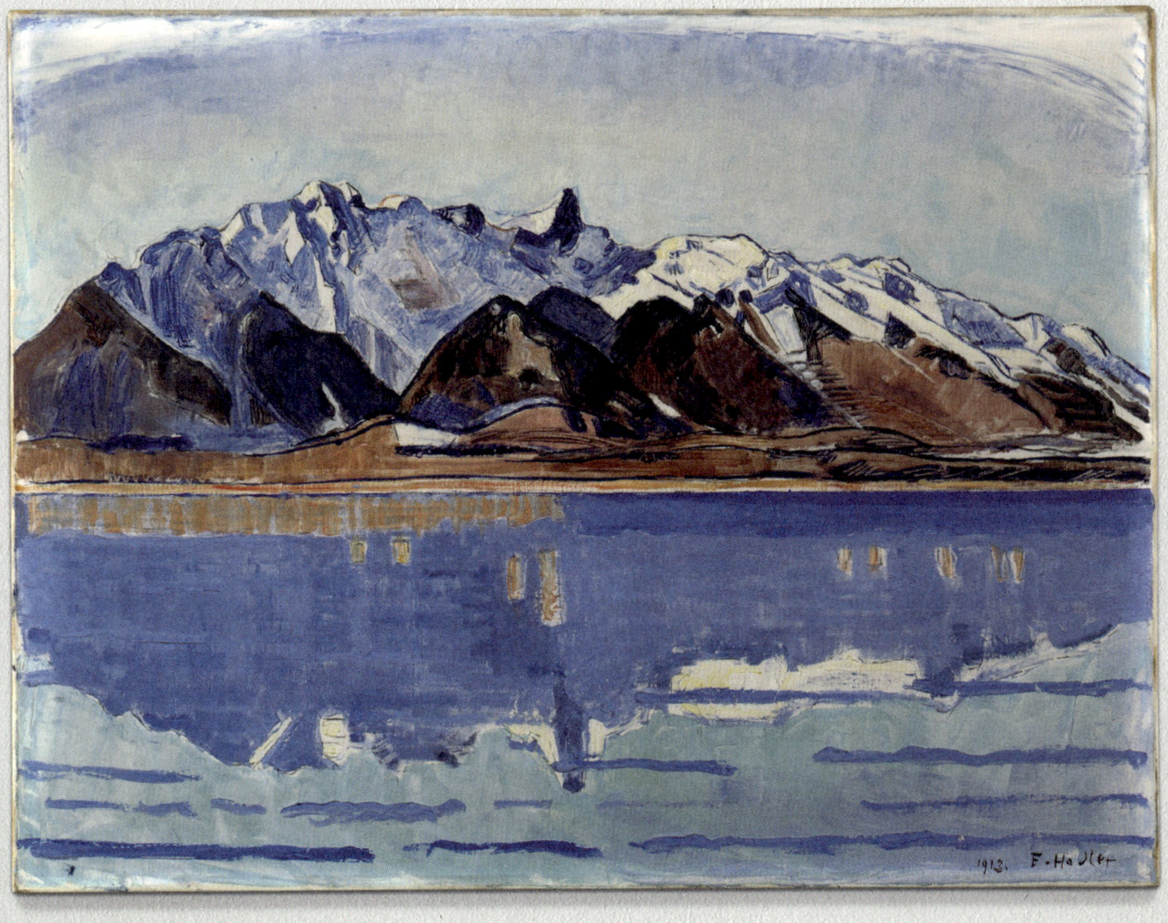

le lac de thoune et le stockhorn 1913

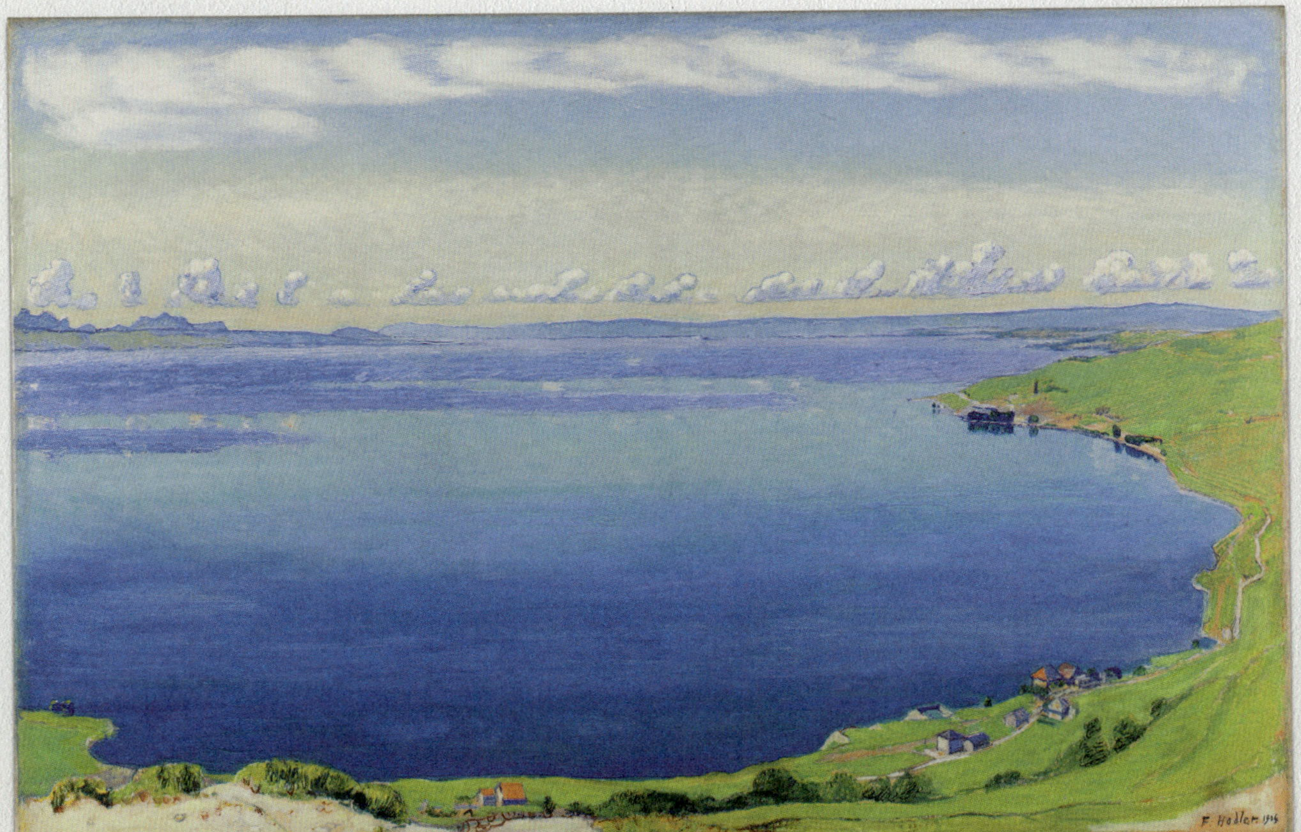

lac léman vu de chexbres 1904

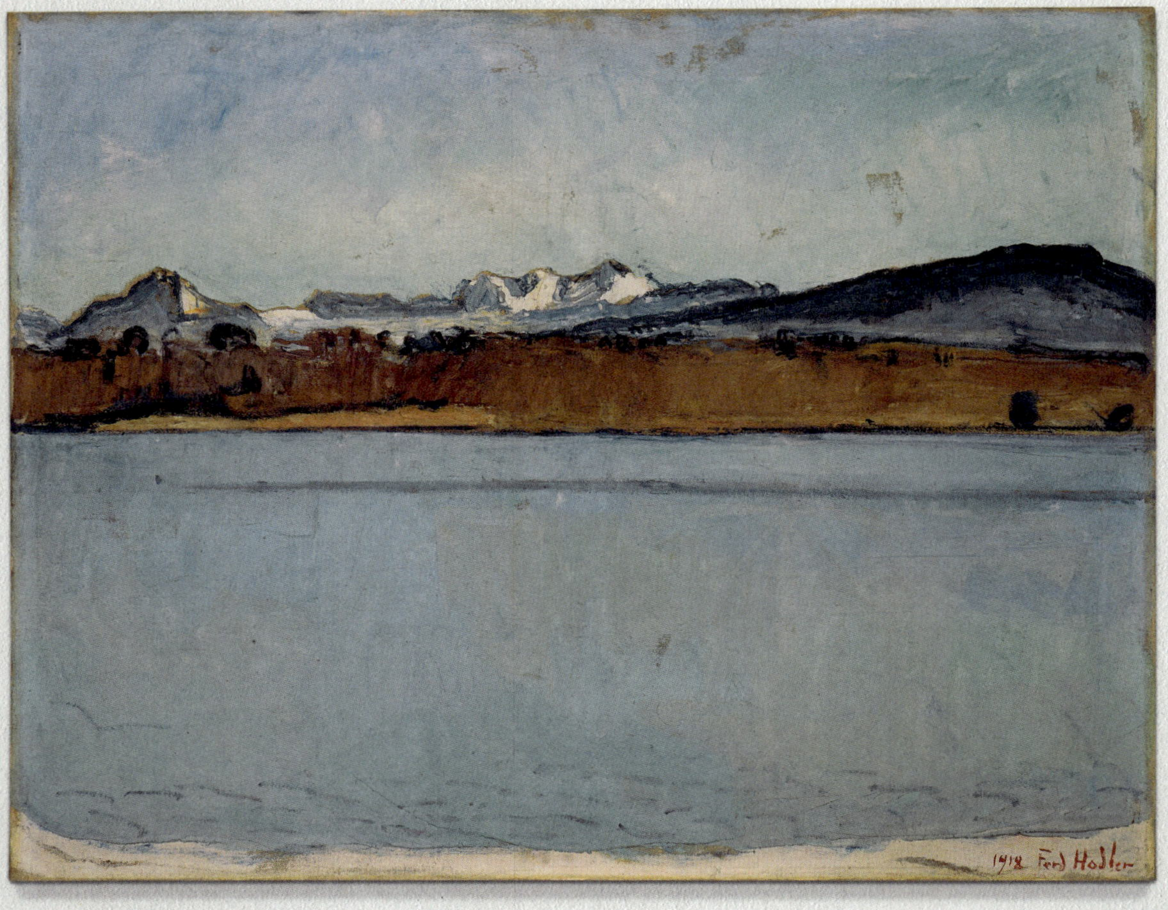

le lac léman et le mont-blanc 1918

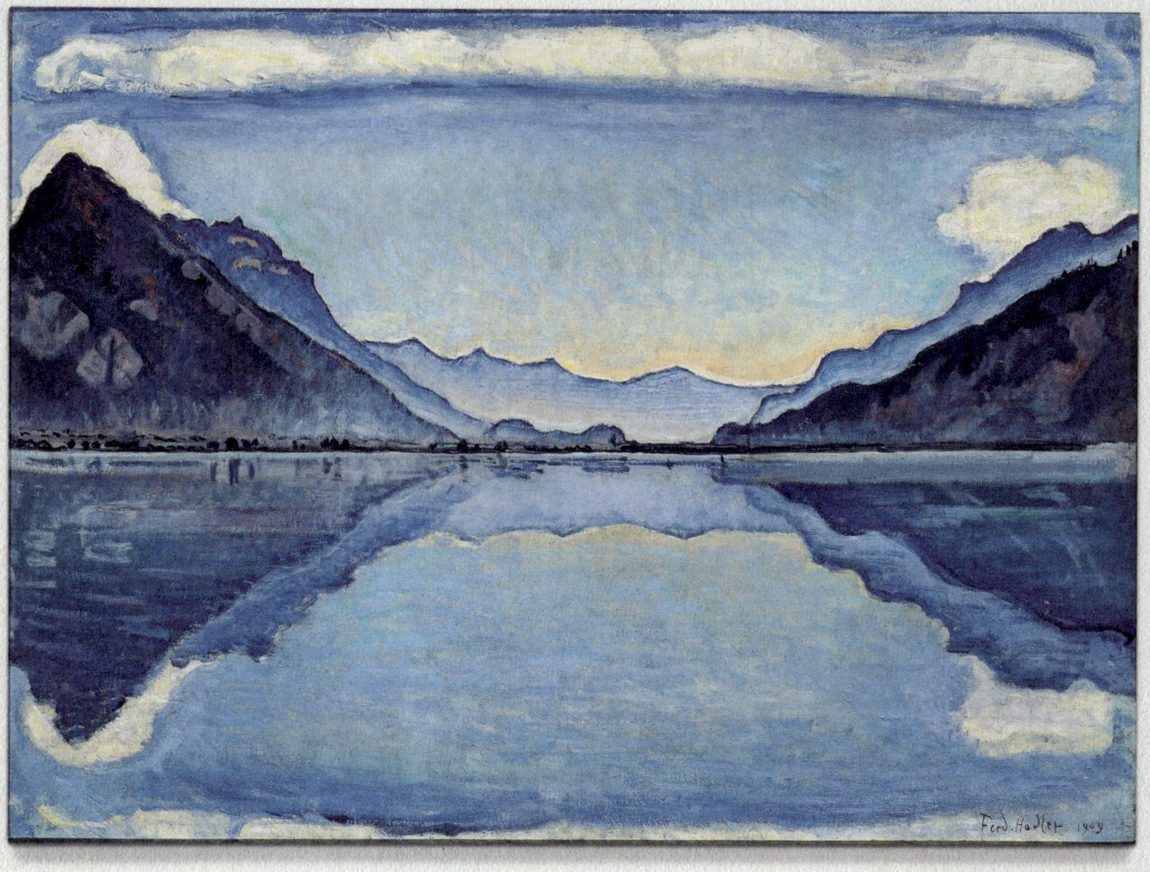

le lac de thoune aux reflets symétriques 1909

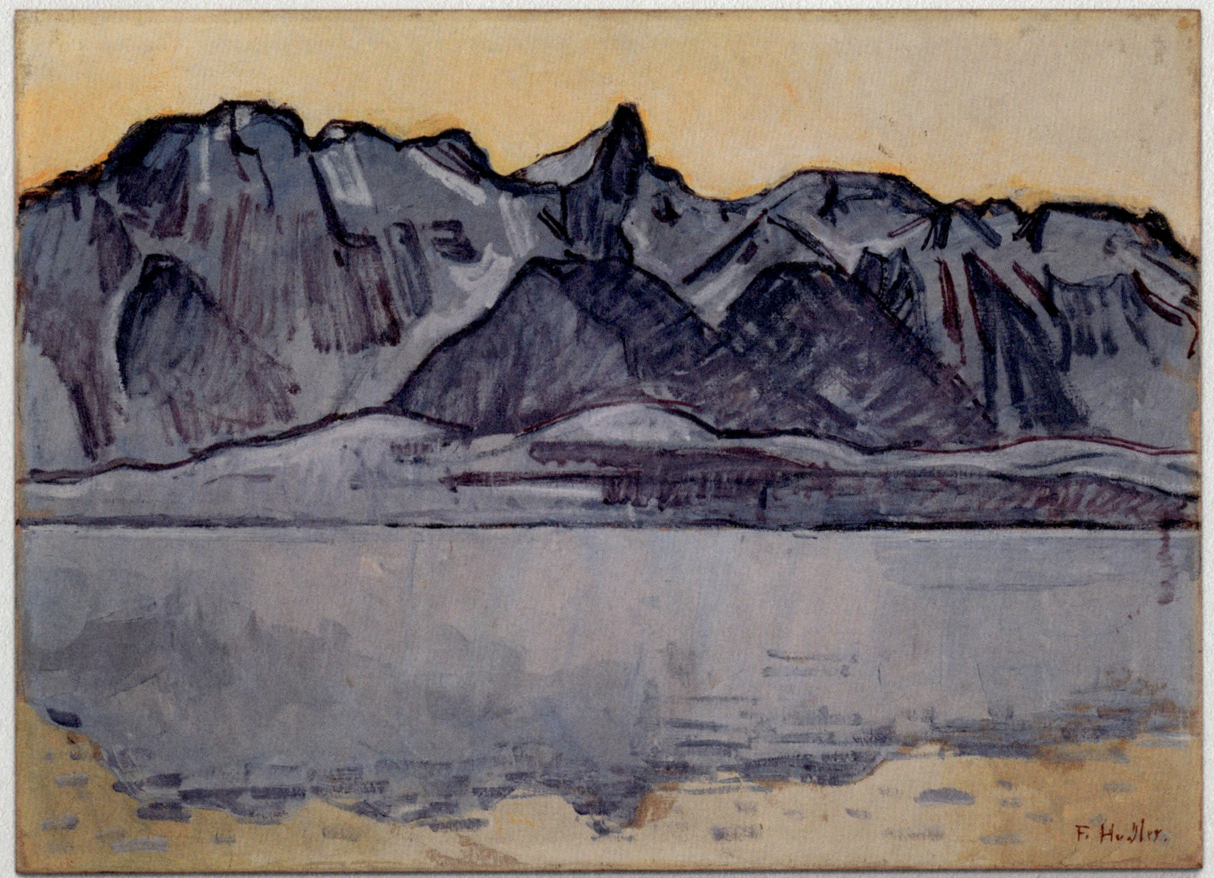

le lac de thoune et le stockhorn, hiver c. 1911

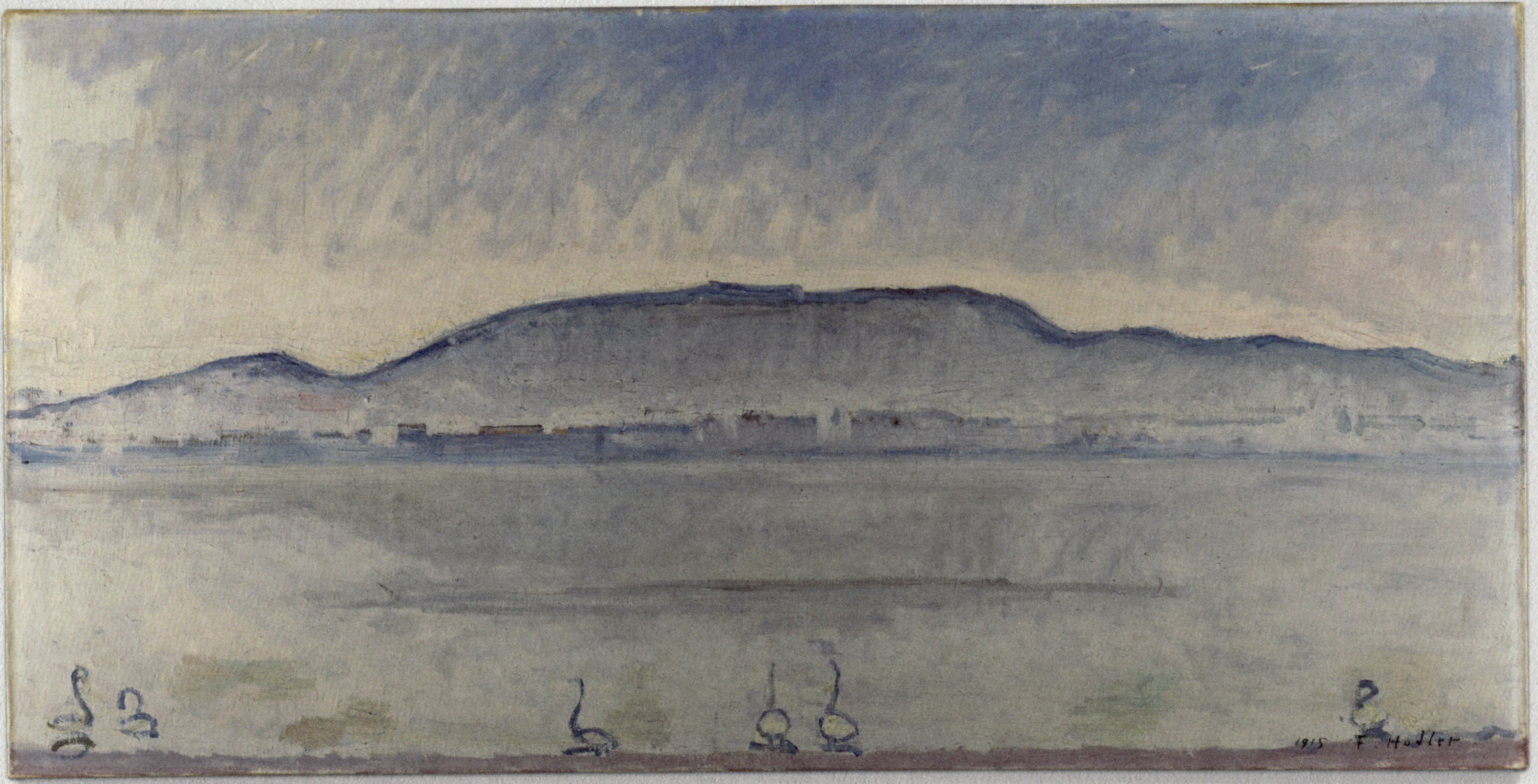

le lac léman et le salève avec cygnes 1915

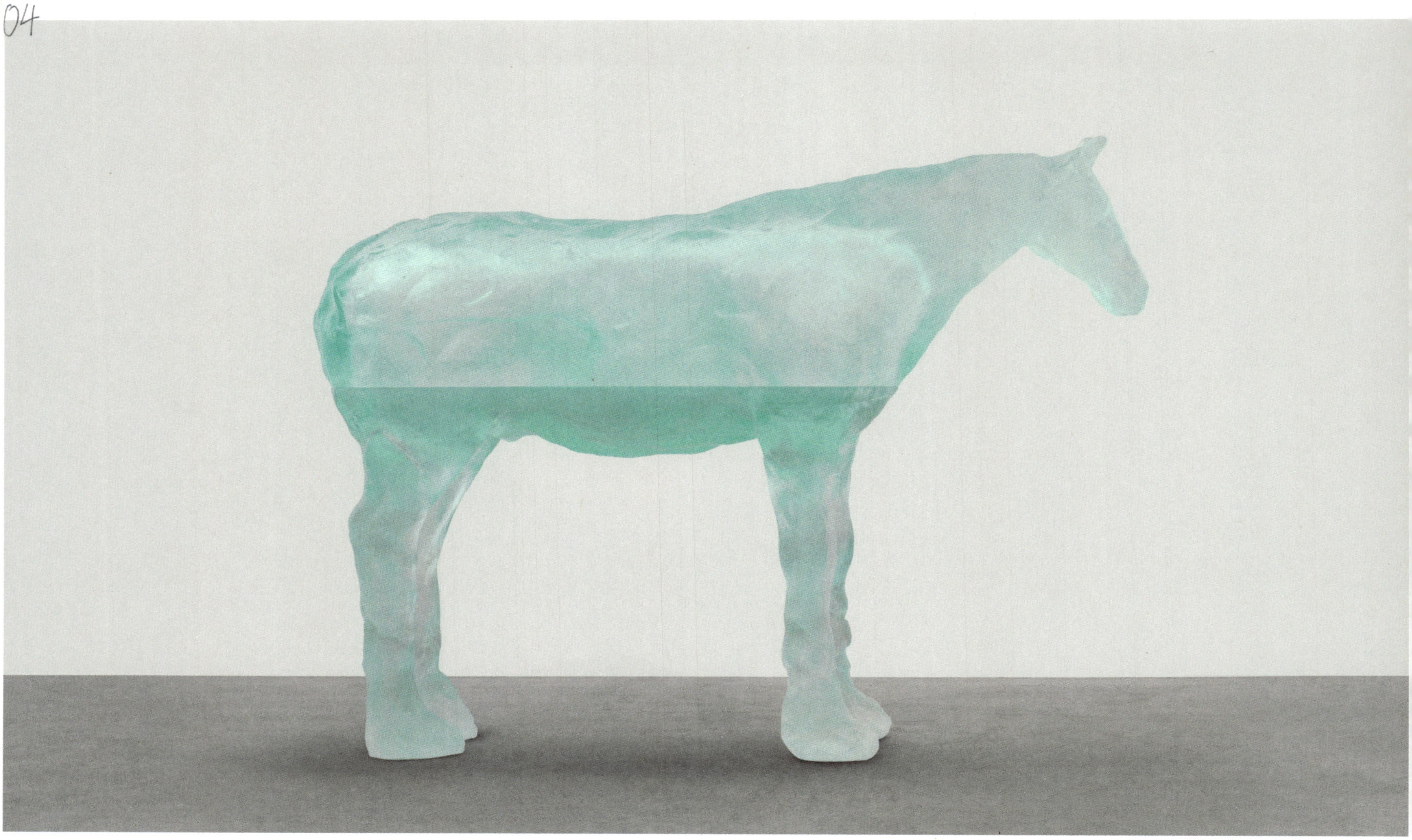

timor sea 2022

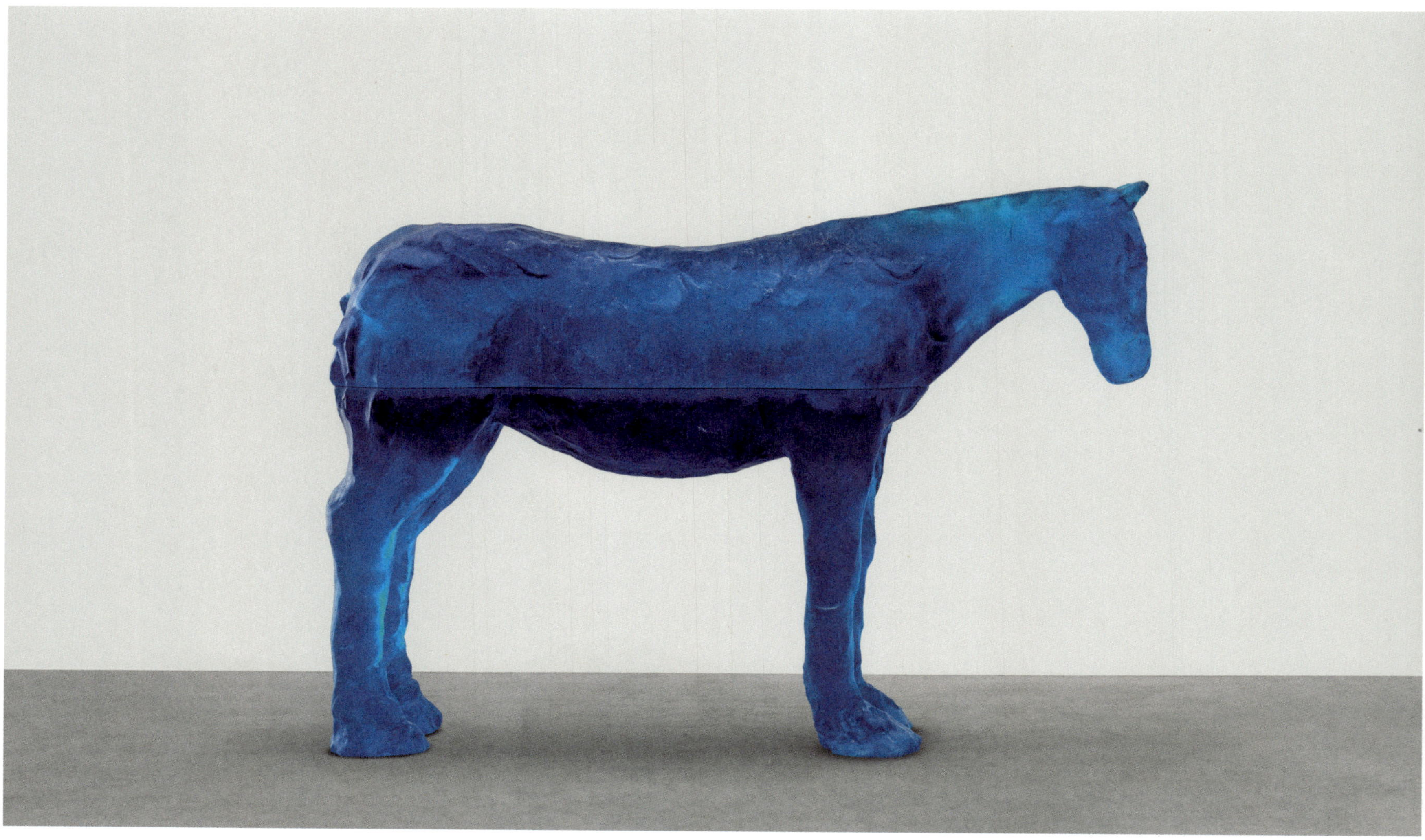

black sea 2022

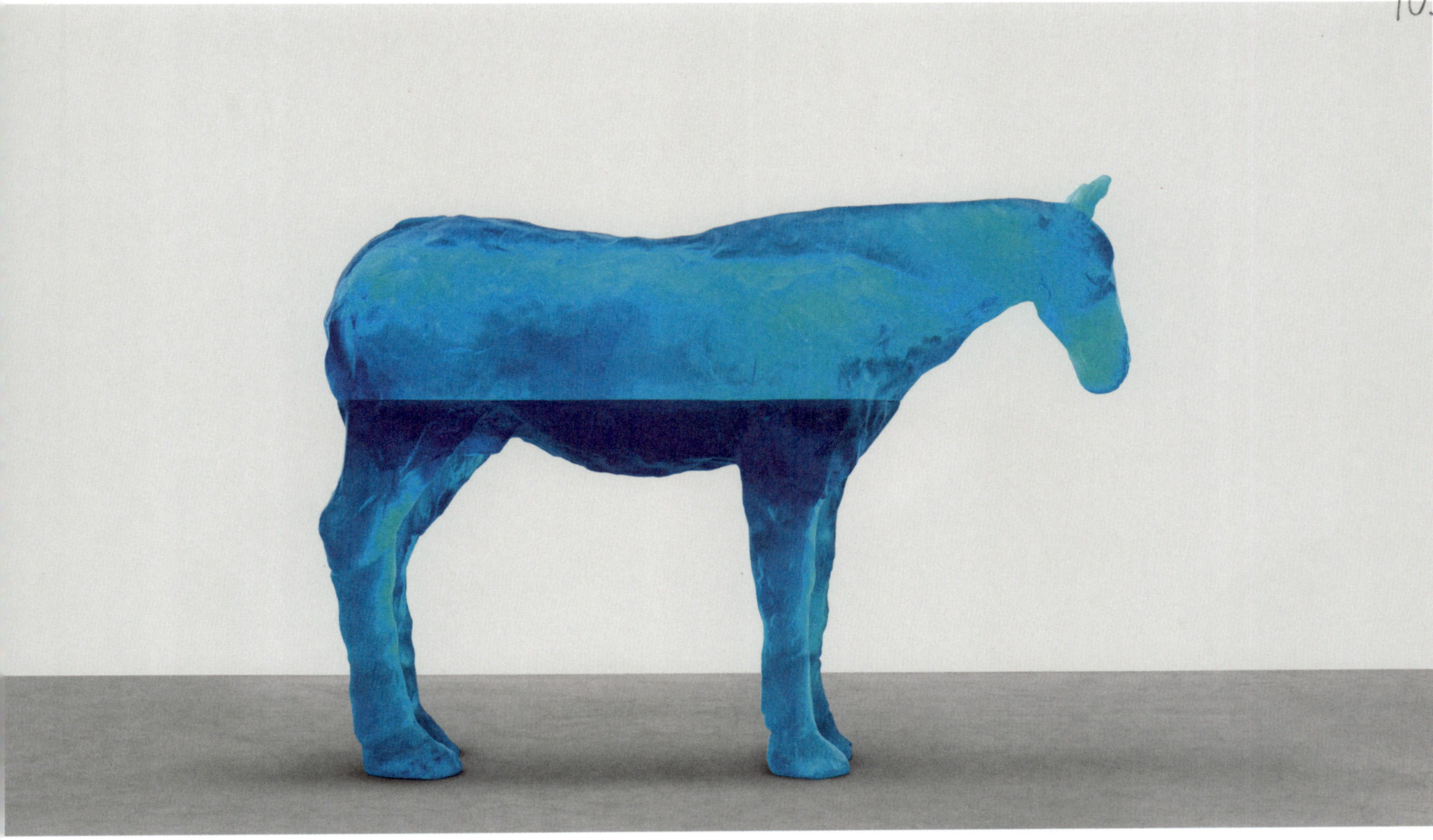

aral sea 2022

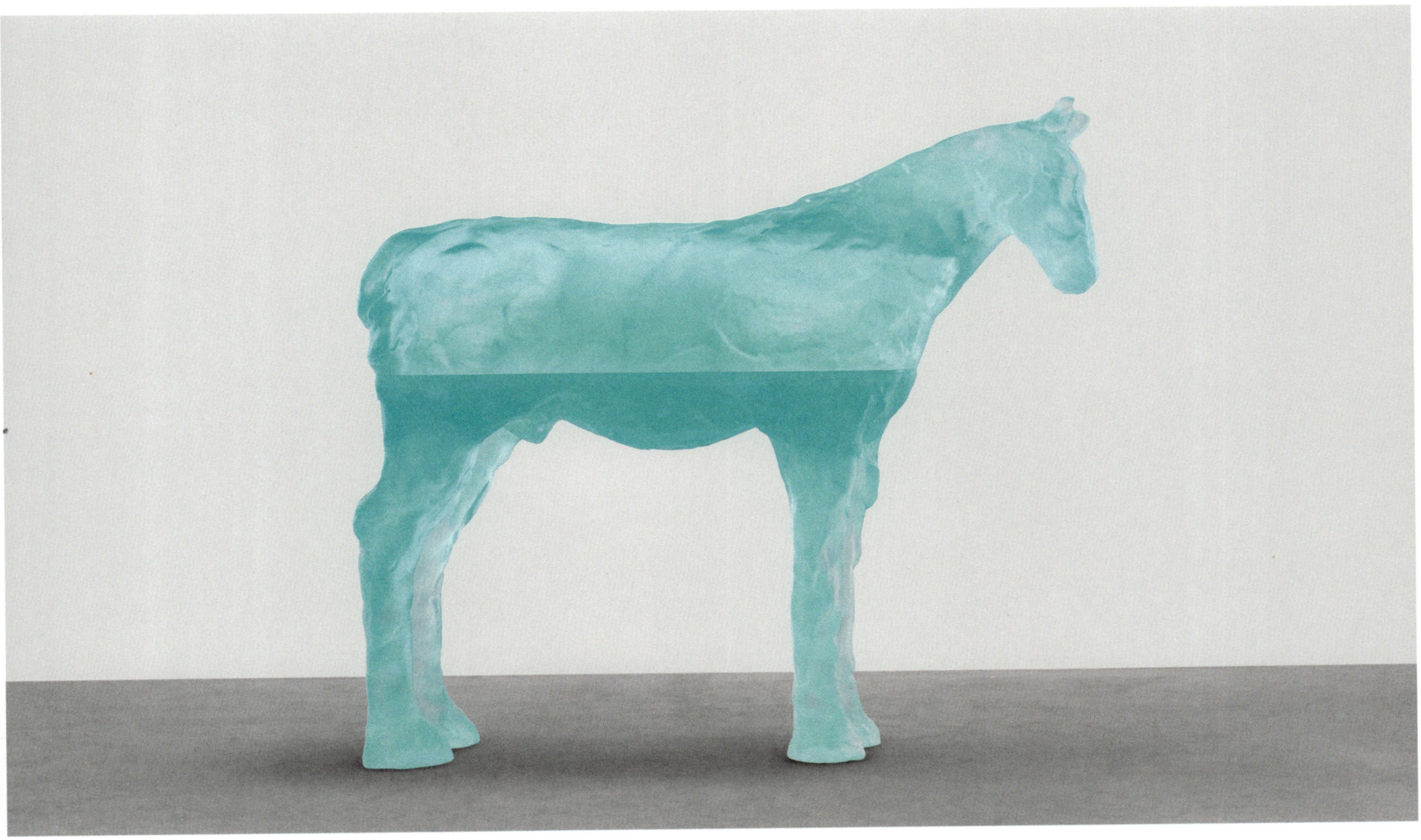

sea of the hebrides 2022

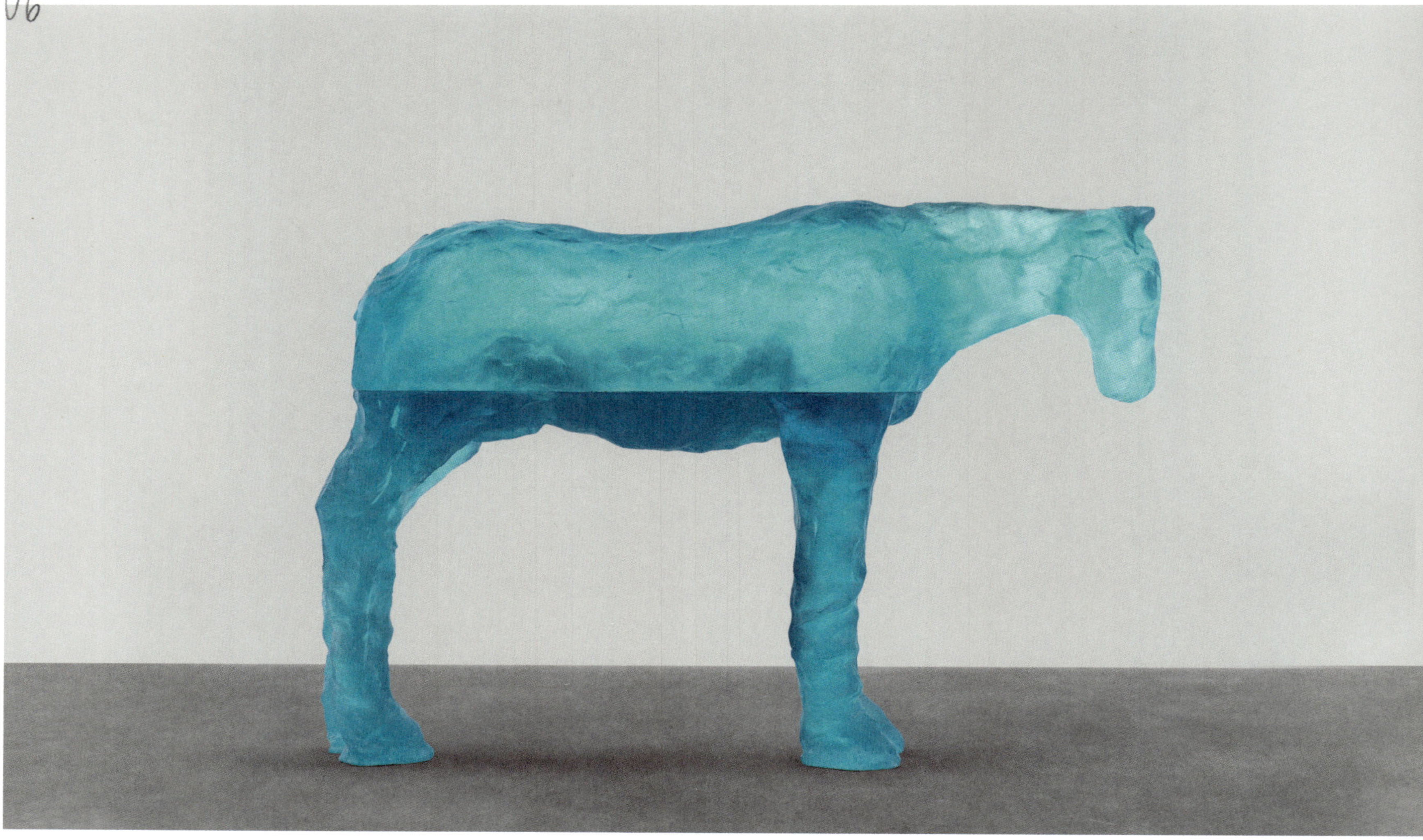

northwest straits 2022

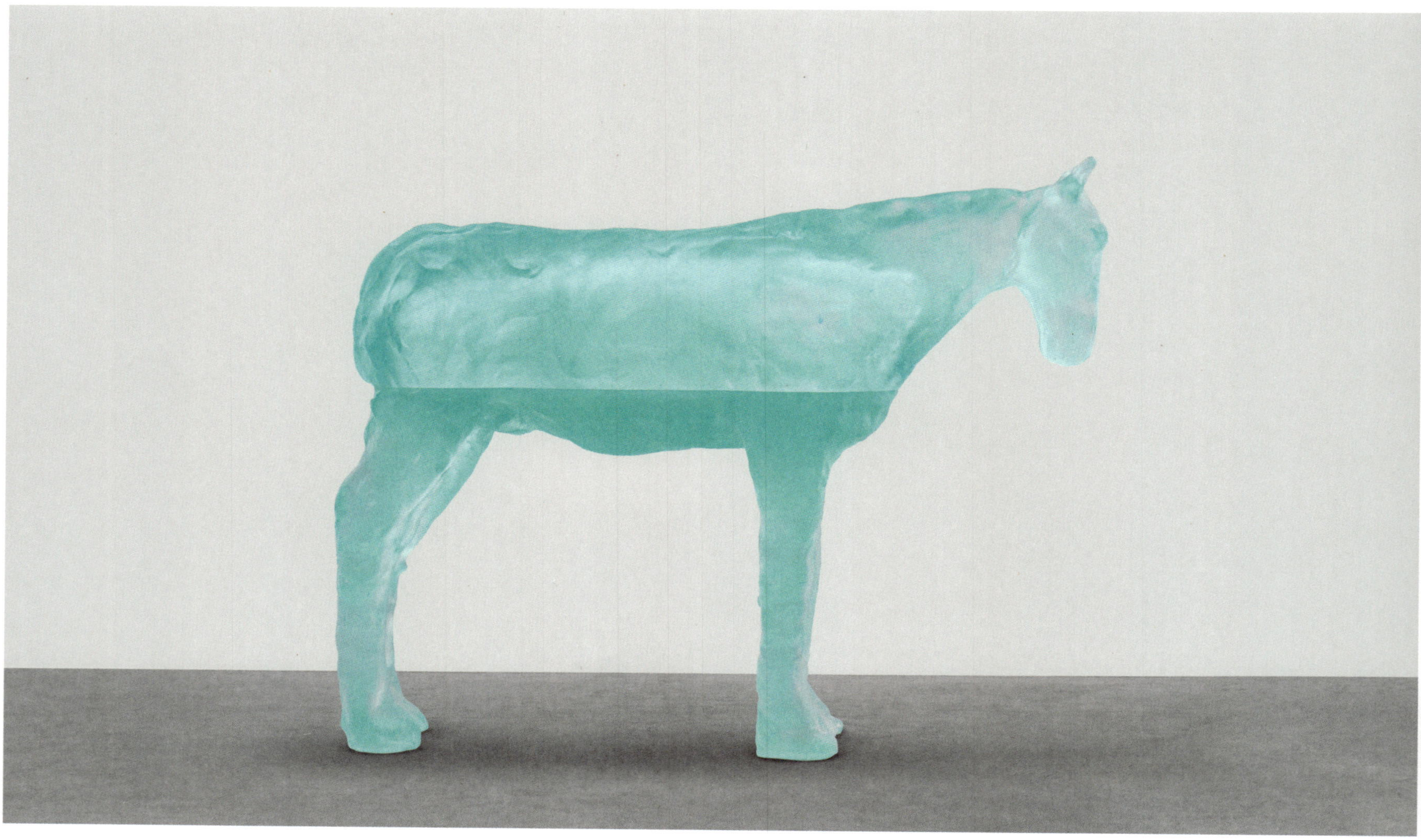

sibuyan sea 2022

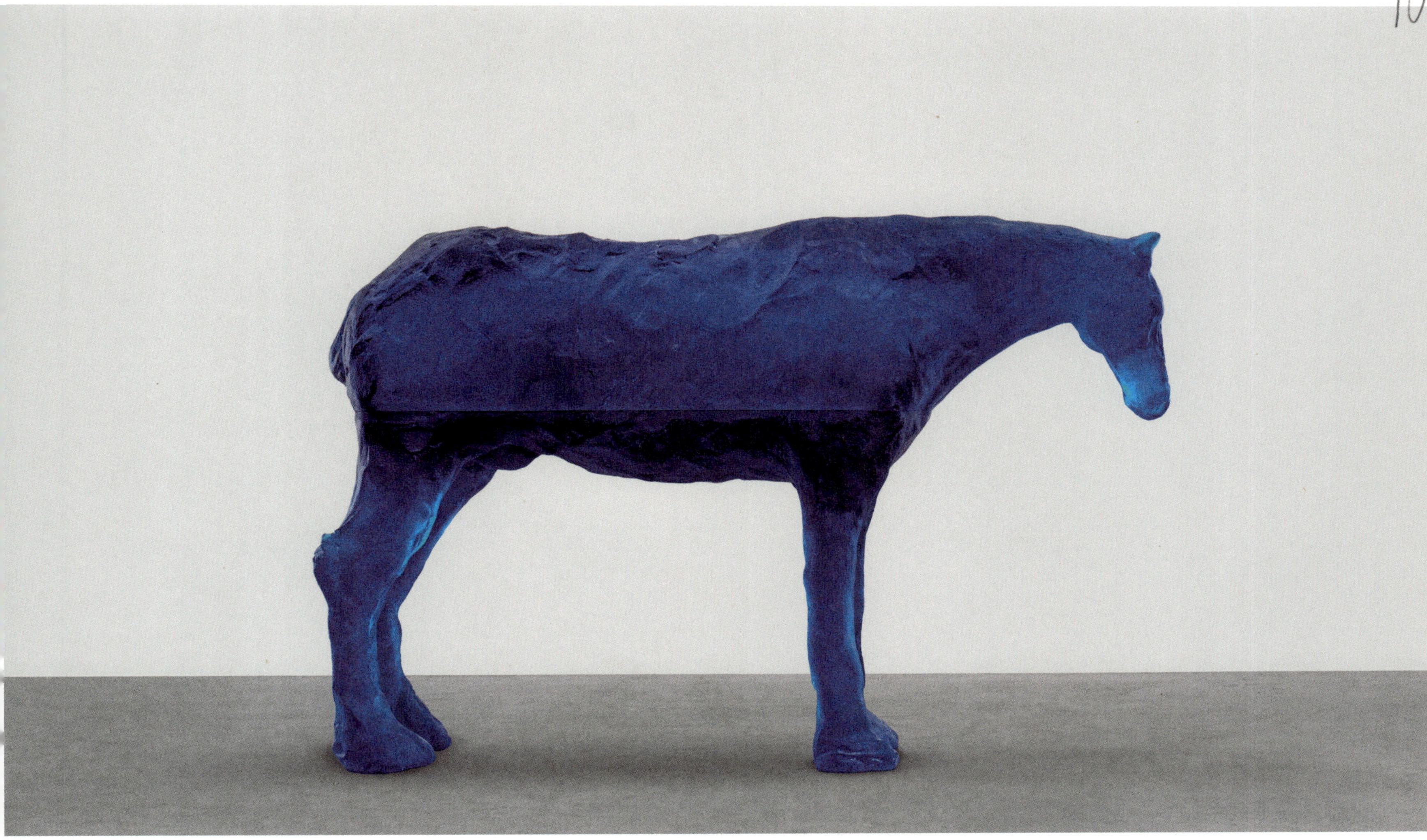

flores sea 2022

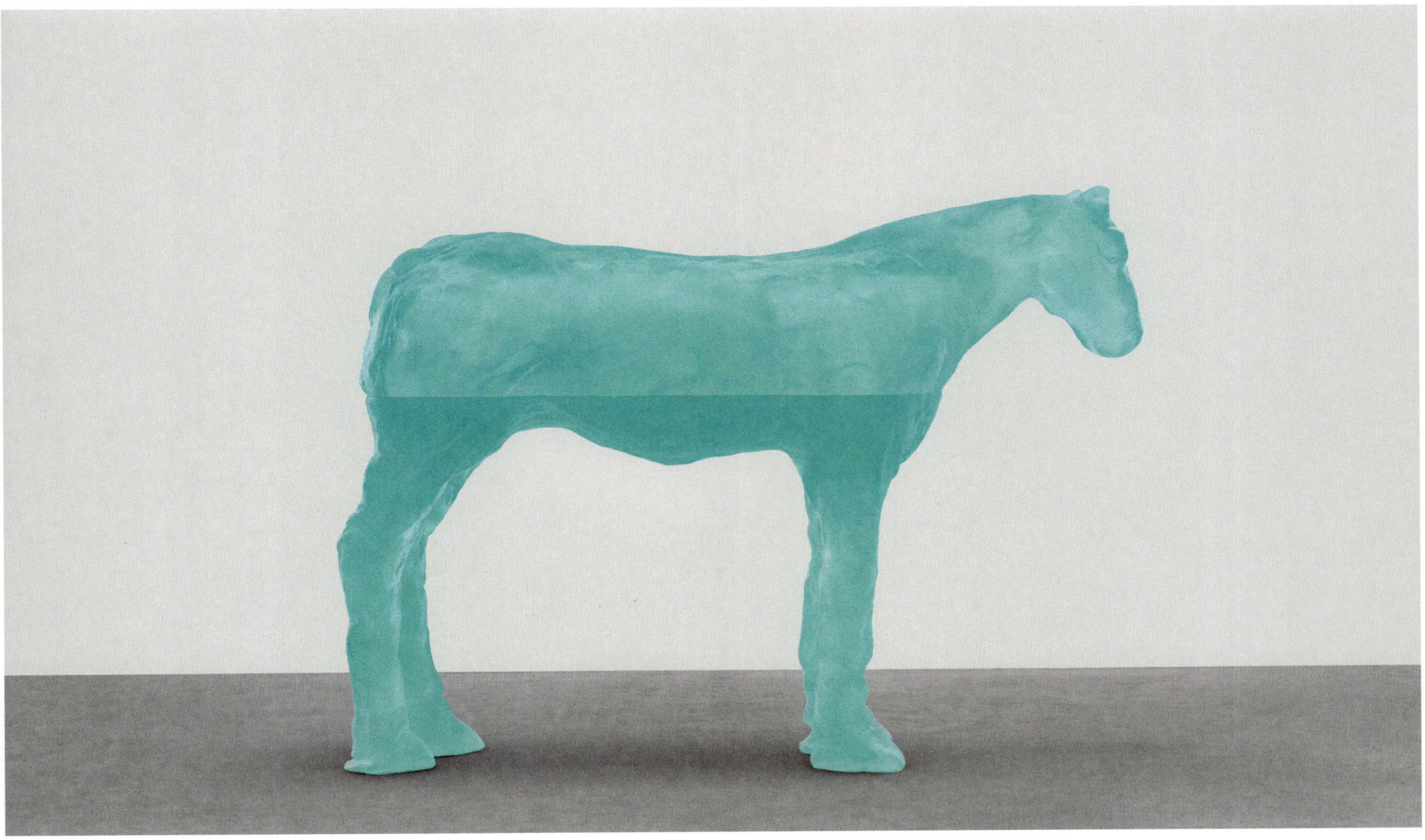

tasman sea 2022

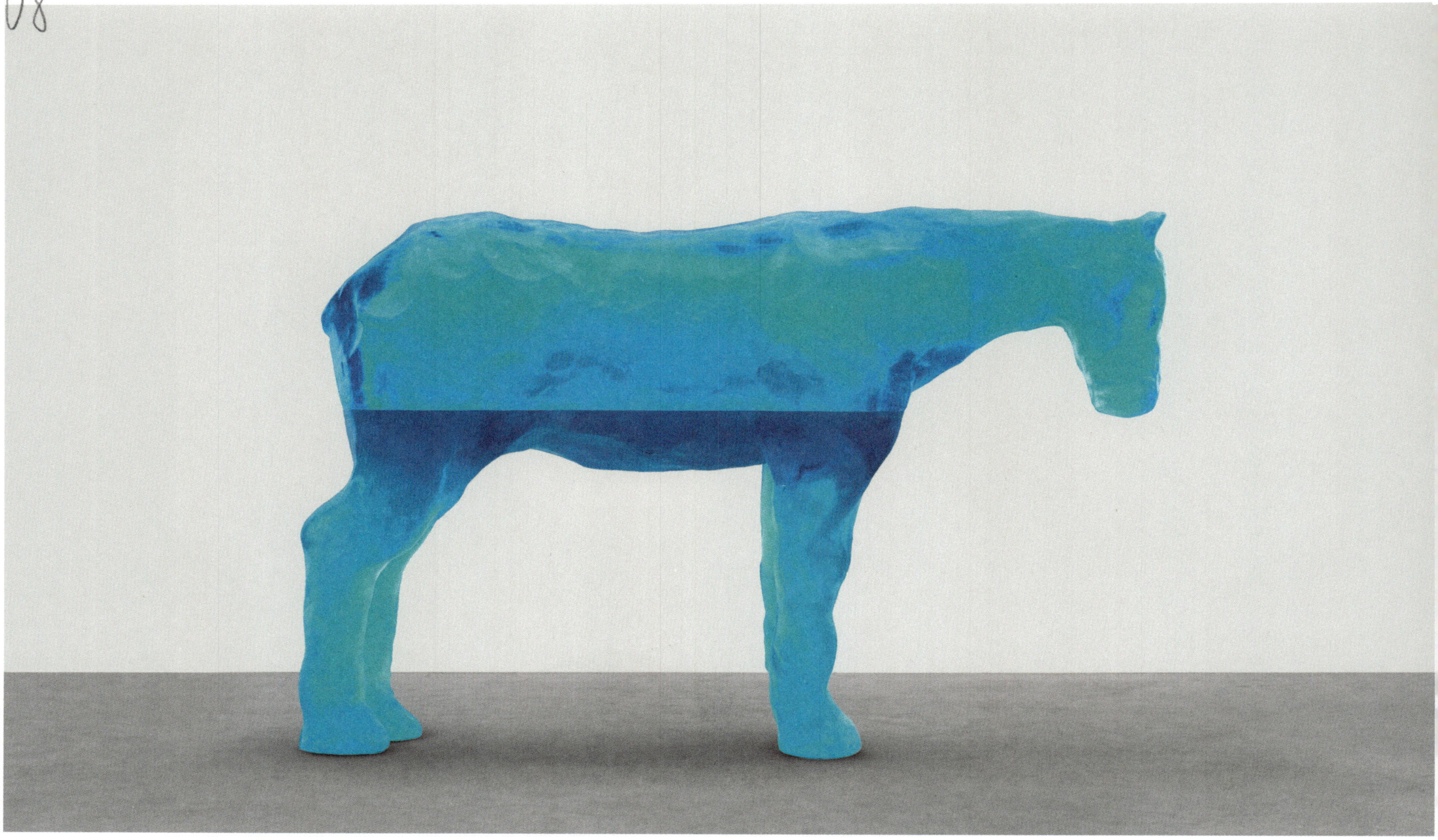

labrador sea 2022

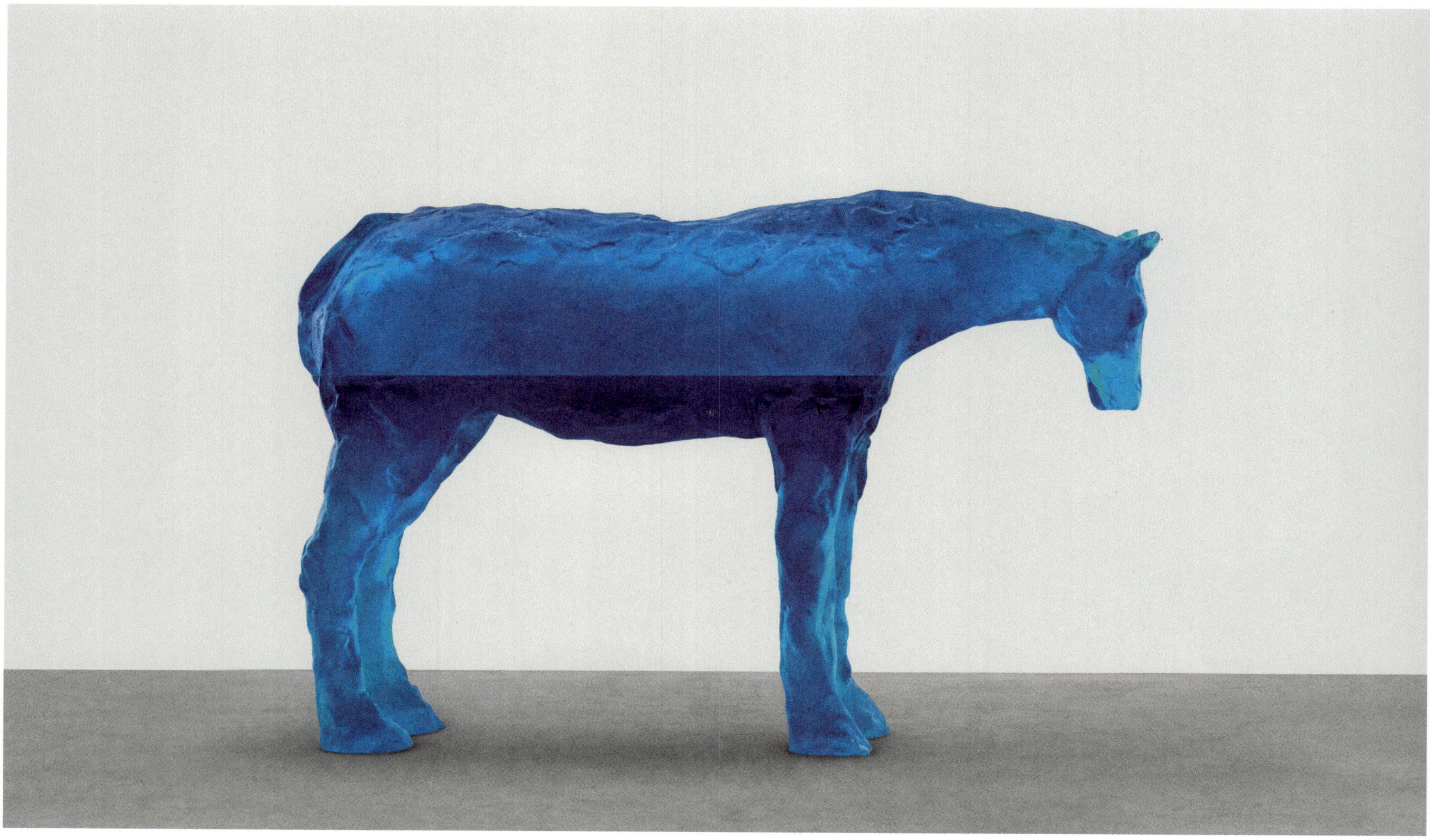

camotes sea 2022

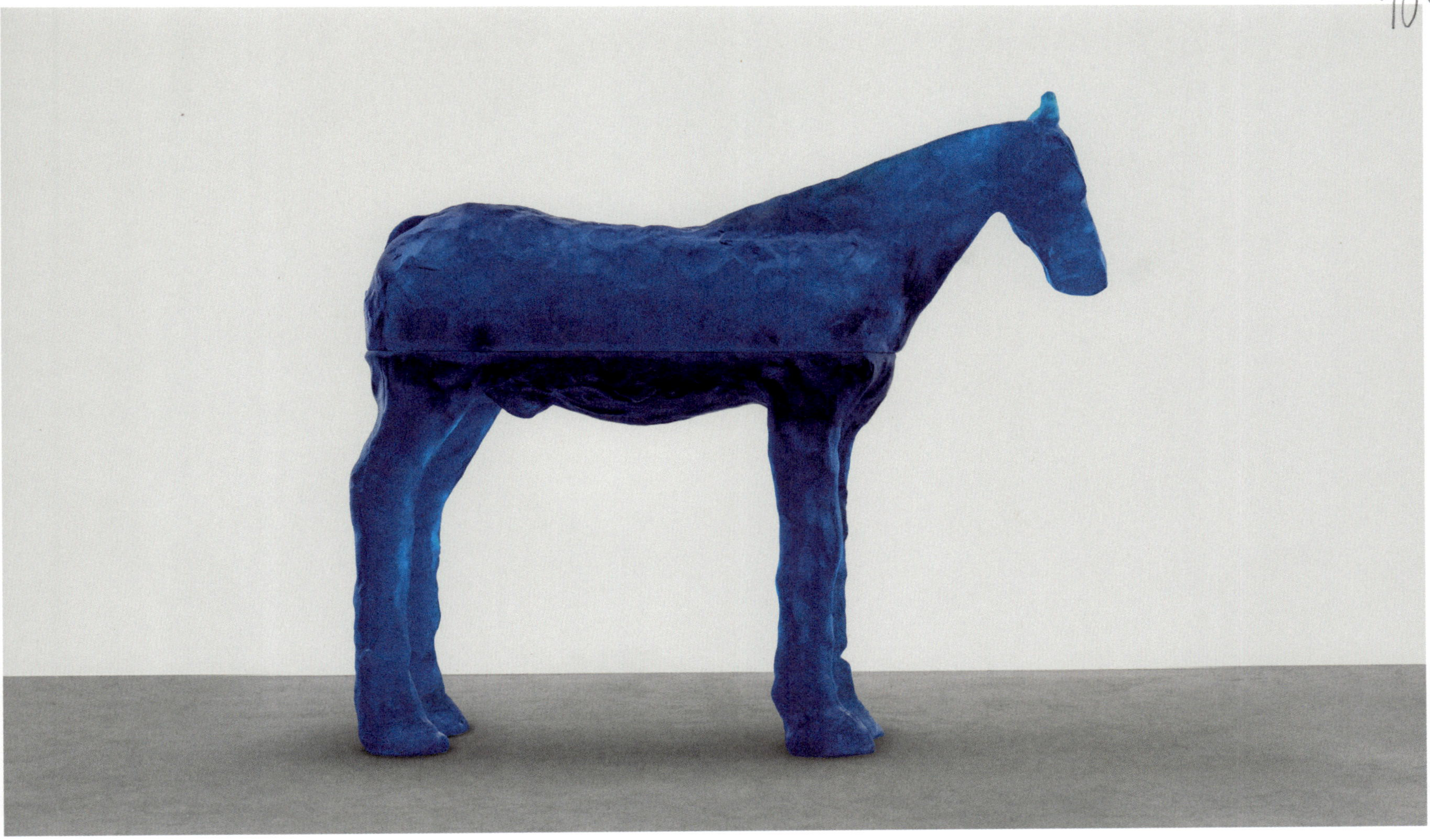

east siberian sea 2022

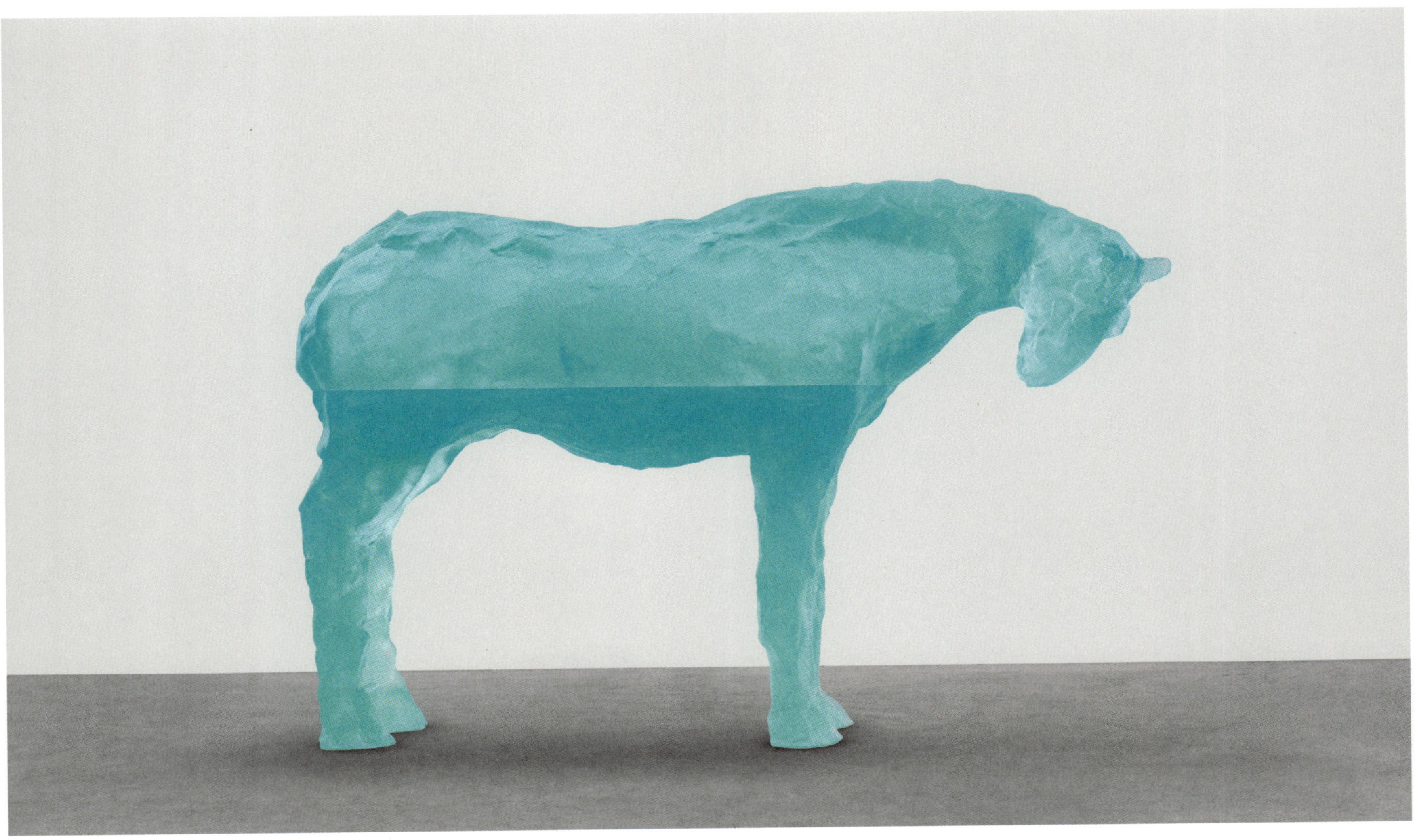

norwegian sea 2022

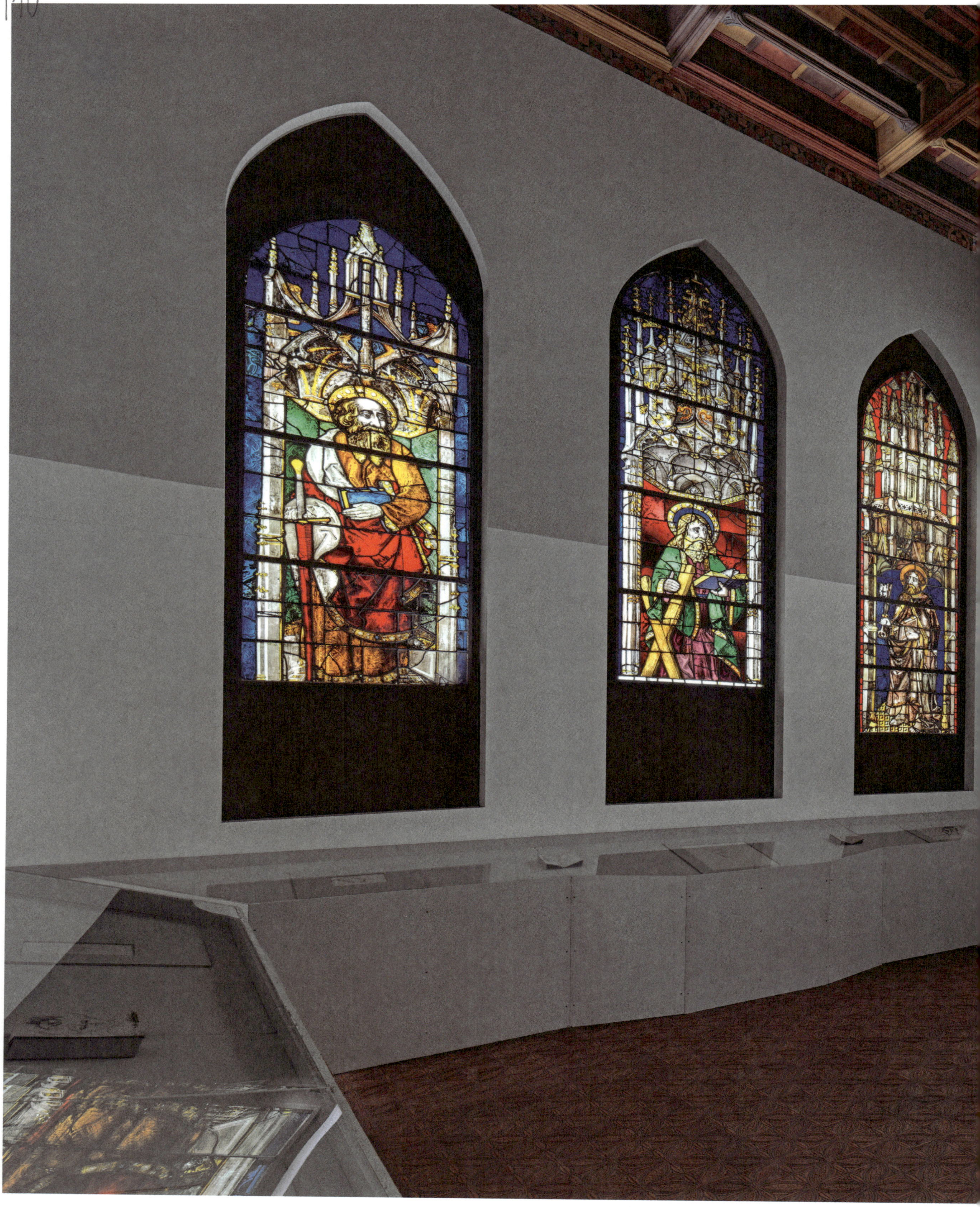

espace rythmique . ciel fermé

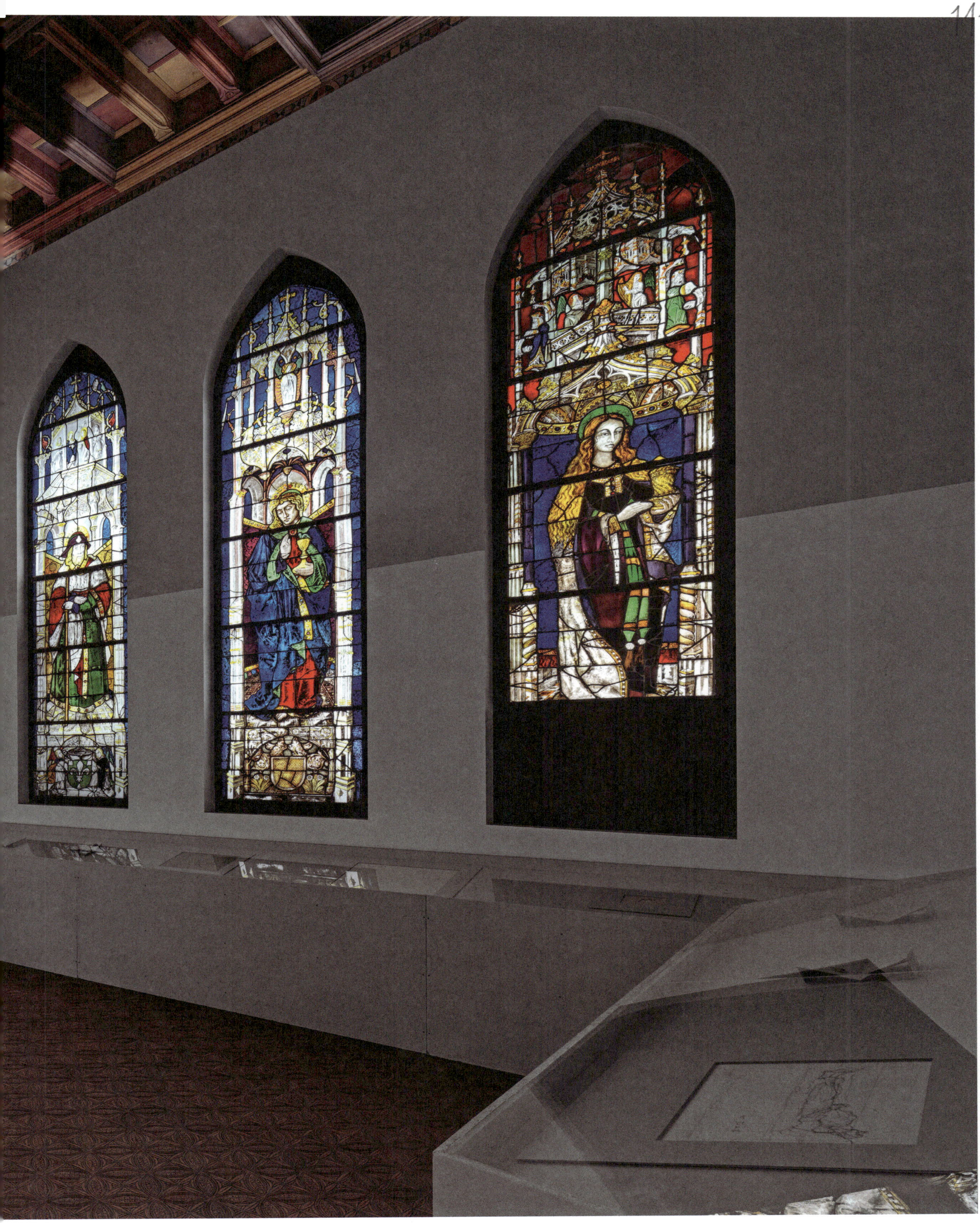

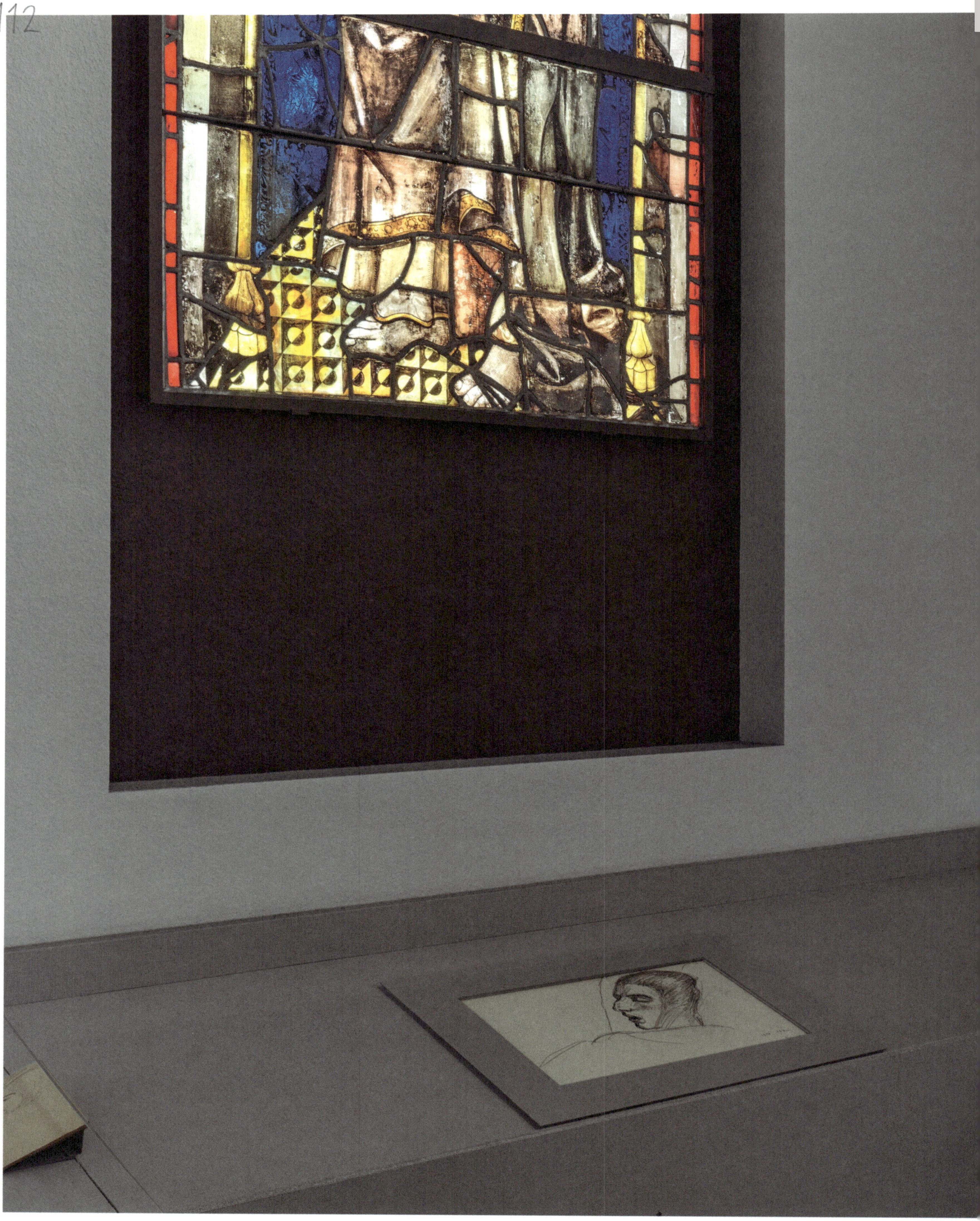

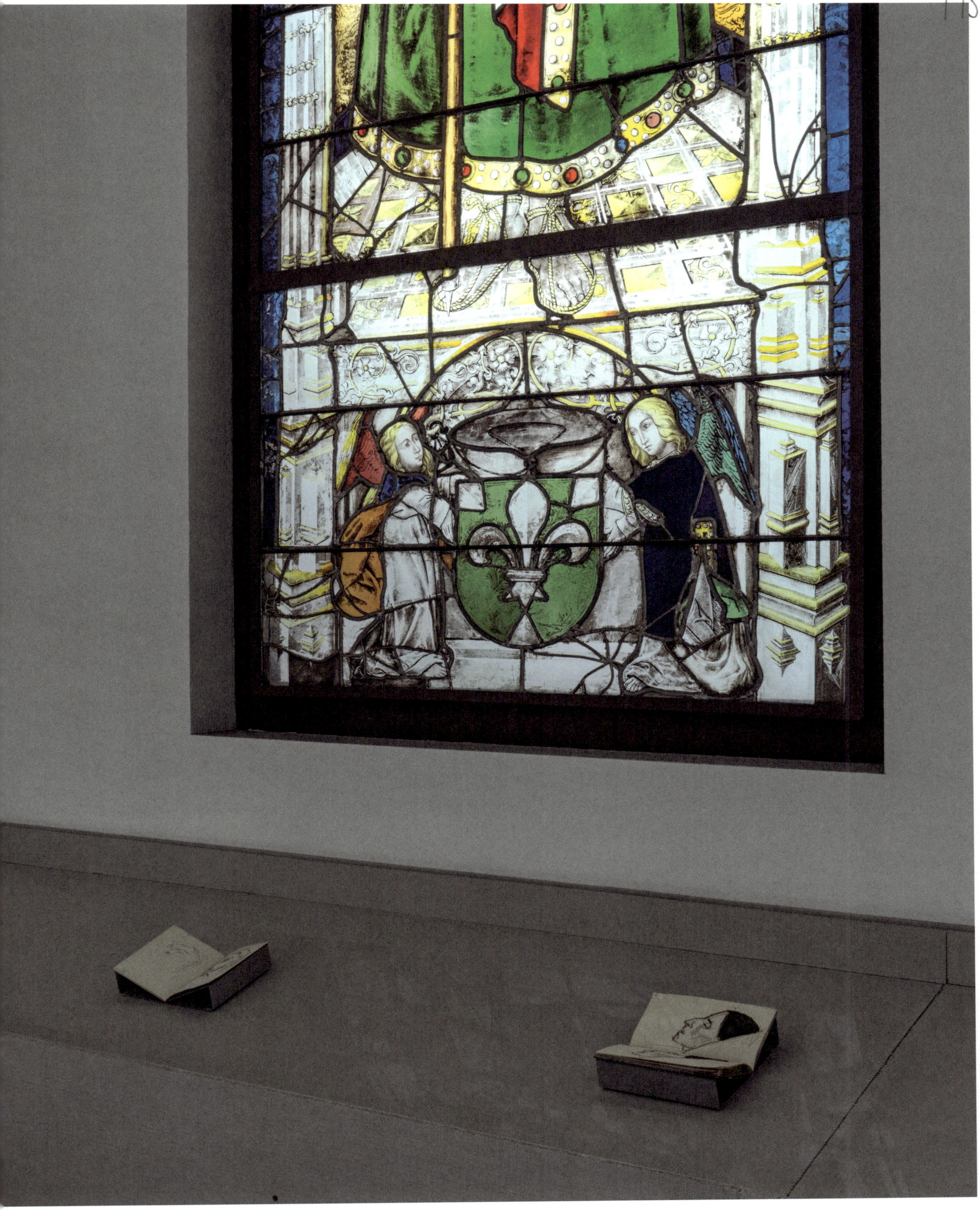

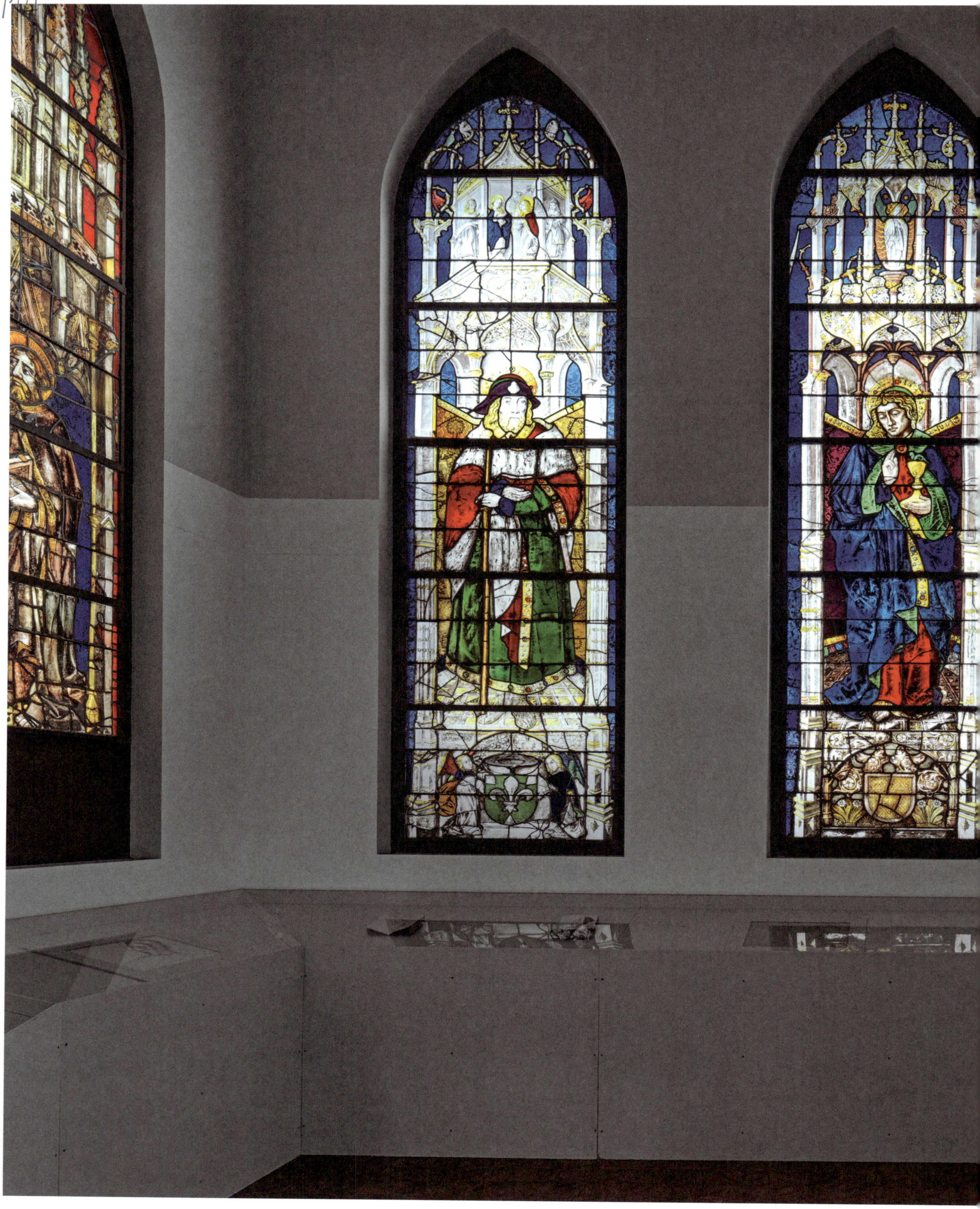

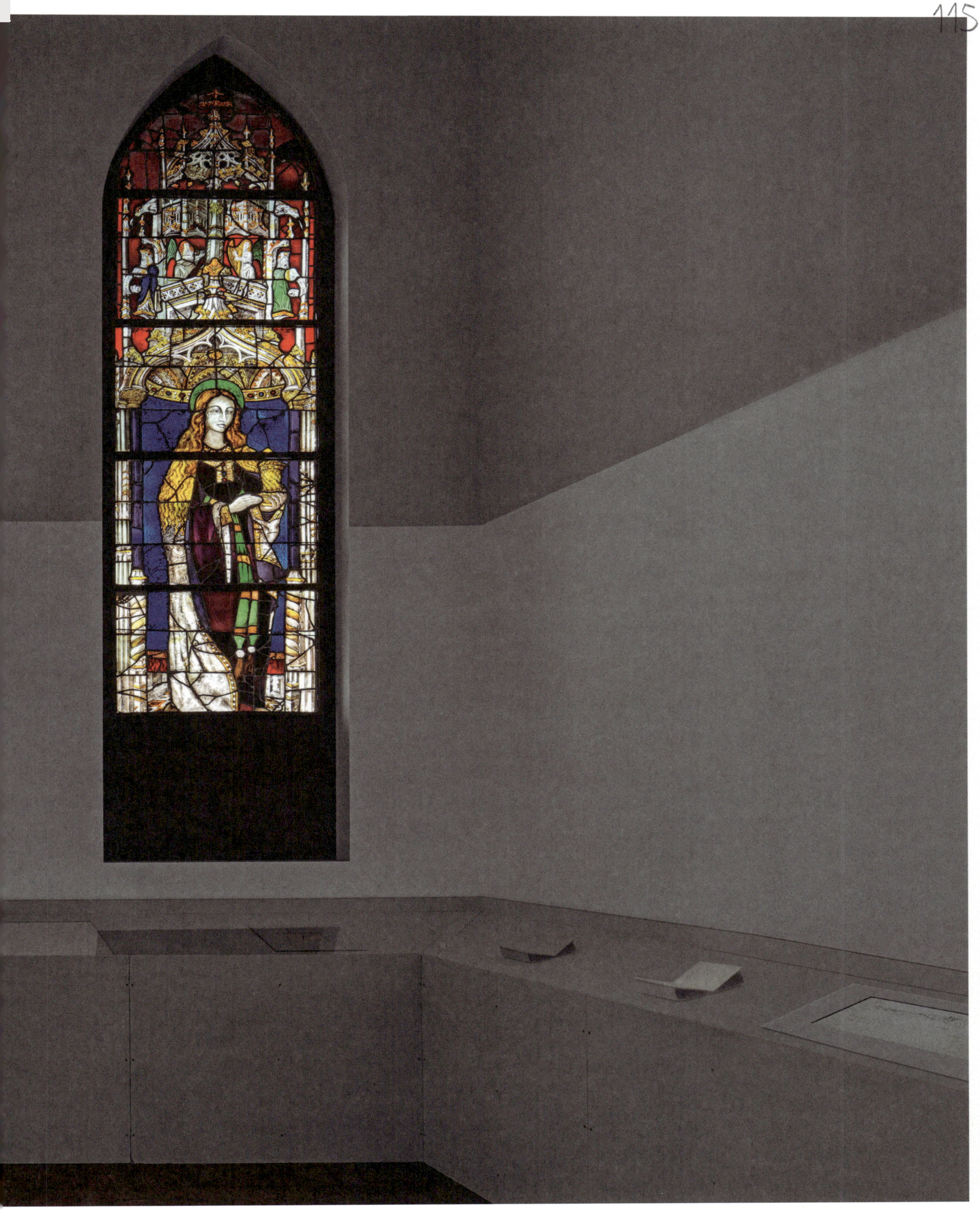

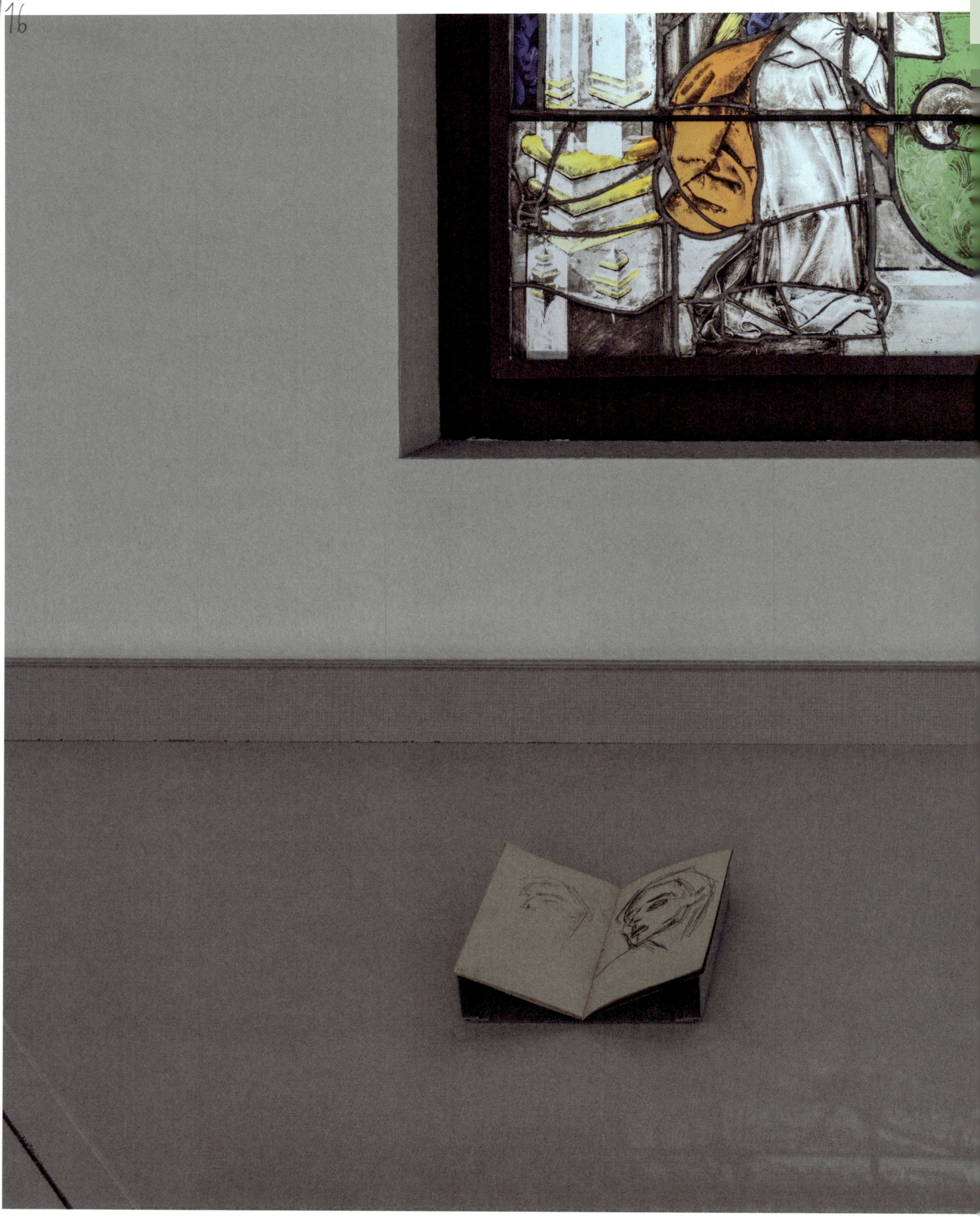

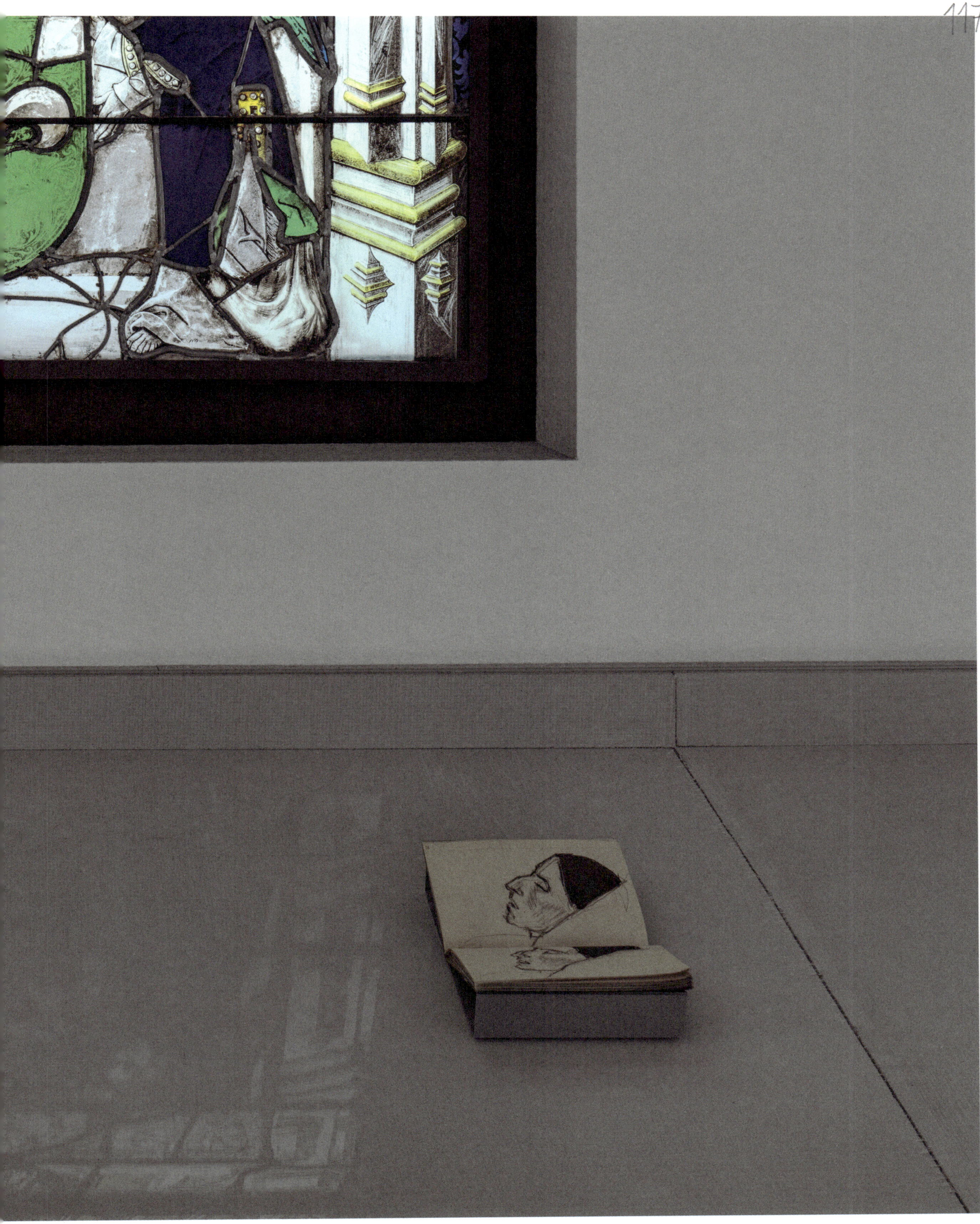

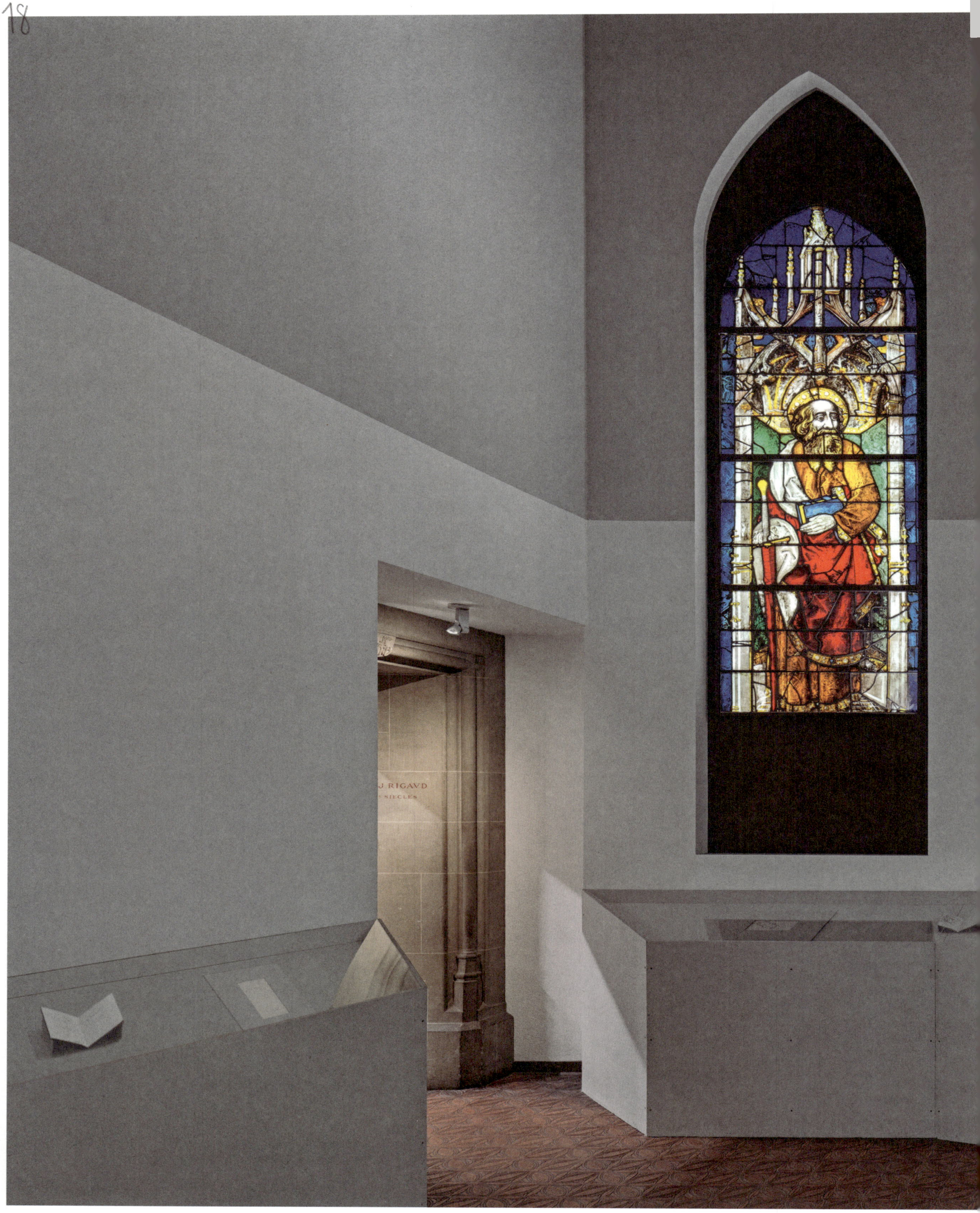
J RIGAUD
SIECLES

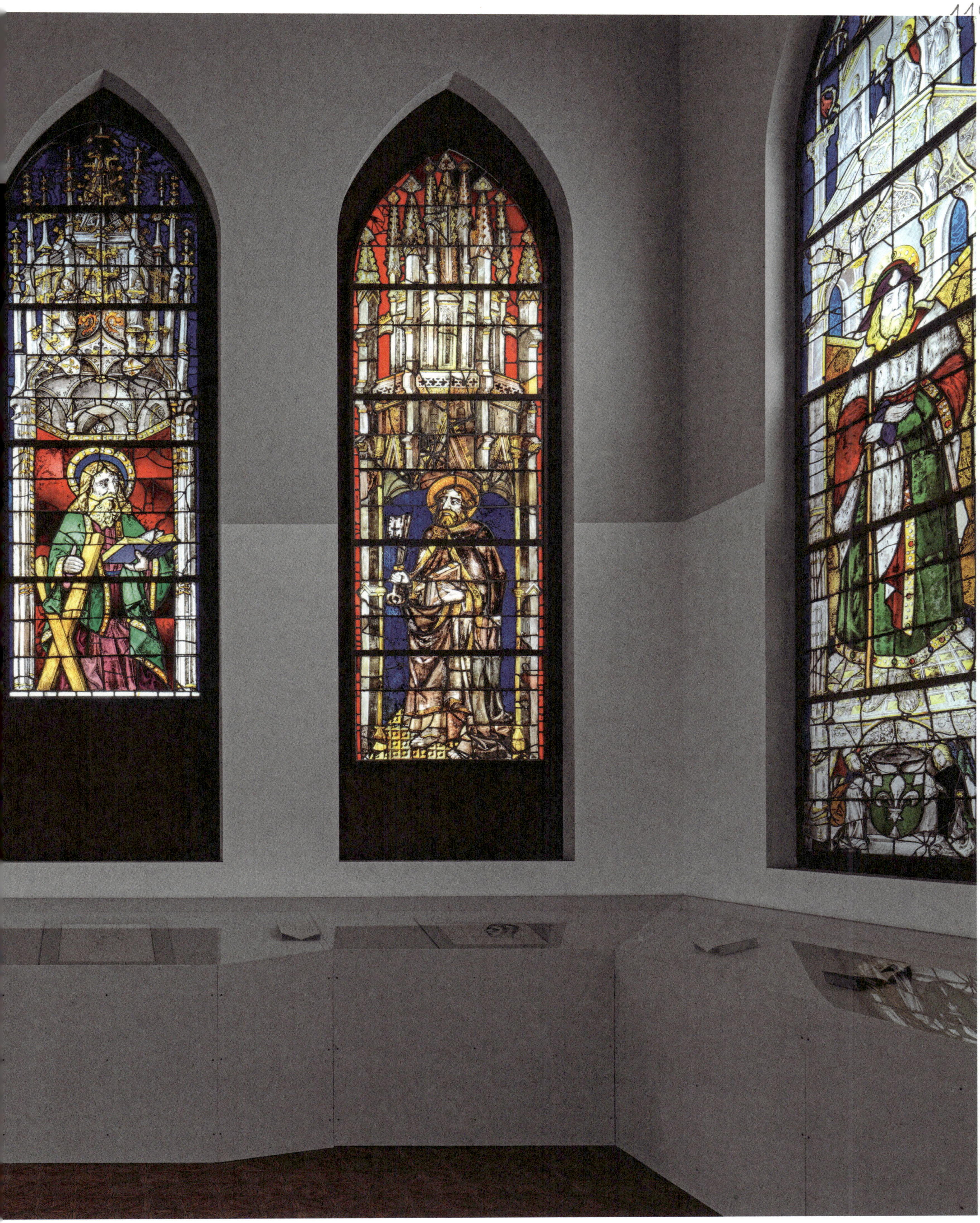

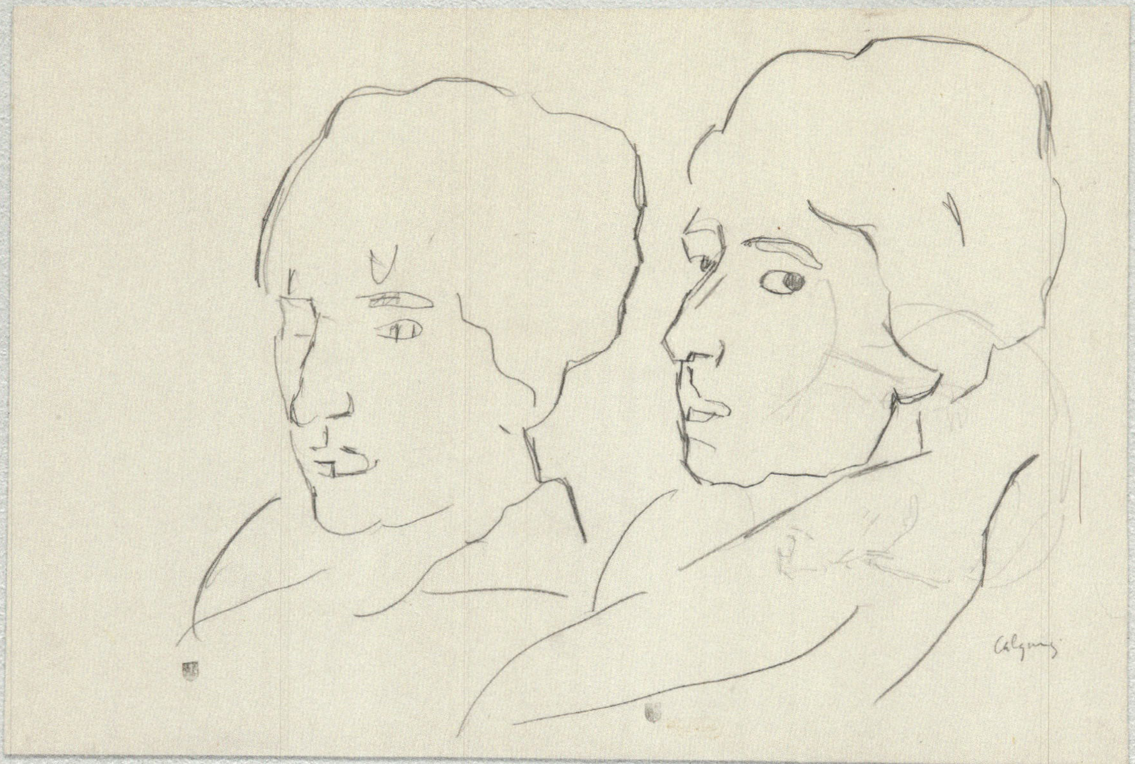

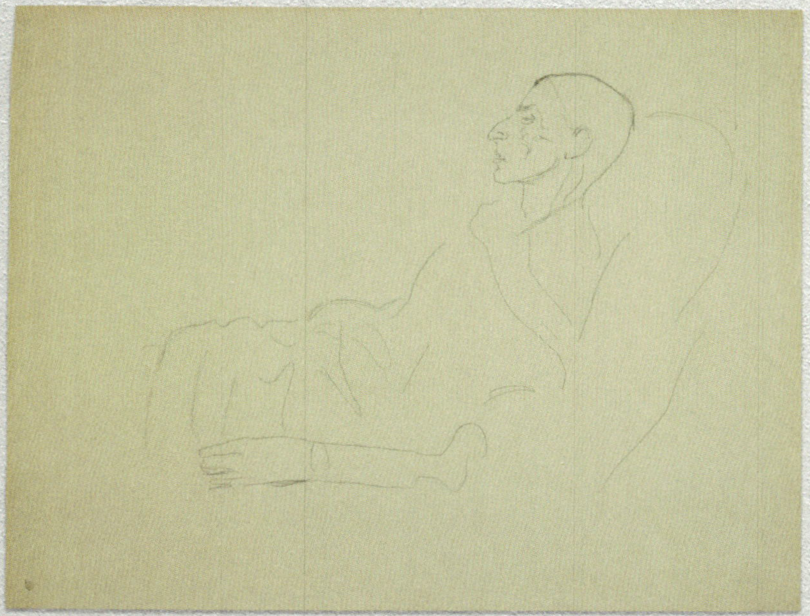

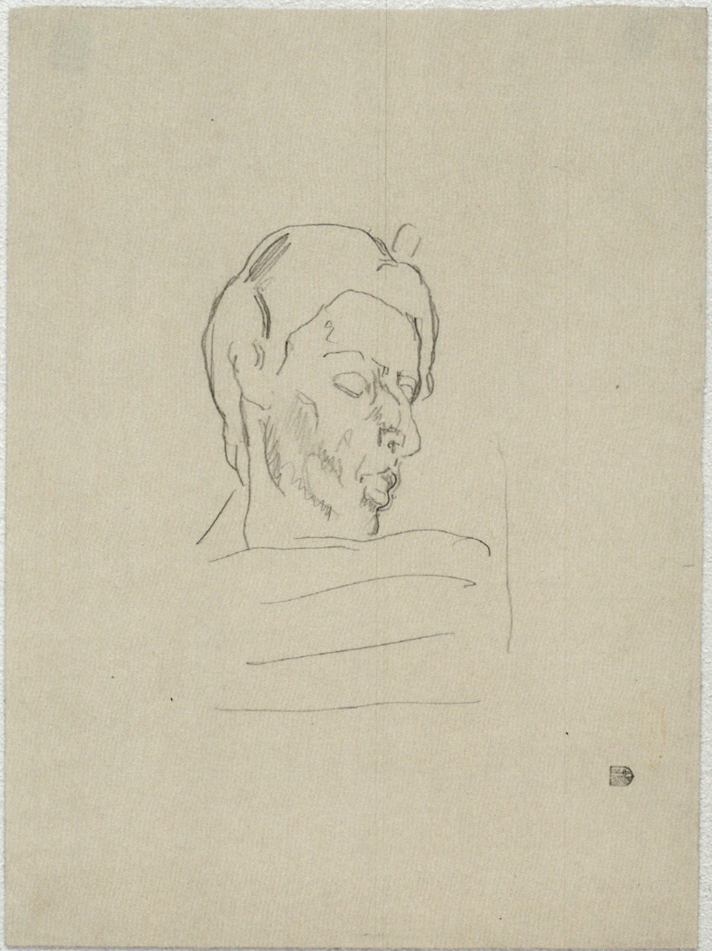

ferdinand hodler

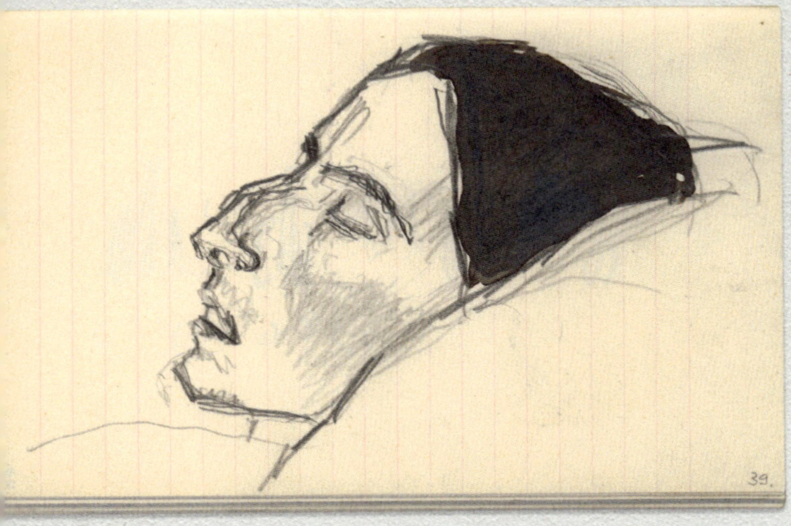

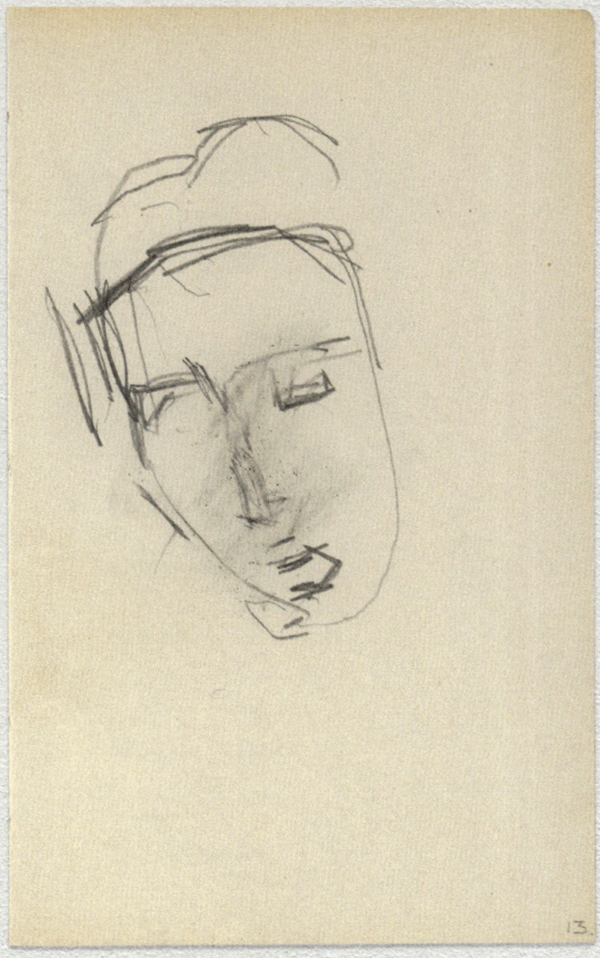

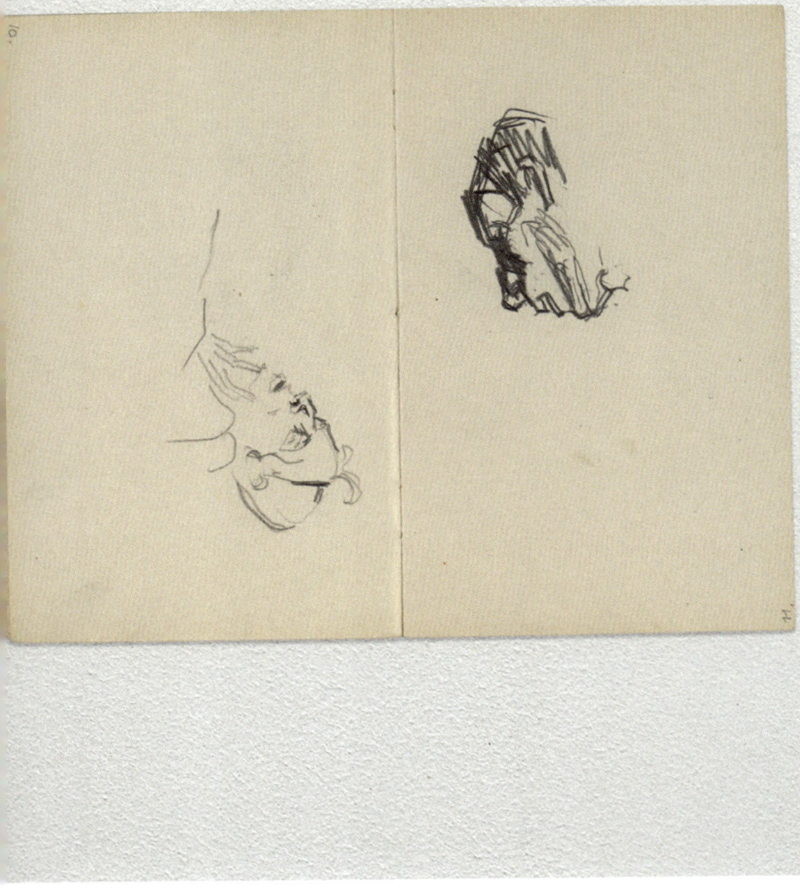

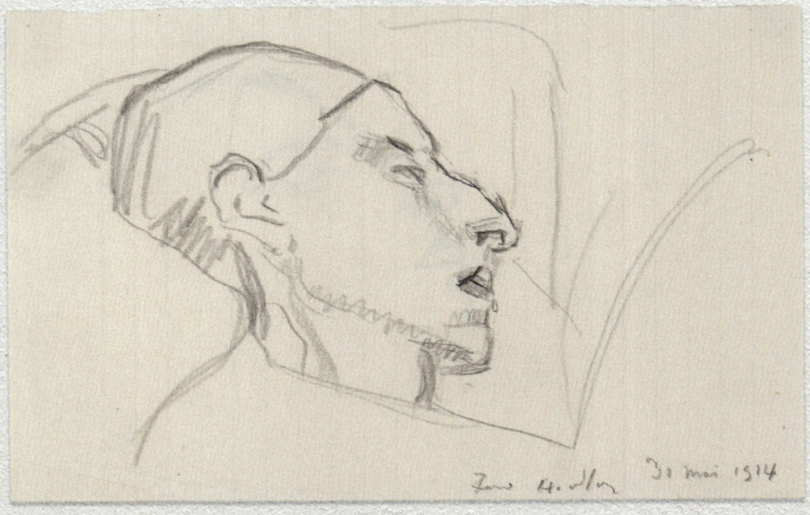

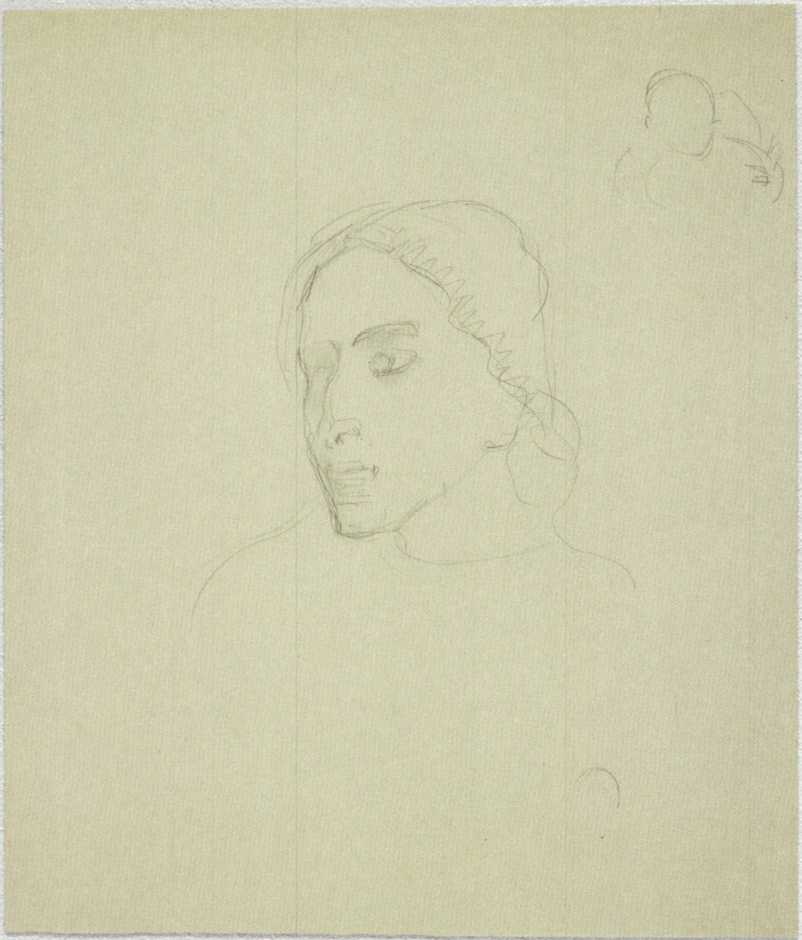

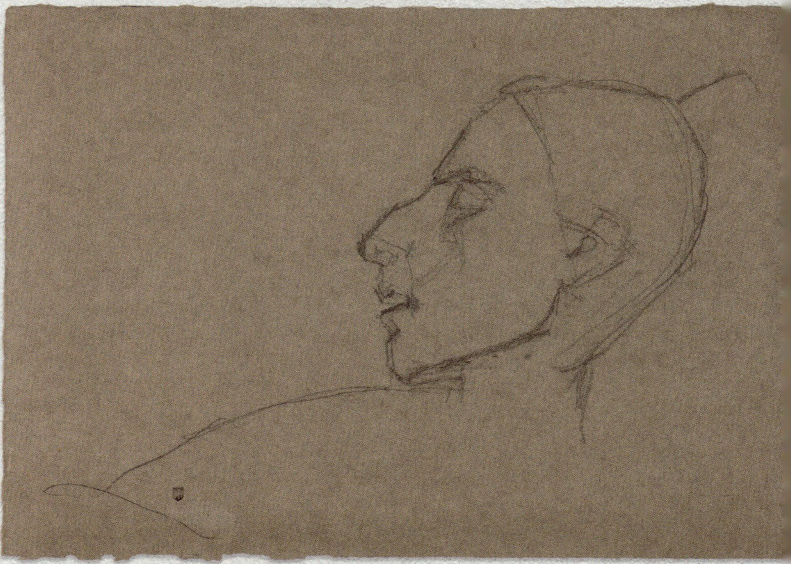

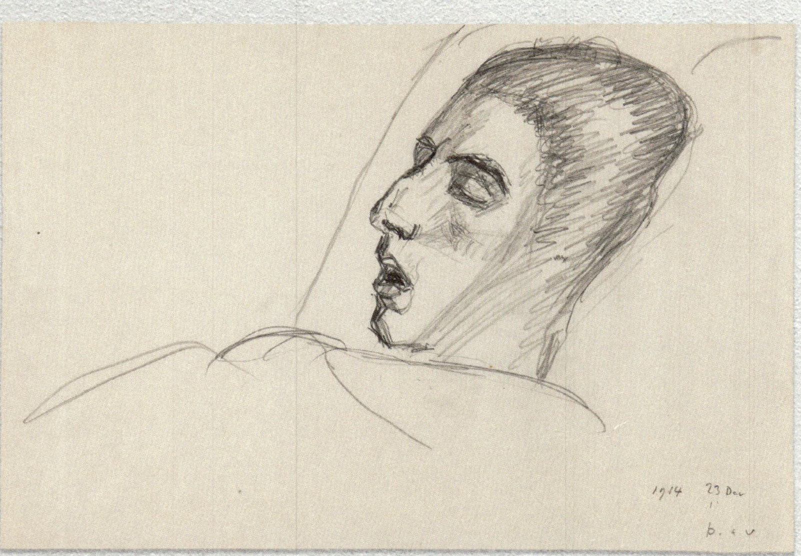

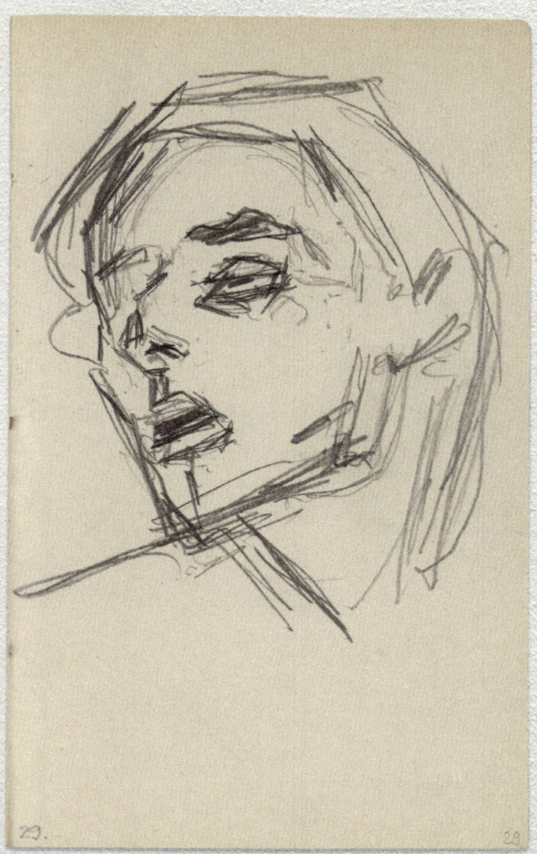

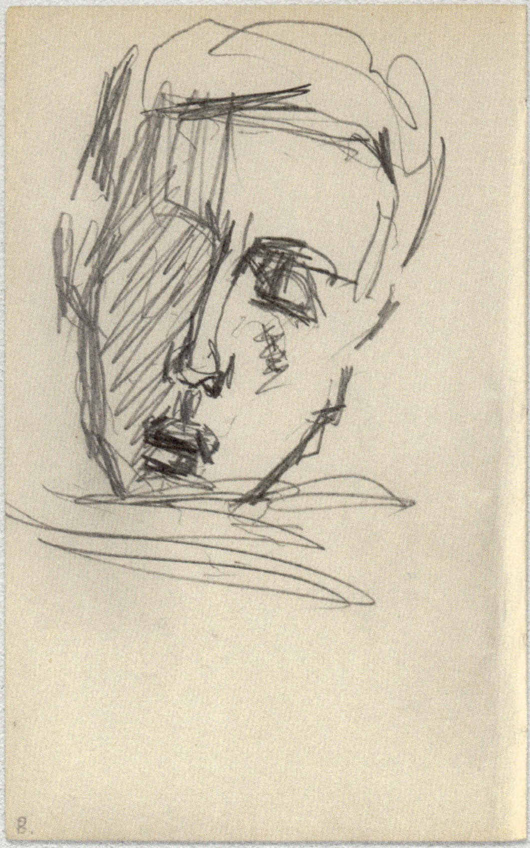

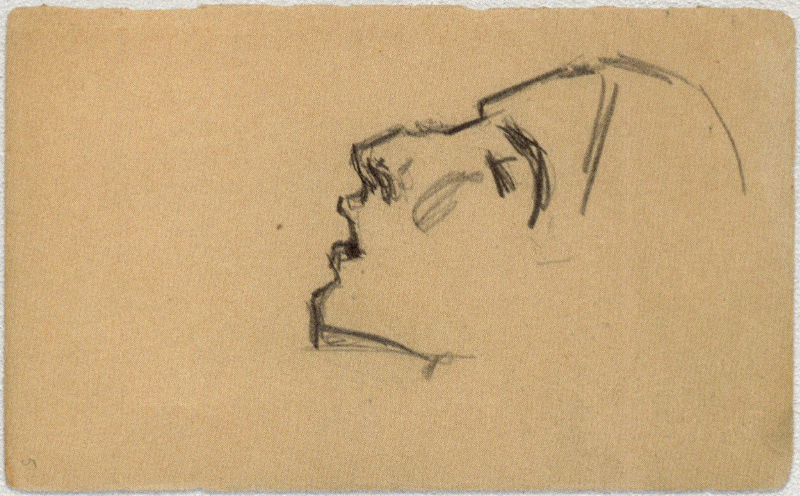

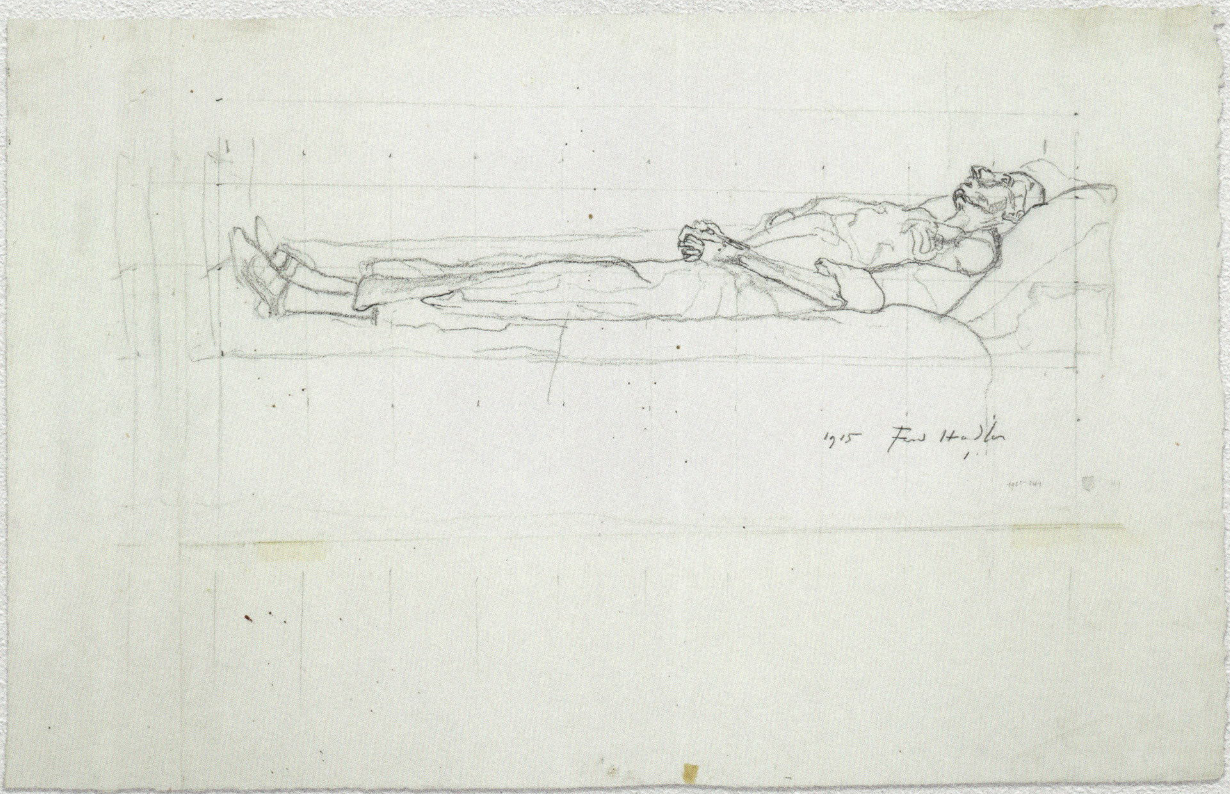

valentine godé-darel dying 1914-1915

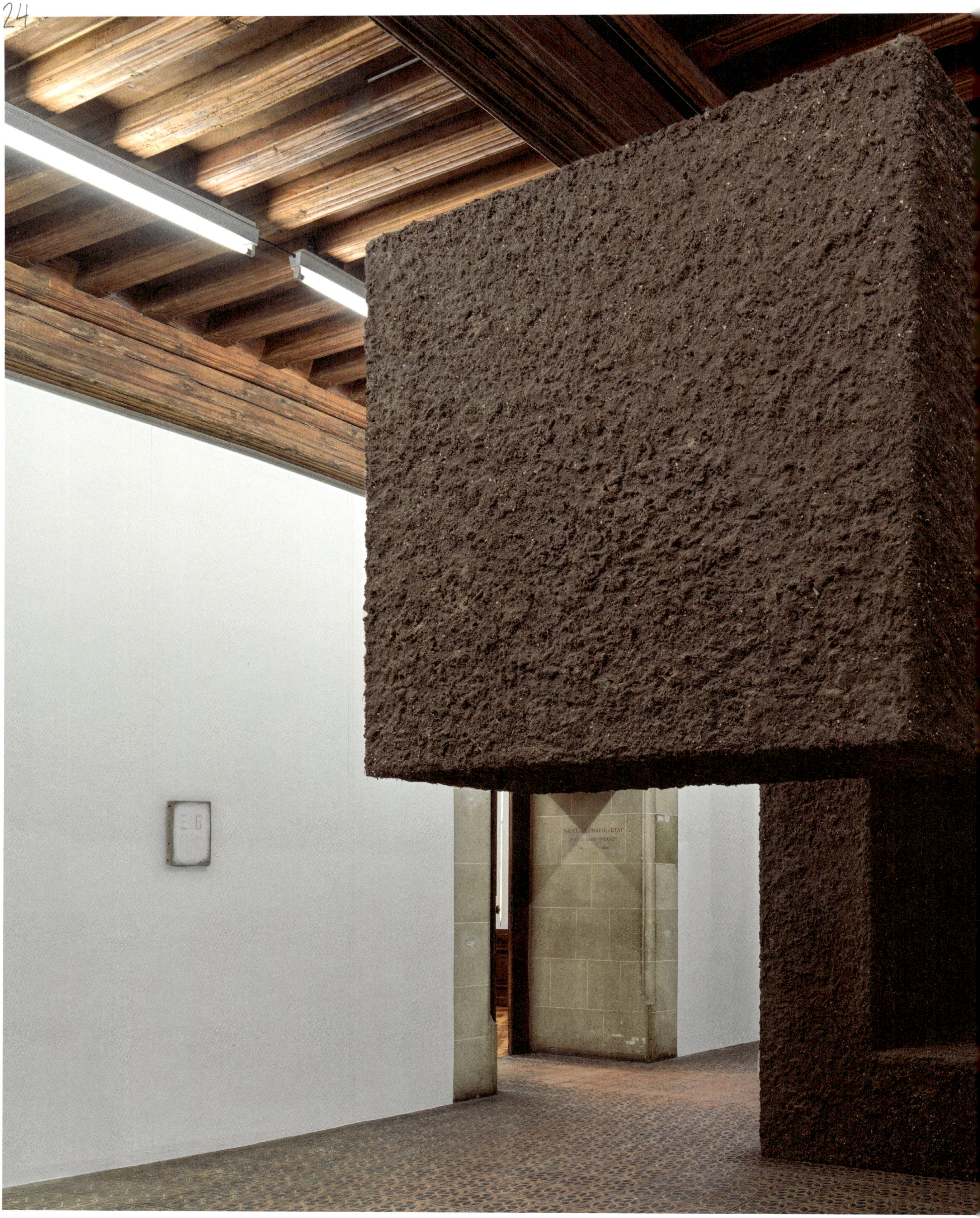

espace rythmique . trois marches

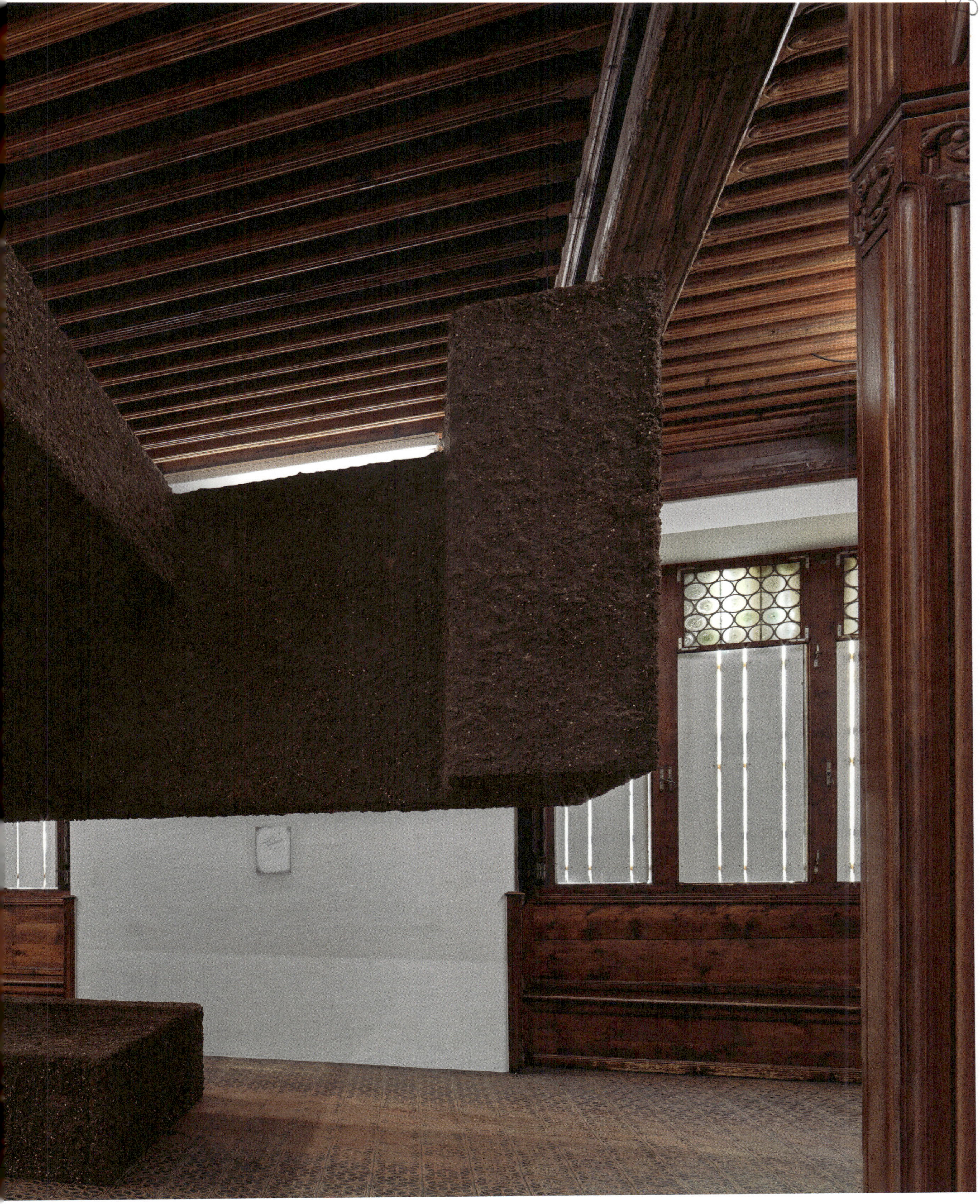

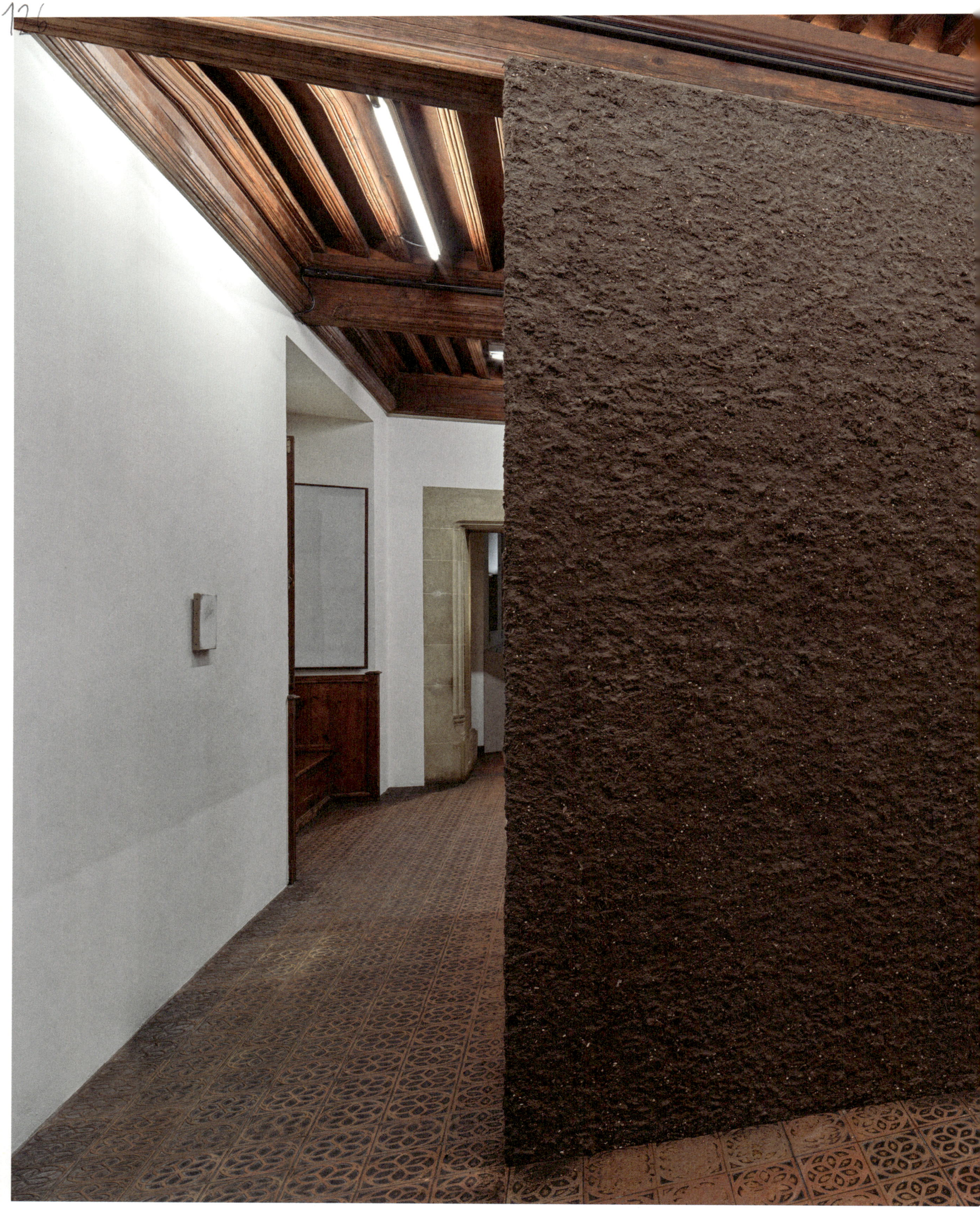

ugo rondinone

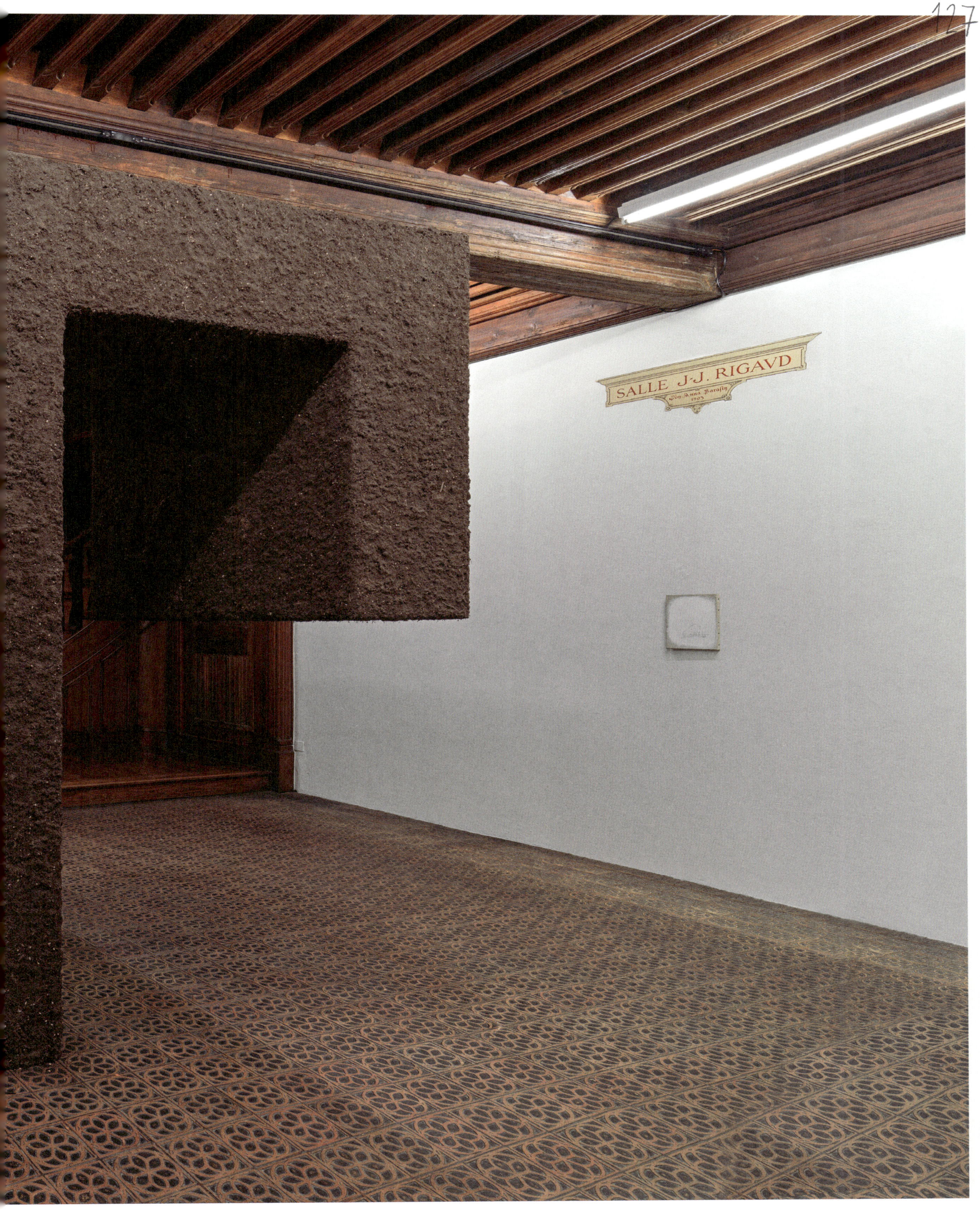

tortuous landscape 2023

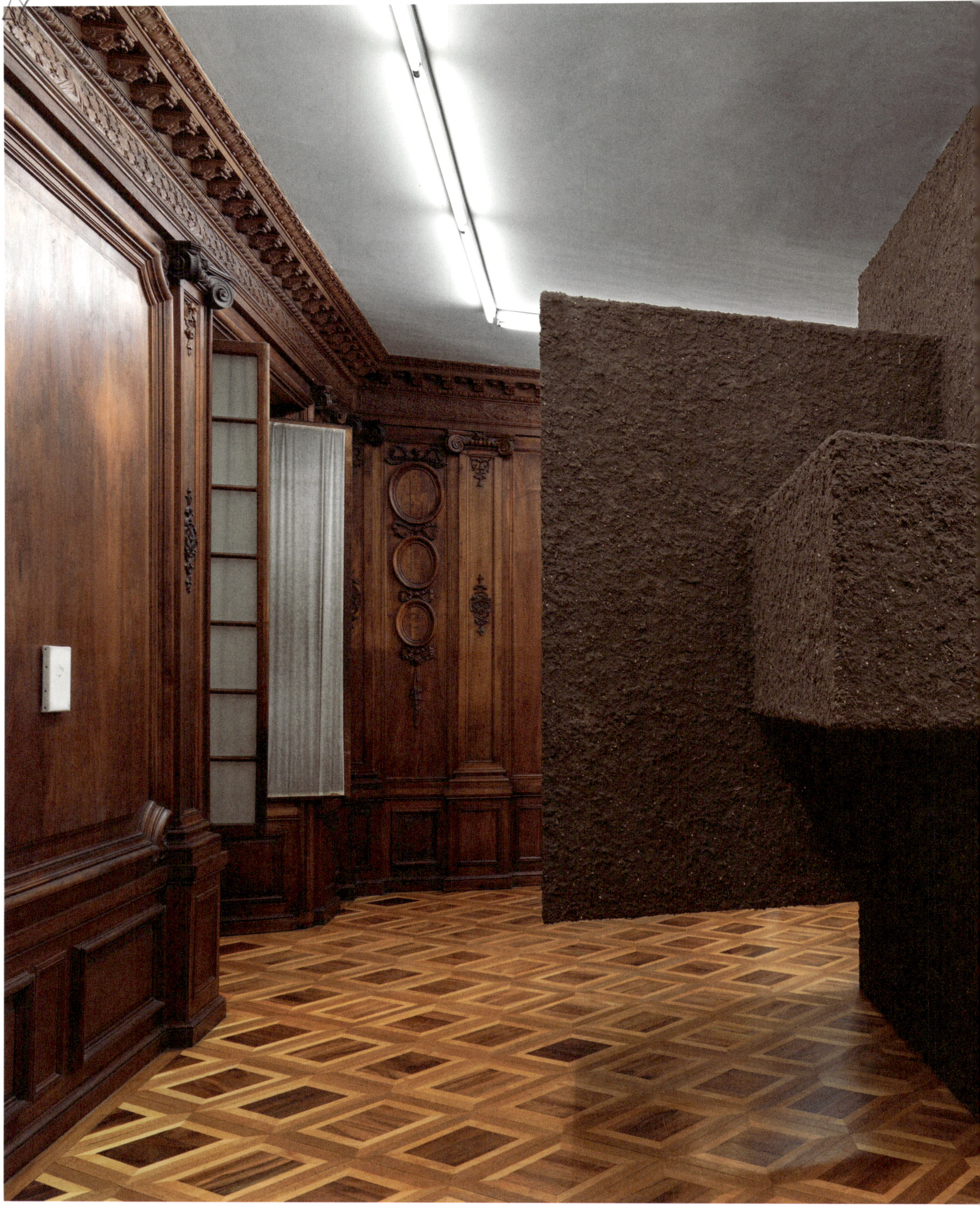

ugo rondinone

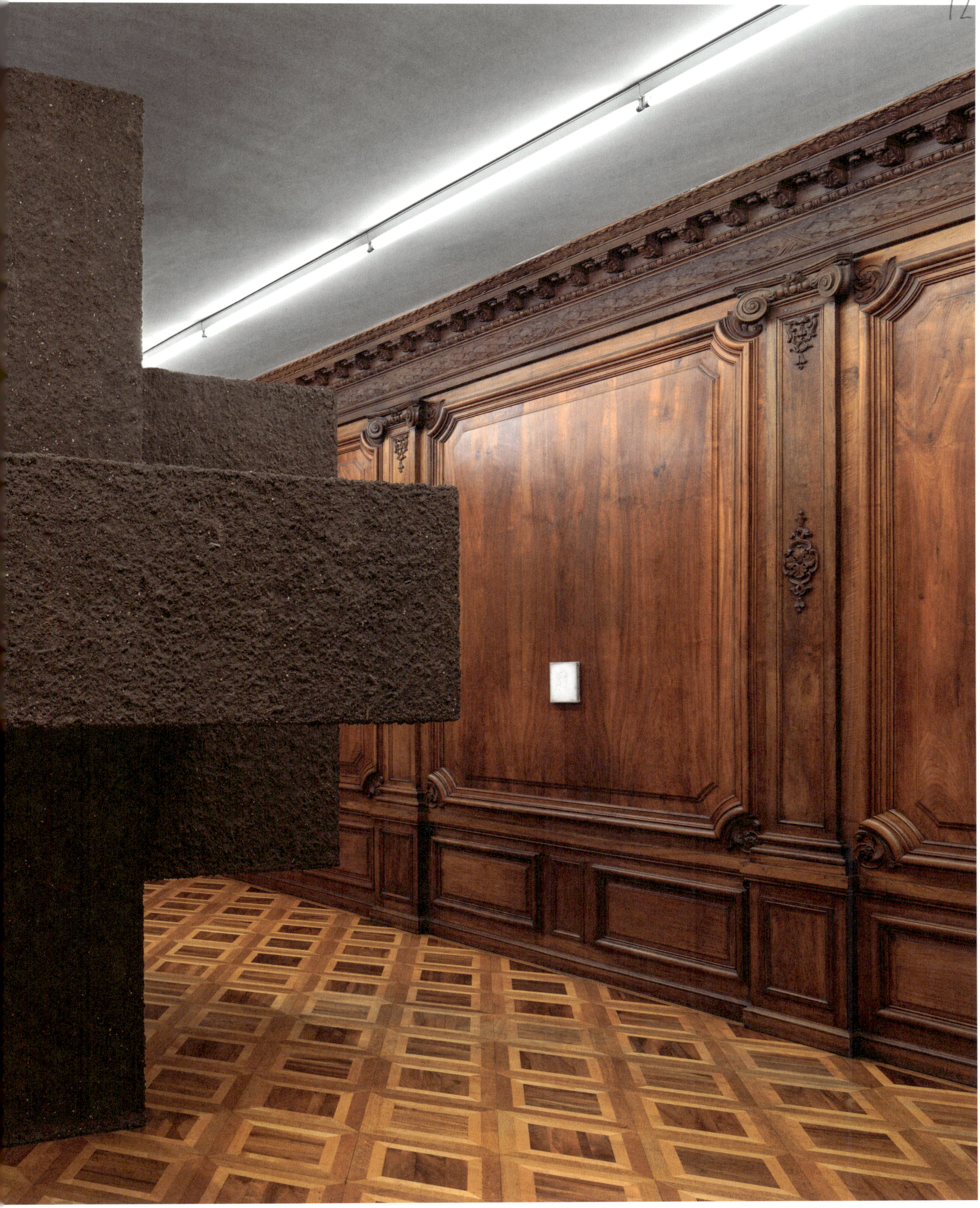

twisted landscape 2023

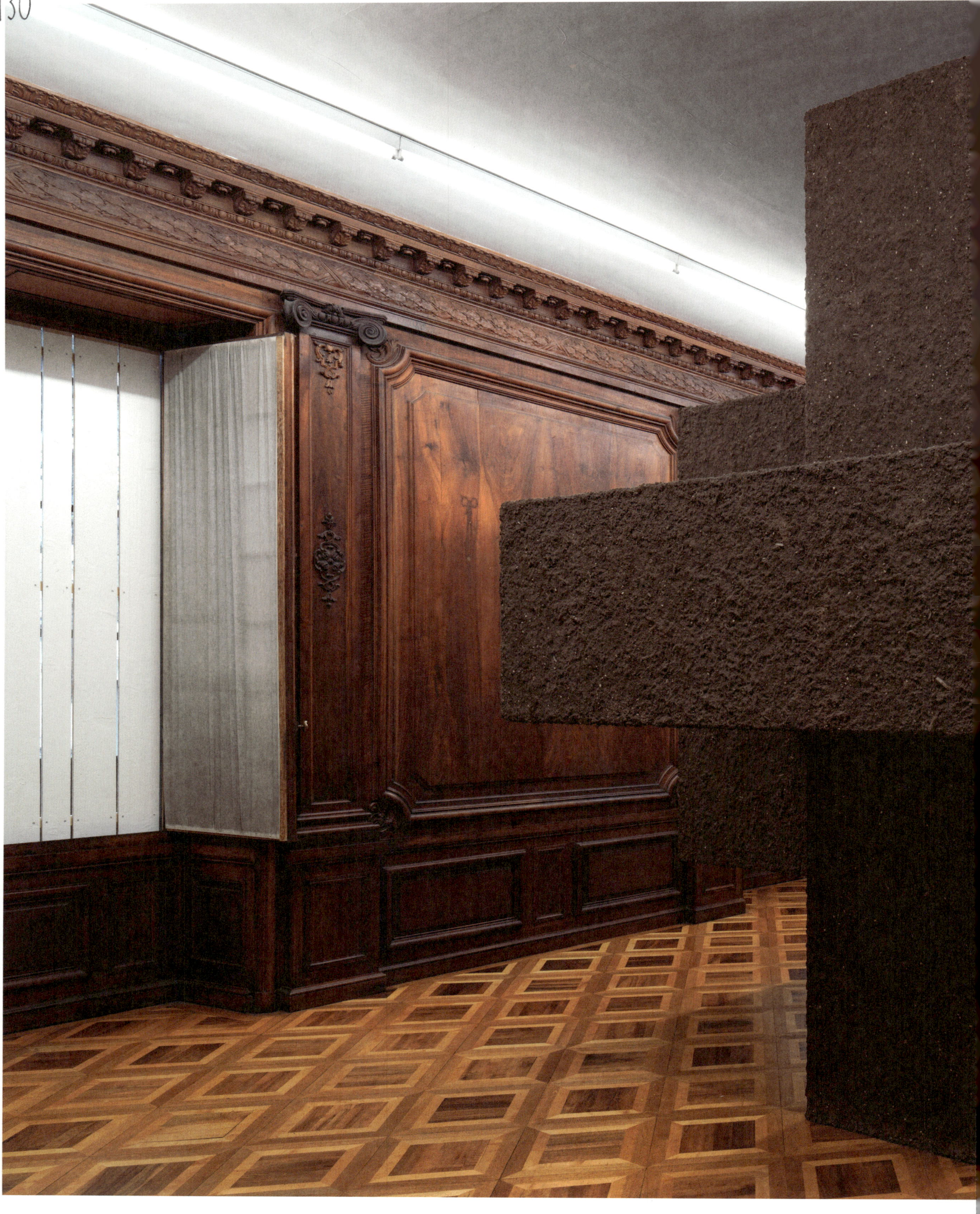

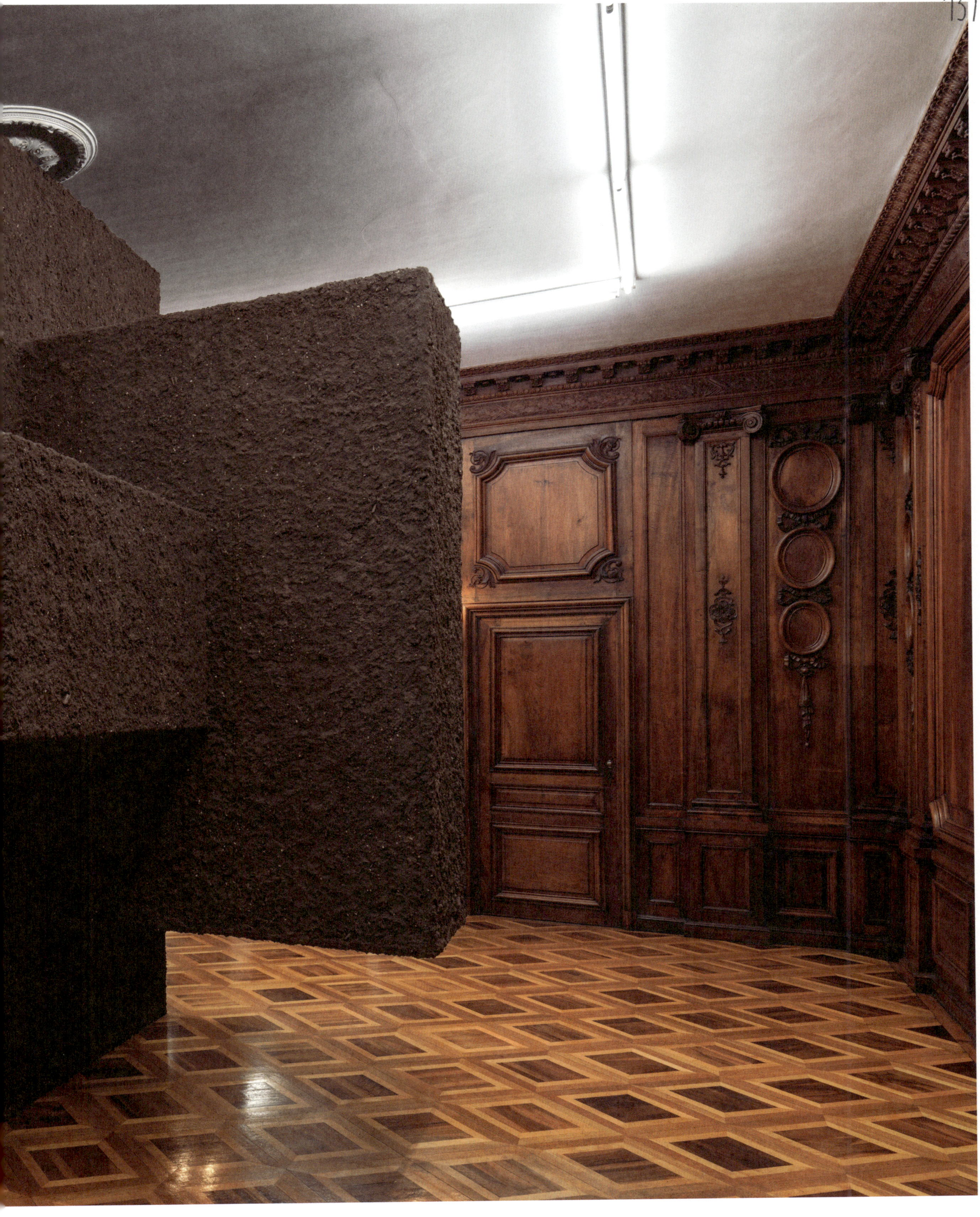

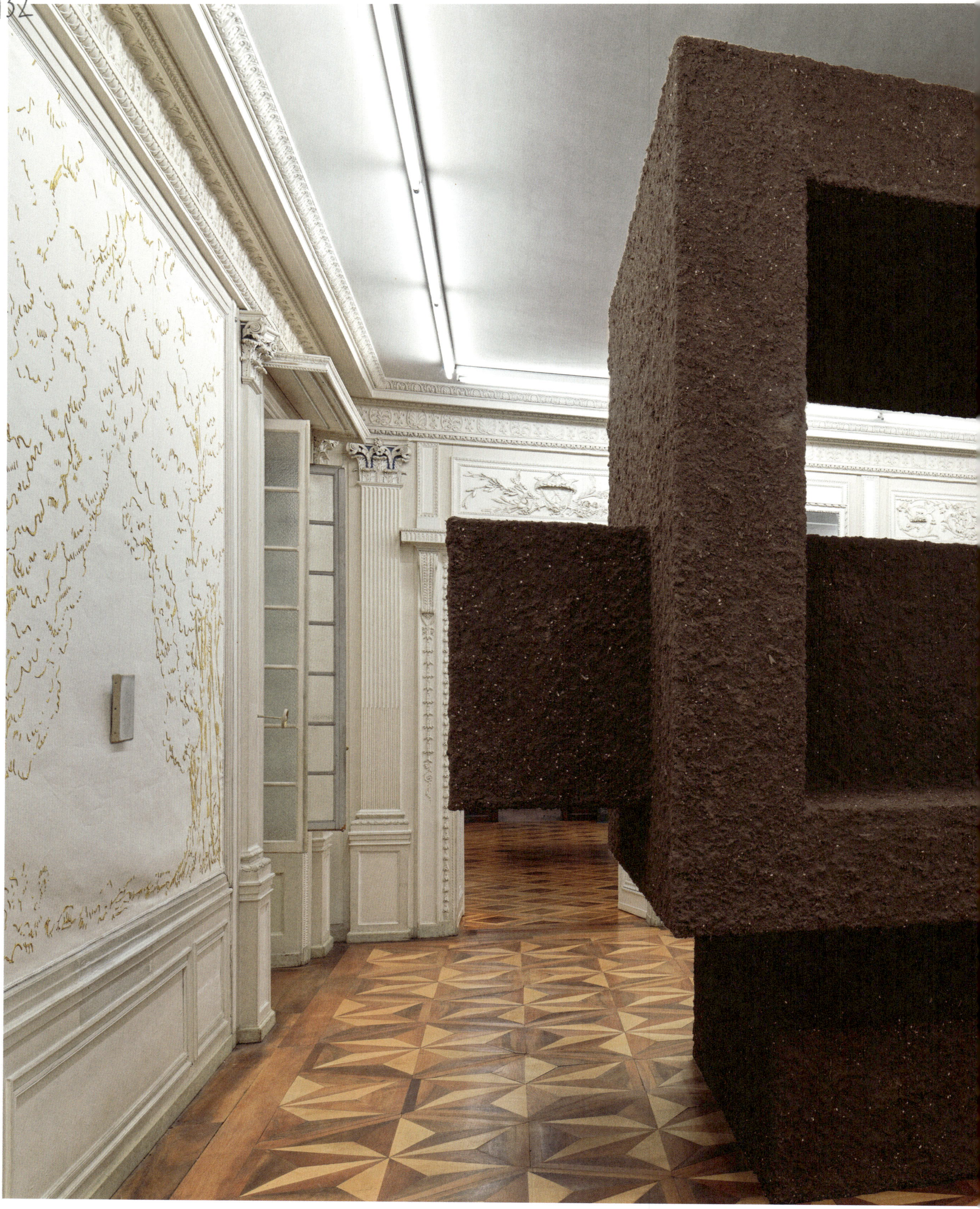

ugo rondinone

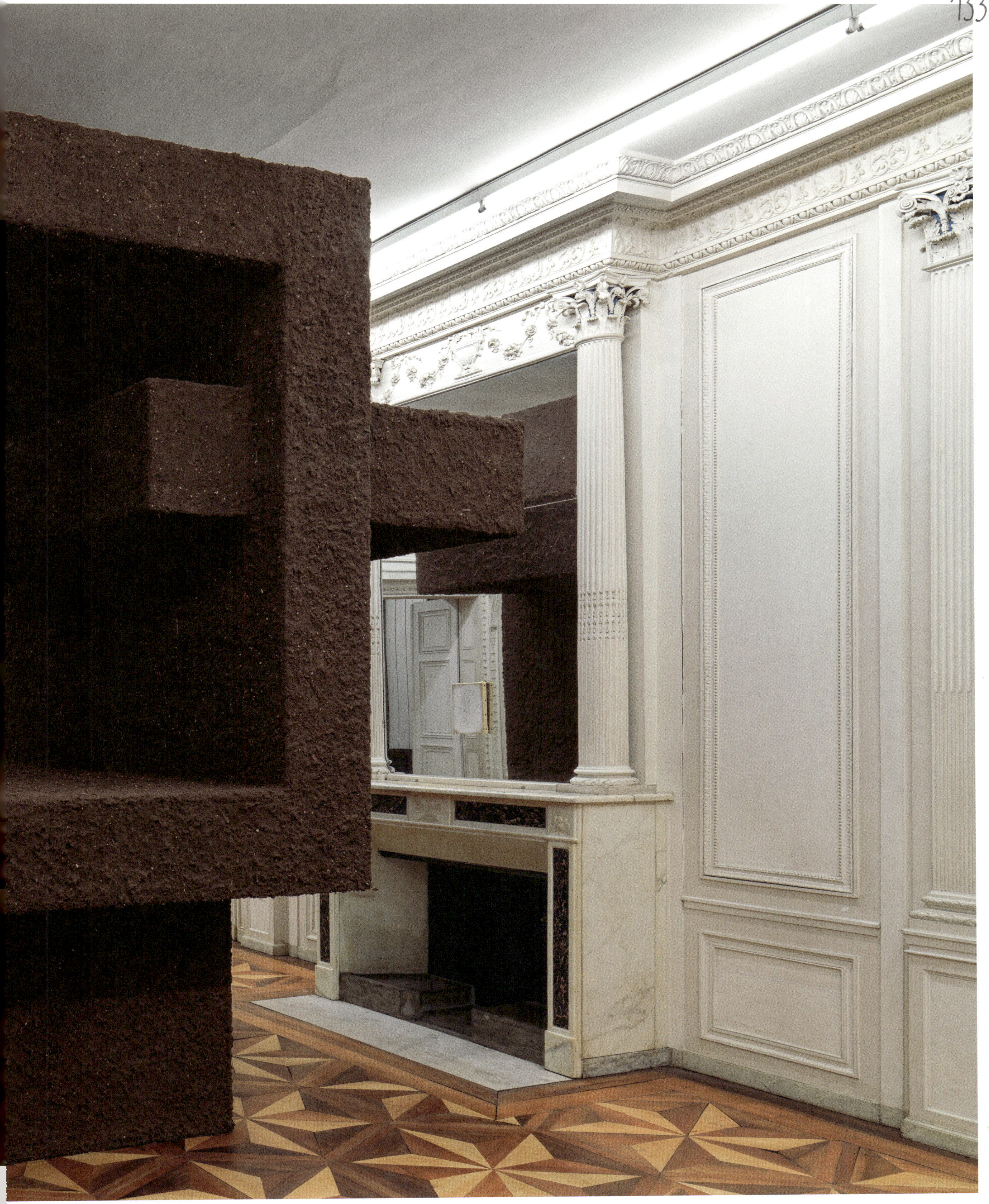

tangled landscape 2023

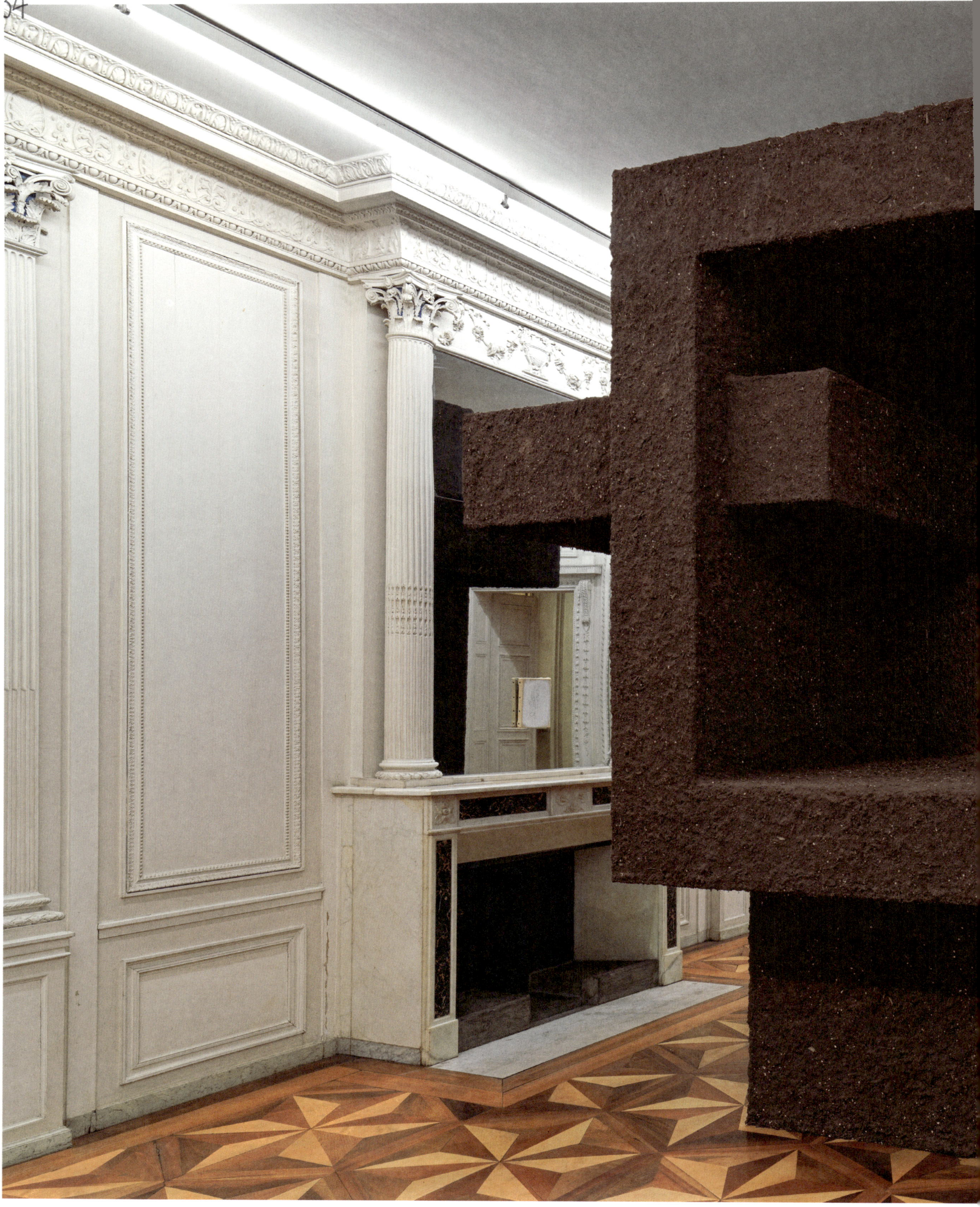

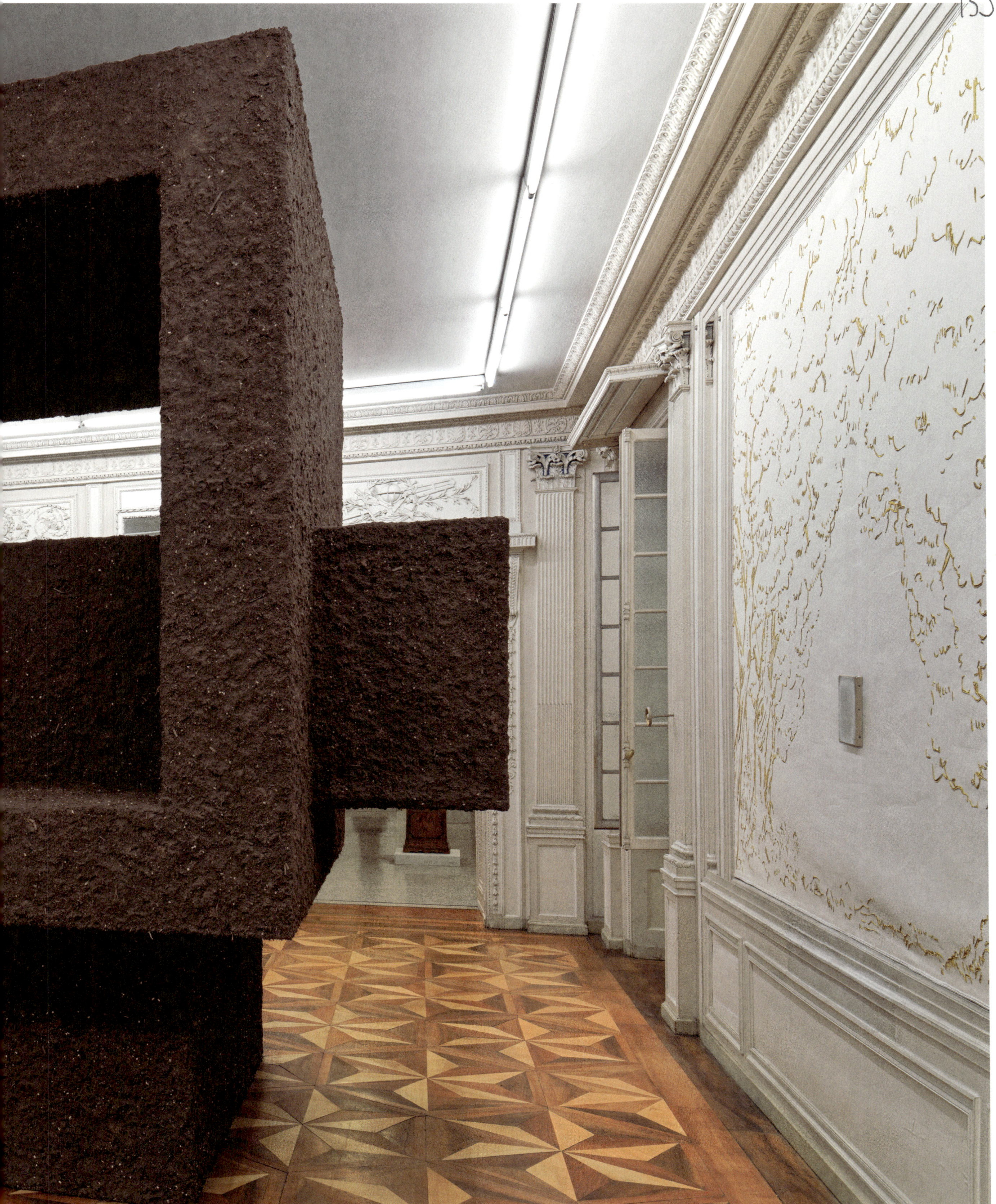

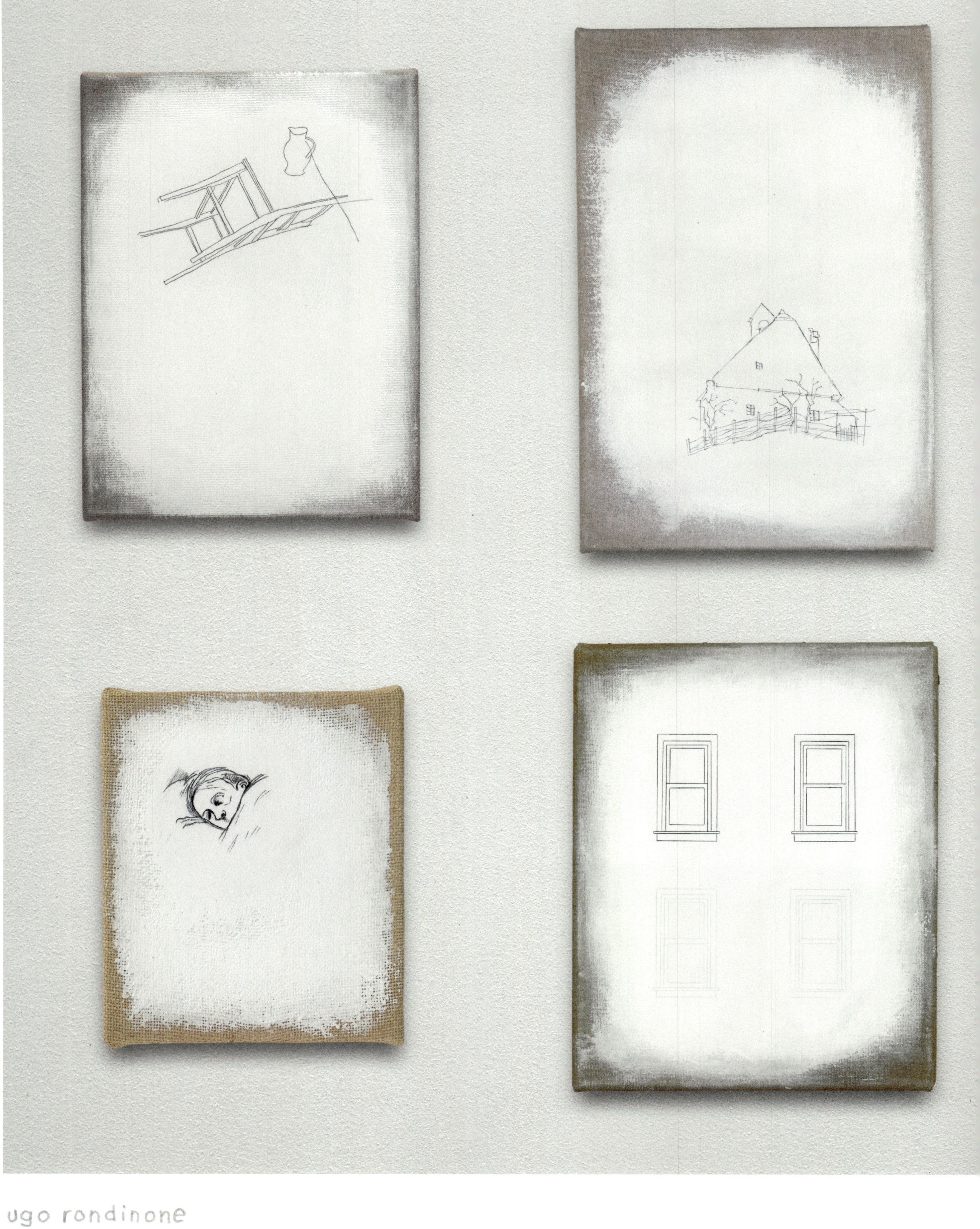

ugo rondinone

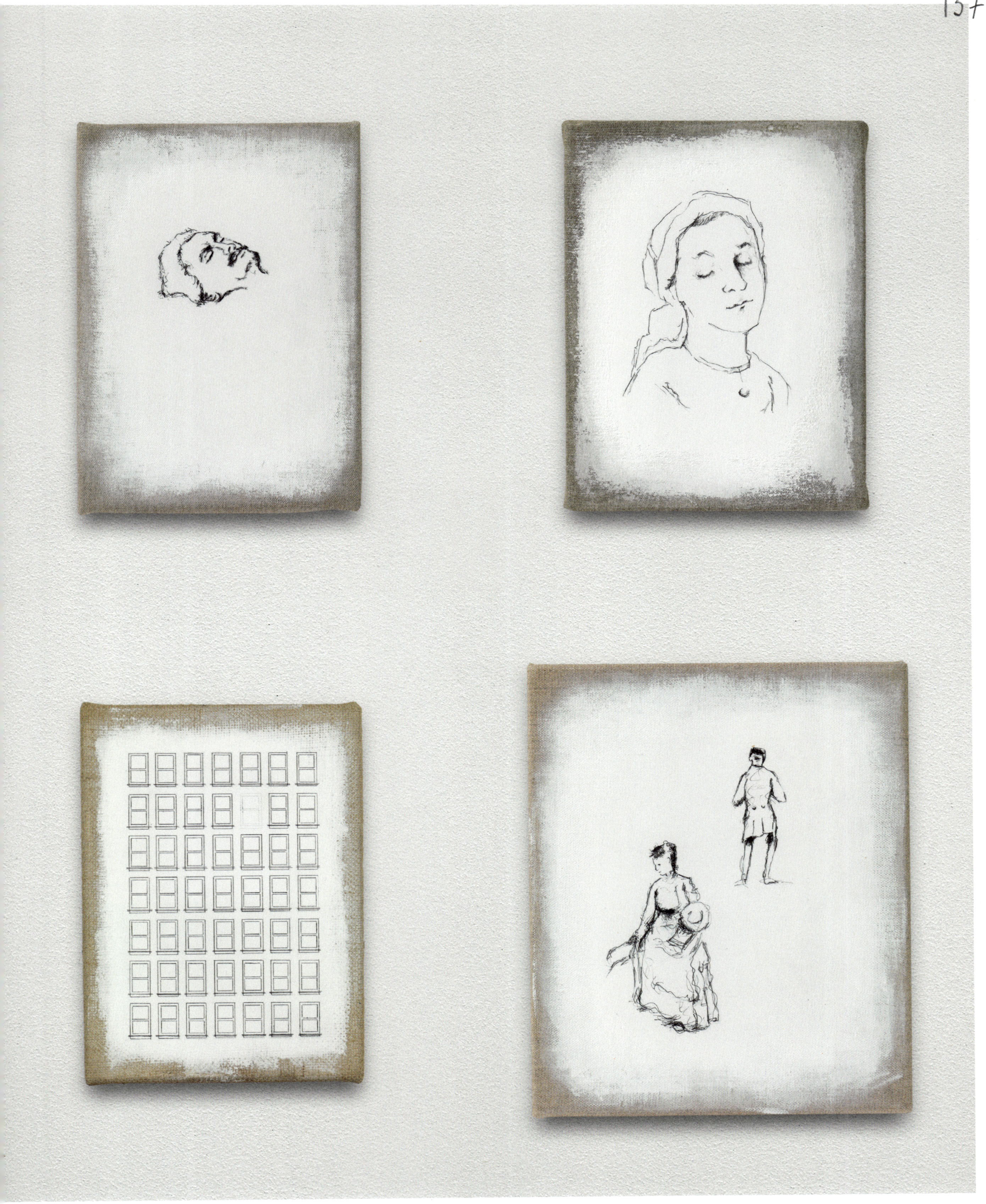

diary 2007-2012

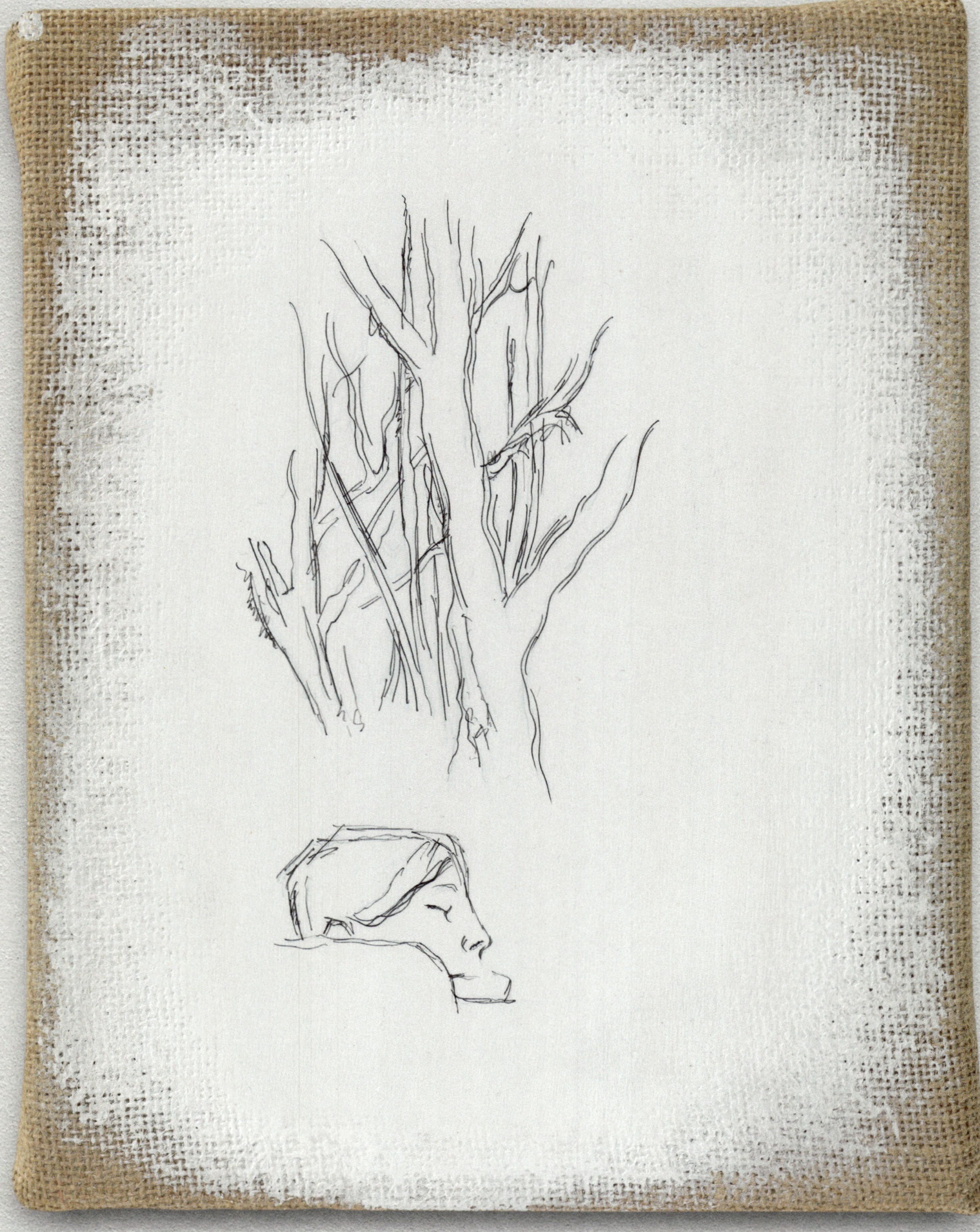

fünfterdezemberzweitausendundneun 2009

vierundzwanzigsteroktoberzweitausendundzehn 2012

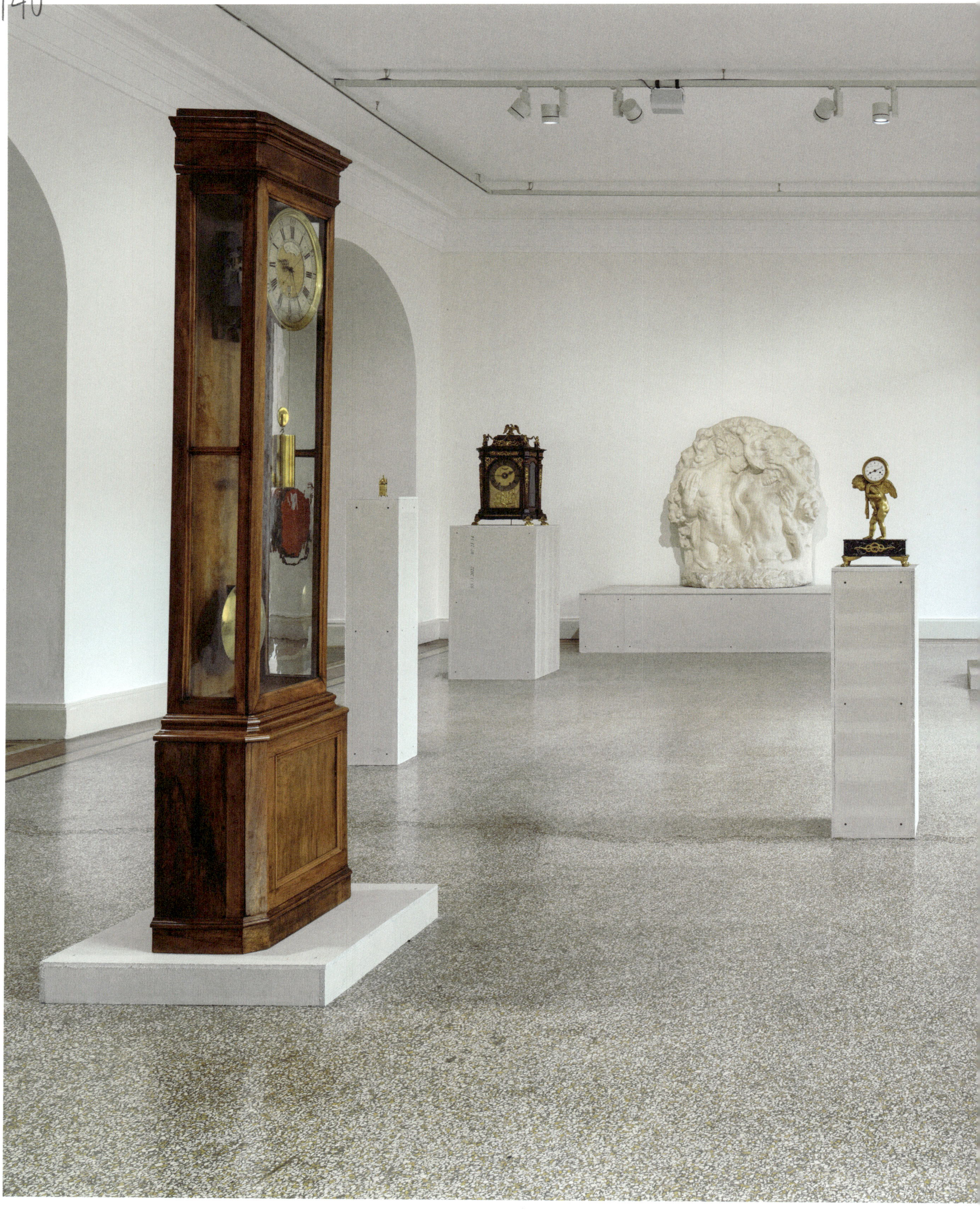

espace ryhtmique . avant qu'une main invisible ouvre la porte

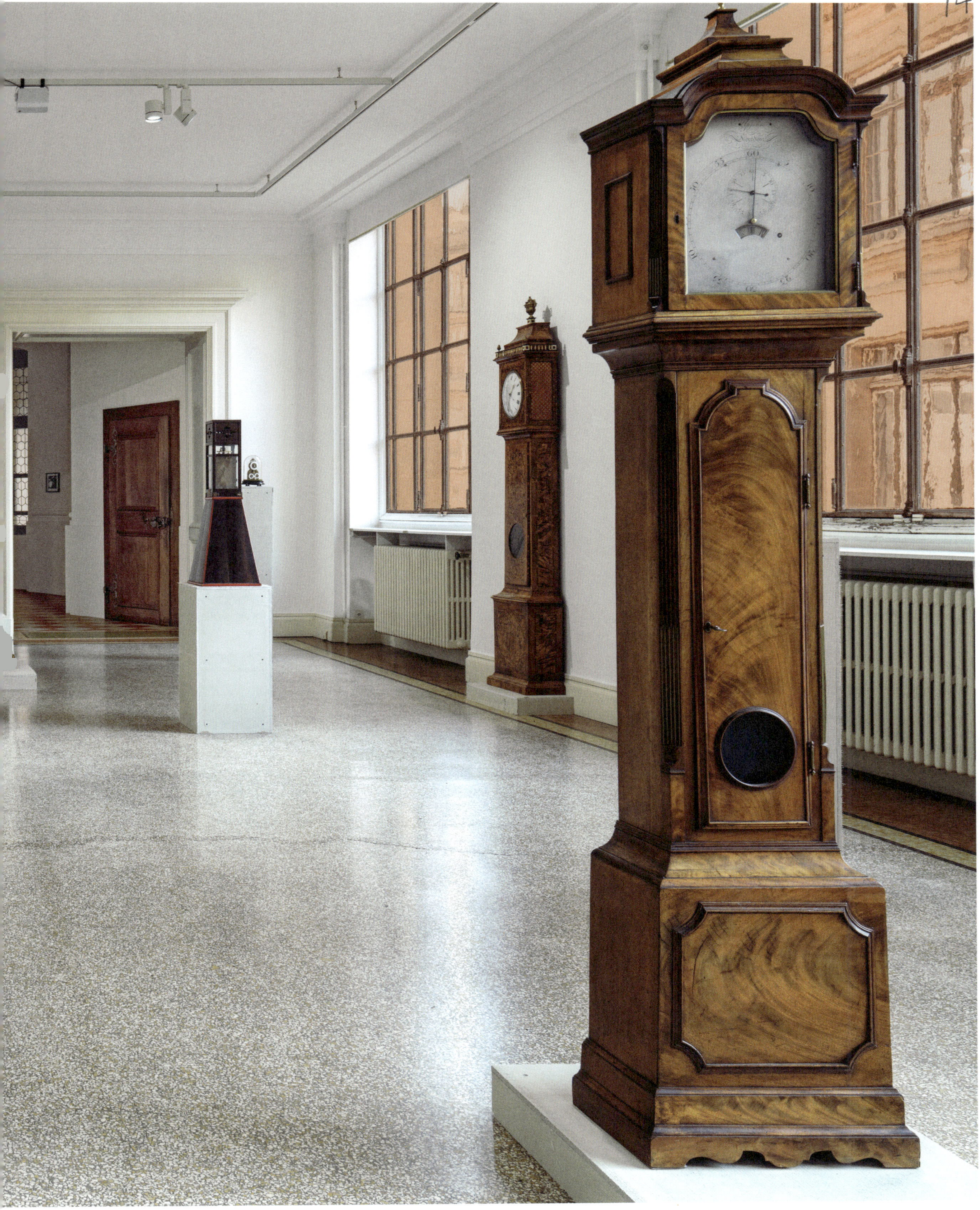

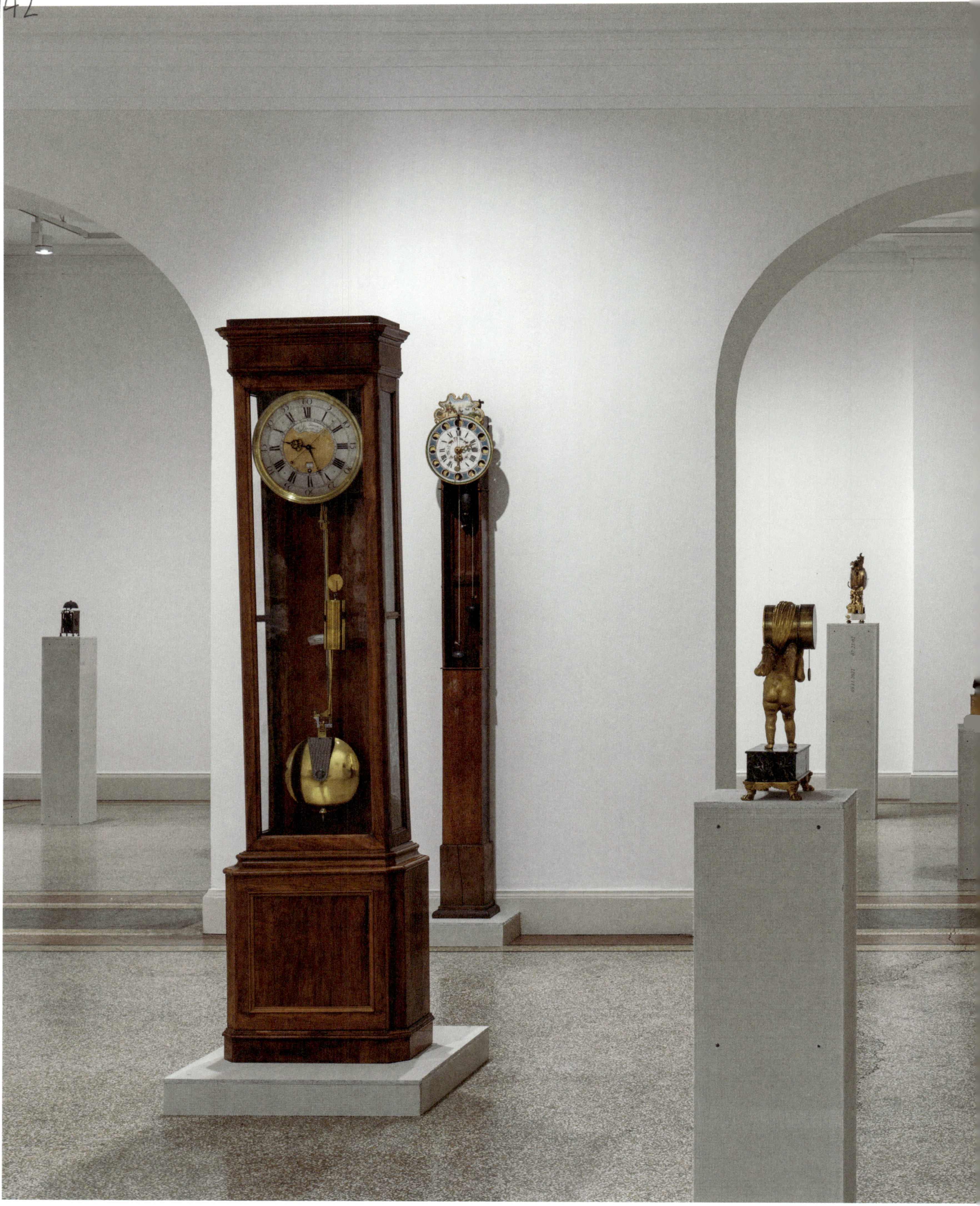

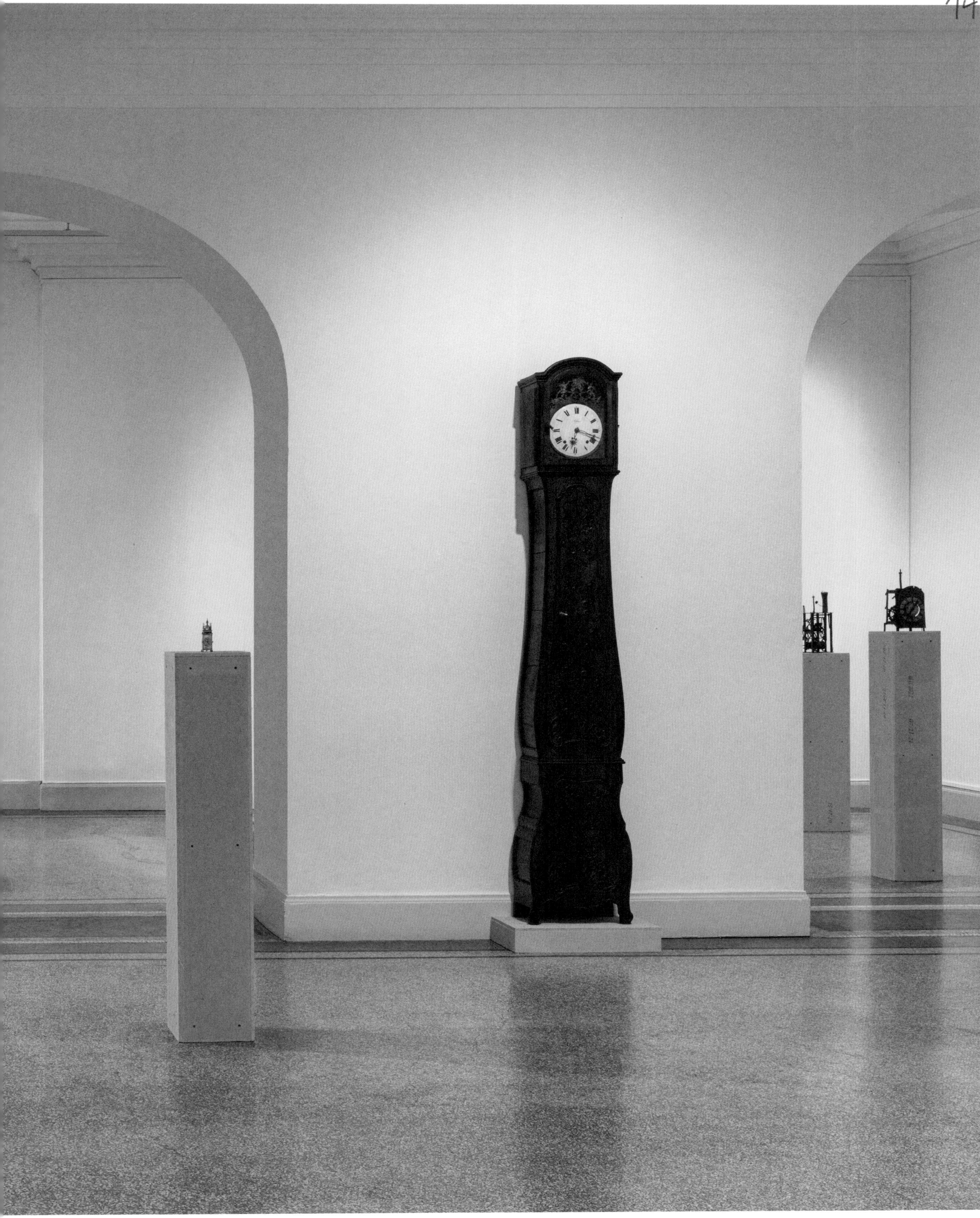

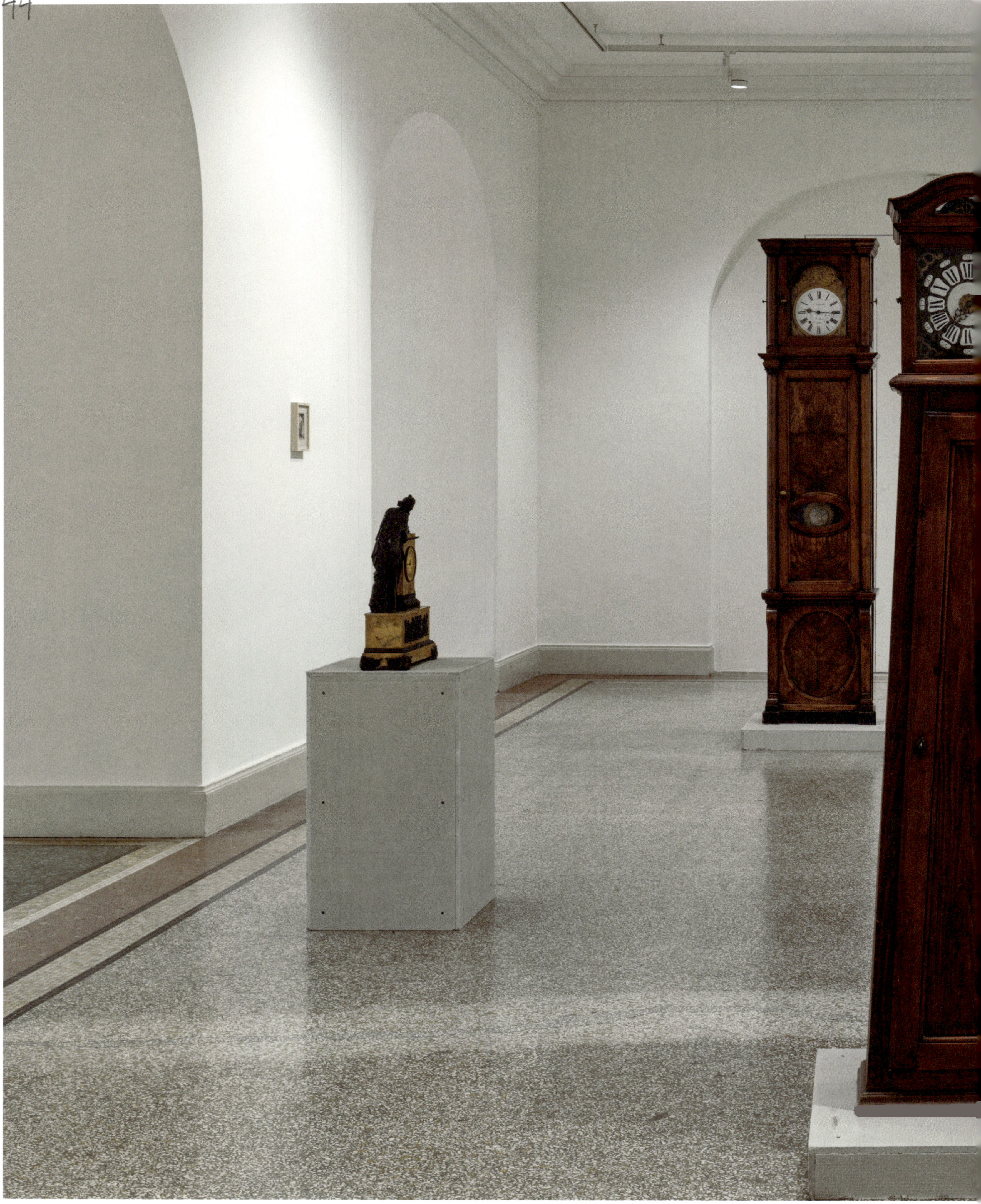

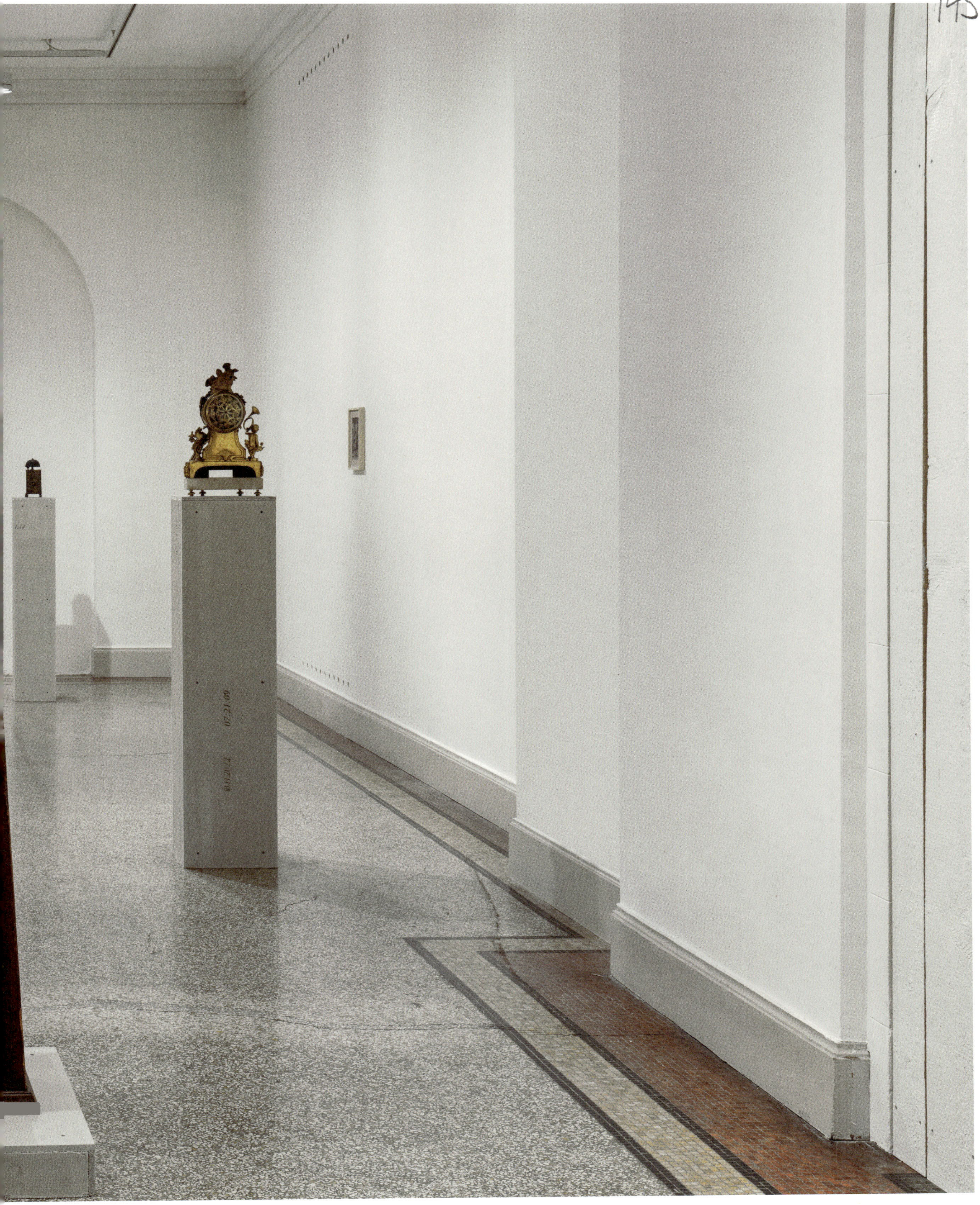

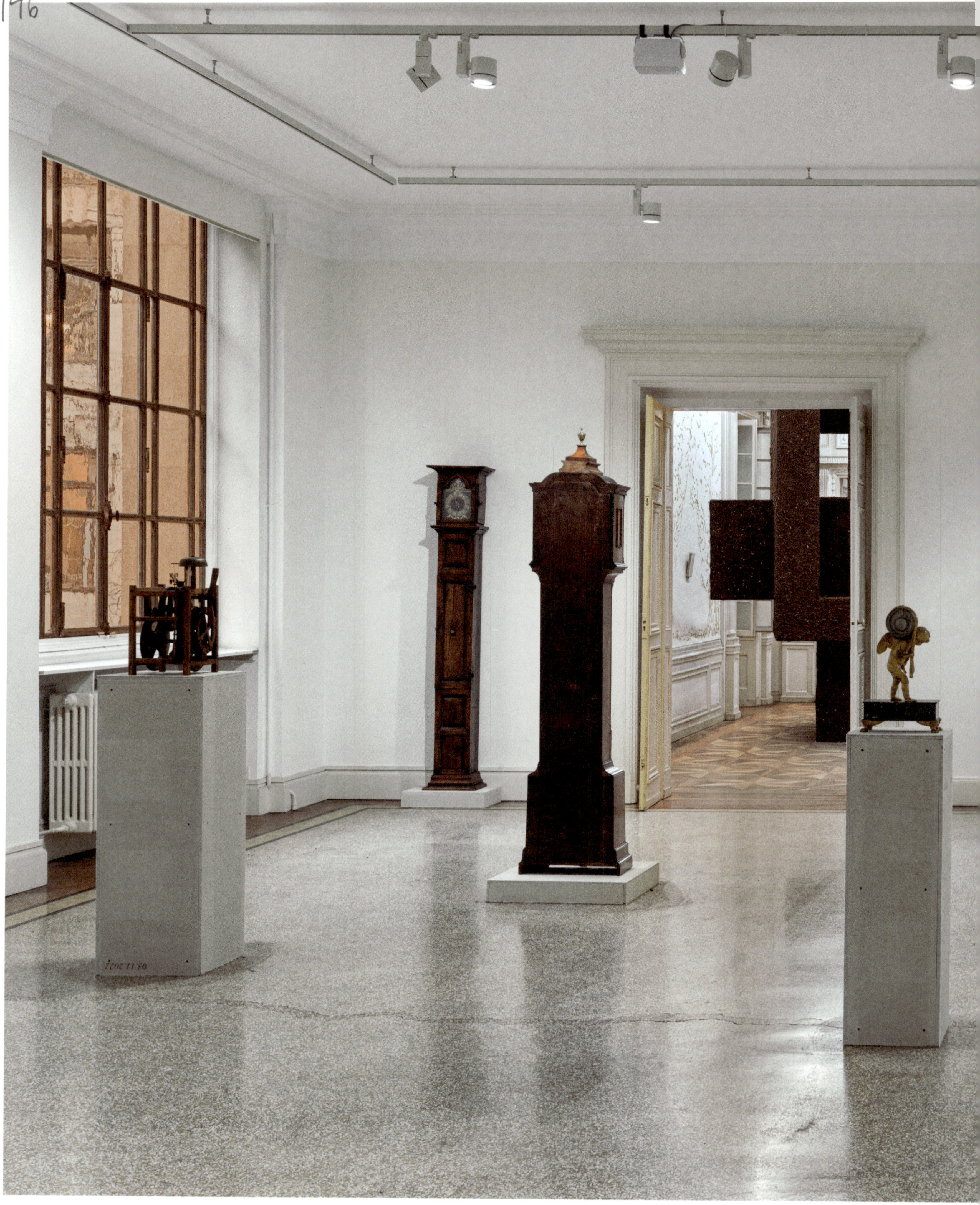

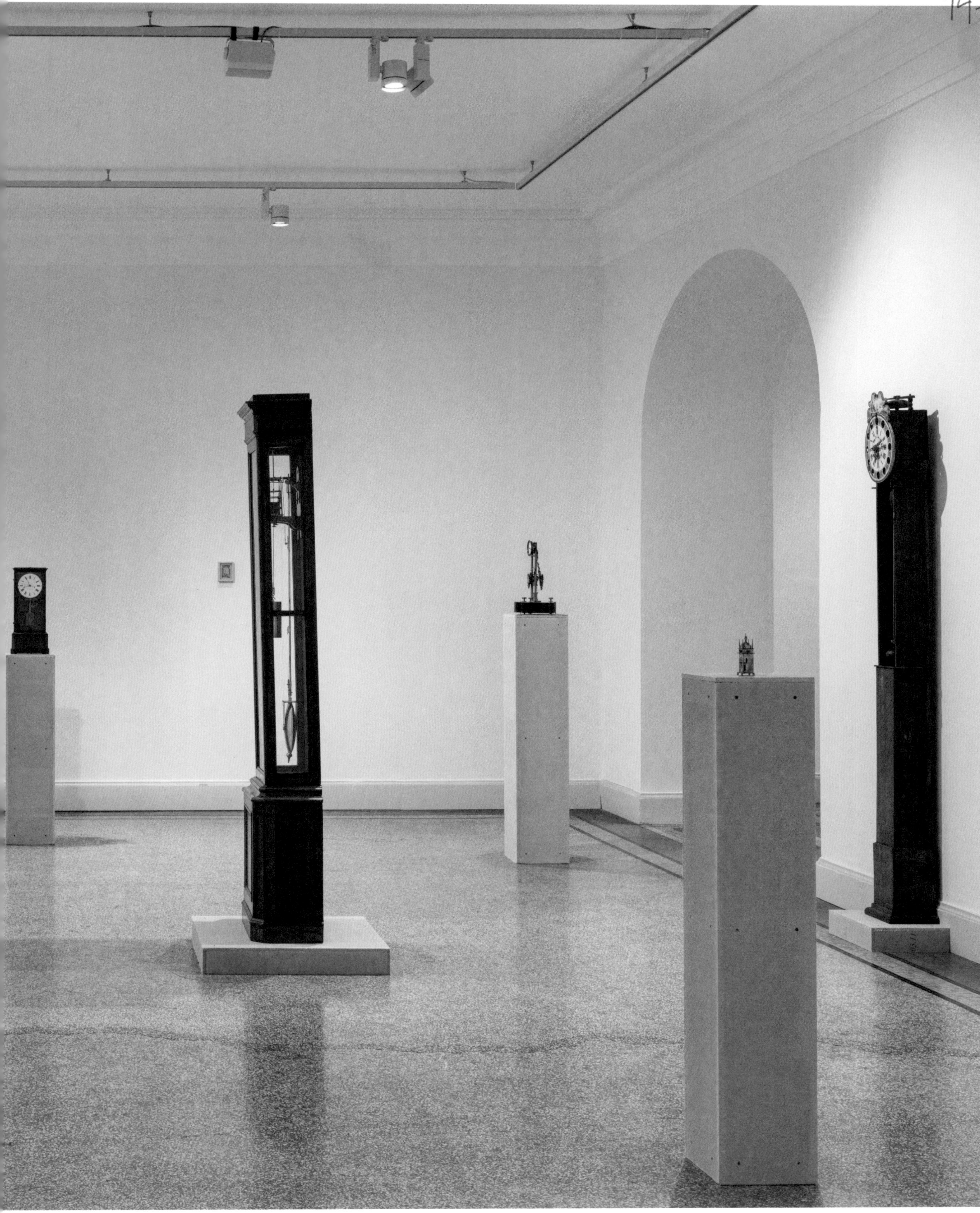

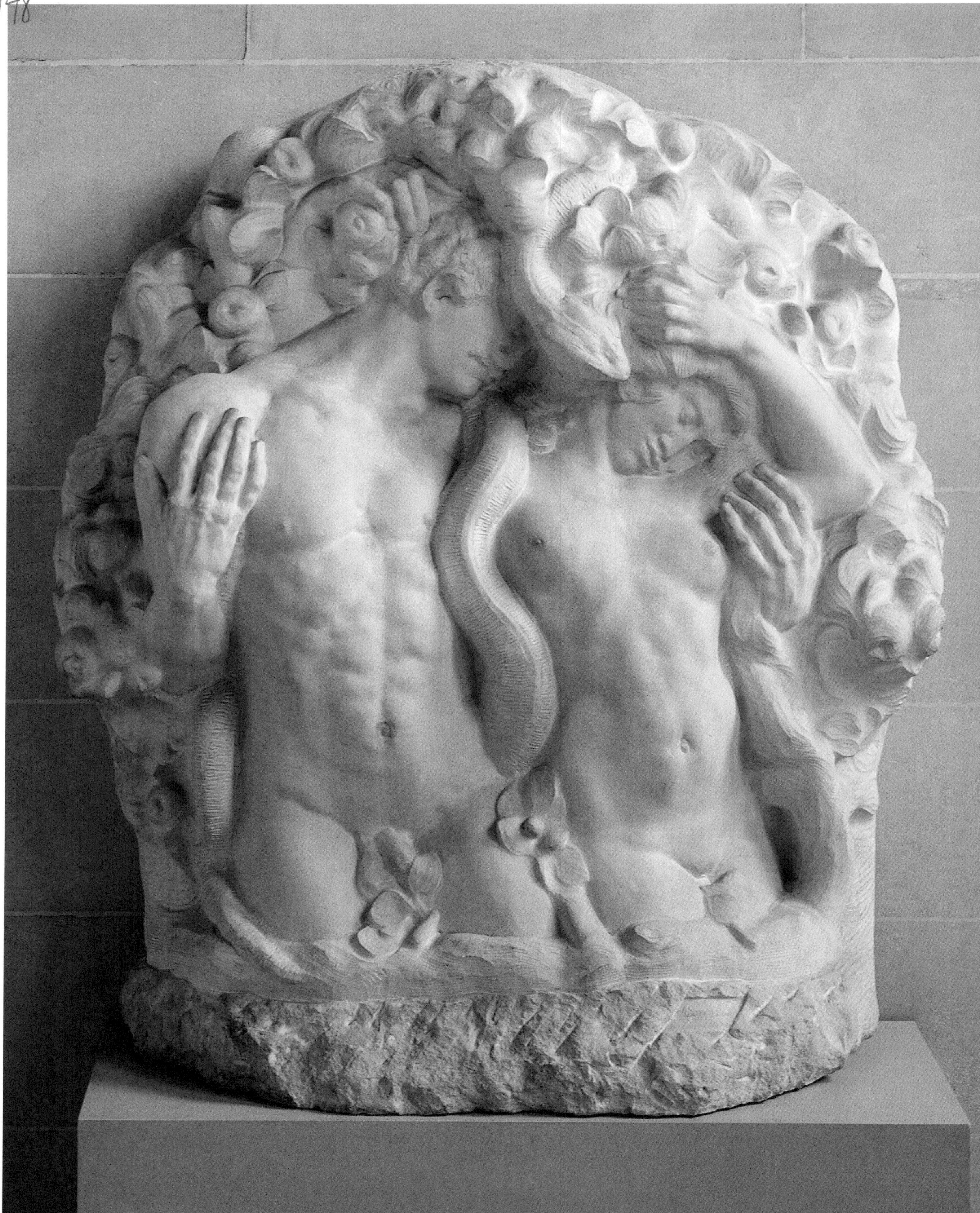

rodo adam et ève 1906

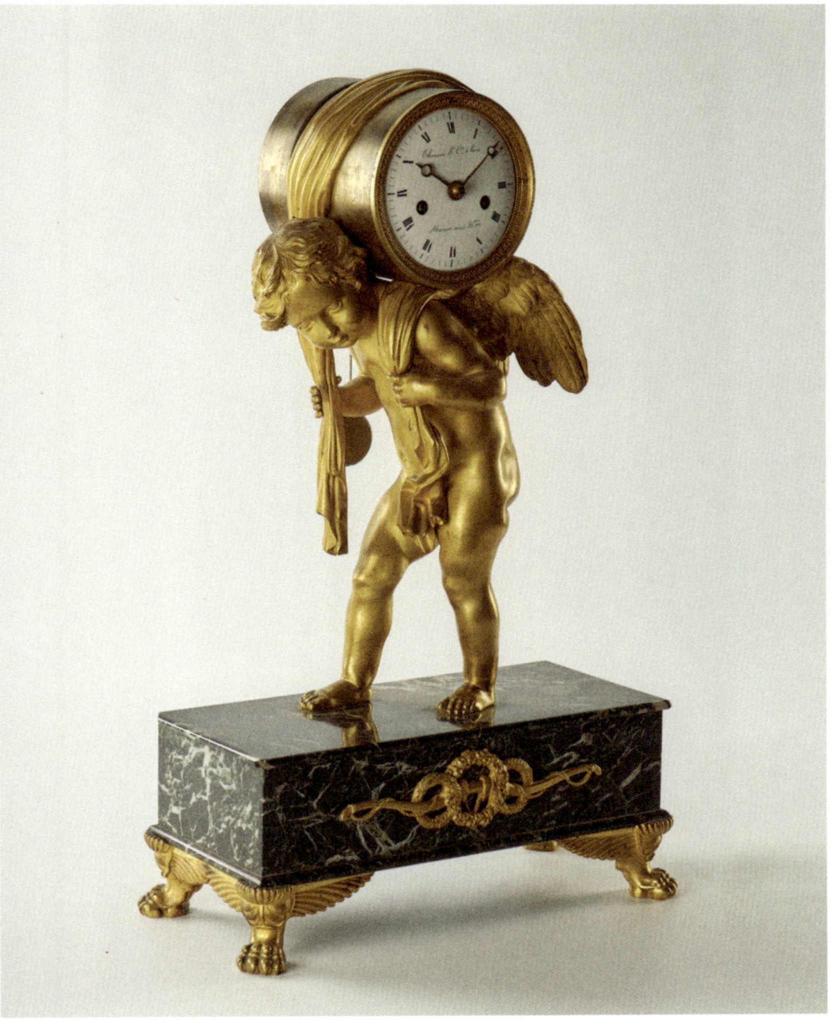

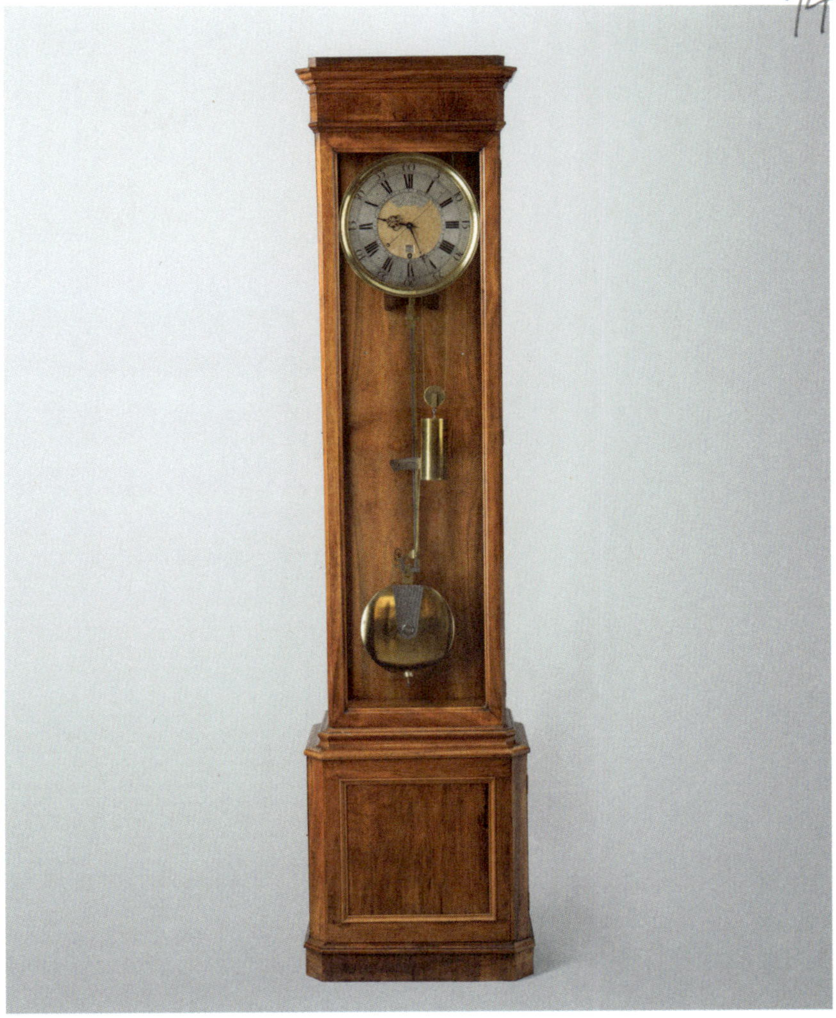

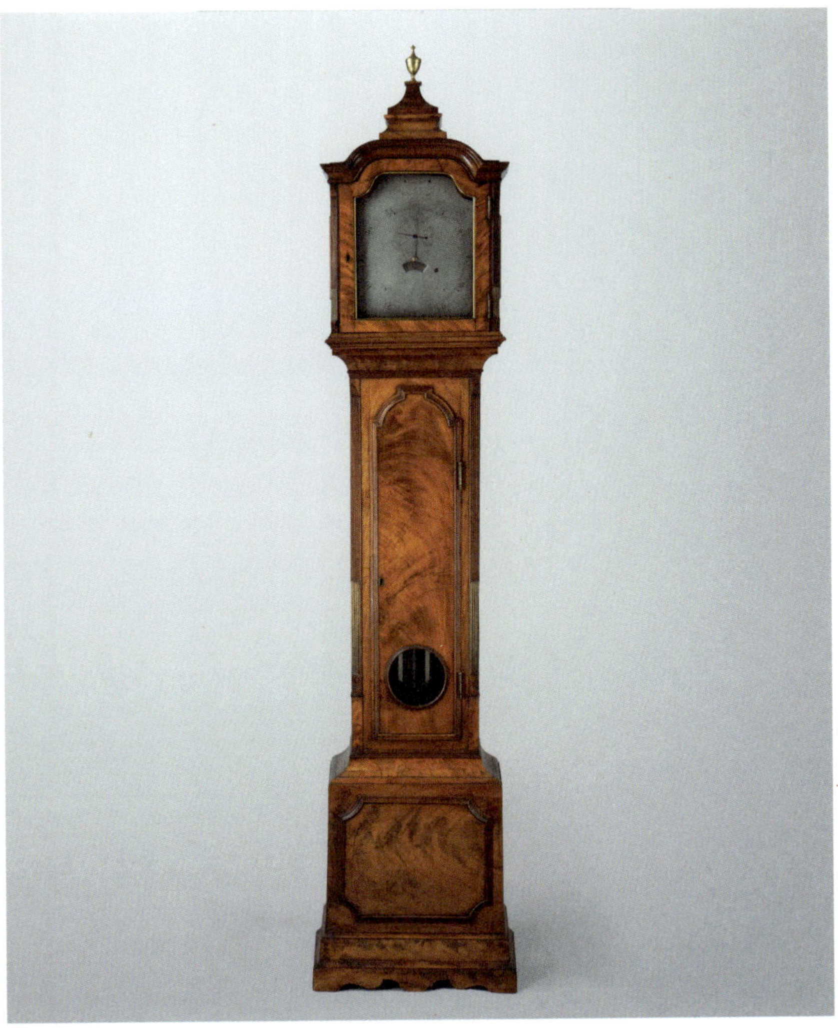

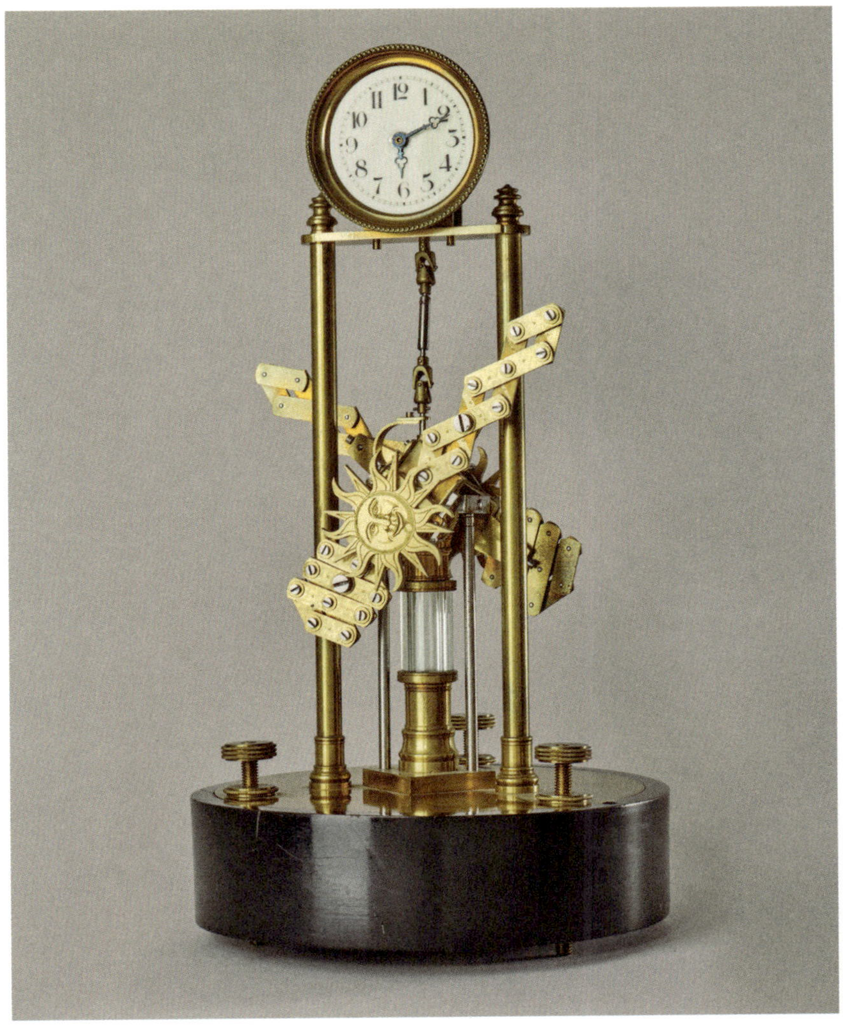

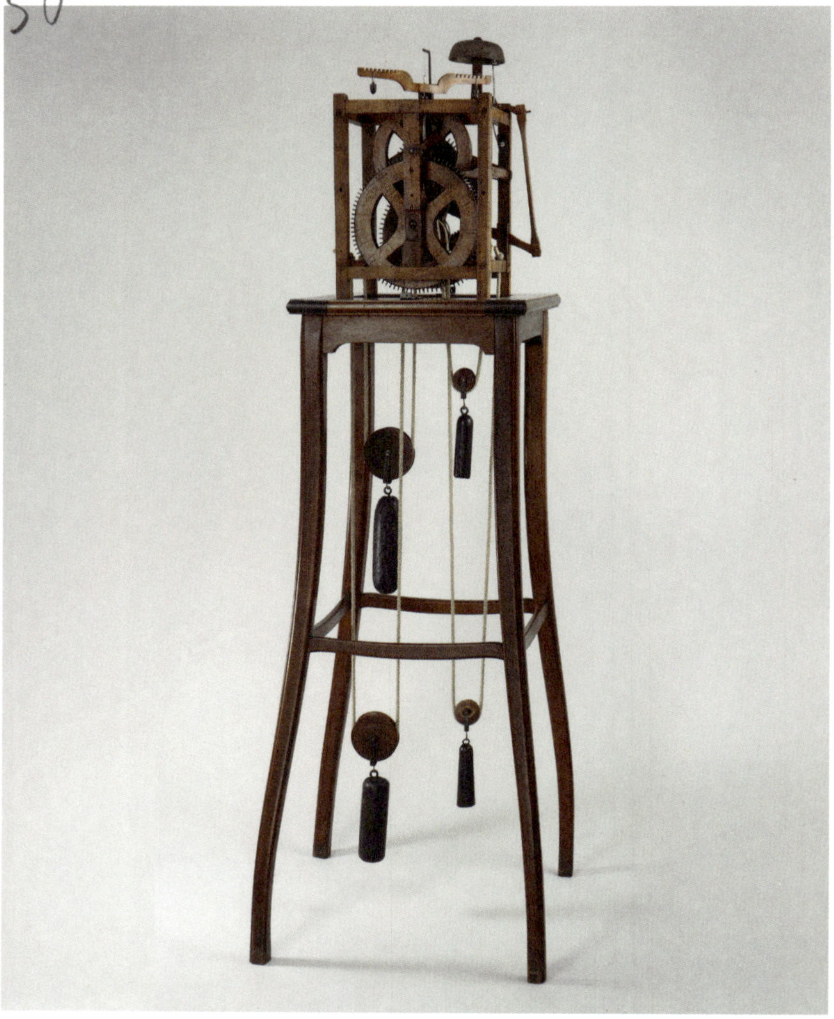

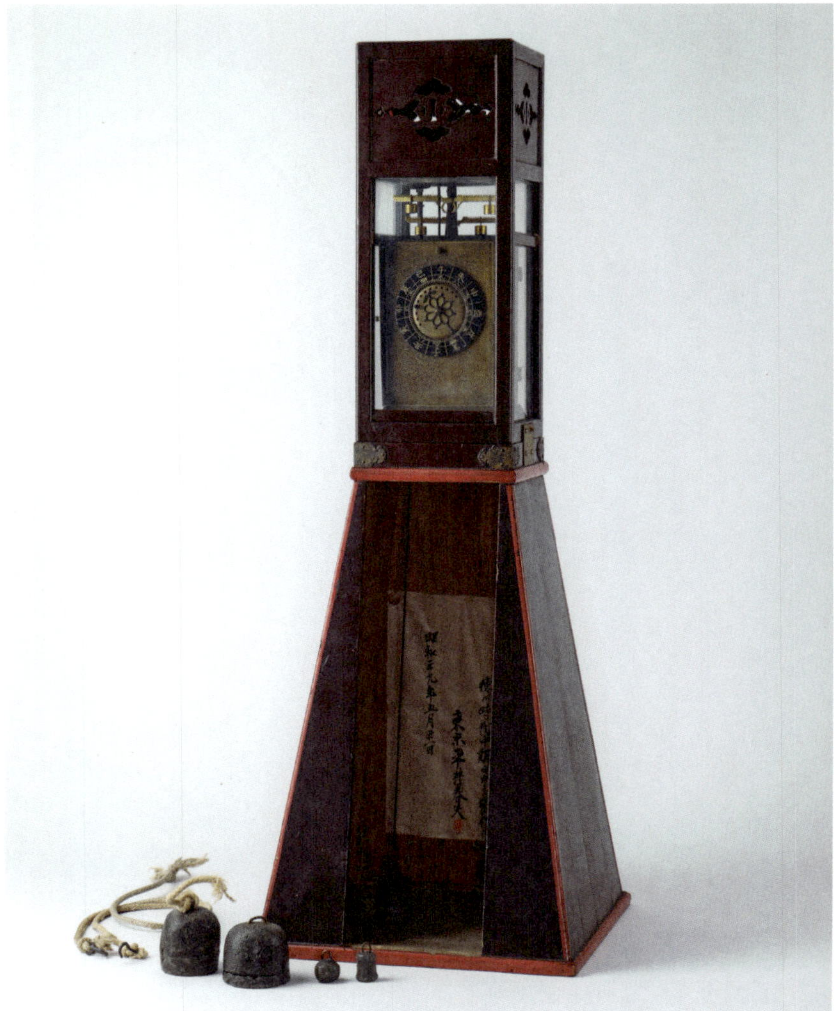

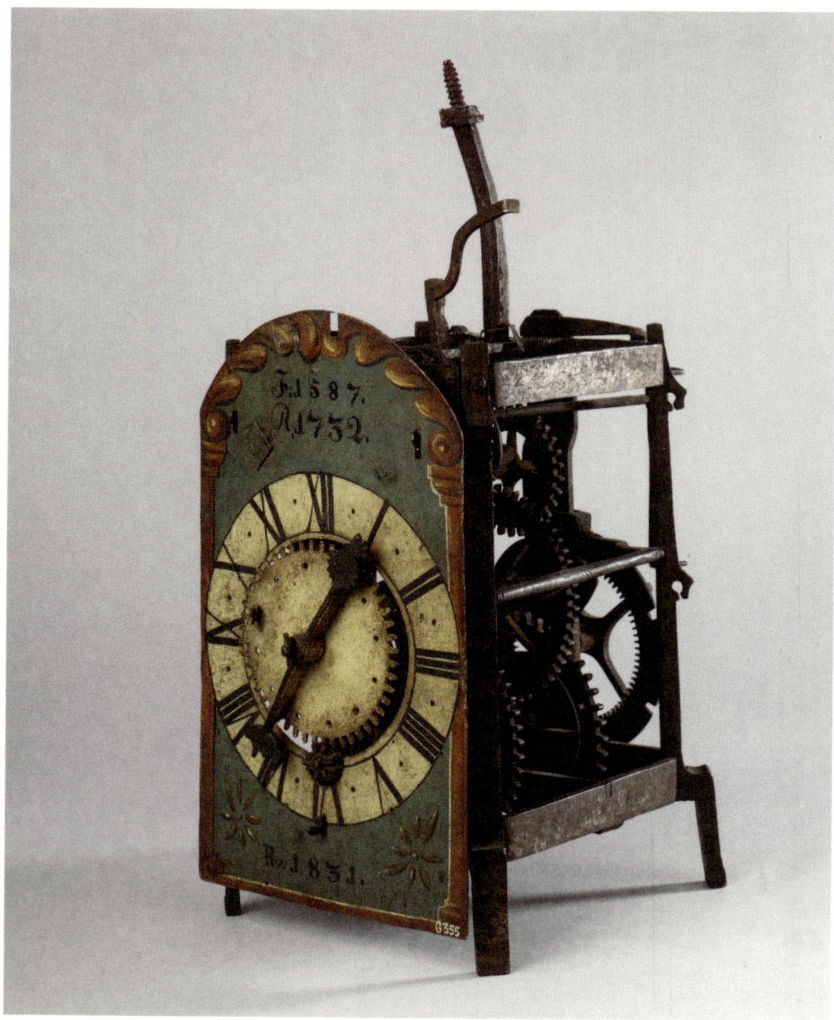

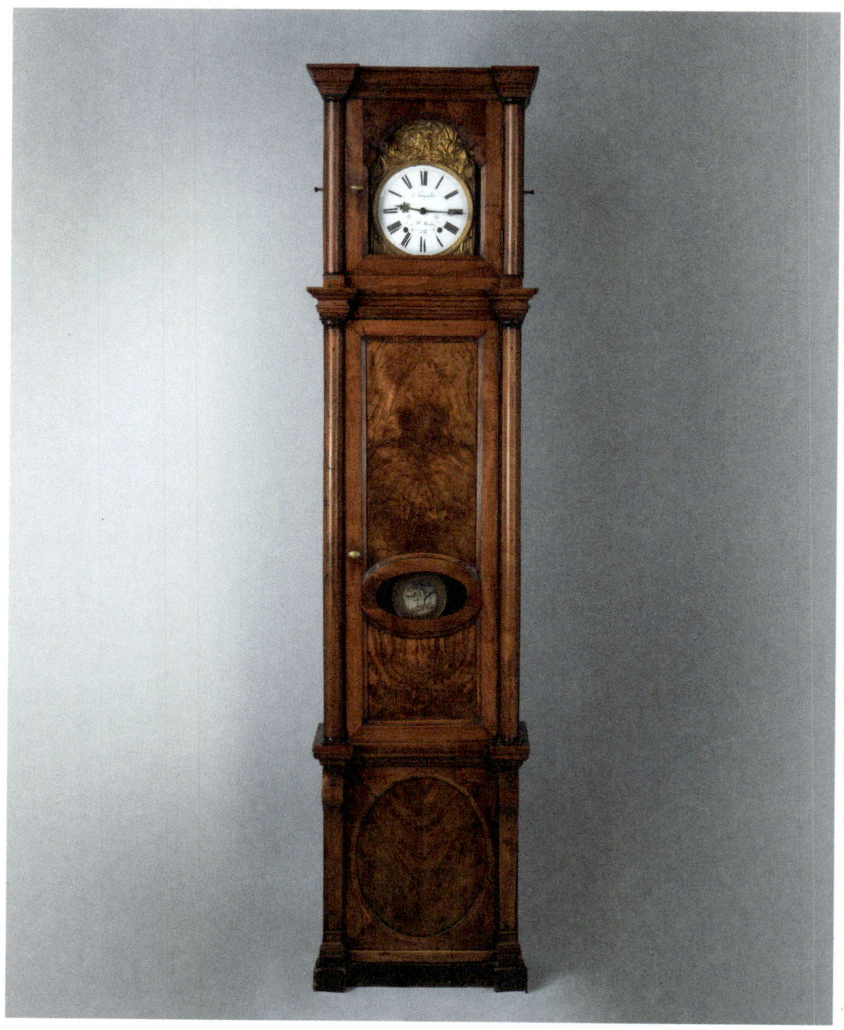

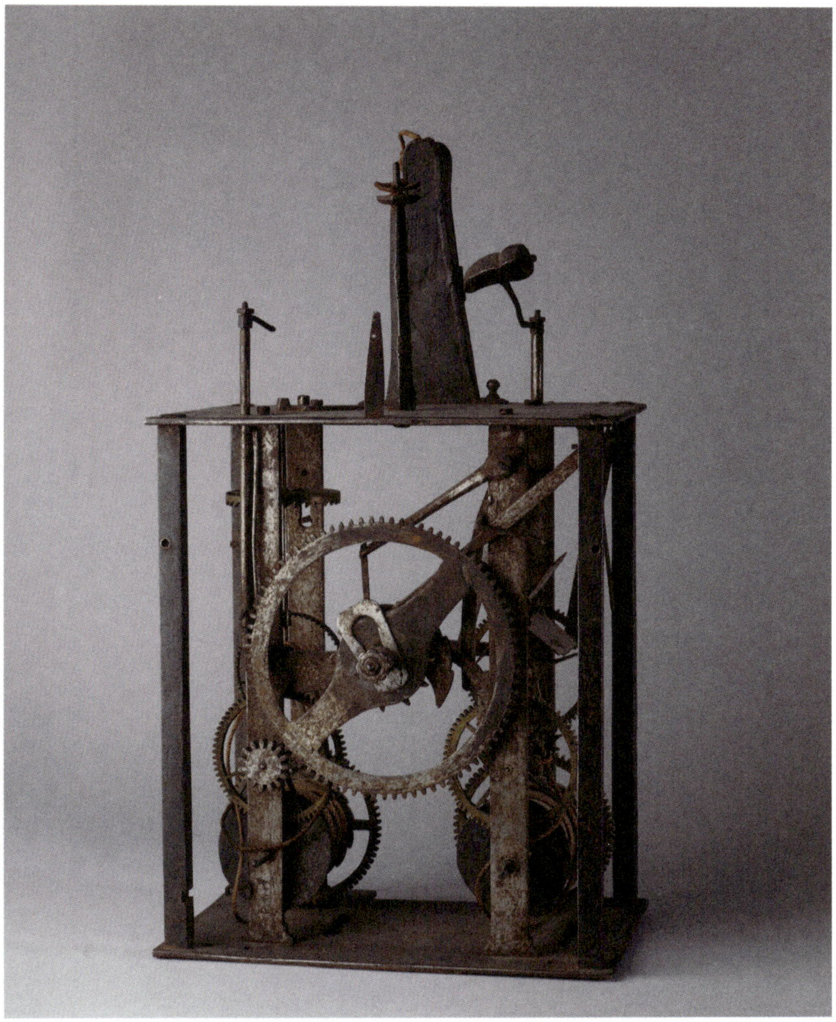

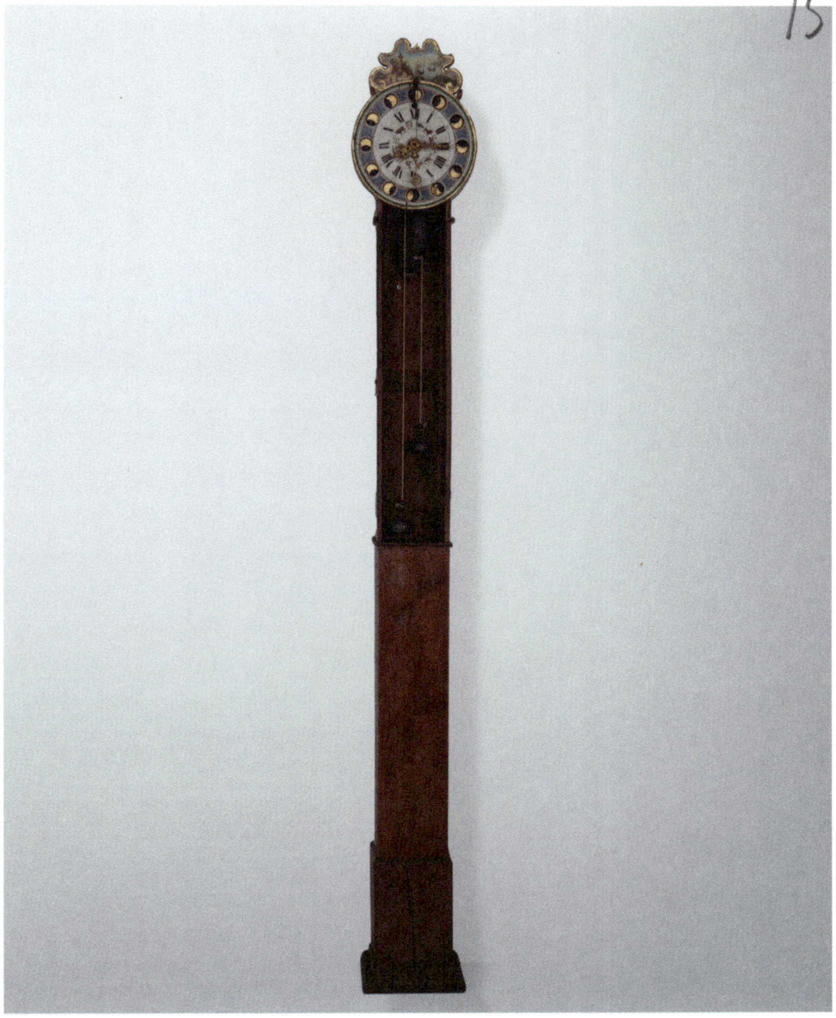

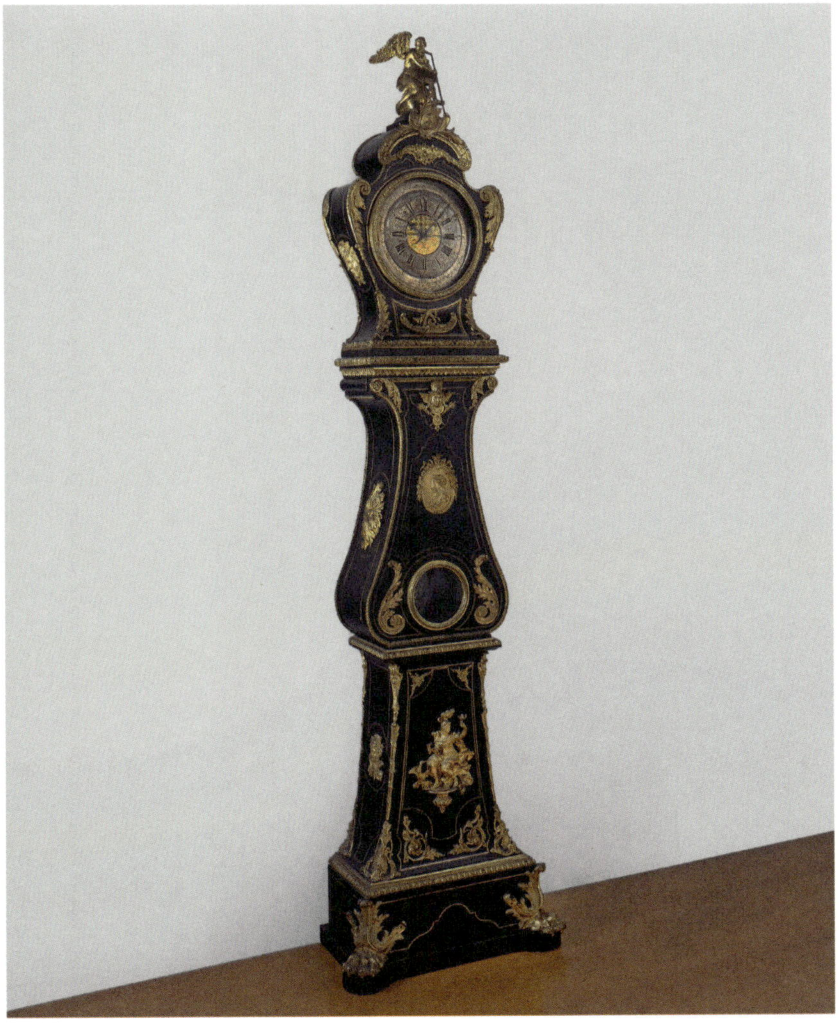

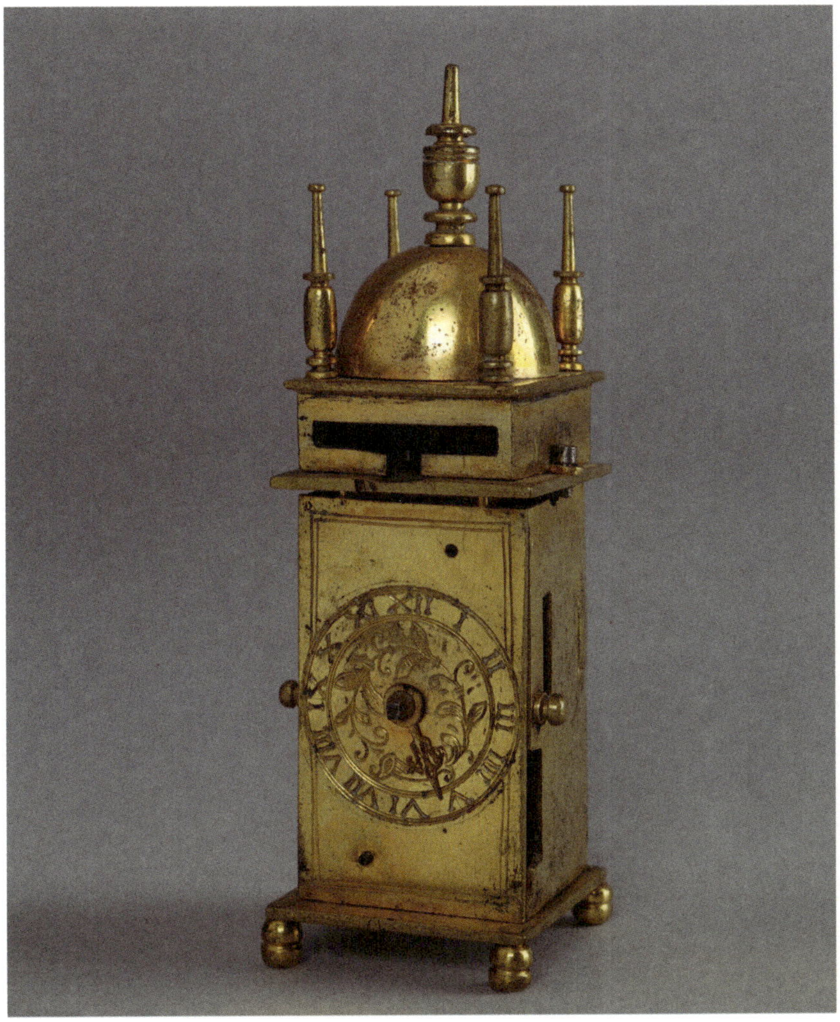

clocks XVI-XIX century

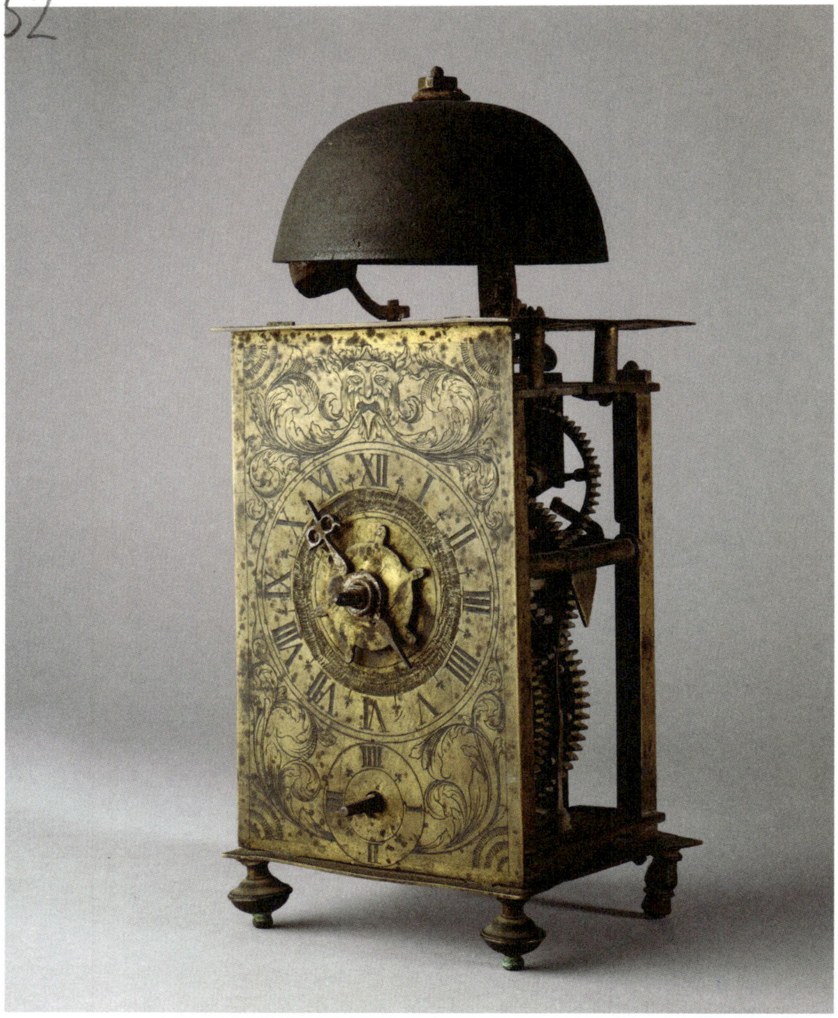

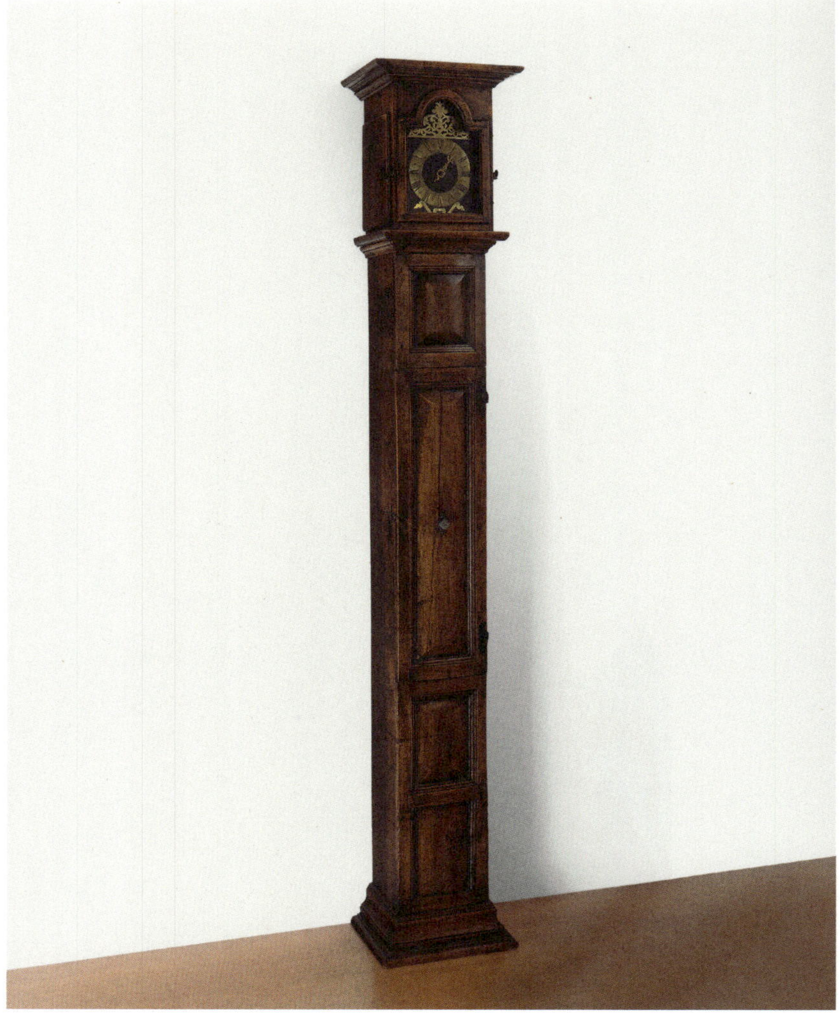

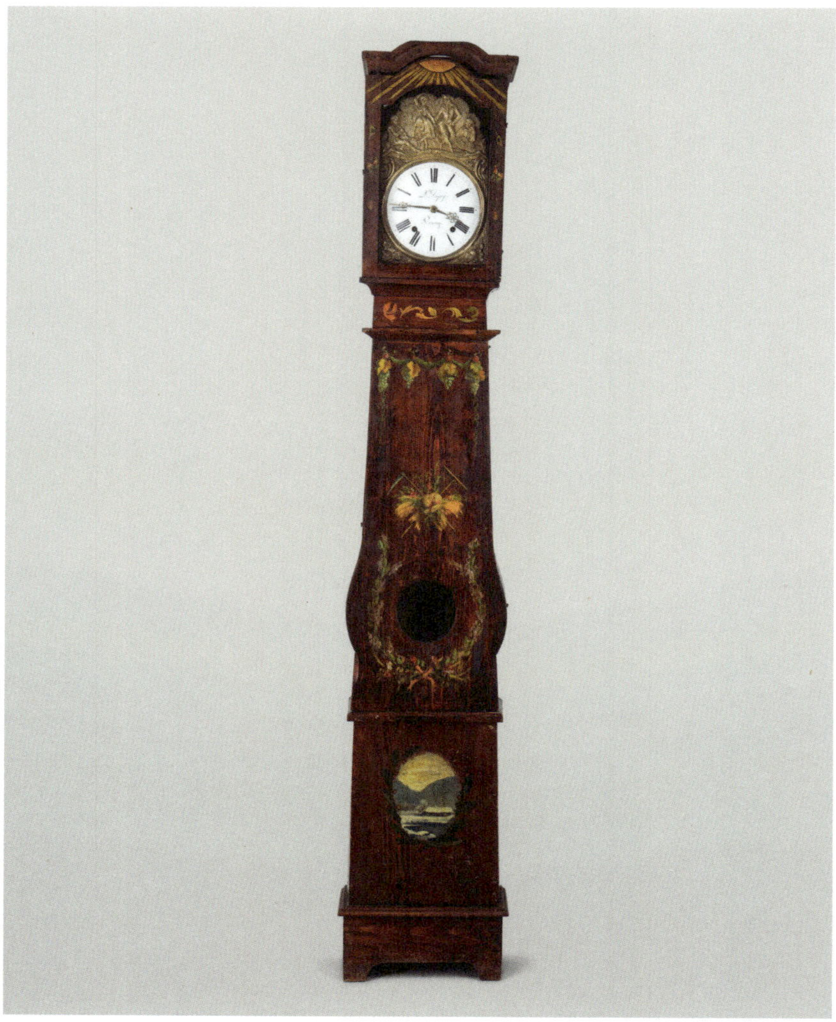

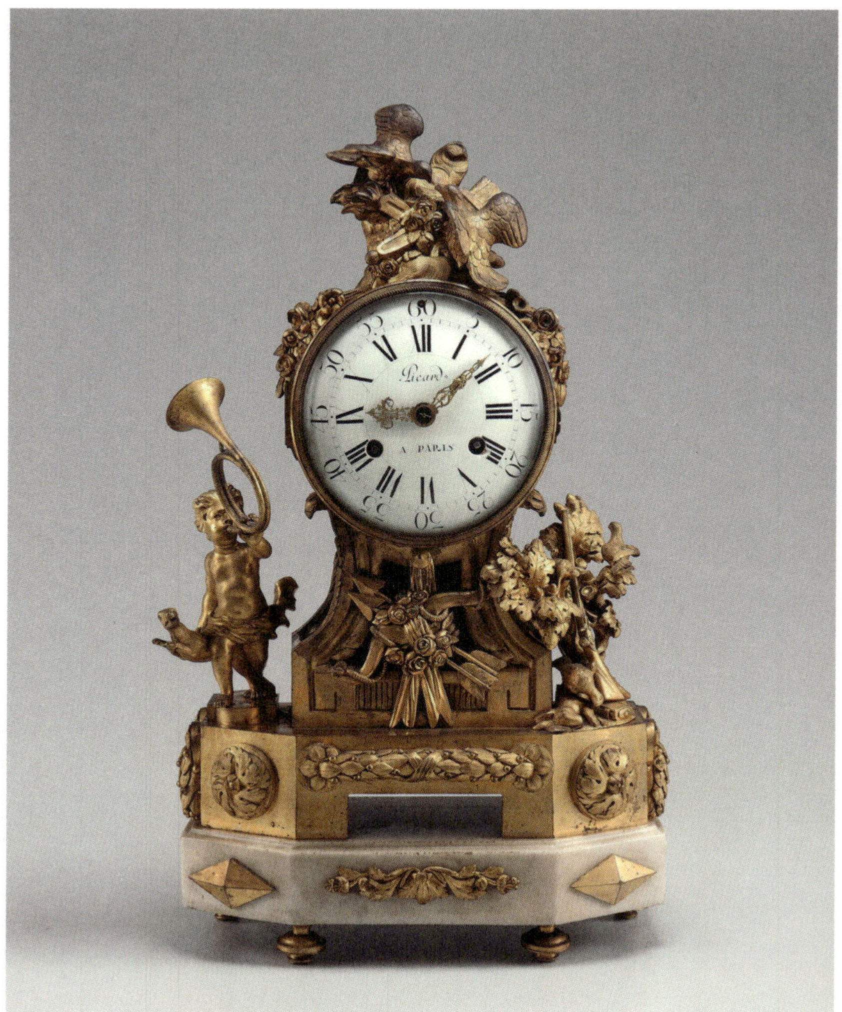
Picard
A PARIS

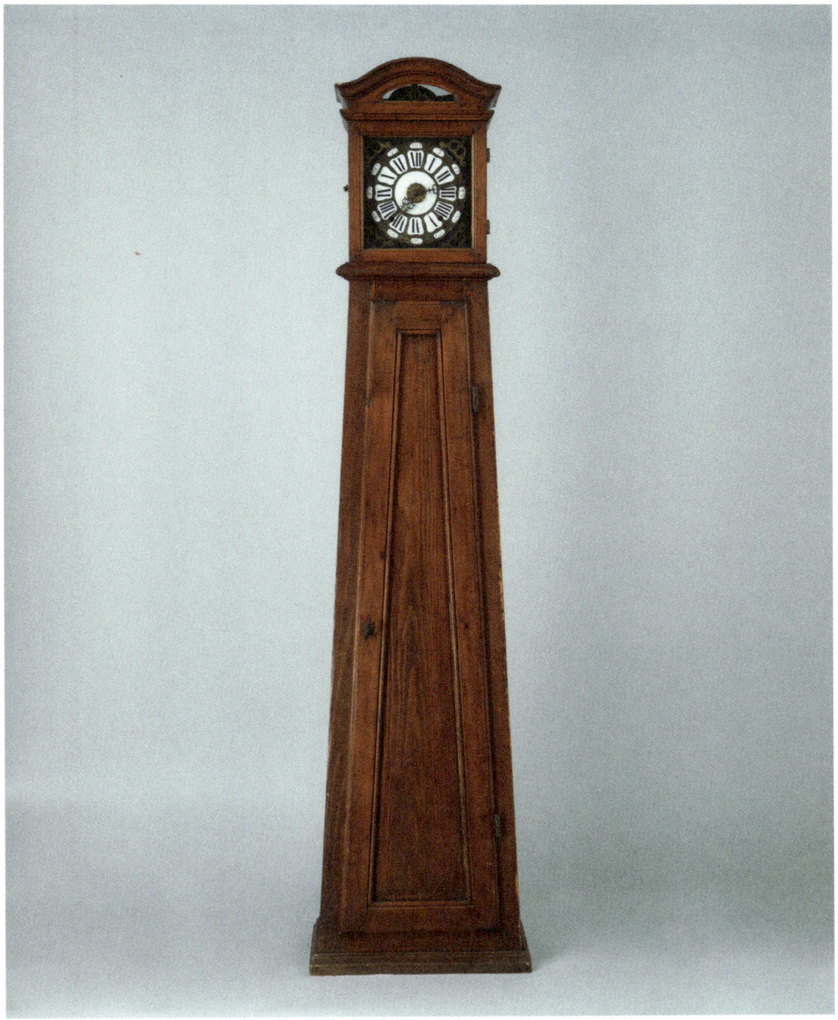

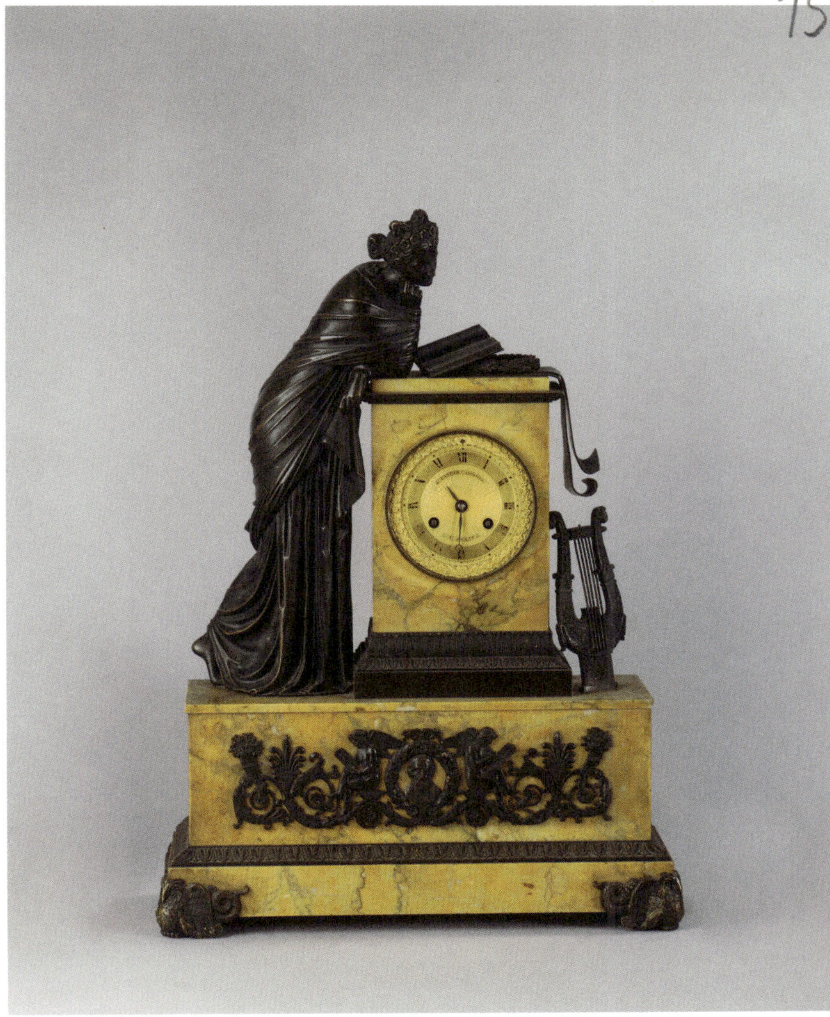

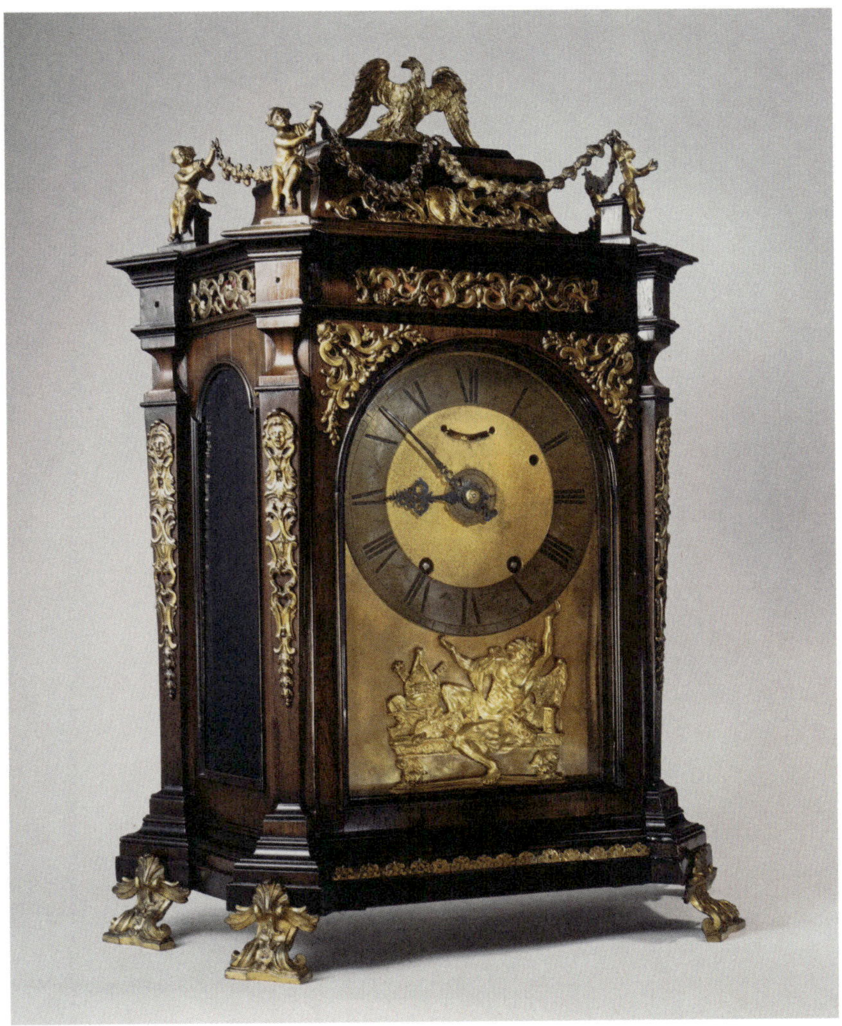

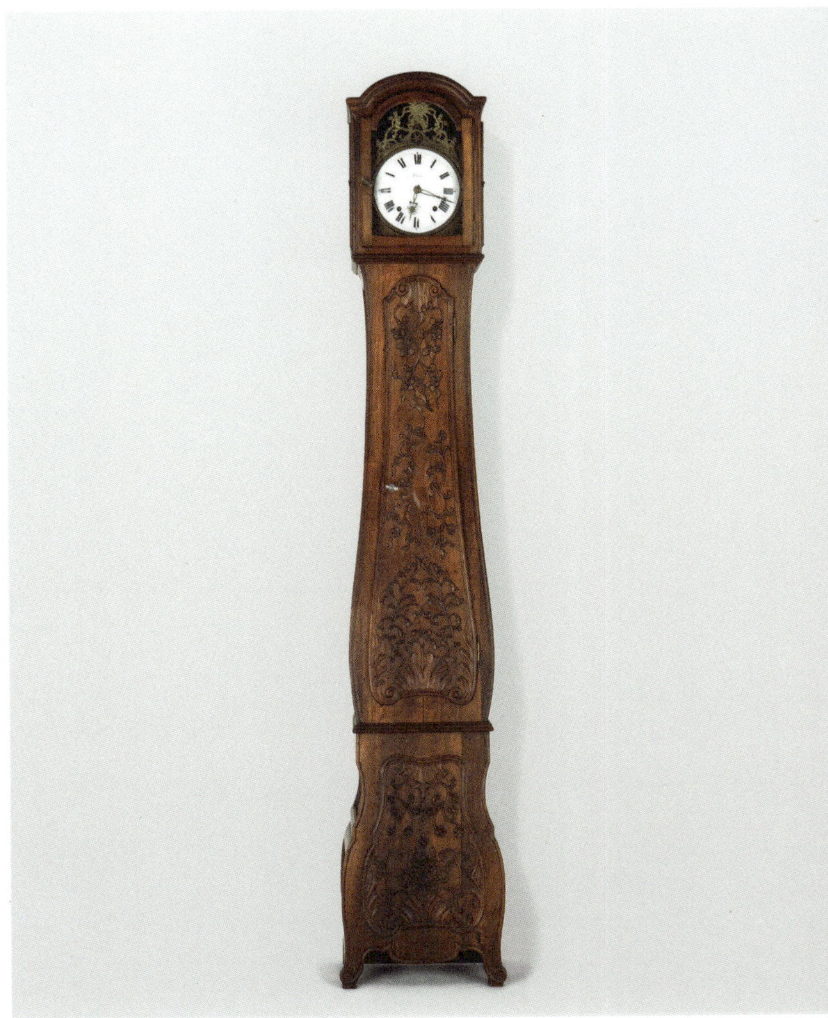

154

87 X N 1857

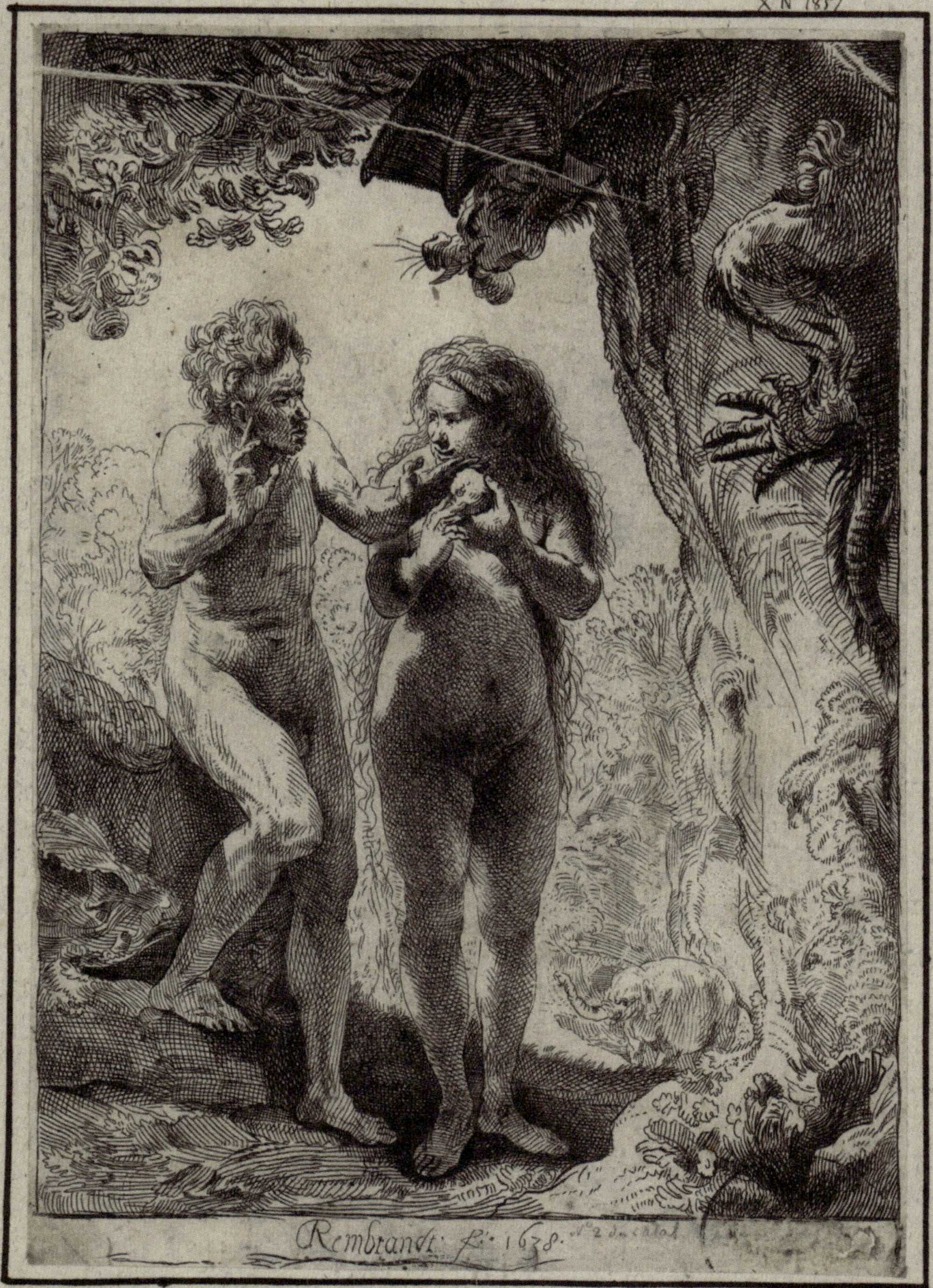

Rembrandt. inv Basan sc

Adam et Ève.

Blanc I

rembrandt van rijn adam et ève bf. 1797

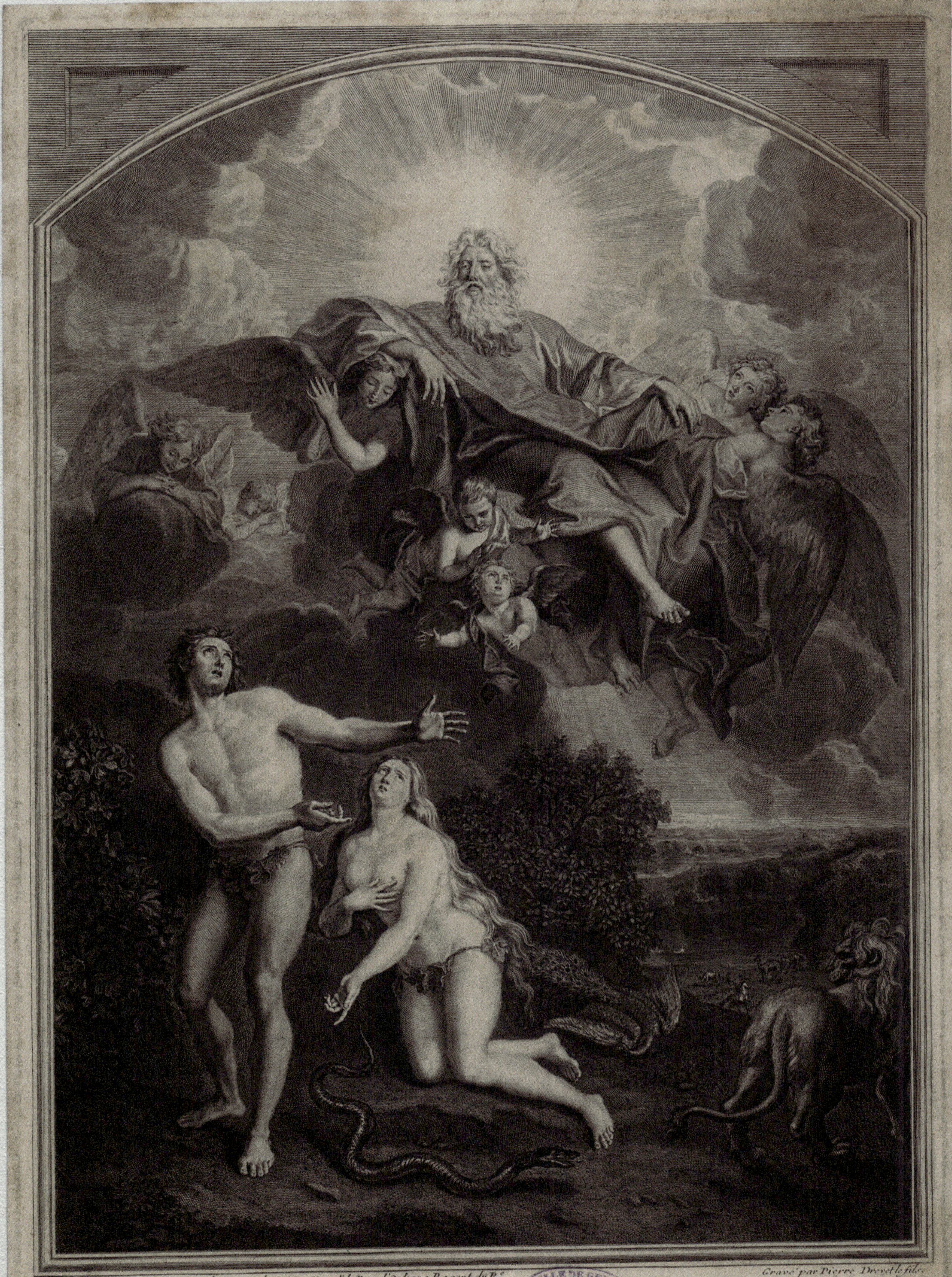

Peint par Mr. Coypel Ecr. 1er Peintre du Roy, et de S.A.R. Mongr. le Duc d'Orleans Regent du Re.

Gravé par Pierre Drevet le fils.

antoine coypel adam et ève chassés du paradis 1725-1739

156

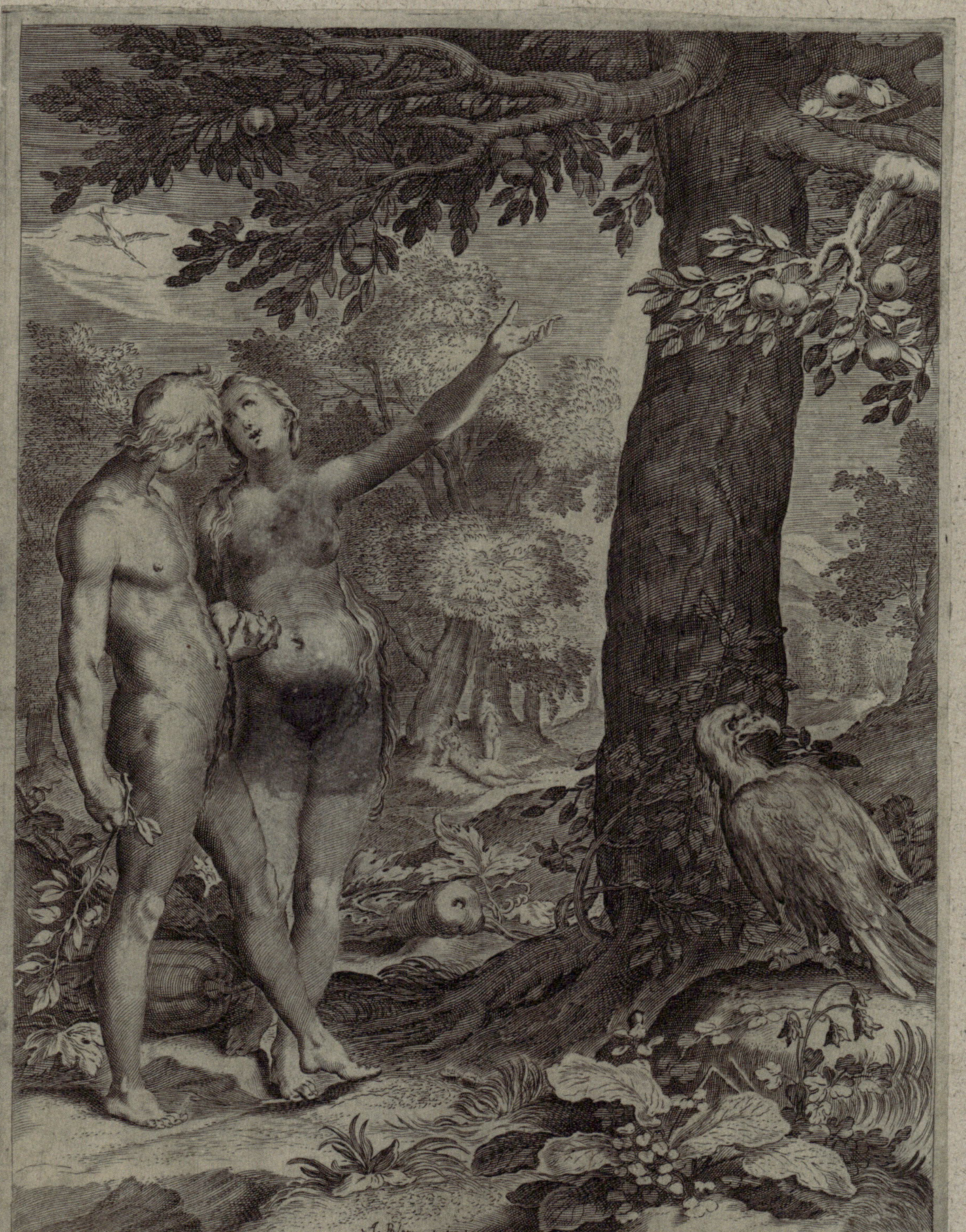

Iusserat auricomo nemus omne grauescere foetu
Rerum opifex, hominem siluas habitare beatas,

Et colere, et legem ruris seruare fruendi
Posse datum; rapta est per deuia prona voluntas.

Schreu.

Sadler sc.

M. Sadler excud.

E. ou G. Sadeler sc

32

Adam et Eve

abraham bloemaert   adam et ève   1629

157

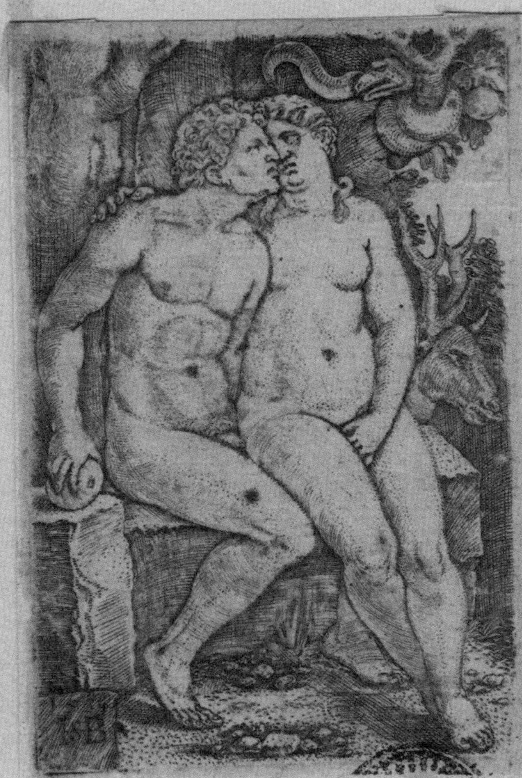

H.S. Beham f

Adam et Eve assis

E 2013 - 1082

VIII p 116

B. 5.

Hollstein III p 4 (Pauli 6)

sebald beham

adam et ève 1536

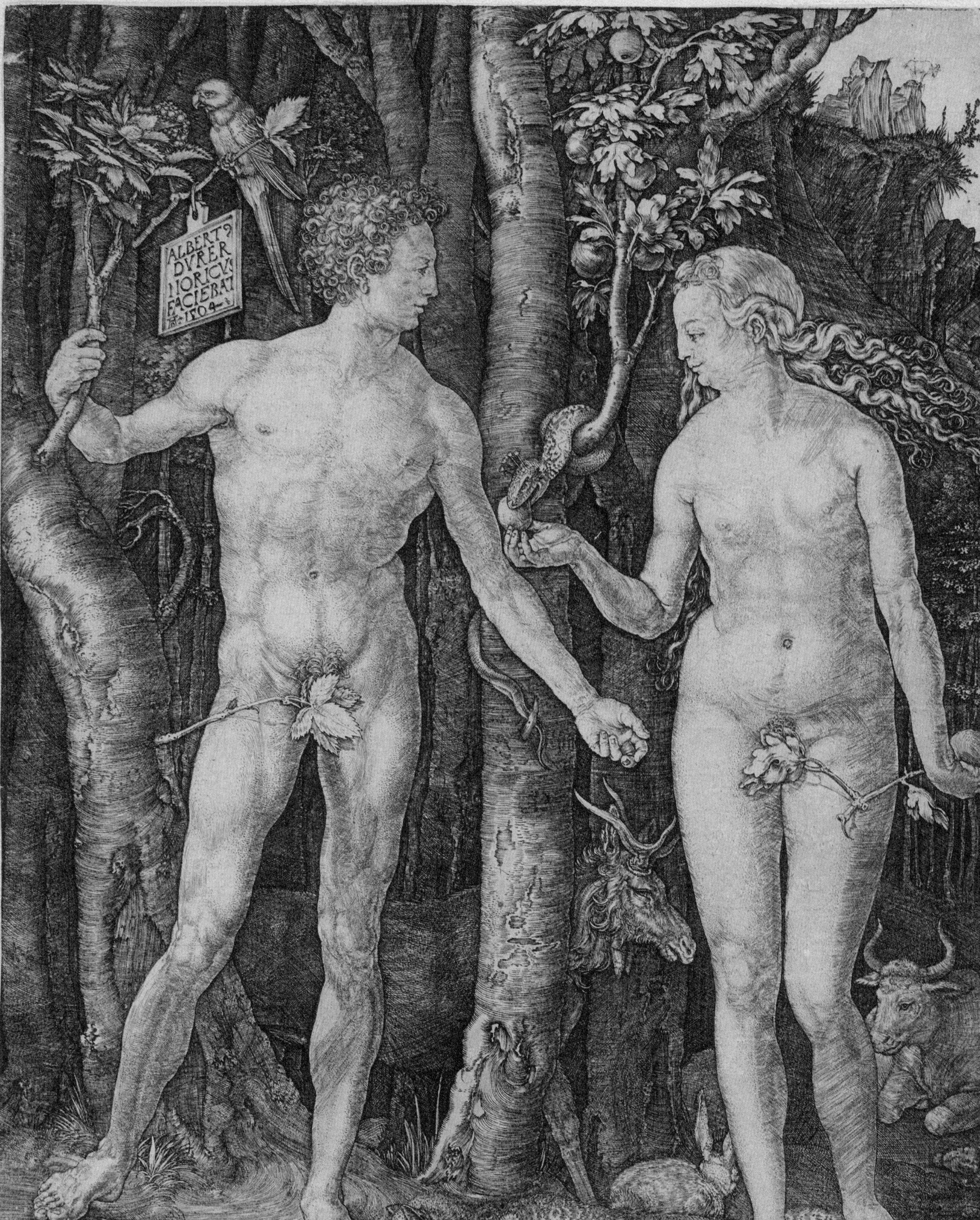

albrecht dürer

adam et eve 1504

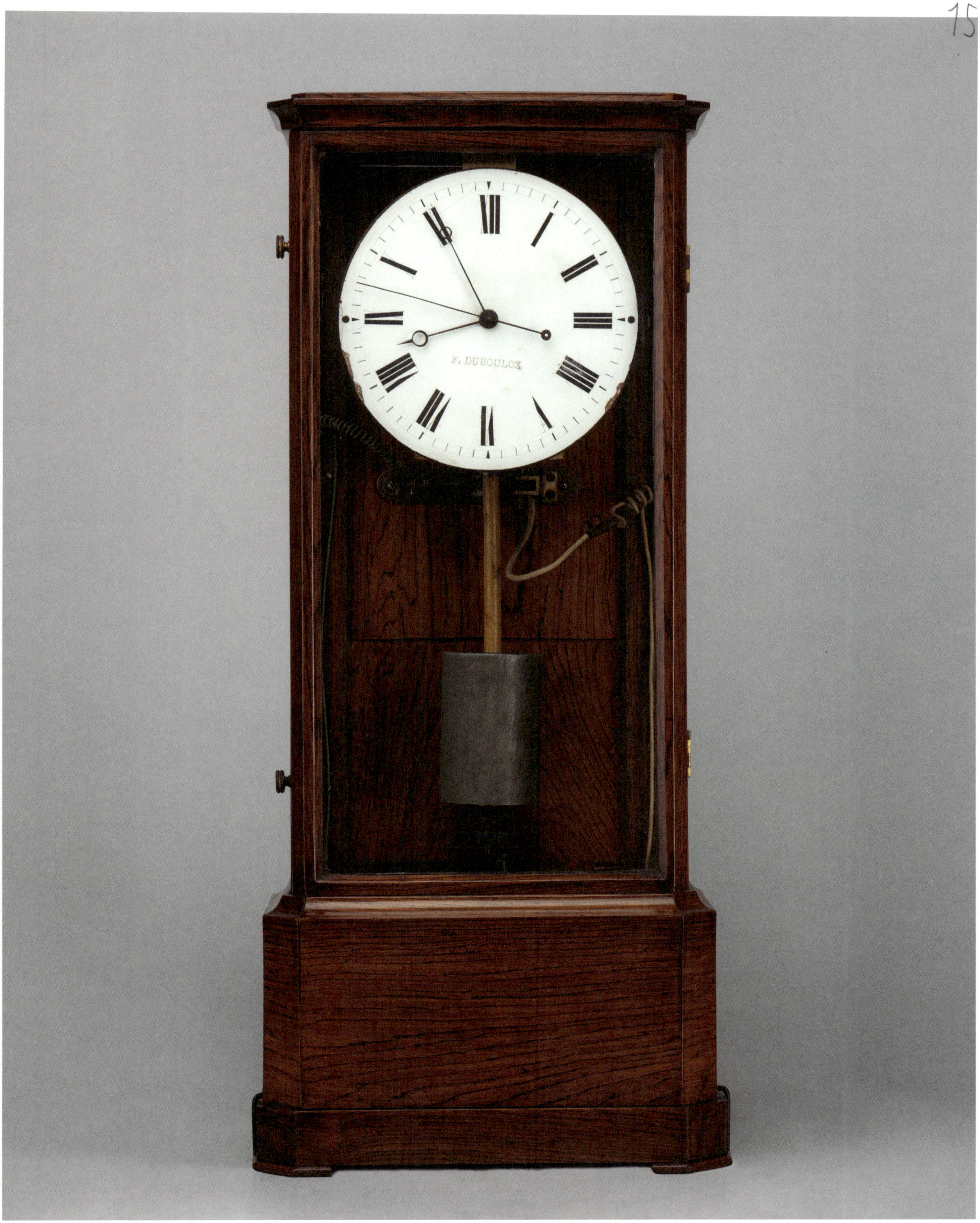

weighted clock c. 1700

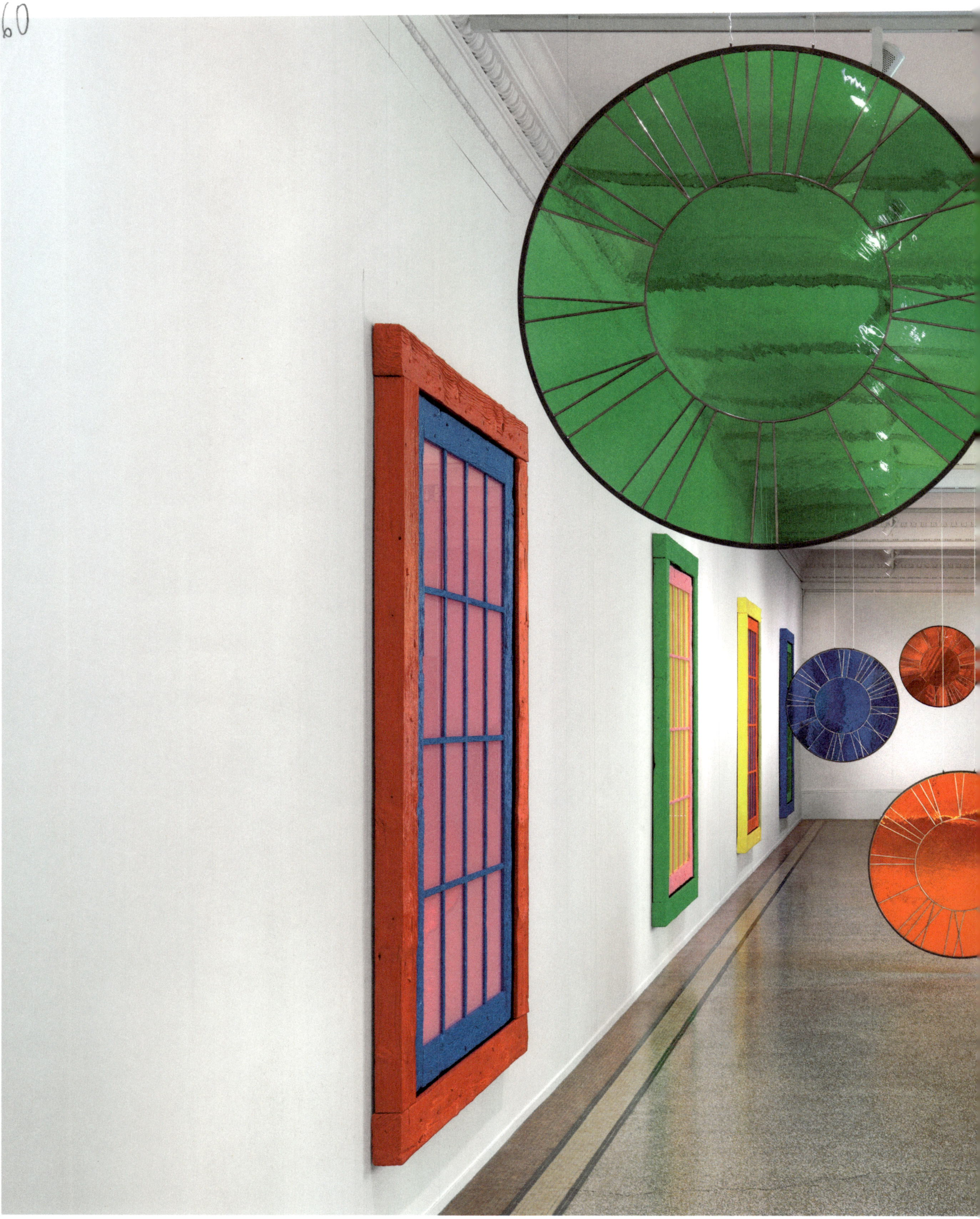

espace rythmique . la ronde du joure

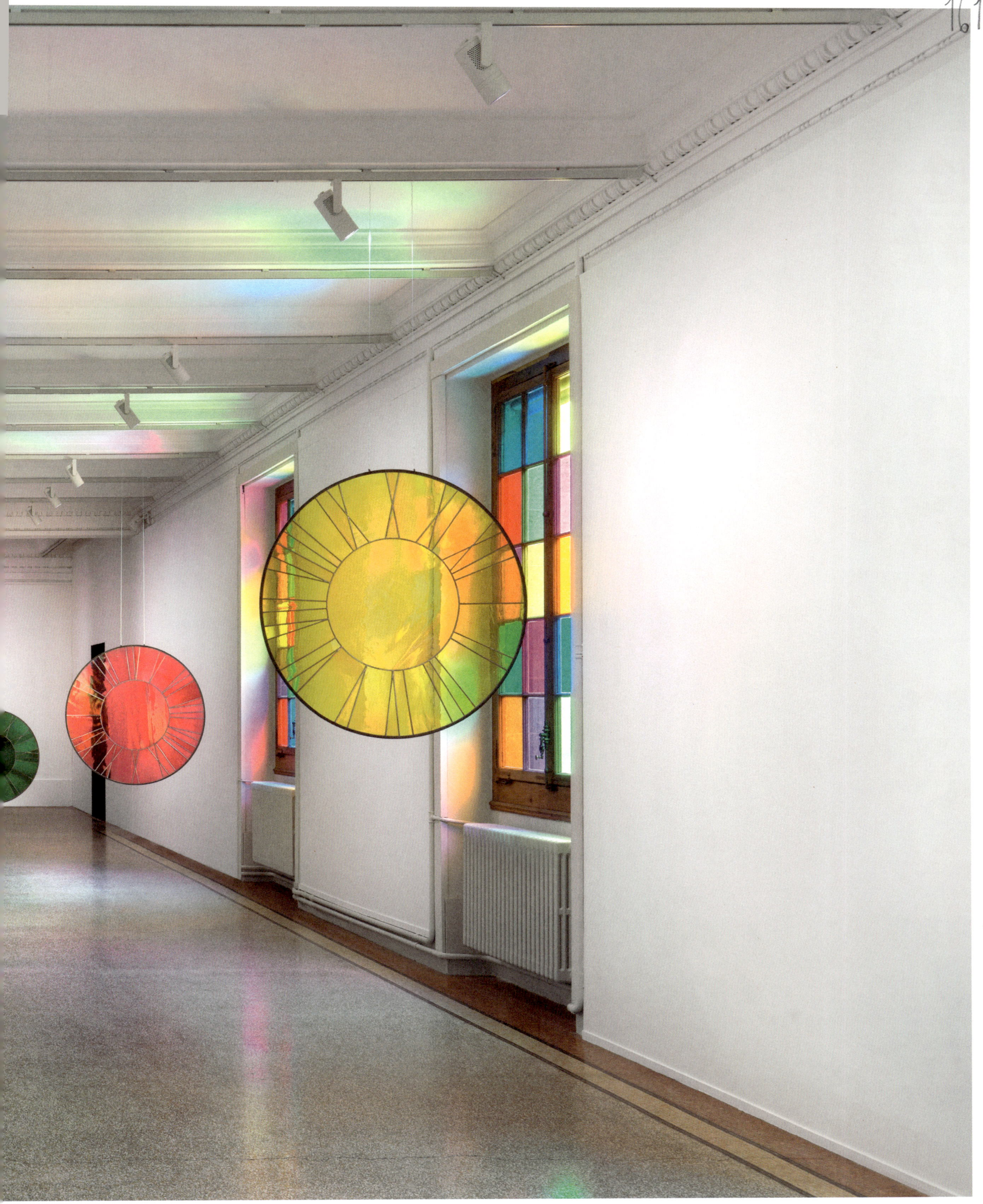

ugo rondinone

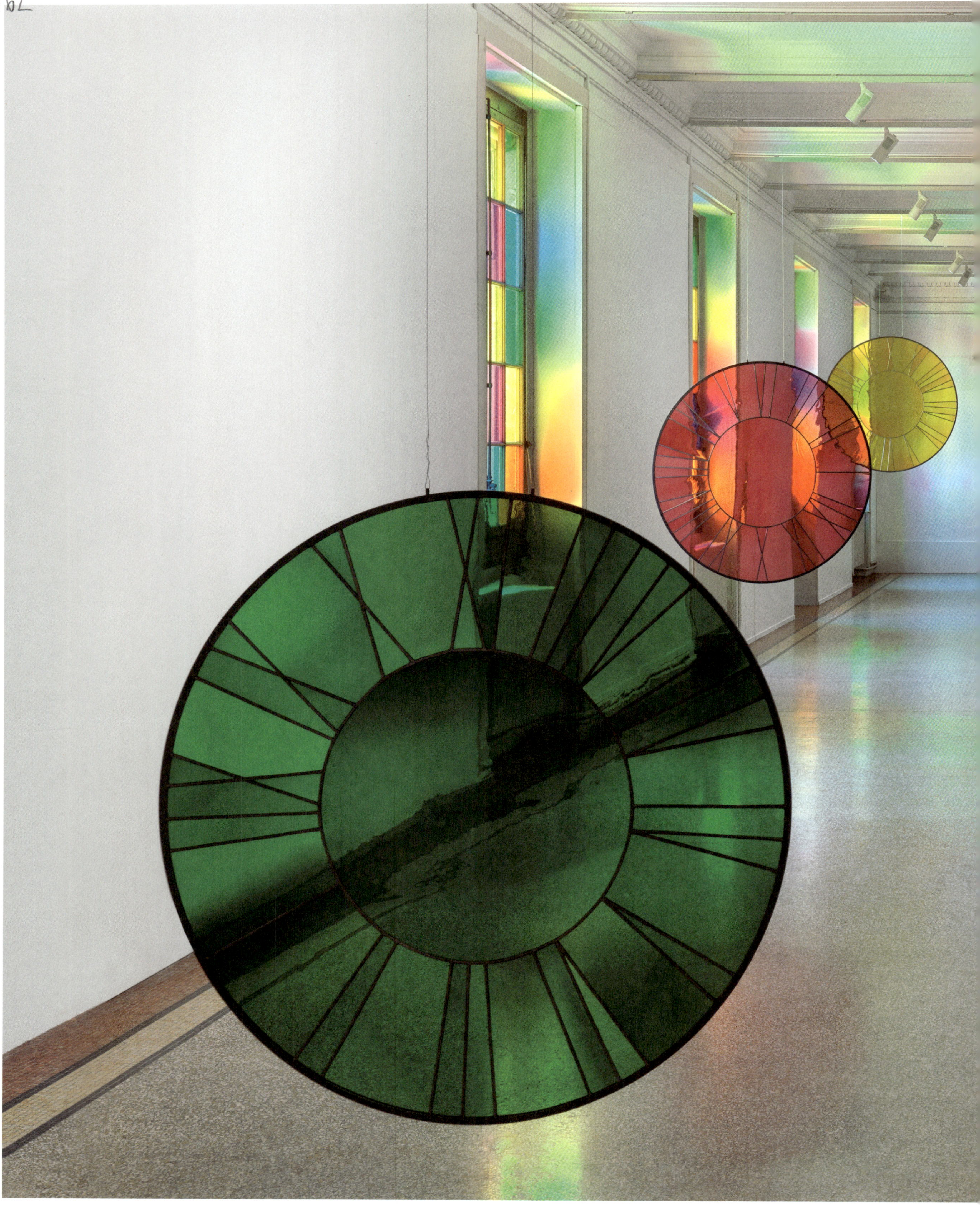

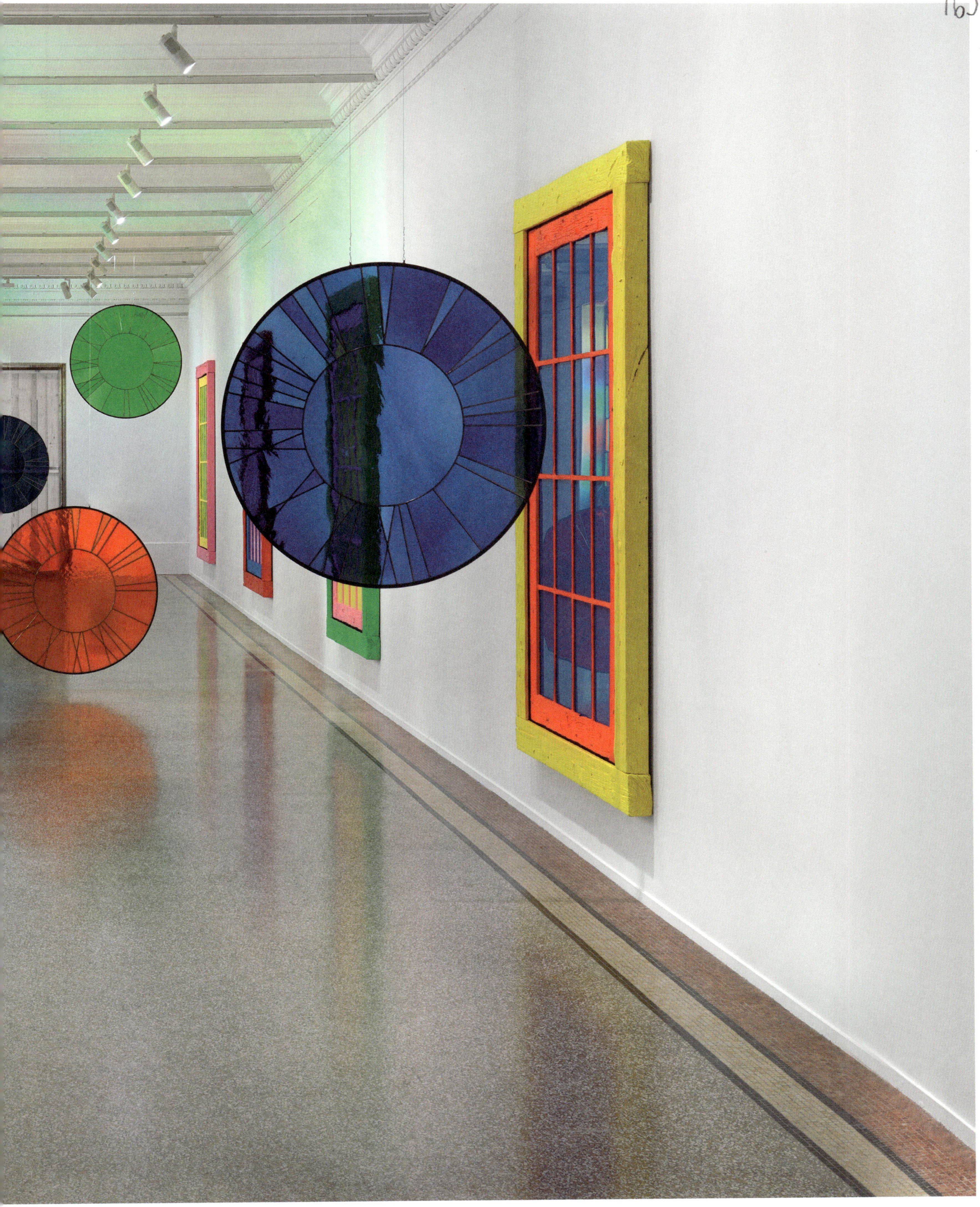

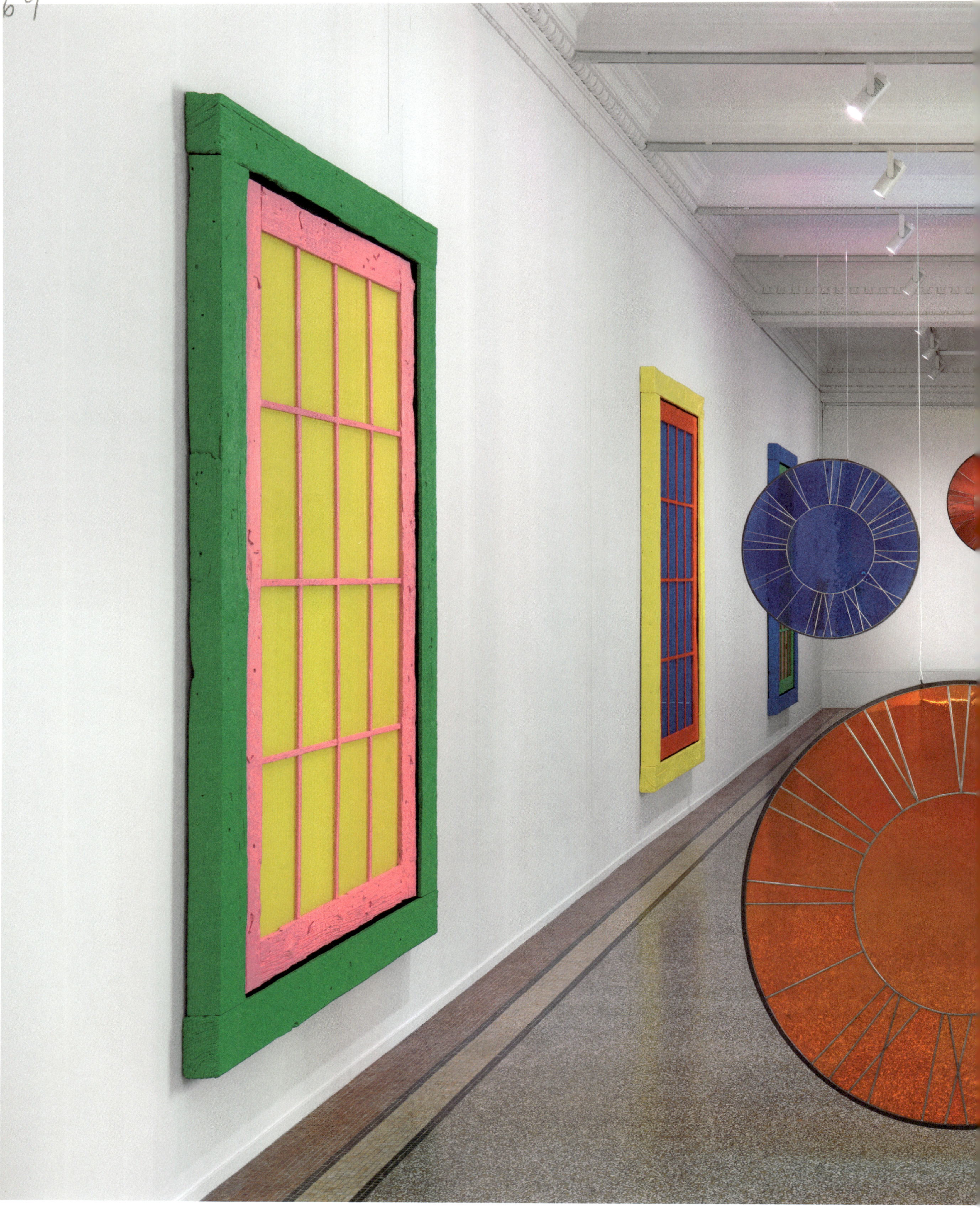

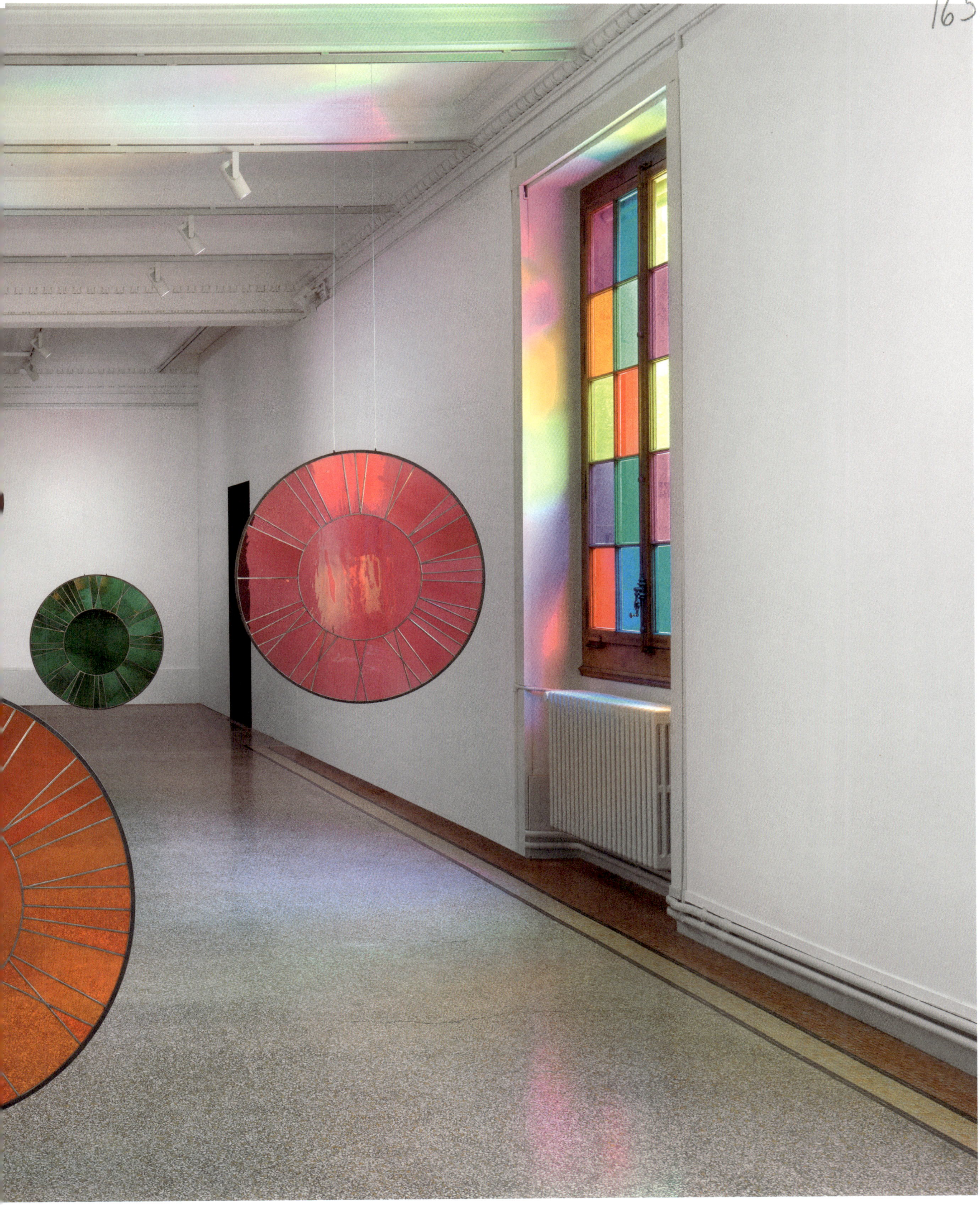

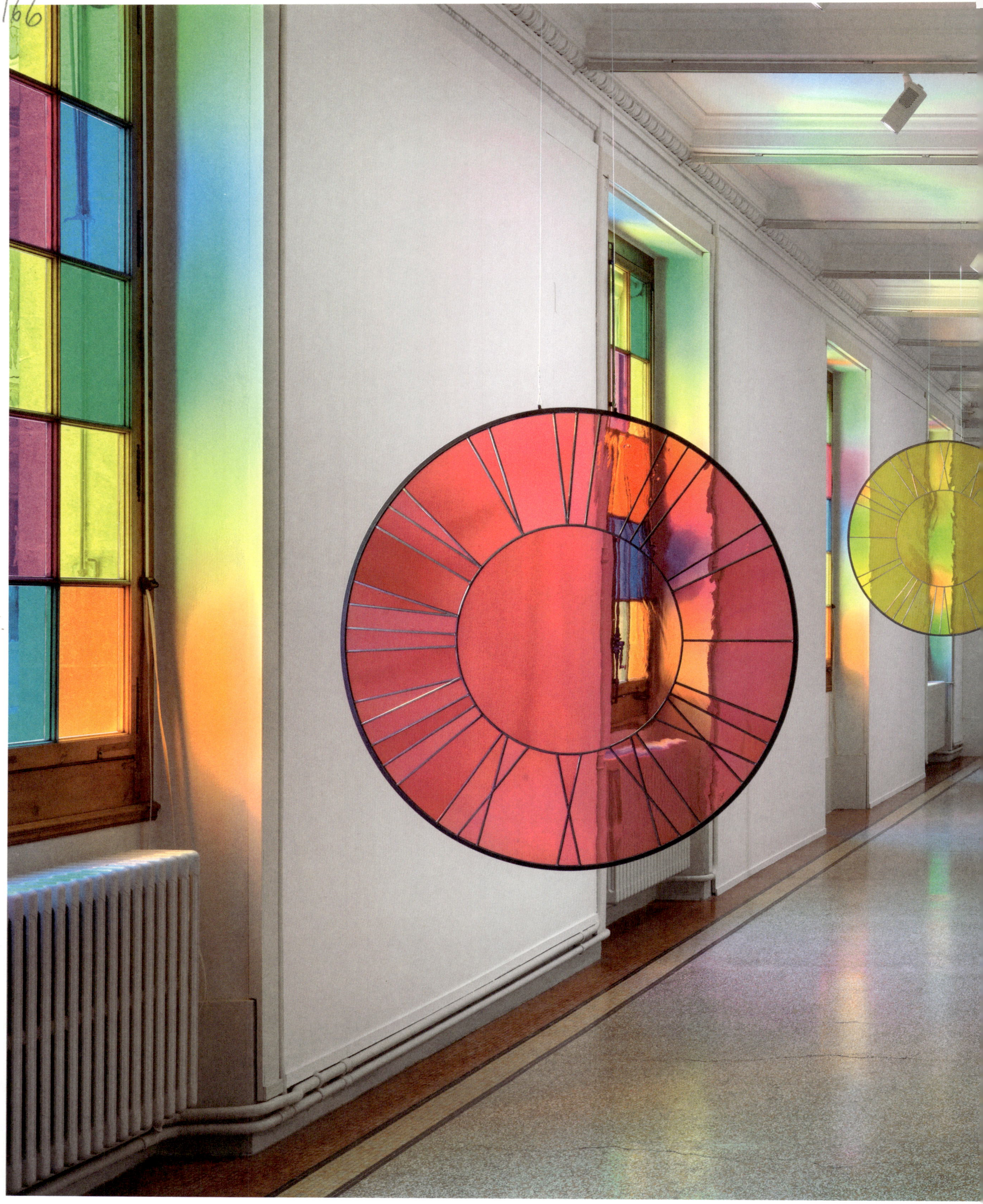

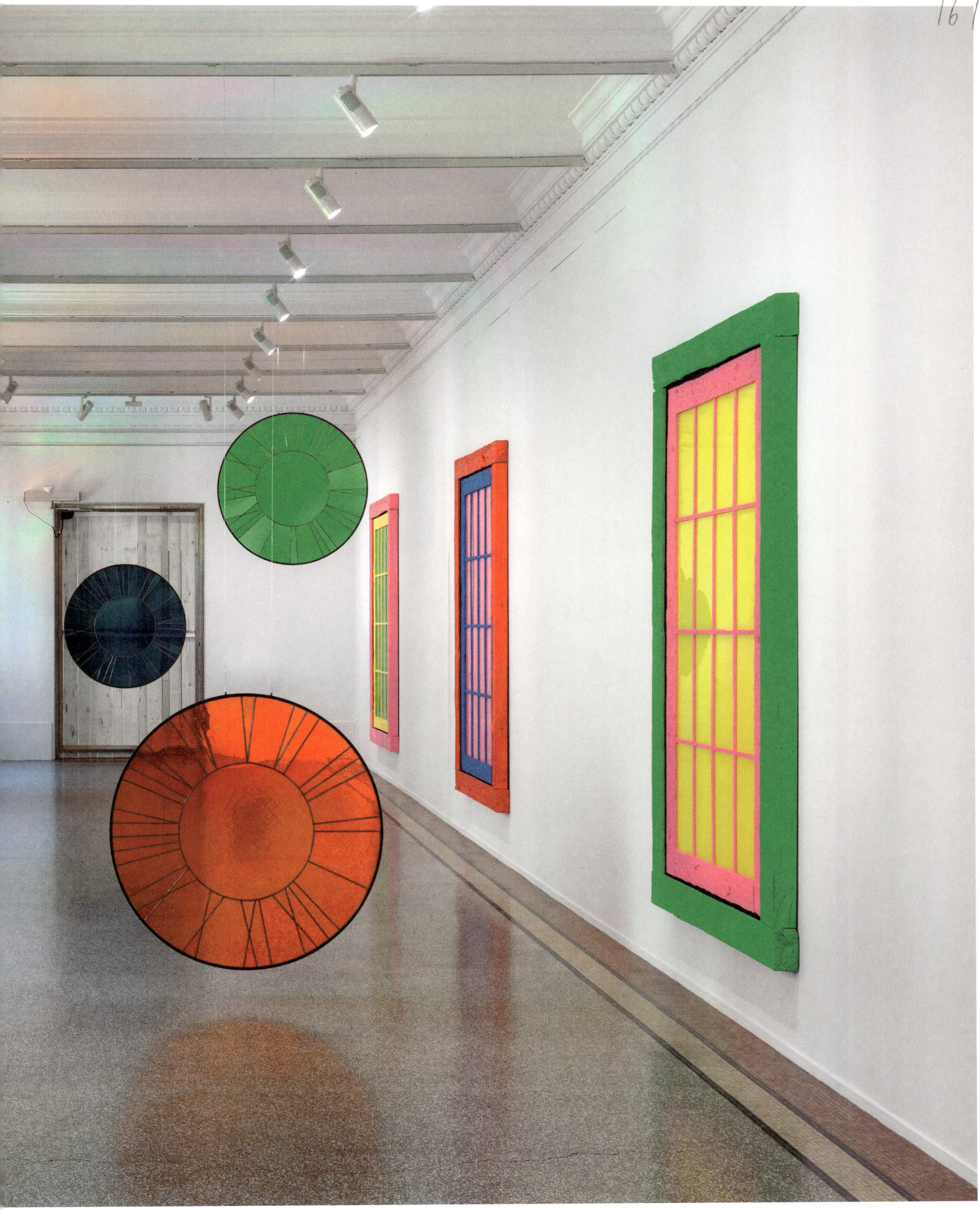

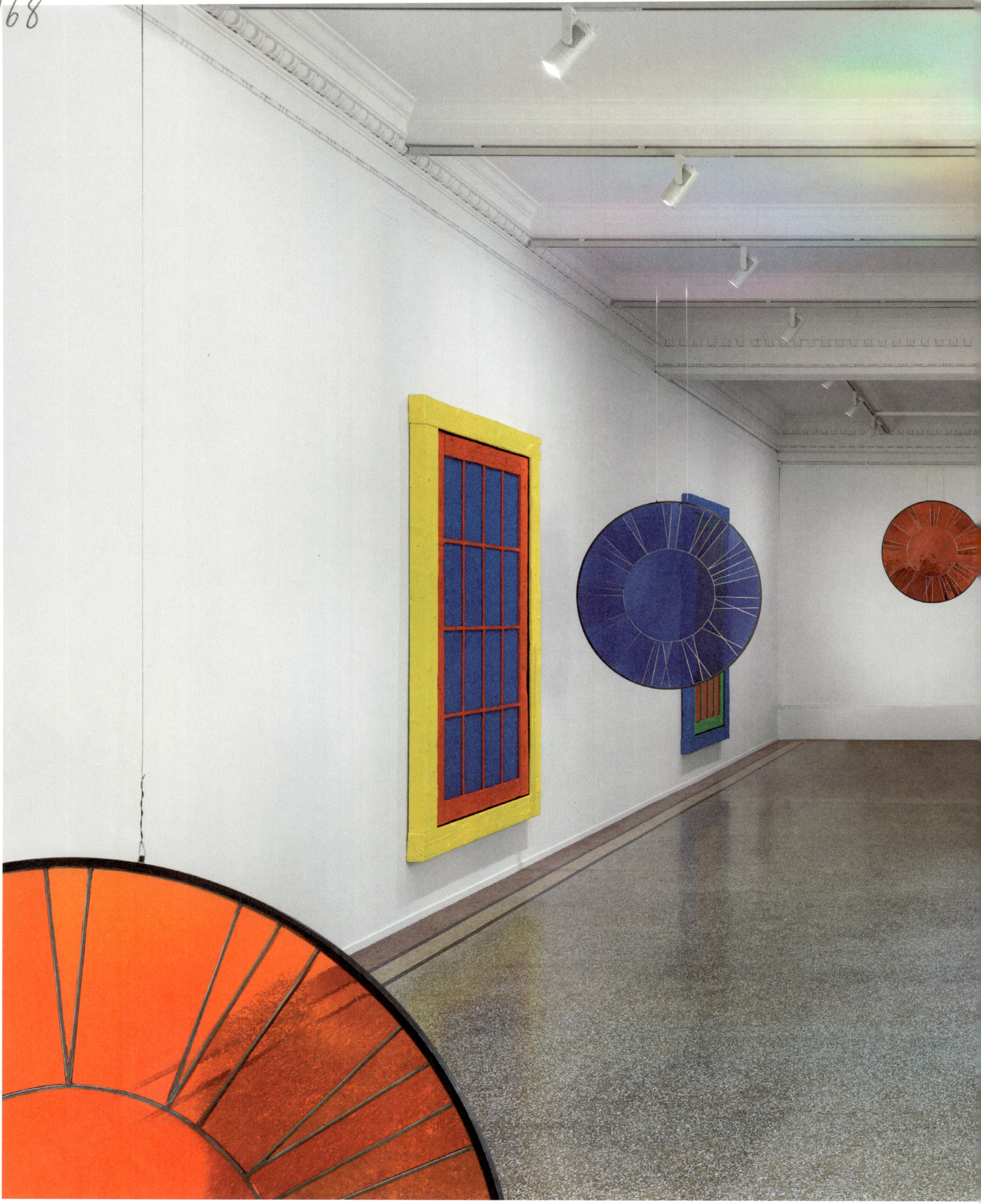

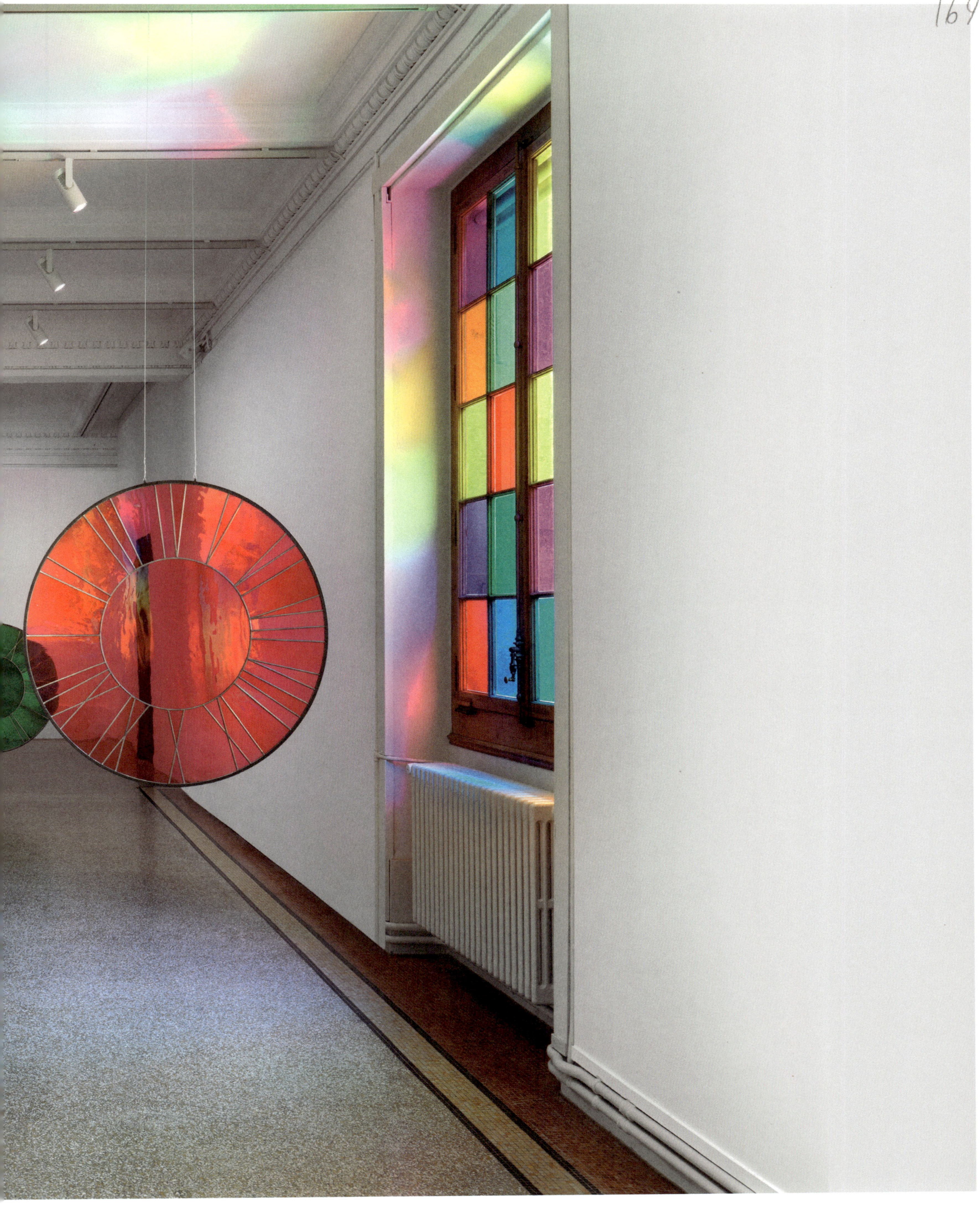

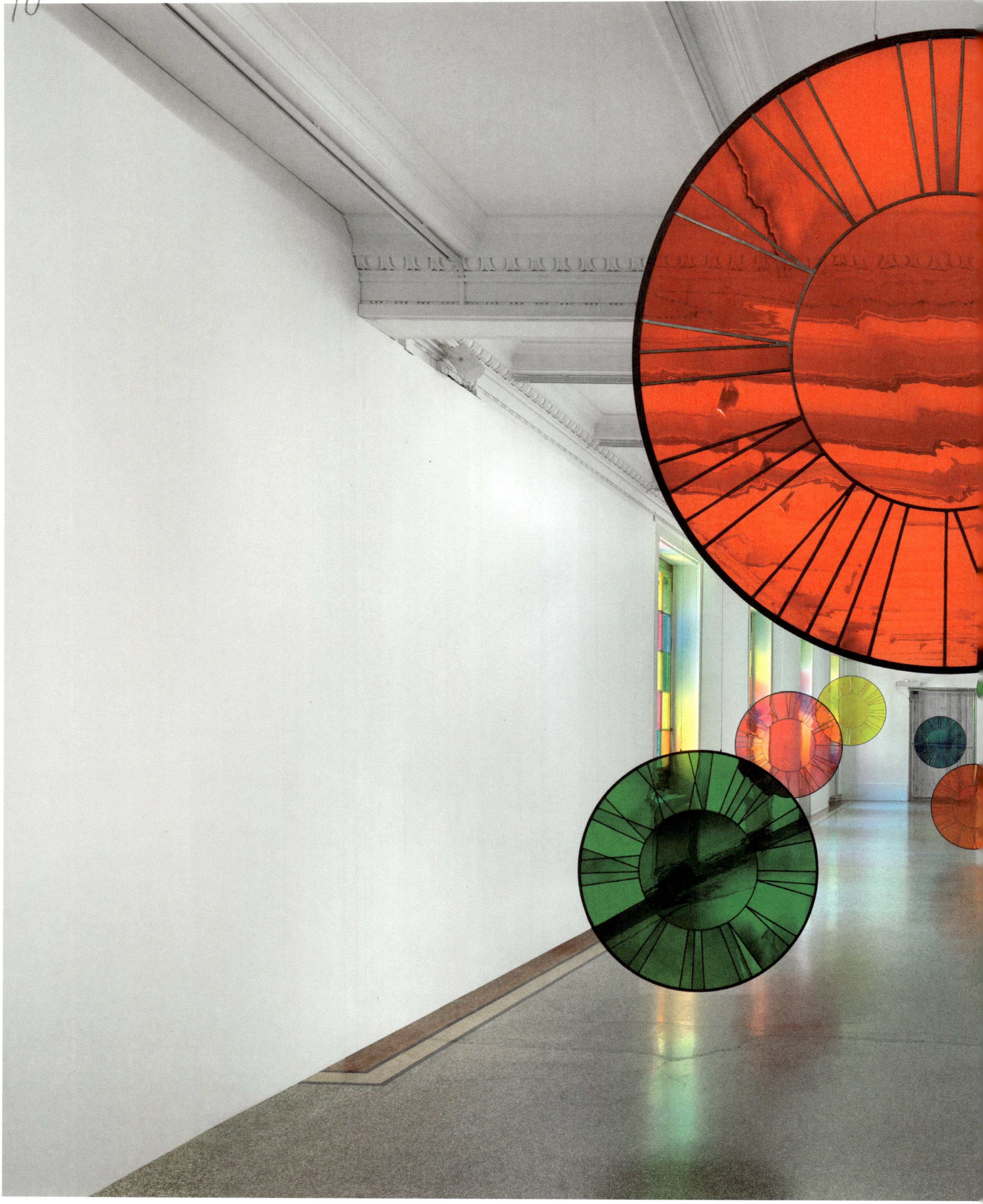

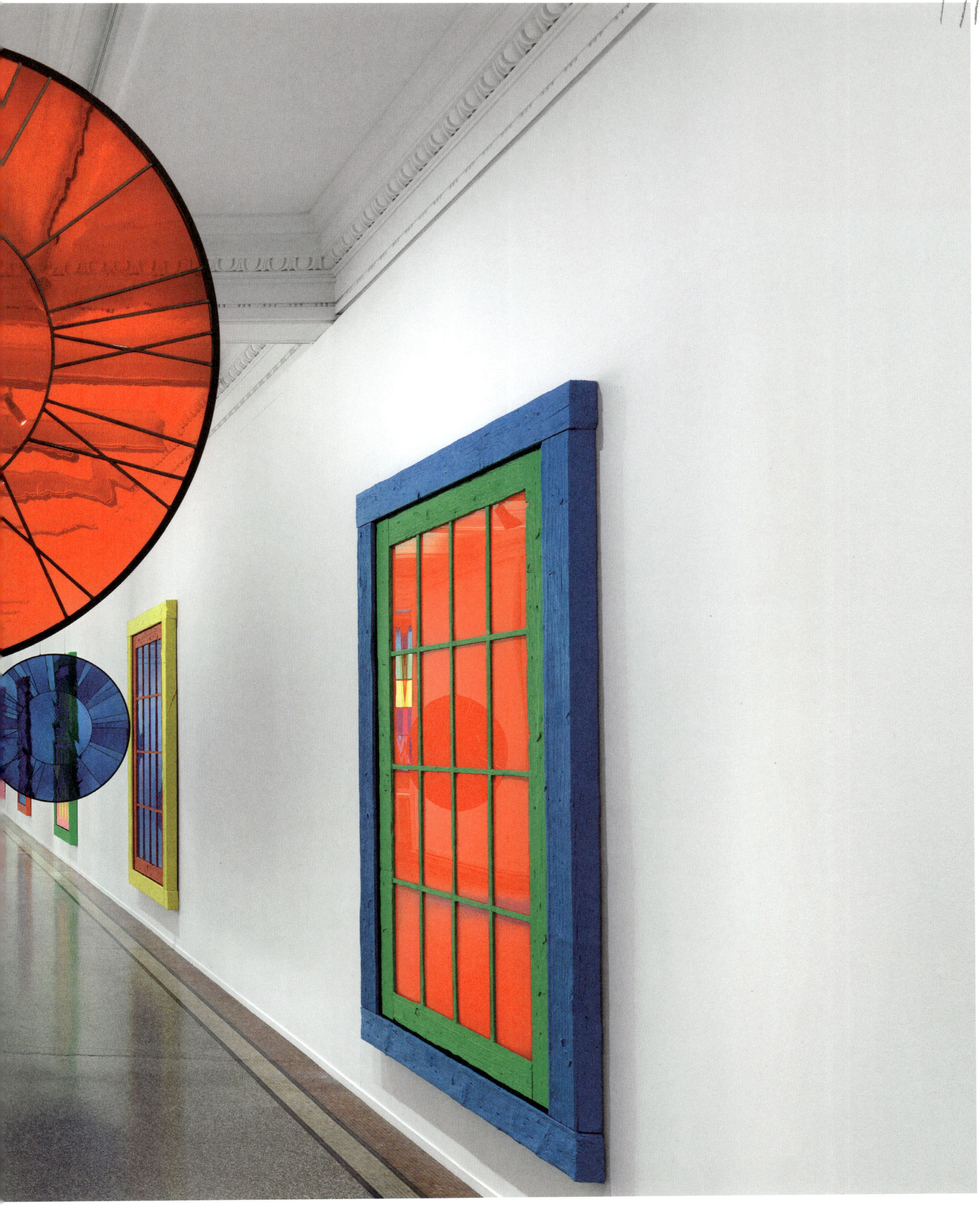

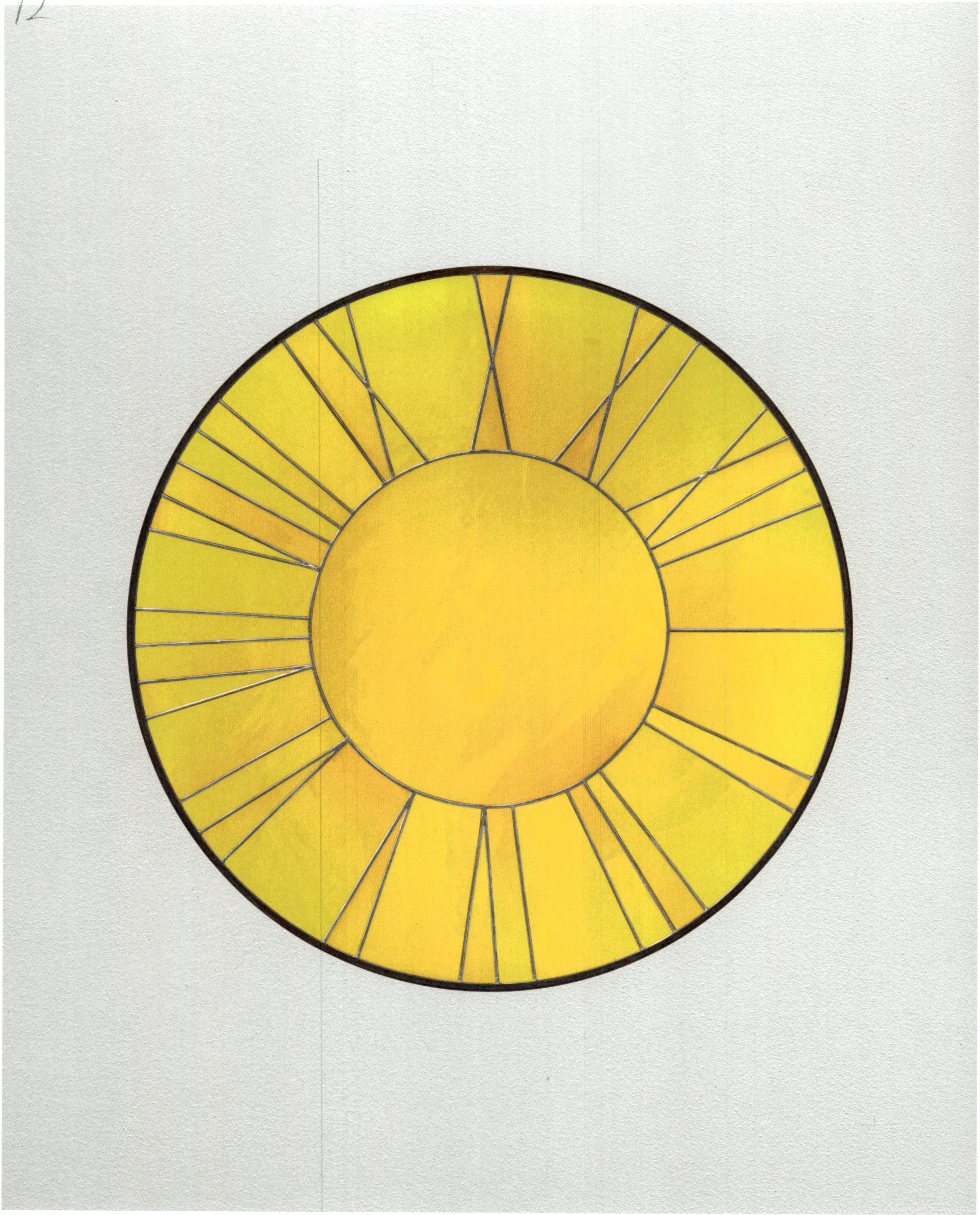

ugo rondinone yellow clock 2022

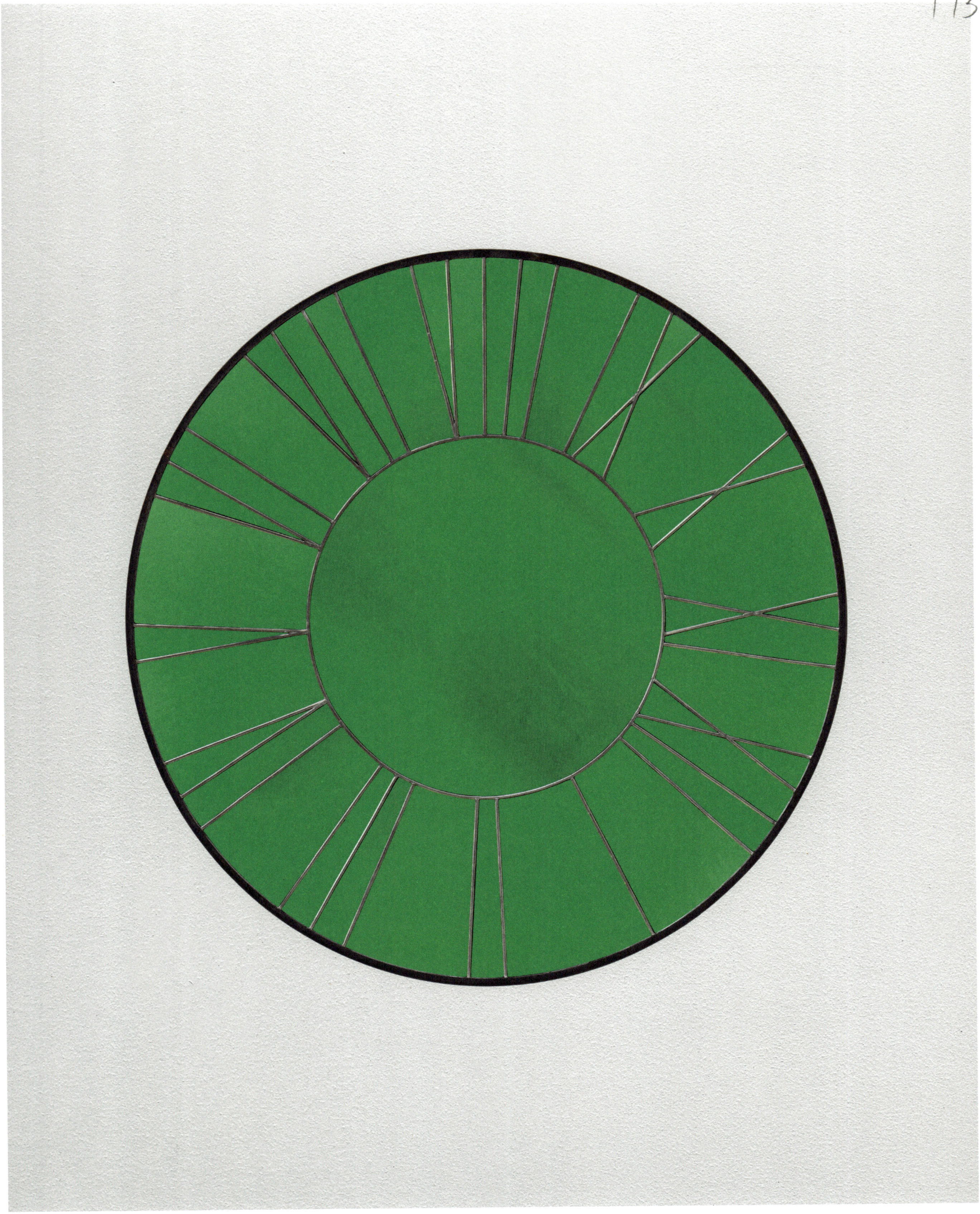

light green clock 2022

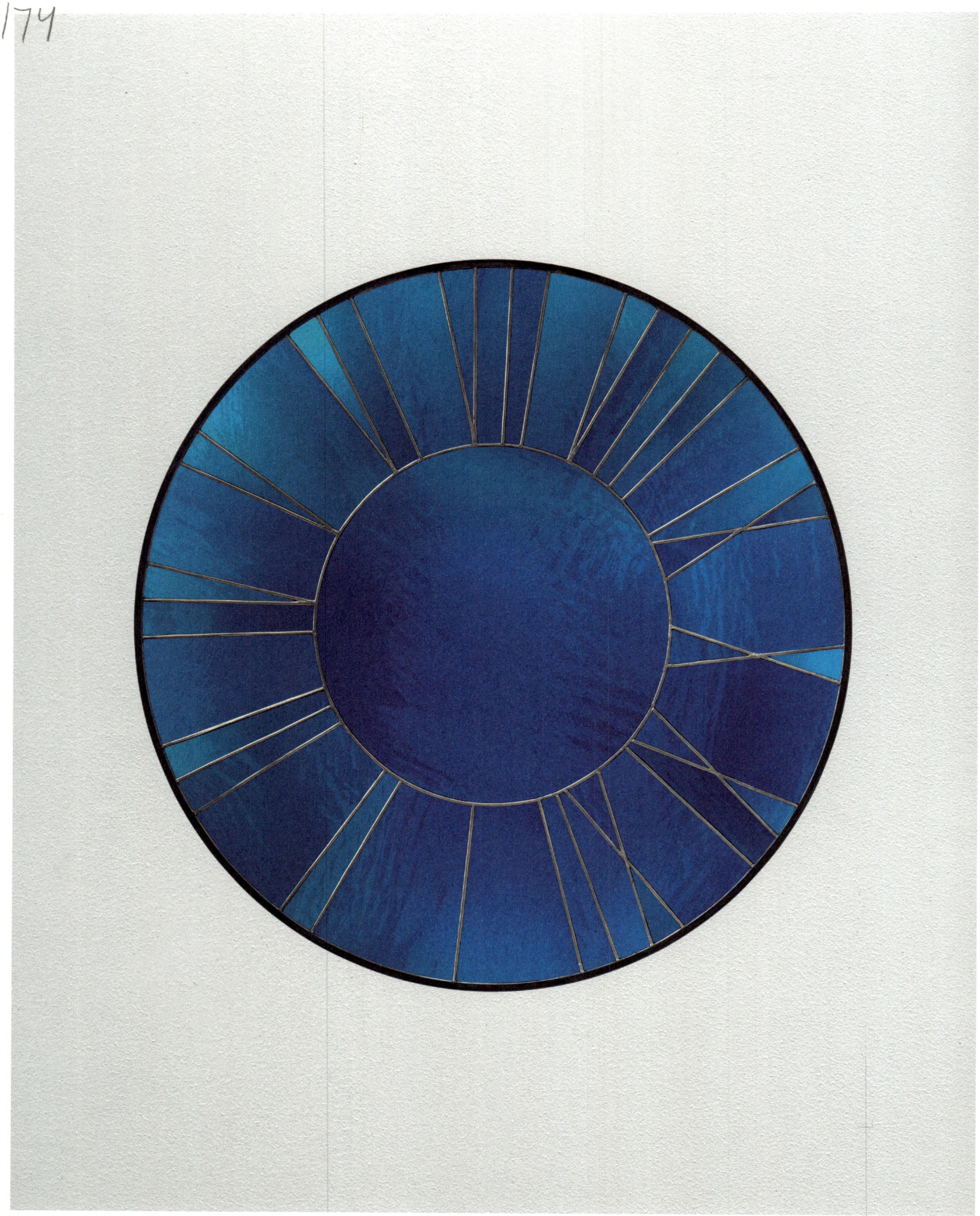

light blue clock 2022

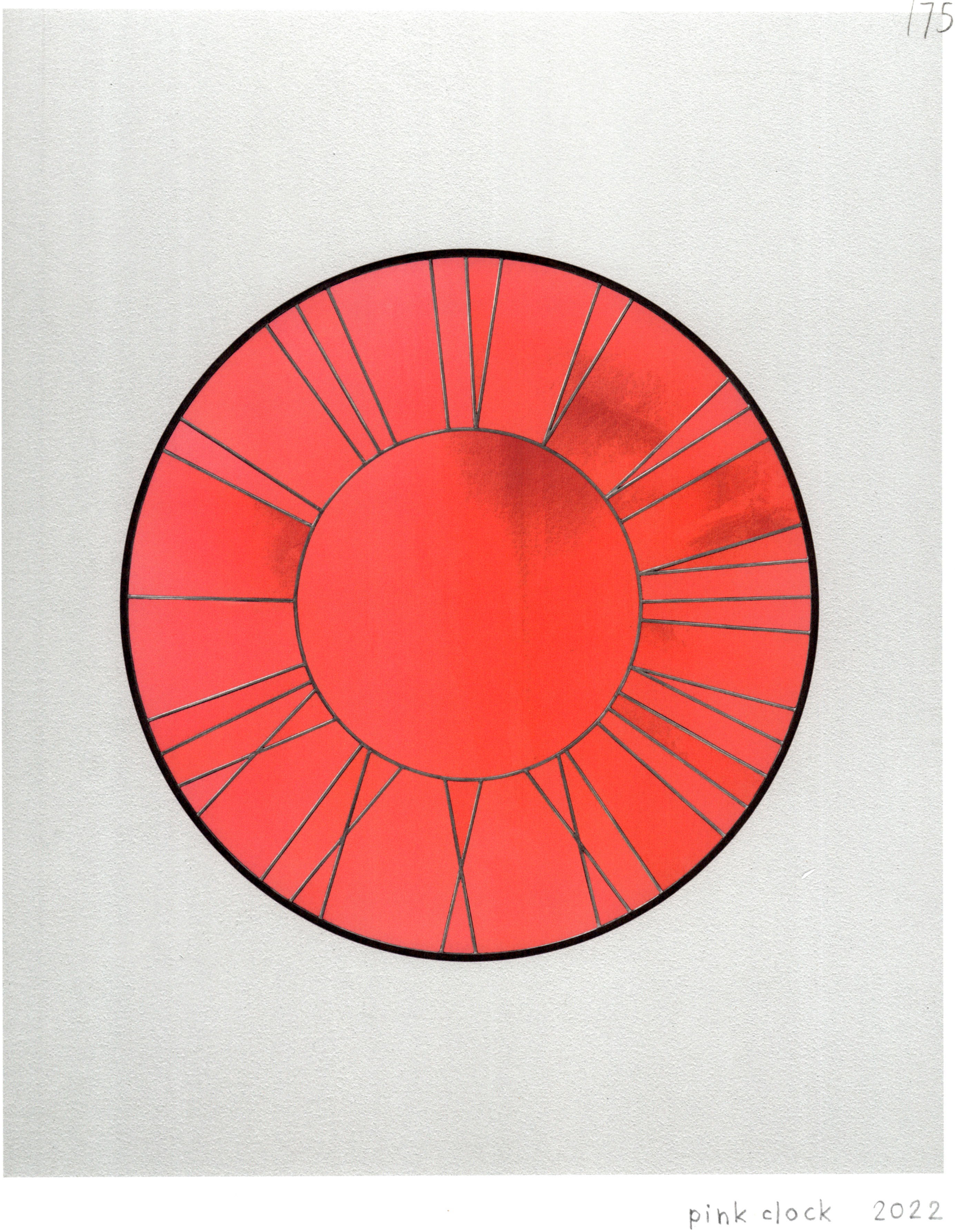

pink clock 2022

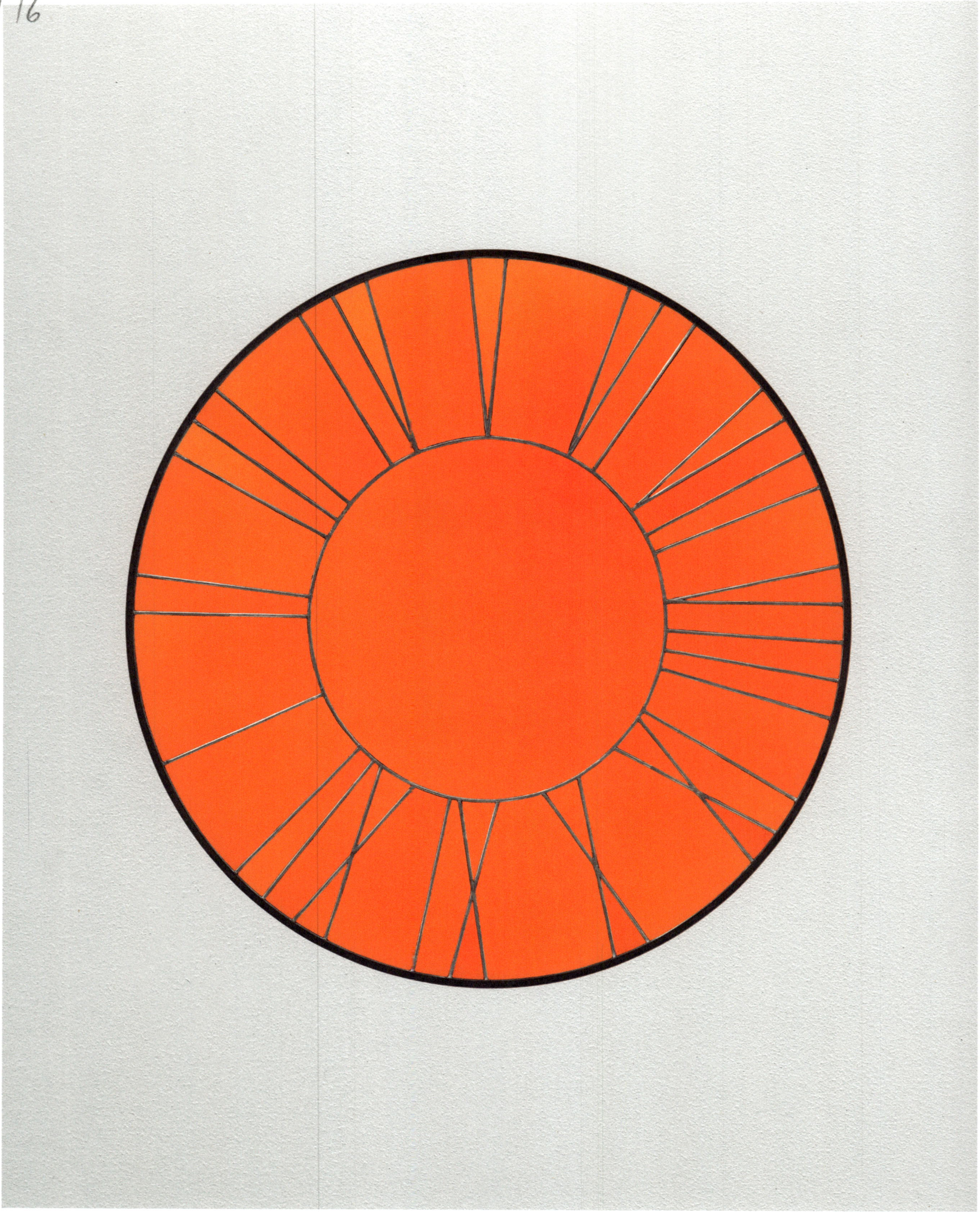

dark orange clock 2022

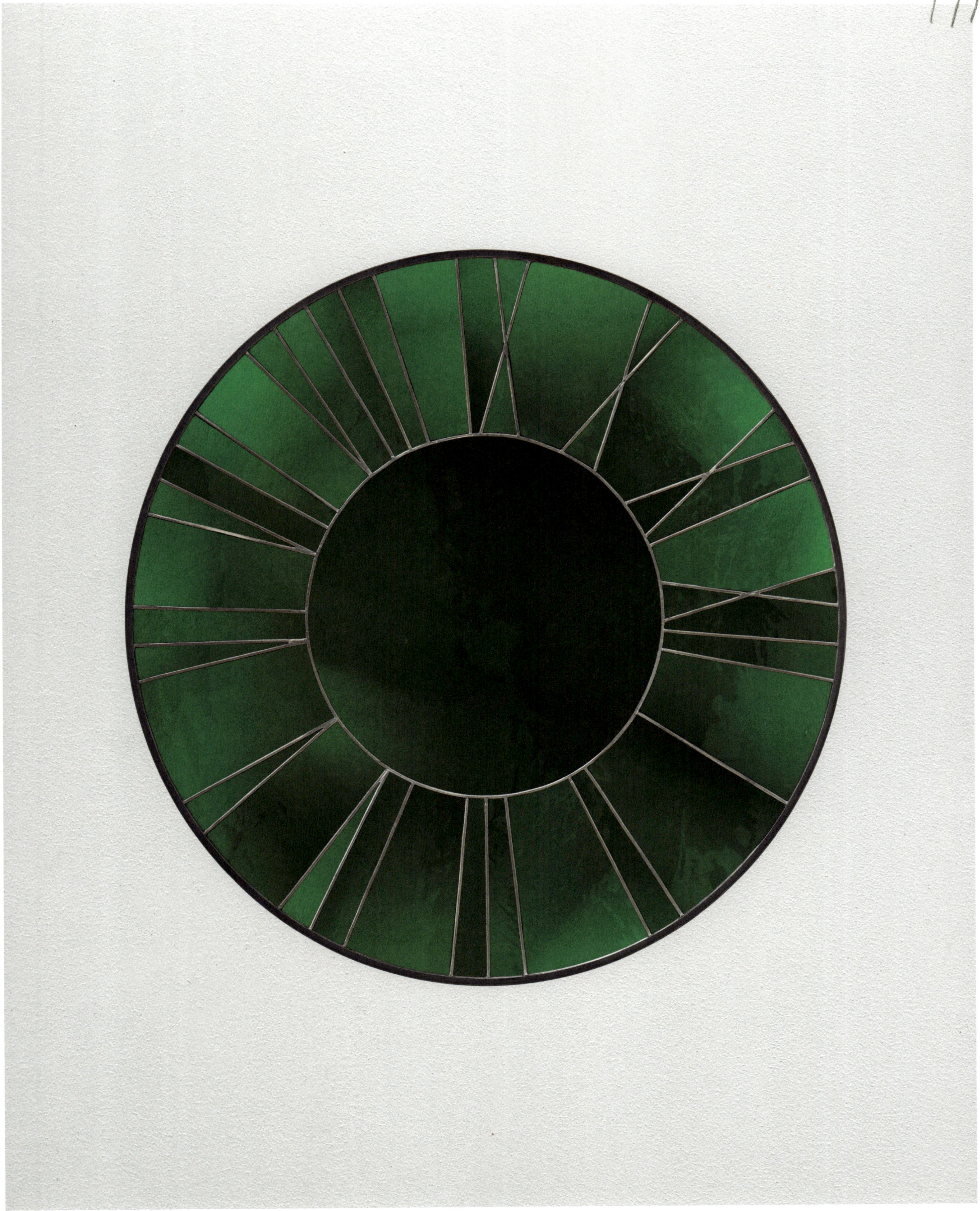

dark green clock 2022

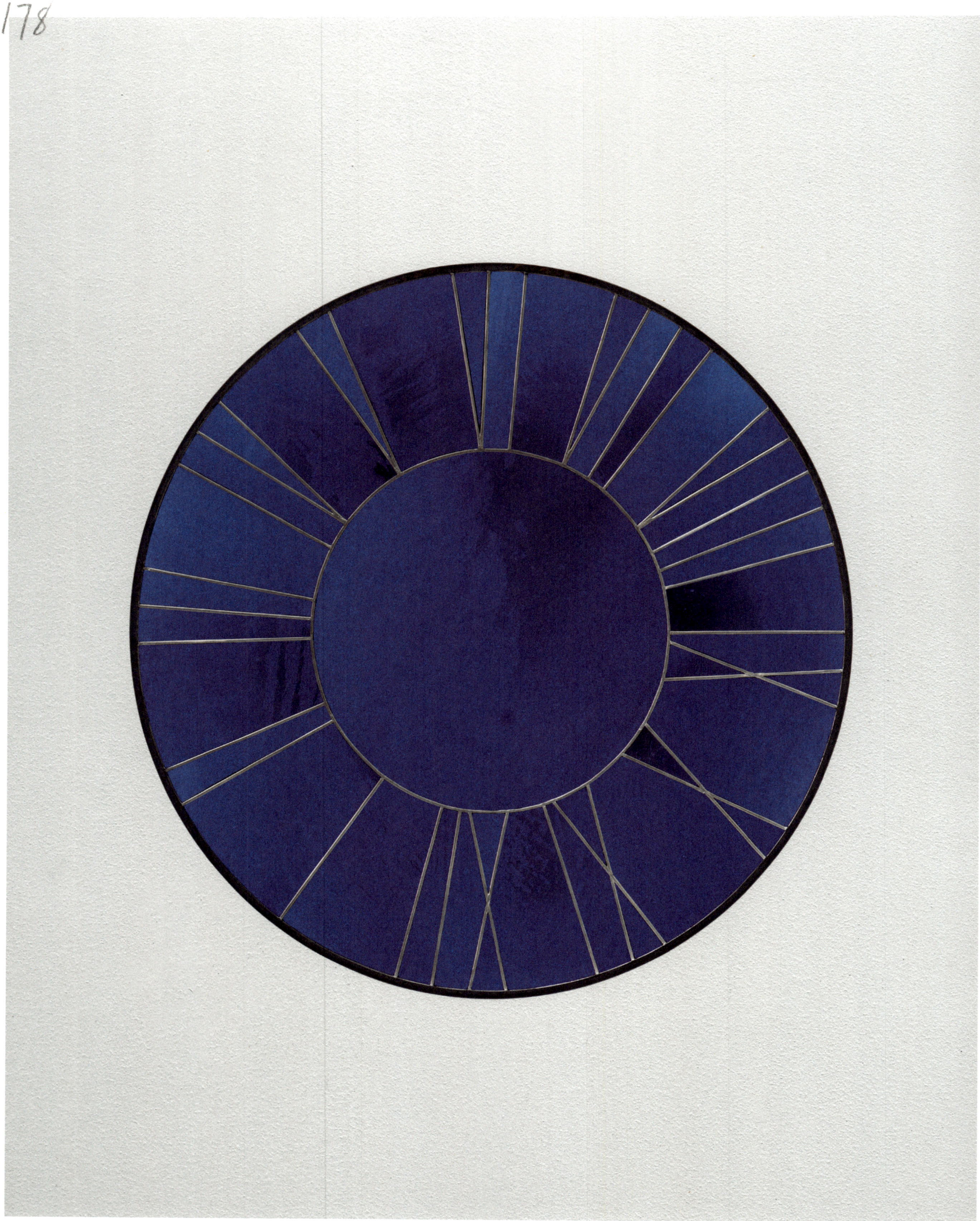

dark blue clock 2022

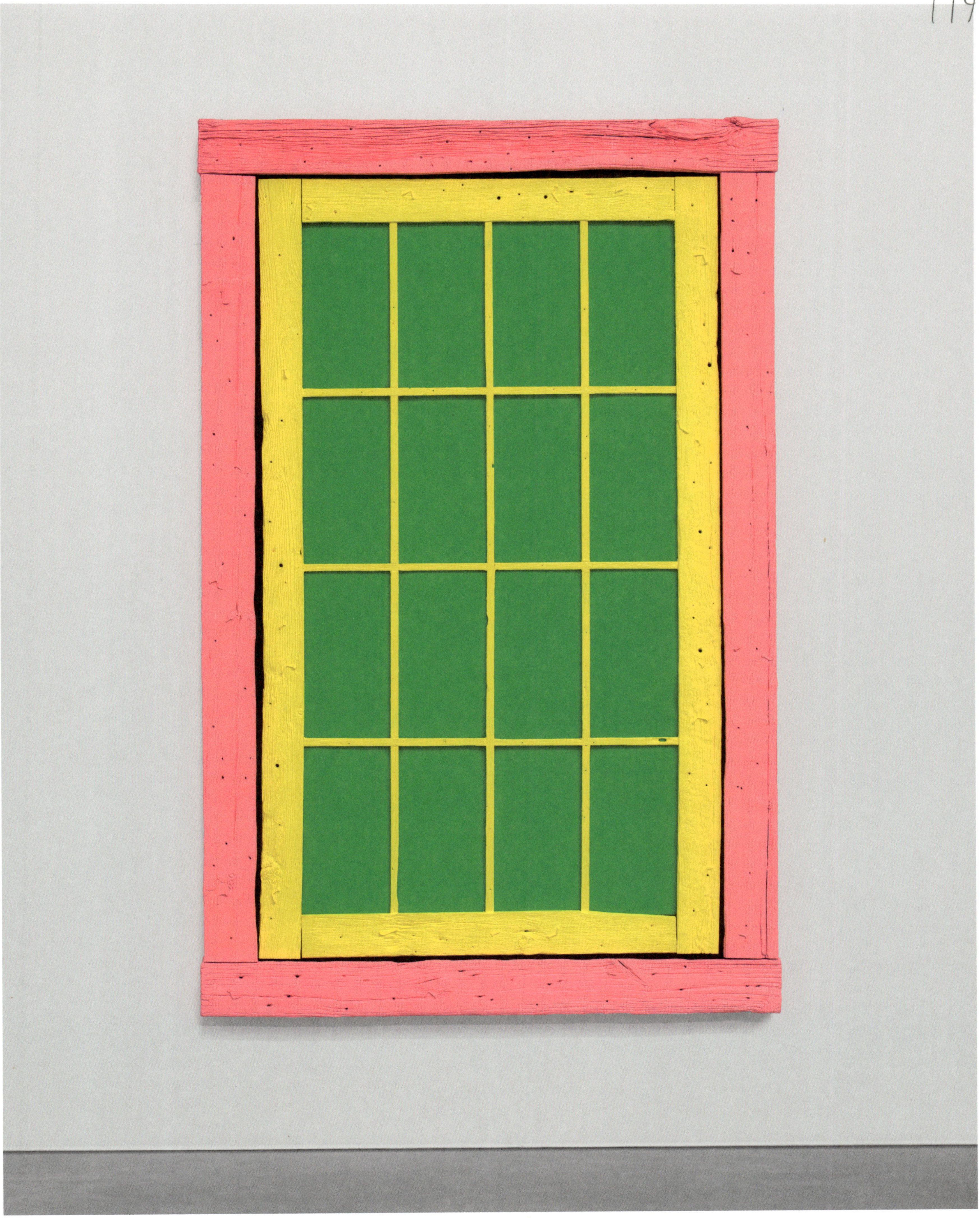

the quiet 2022

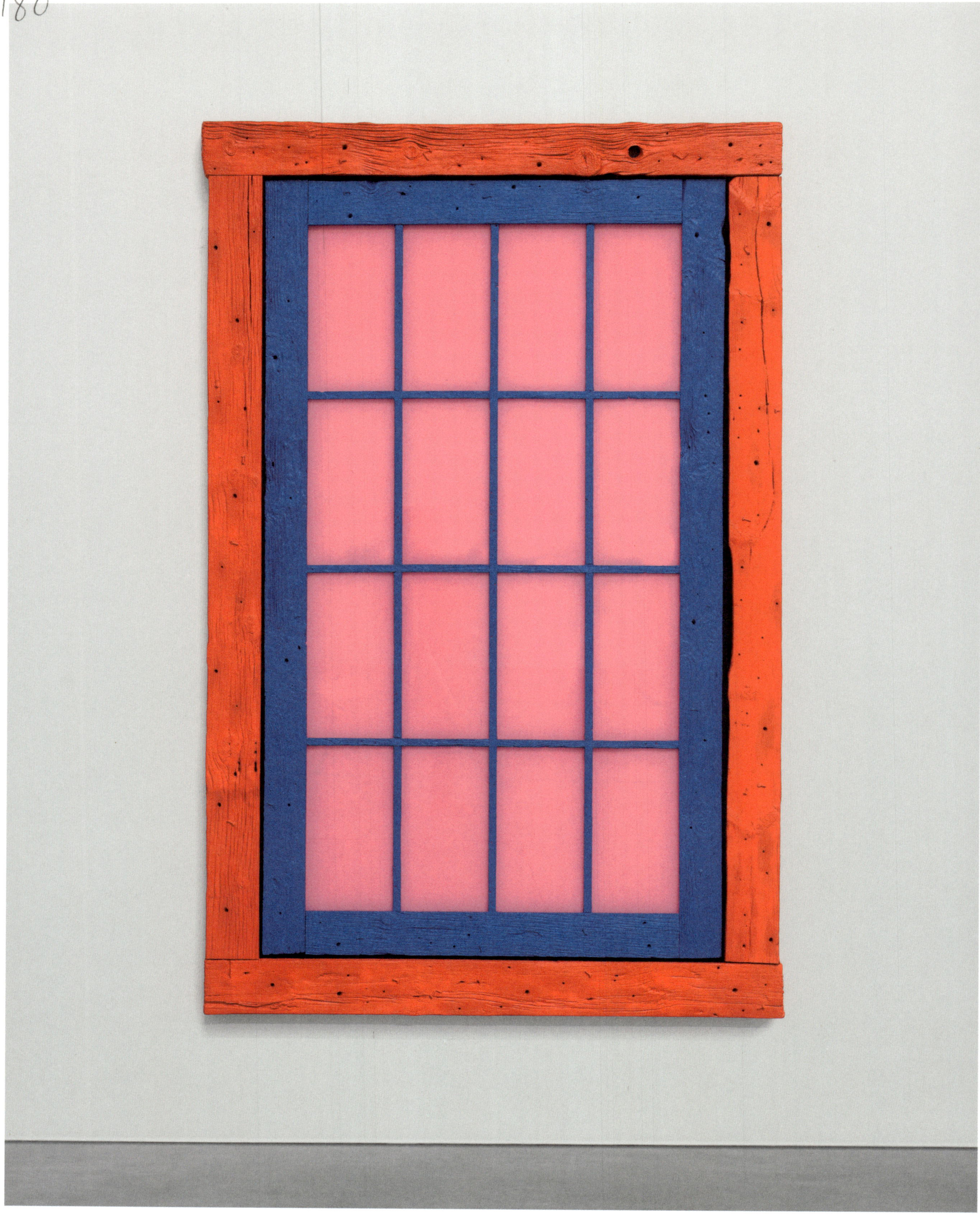

the peace 2022

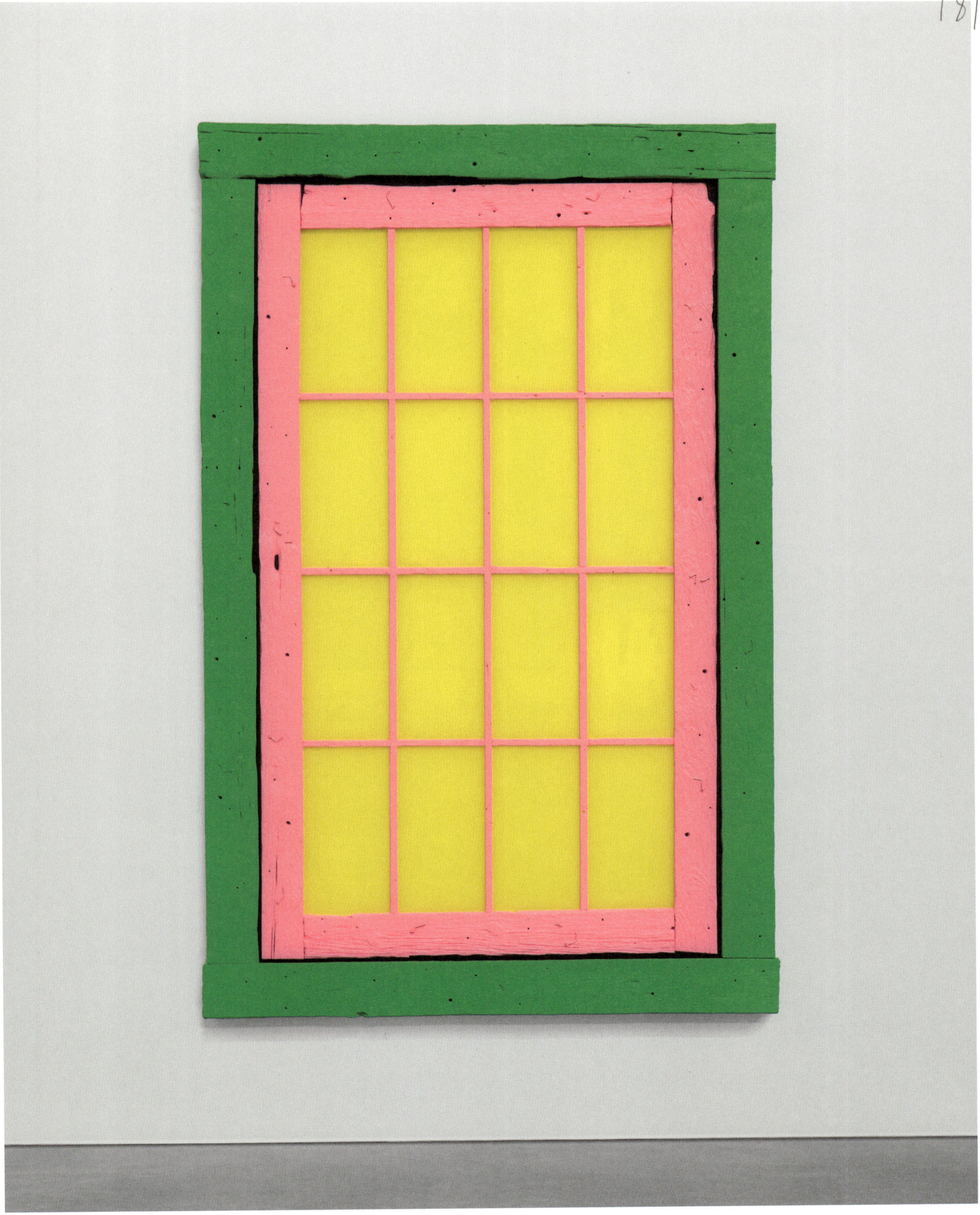

the desert 2022

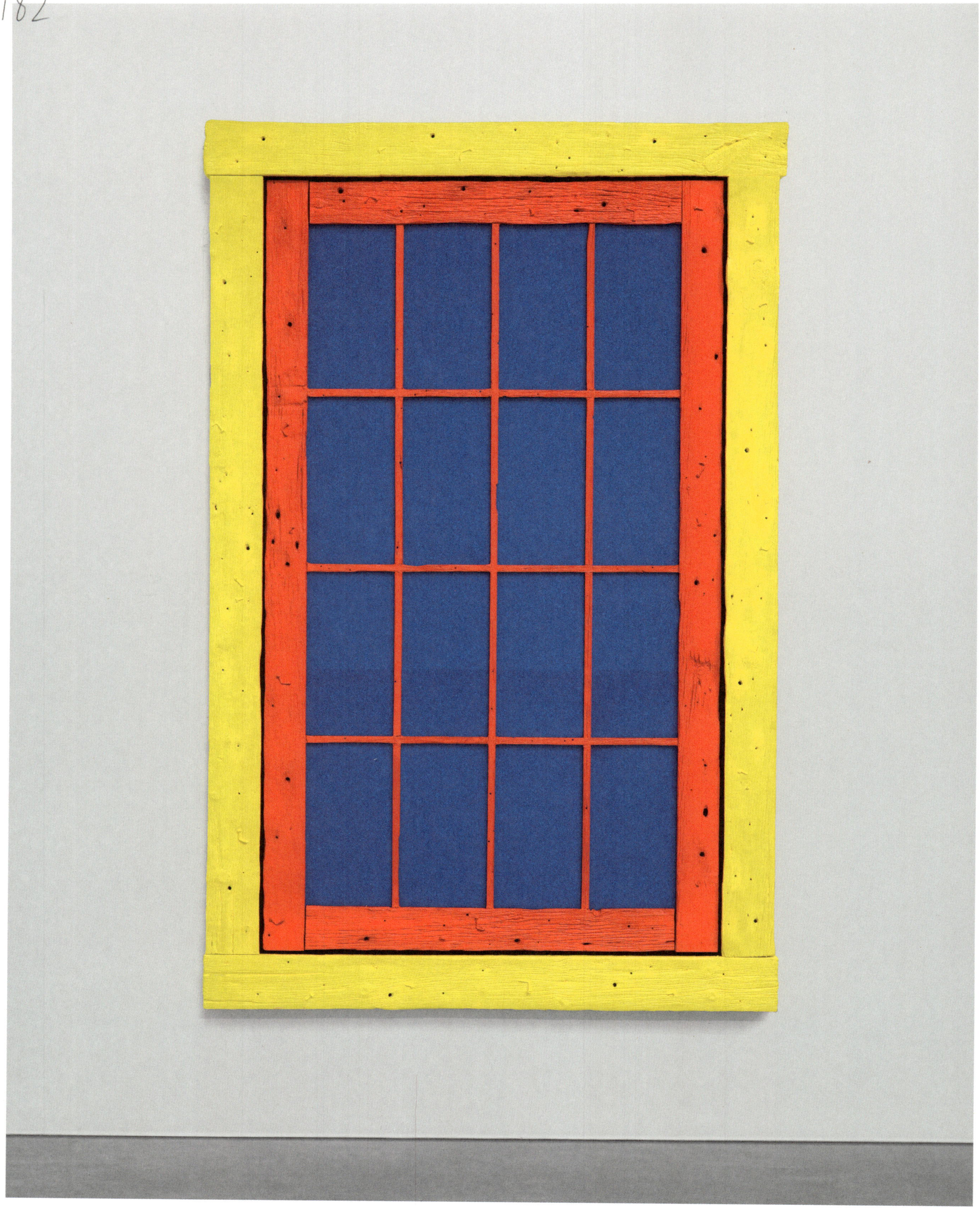

the mute 2022

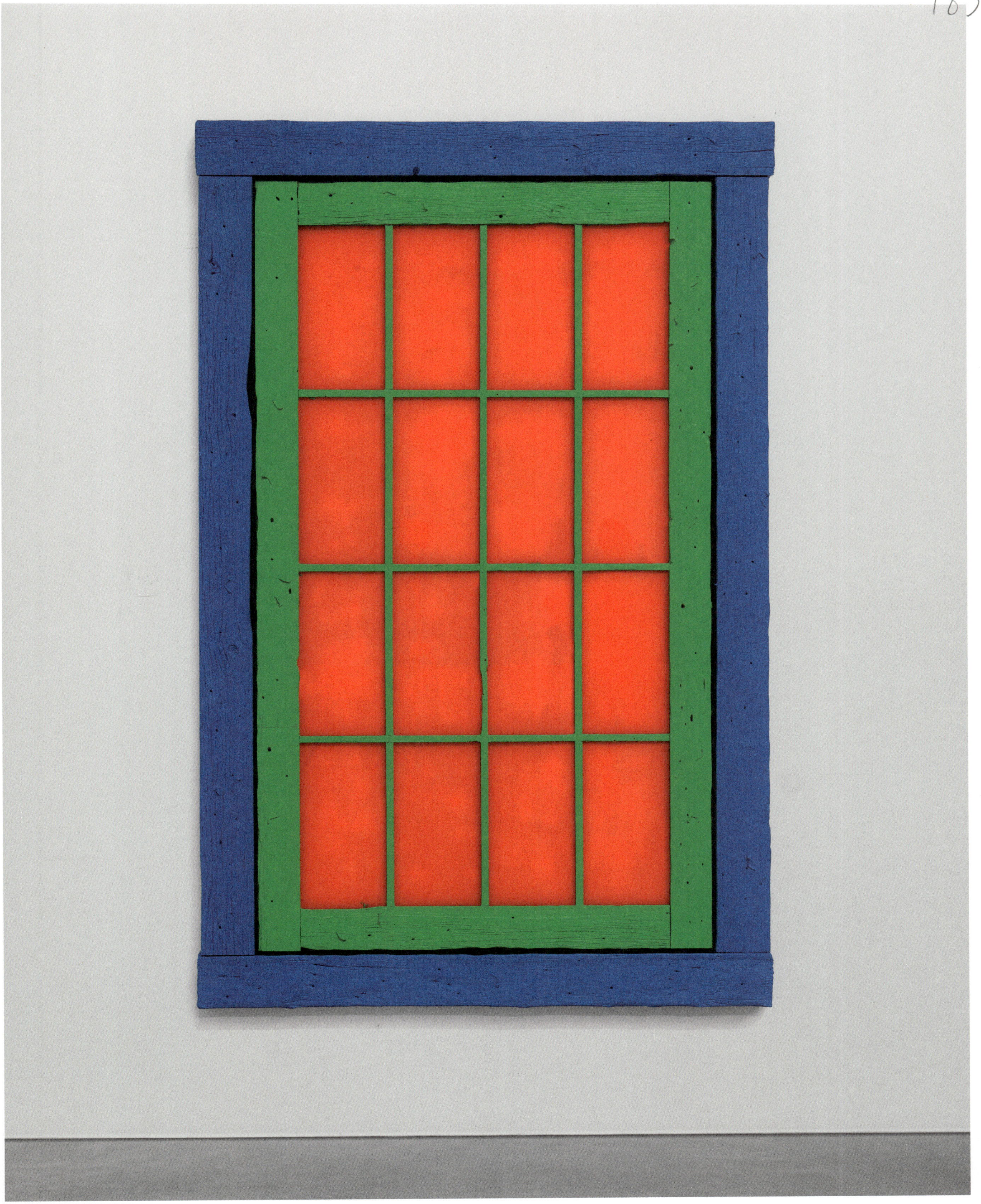

the null 2022

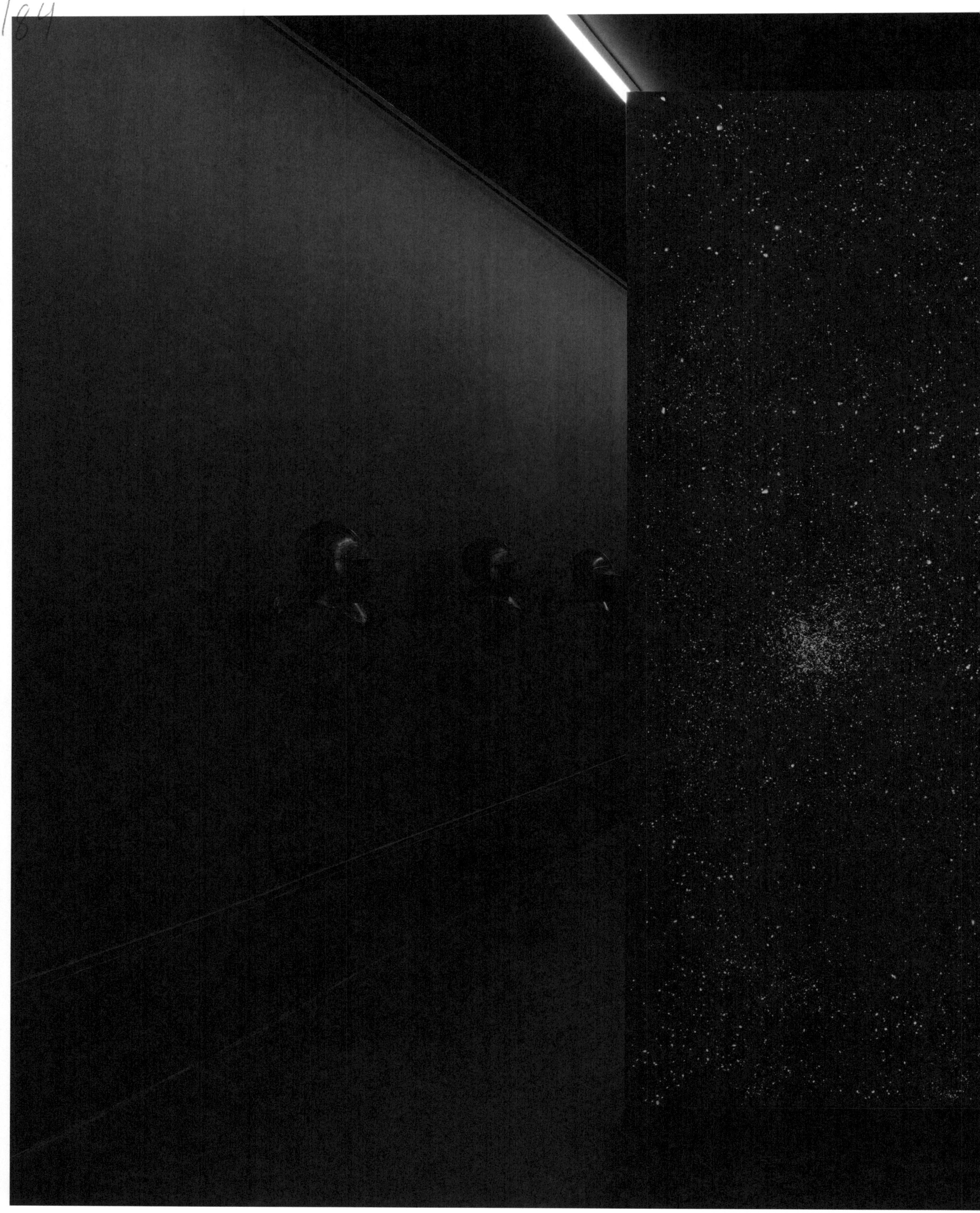

espace rythmique . porte au fonde

ugo rondinone

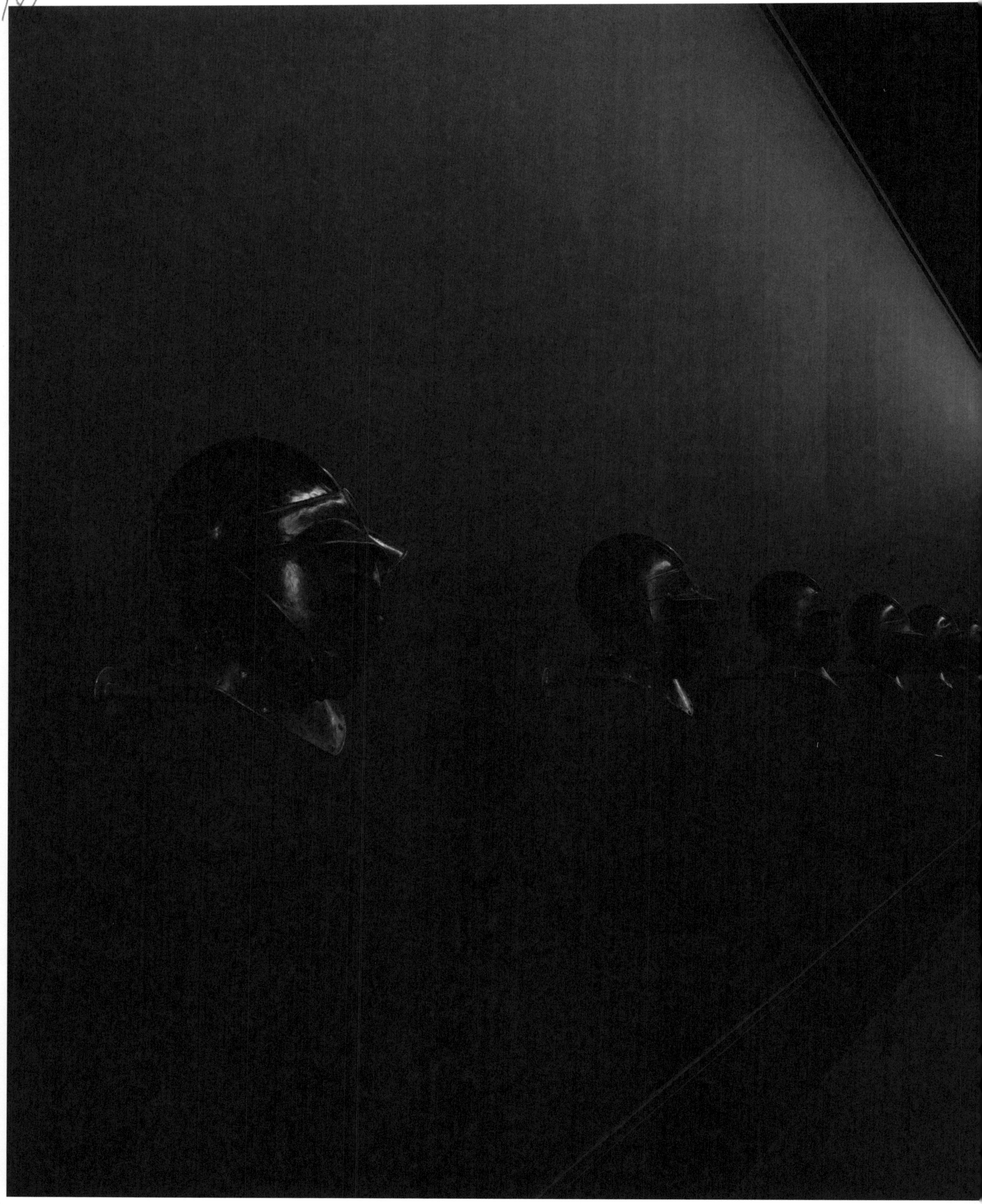

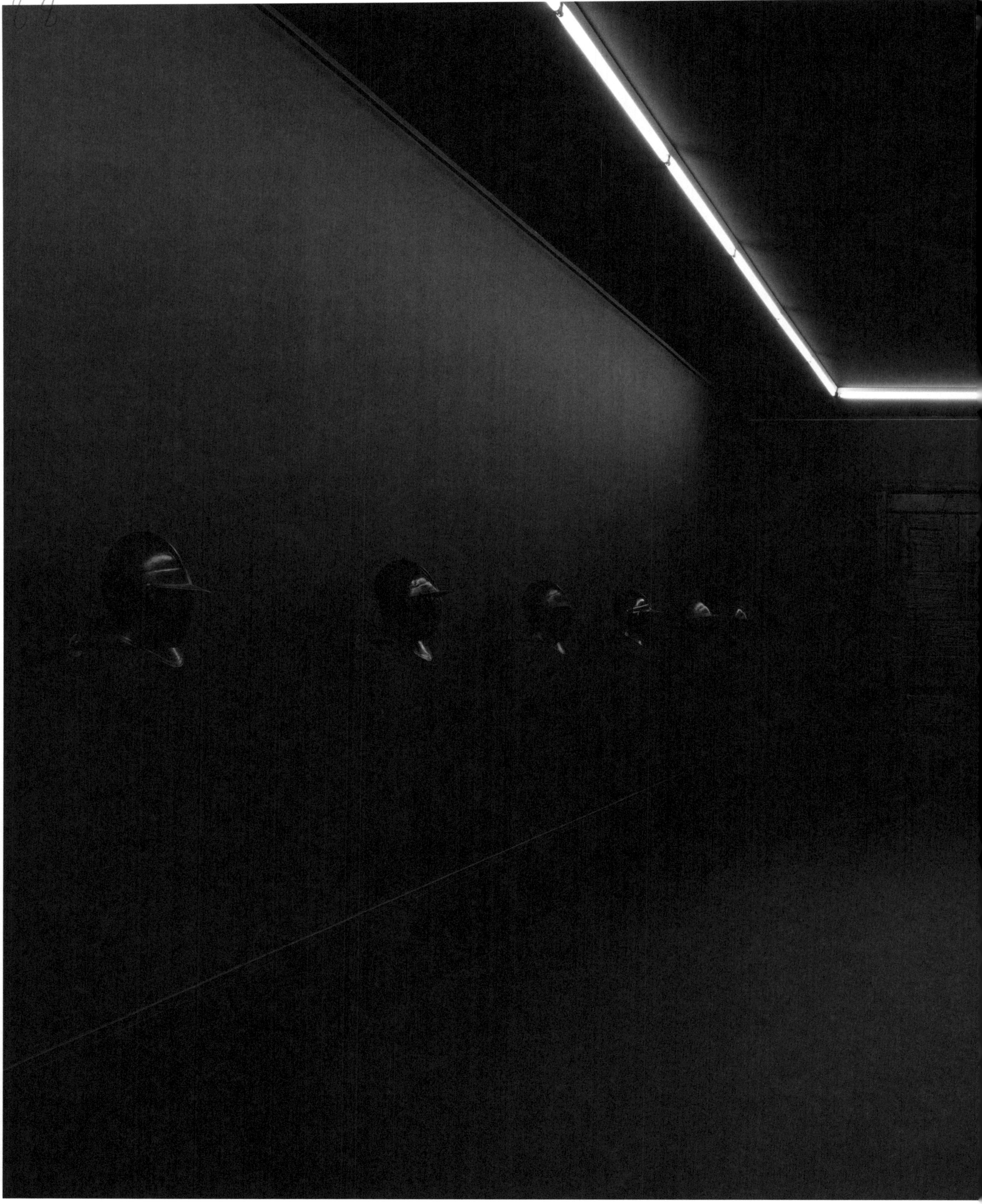

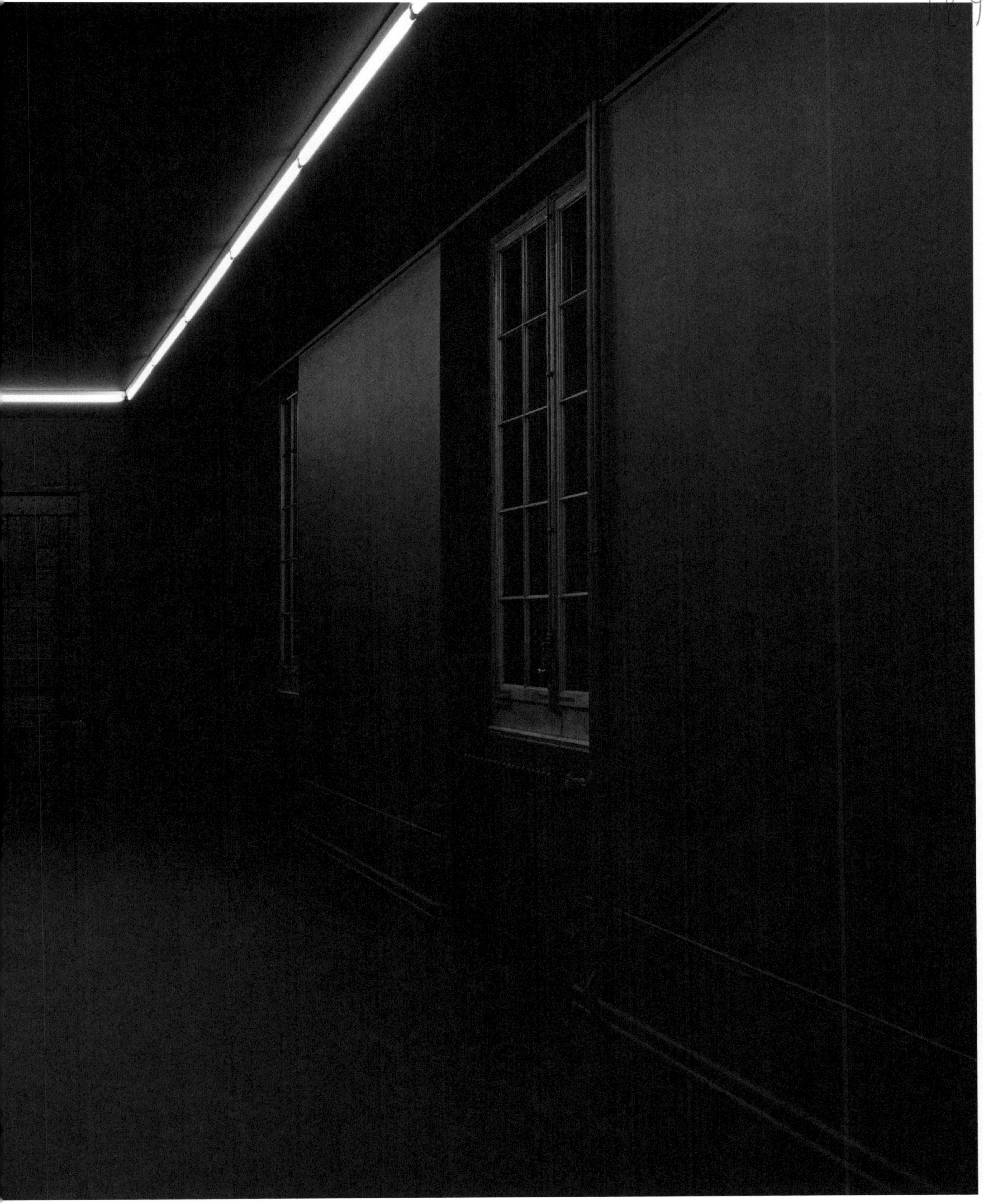

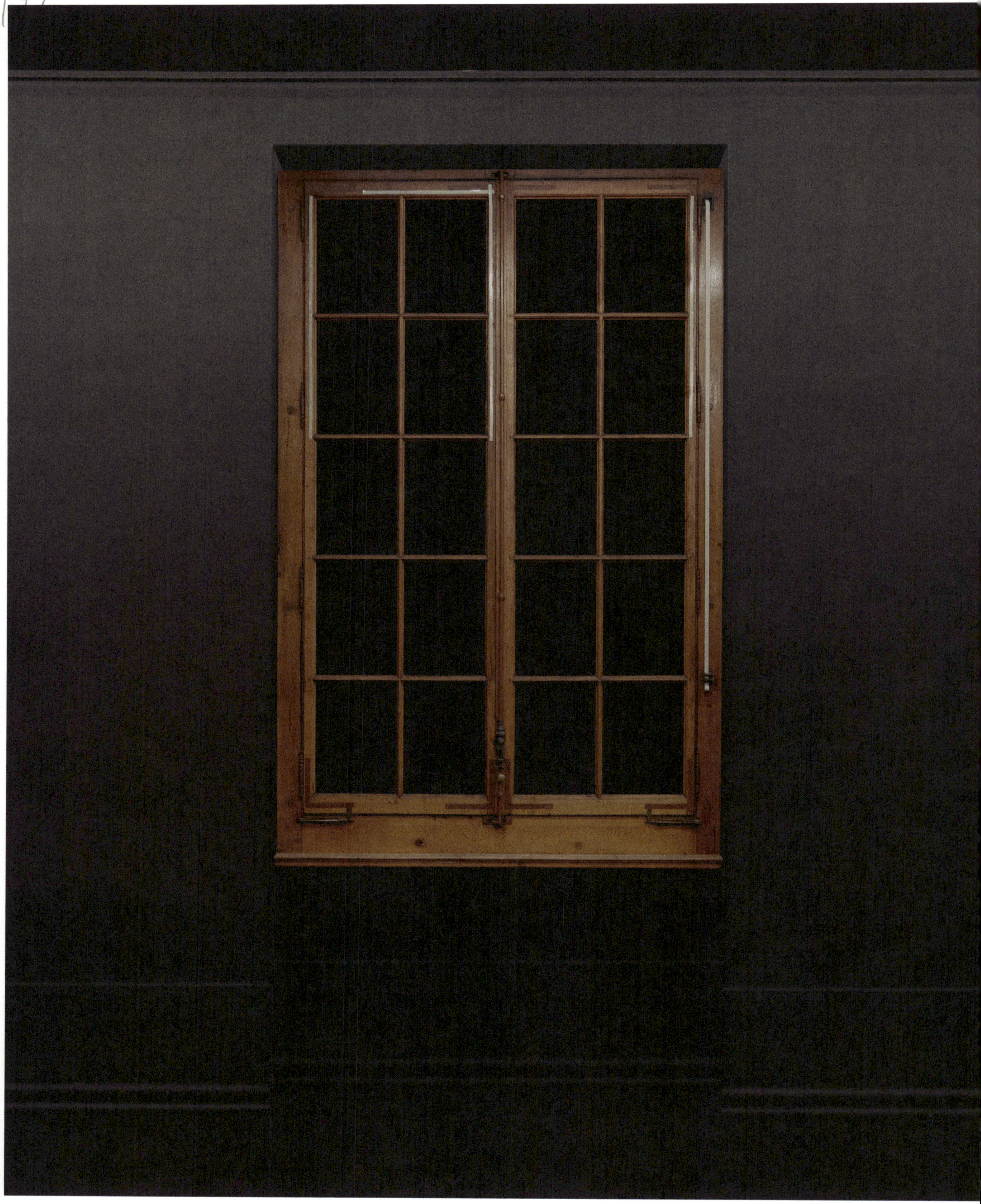

ugo rondinone

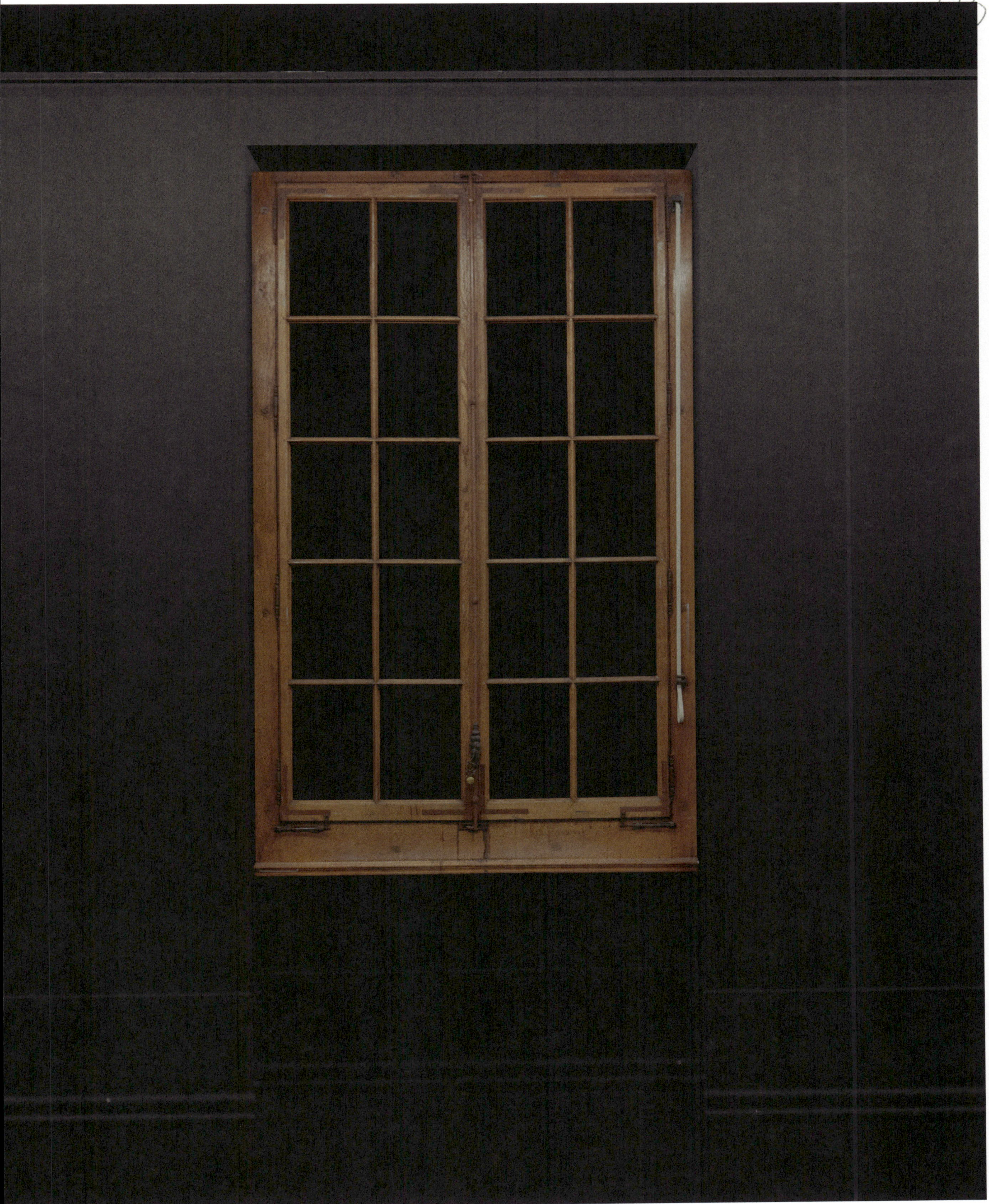

goodnight geneva 2023

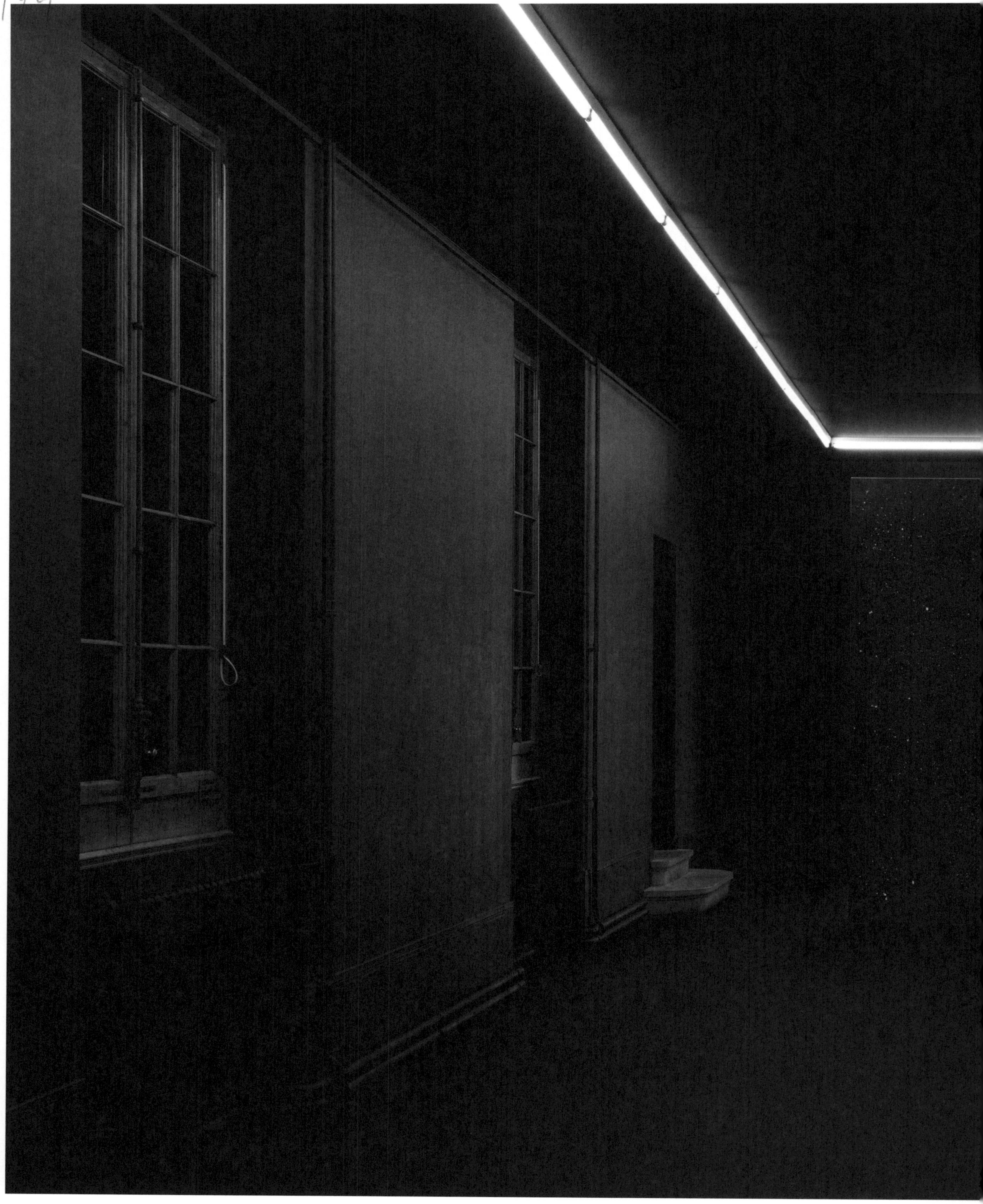

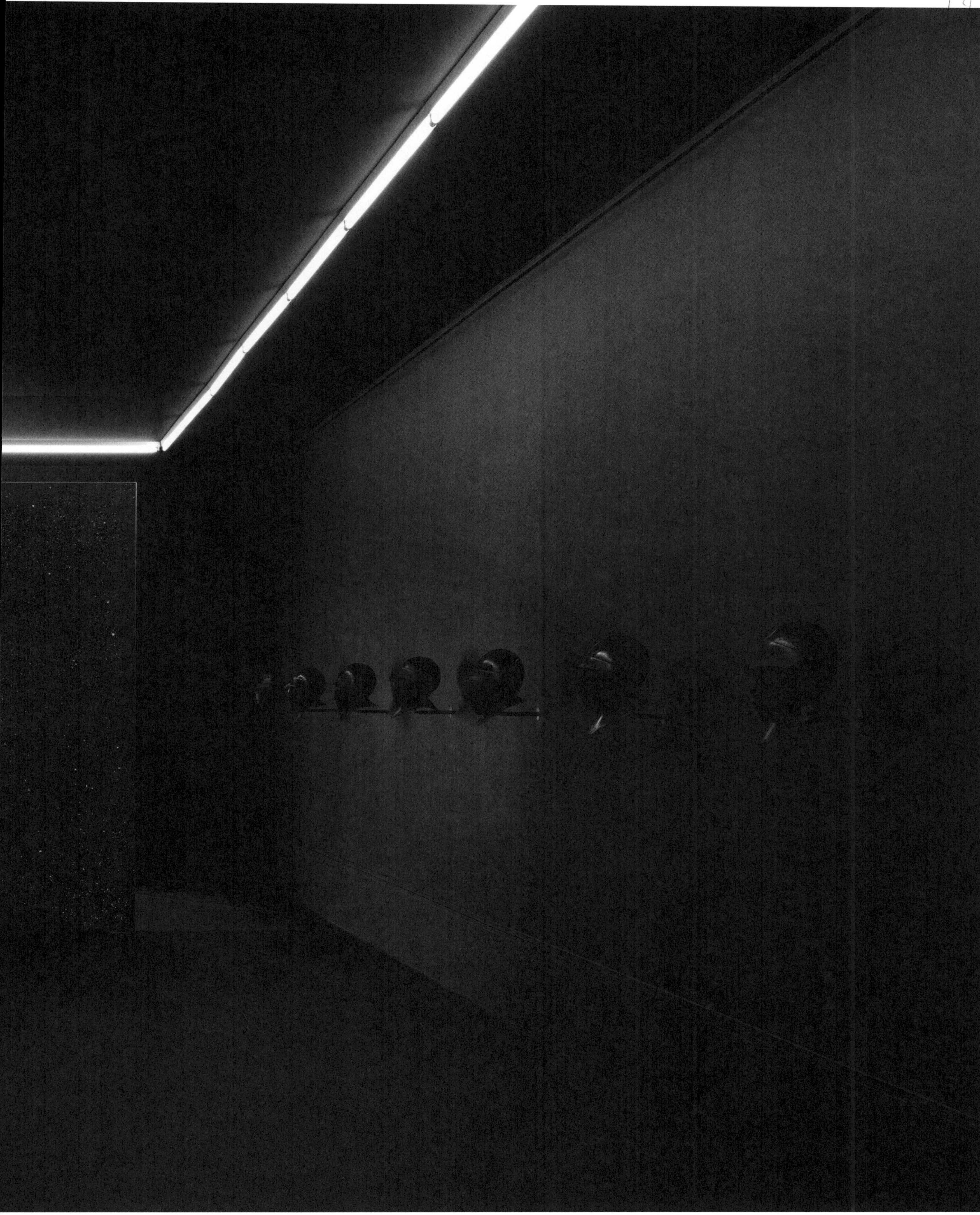

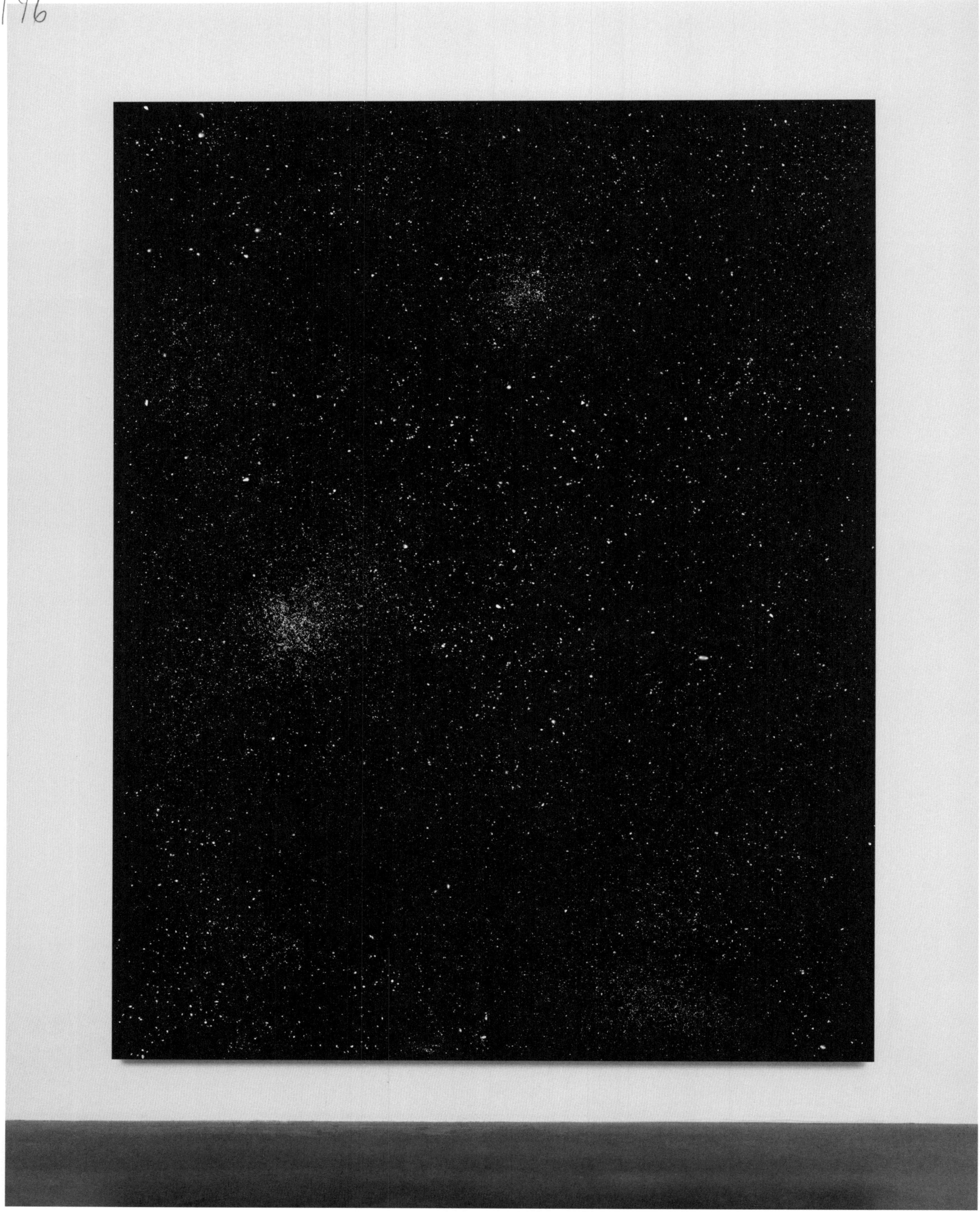

ugo rondinone siebzehntermaizweitausendundzwölf 2012

vierundzwanzigstermaizweitausendundzwölf 2012

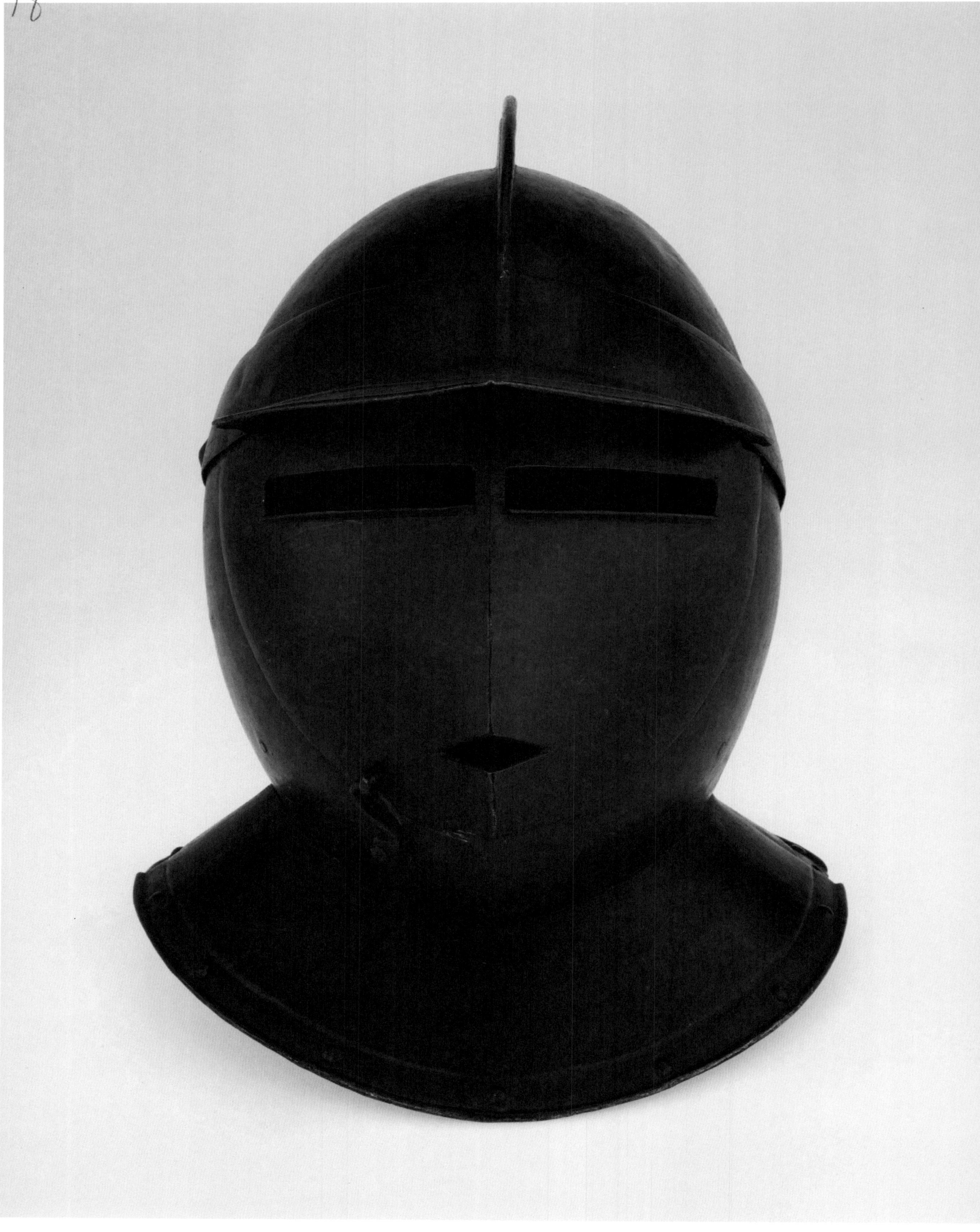

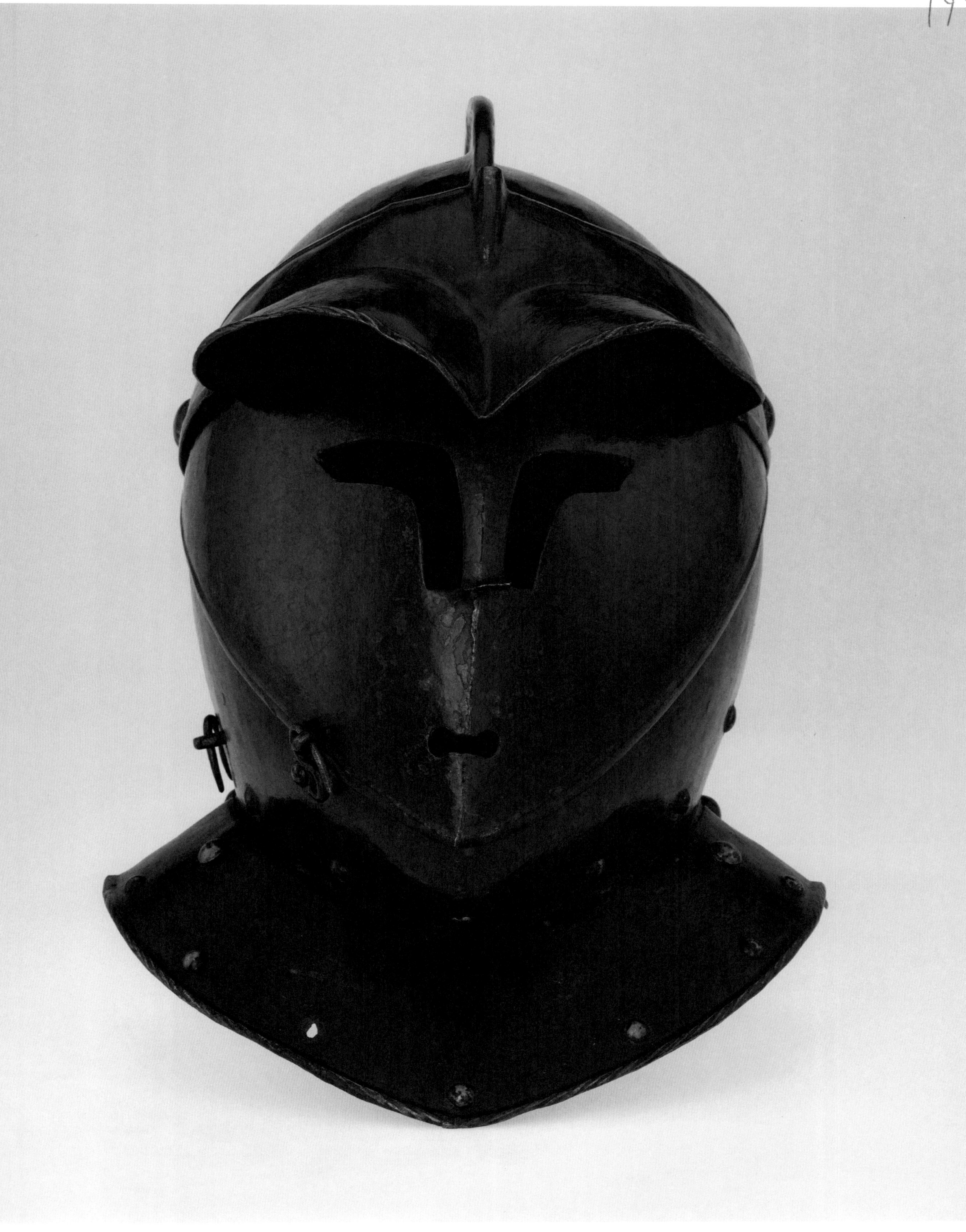

savoyard armets c. 1600-1620

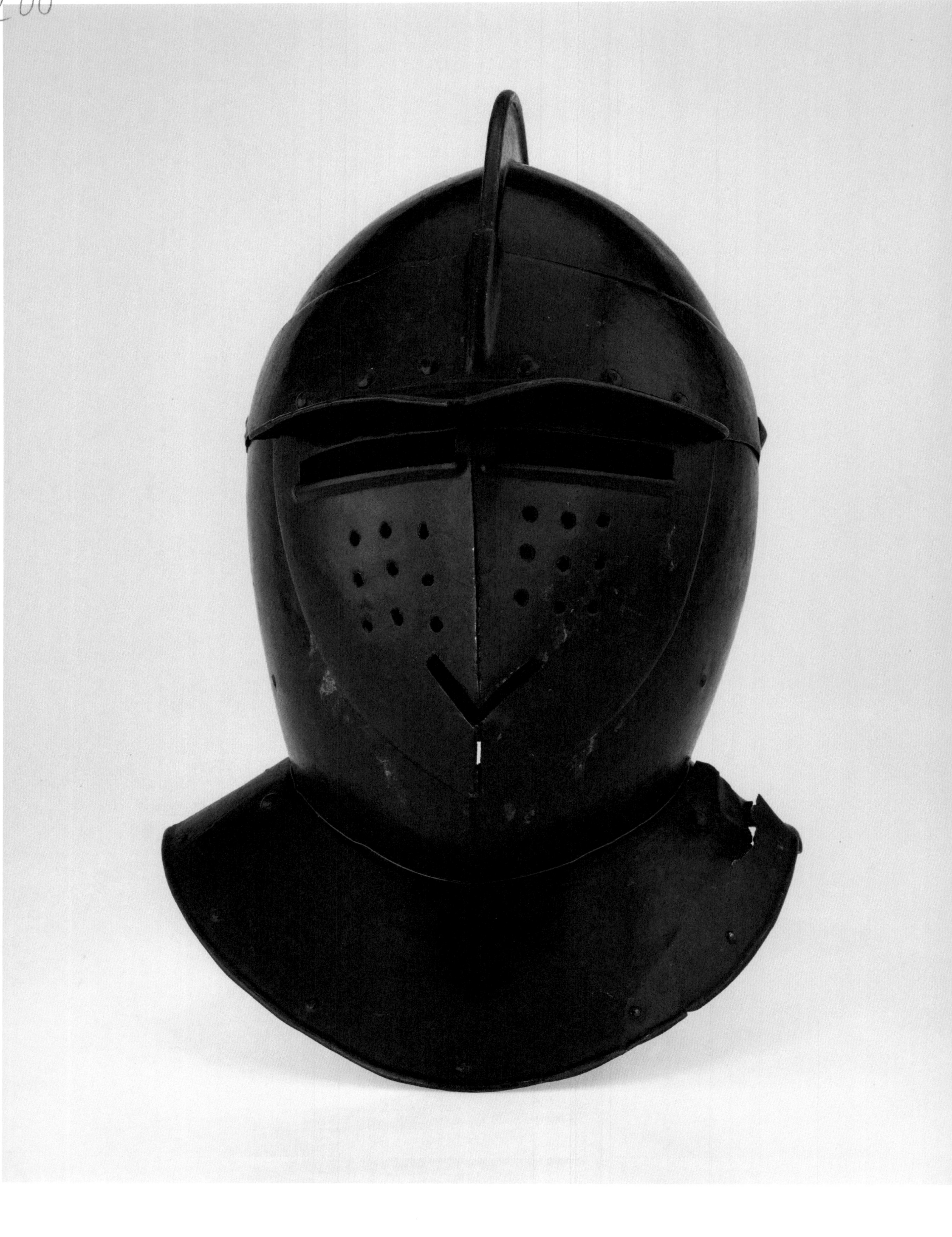

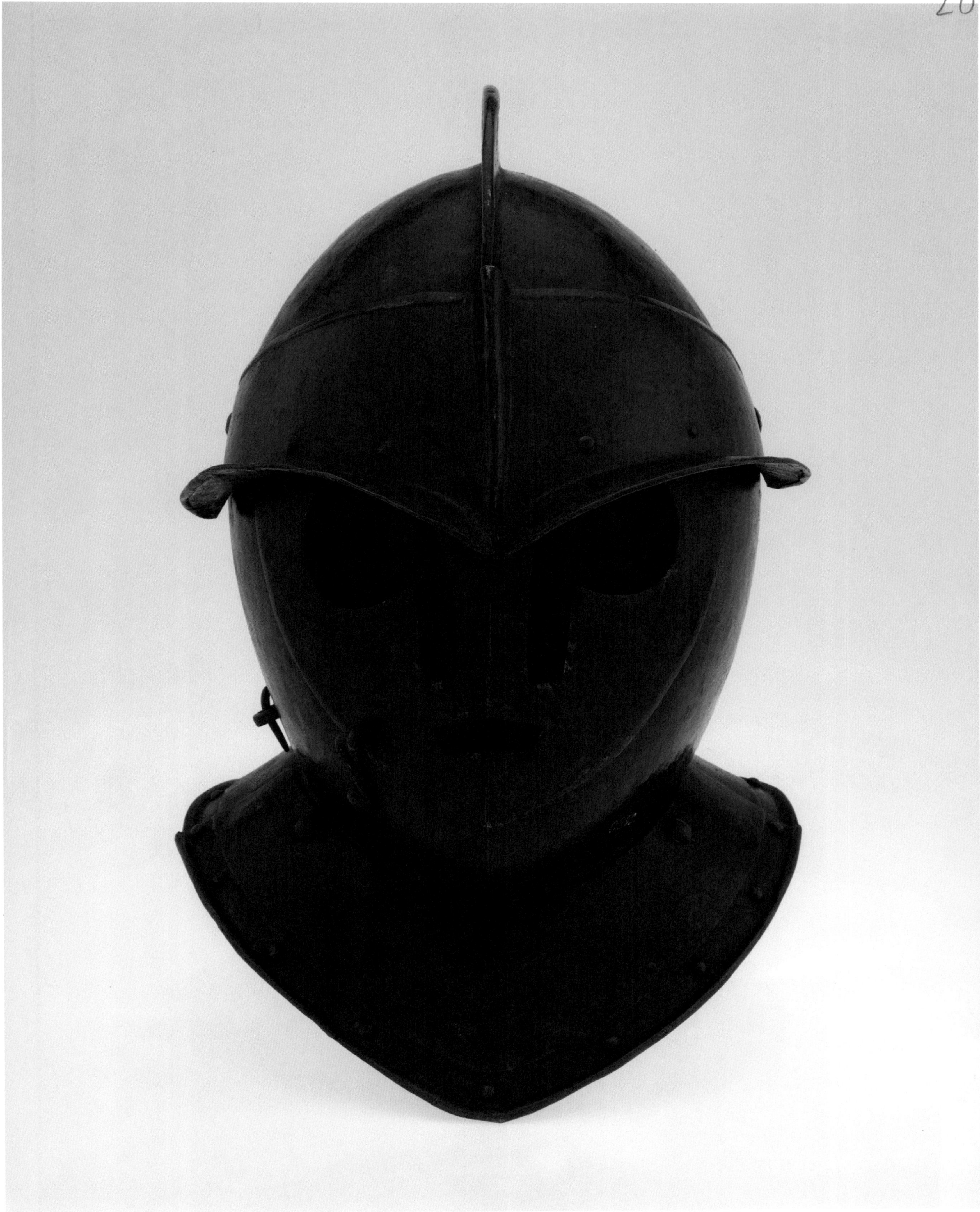

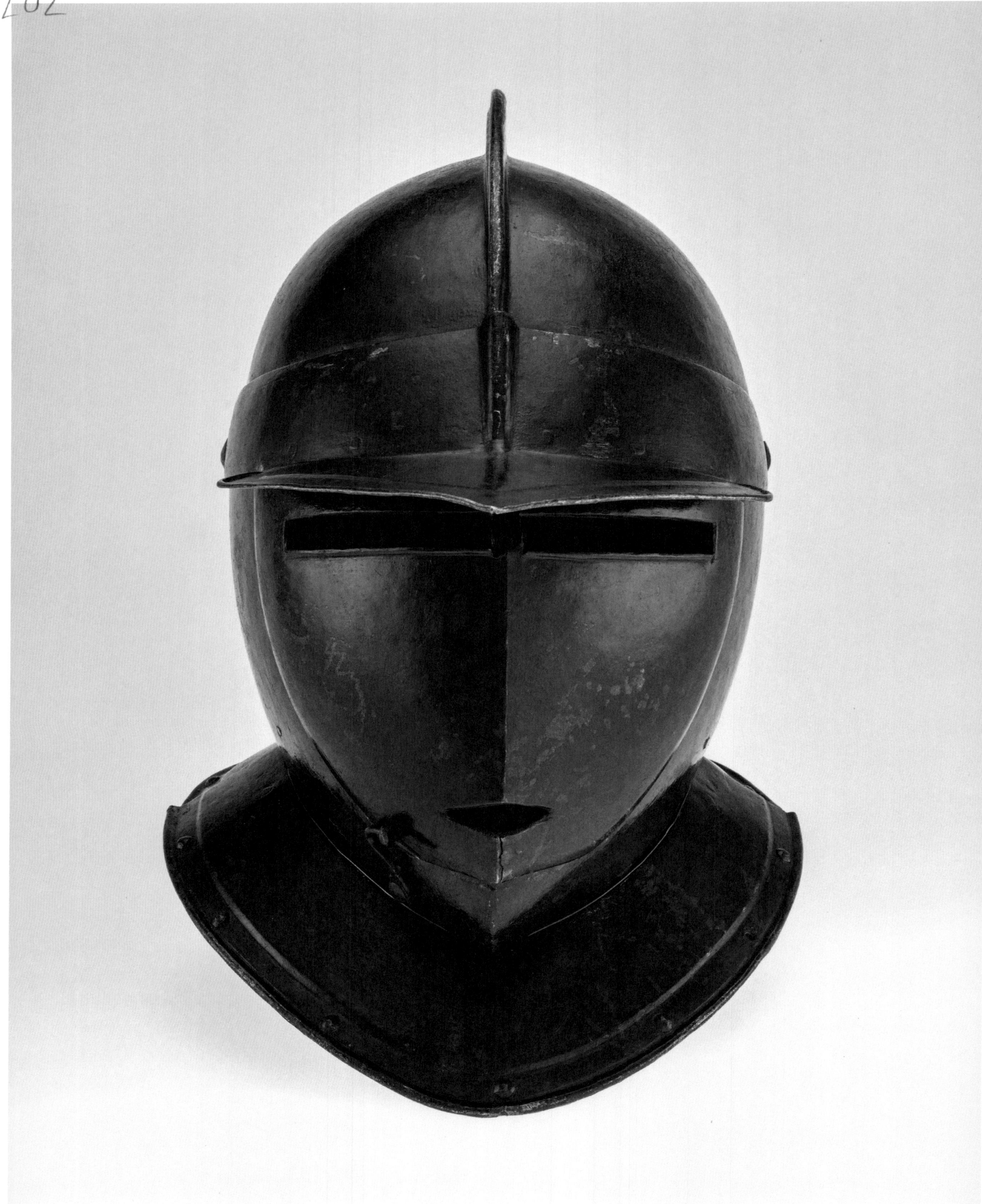

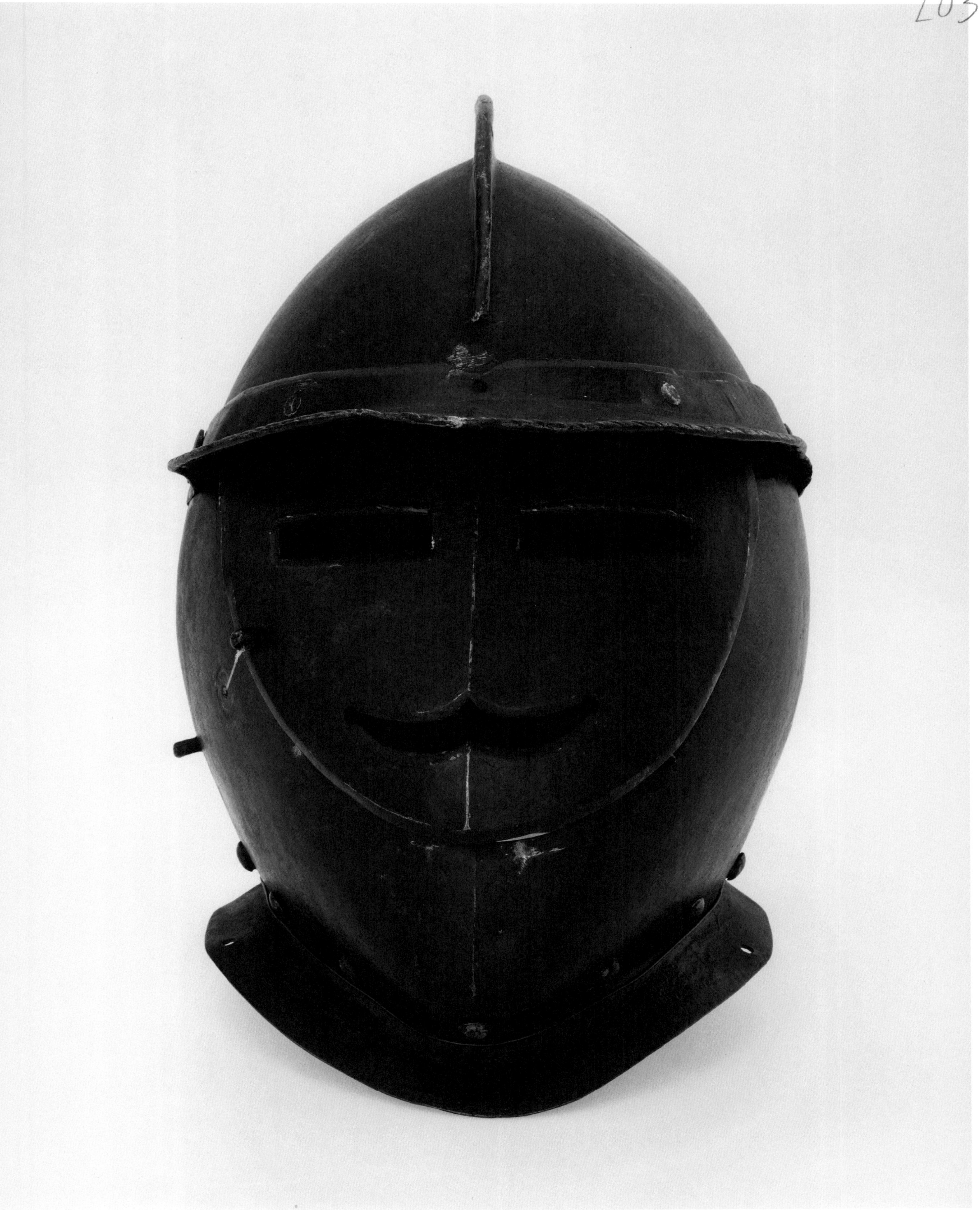

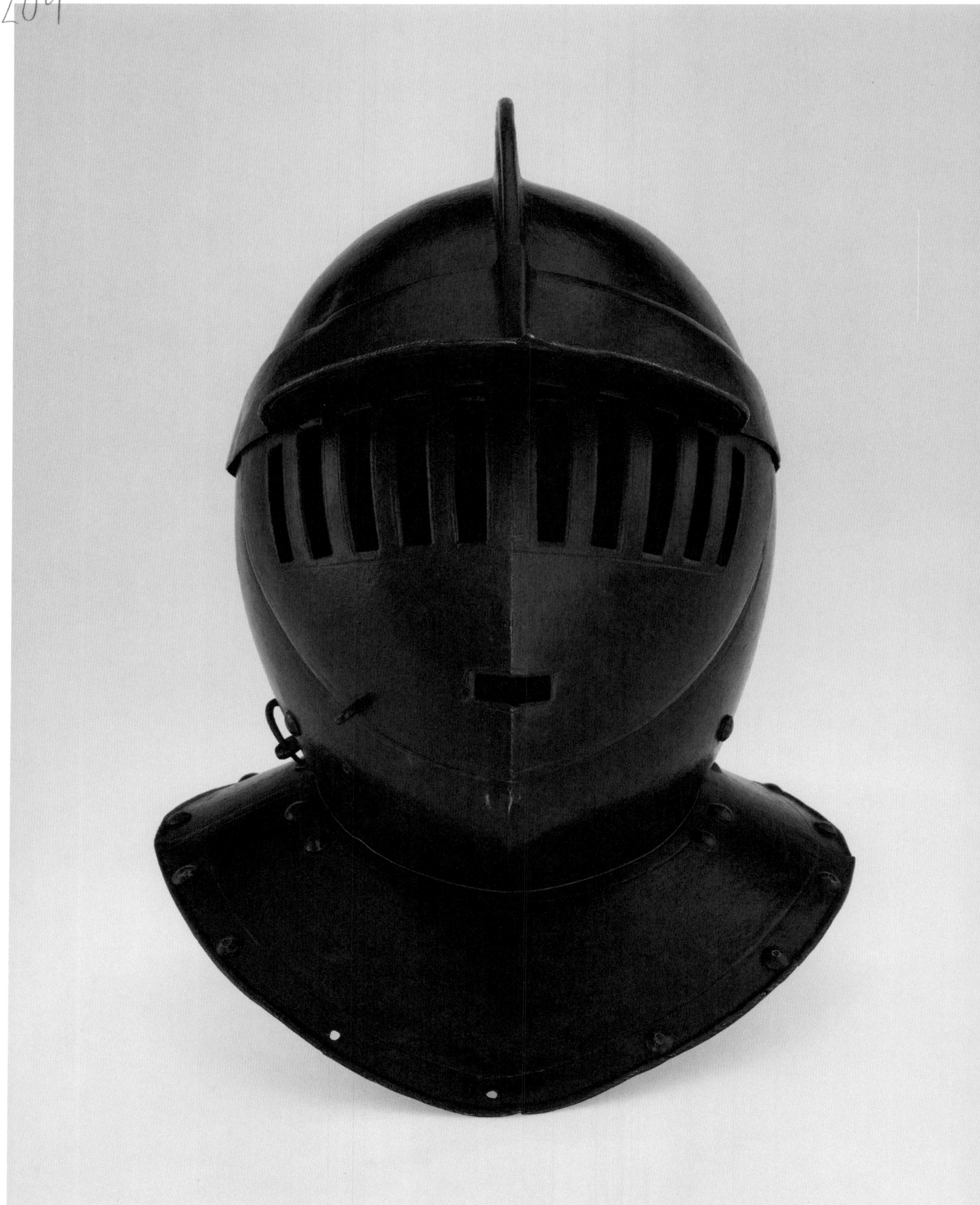

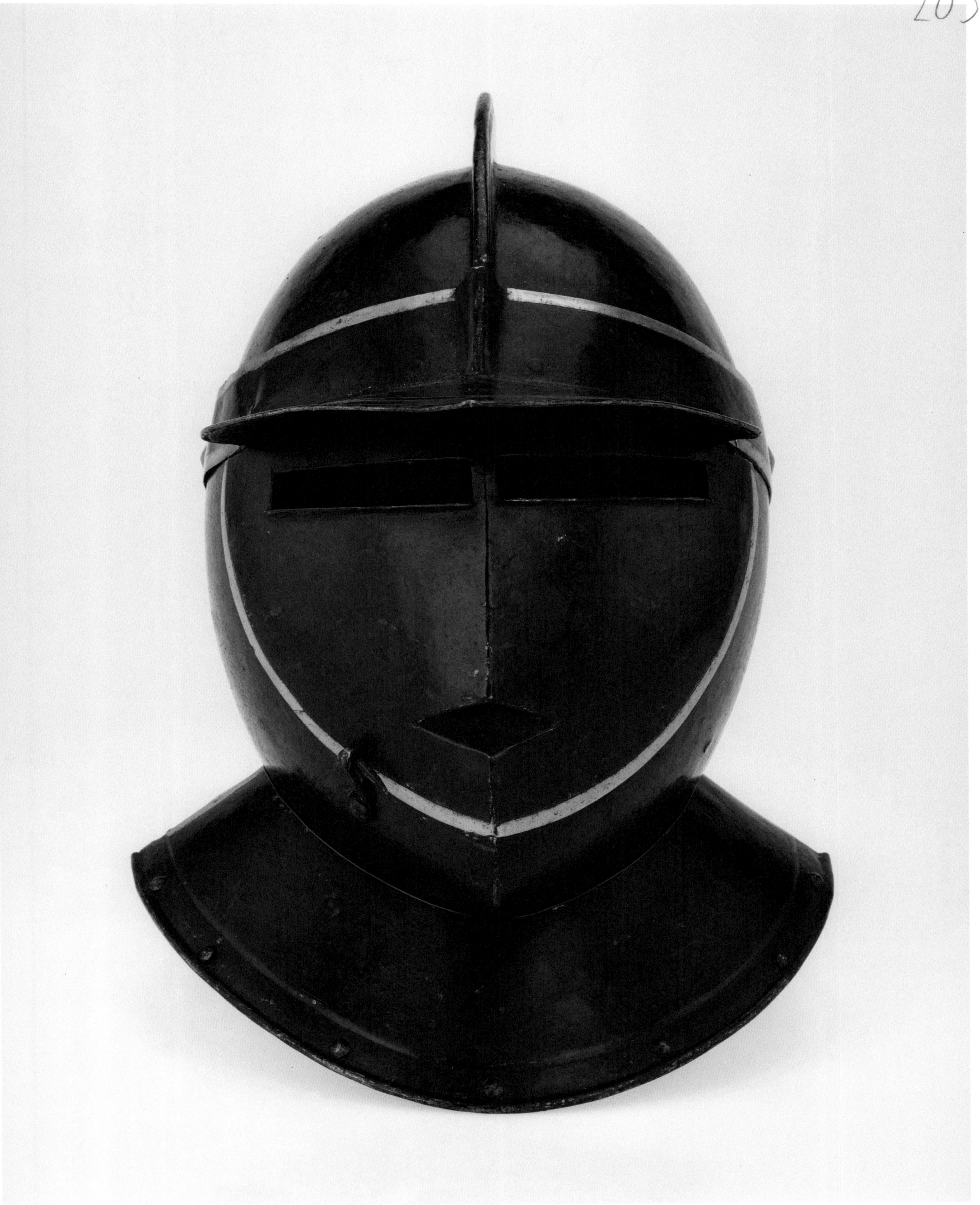

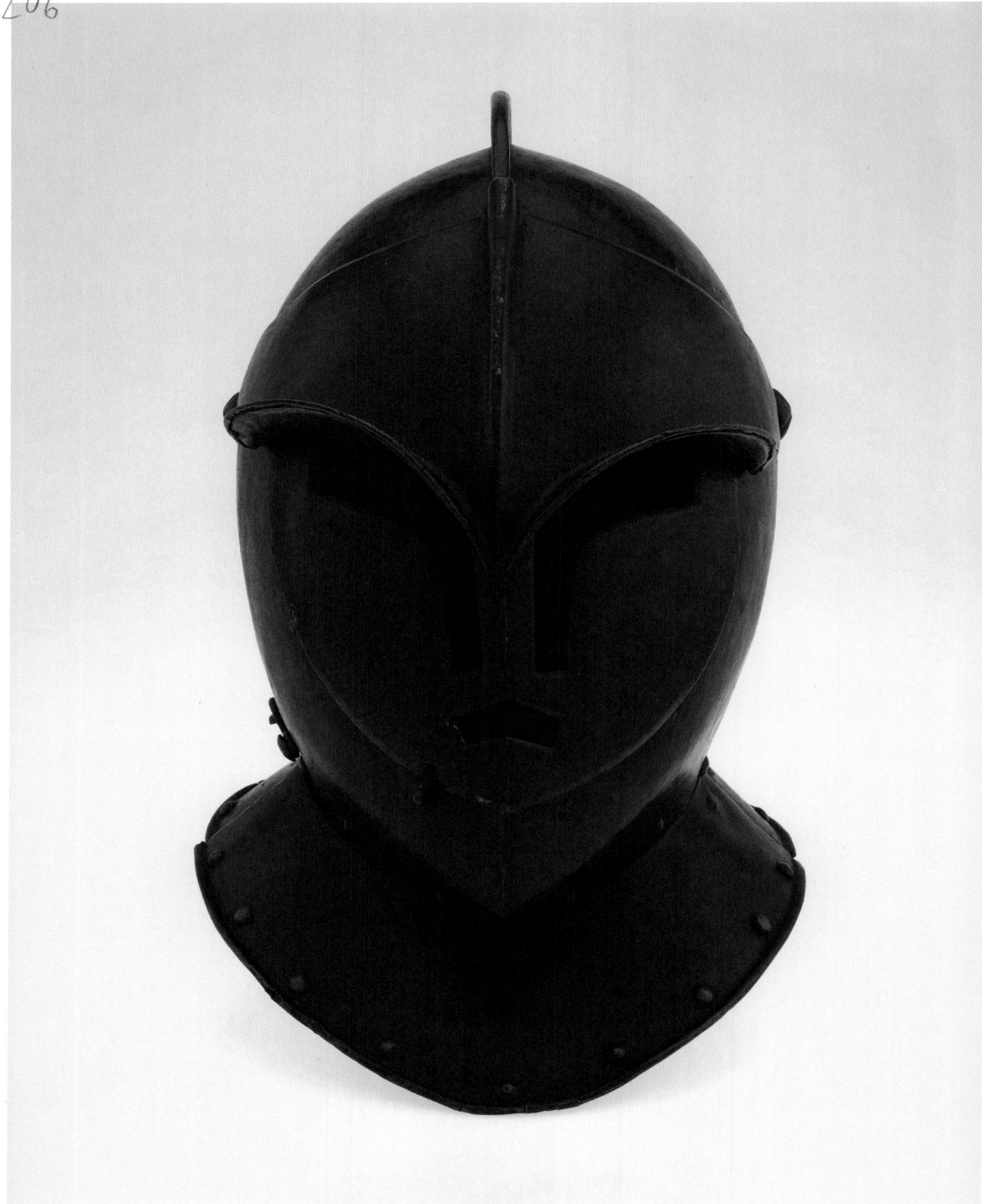

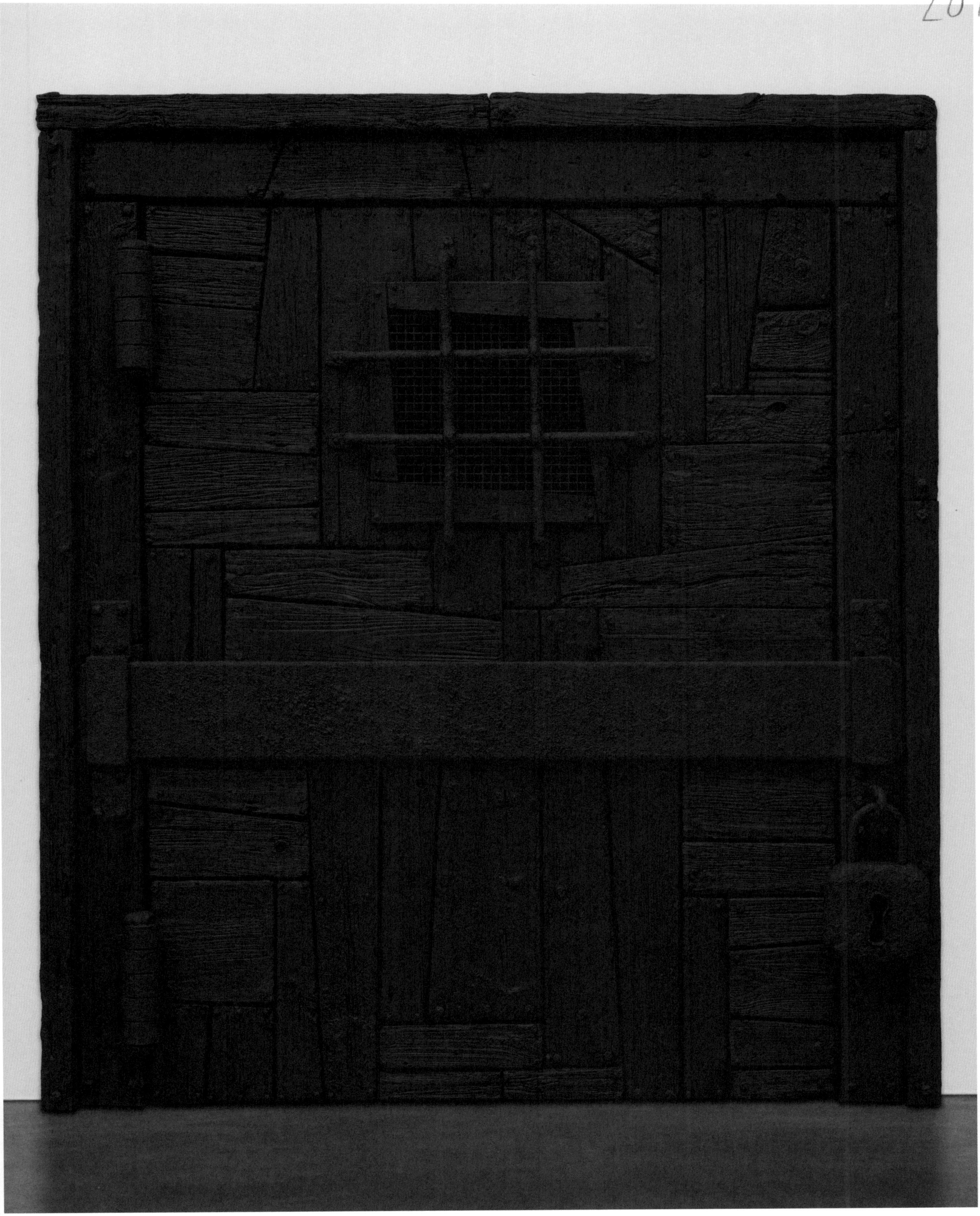

ugo rondinone zero zany zone 2010

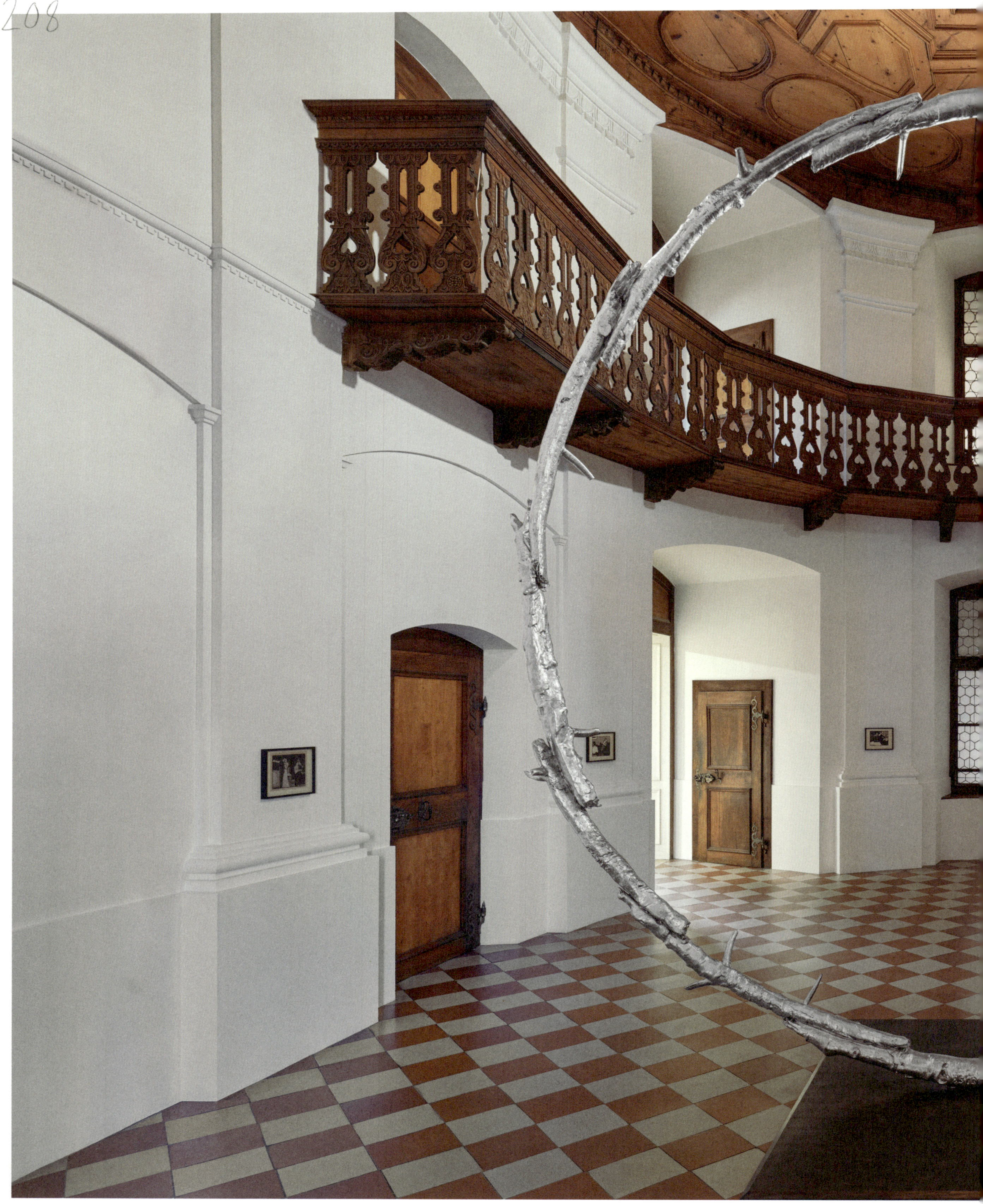

espace rythmique . ombre oblique

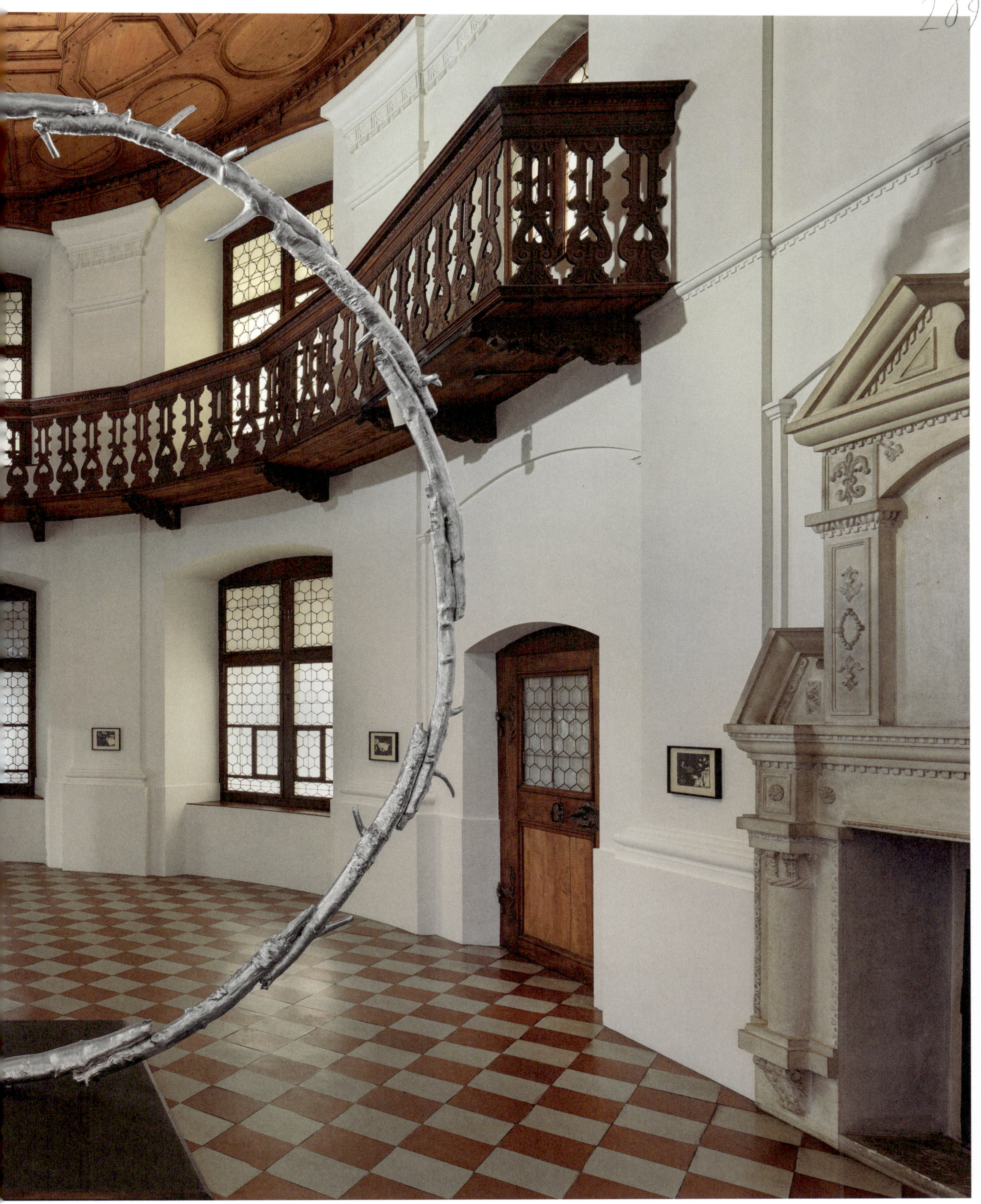

ugo rondinone félix vallotton

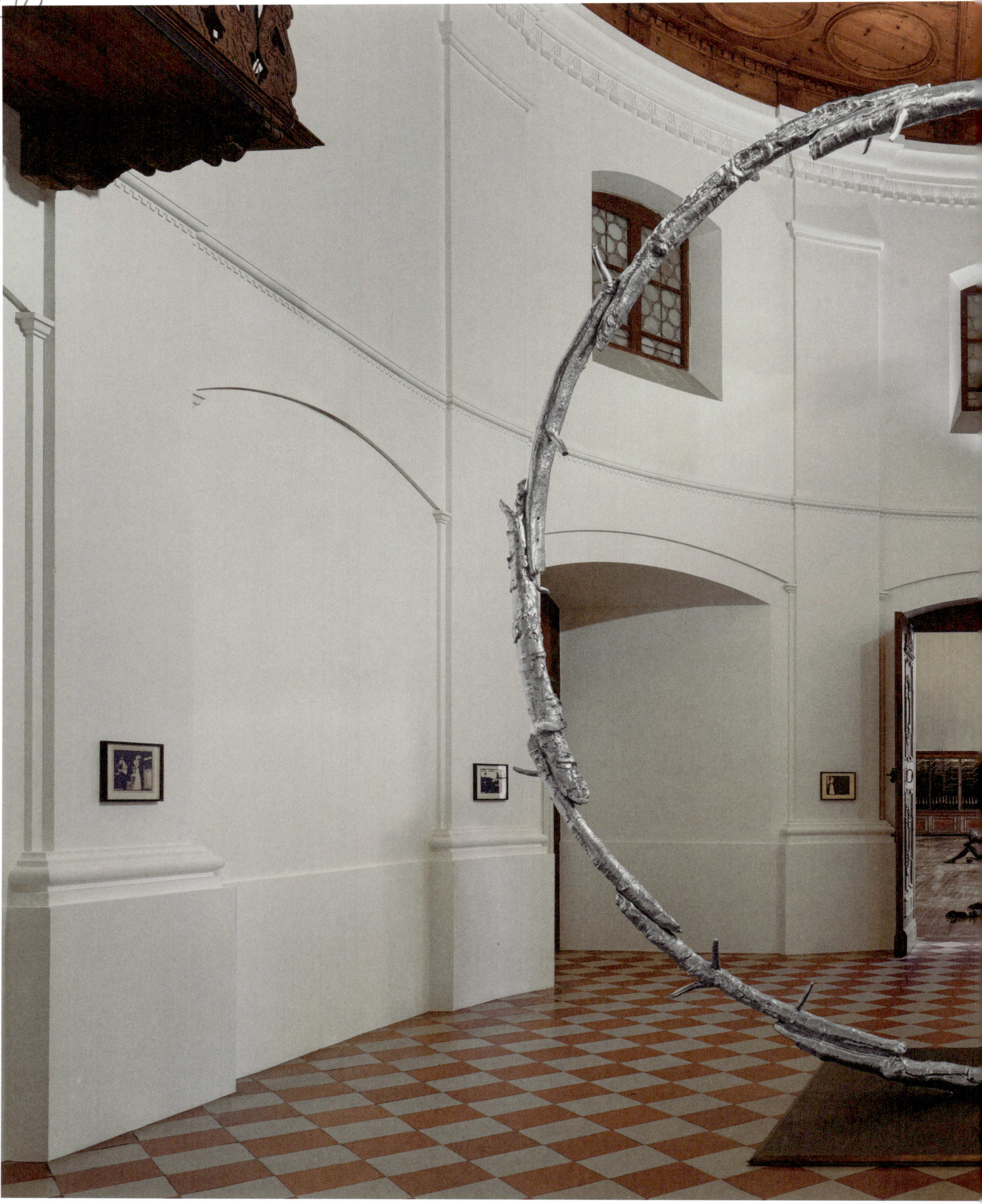

ugo rondinone

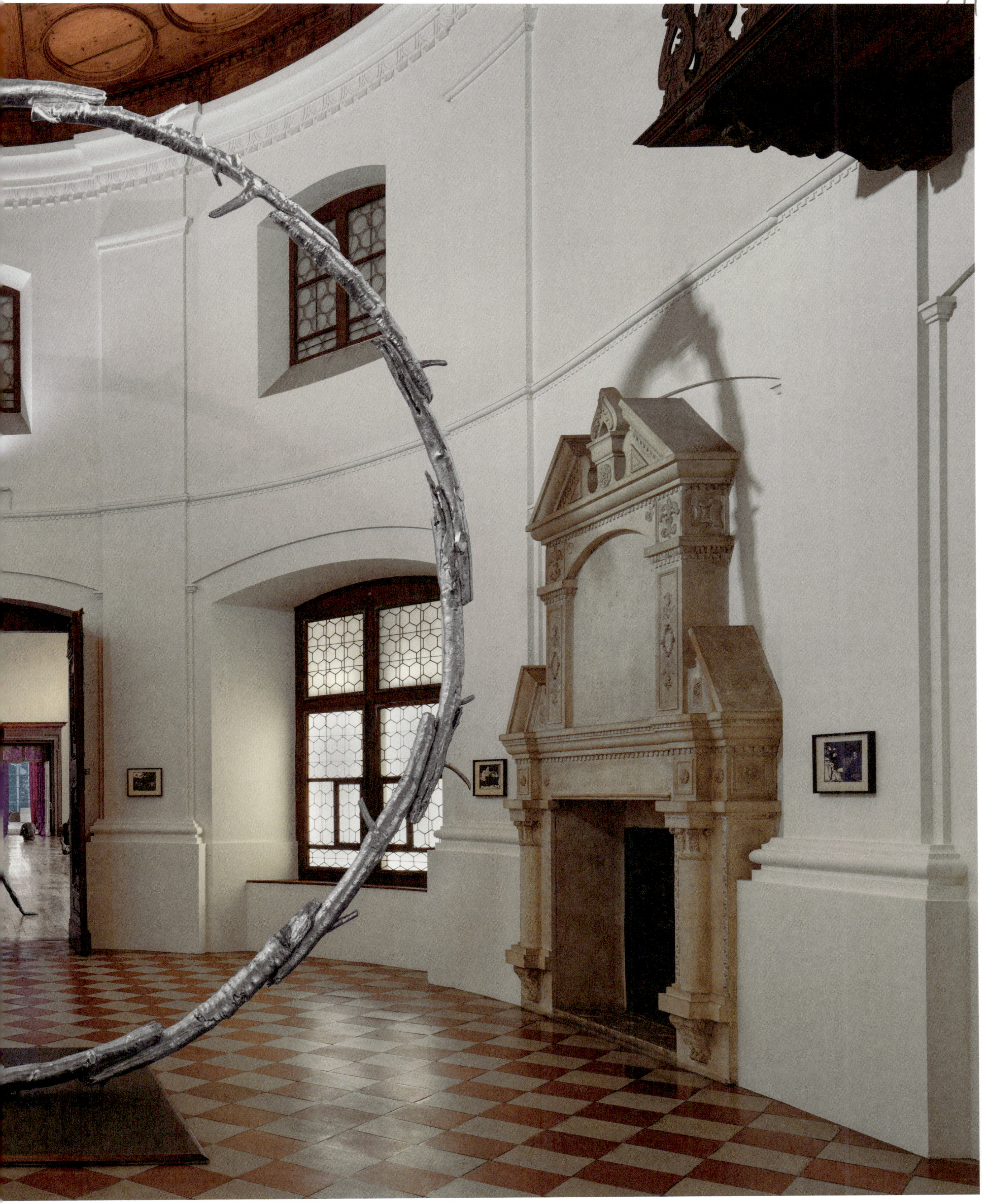

the moon 2022

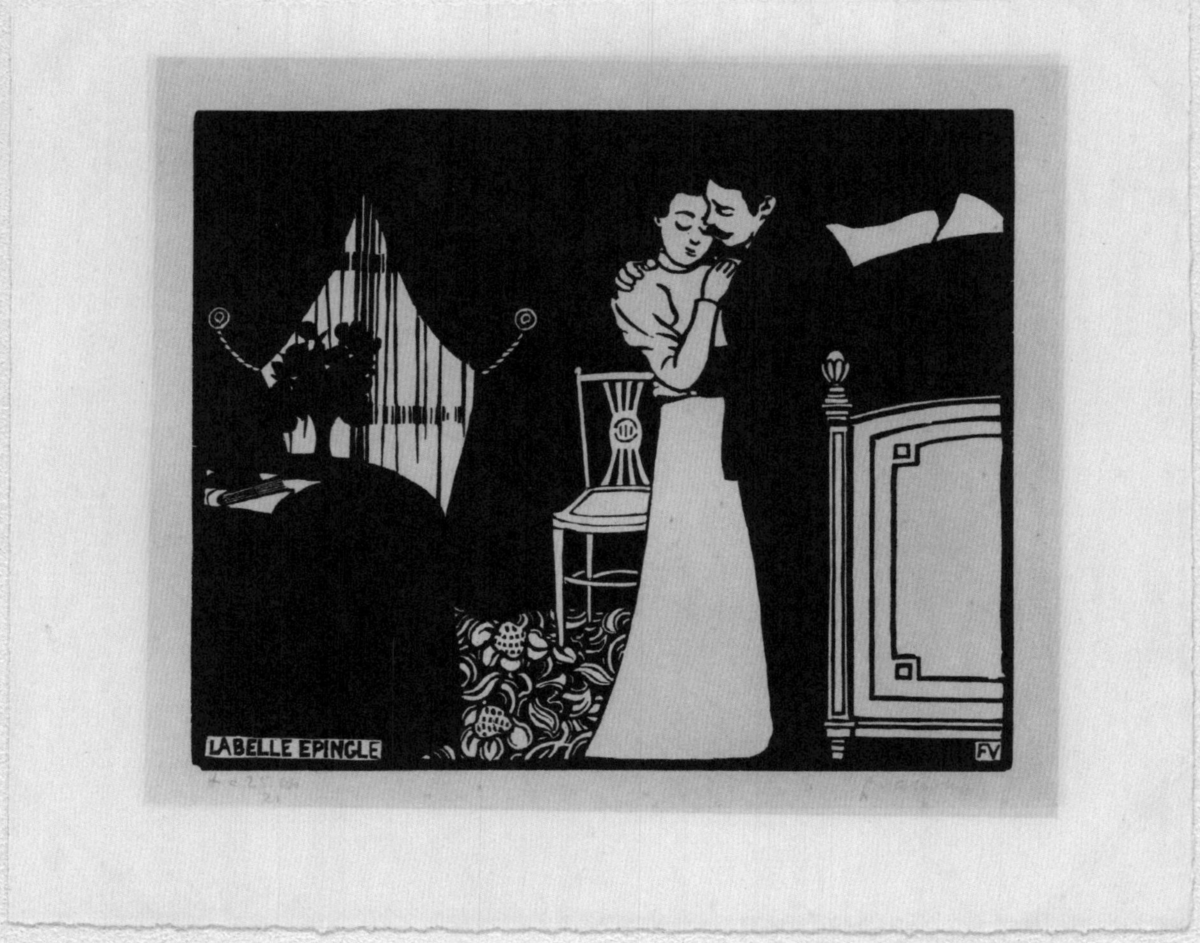

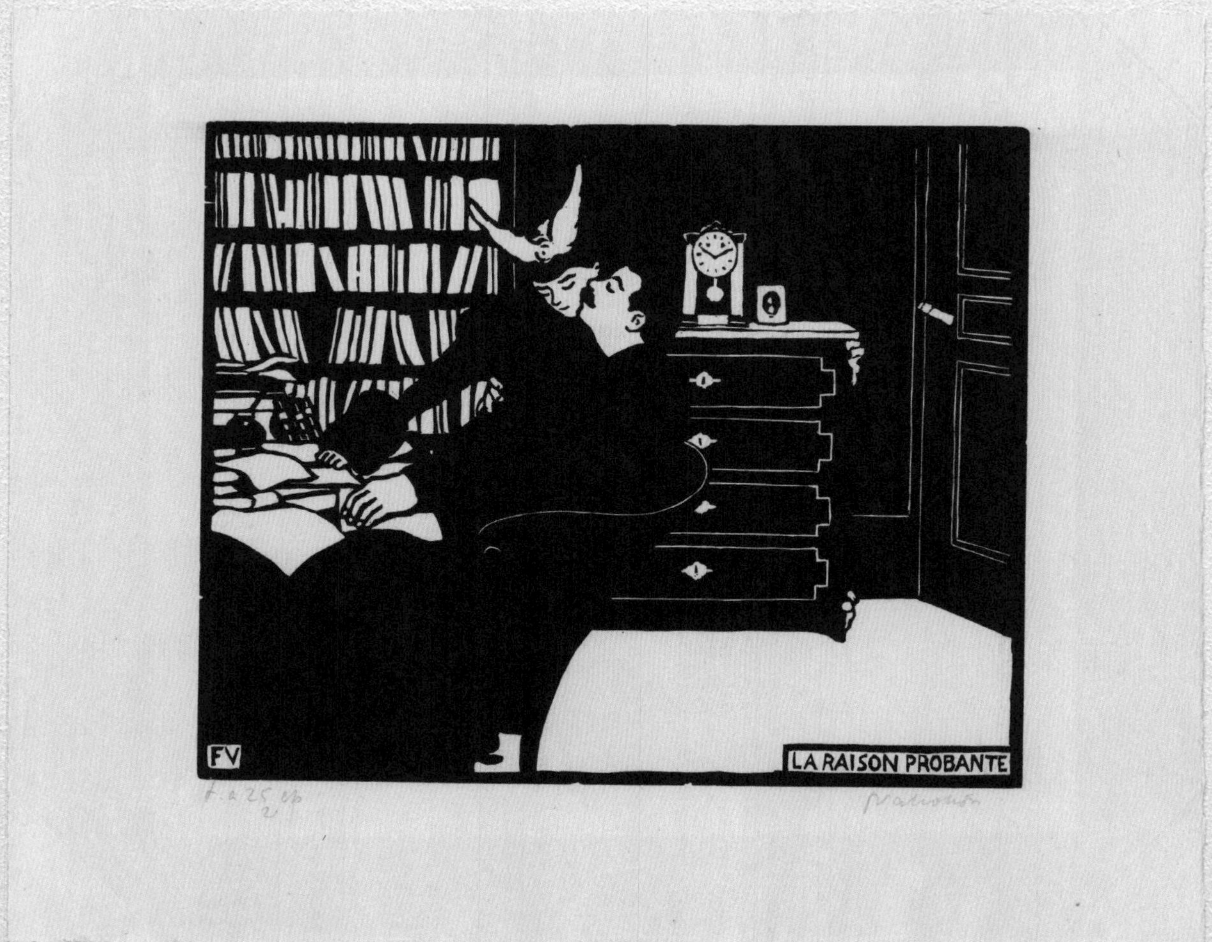

félix vallotton la belle éplingle . la raison probante 1897-1898

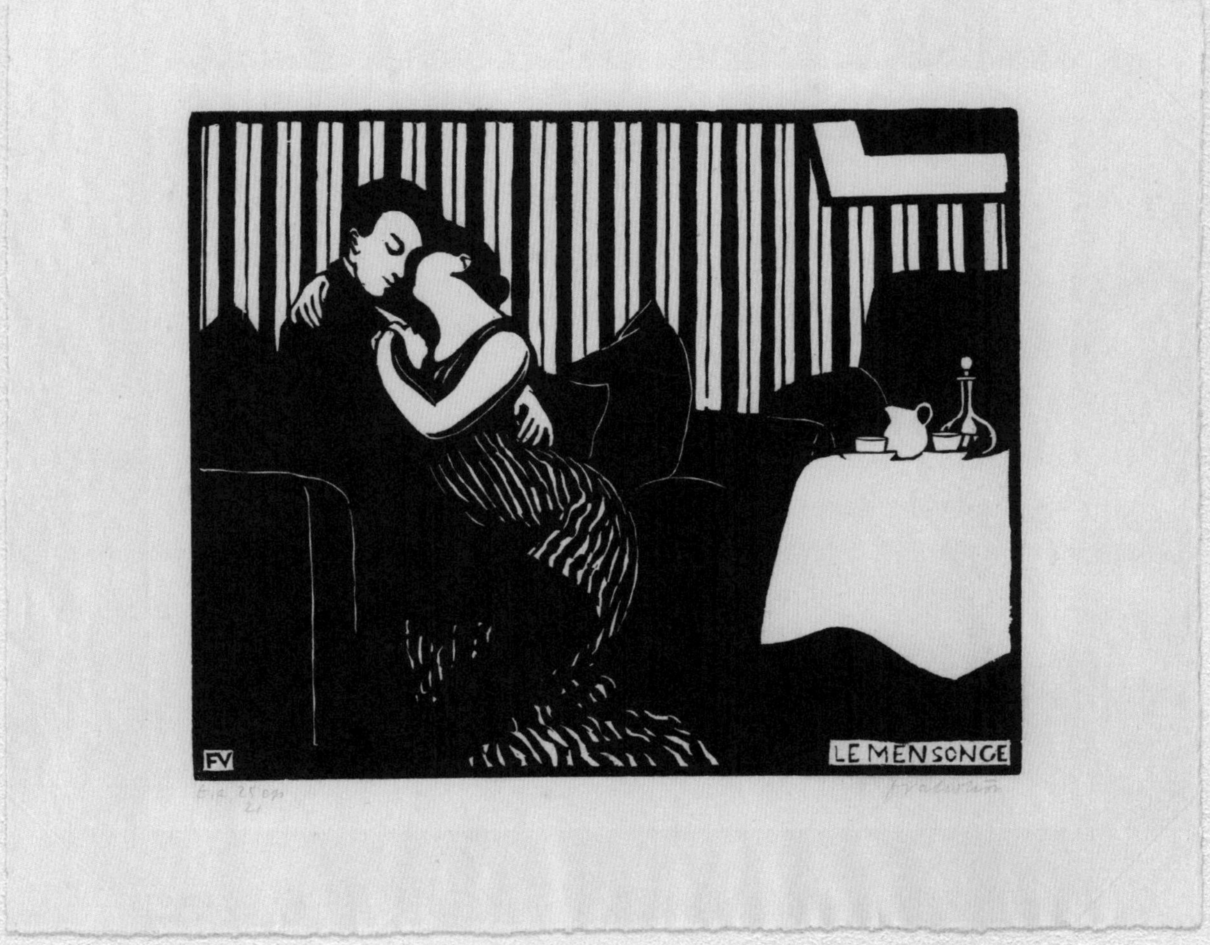

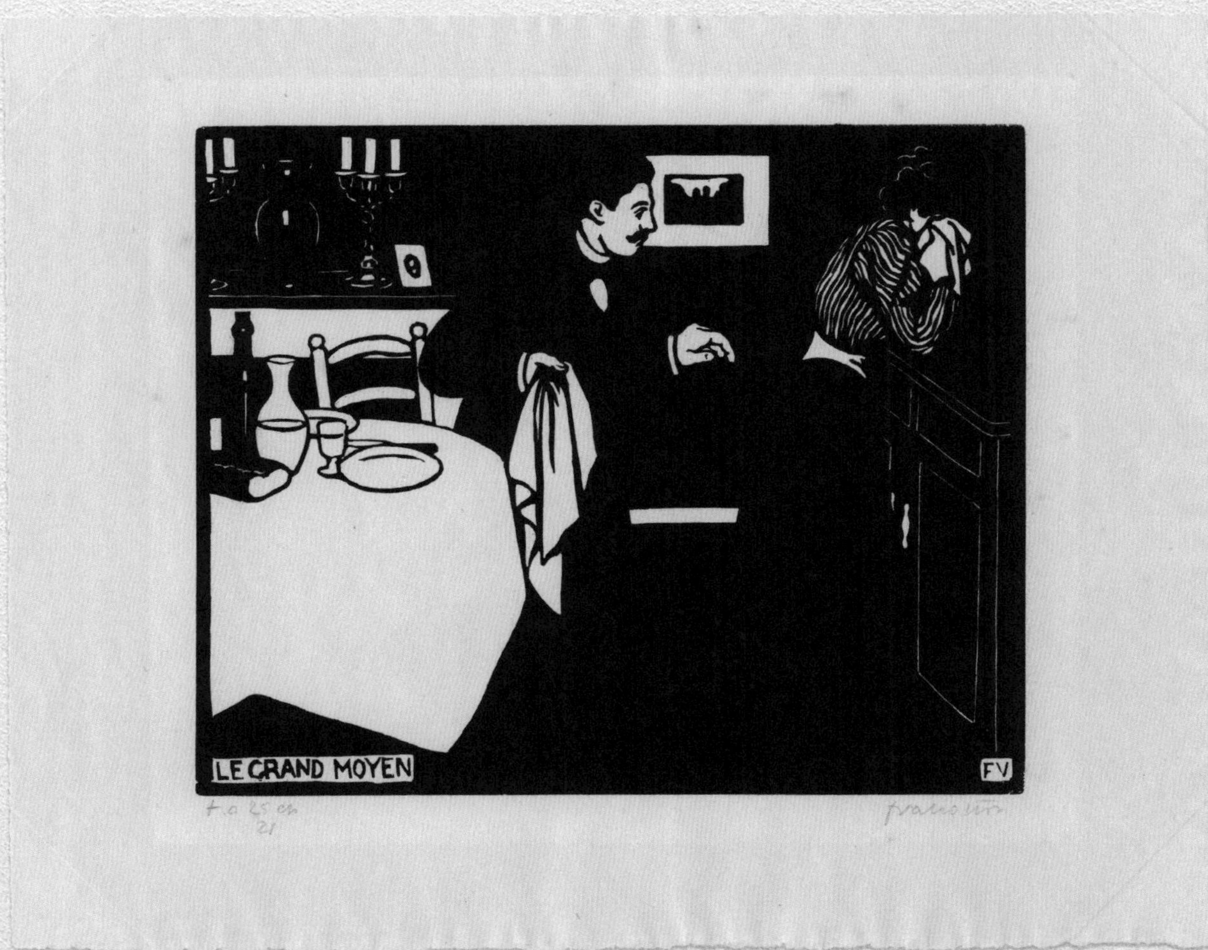

le mesonge . le grand moyen 1897-1898

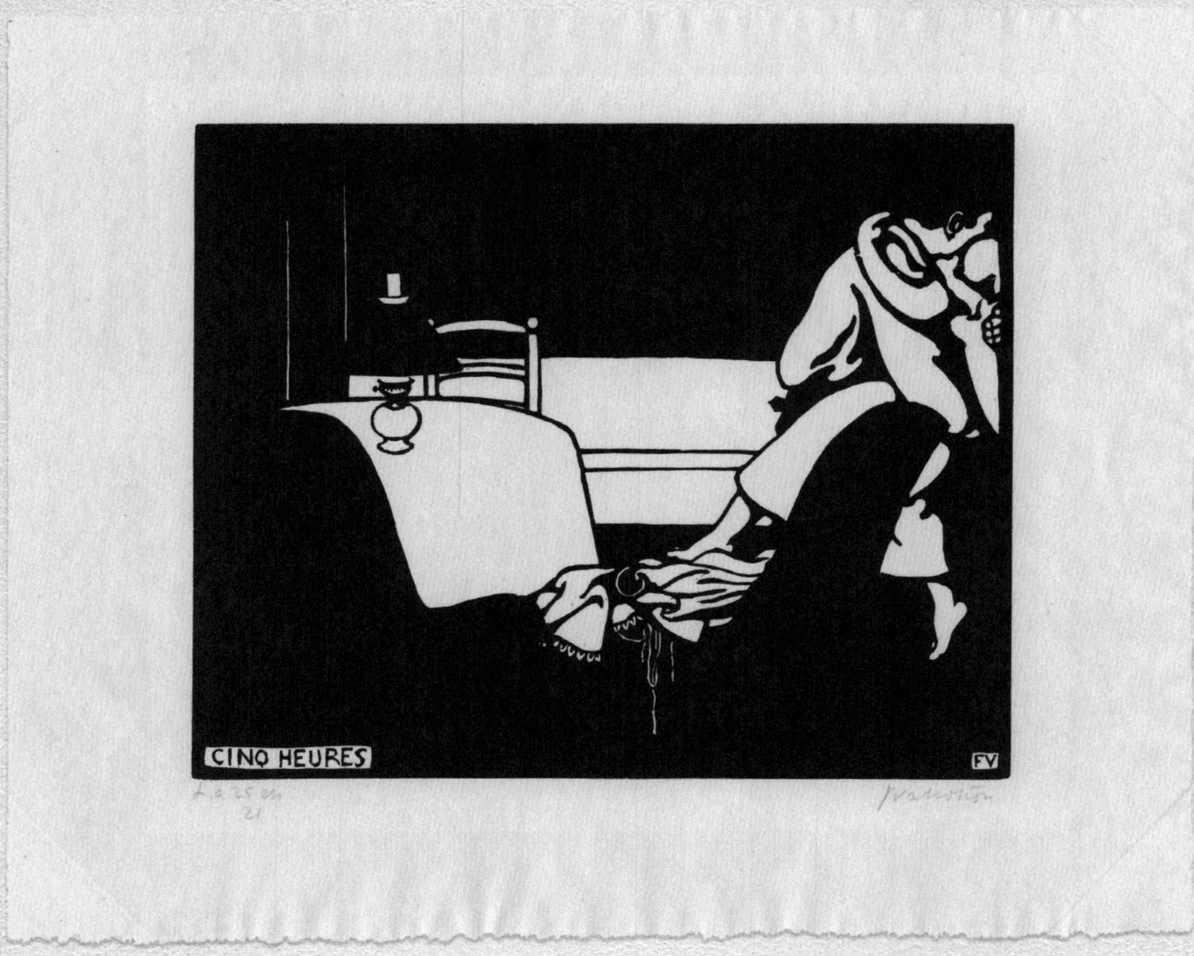

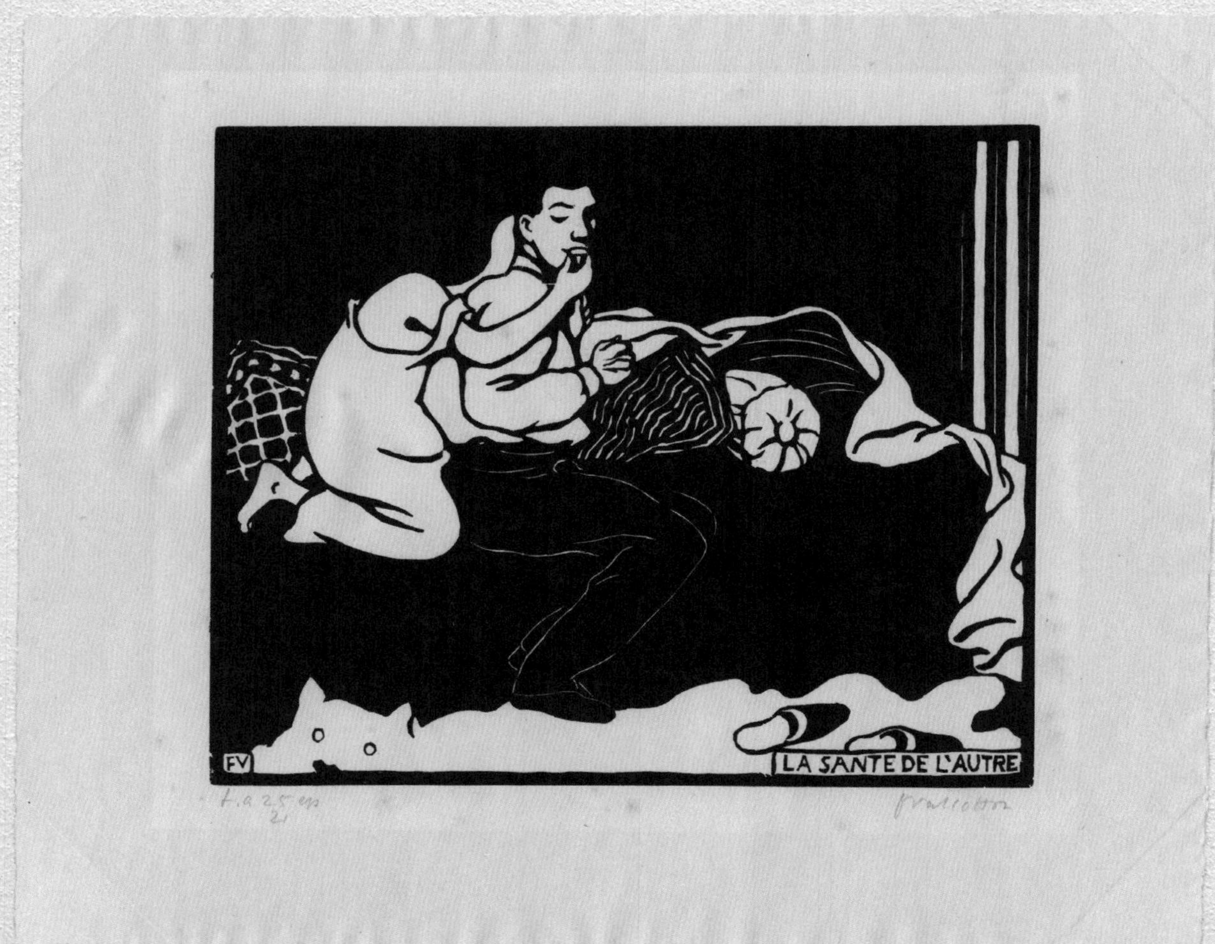

cinq heures . la santé de l'autre 1897-1898

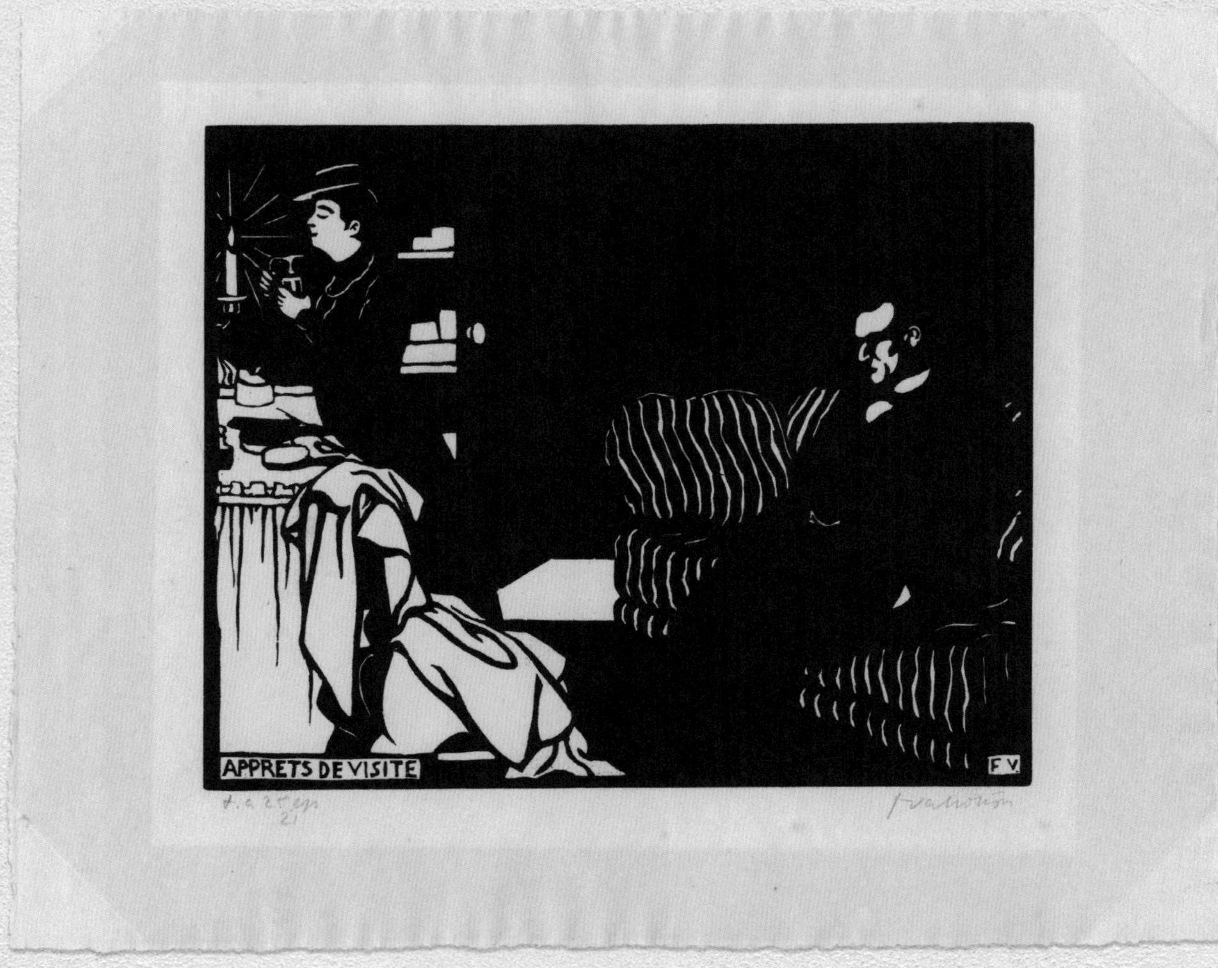

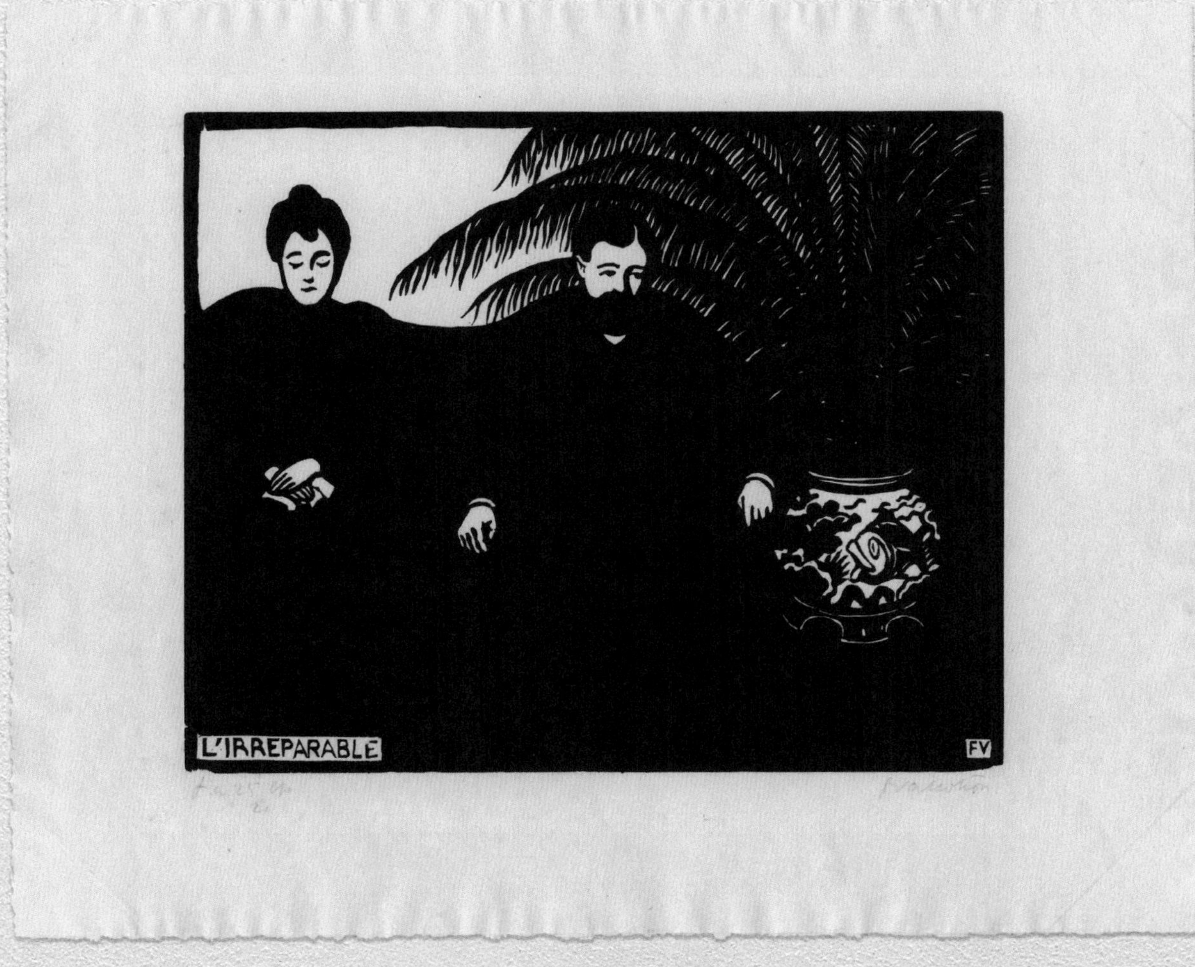

apprêts de visite . l'irreparable 1897-1898

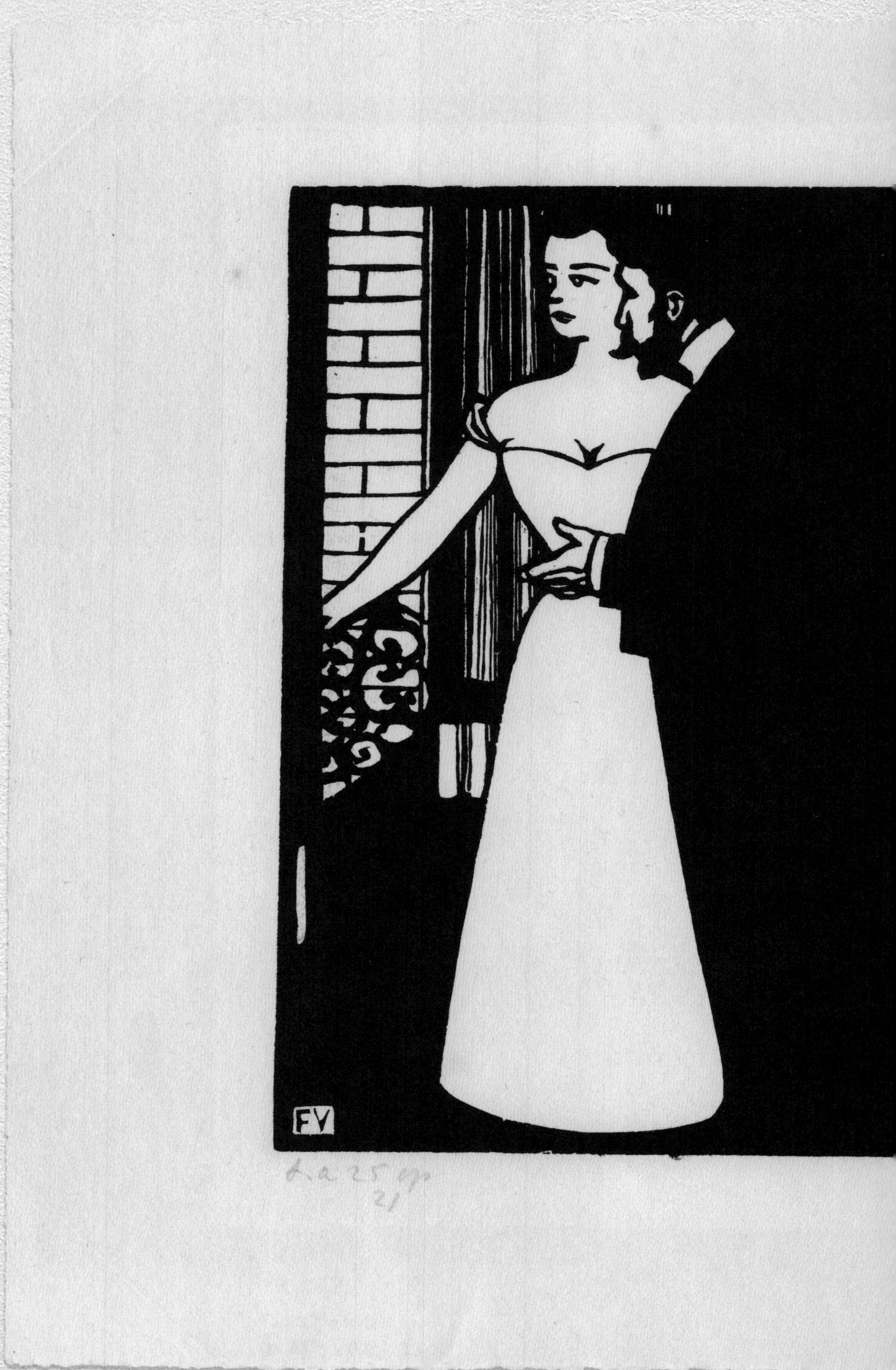

l'argent 1897-1898

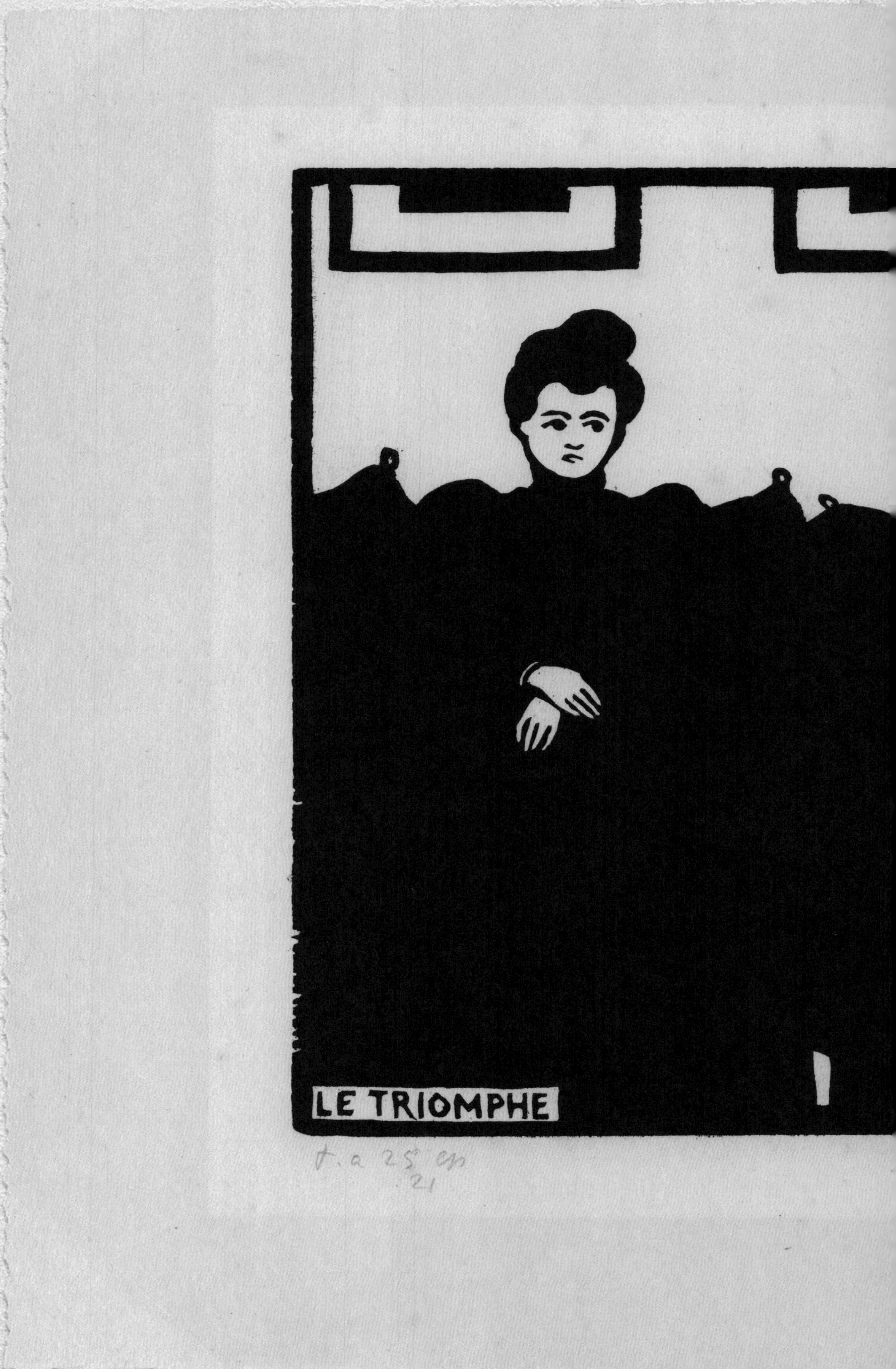
LE TRIOMPHE

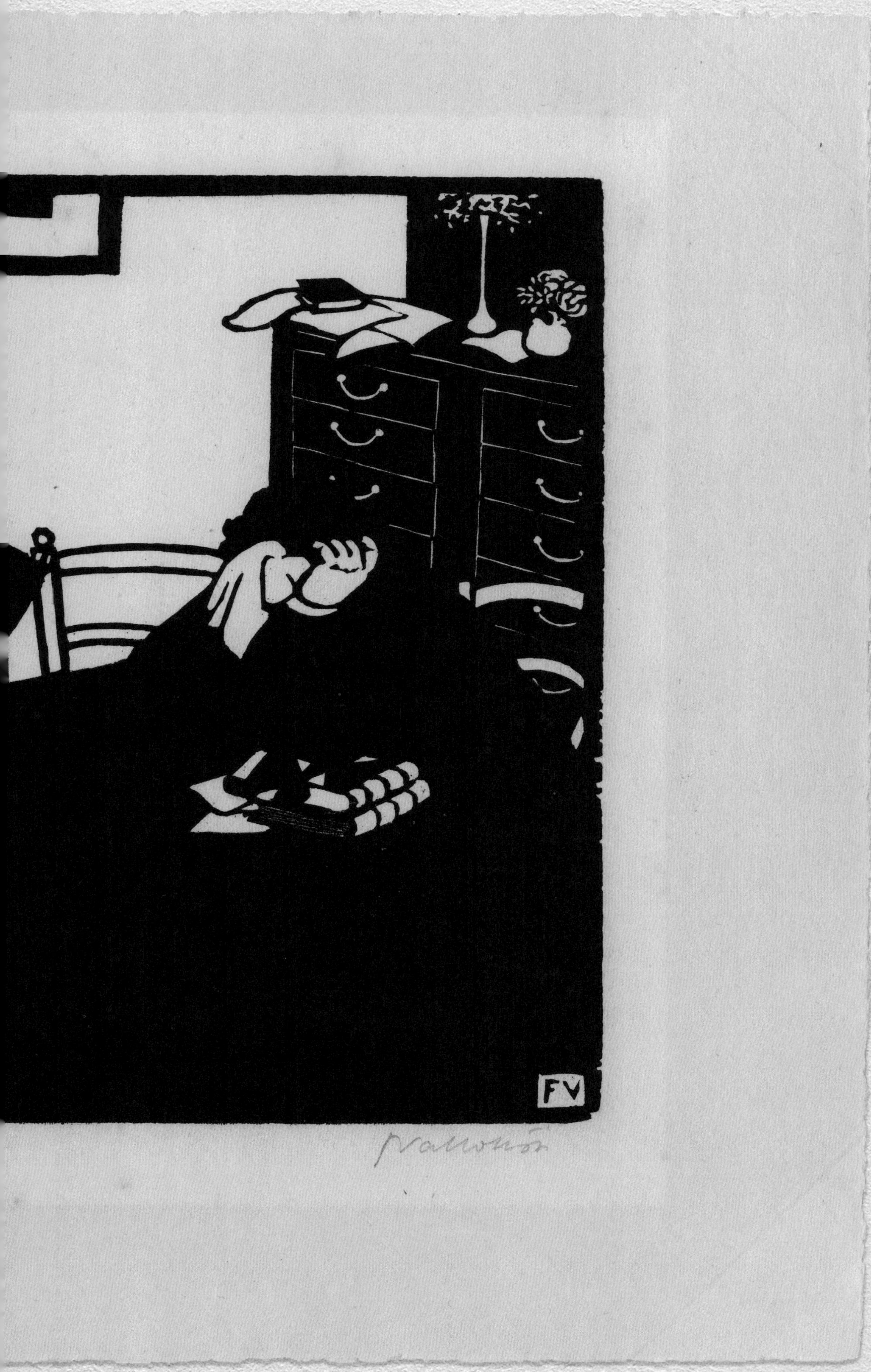

le triomphe 1897-1898

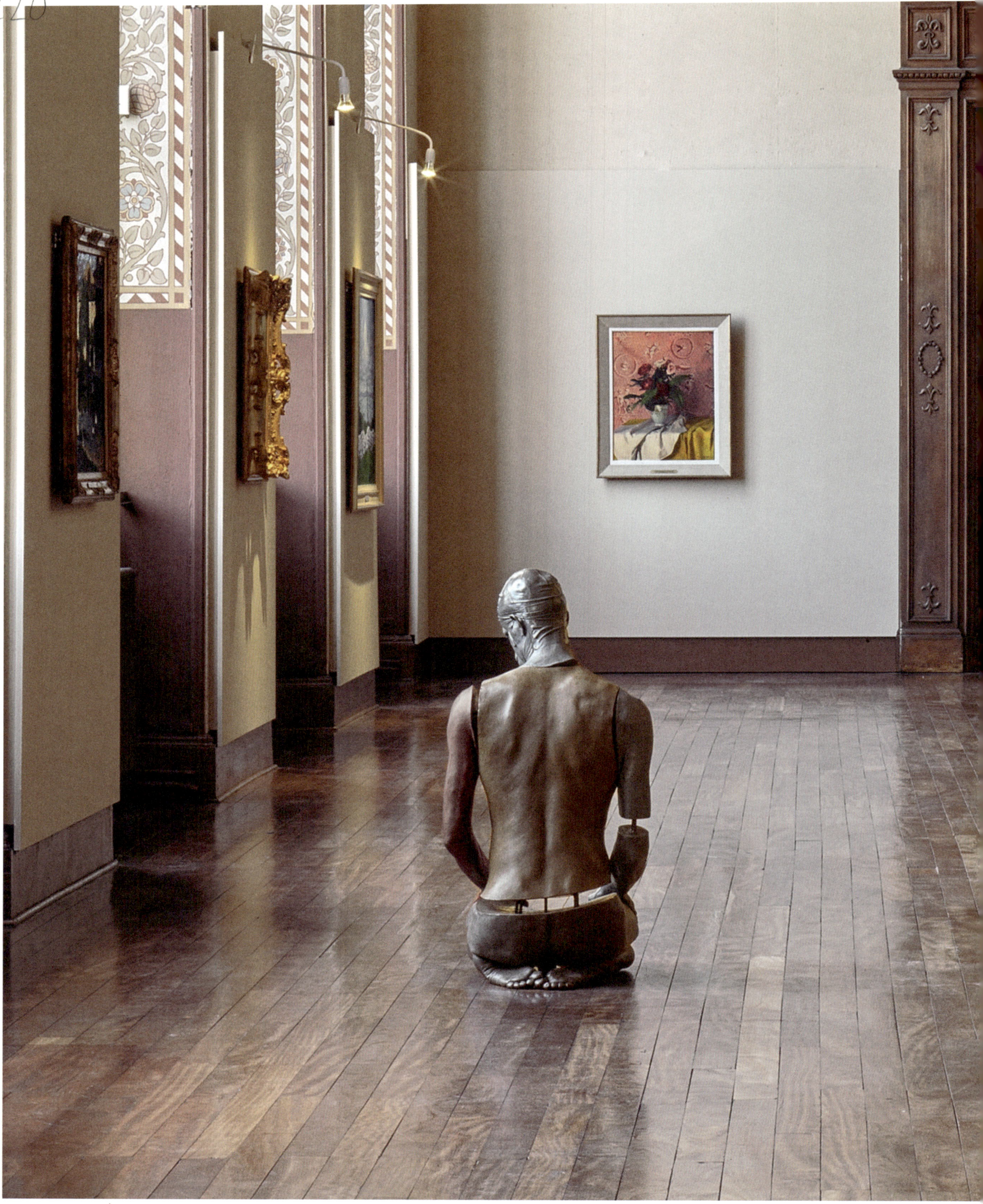

espace rythmique . à la lisière

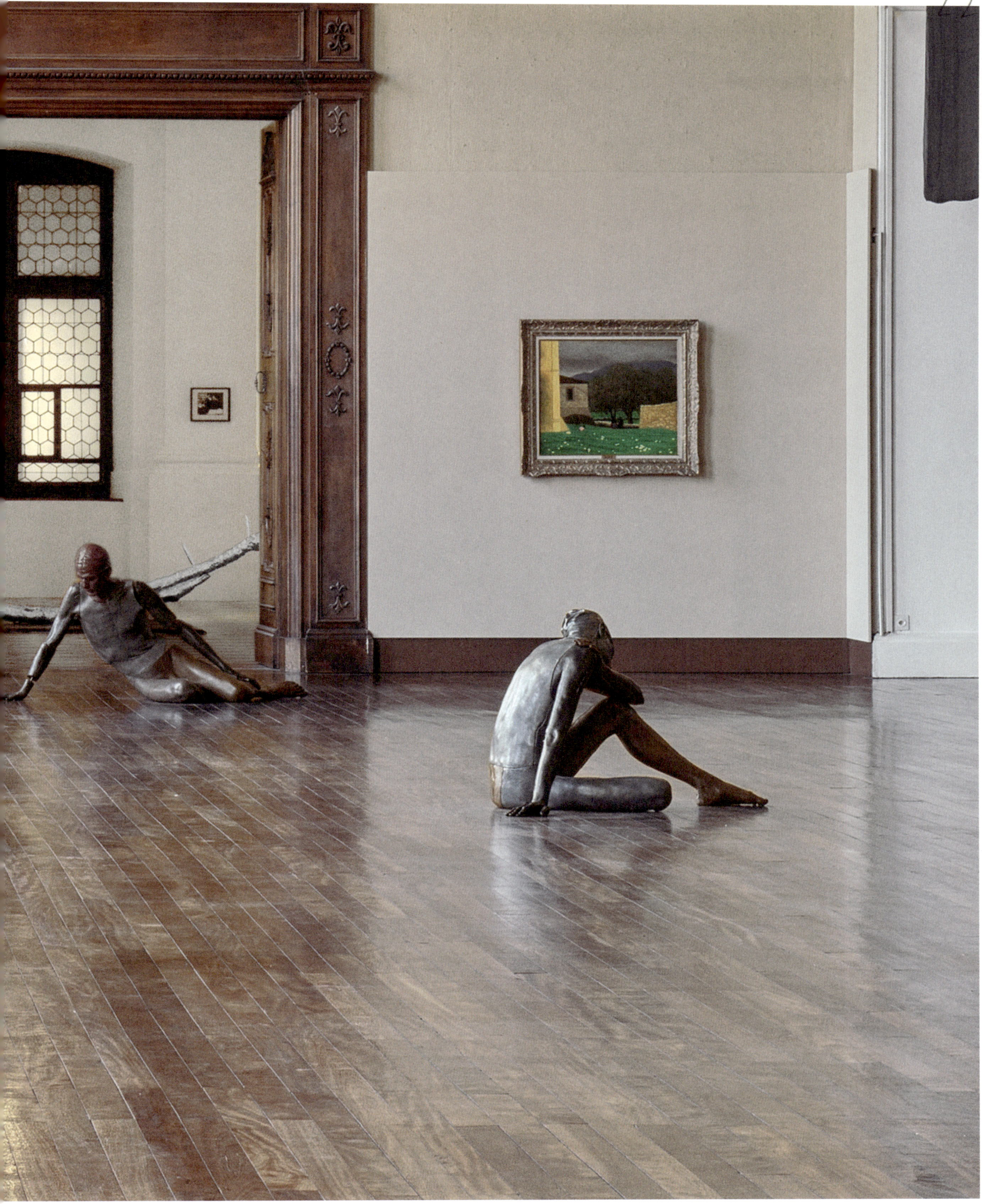

ugo rondinone félix vallotton

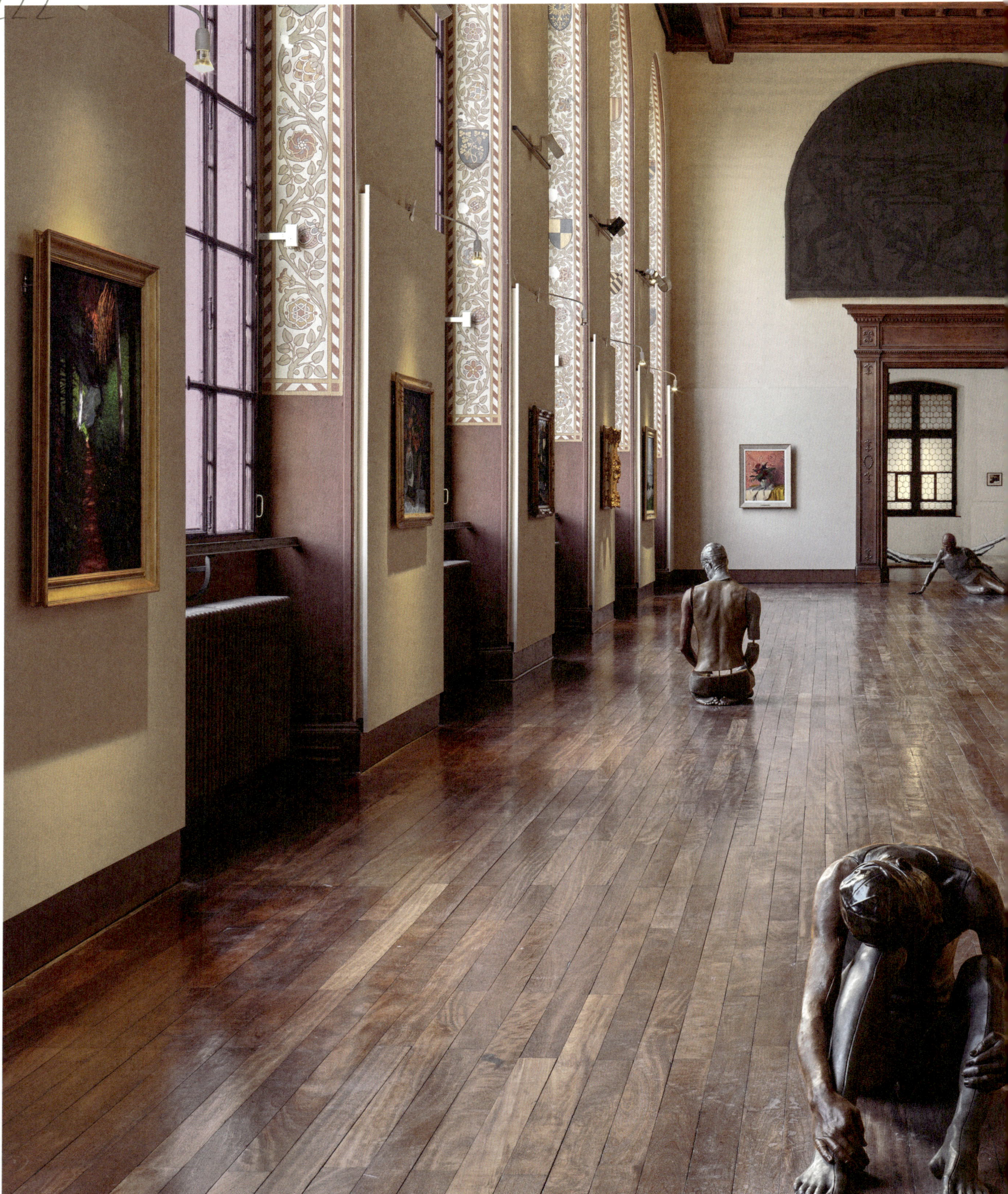

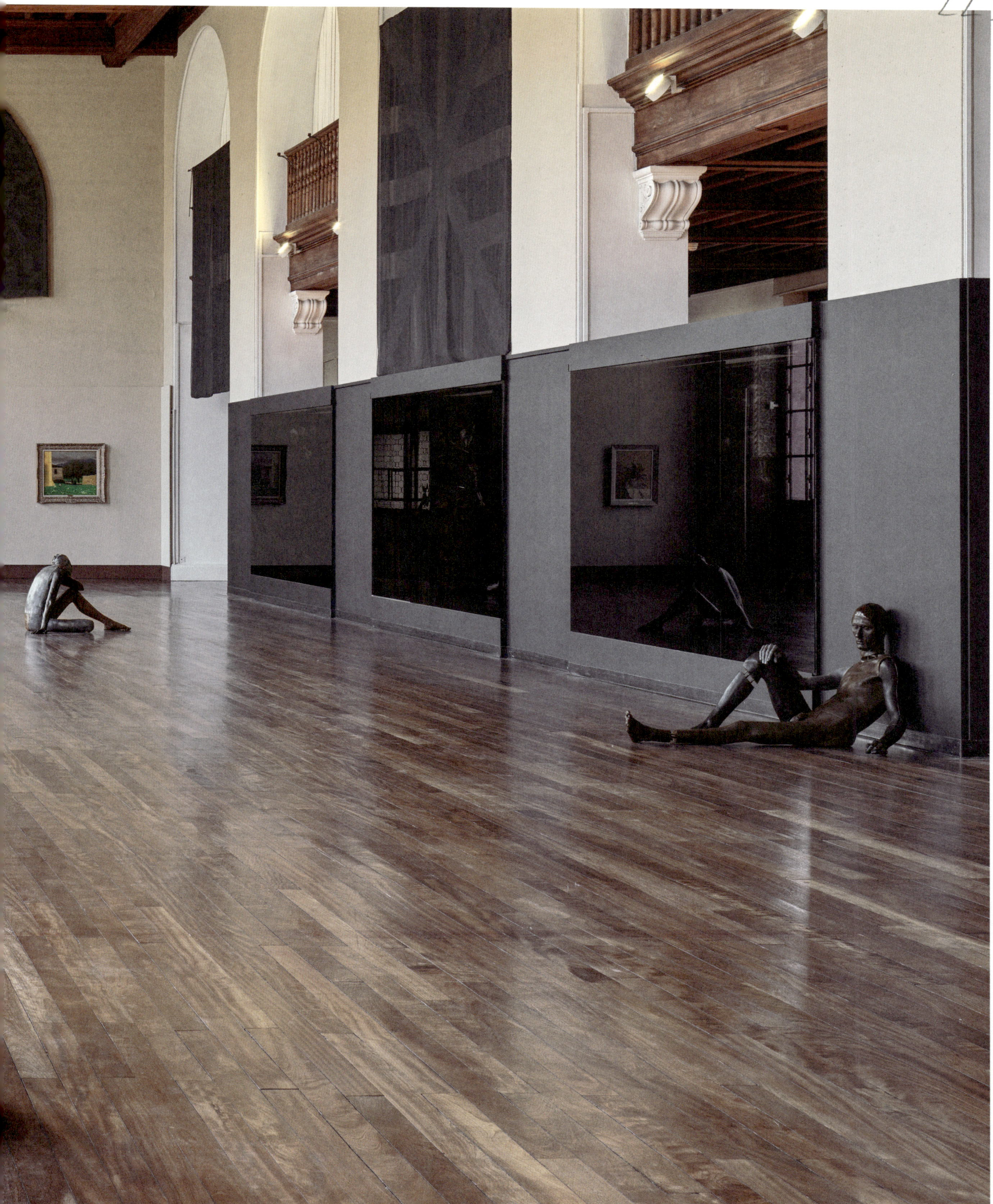

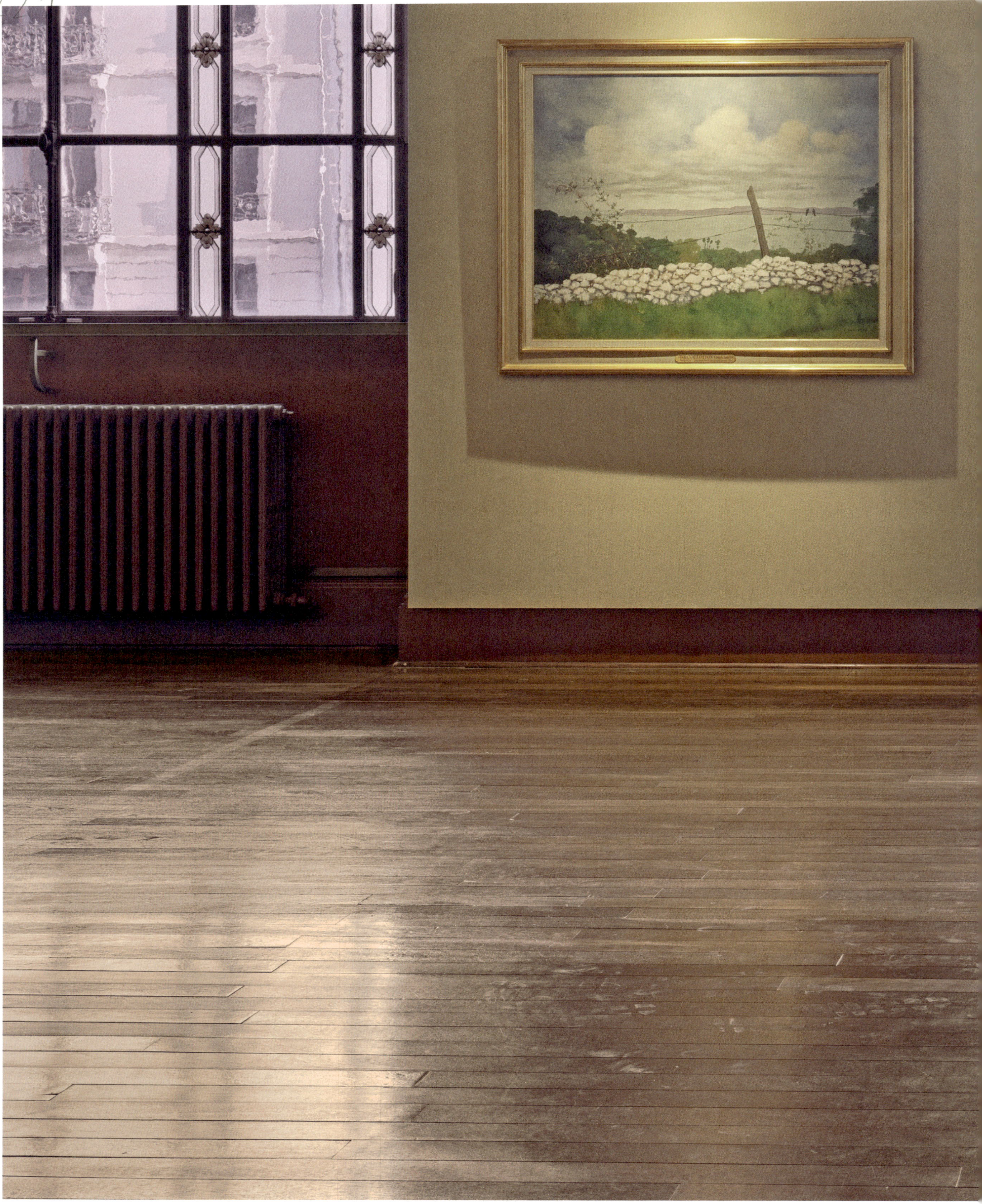

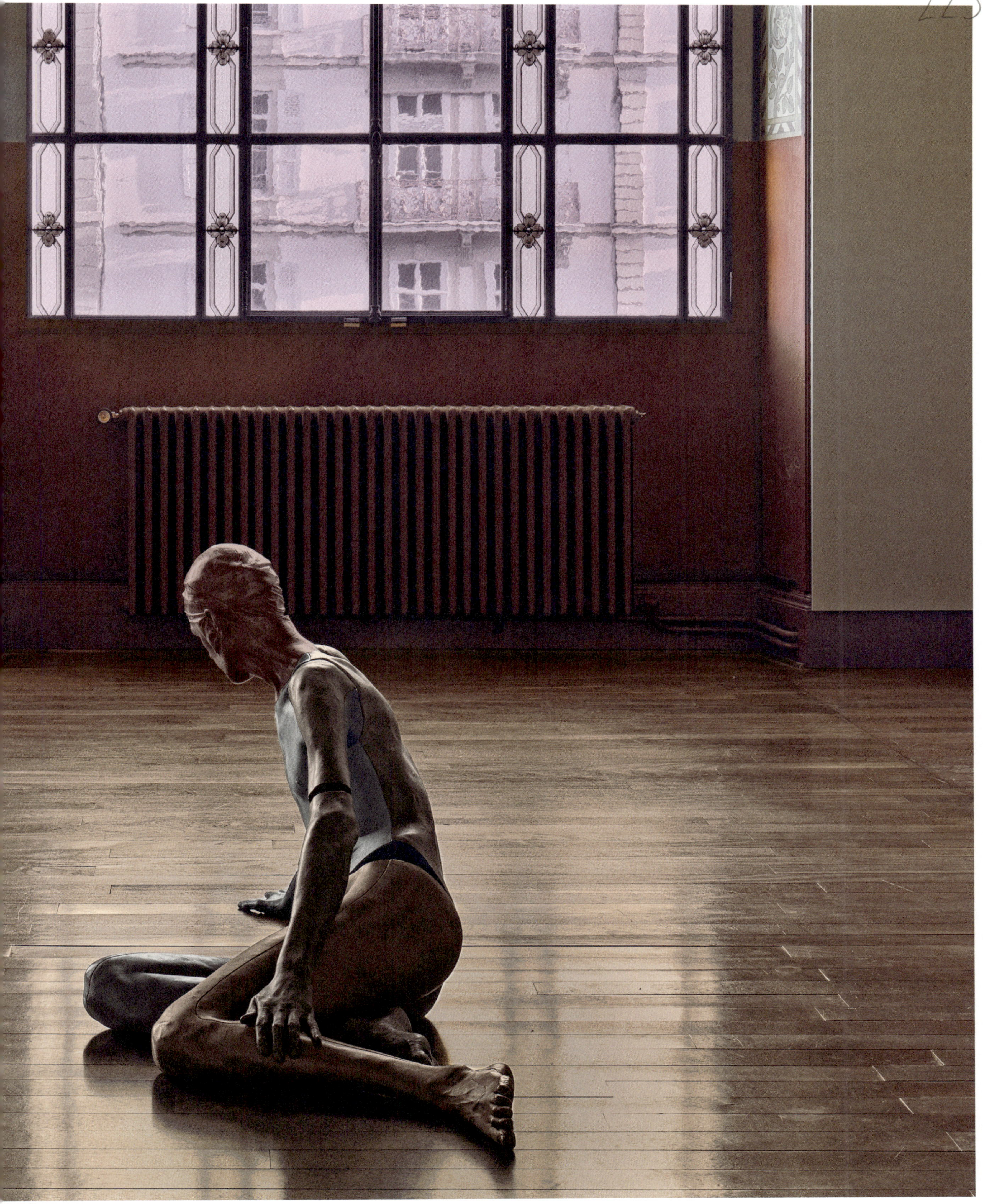

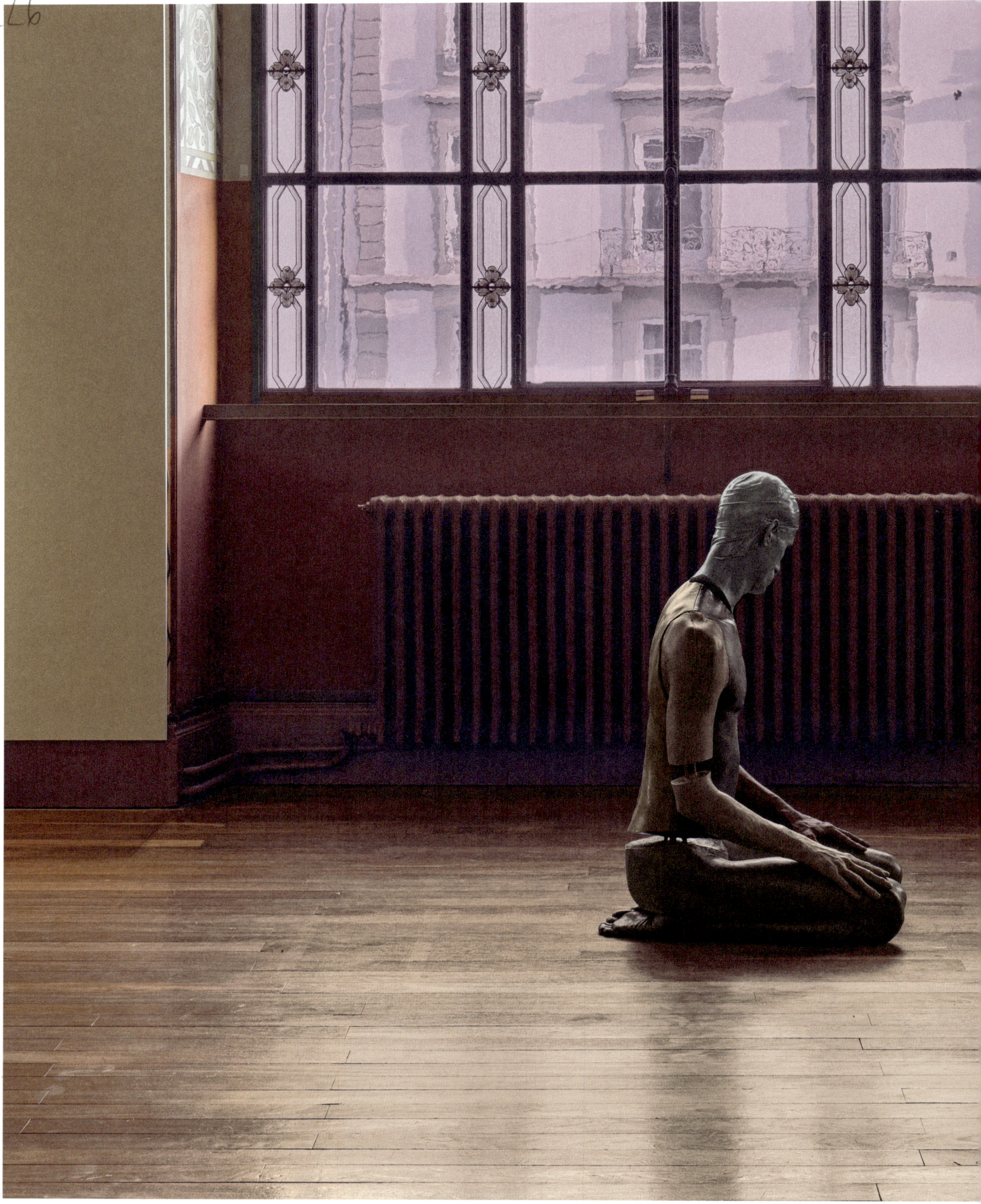

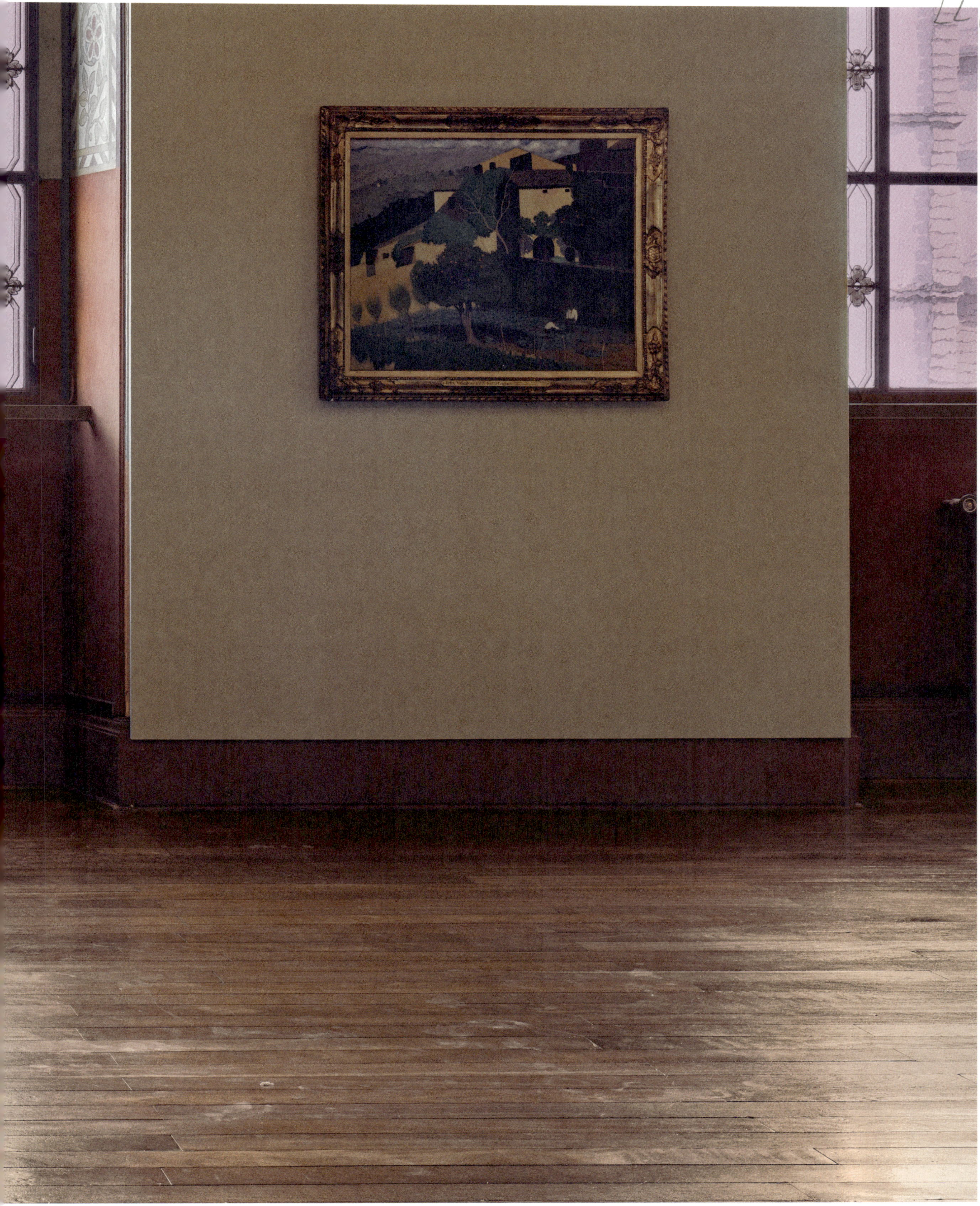

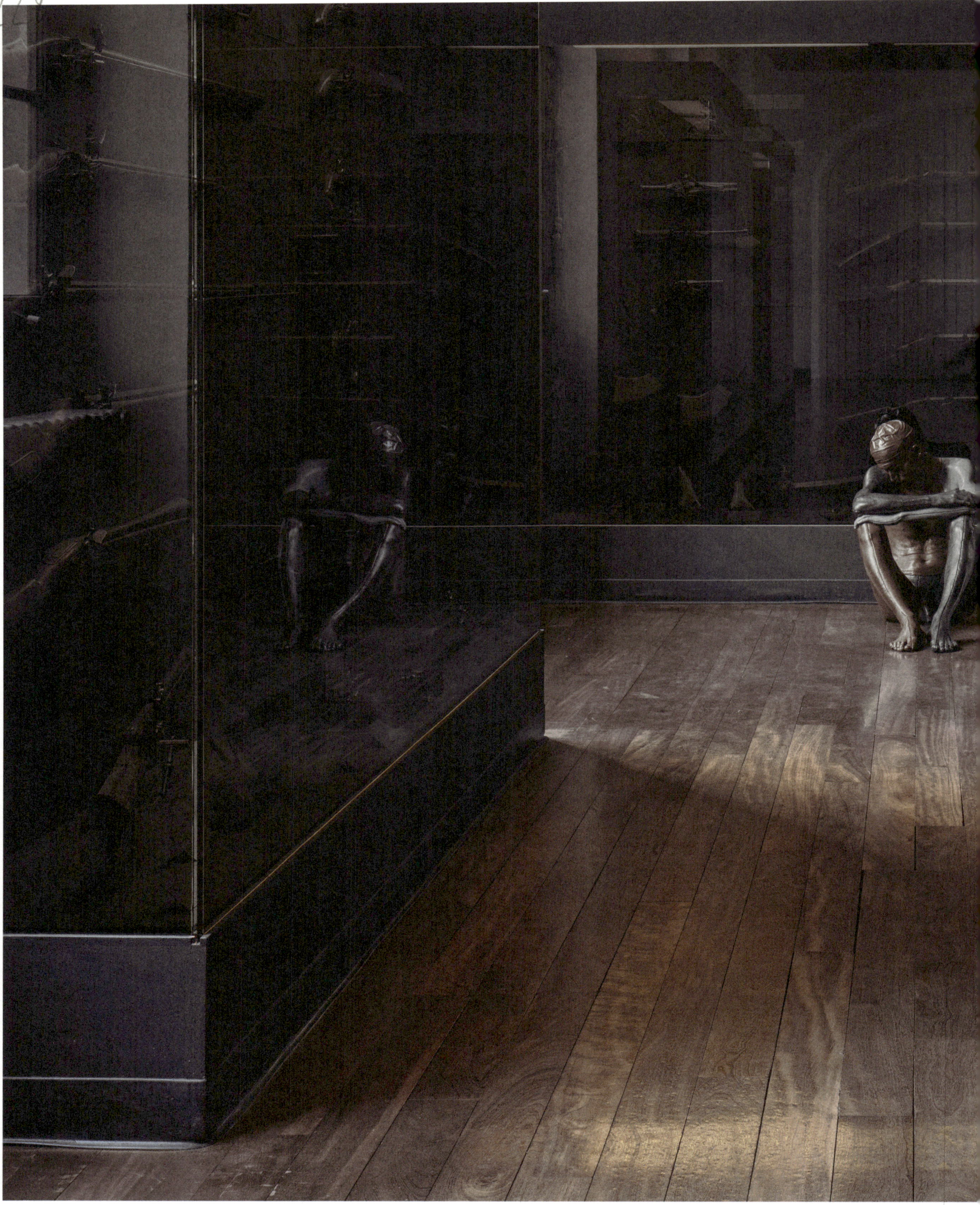

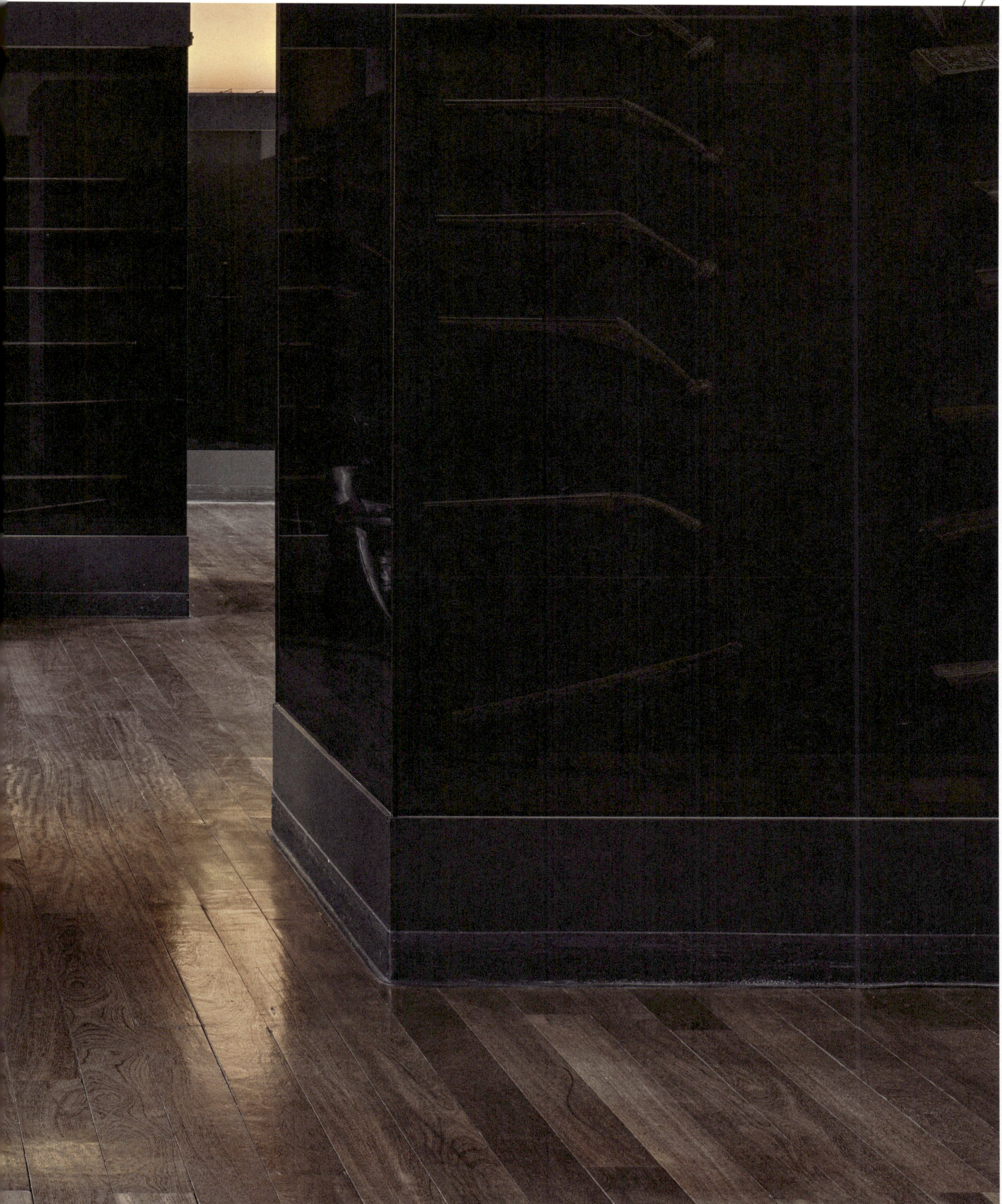

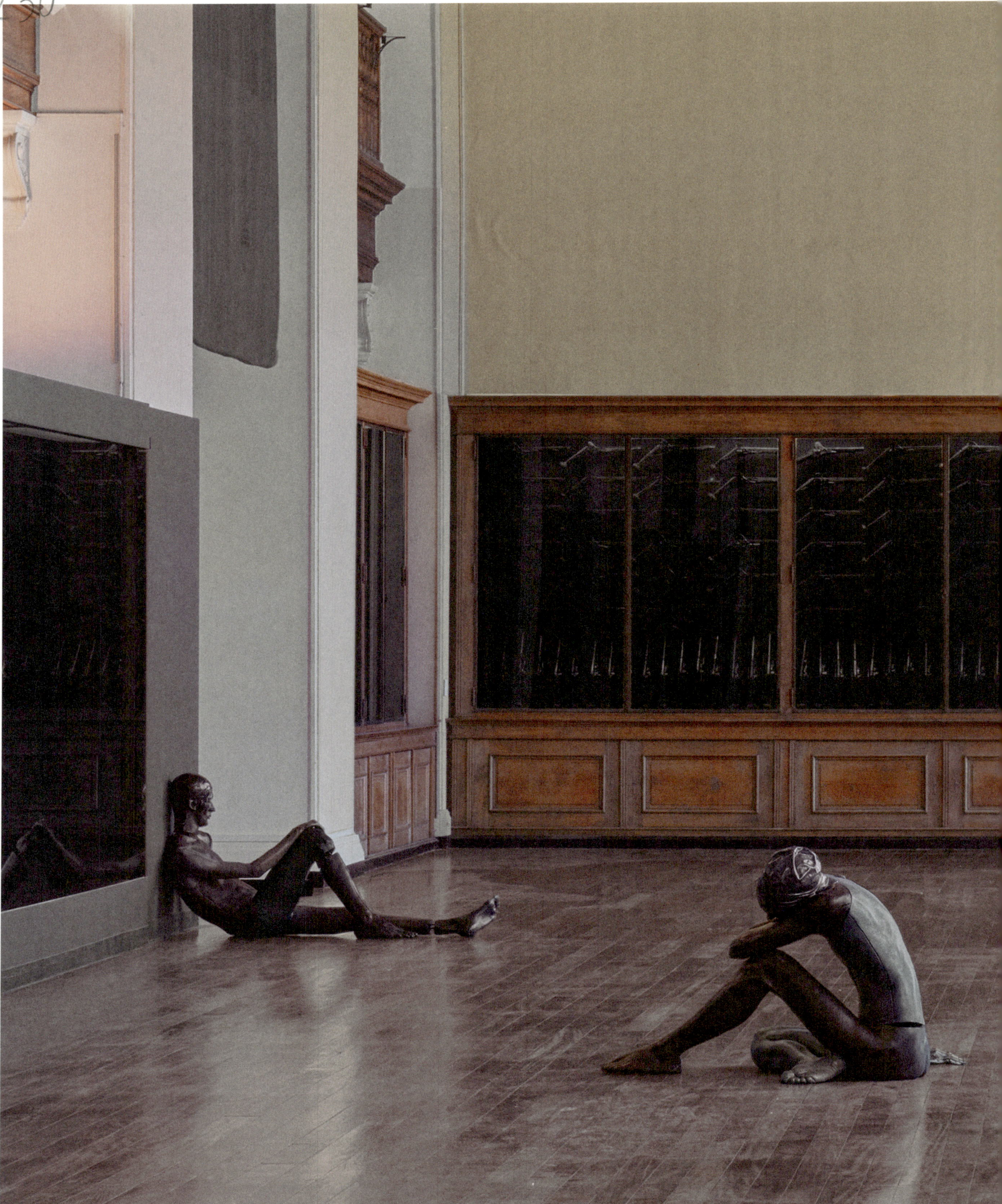

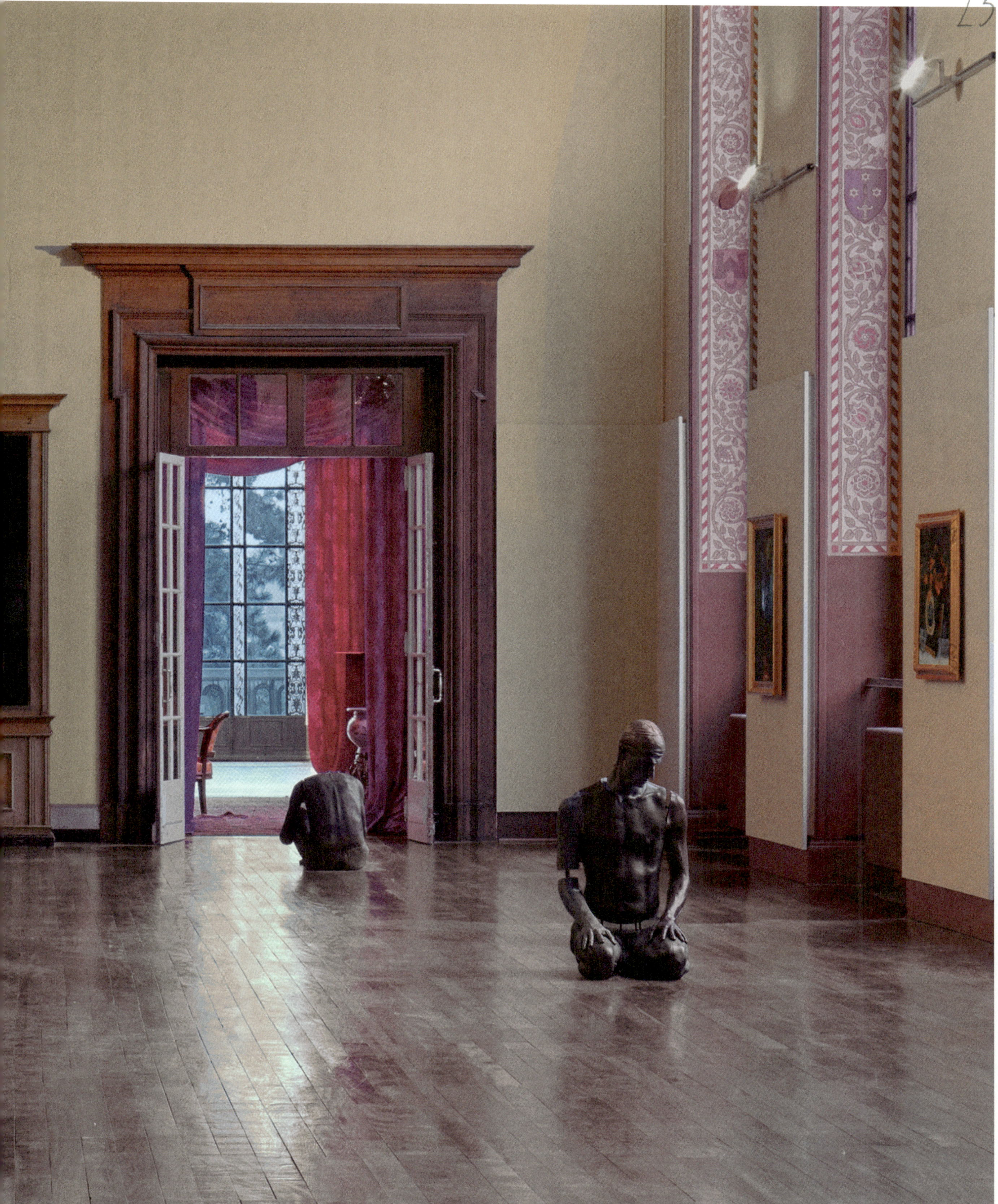

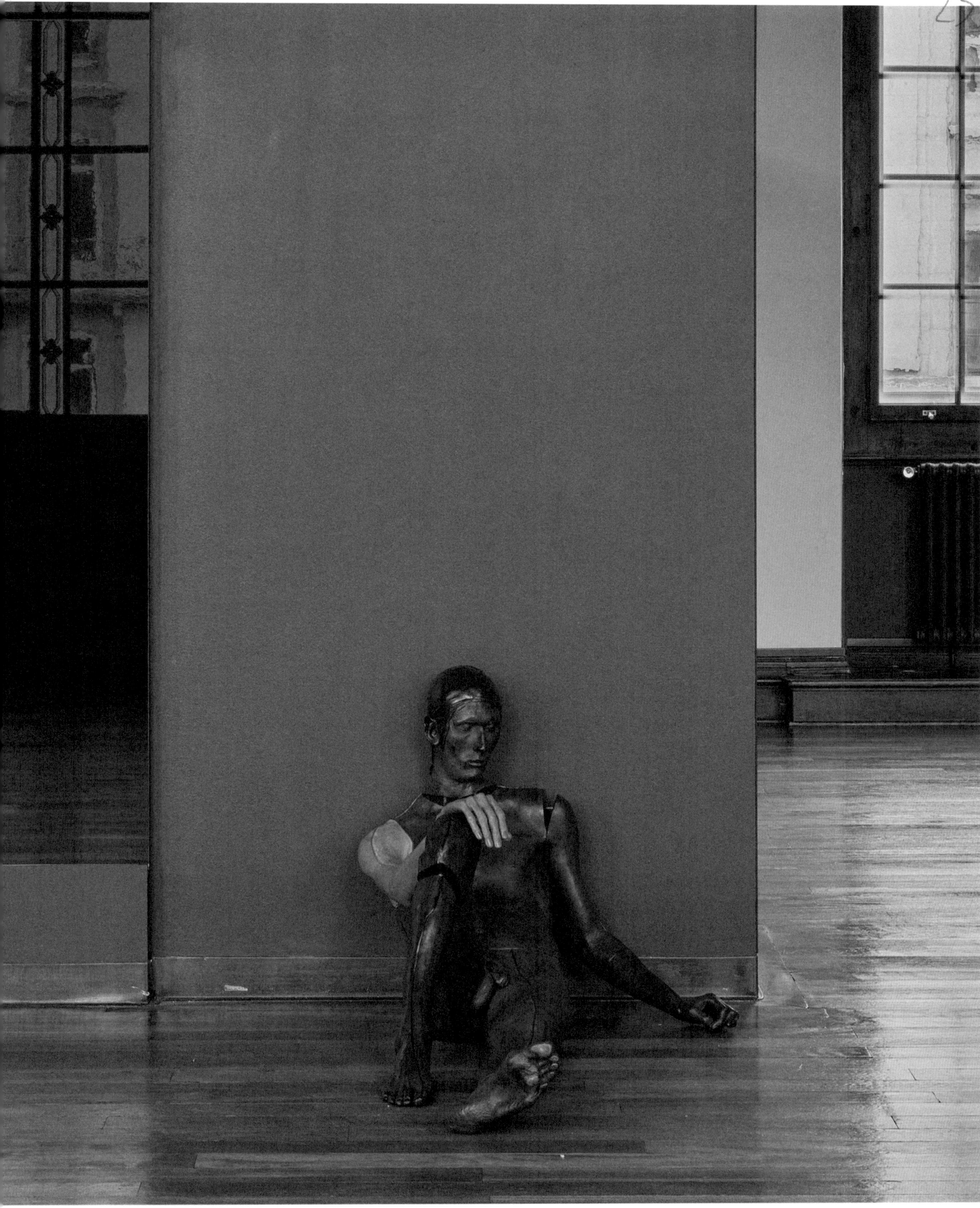

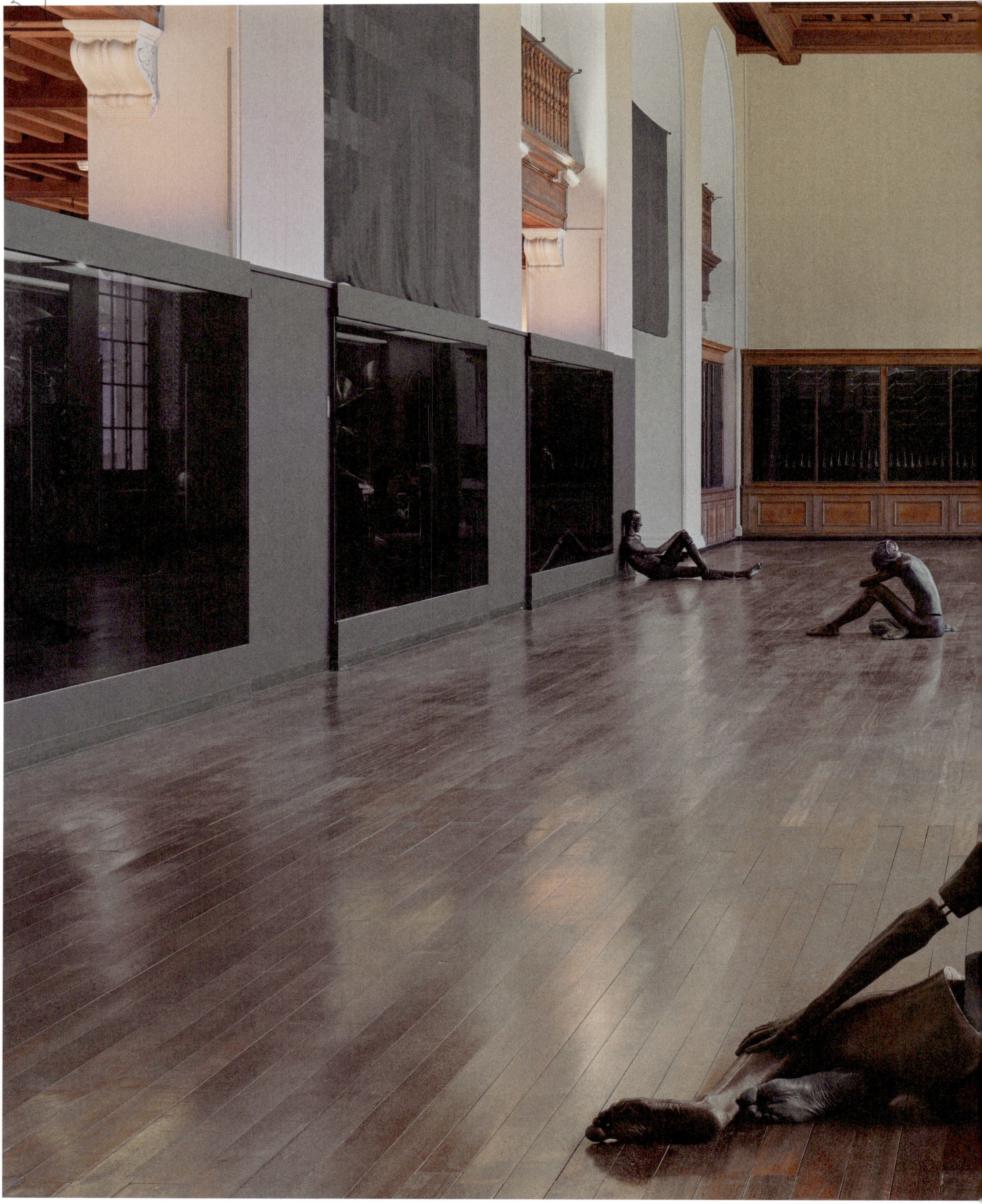

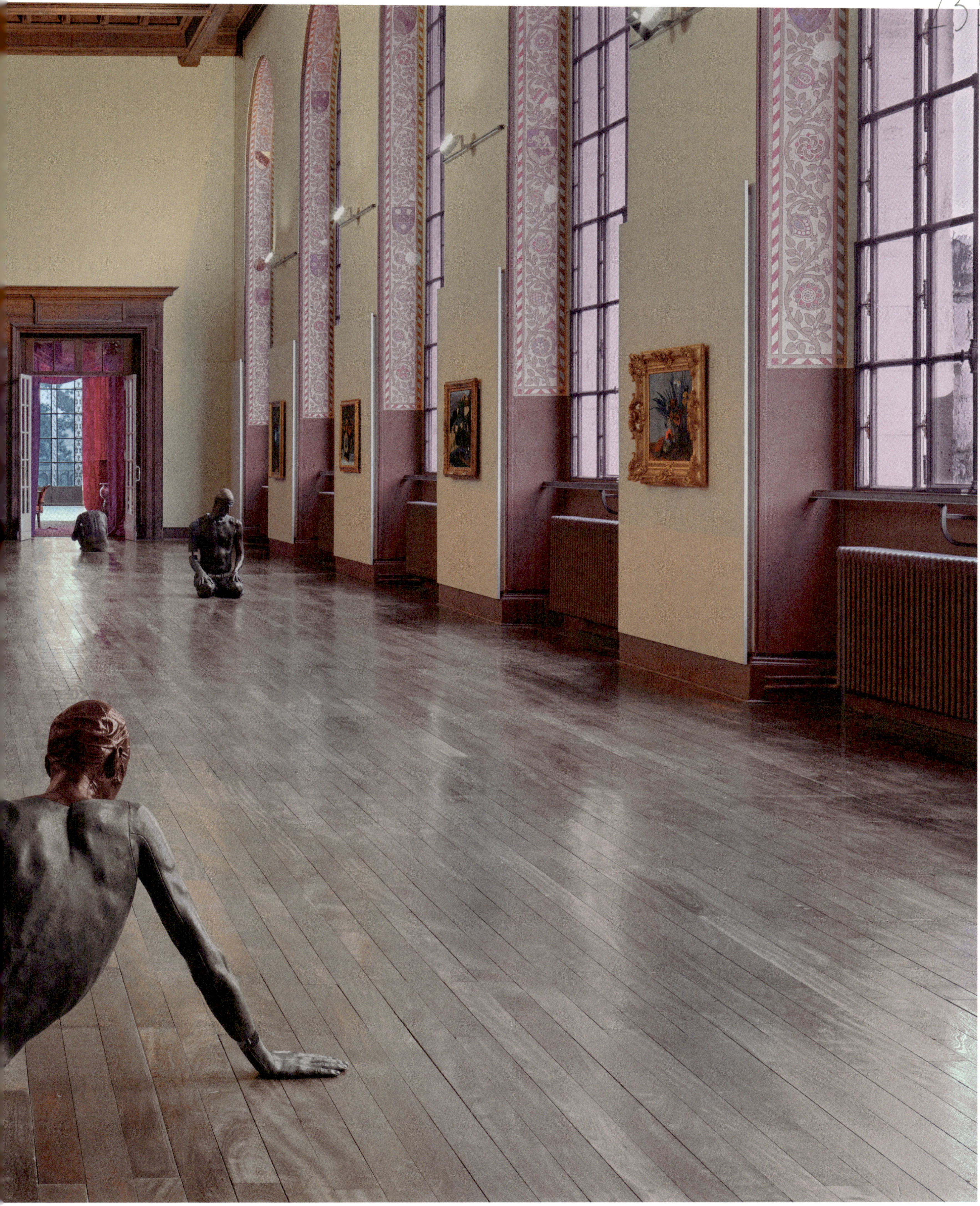

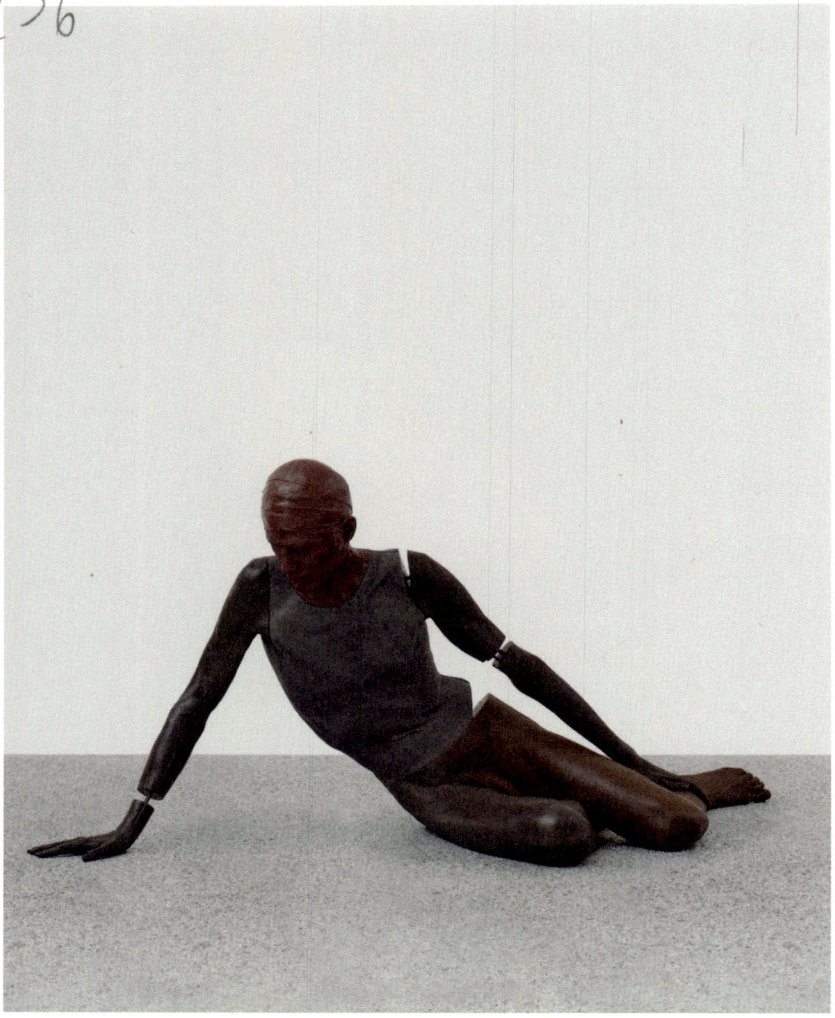

nude (xxxxxxxxxxxxxx) 2011

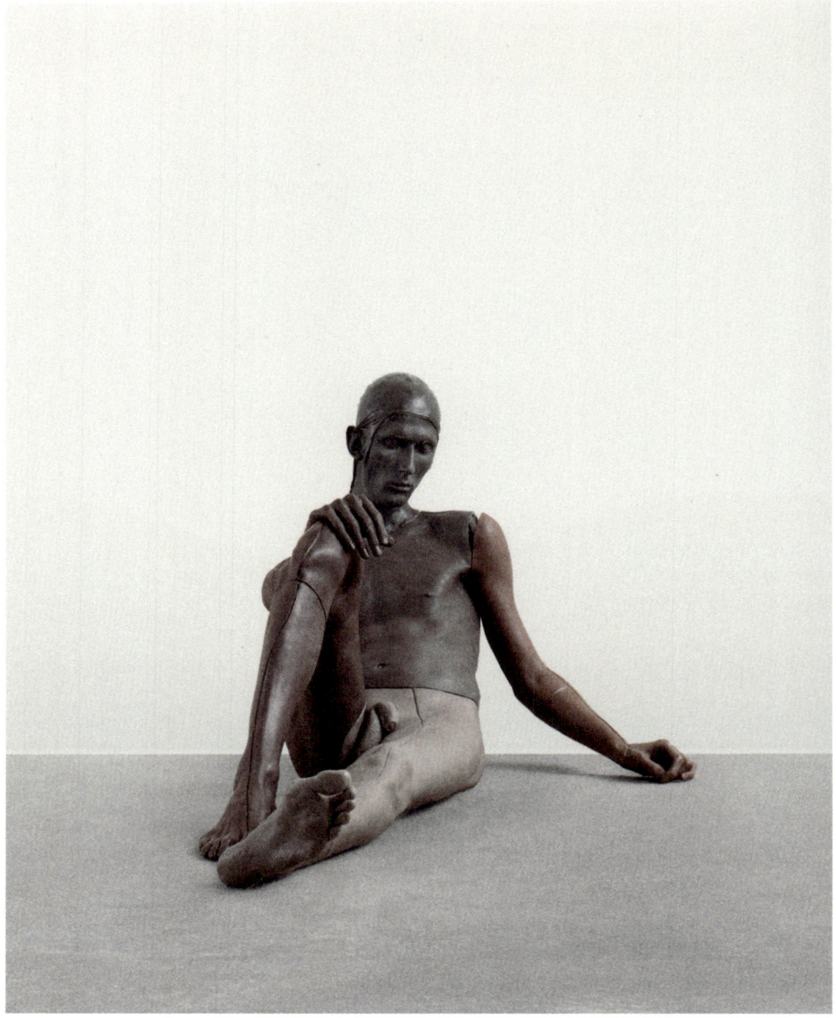

nude (xx) 2010

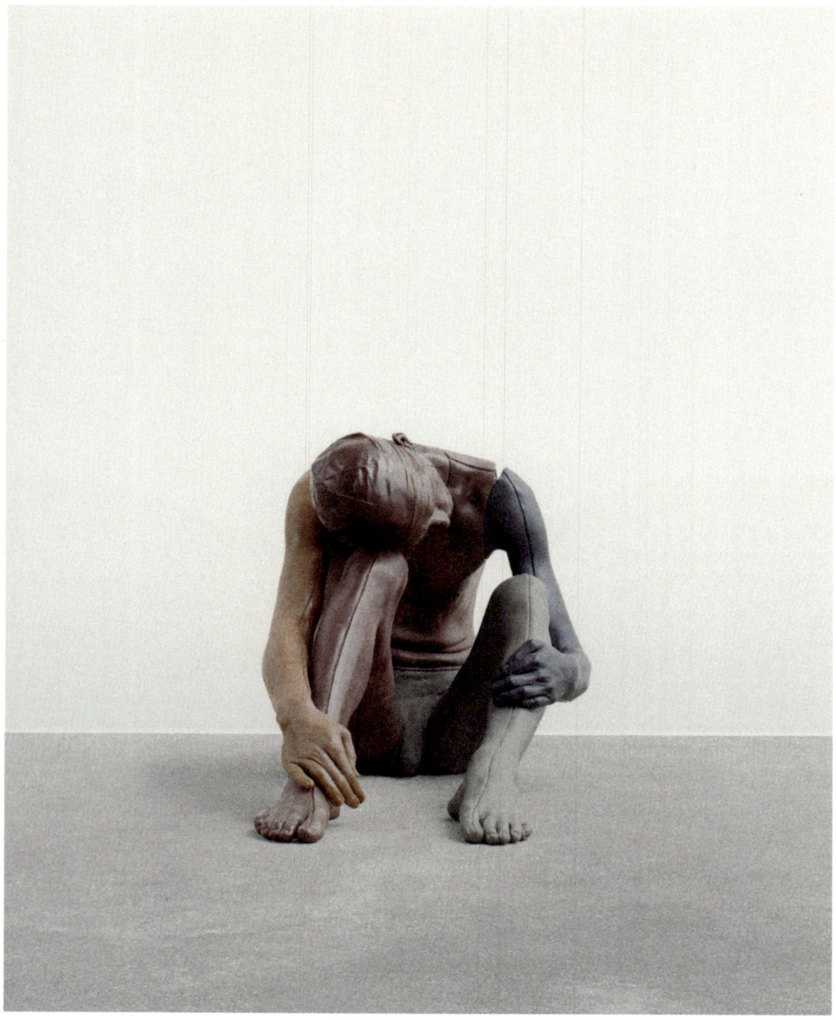

nude (xxxxxxxx) 2011

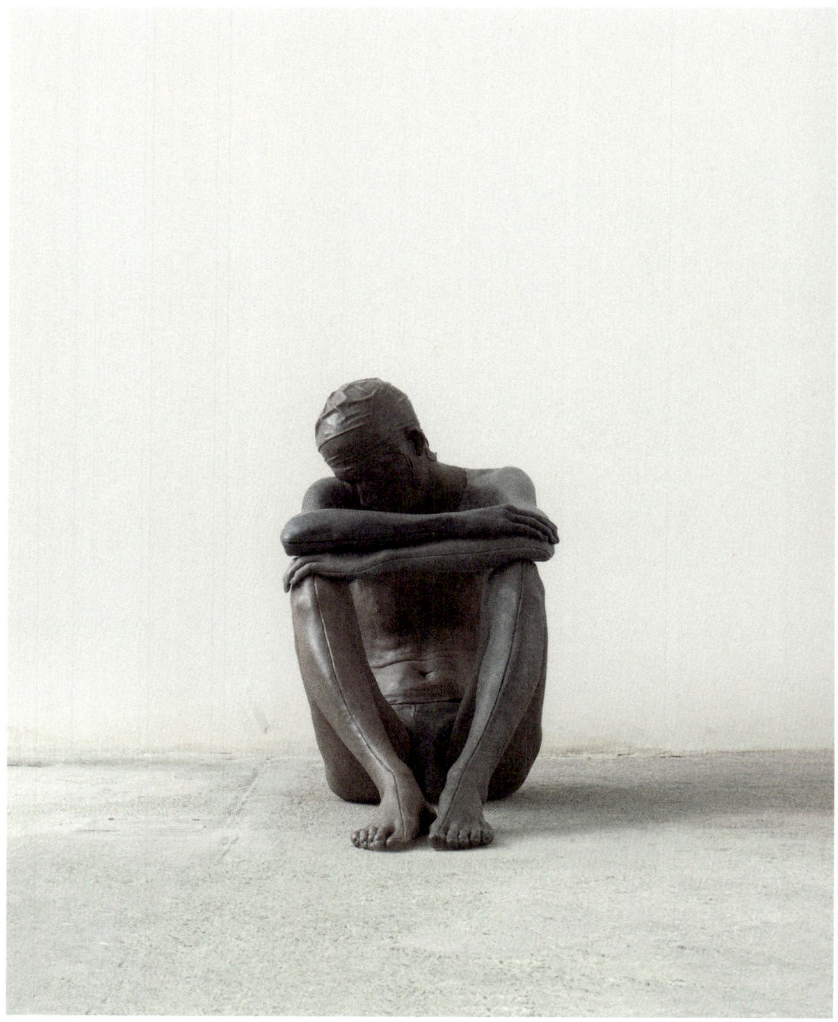

nude (xxxxxxxxxxxxxx) 2011

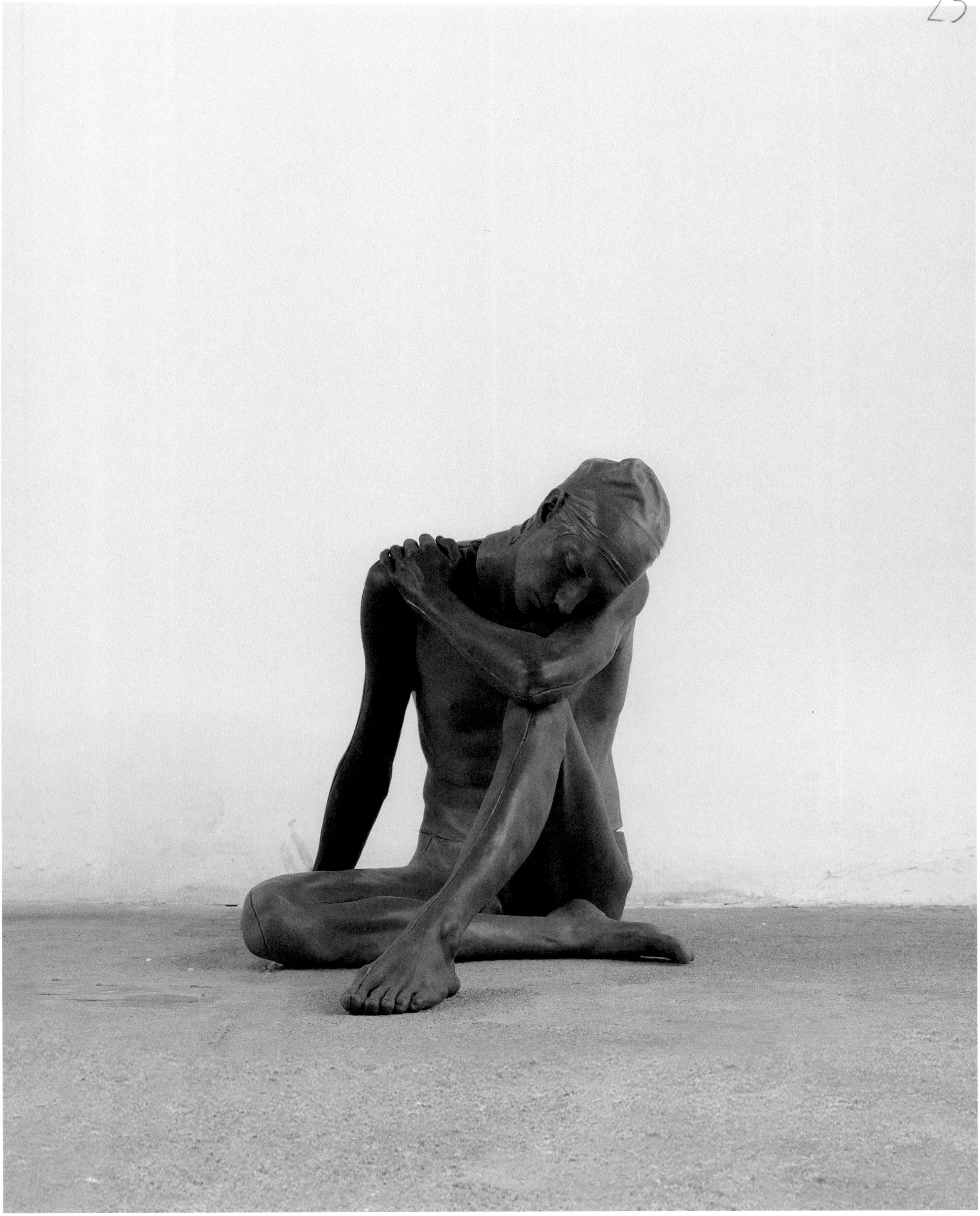

ugo rondinone   nude (xxxxxxxxxxx)   2011

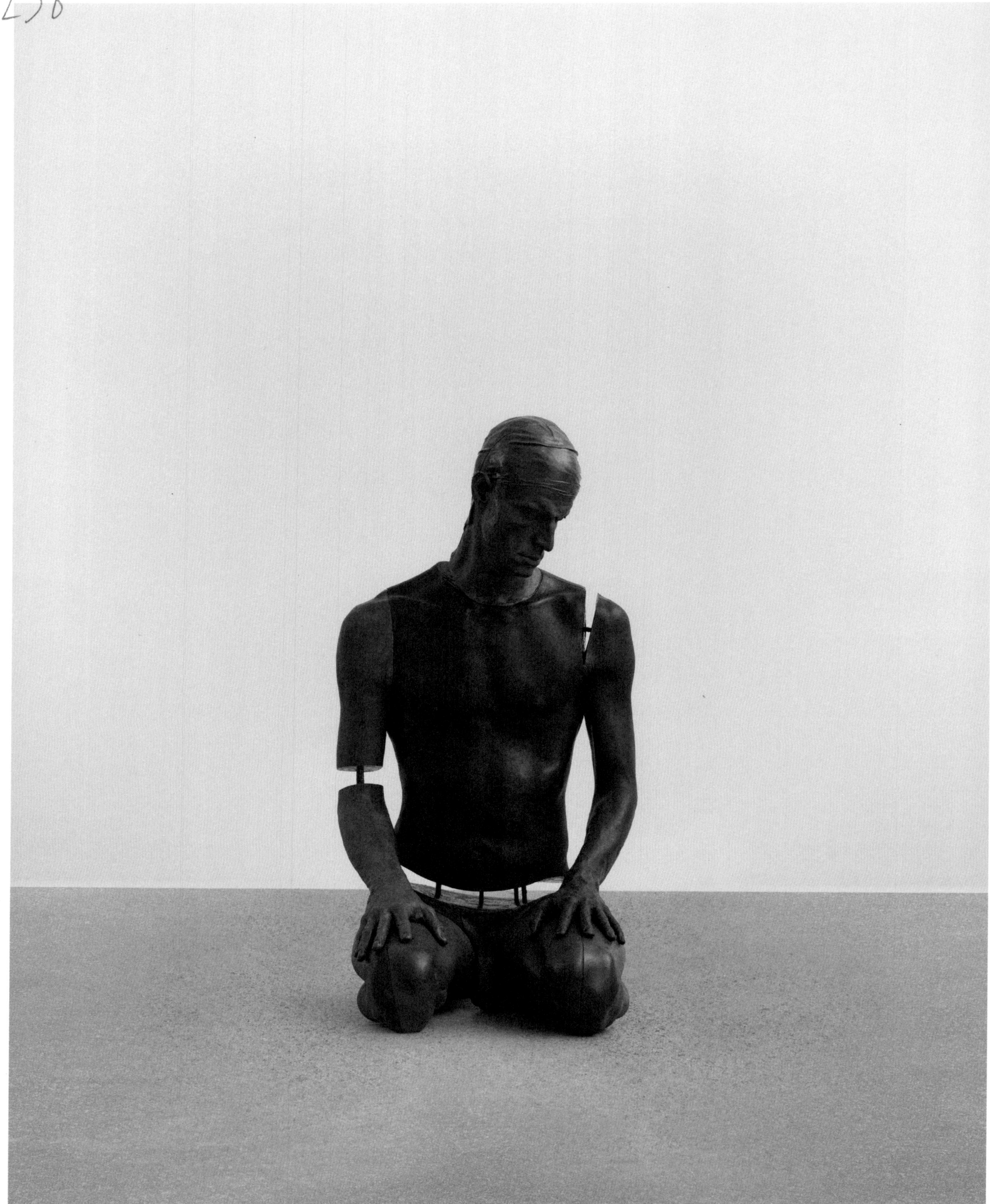

nude (xxxxxxxxxxxxxxxx) 2011

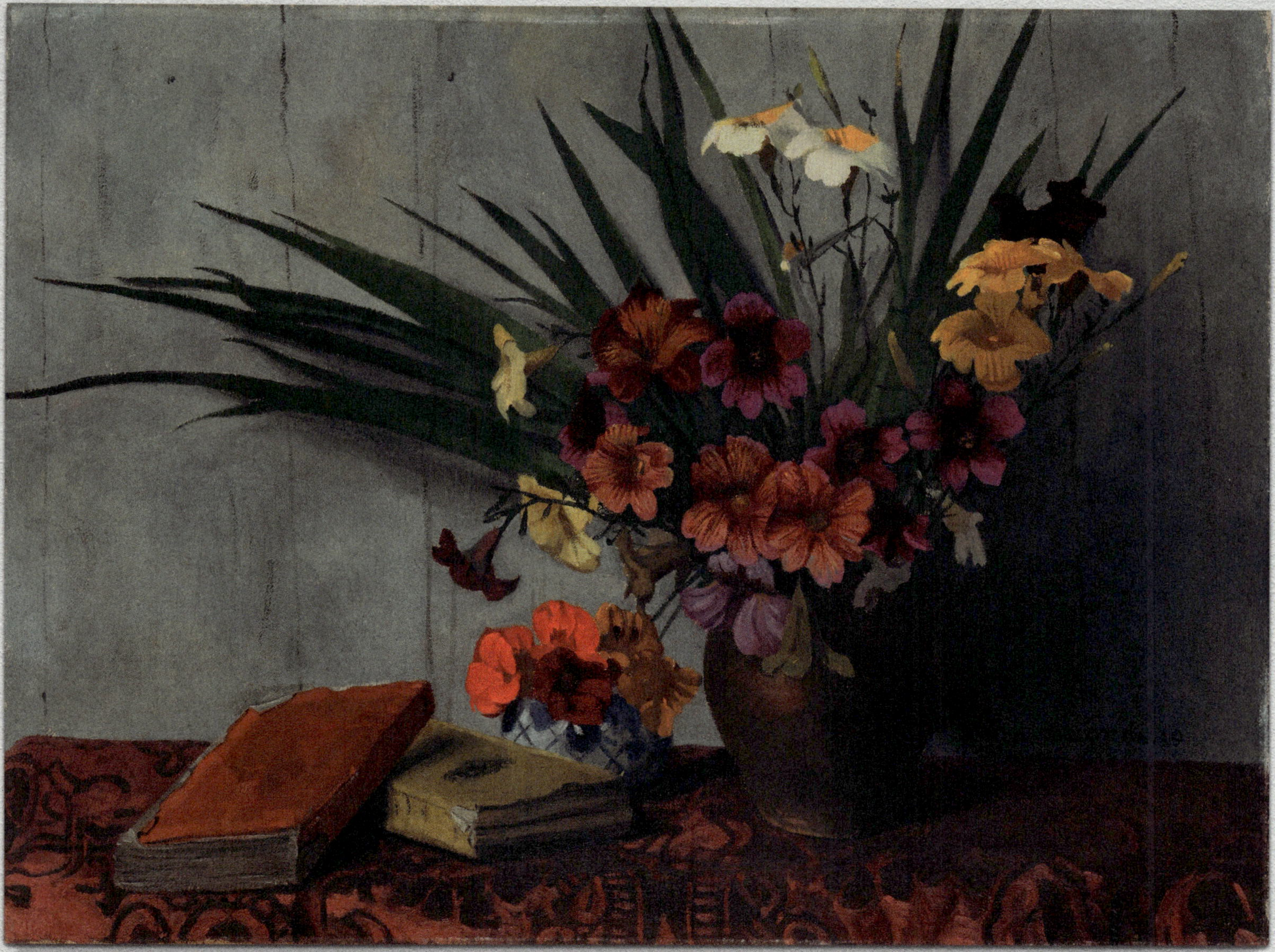

salpiglossis 1919

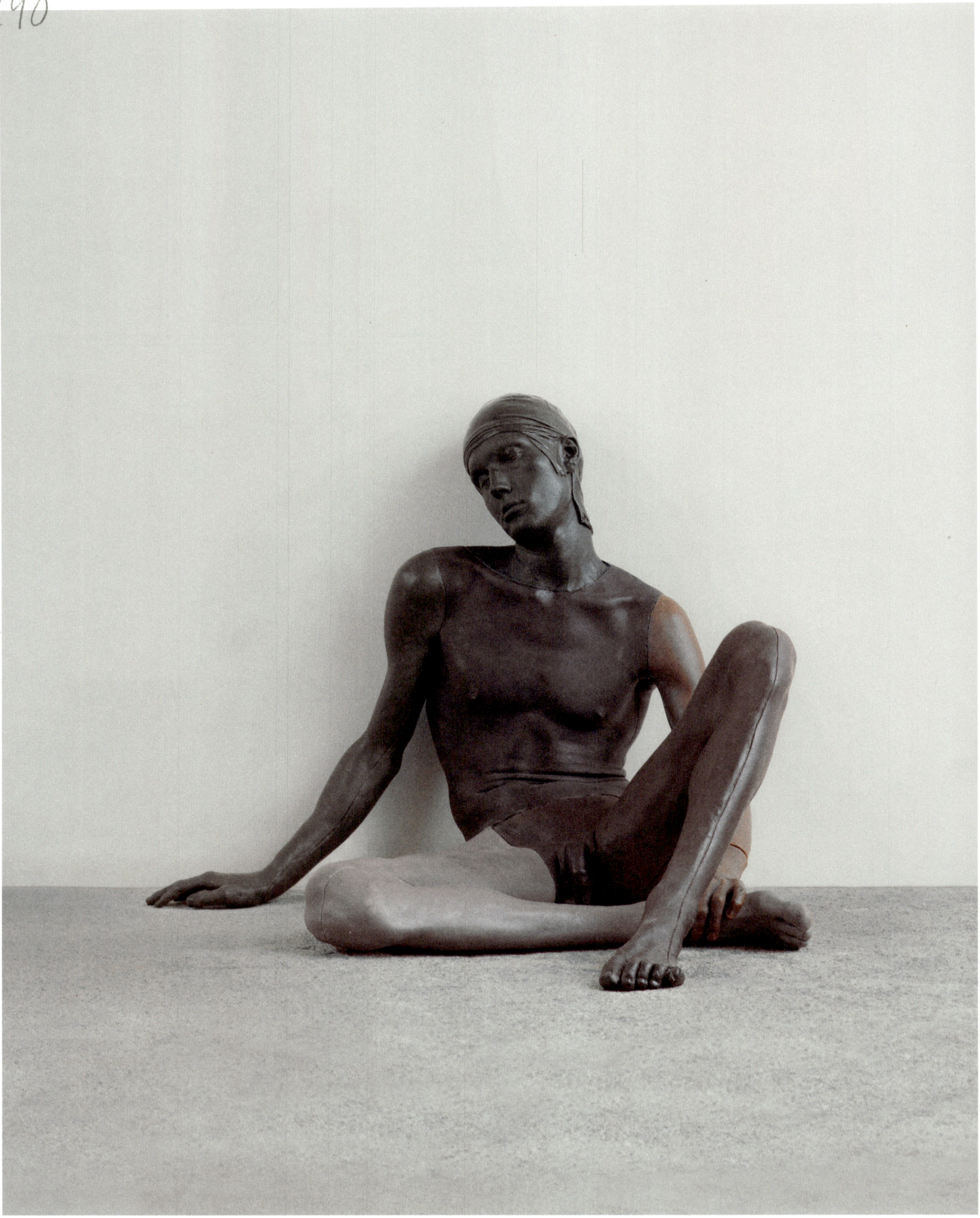

nude (xxxx) 2010

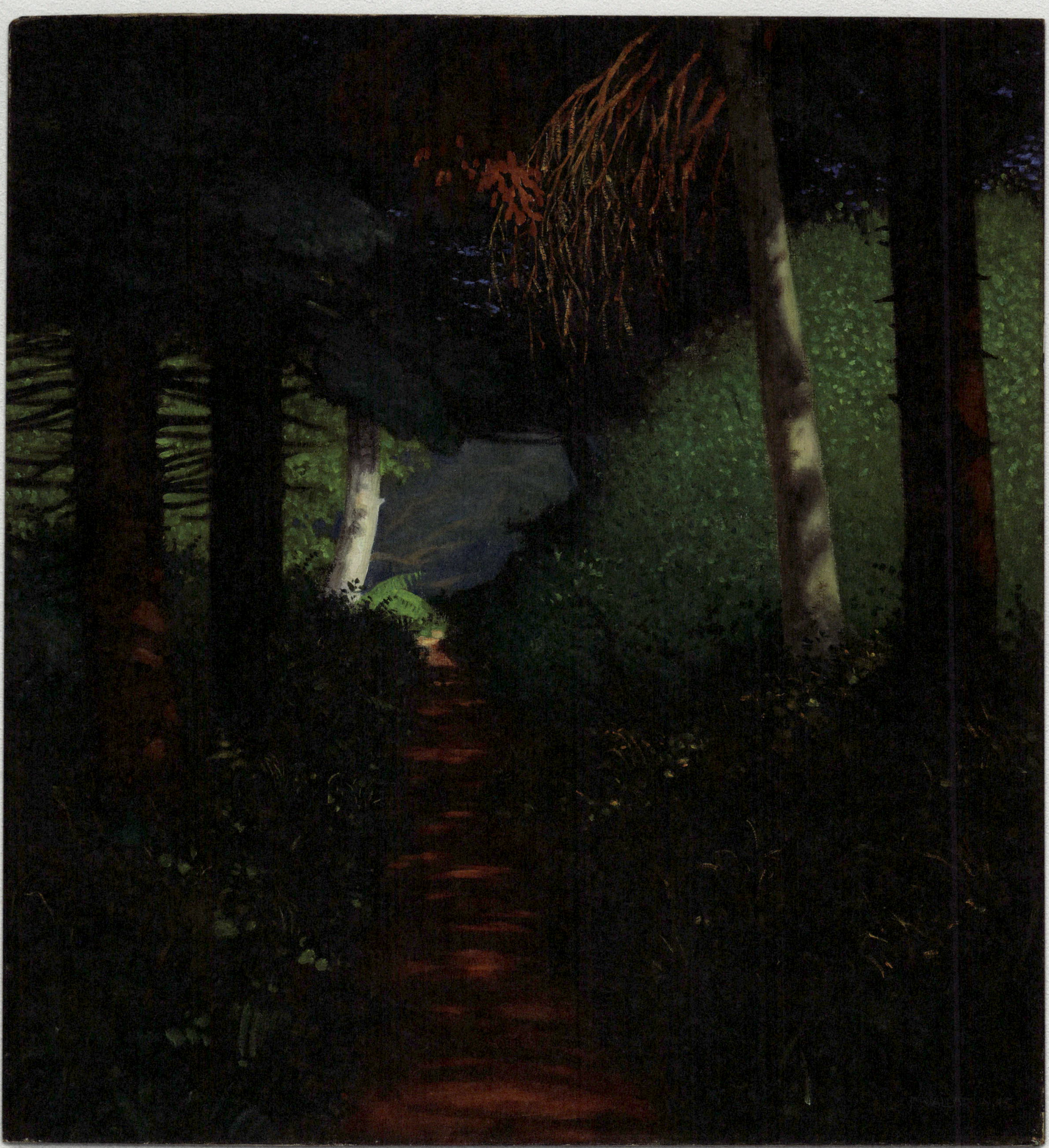

félix vallotton

sous-bois 1915

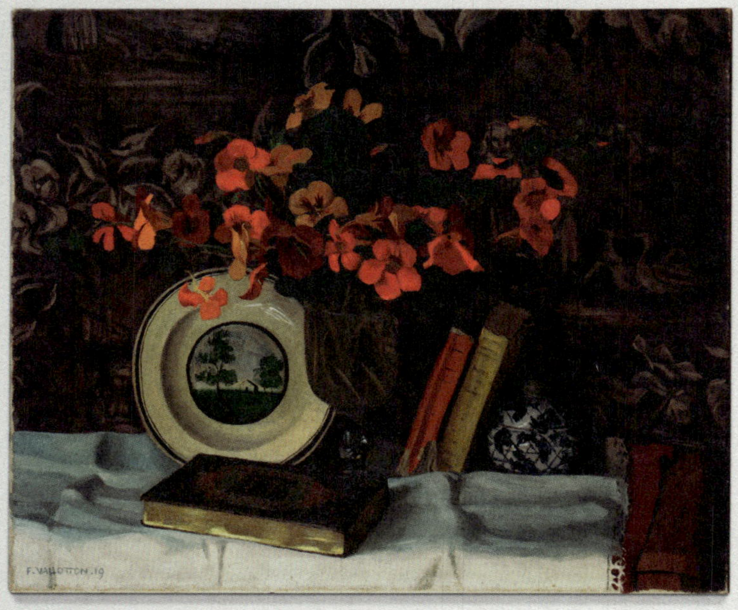

capucines 1919

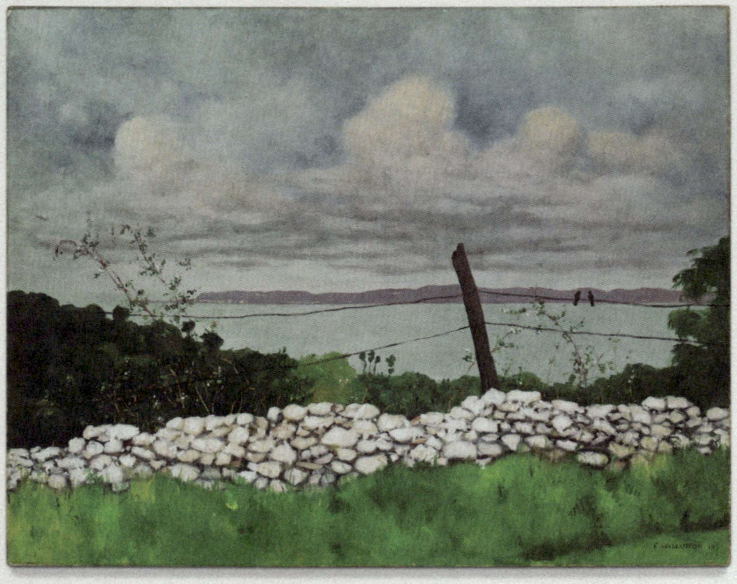

l'estuaire 1911

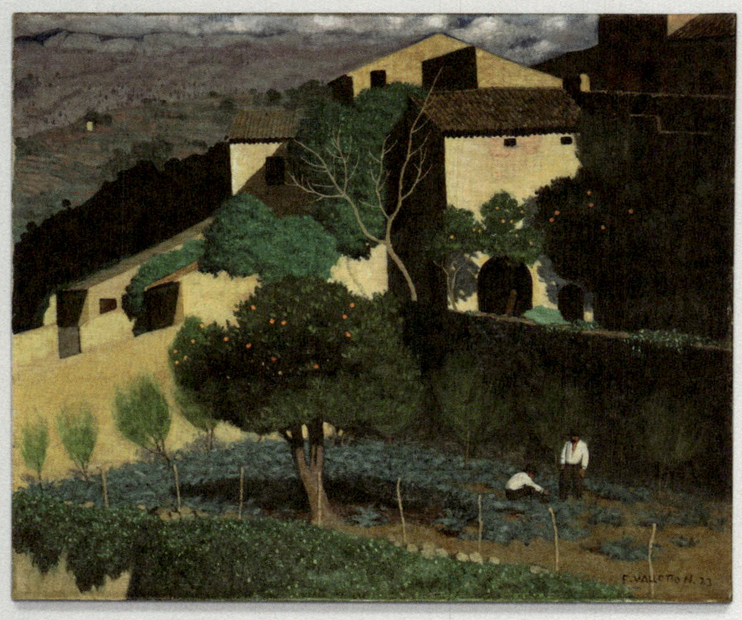

jardins d'orangers à cagnes 1923-1924

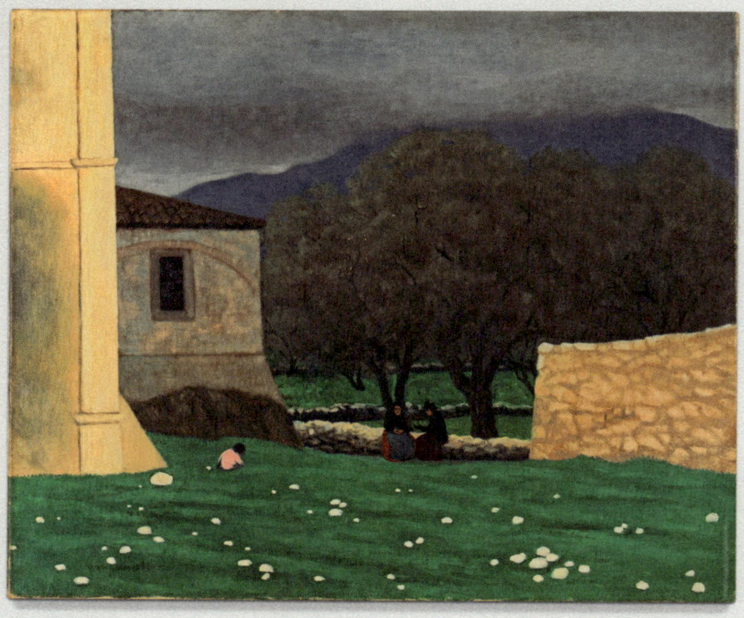

paysage à vence 1924

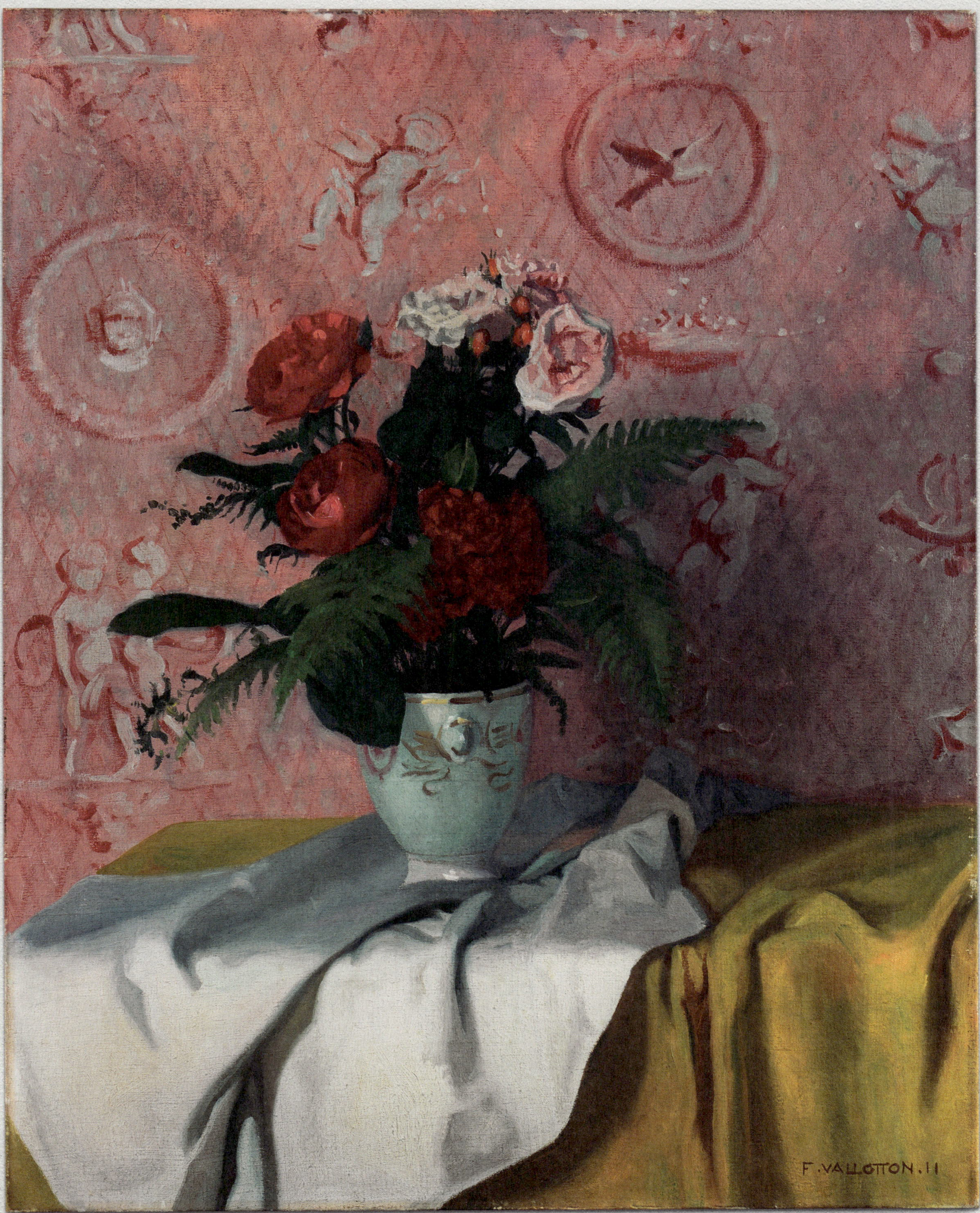

roses rouges et blanches 1911

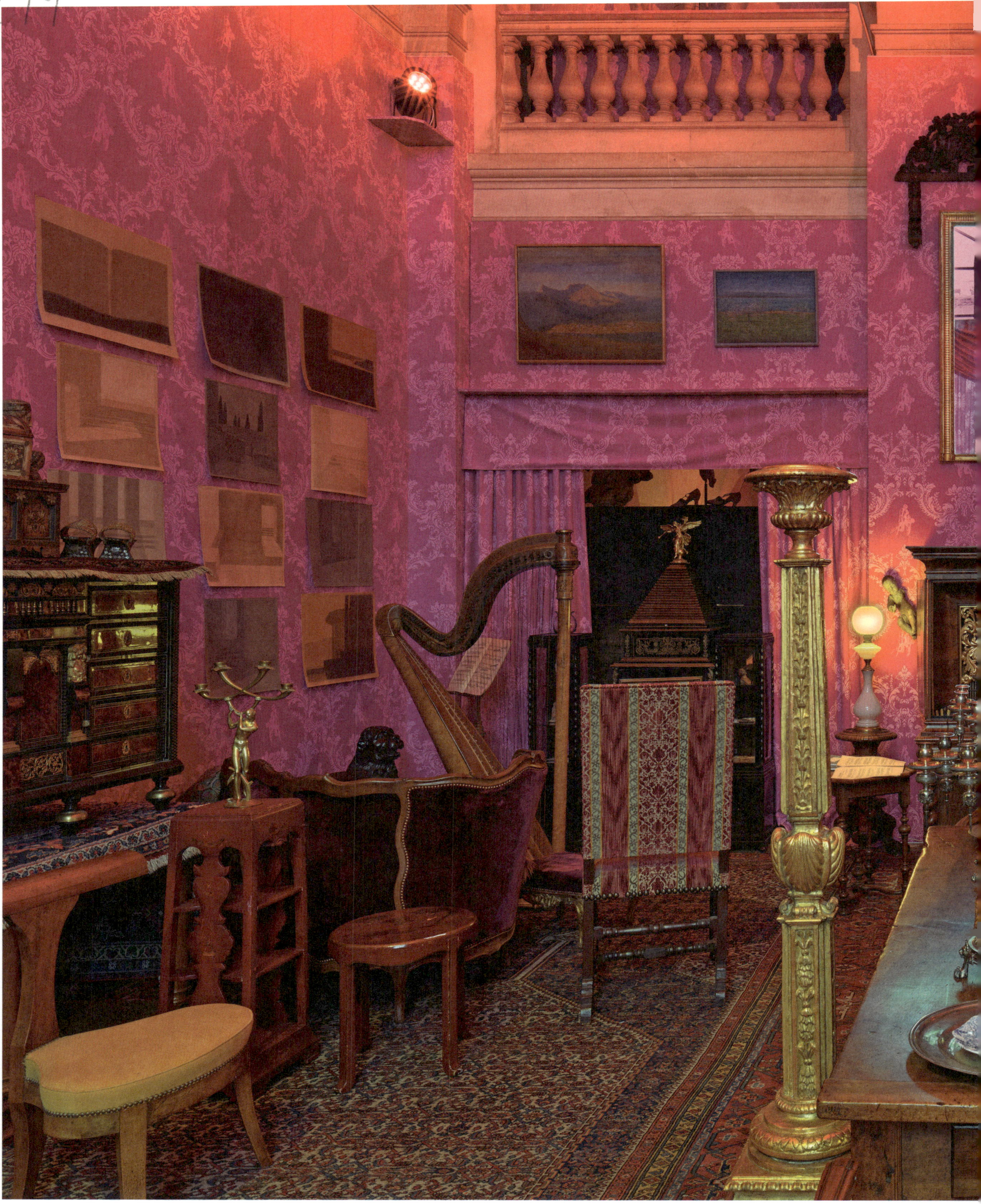

espace rythmique . les cyprès

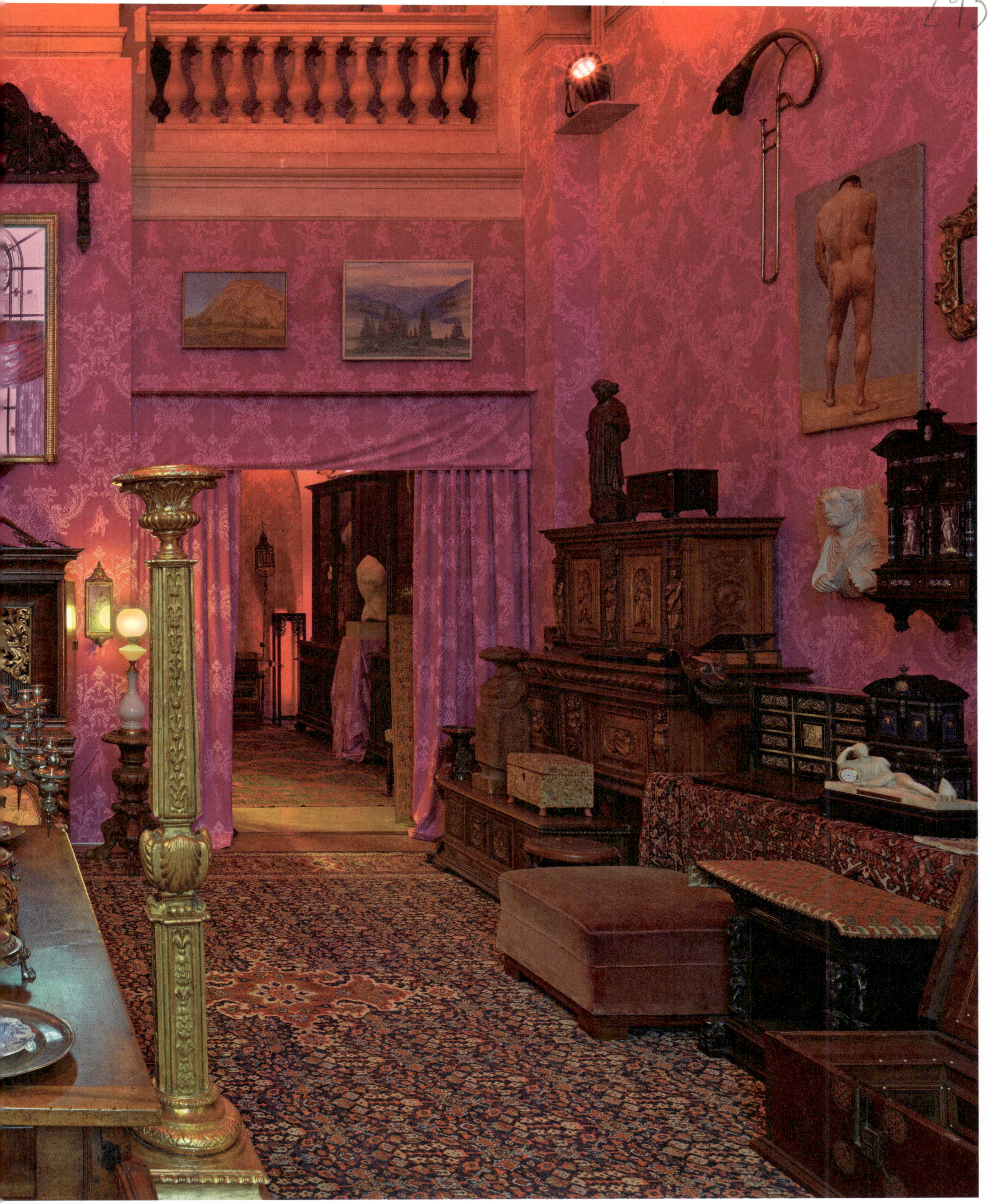

félix vallotton's garçonnière

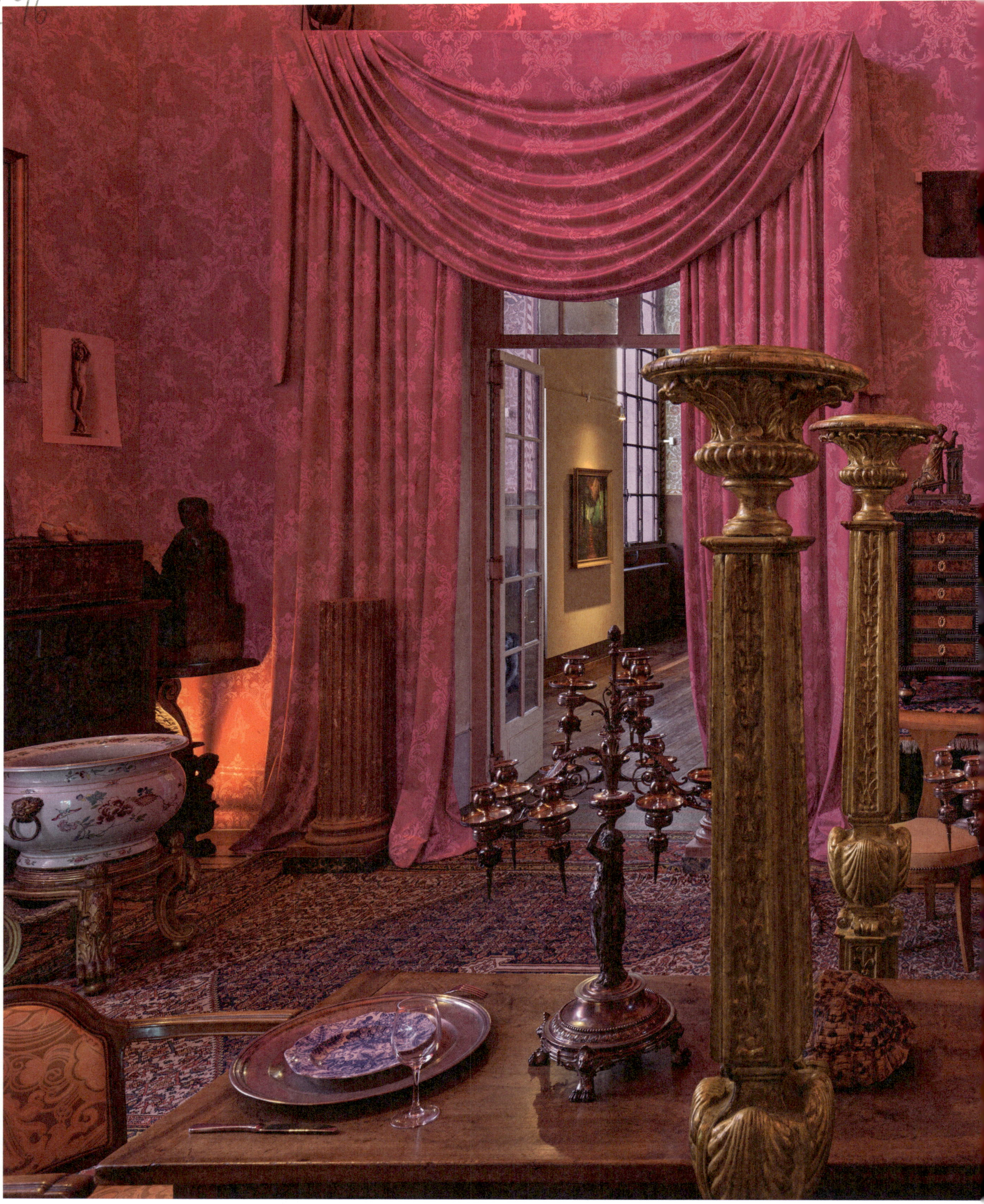

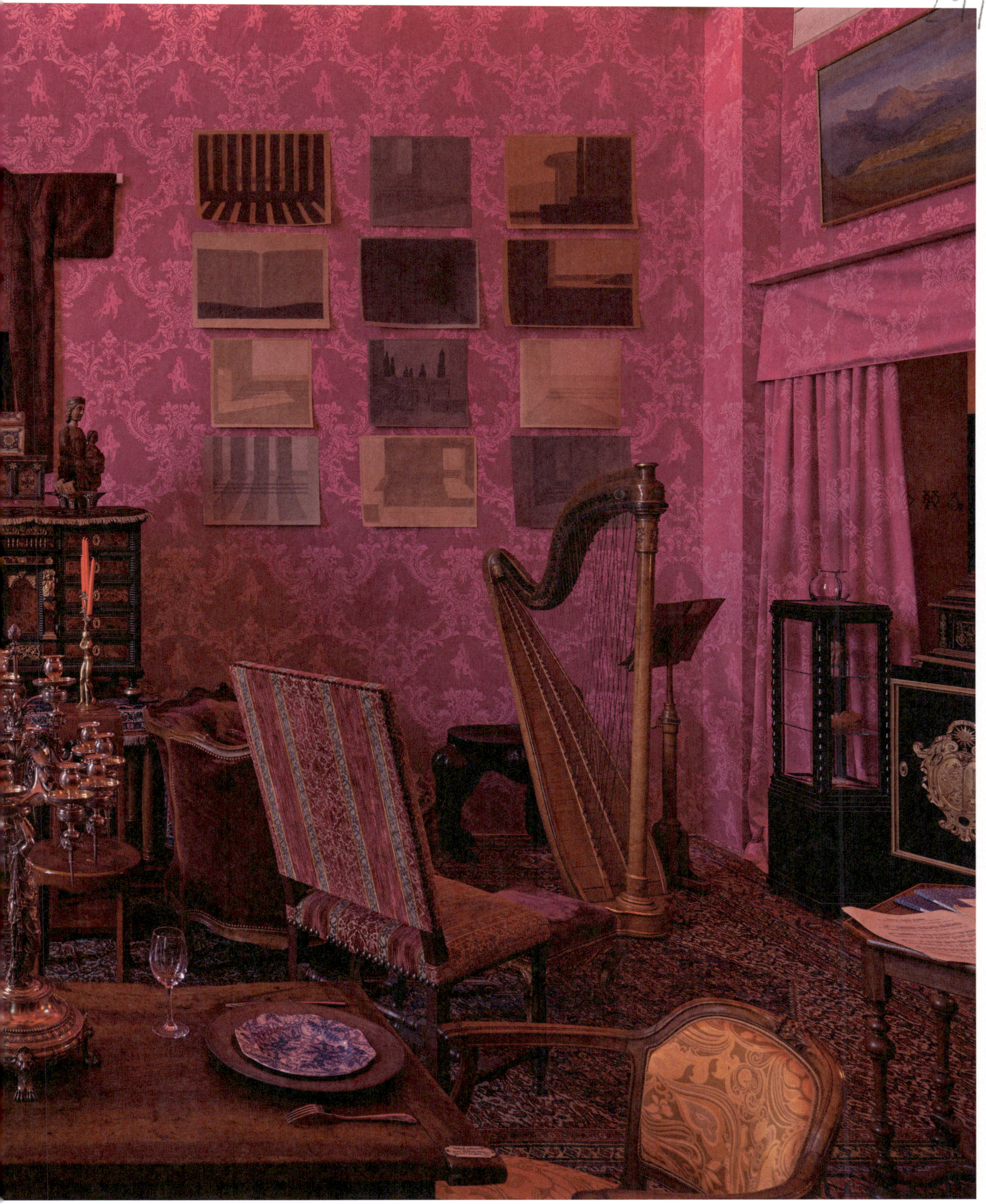

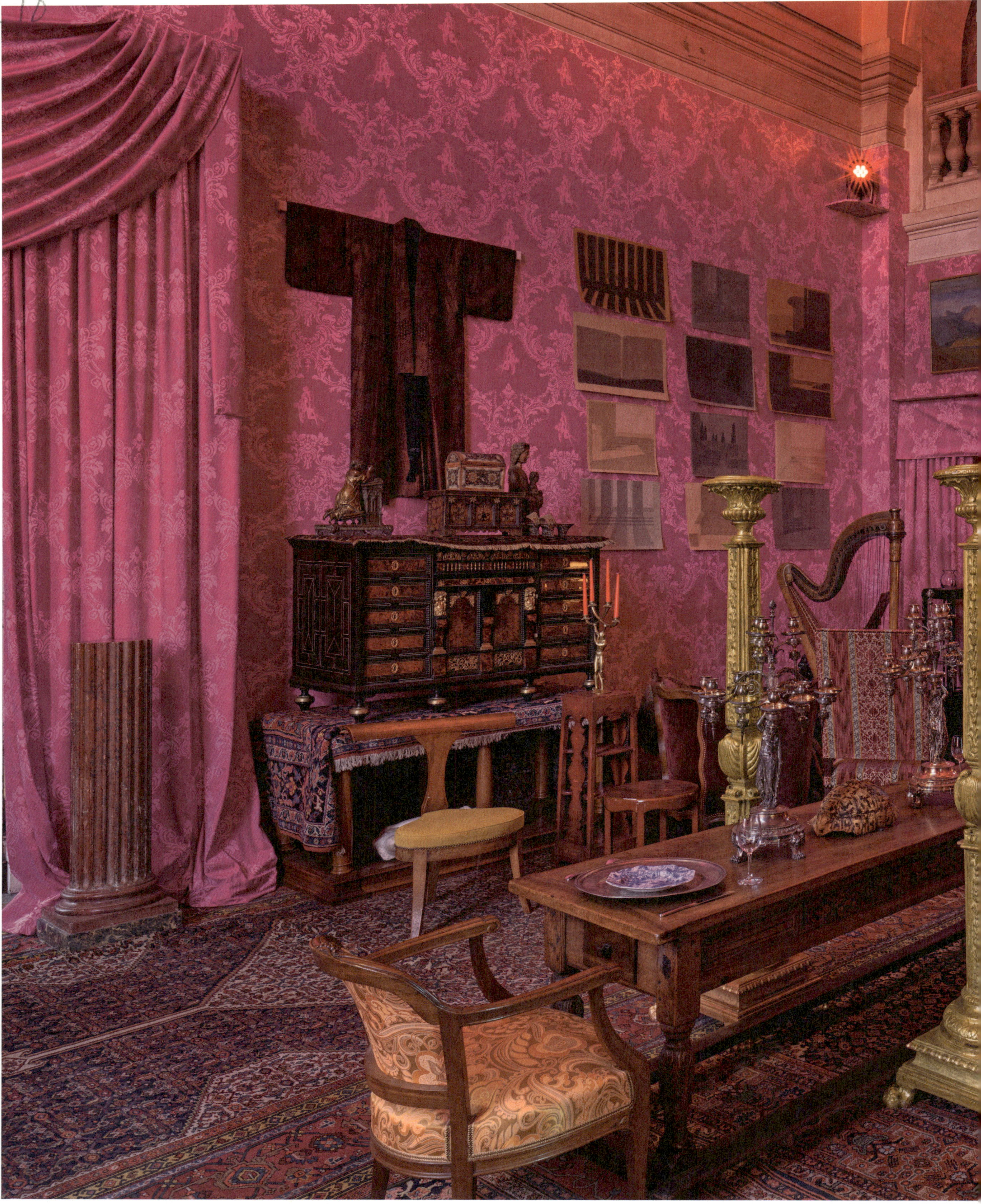

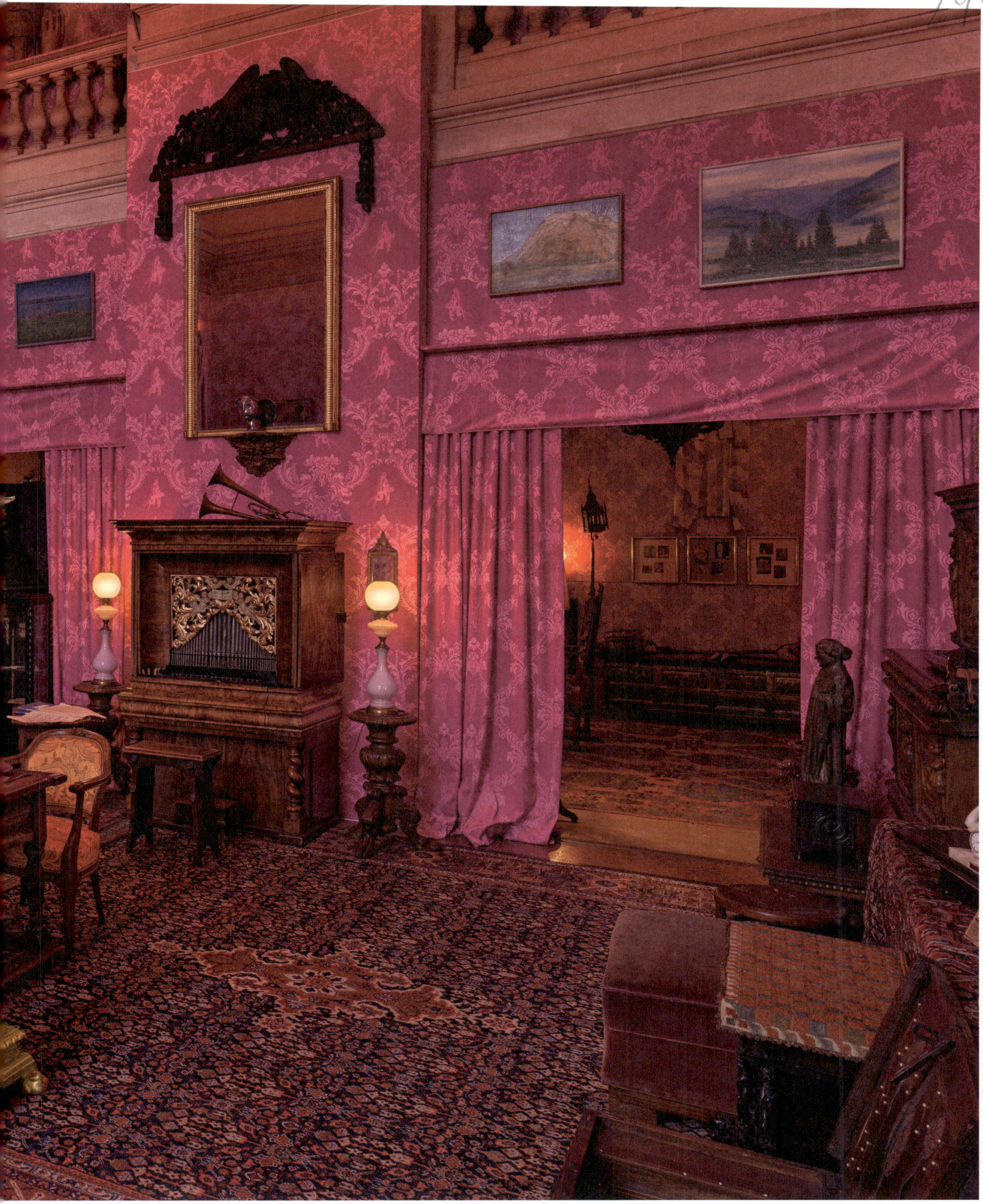

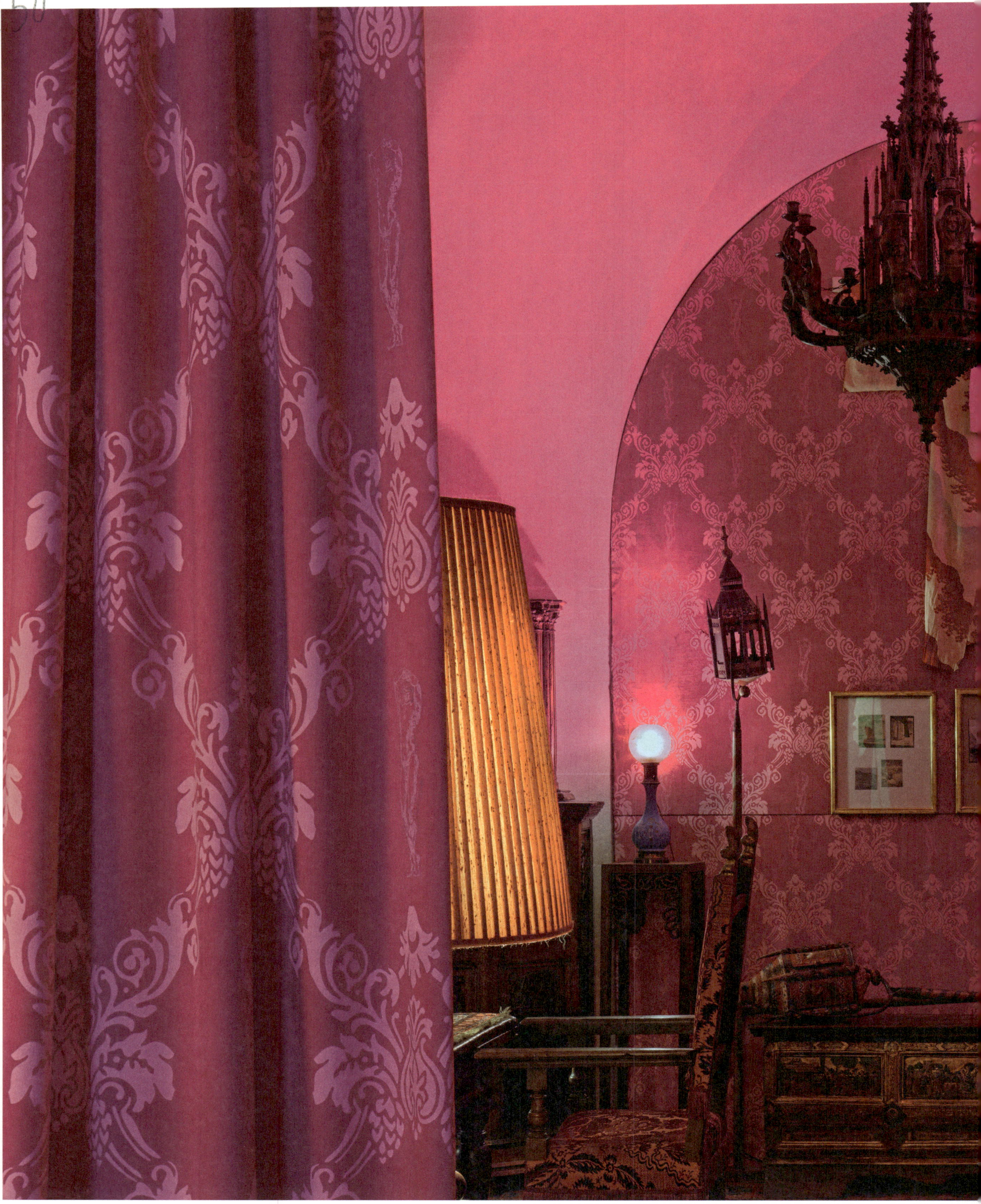

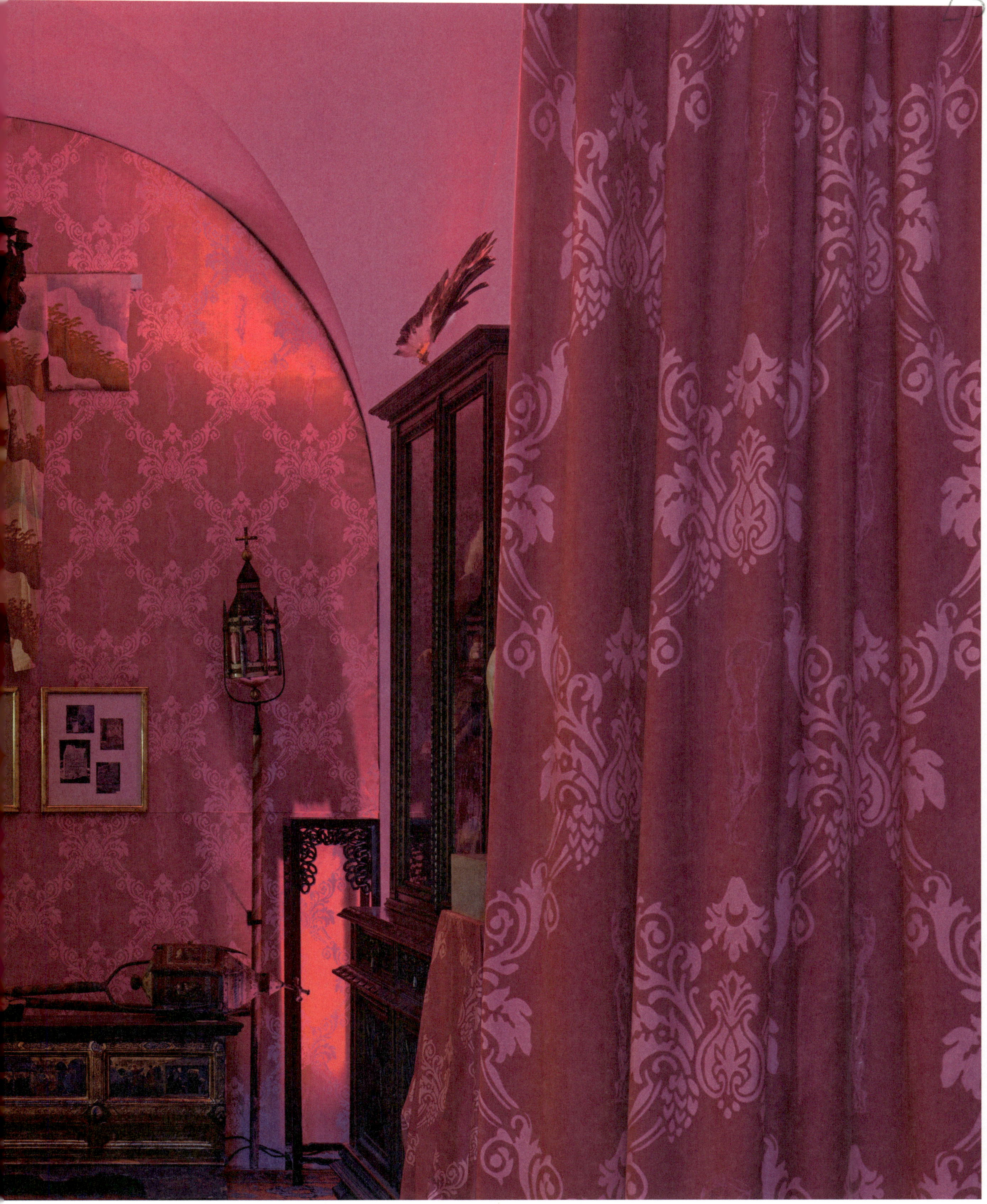

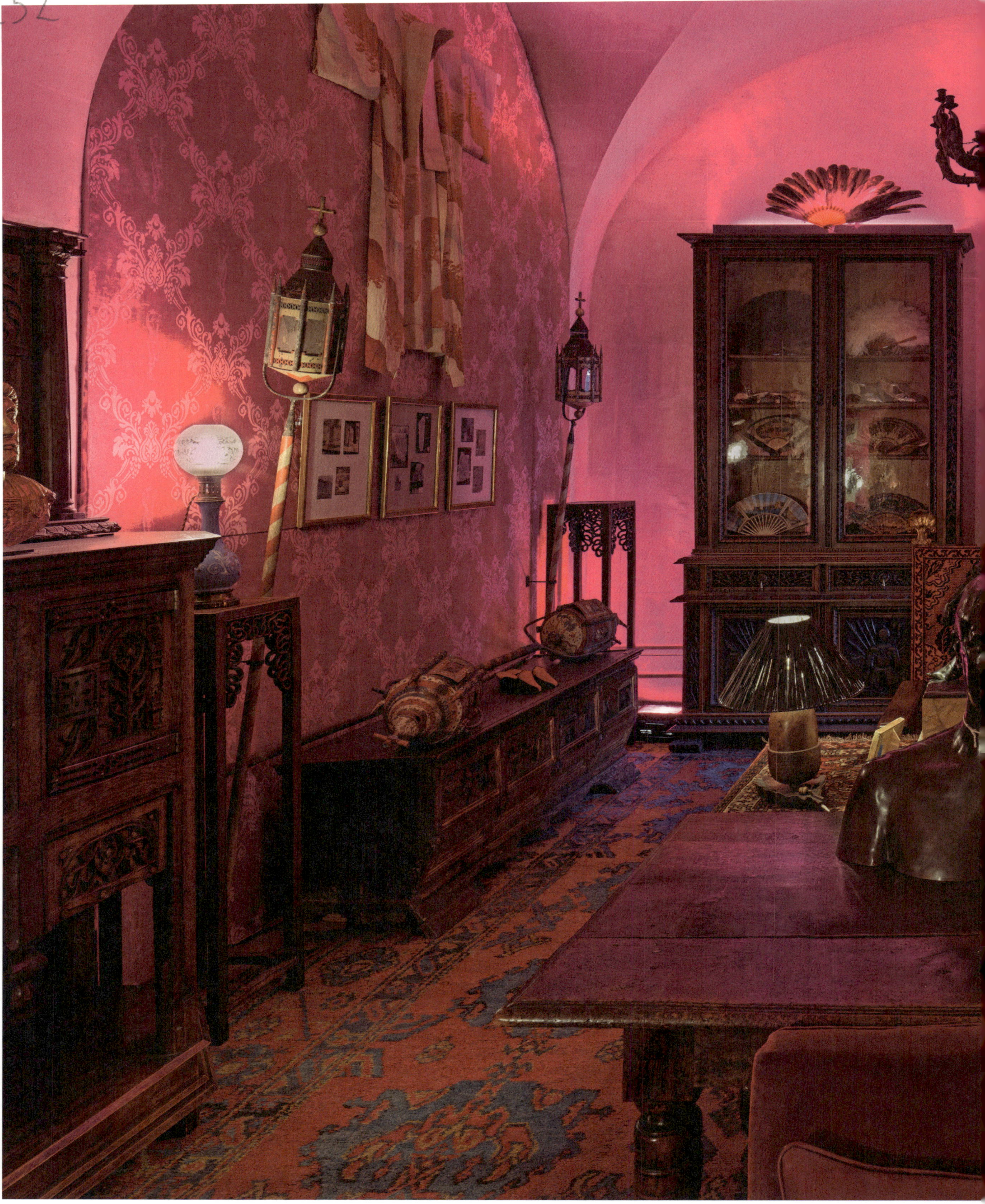

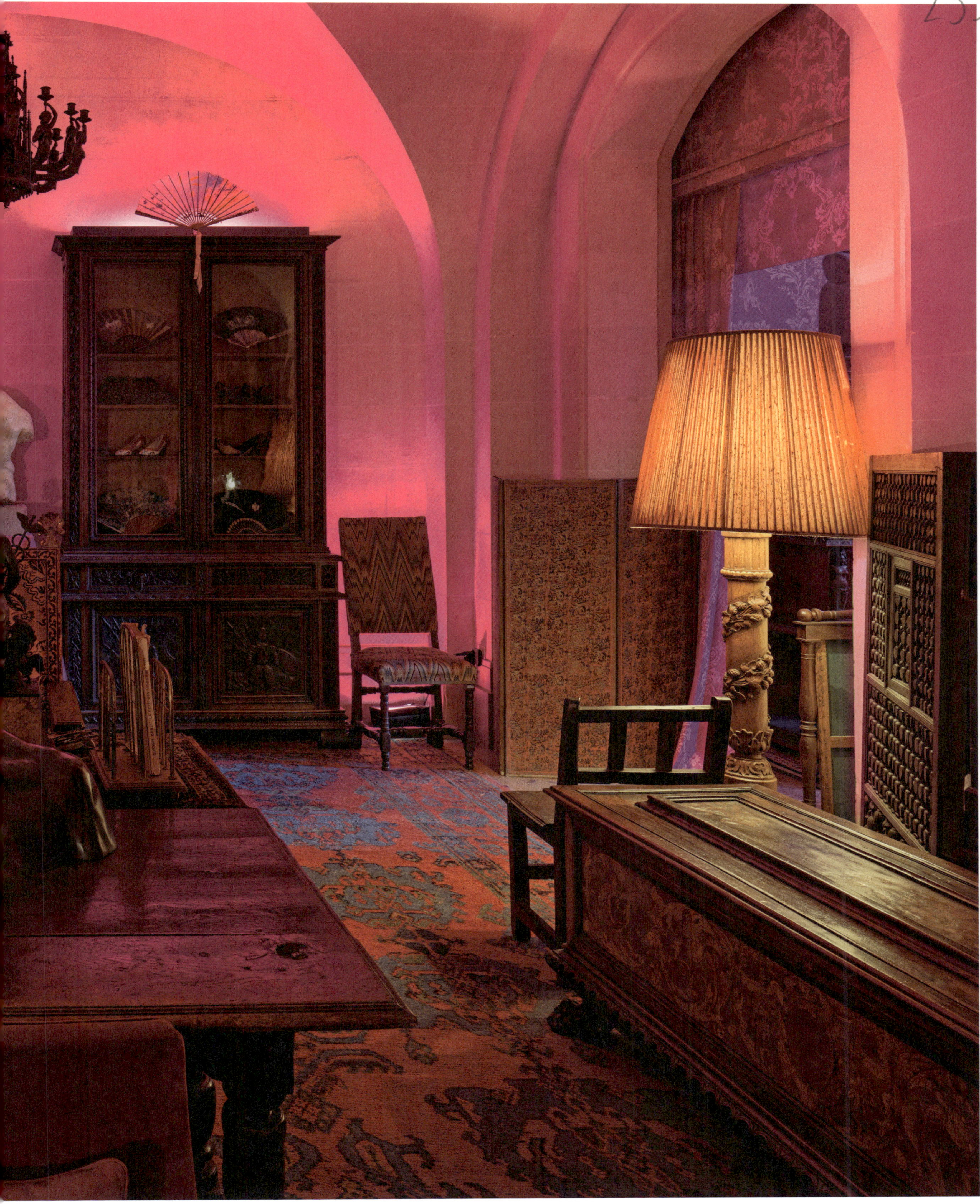

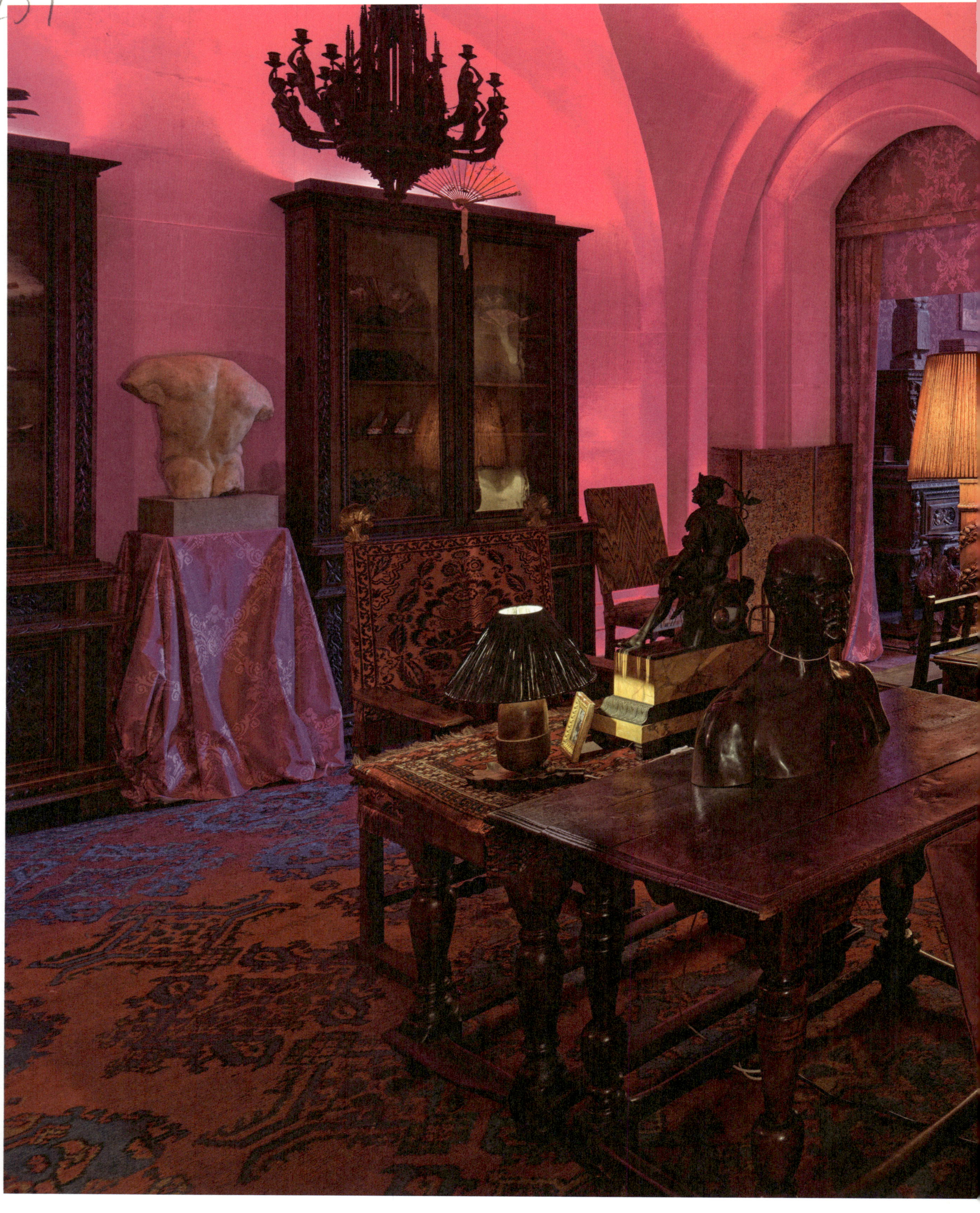

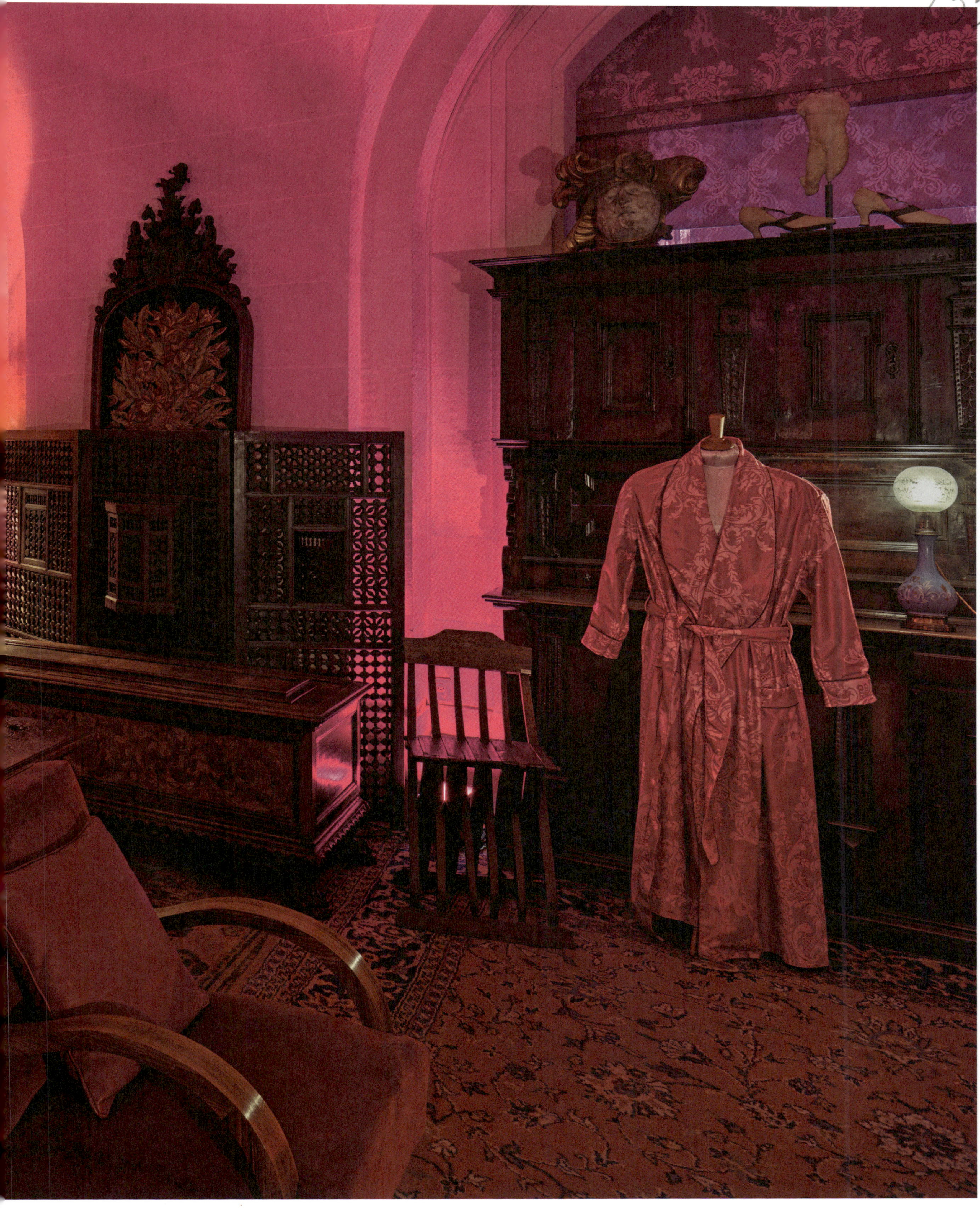

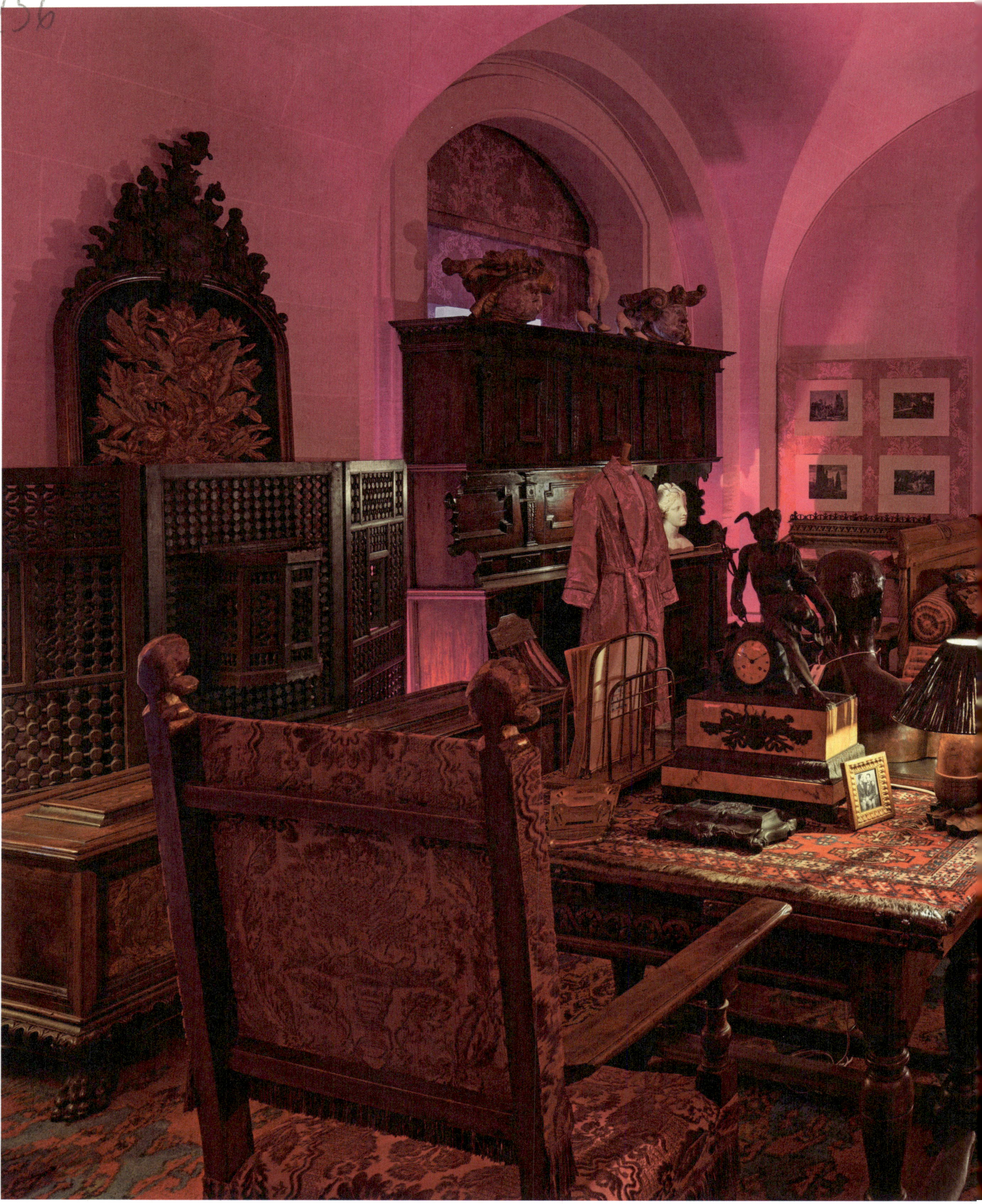

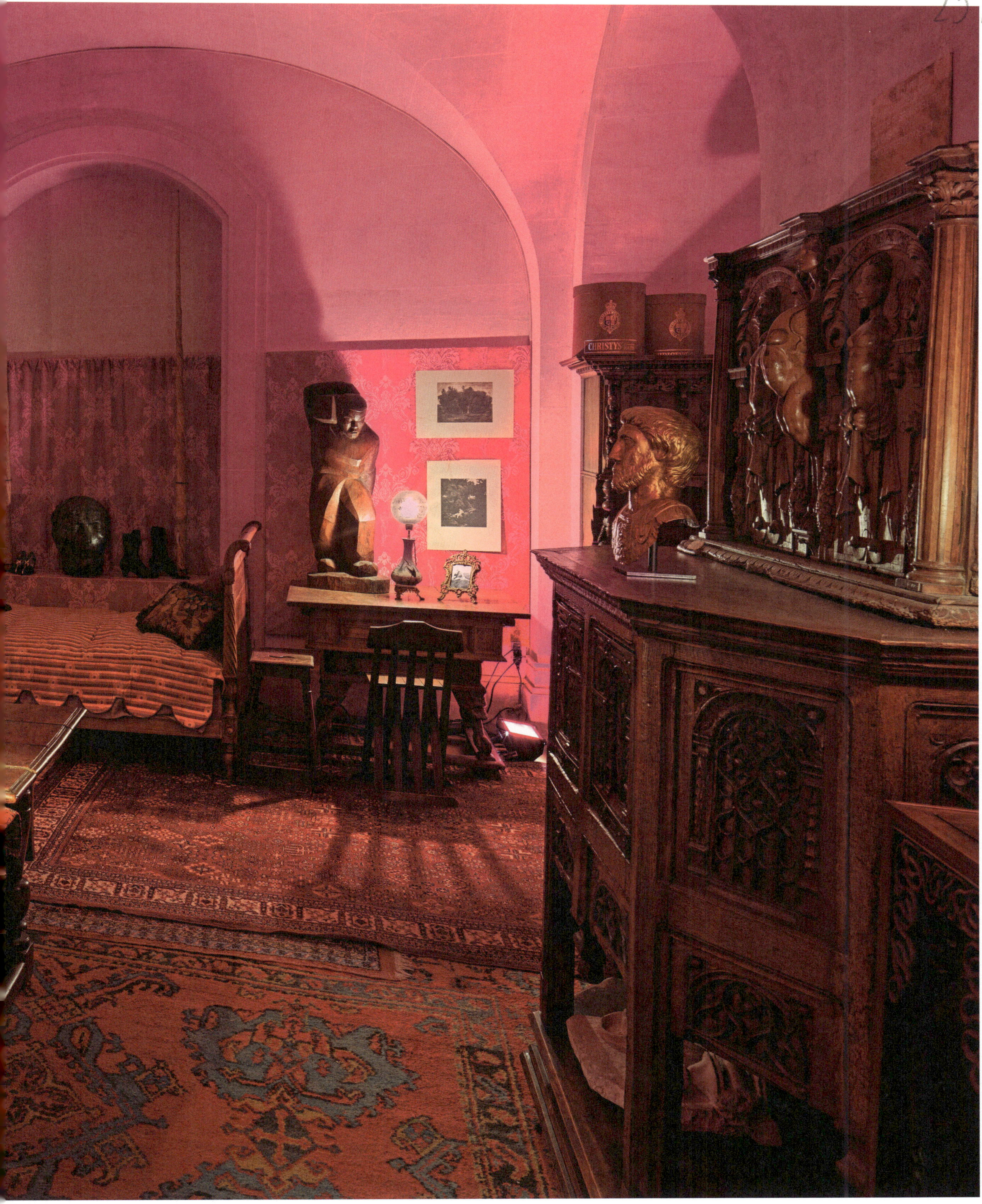
CHRISTYS

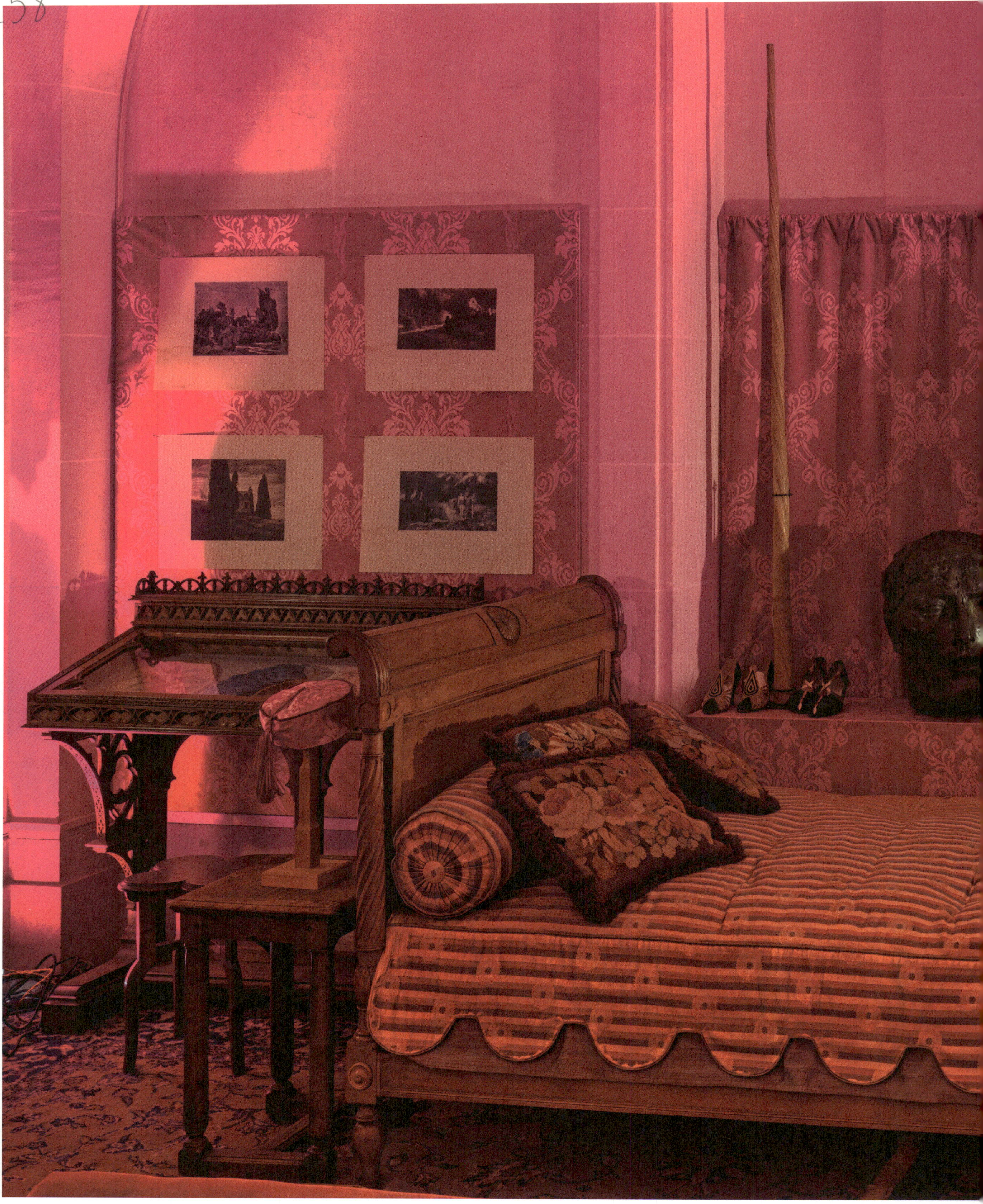

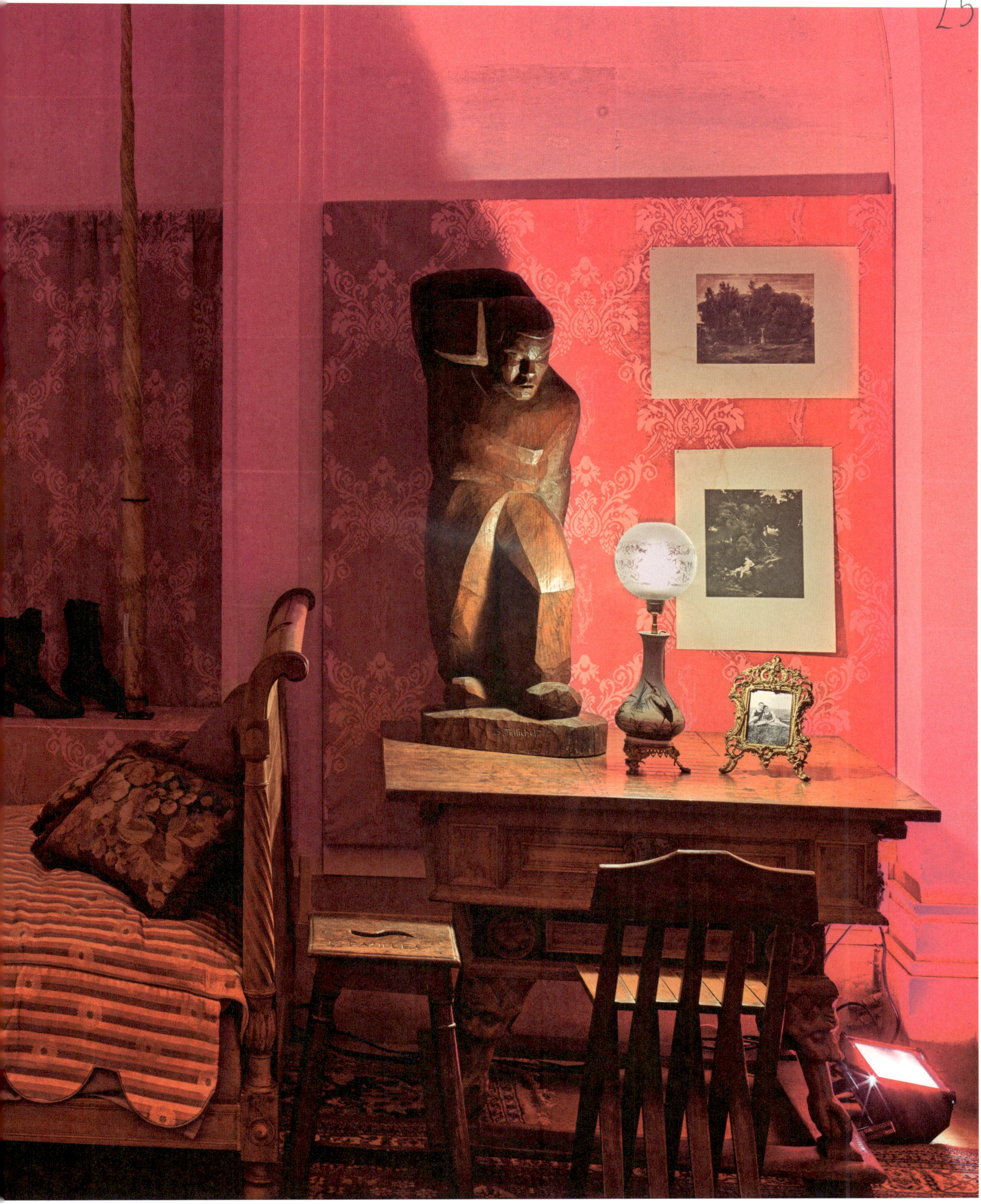

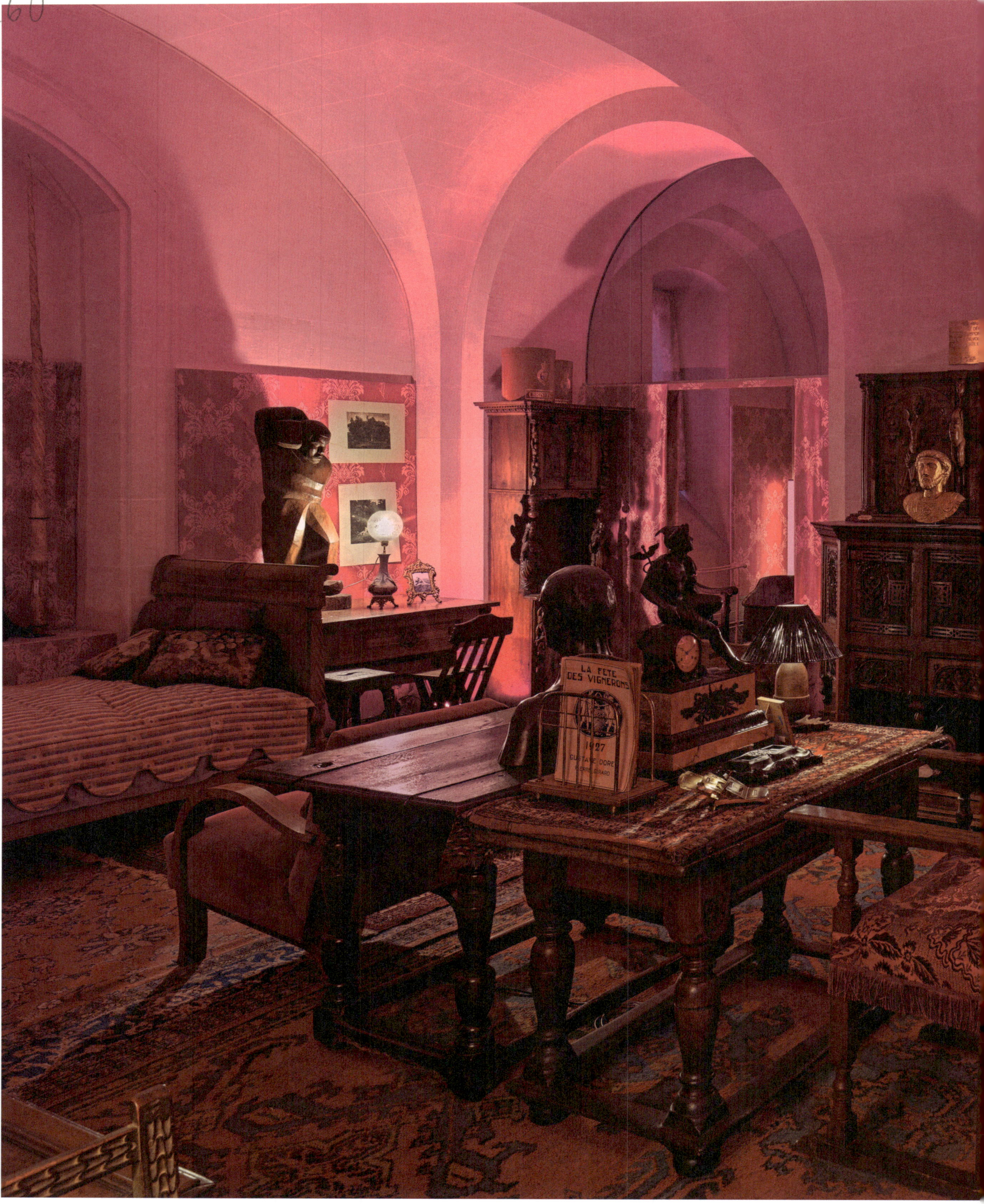
LA FETE
DES VIGNERONS
1927
GUSTAVE DORE

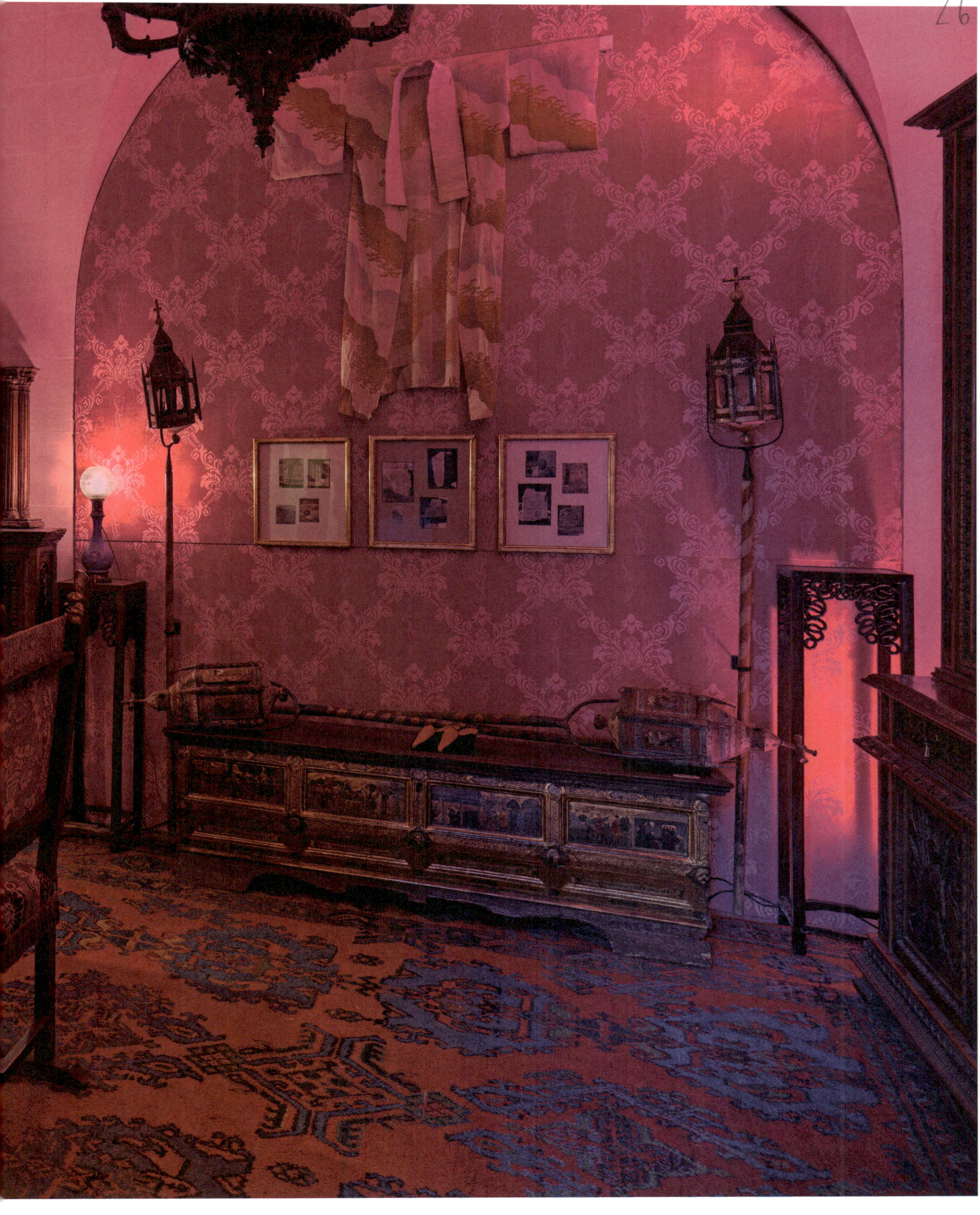

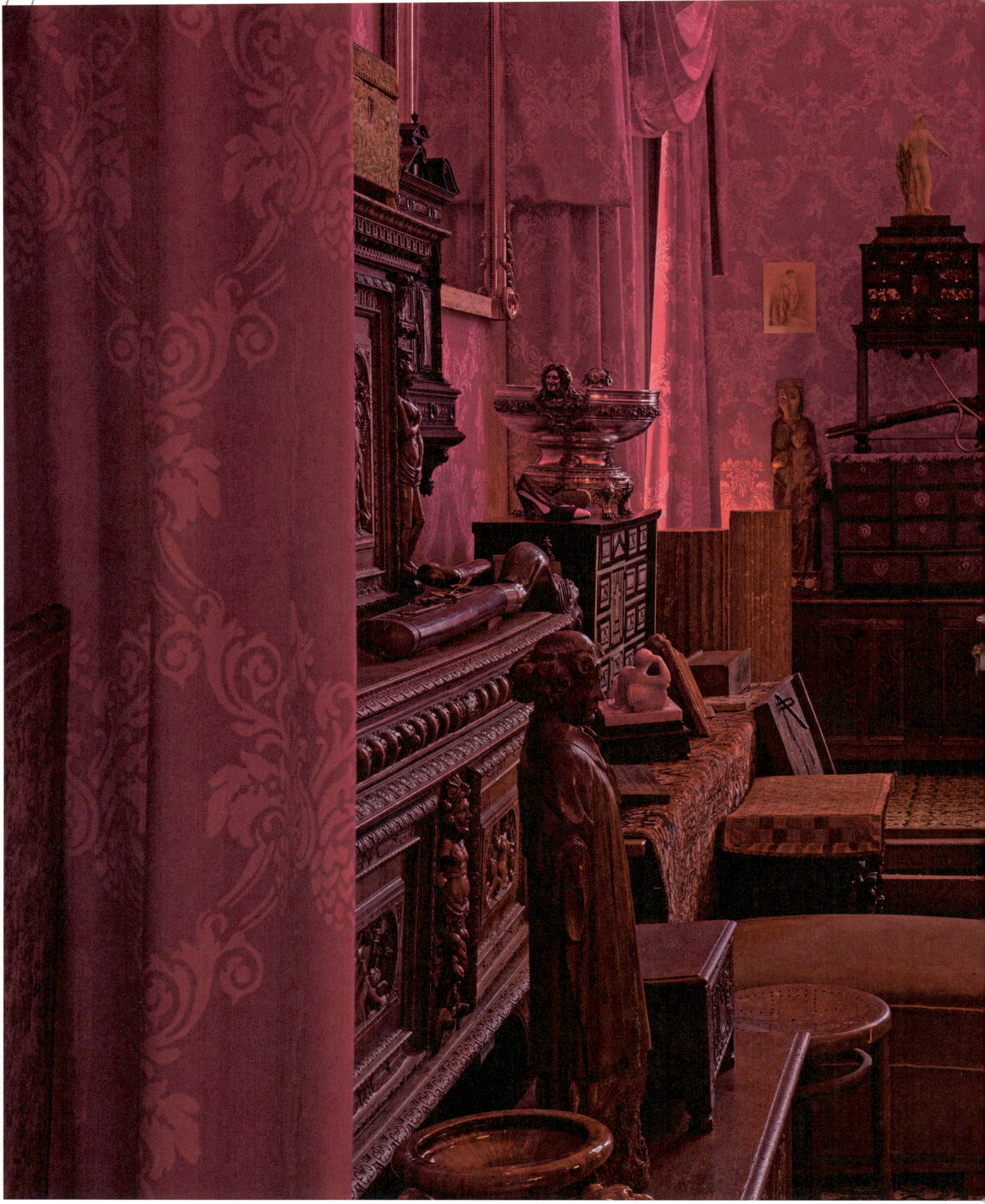

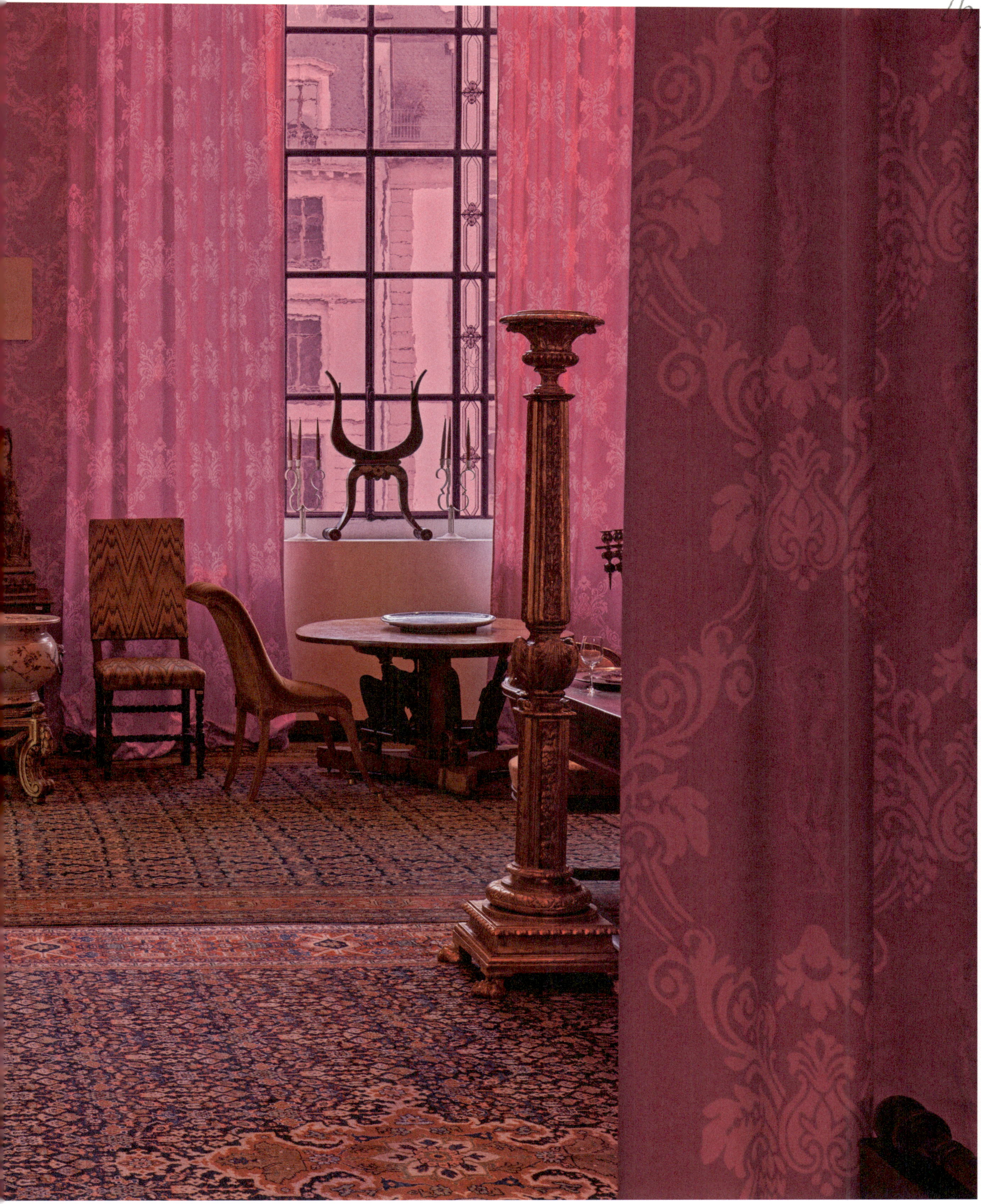

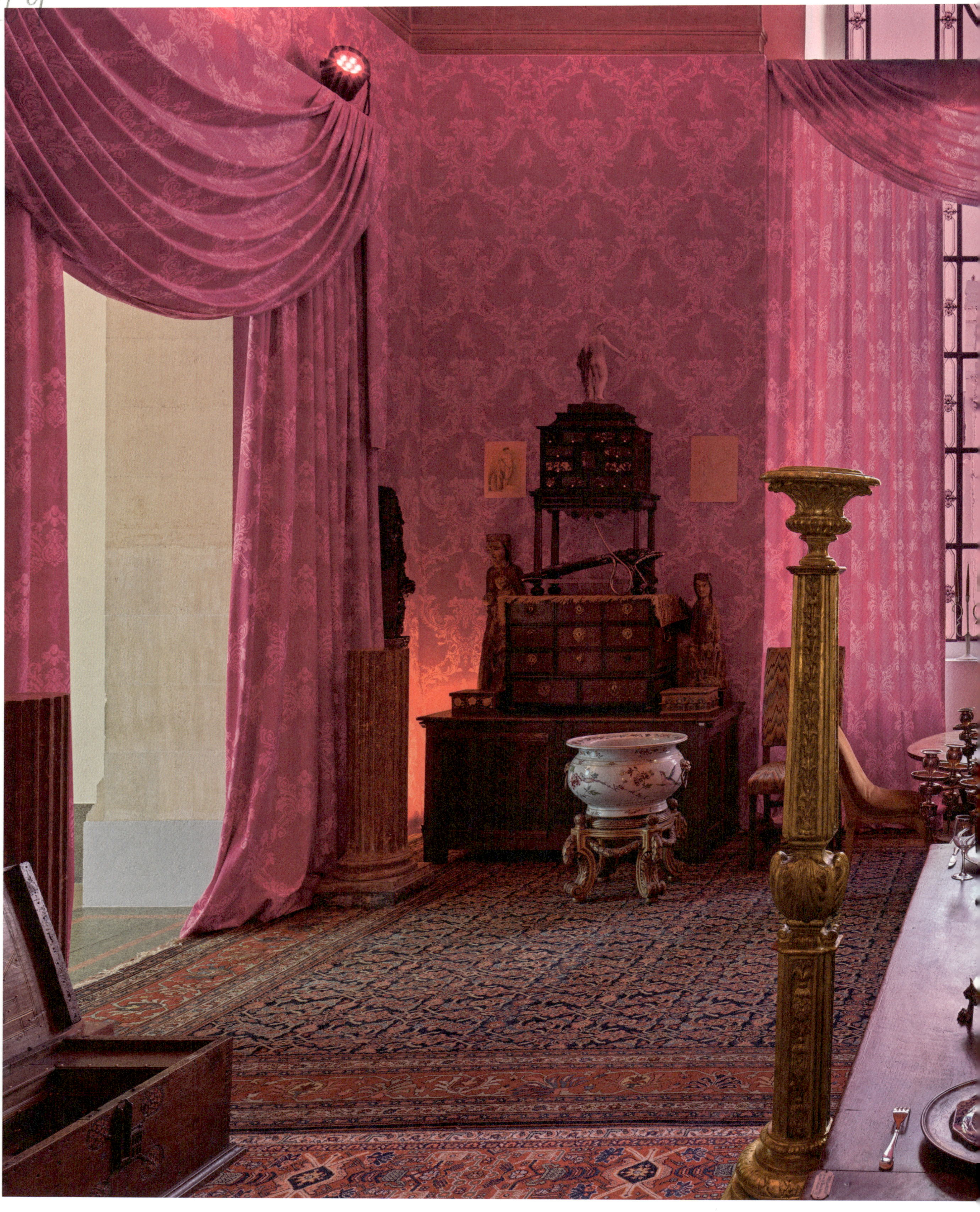

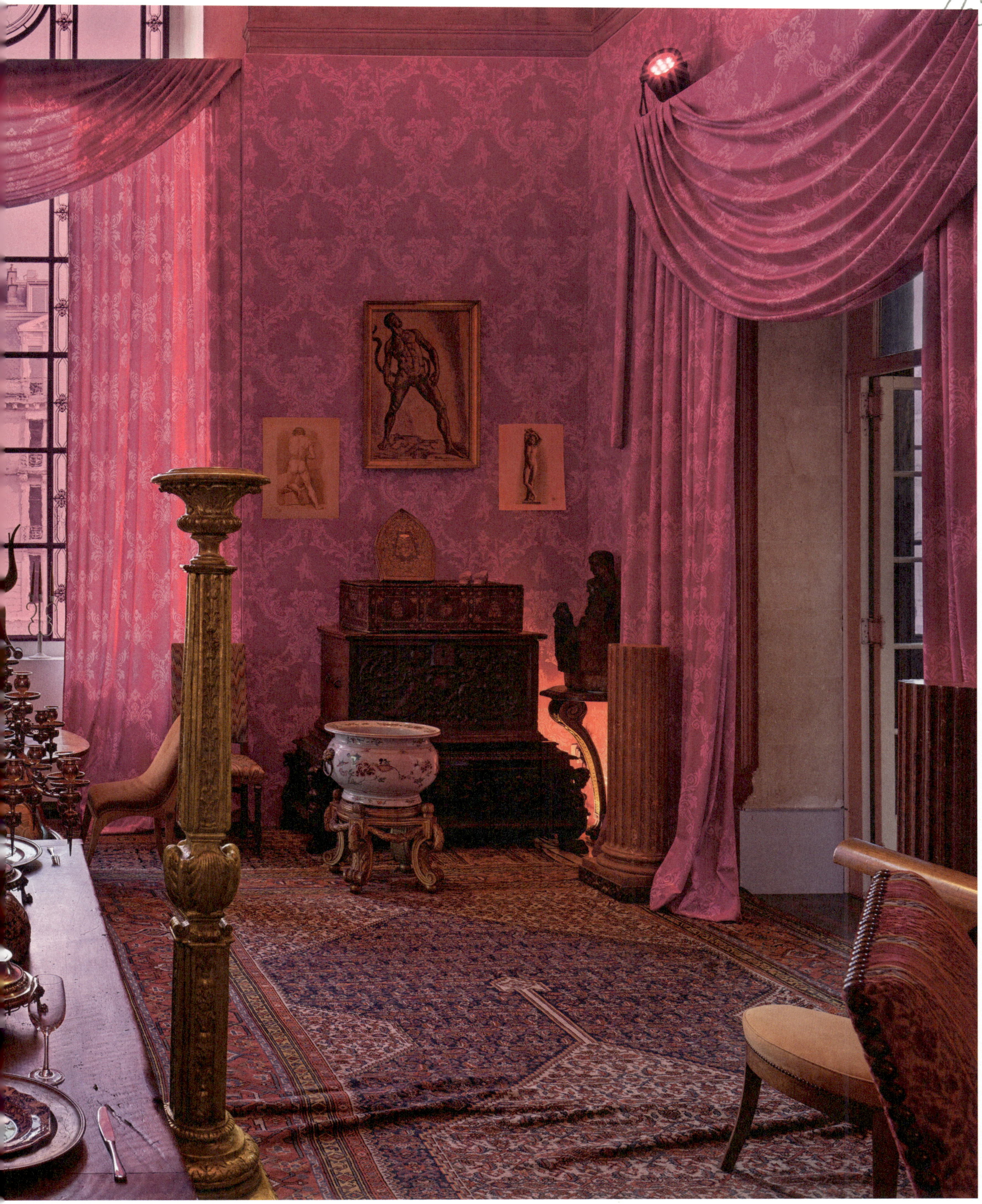

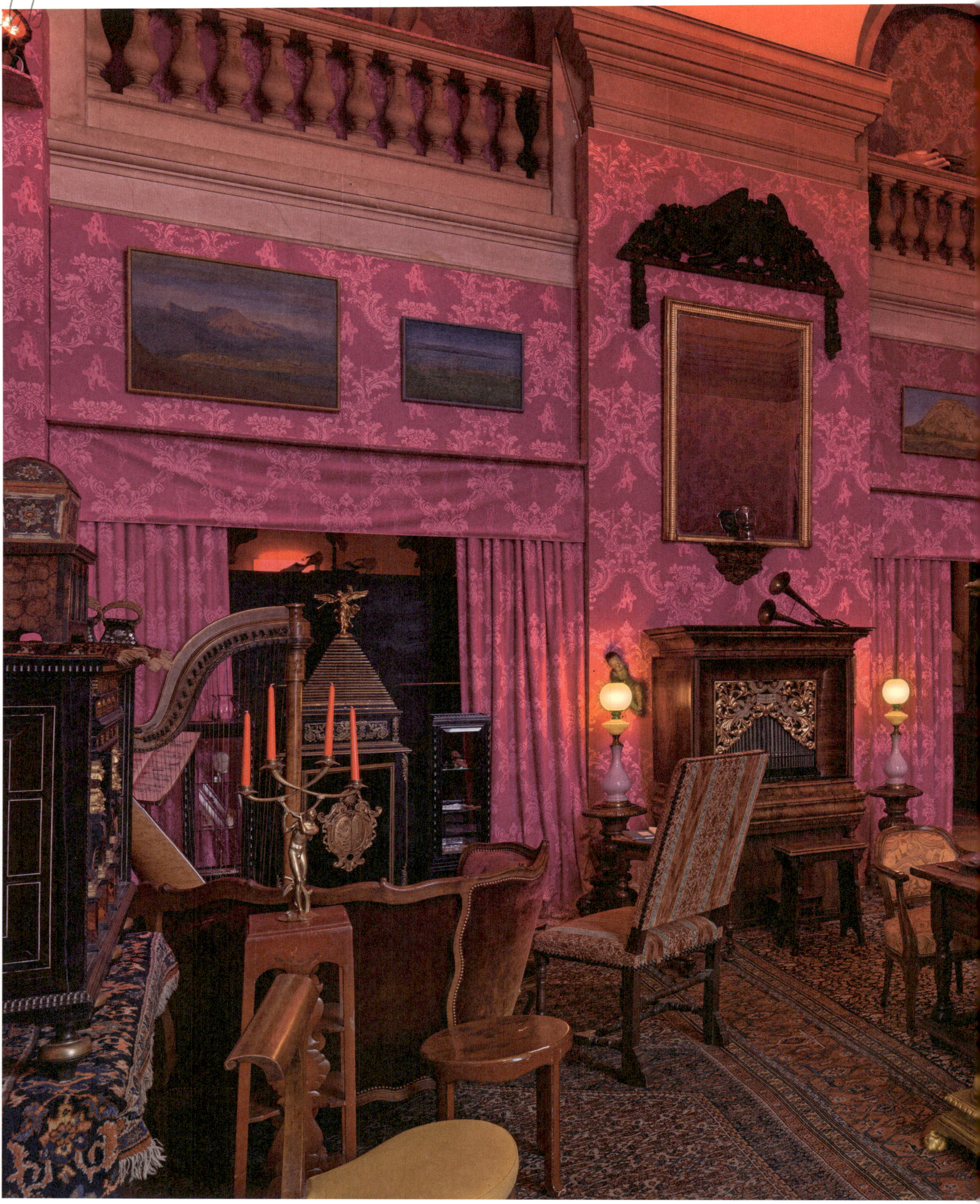

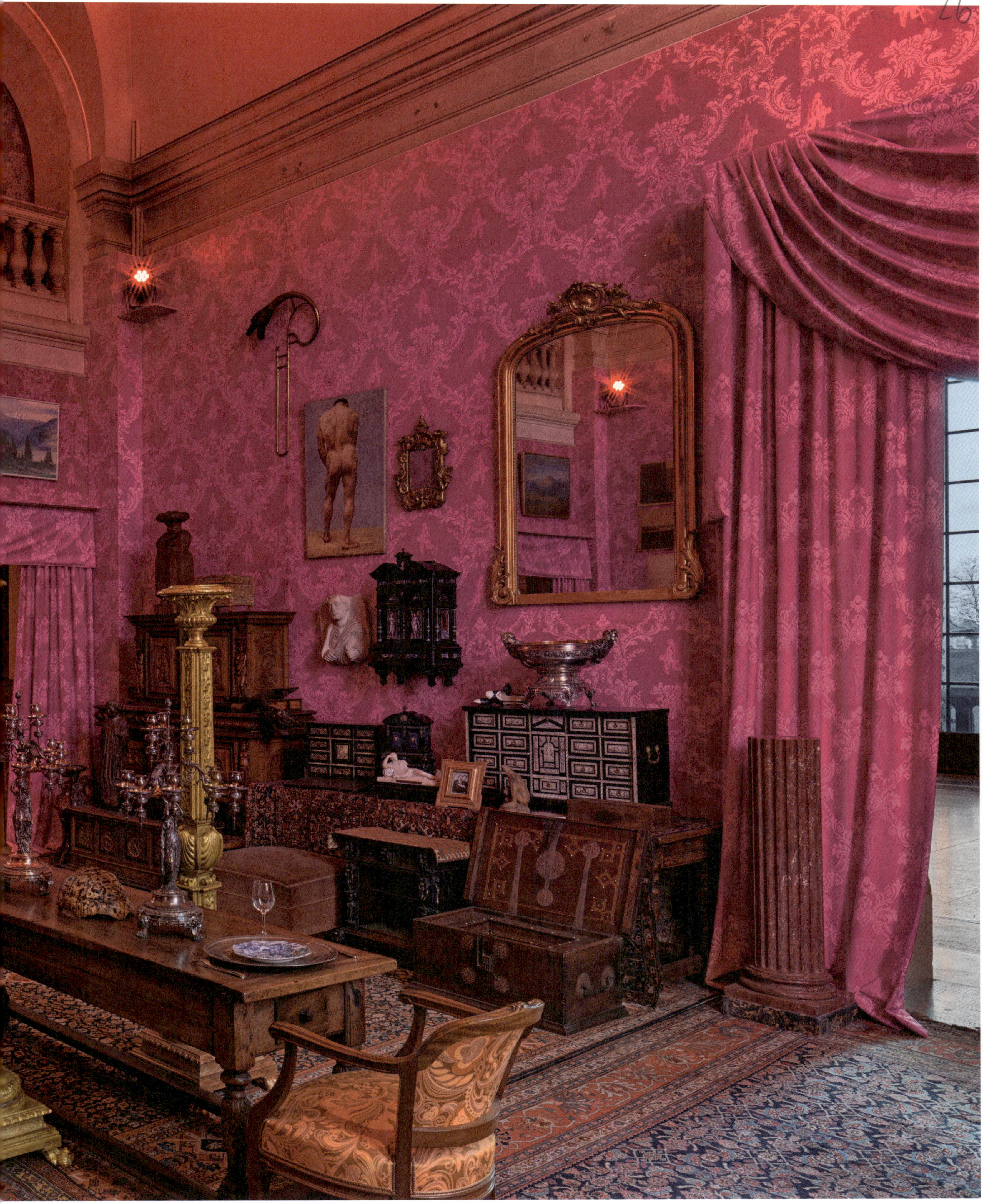

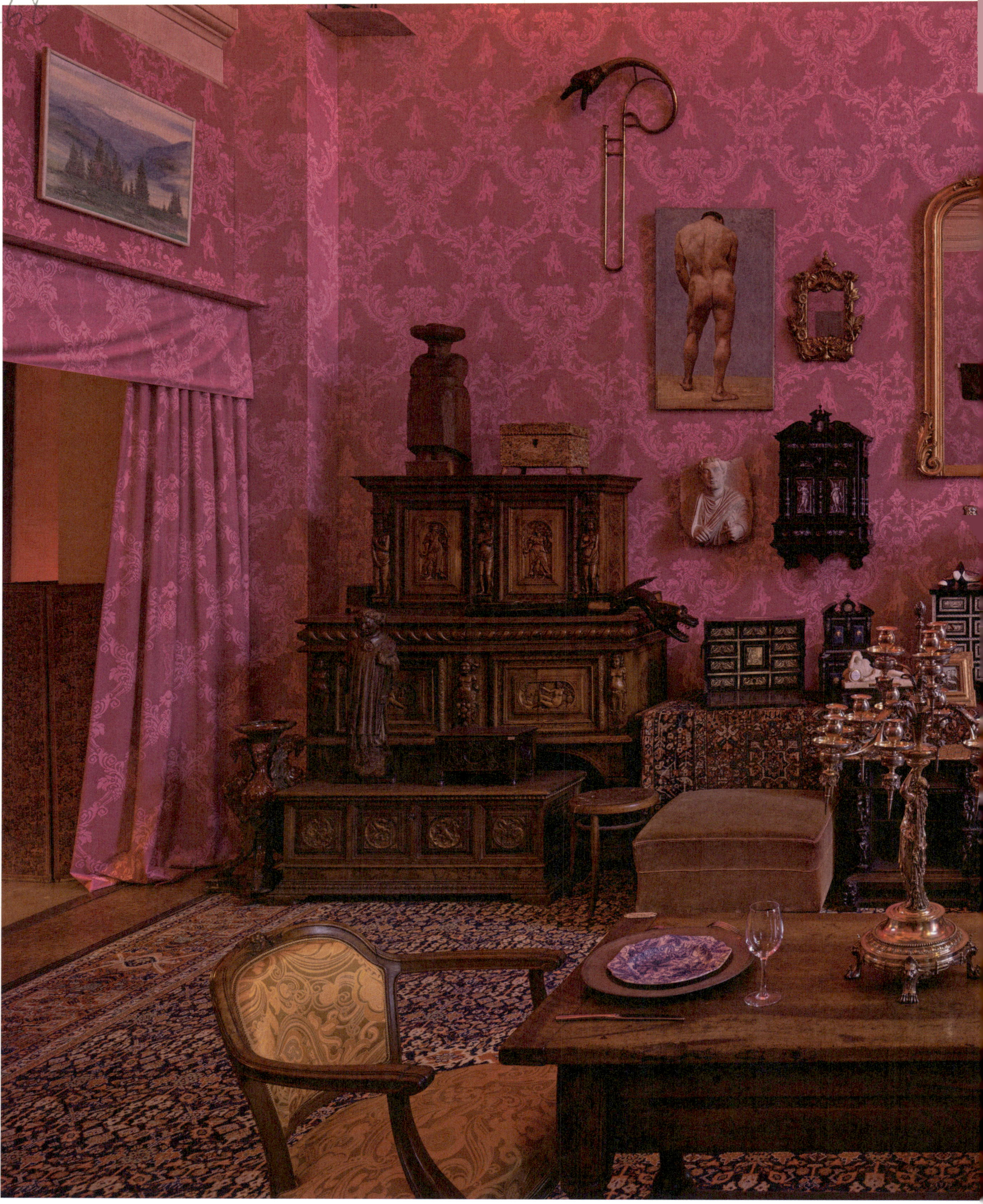

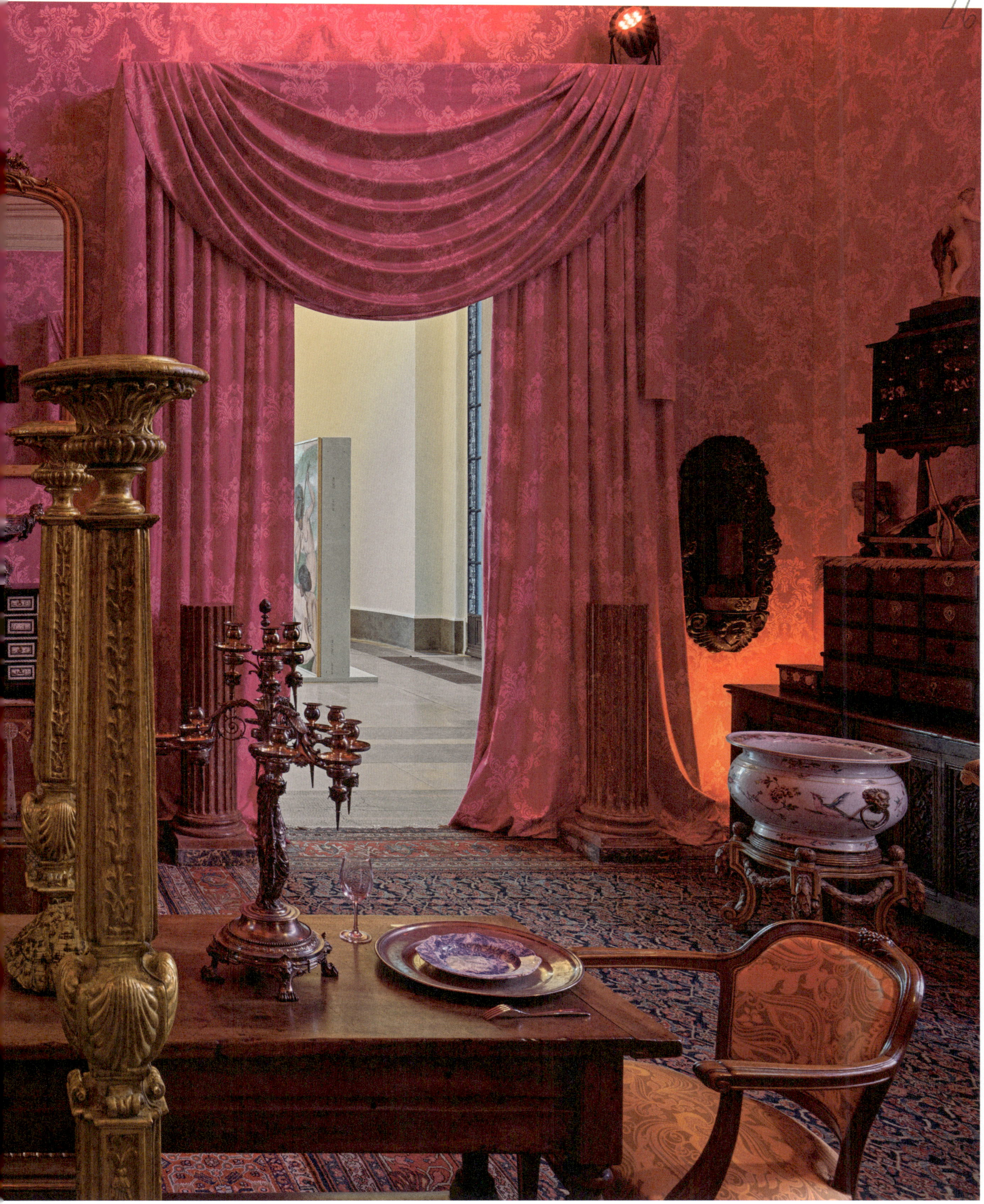

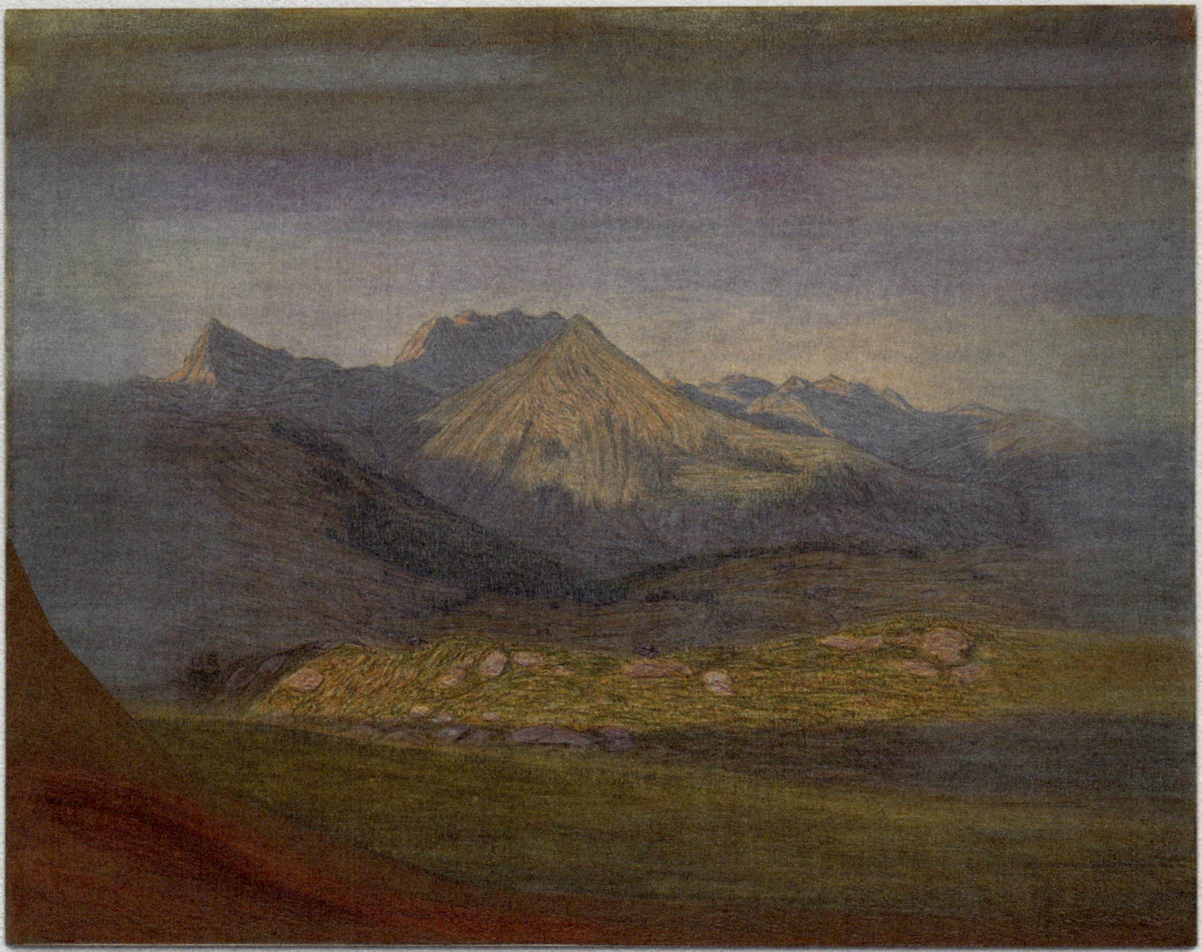

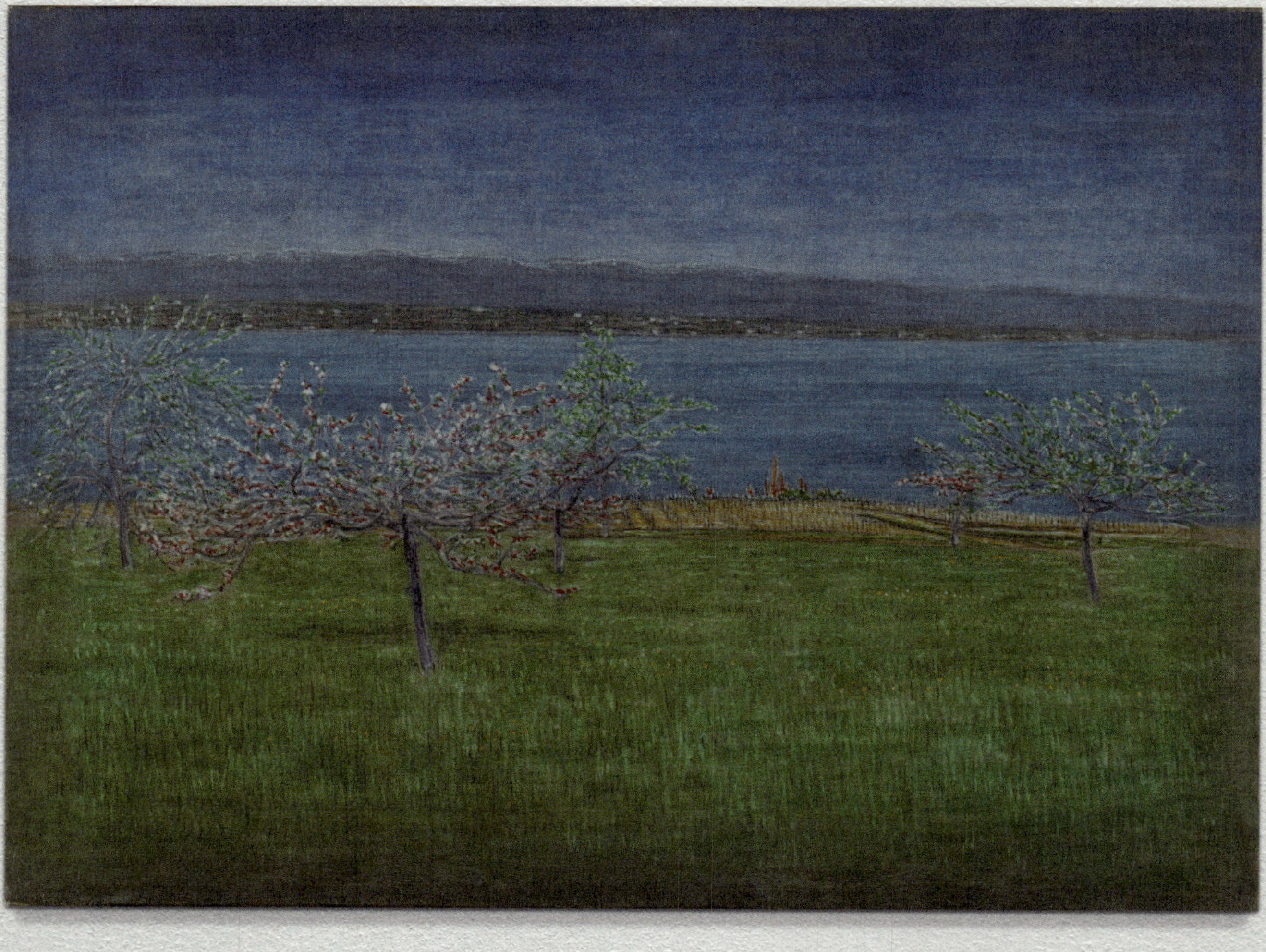

alexandre perrier   coucher de soleil 1910 . pommier en fleurs 1900-1950

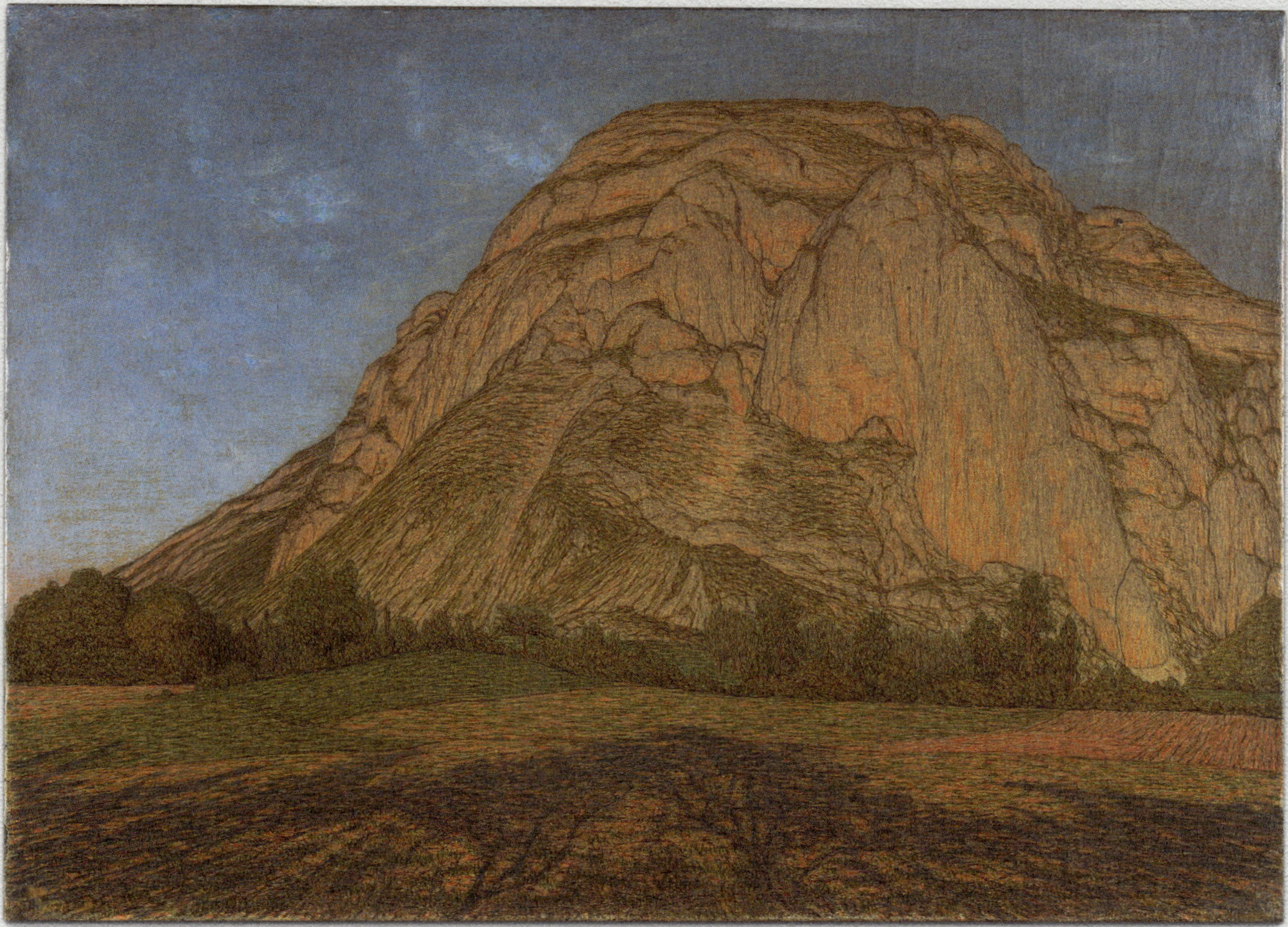

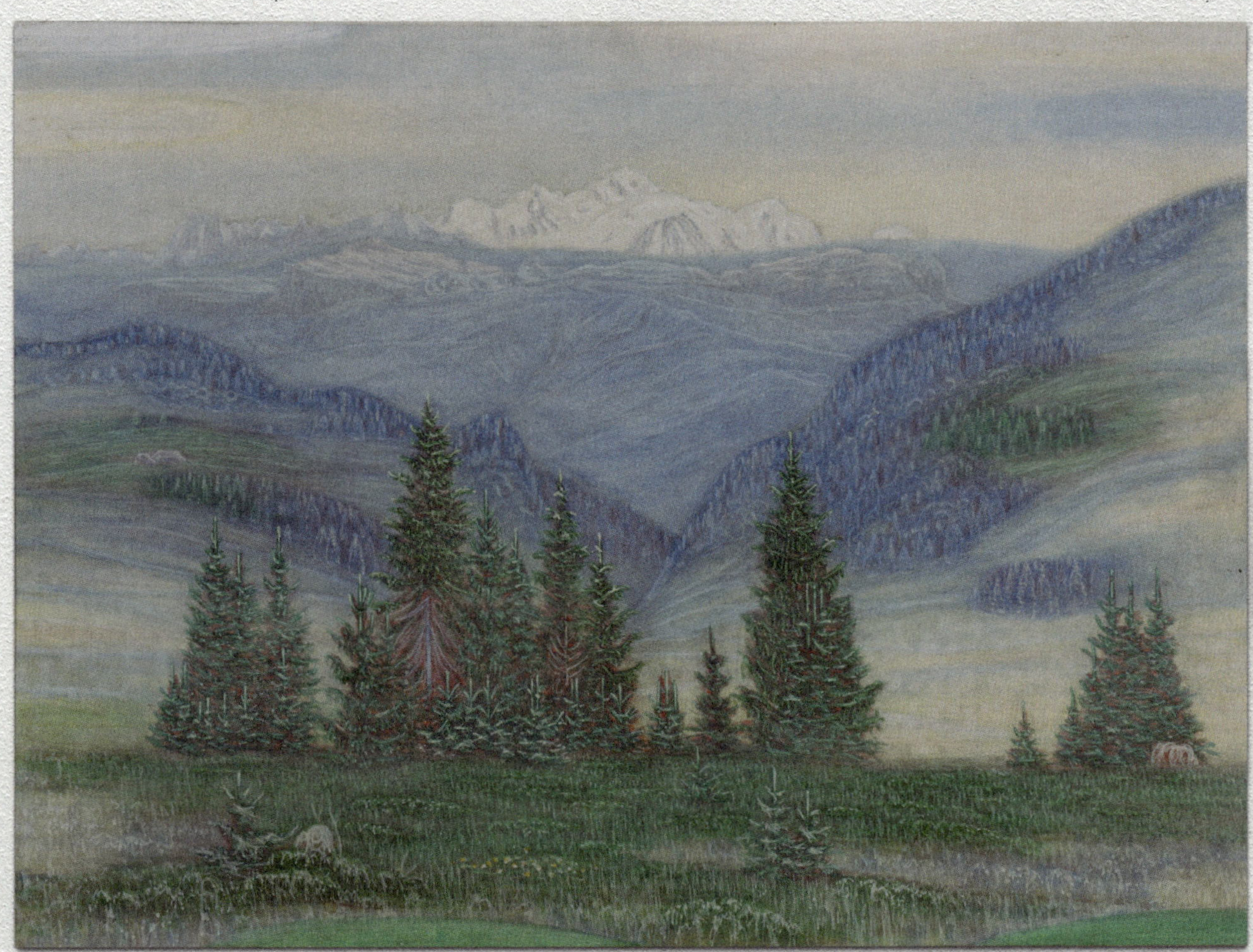

paysage de montagne 1898 . le praz-de-lys et la chaîne du mont-blanc 1900-1950

272

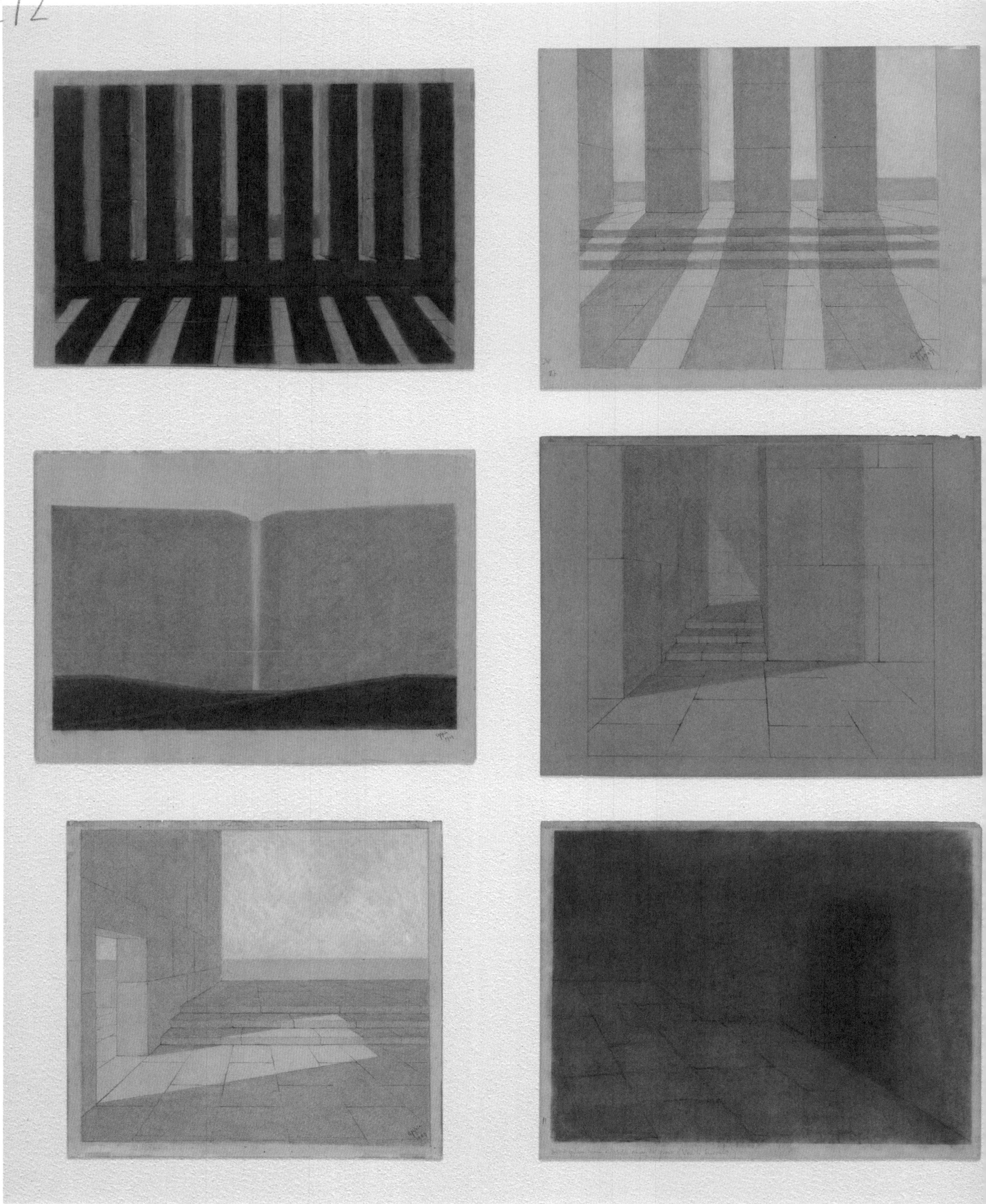

adolphe appia

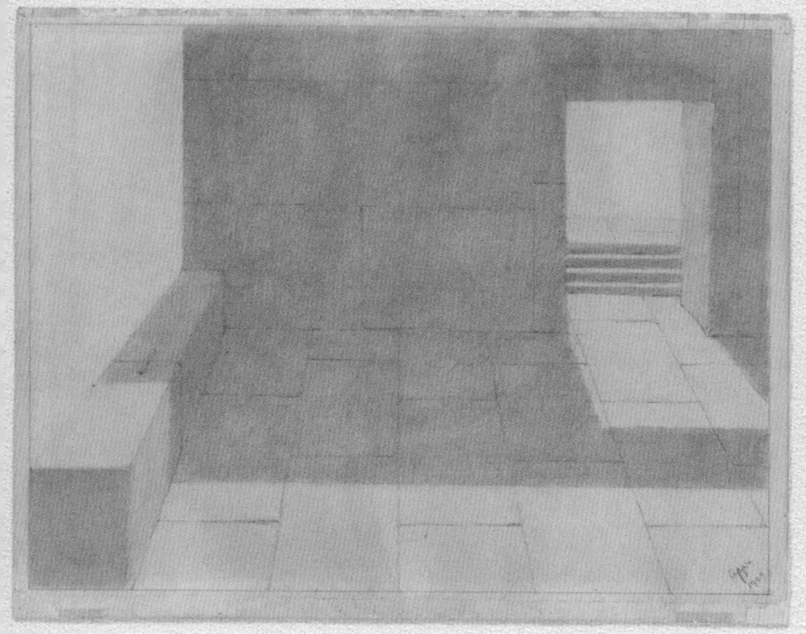

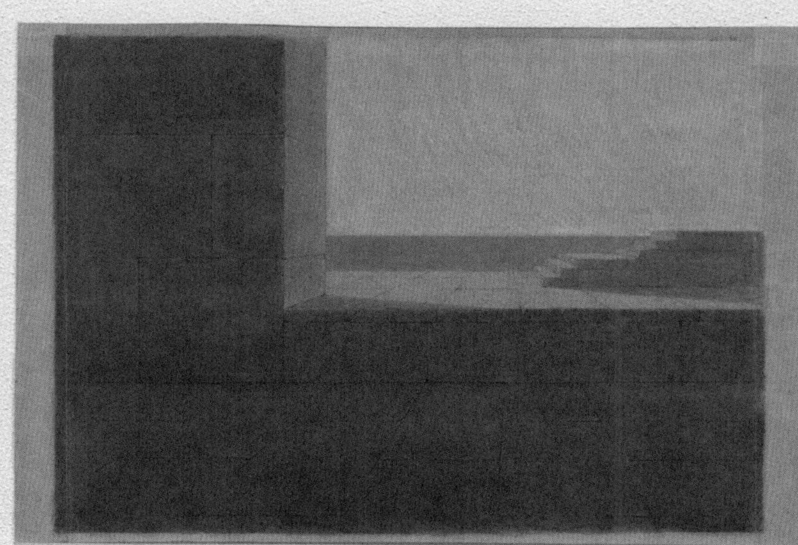

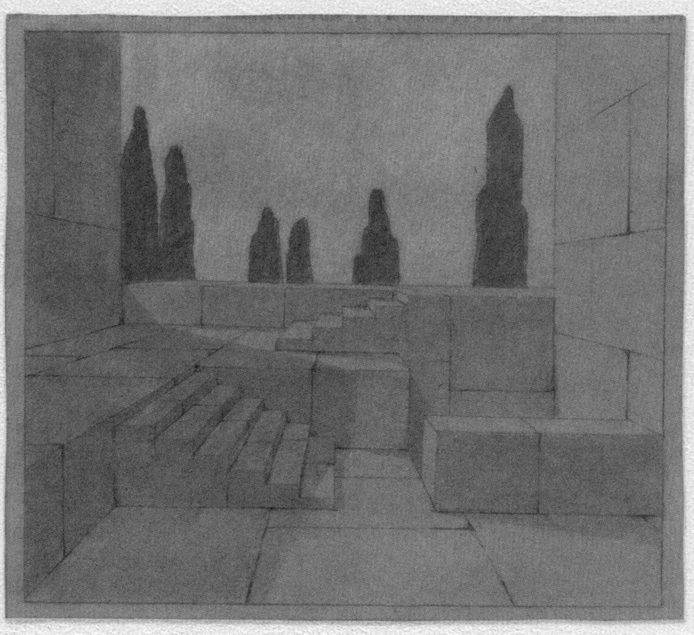

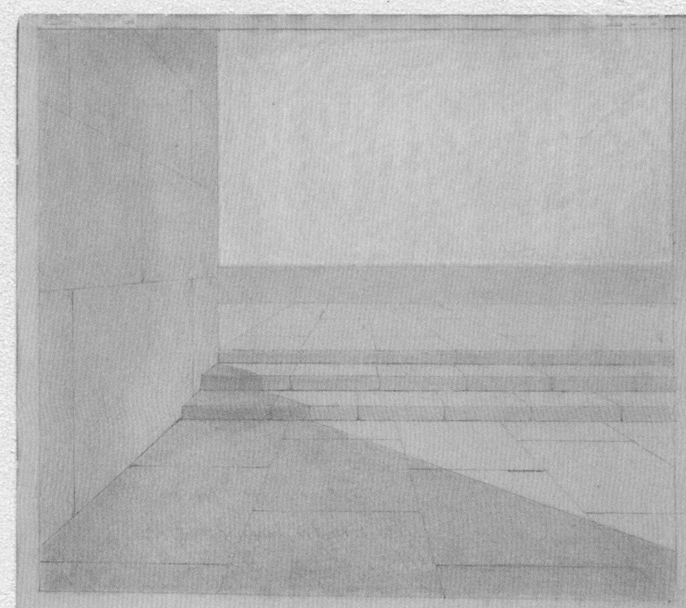

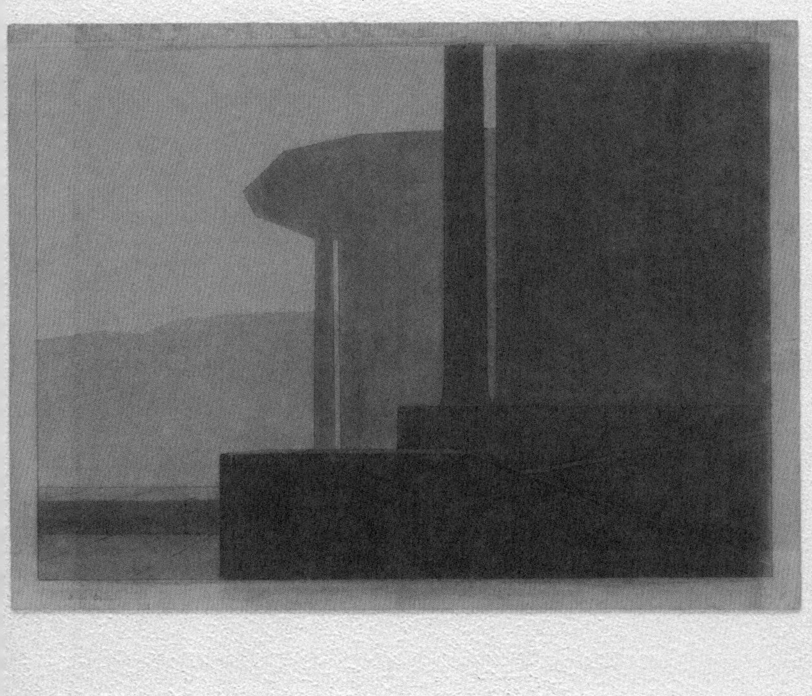

espaces poétiques 1909-1910

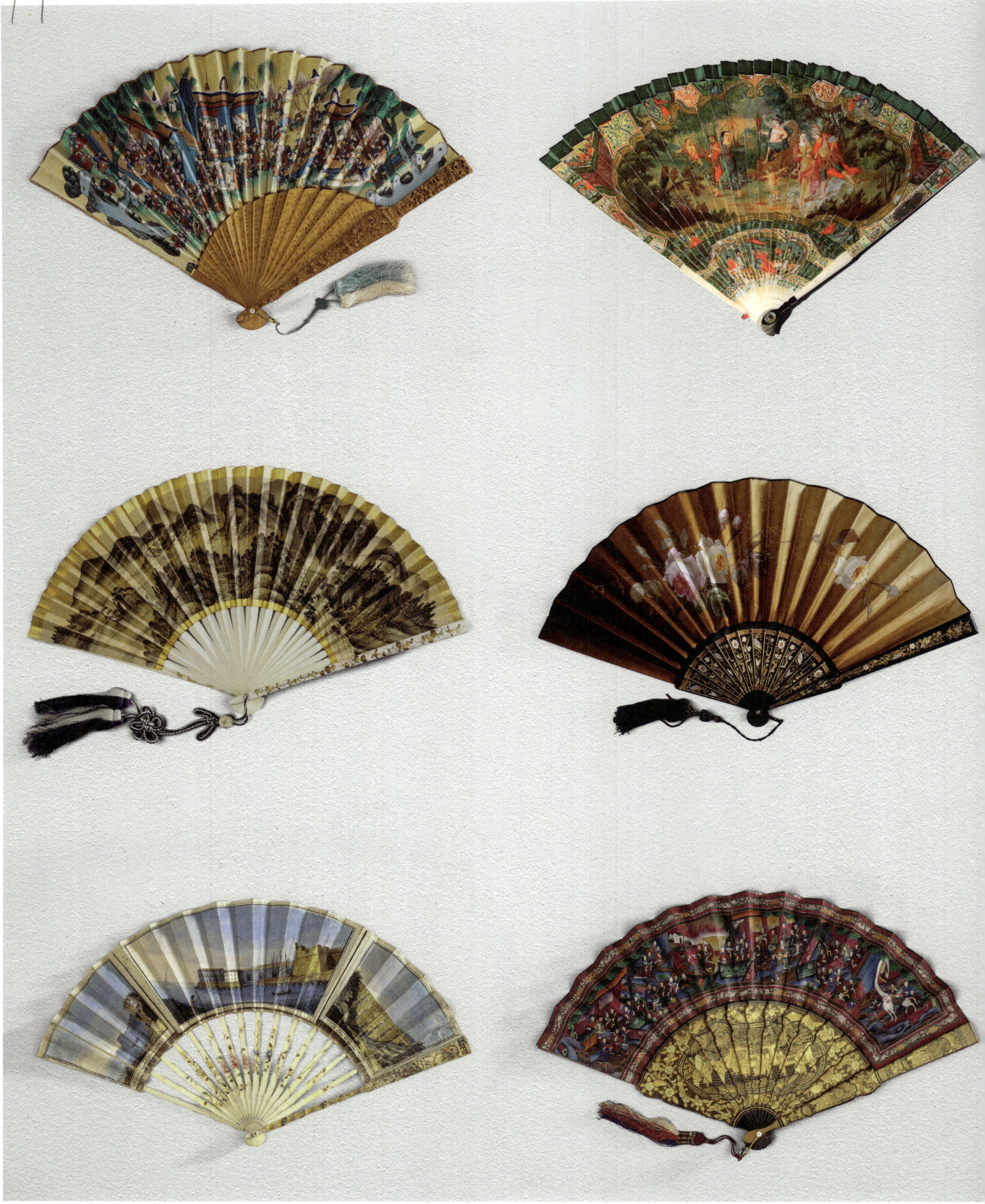

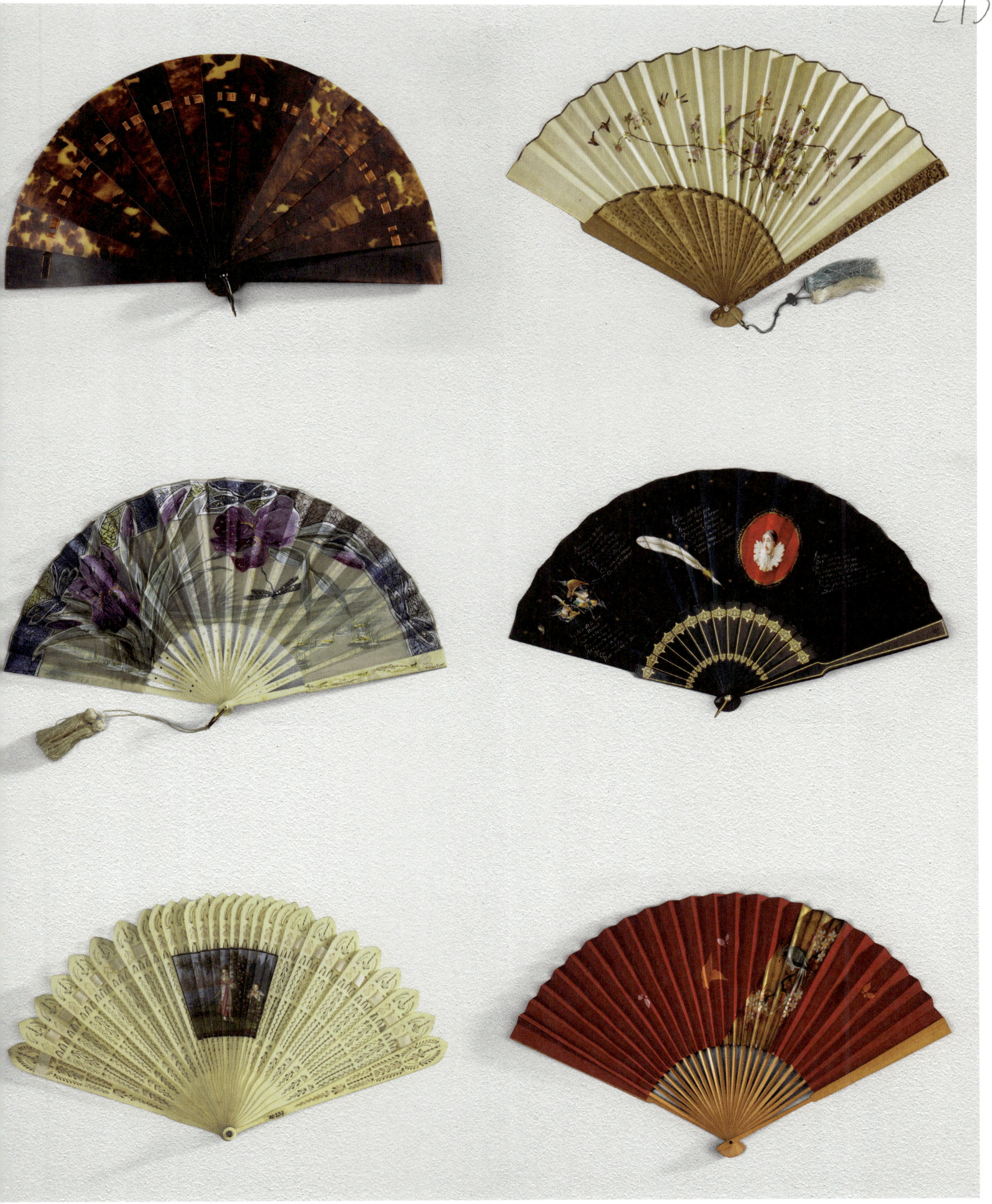

folding fans XVIII-XX century

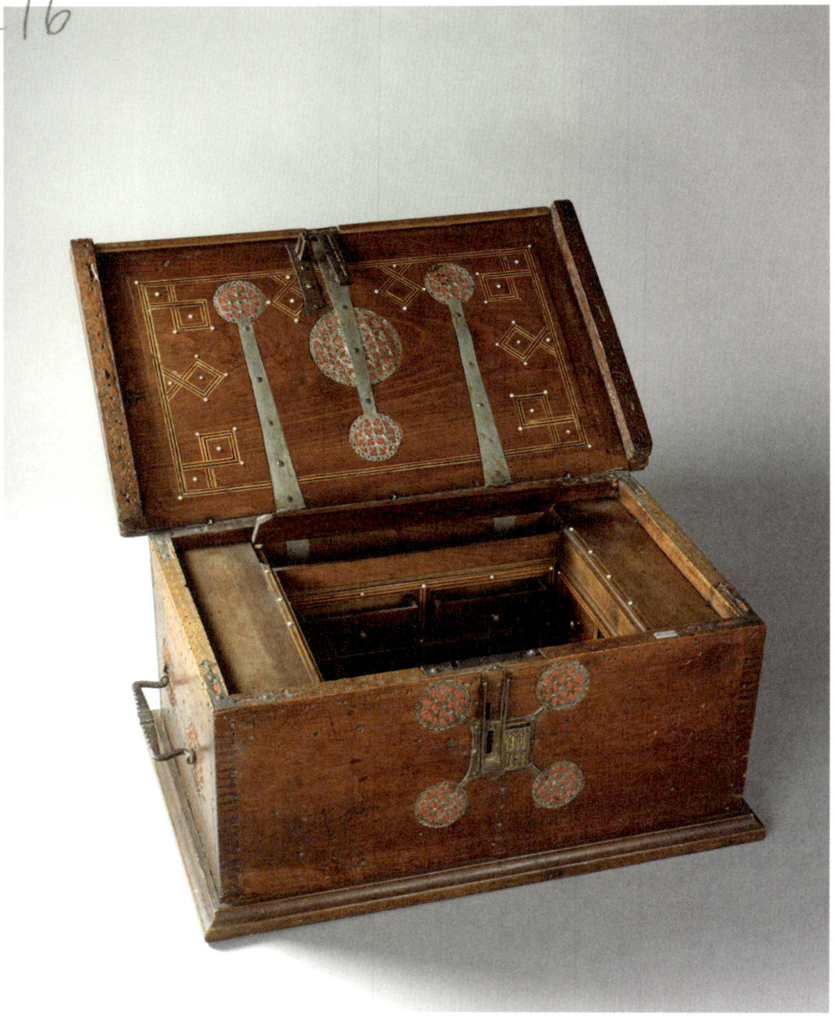

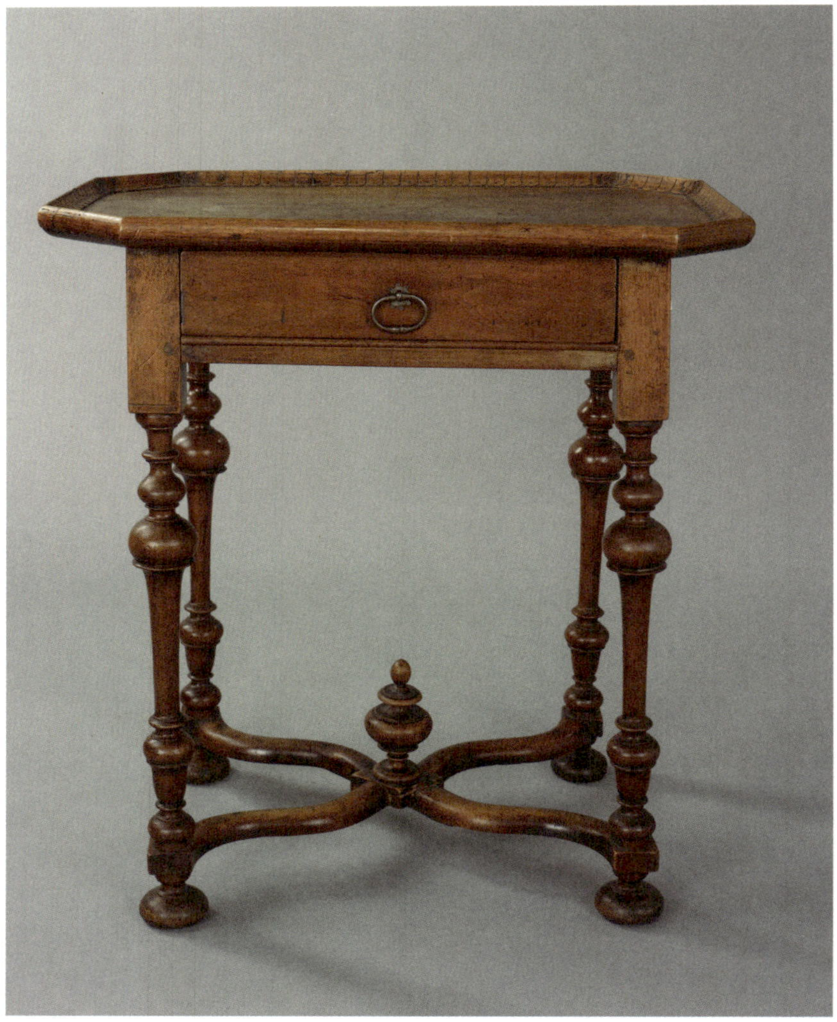

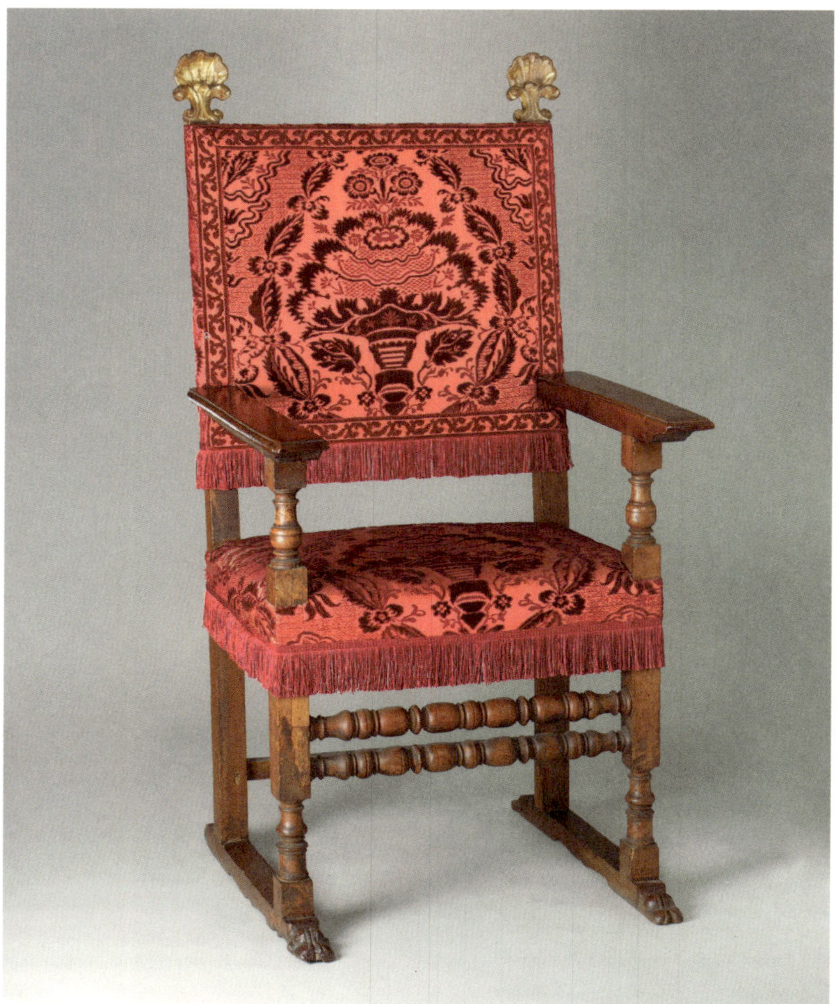

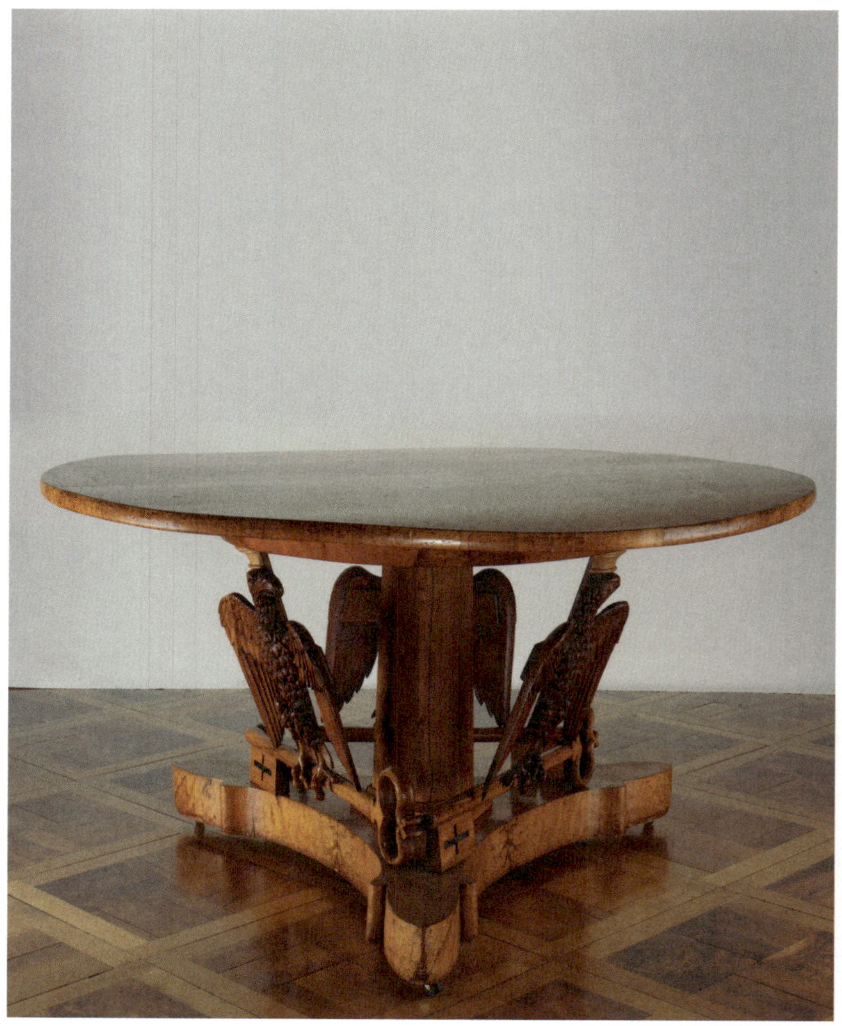

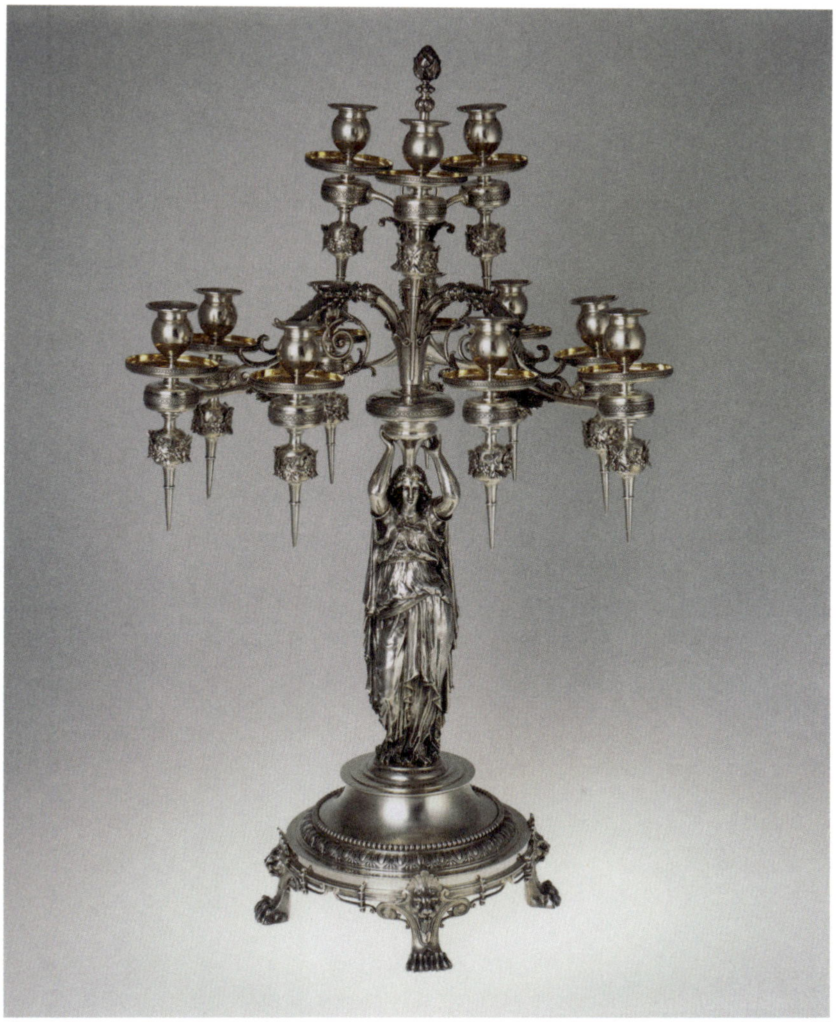

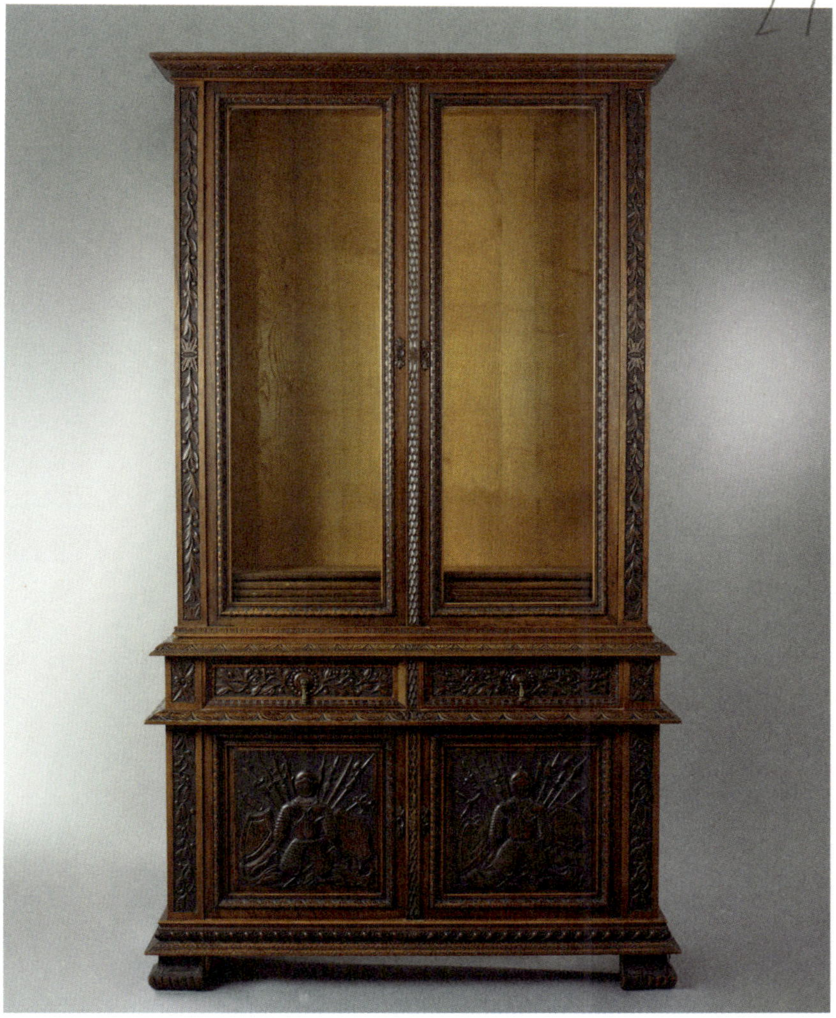

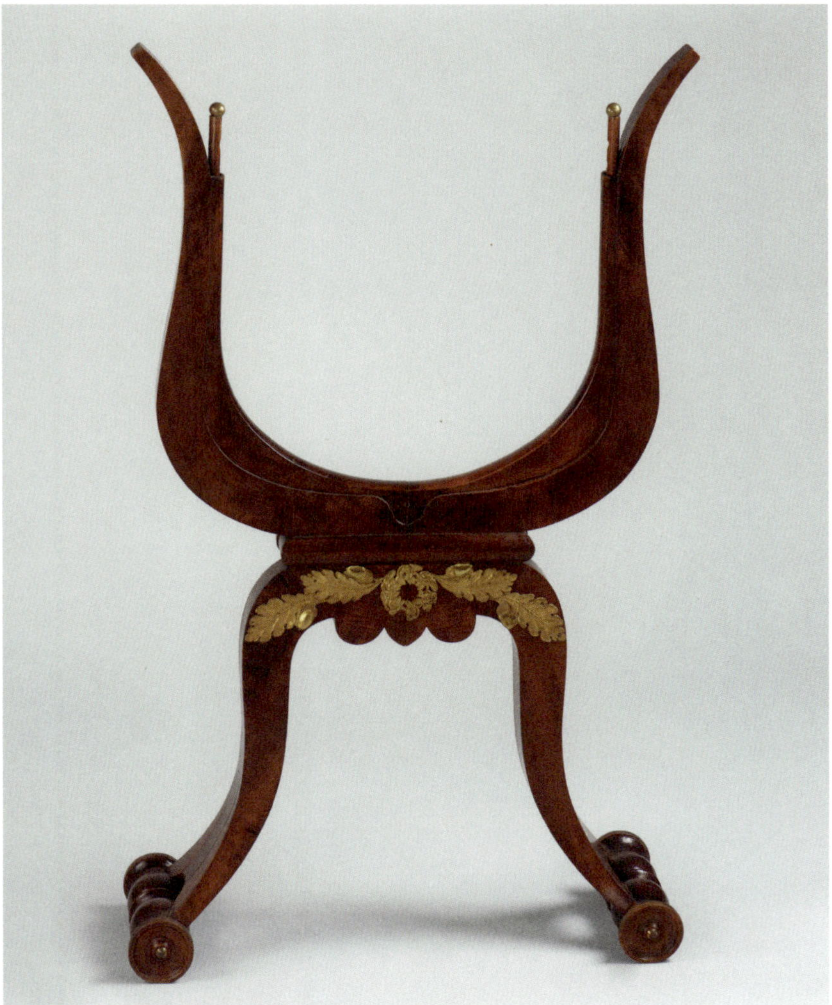

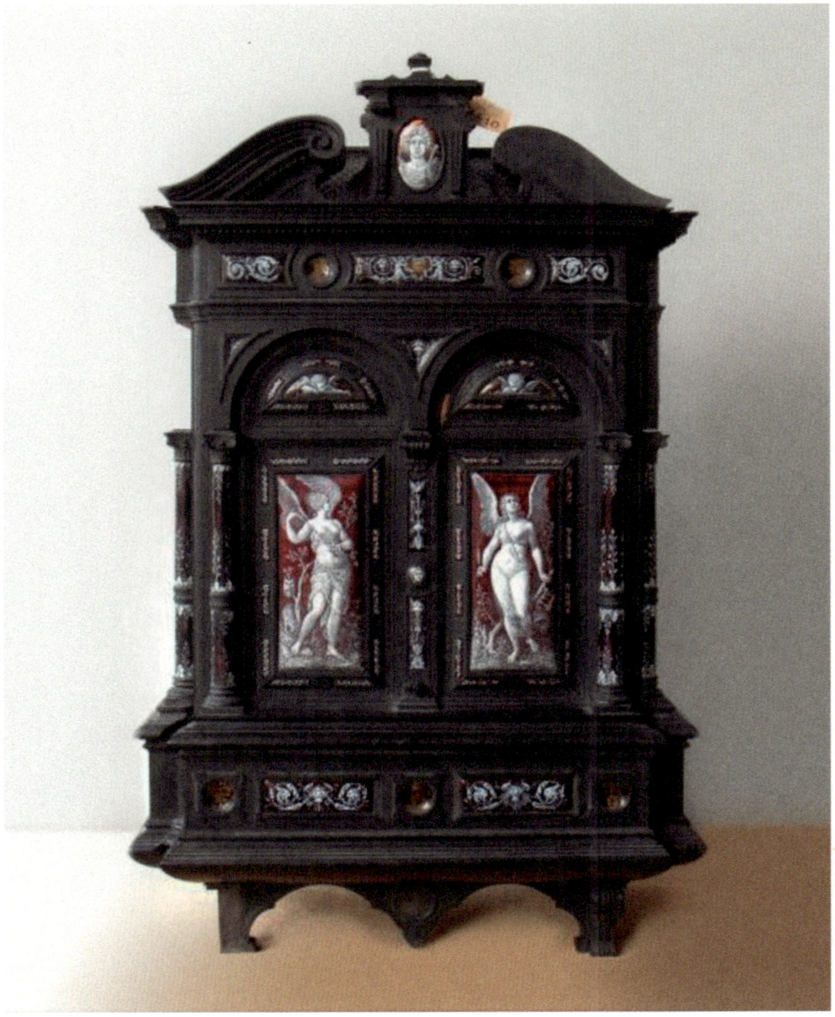

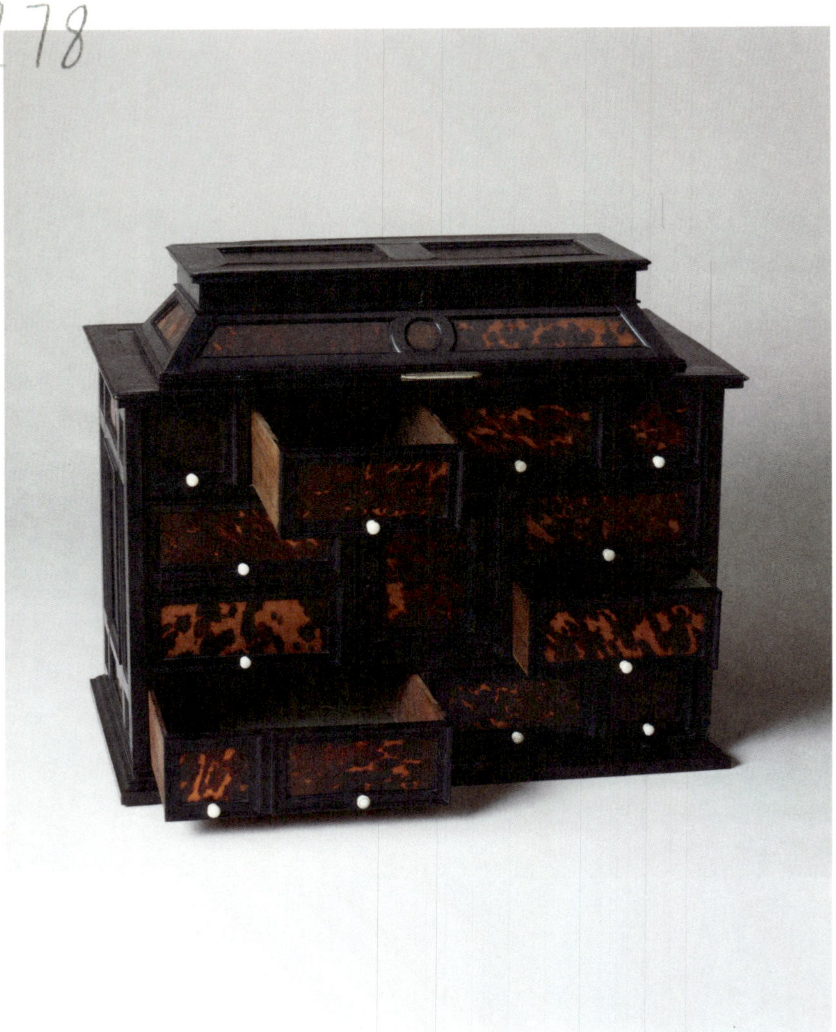
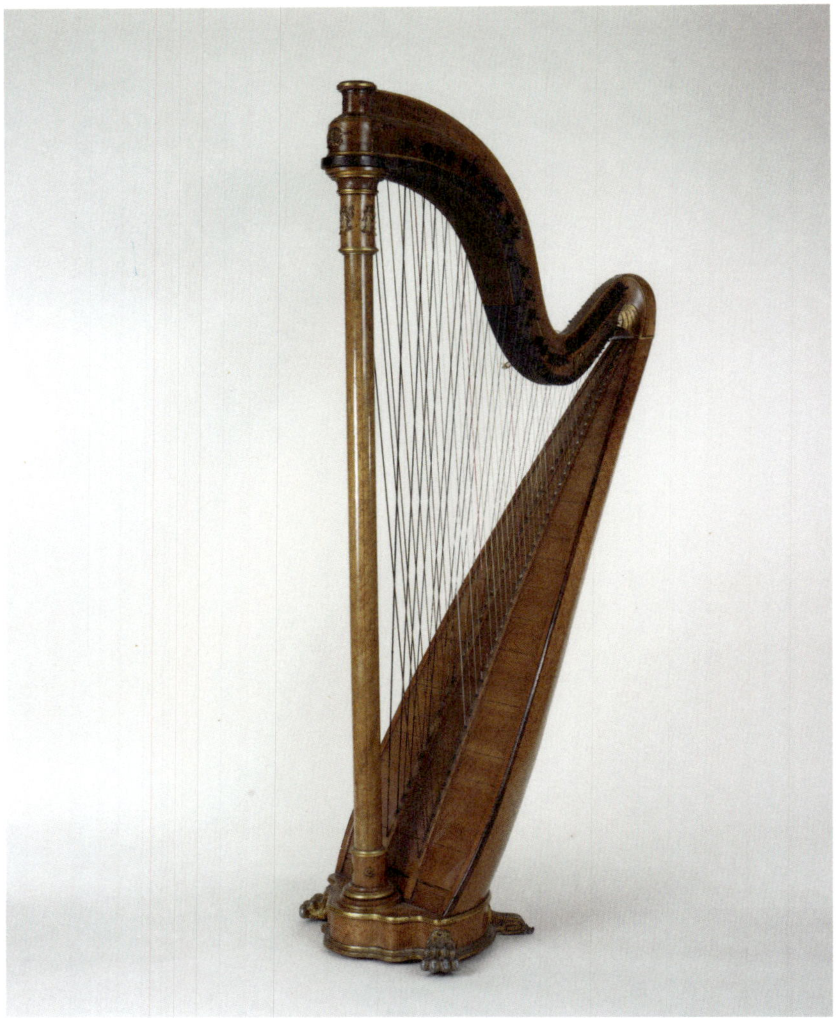
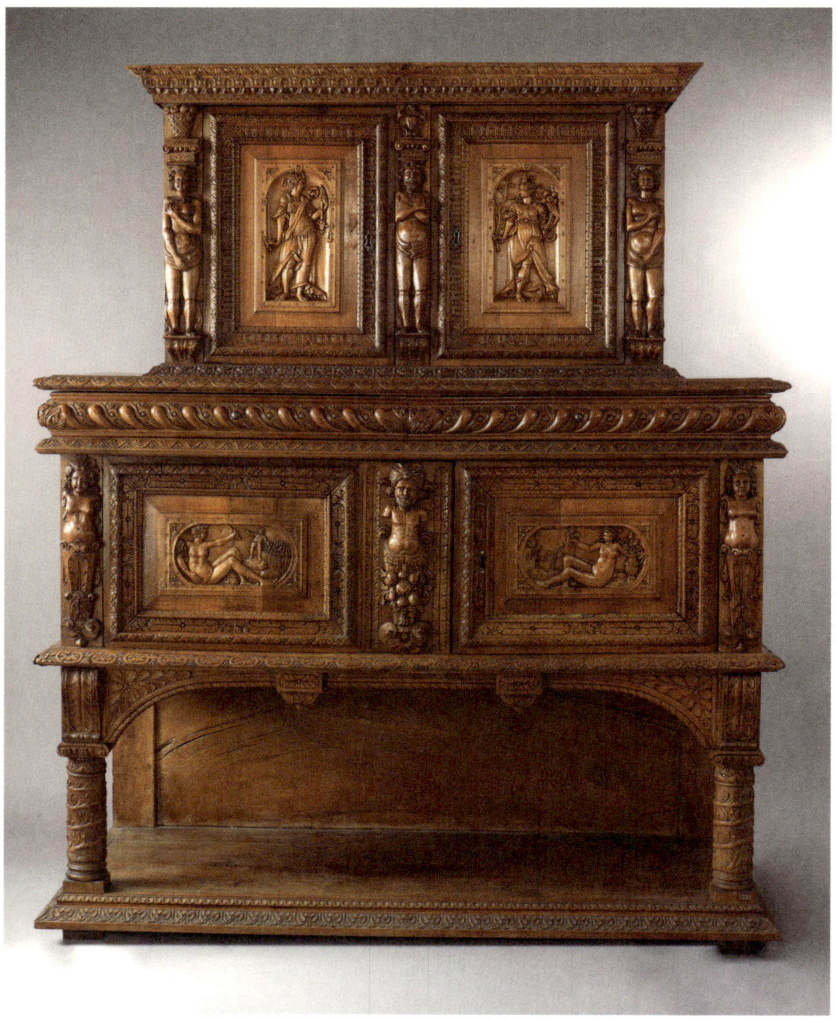
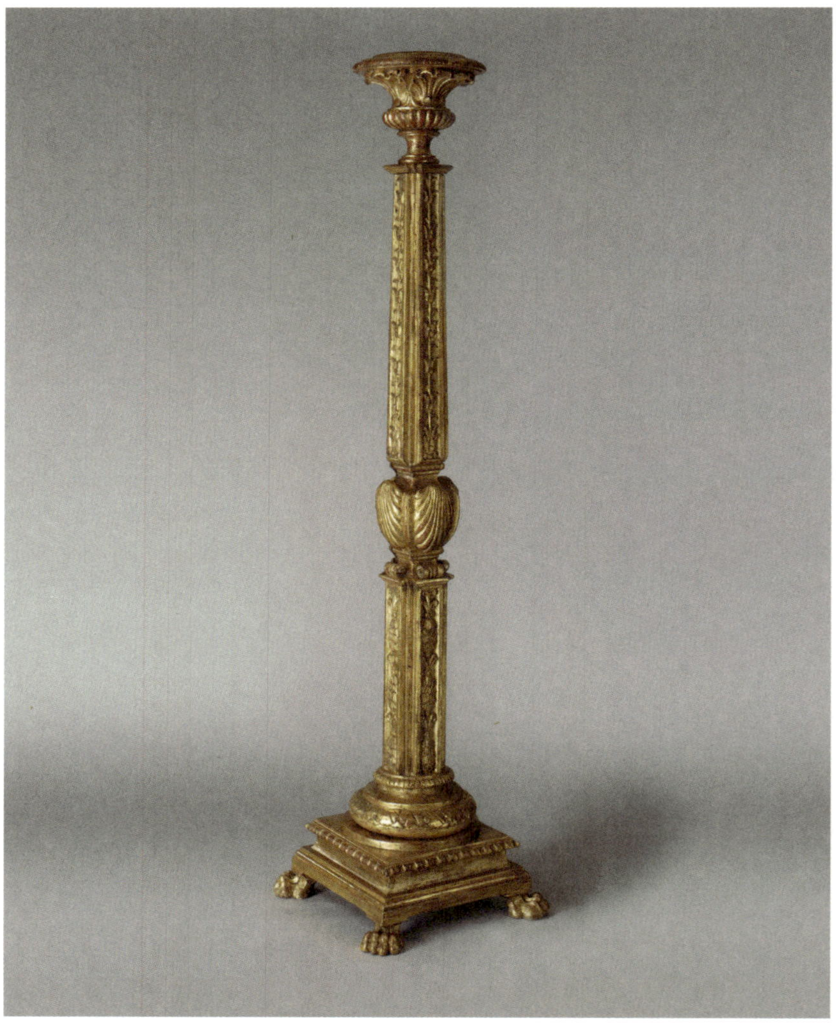

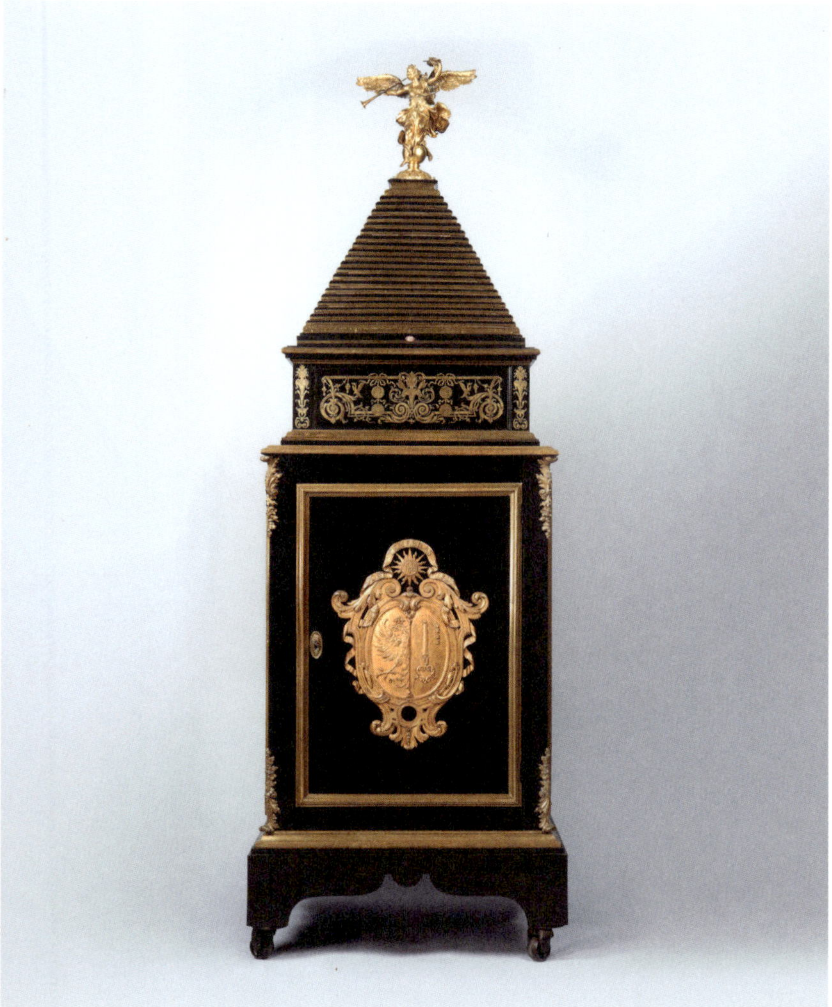

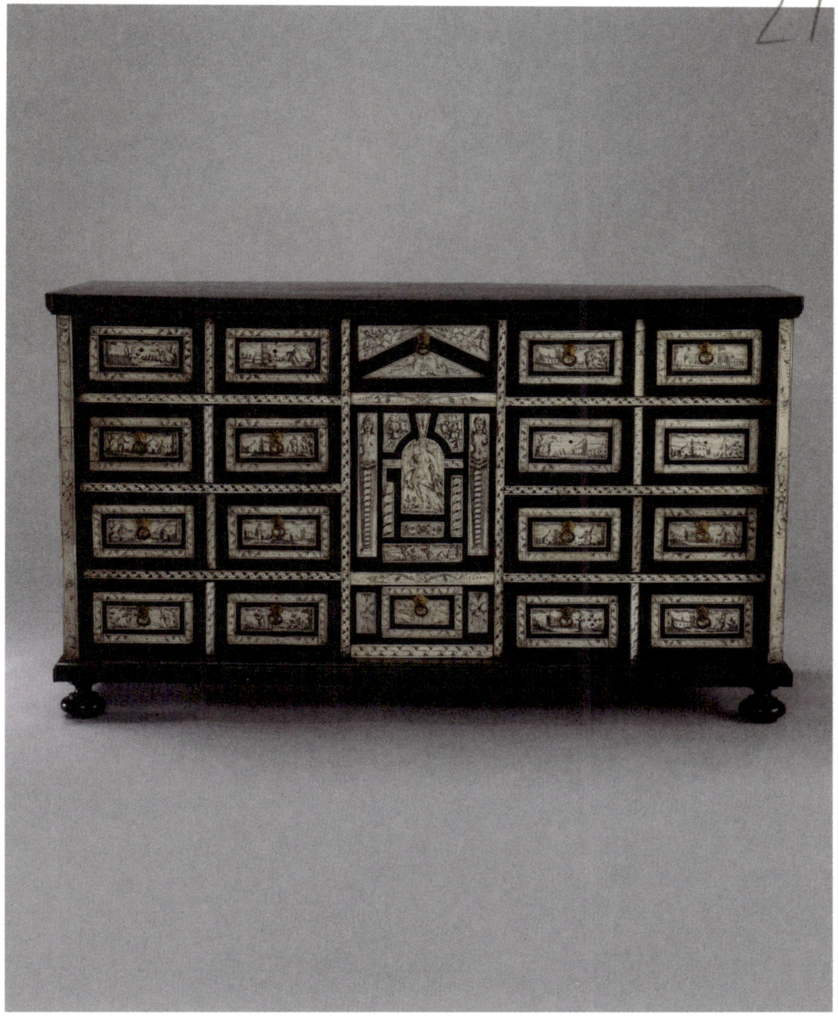

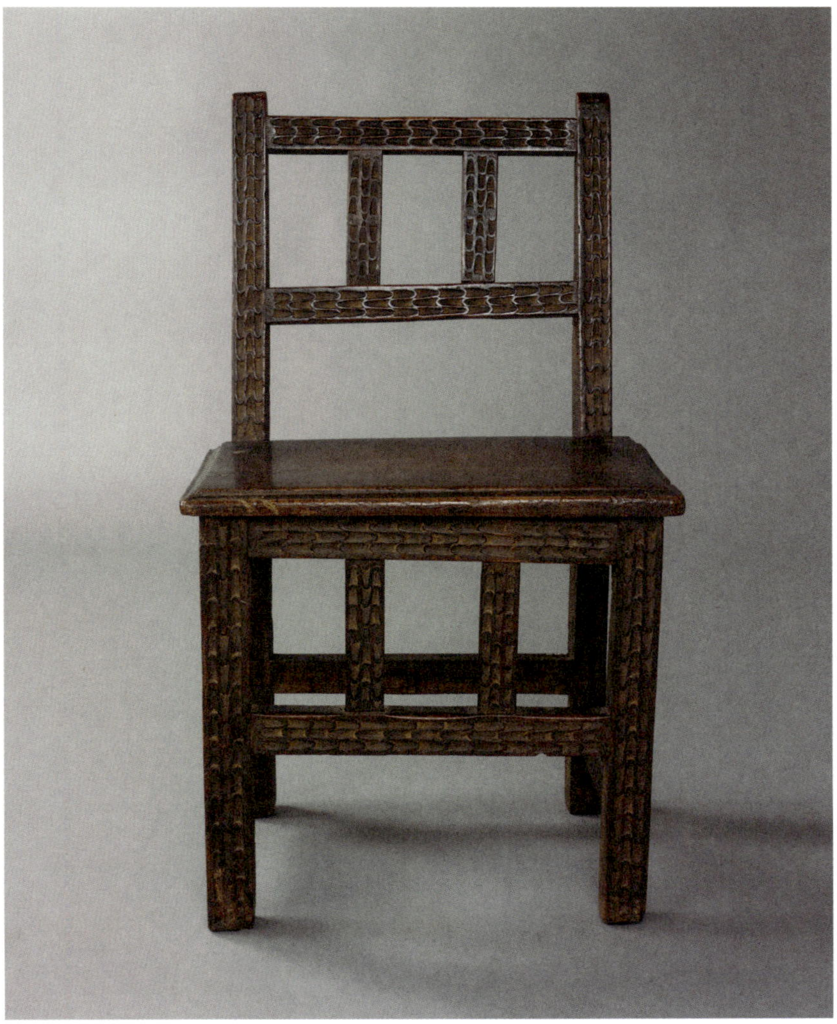

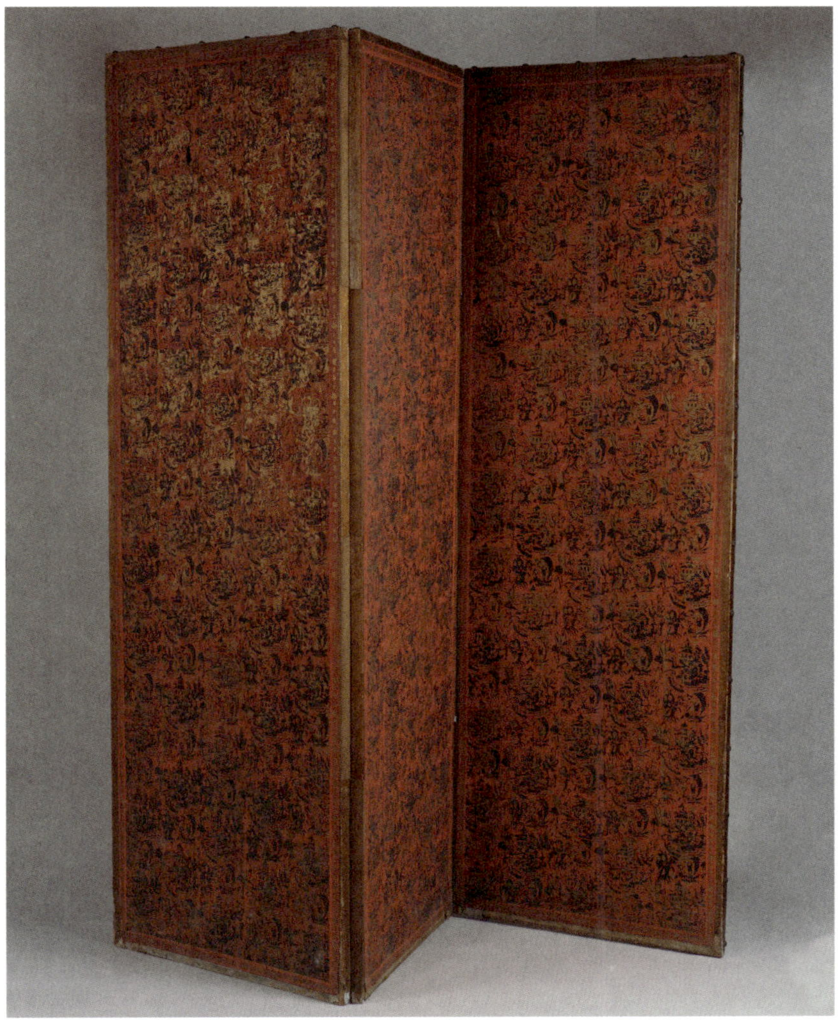

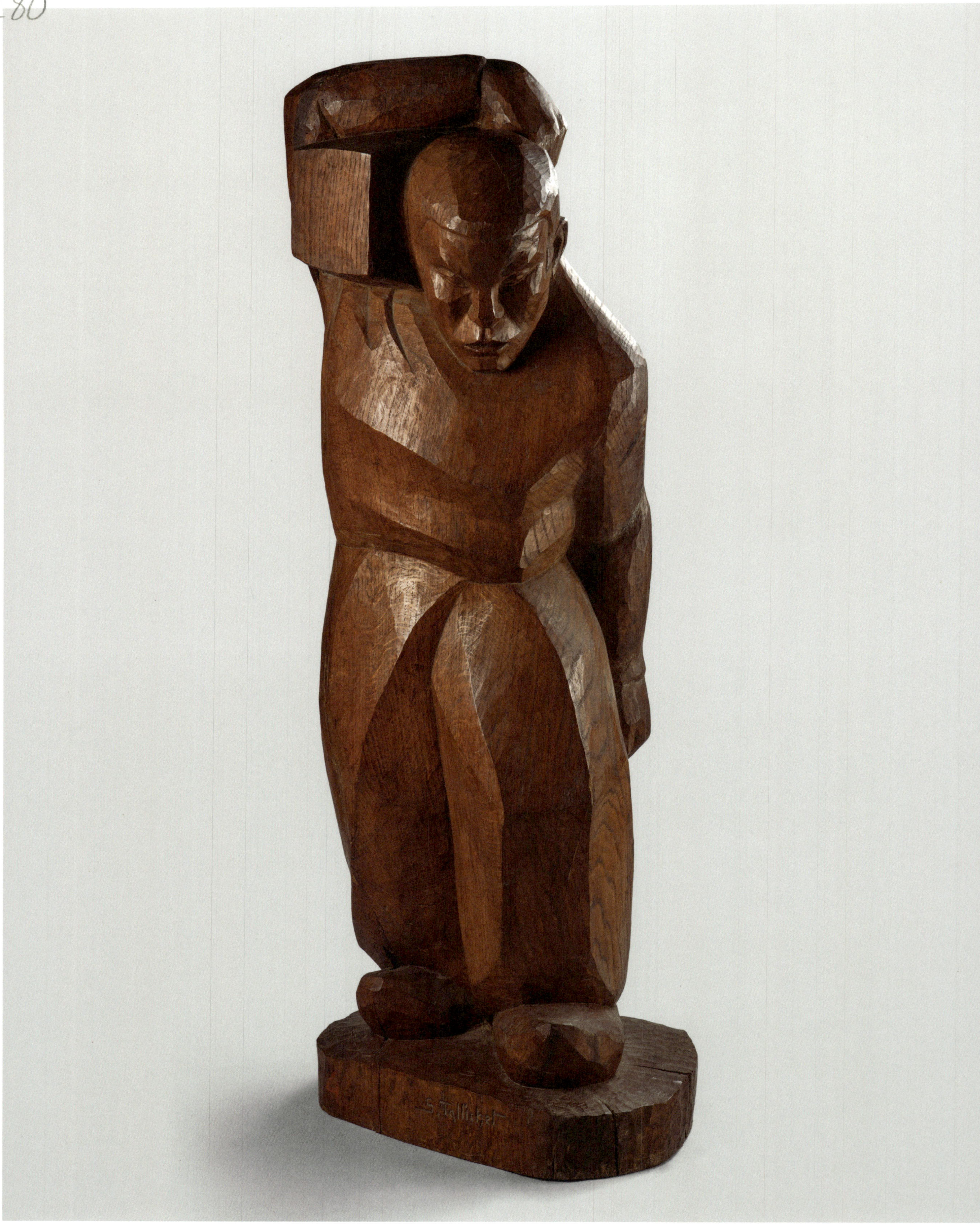

simone tallichet le travail c.1925

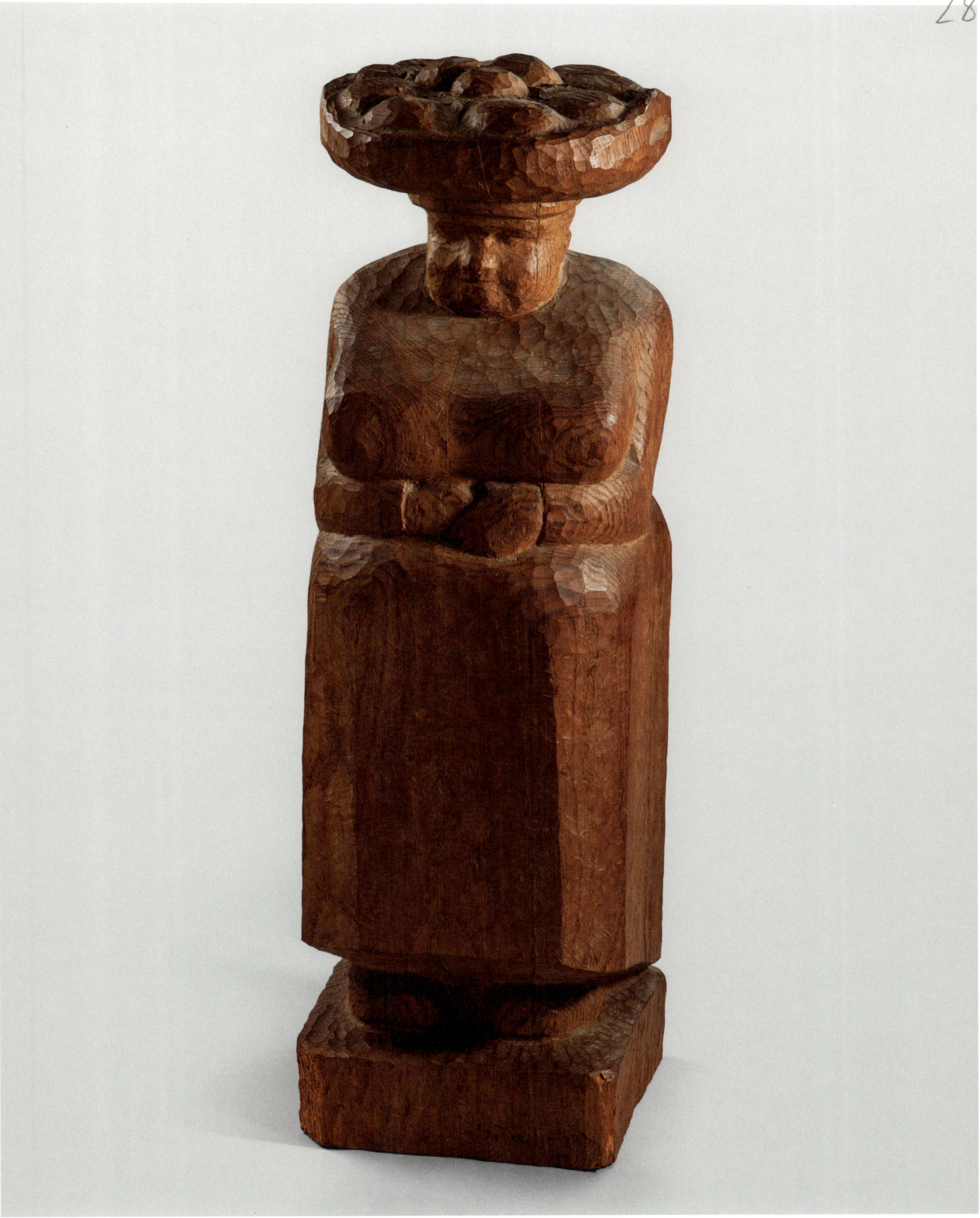

les pommes c.1925

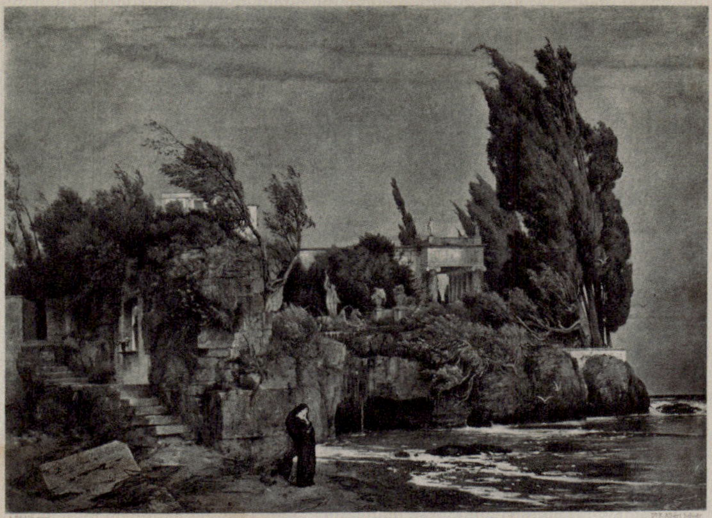

VILLA AM MEERE

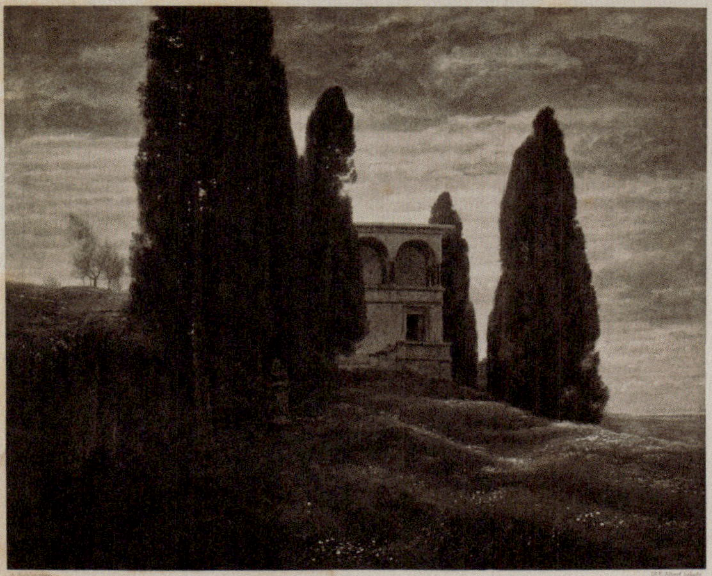

ITALIENISCHE VILLA IM FRÜHLING

arnold böcklin villa am meere . iltalienische villa im frühling 1891

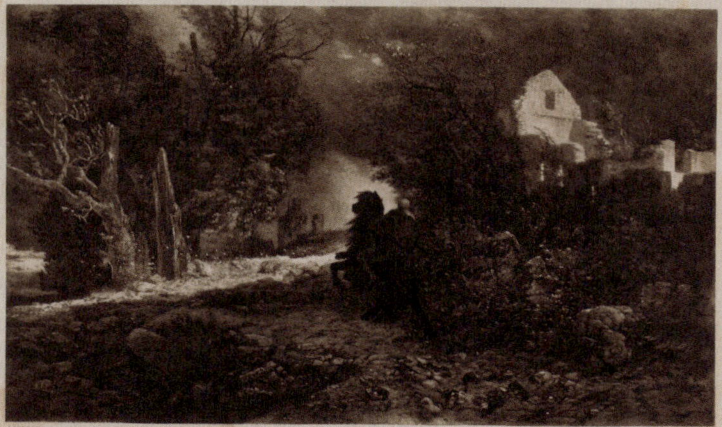

DER RITT DES TODES

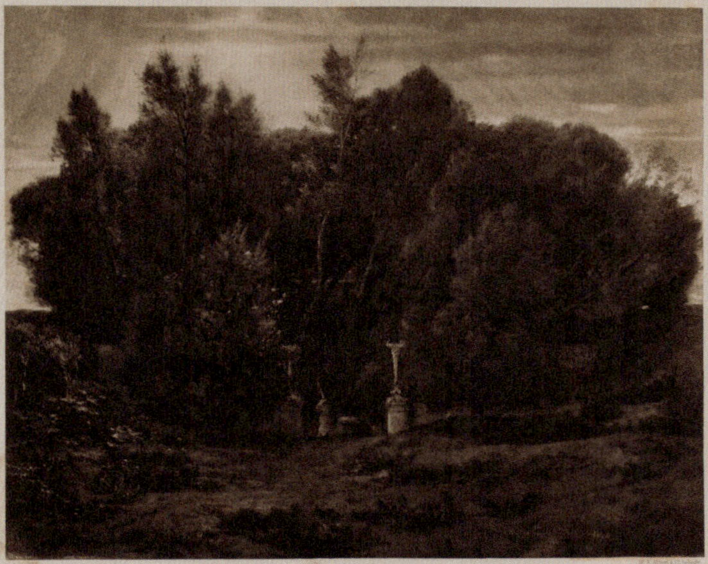

HEILIGER HAIN

heiliger hain 1891

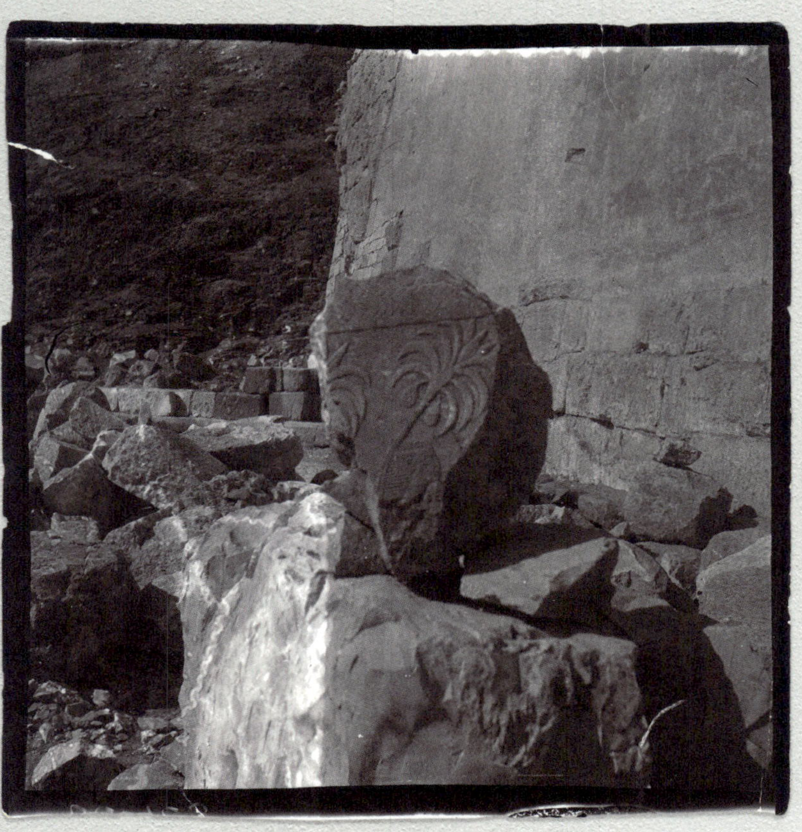

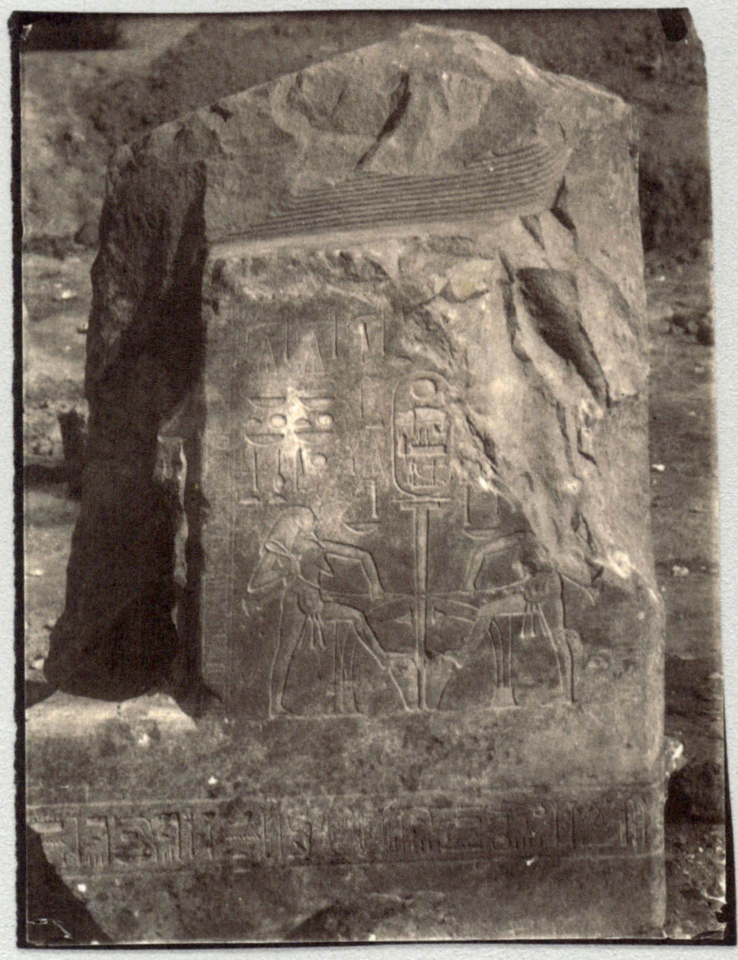

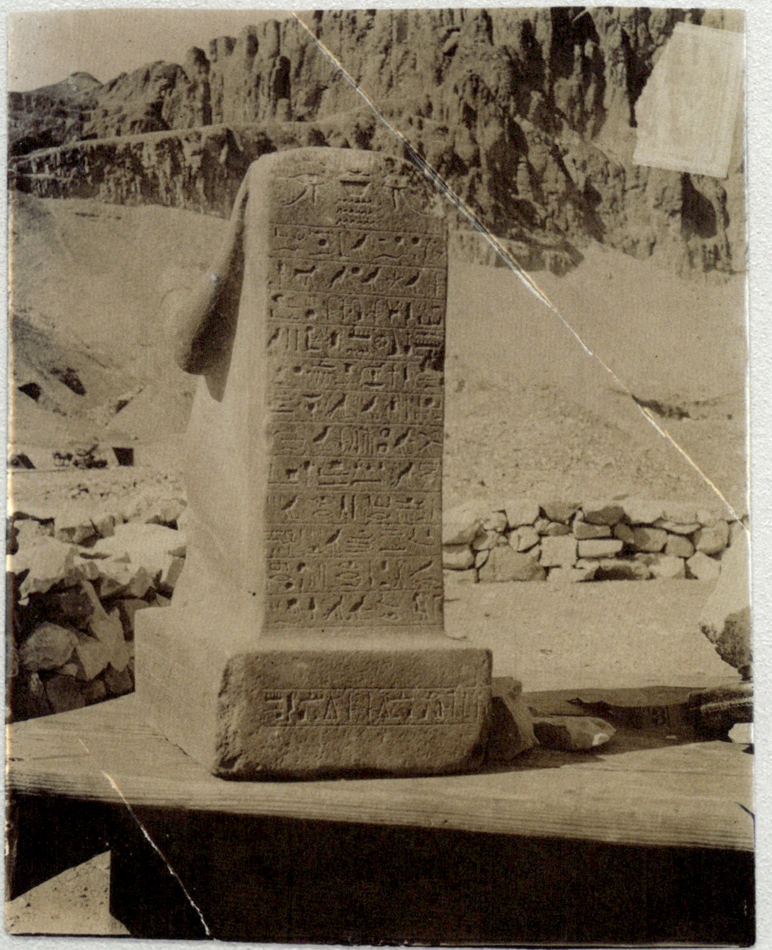

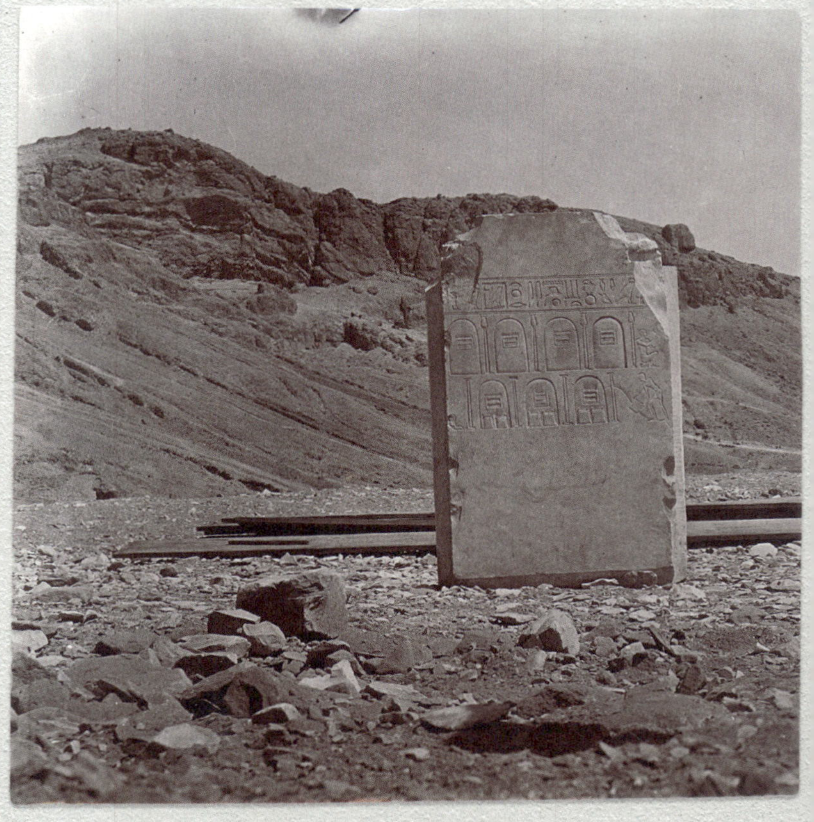

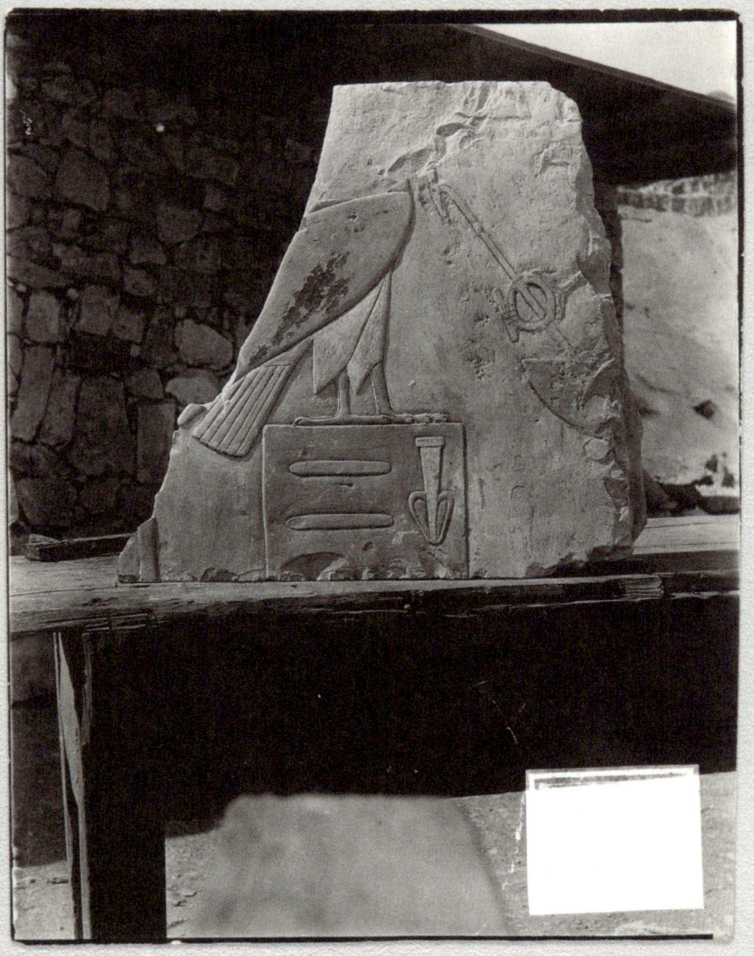

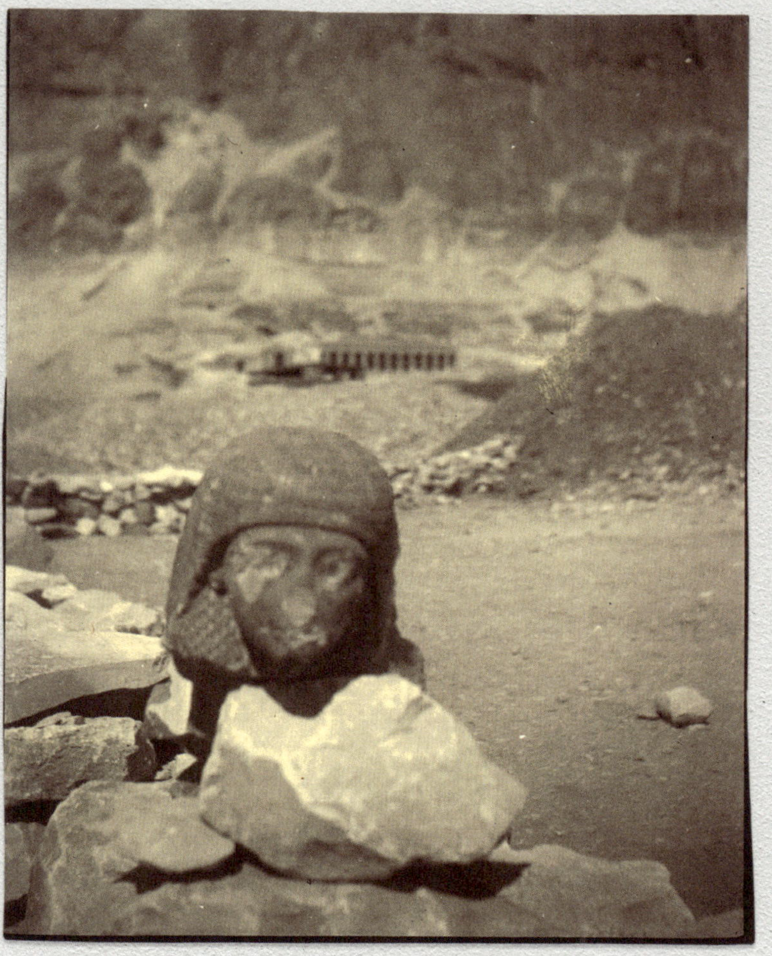

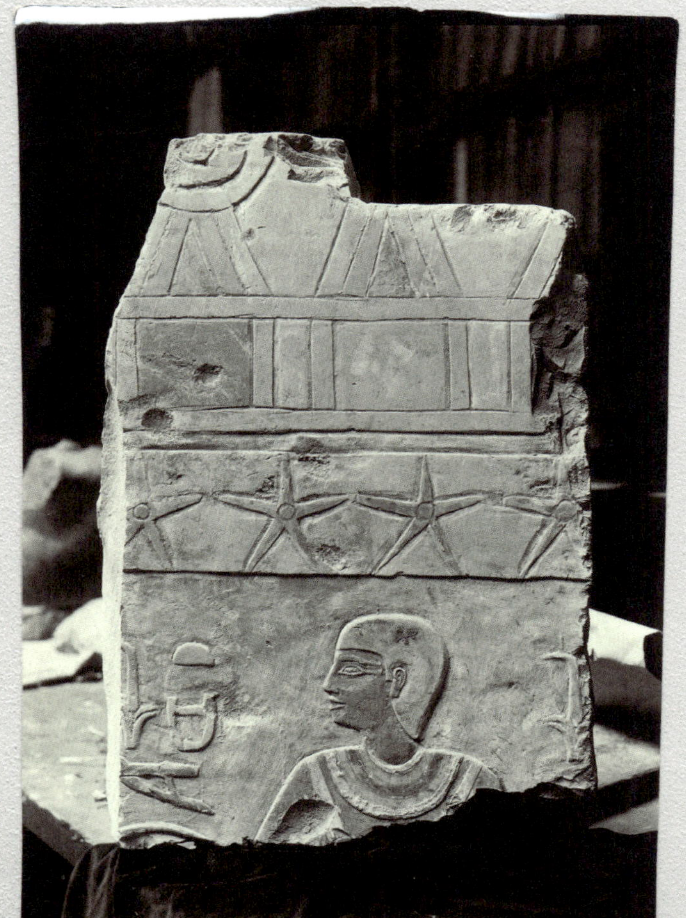

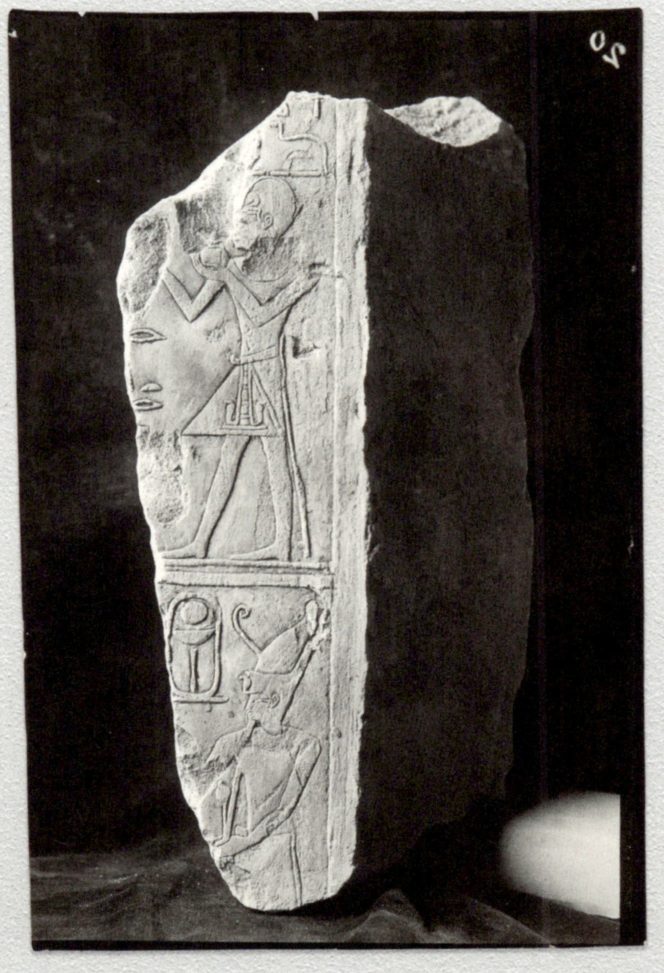
20

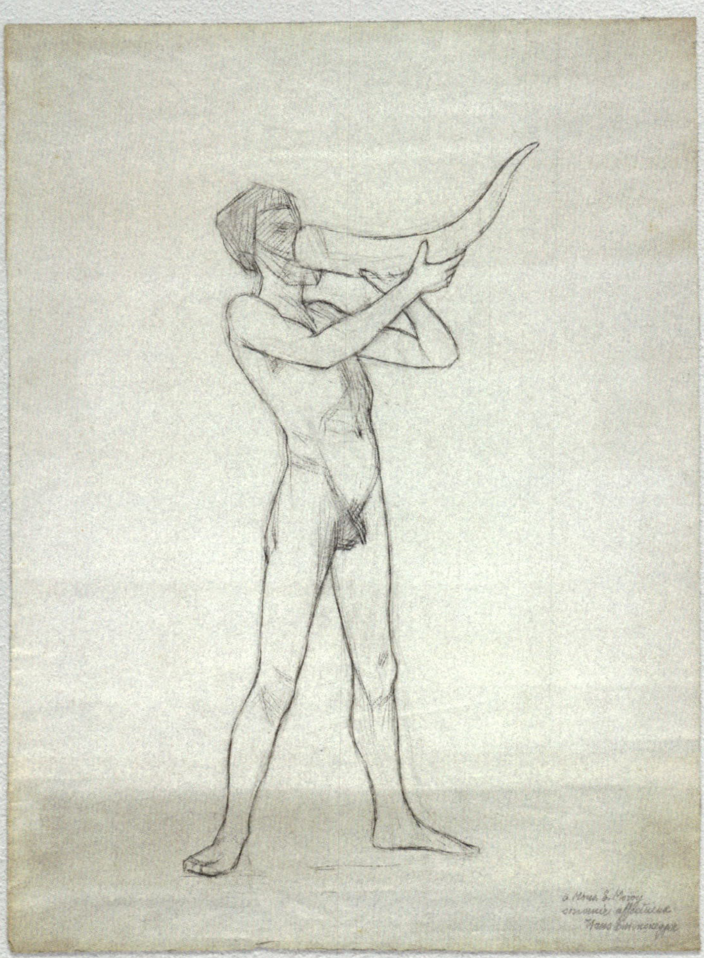

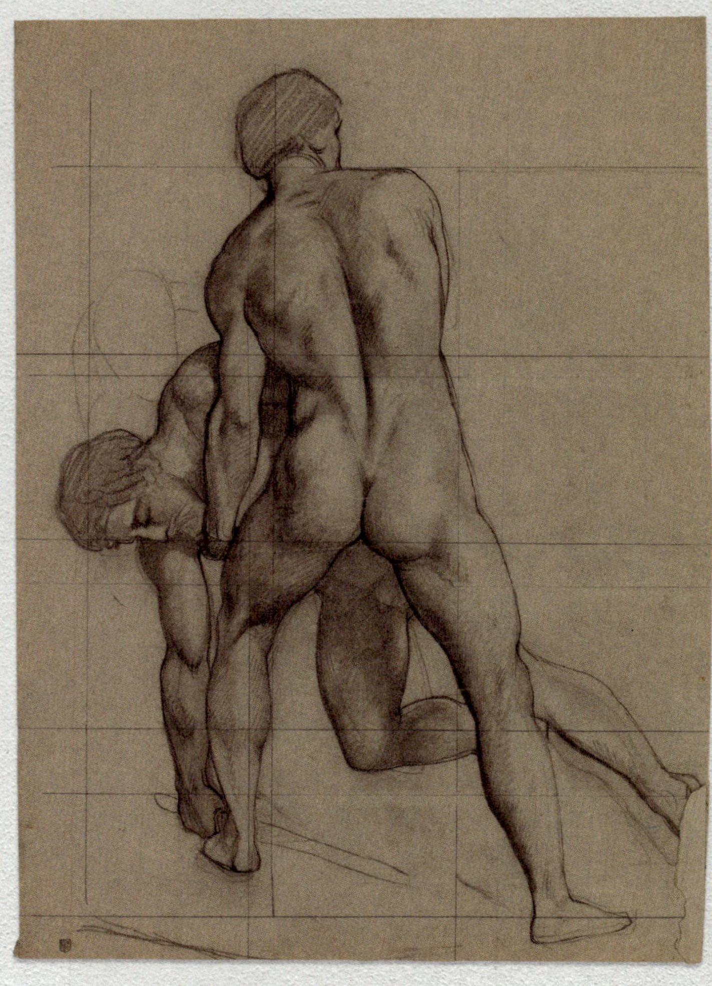

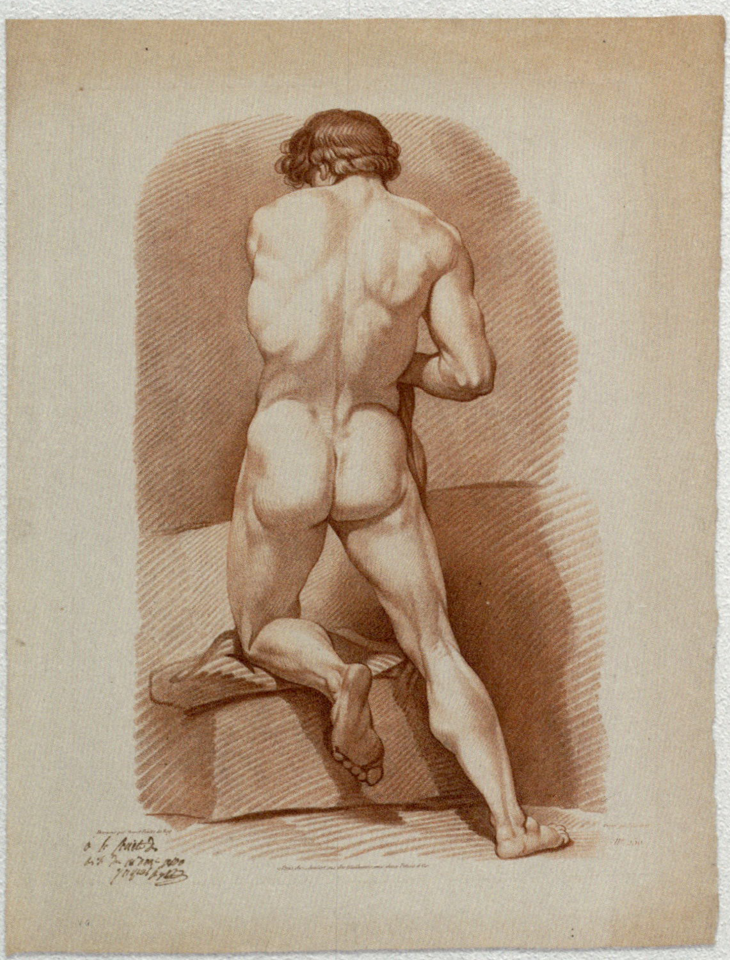

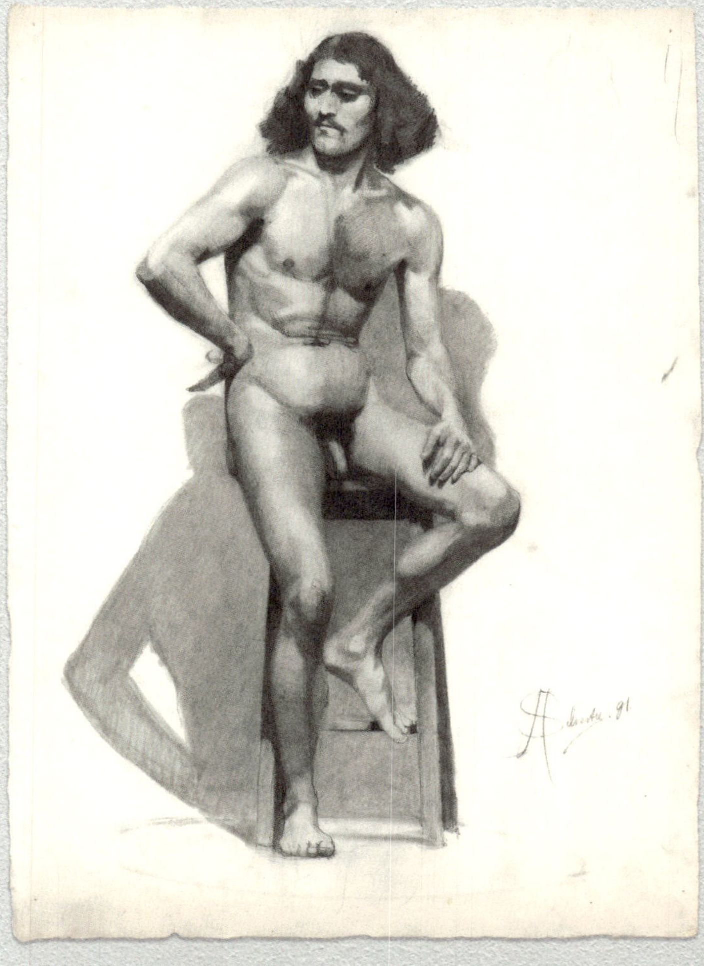

hans emmeneger ferdinand hodler jean-françois janinet

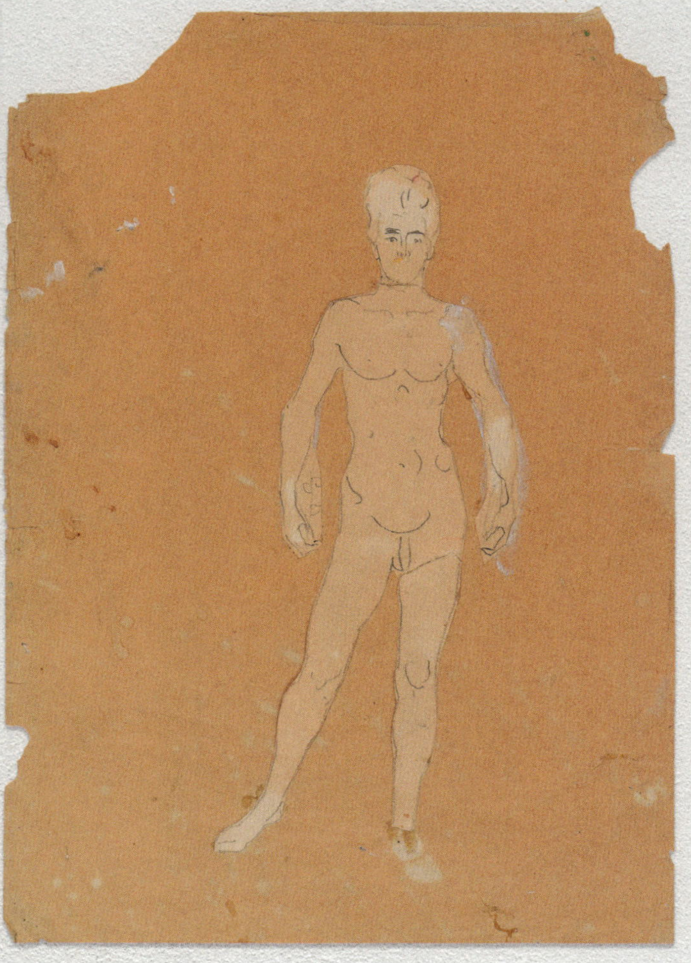

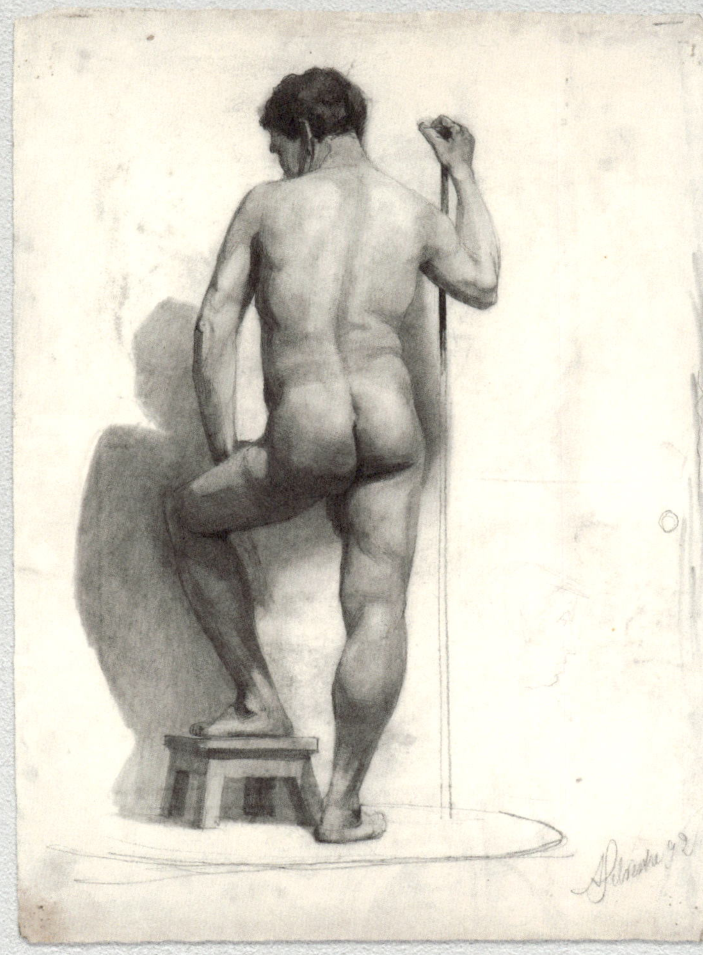

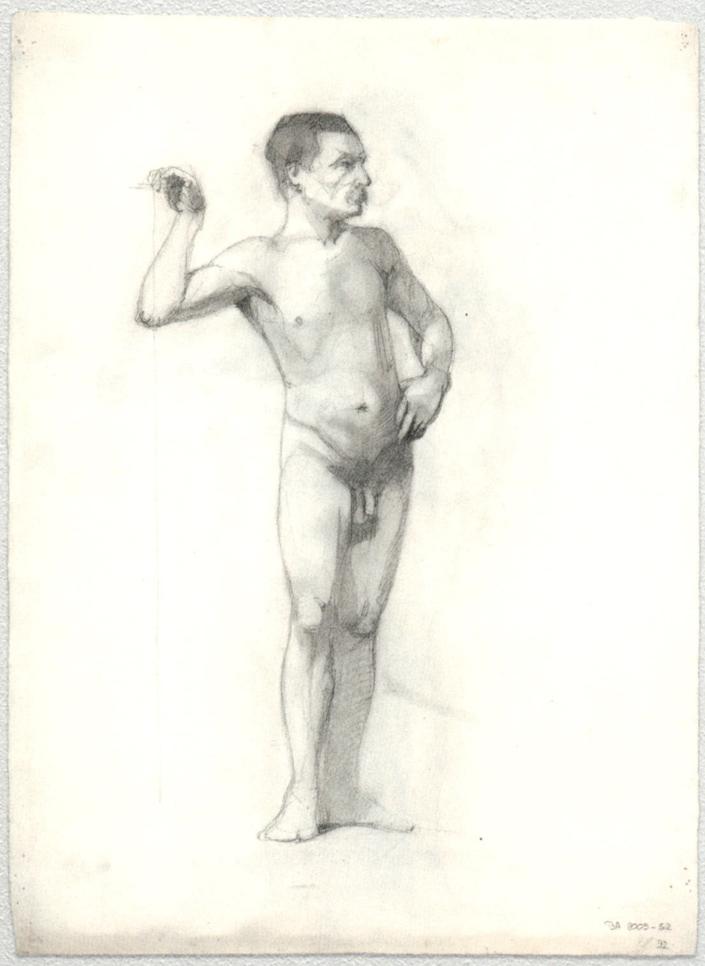

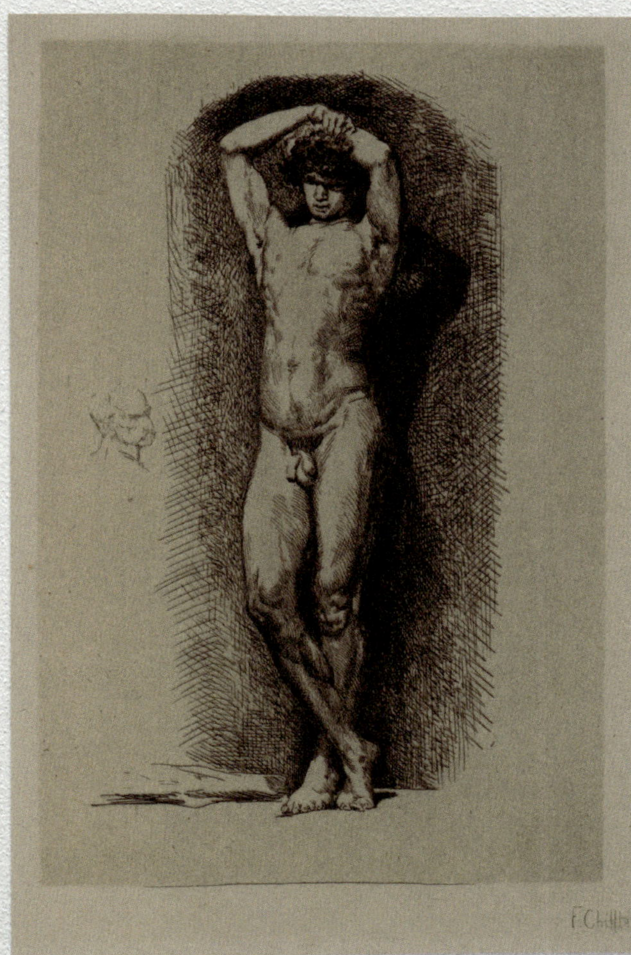

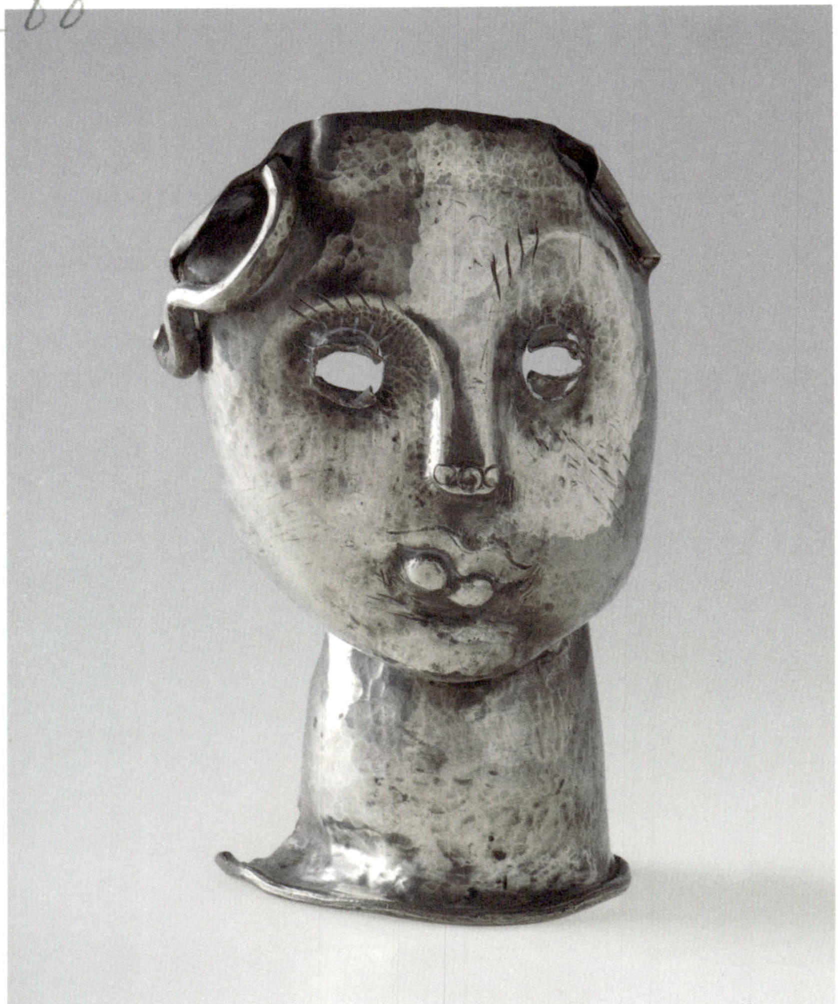

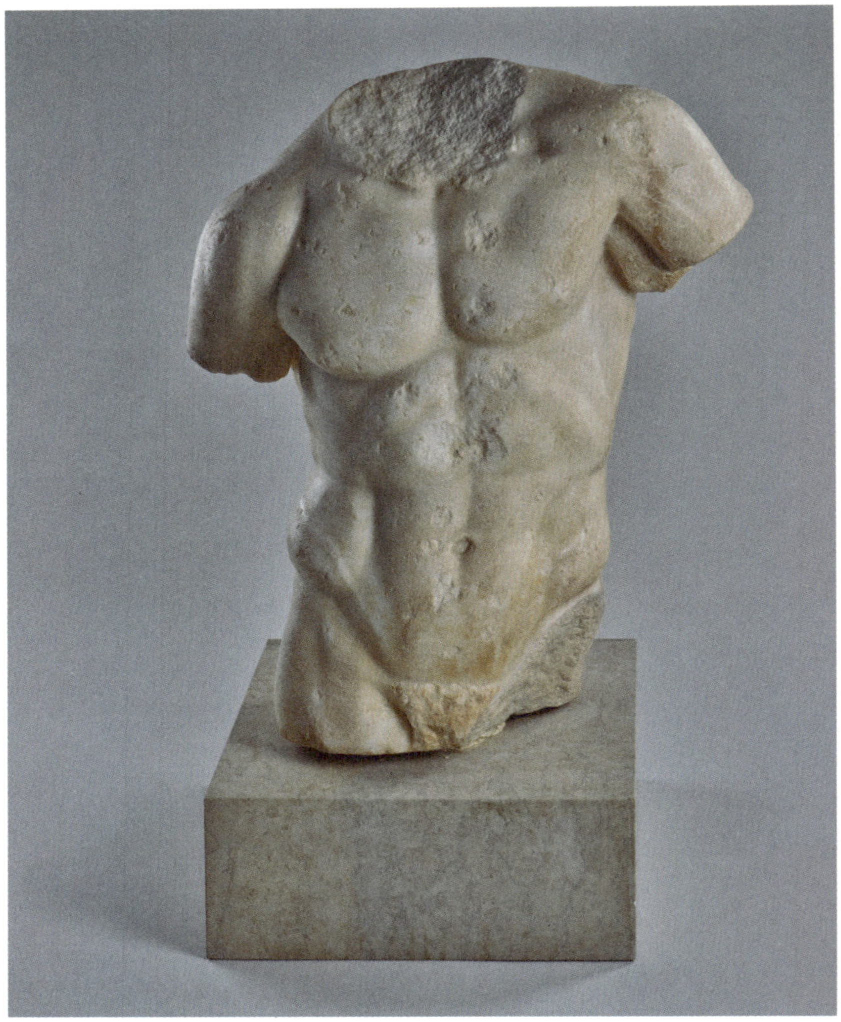

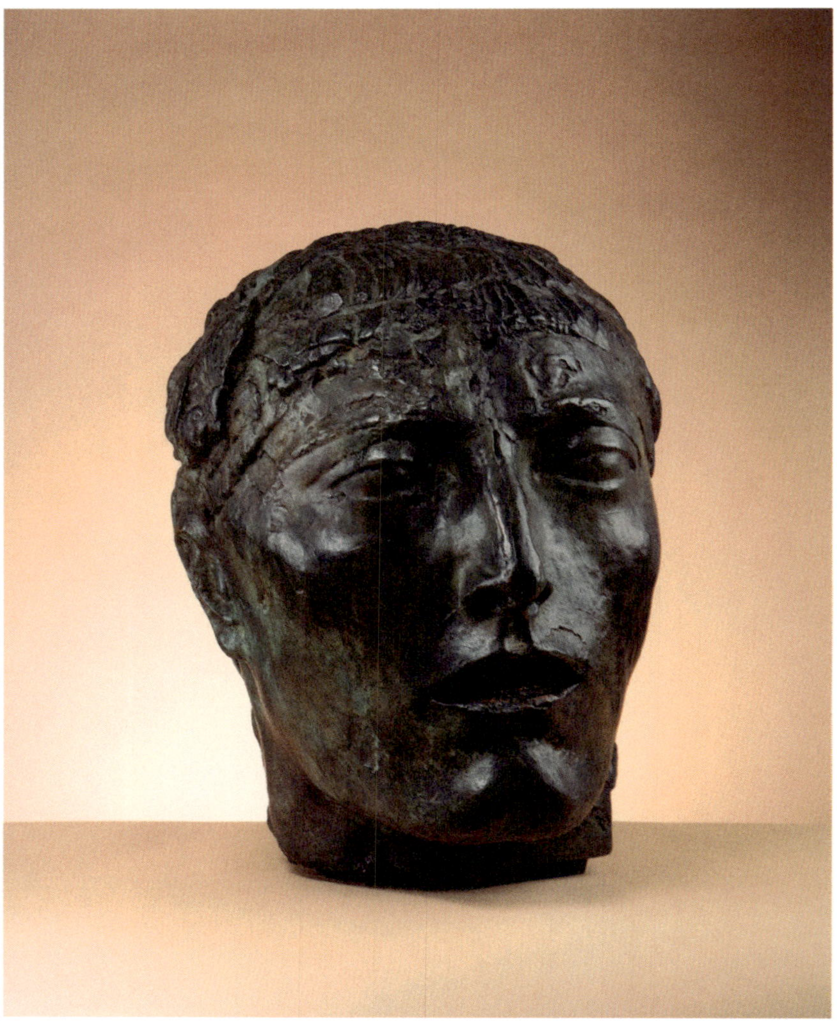

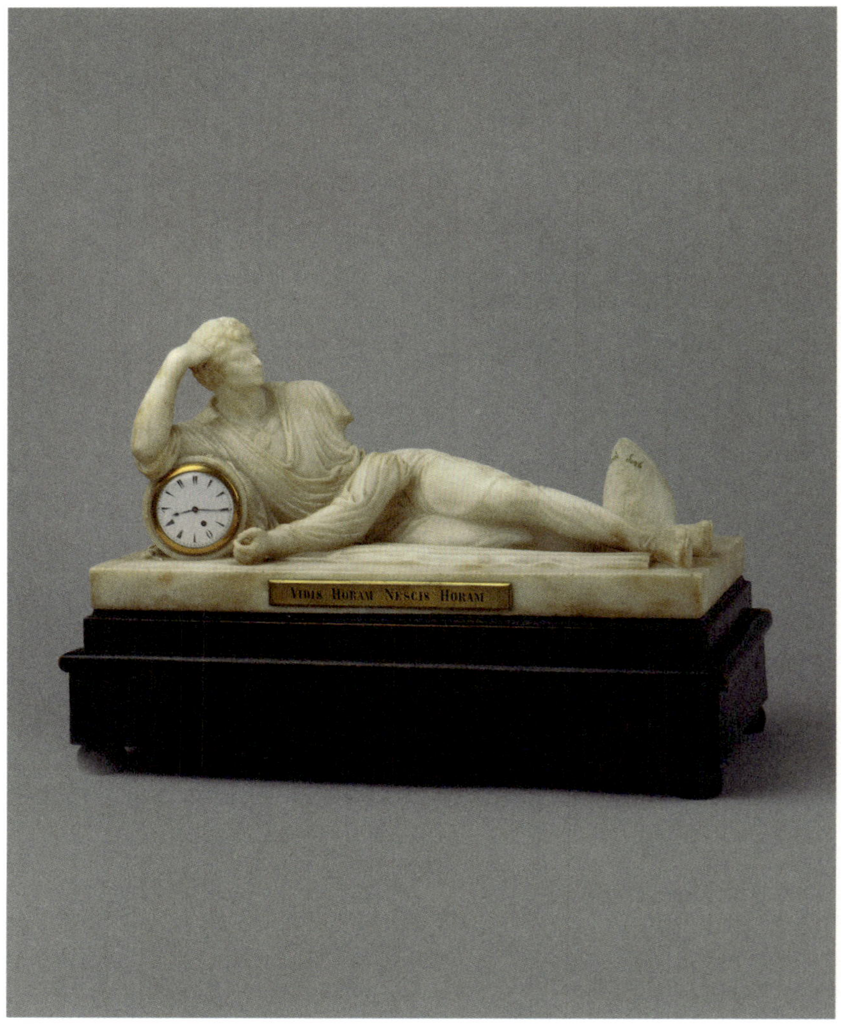
VIDIS HORAM NESCIS HORAM

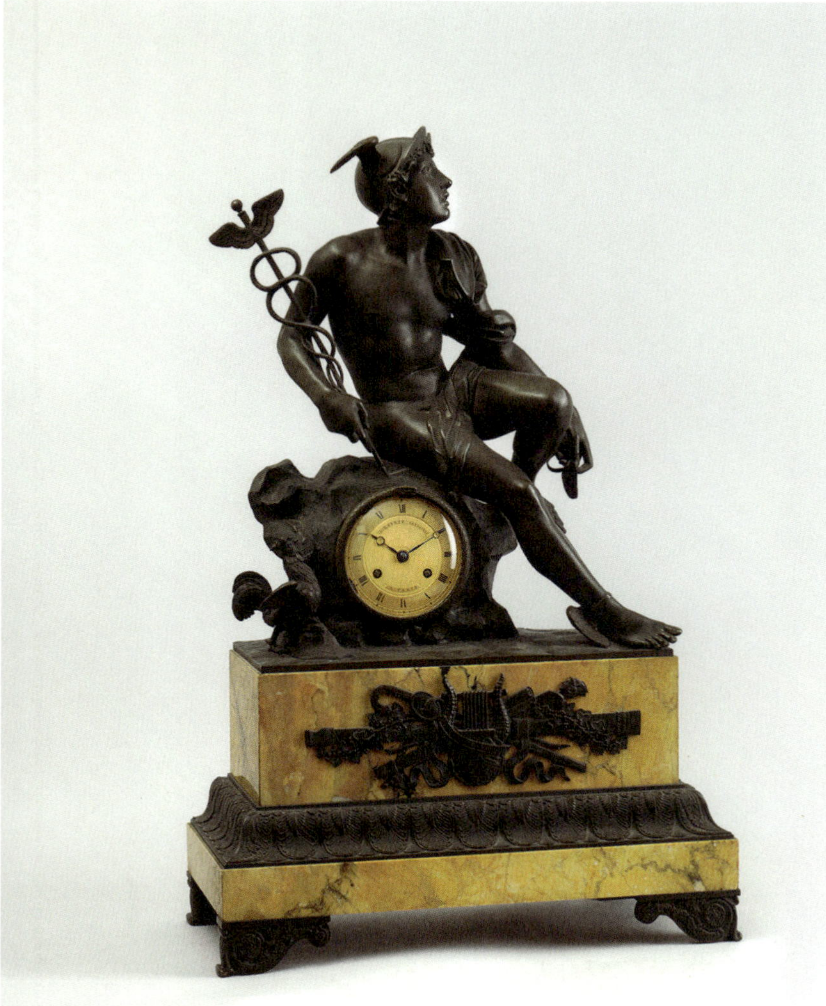

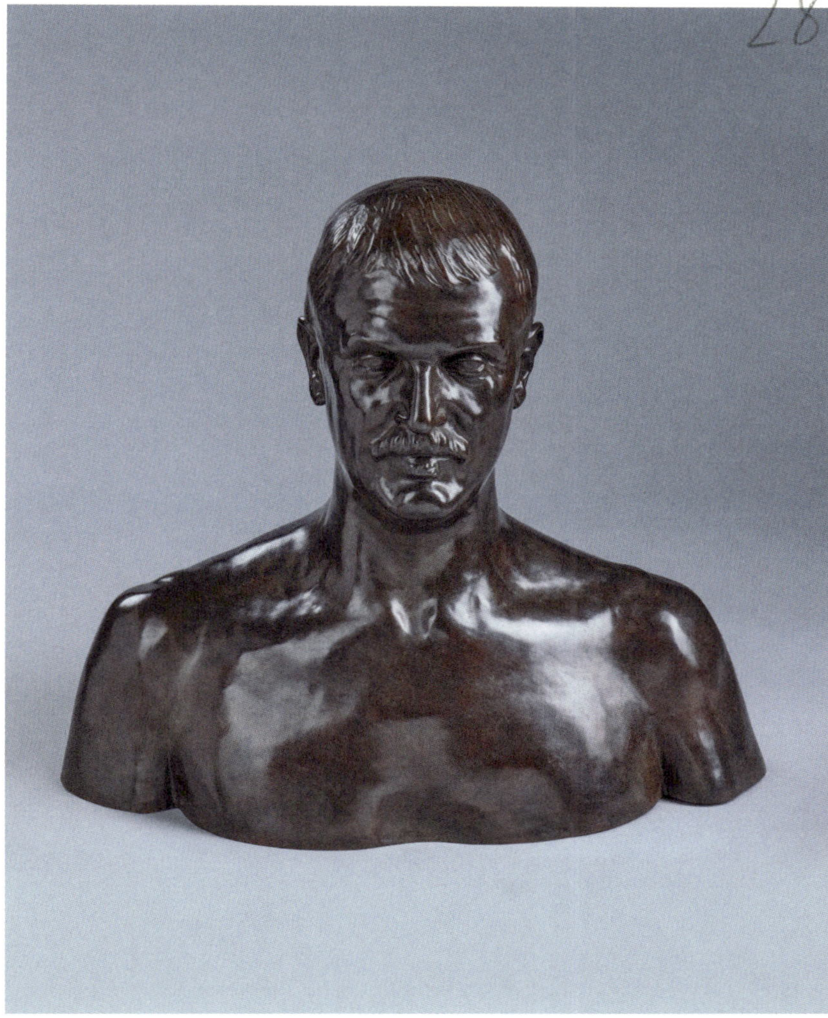

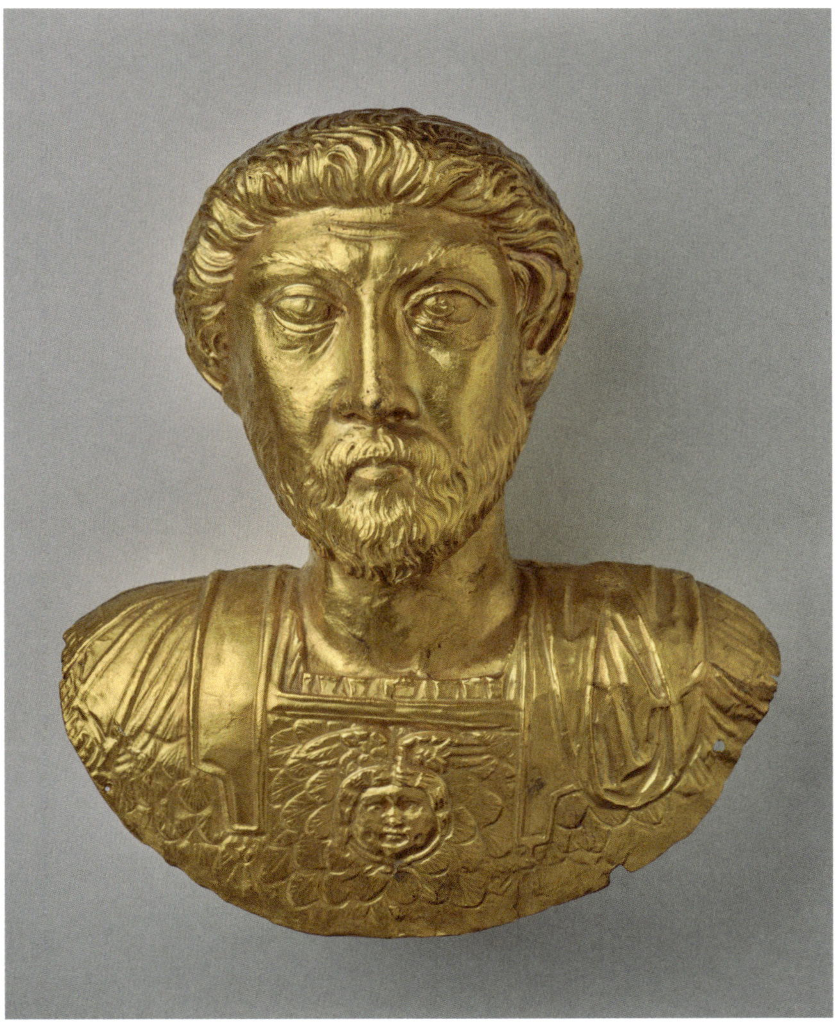

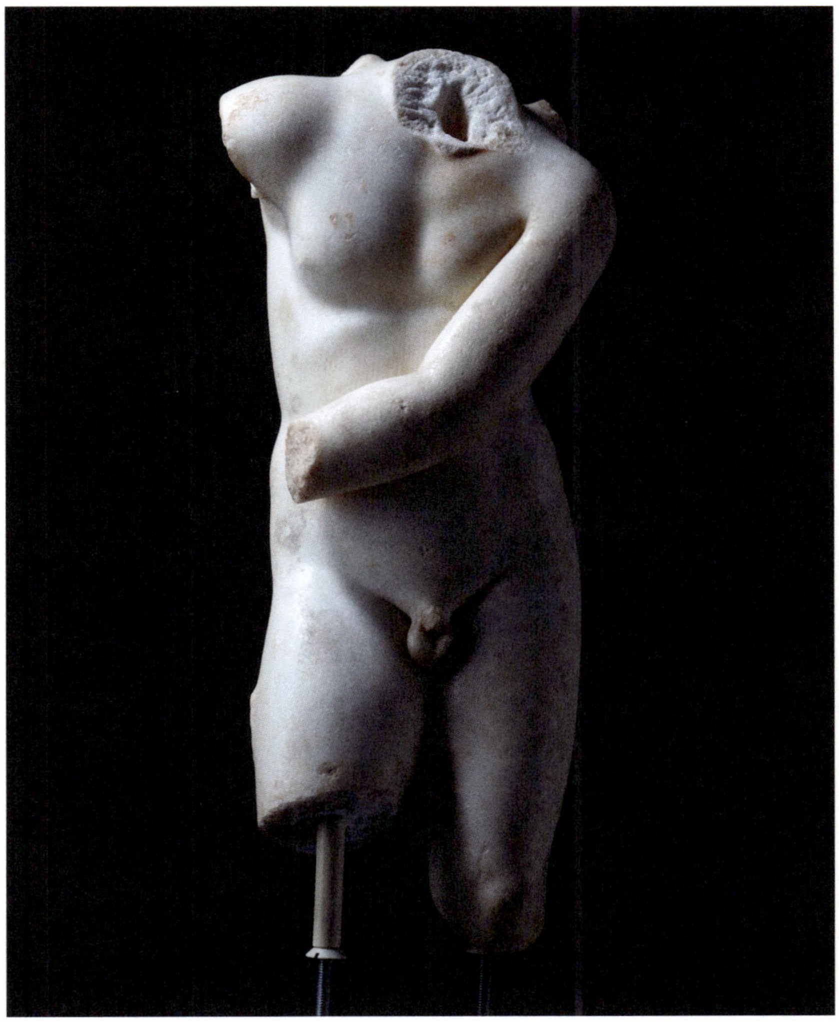

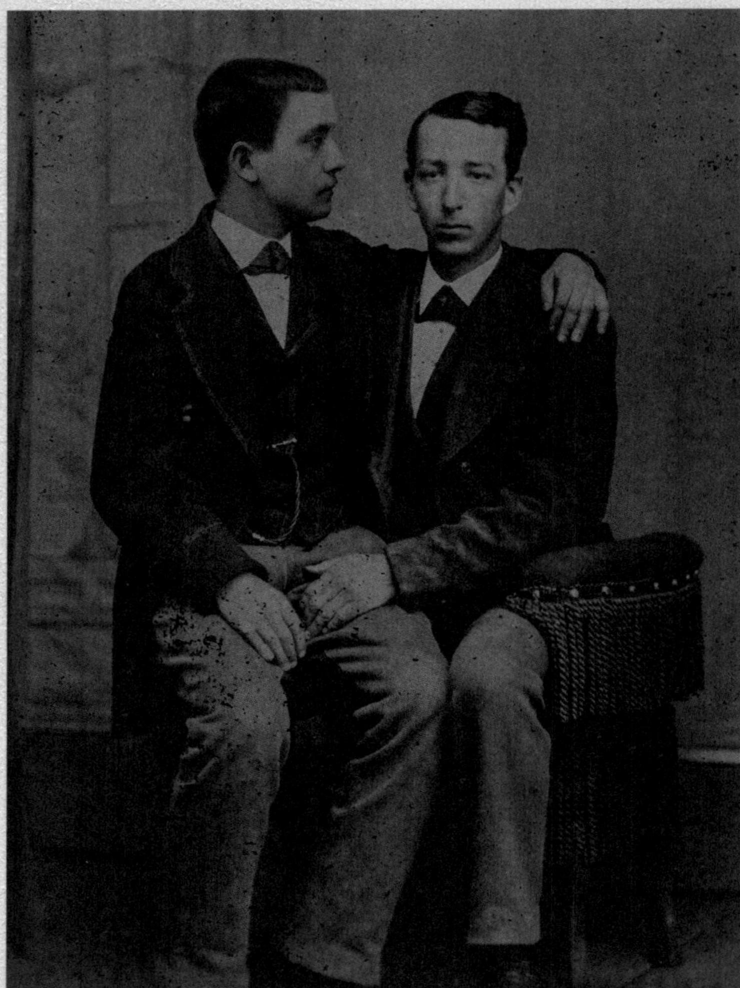

ugo rondinone

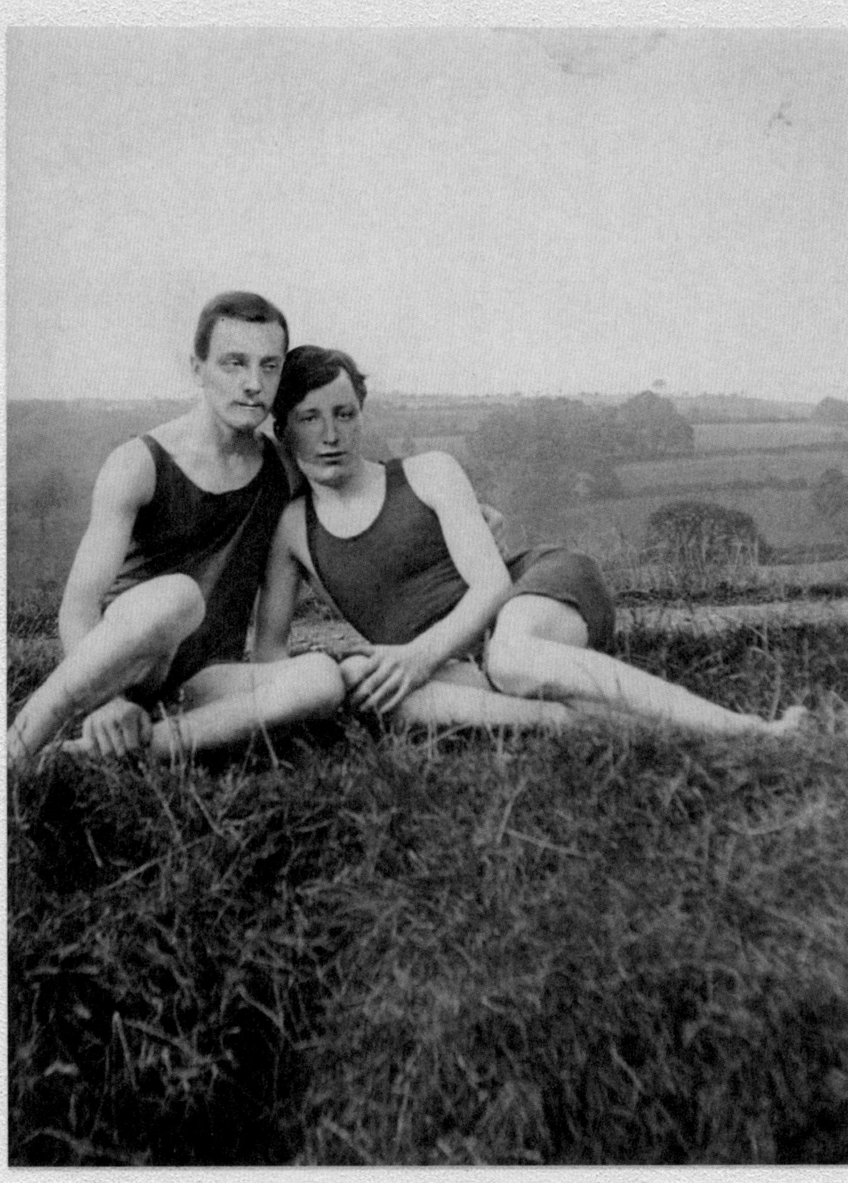

felix and theodor 1895

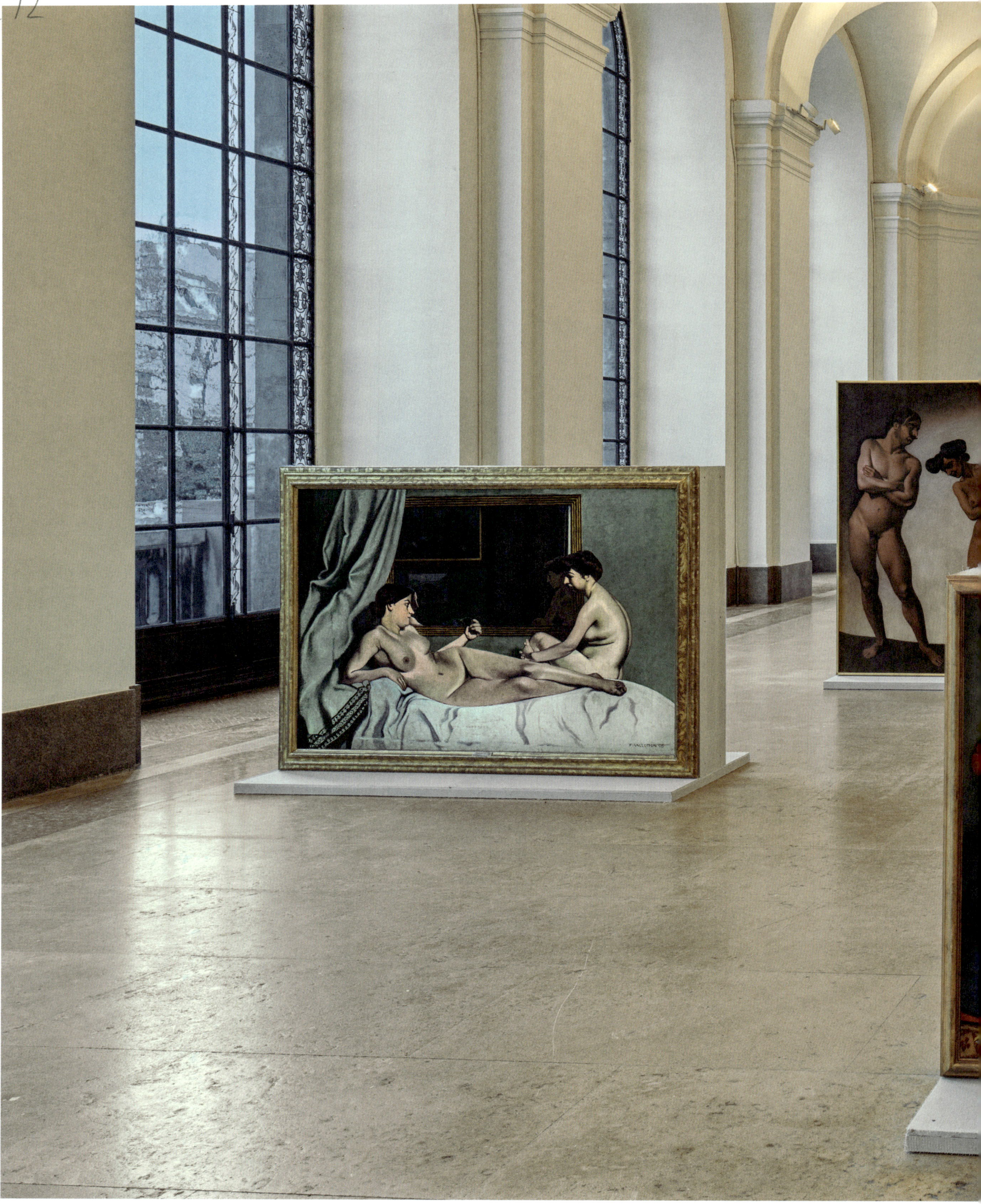

espace rythmique . la cascade

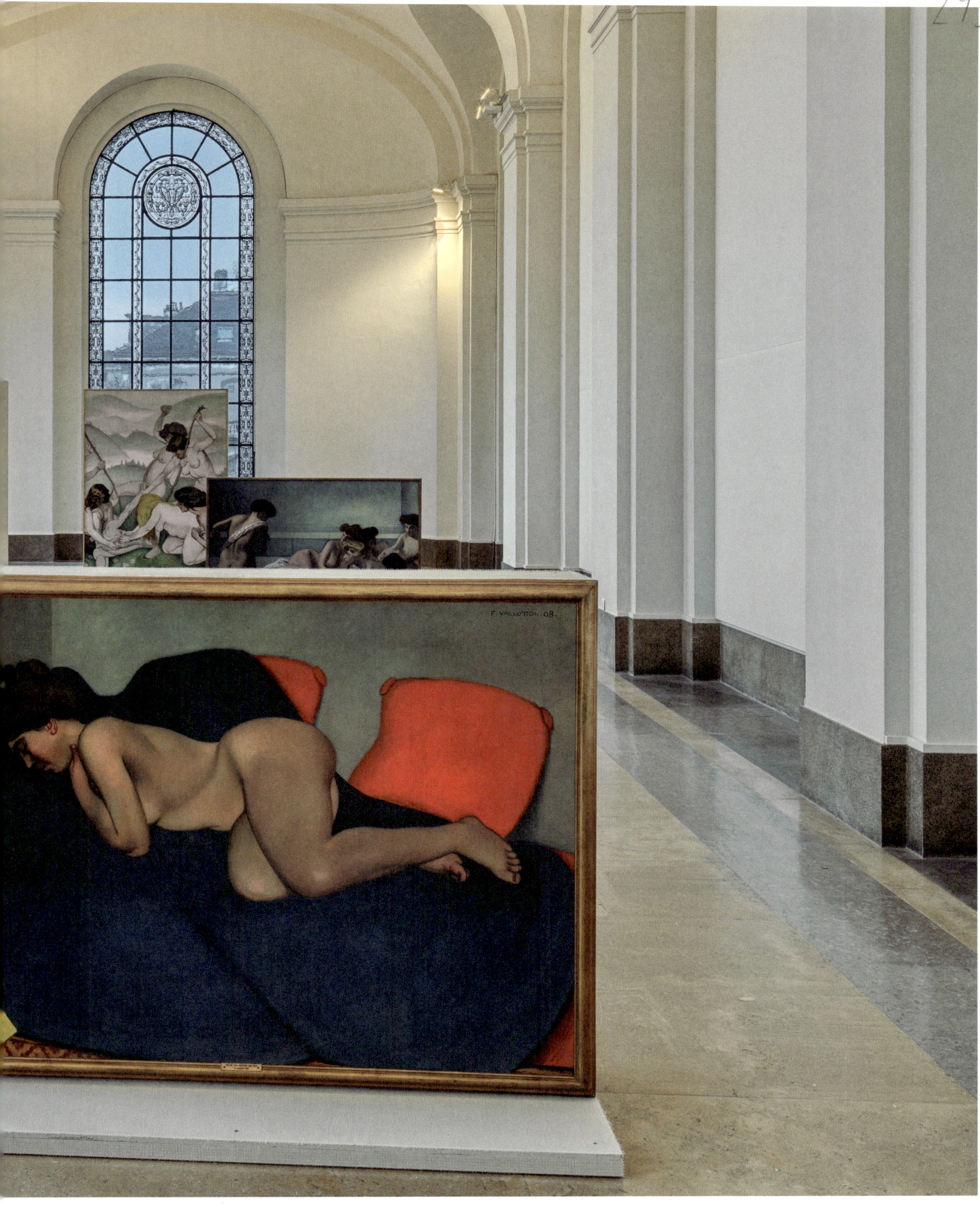

félix vallotton

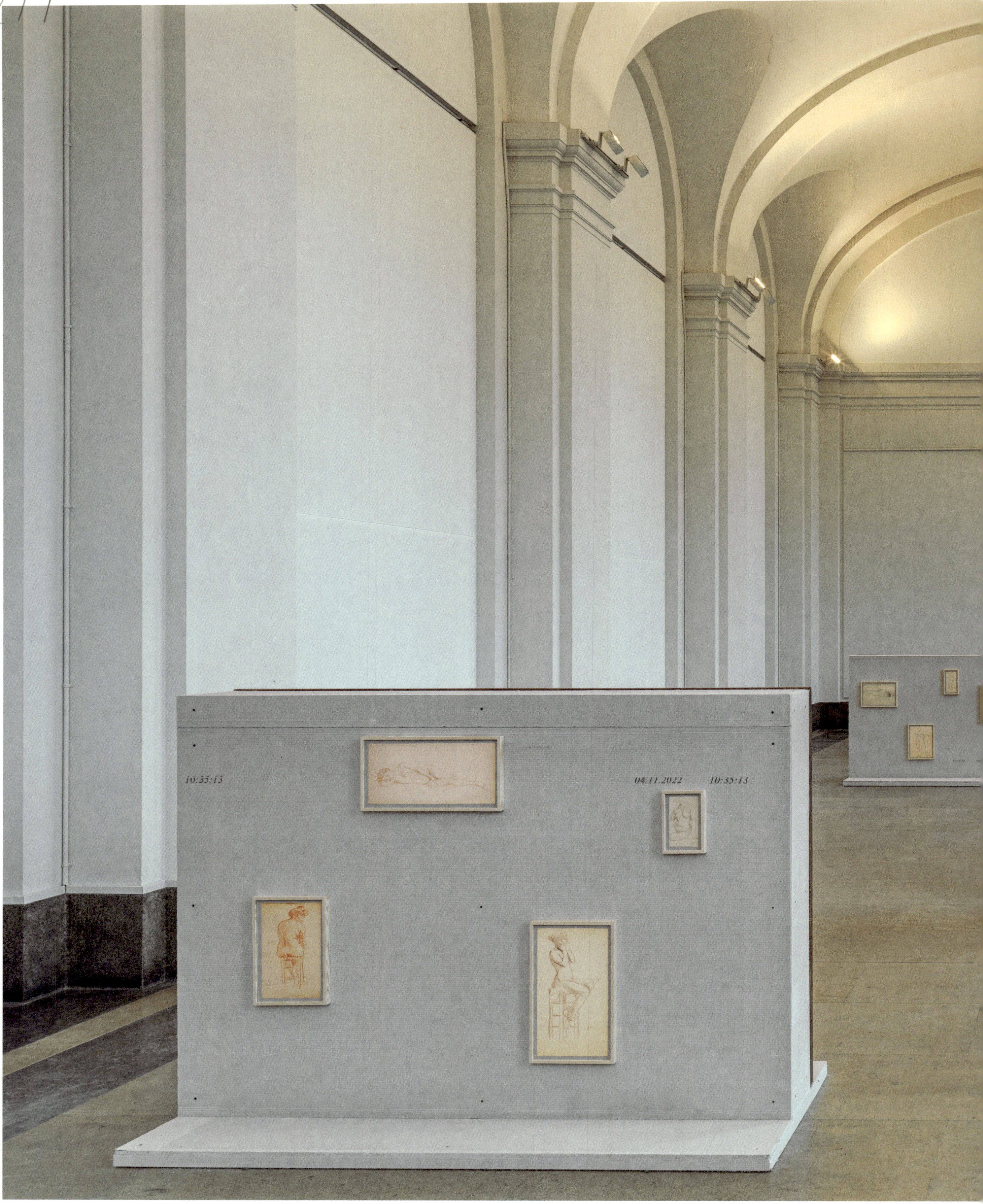
10:35:13
04.11.2022
10:35:13

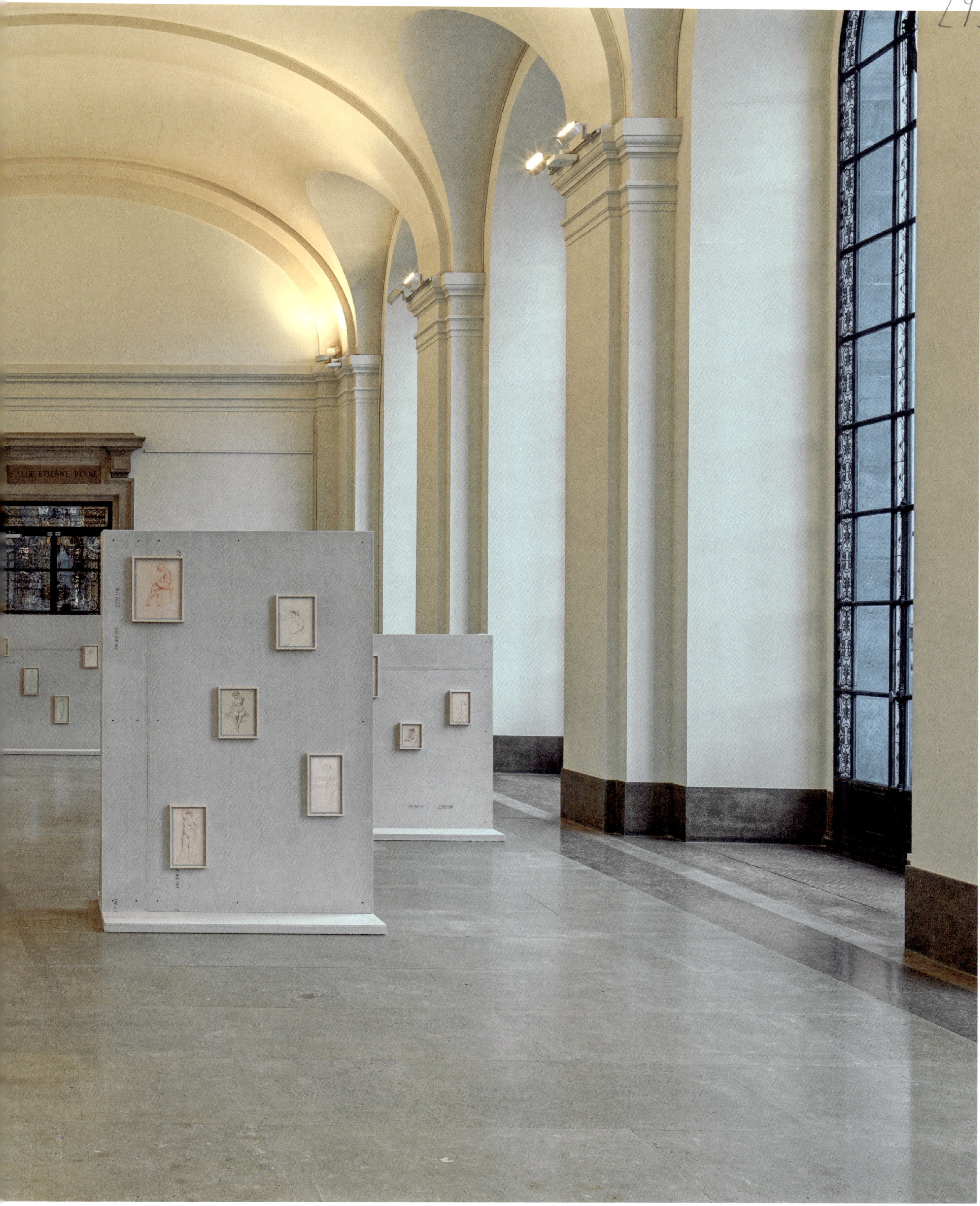
SALLE ETIENNE DUVAL

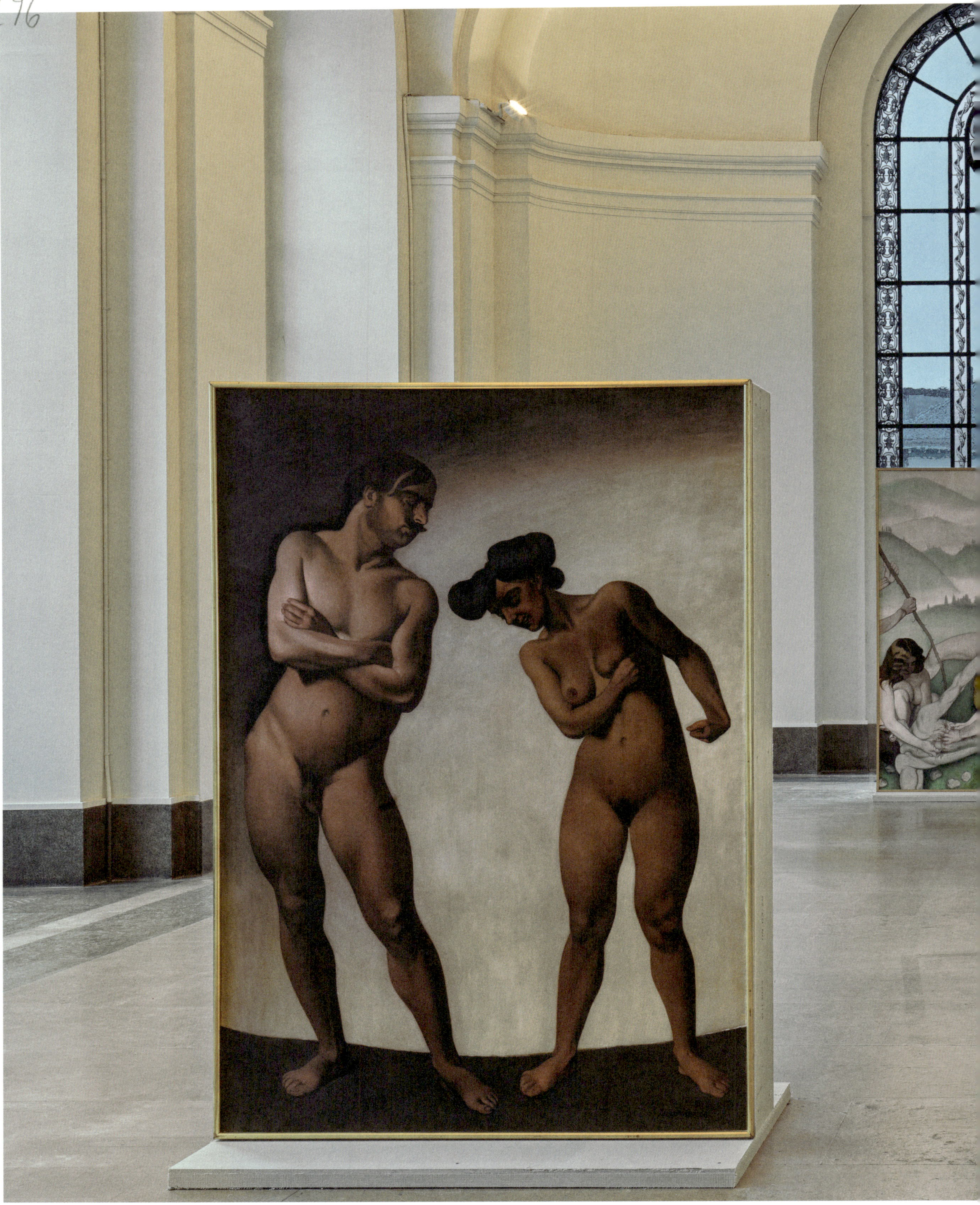

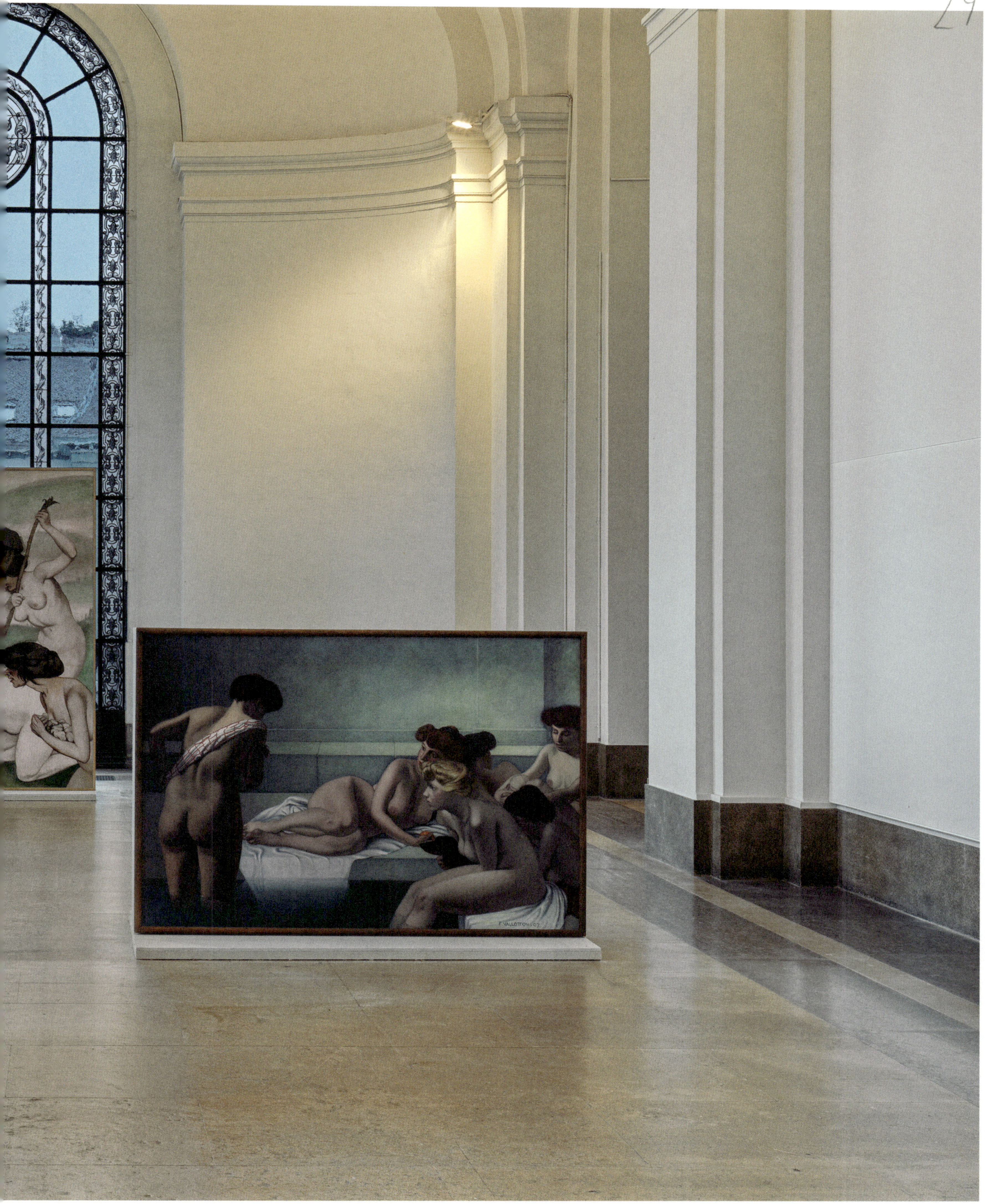

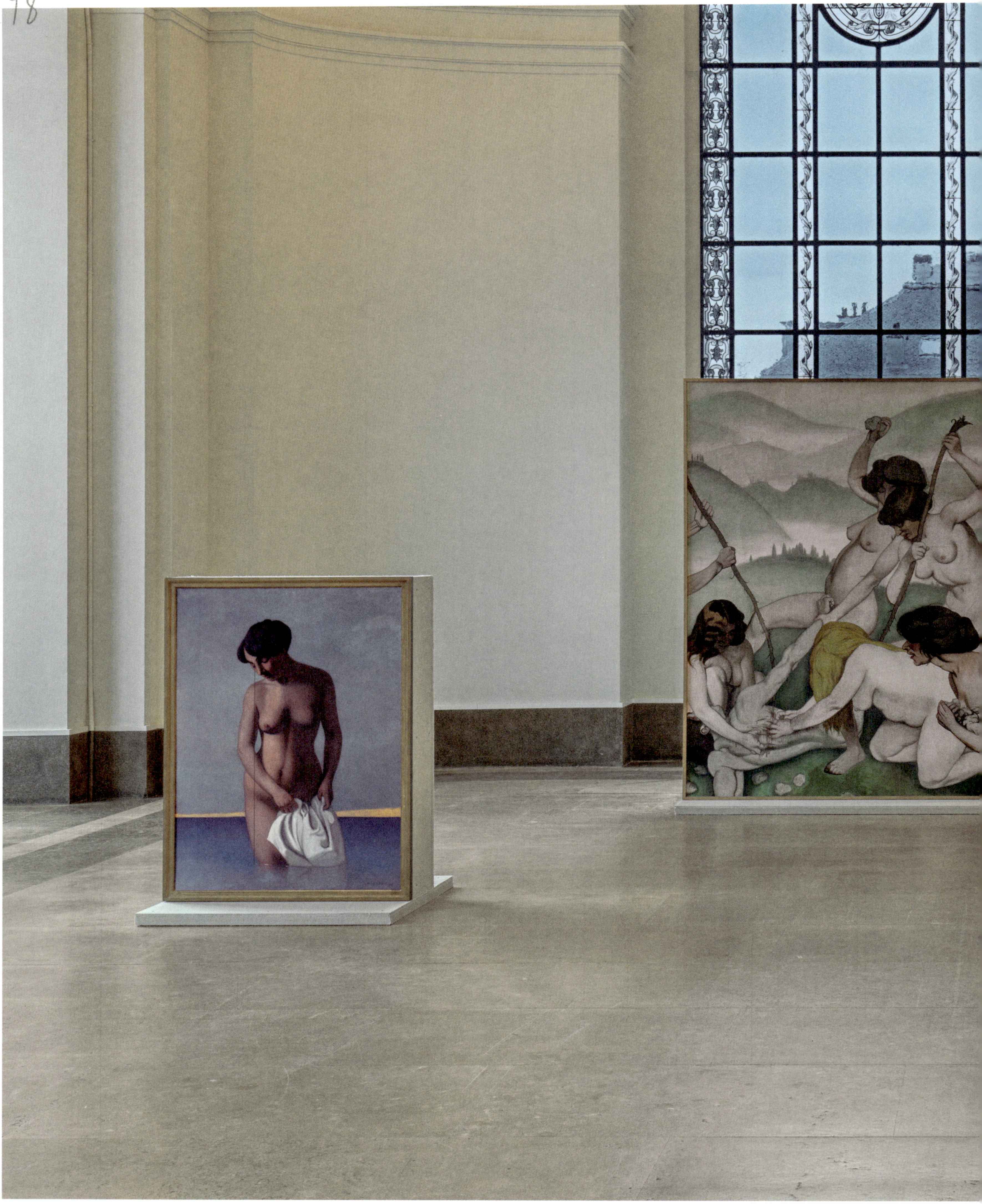

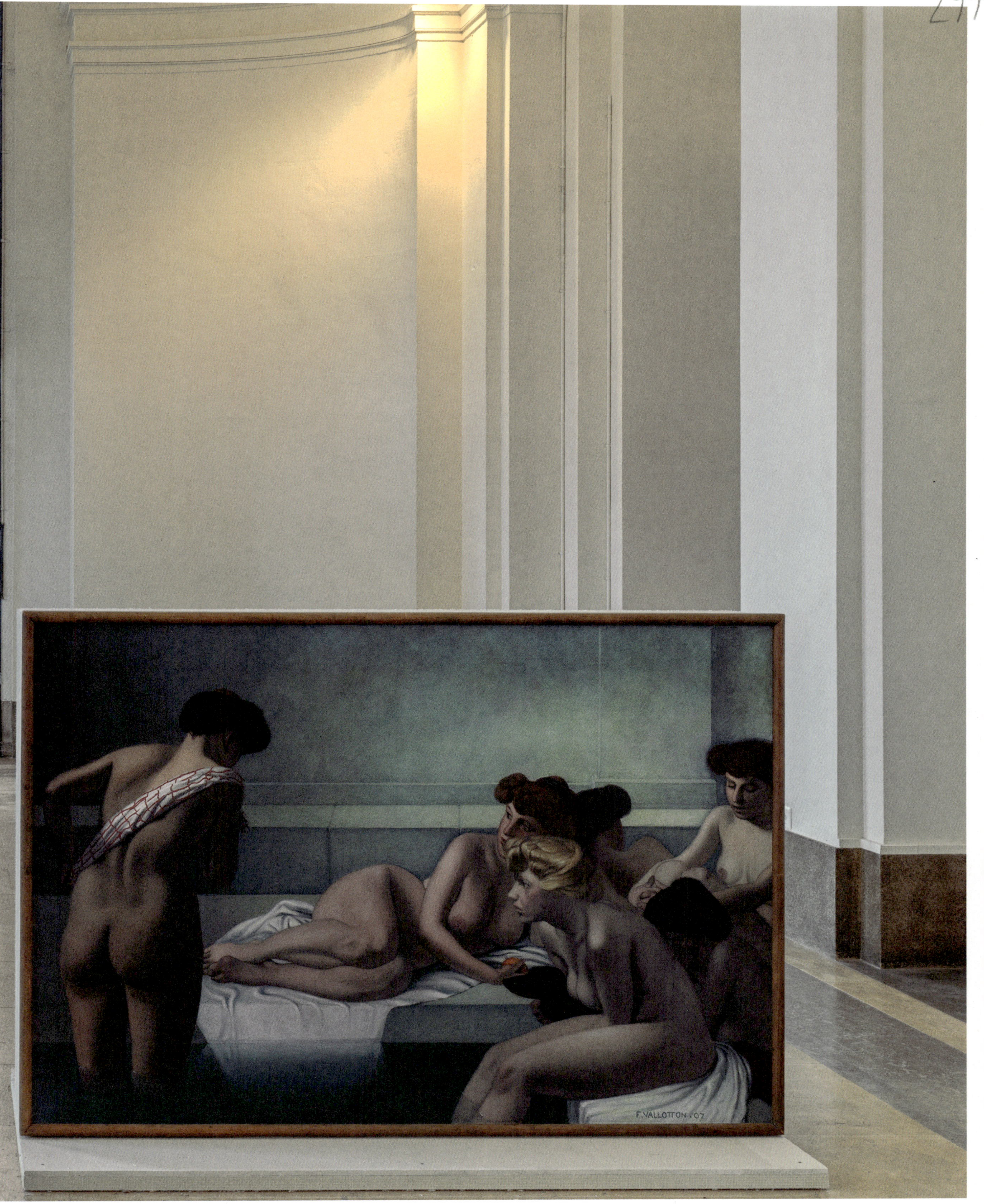
F.VALLOTTON.07

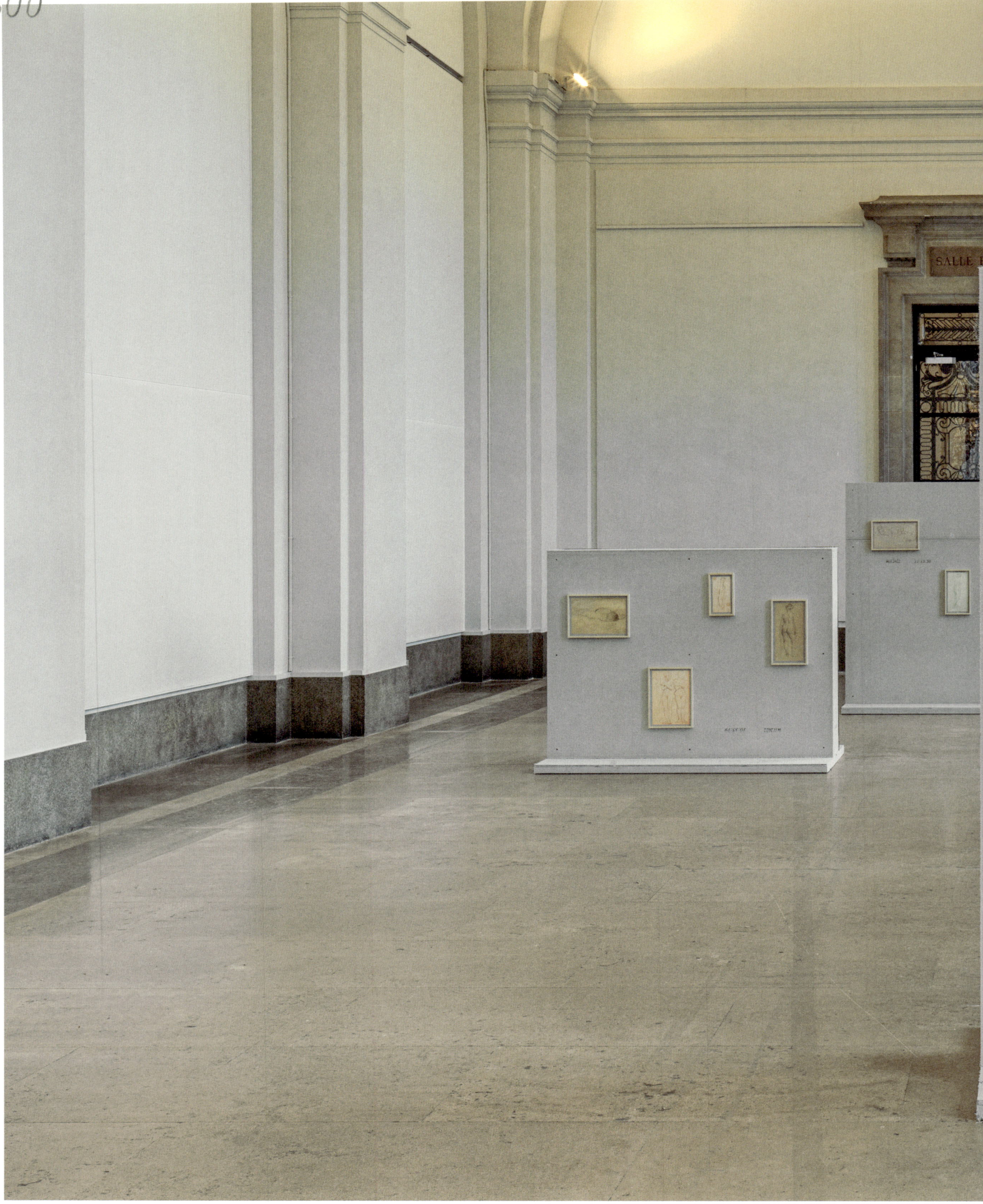
SALLE

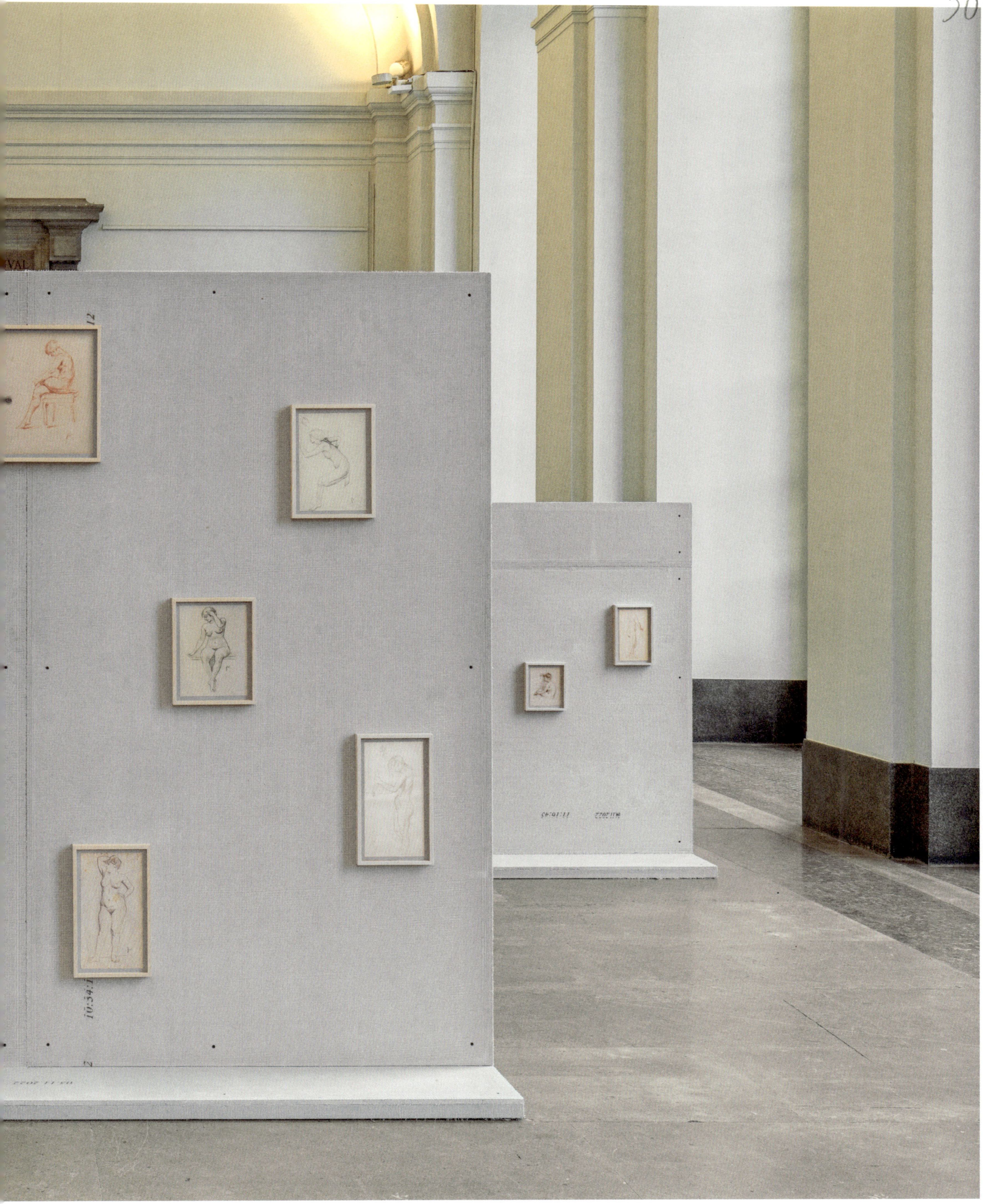

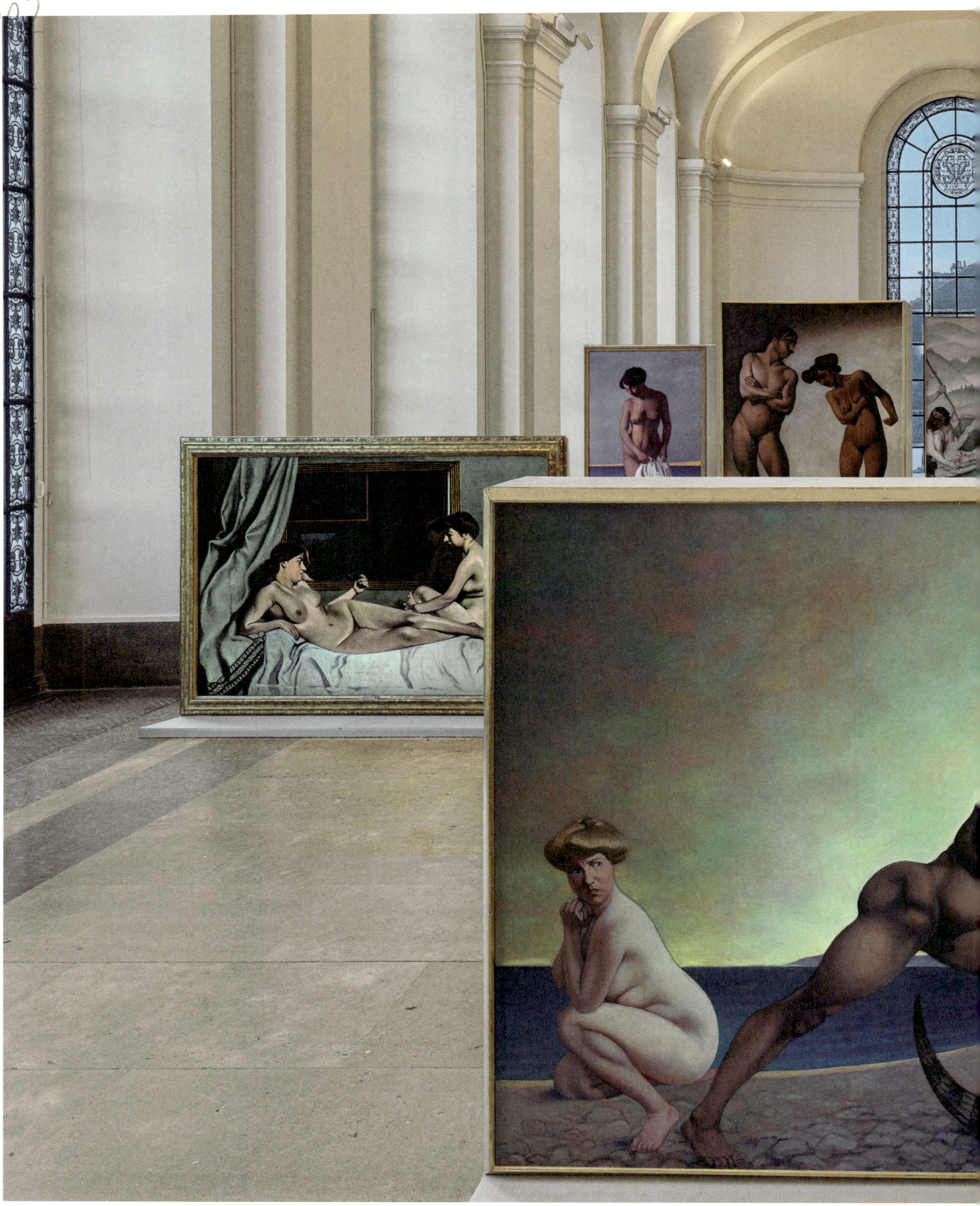

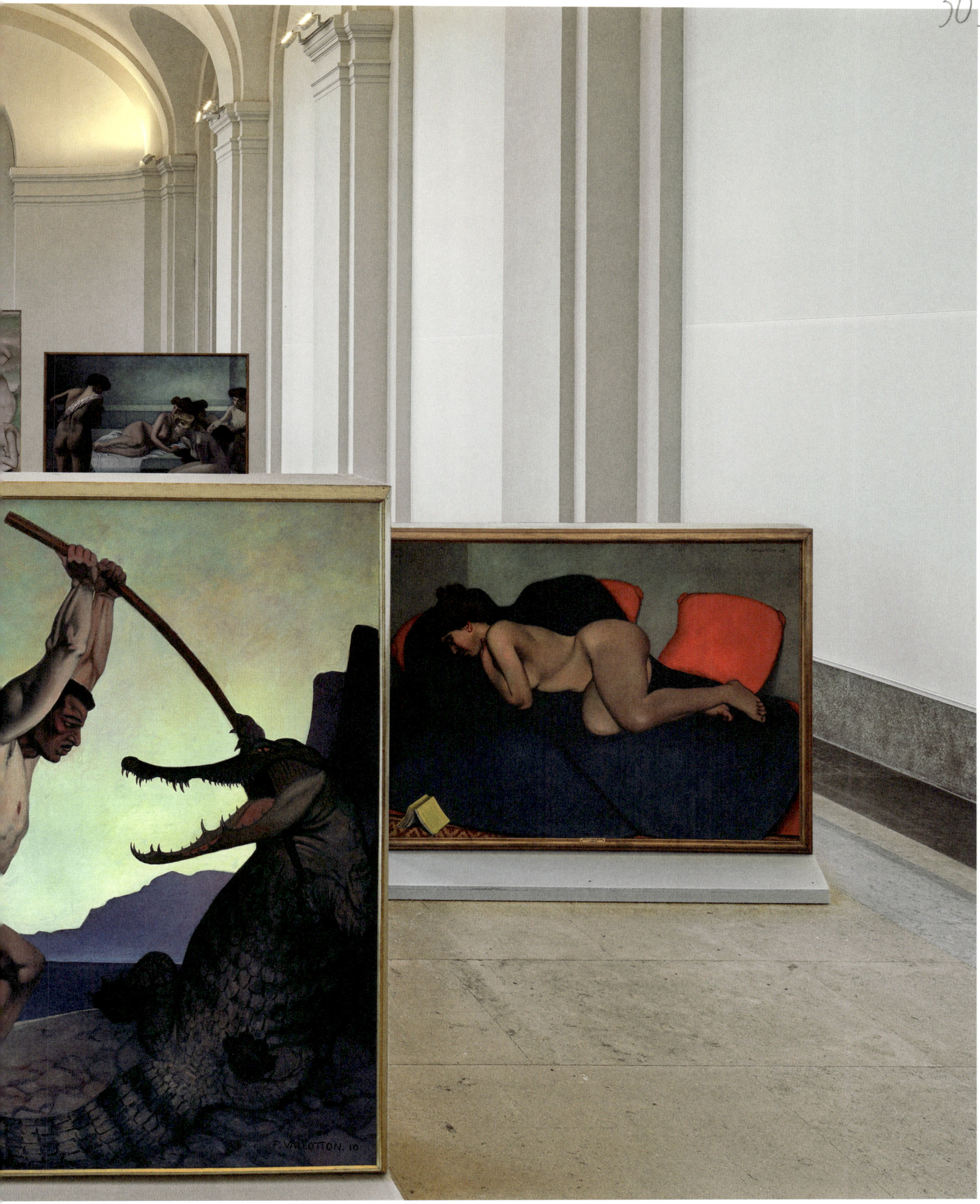
F. VALLOTTON. 10

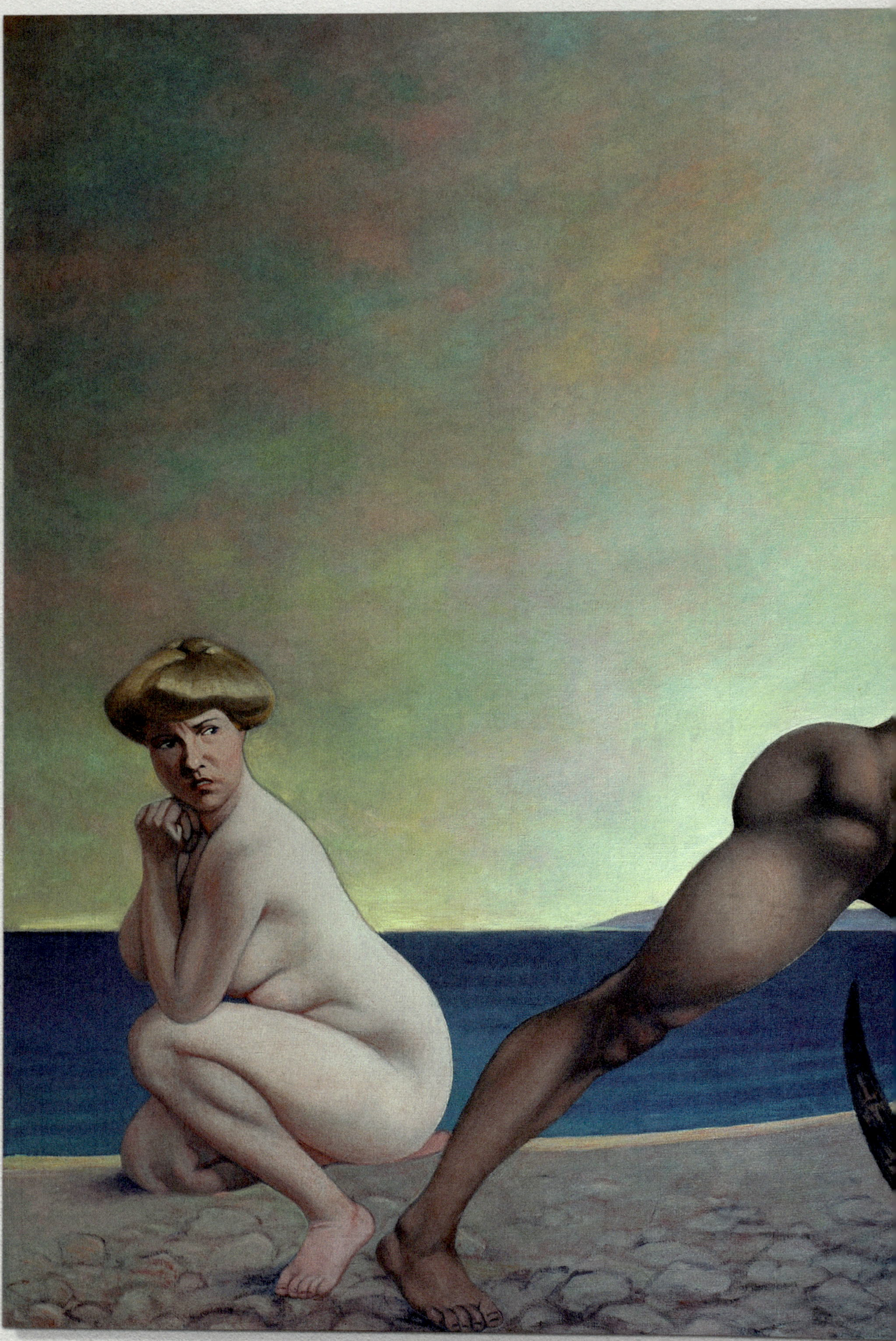

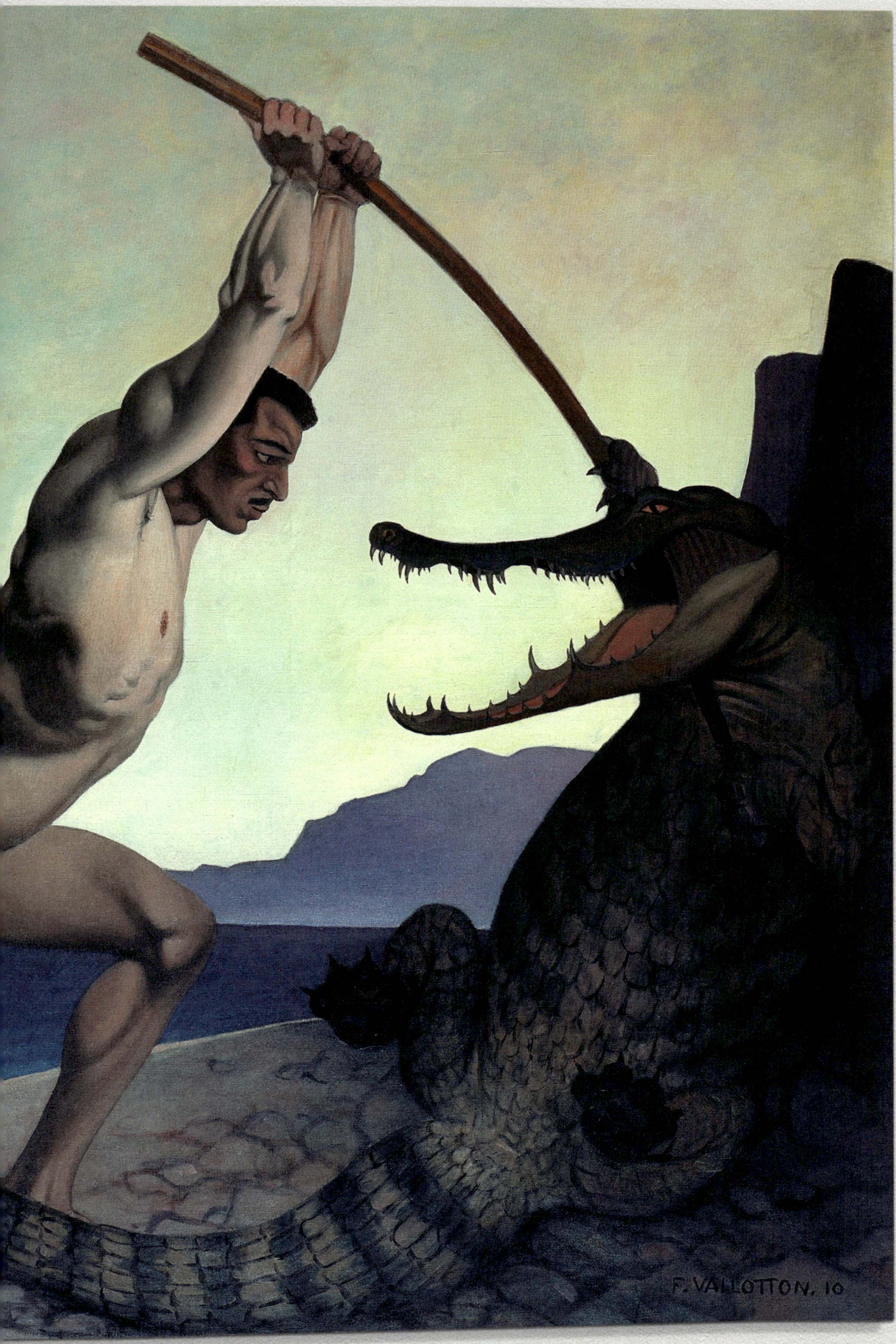

Persée tuant le dragon 1910

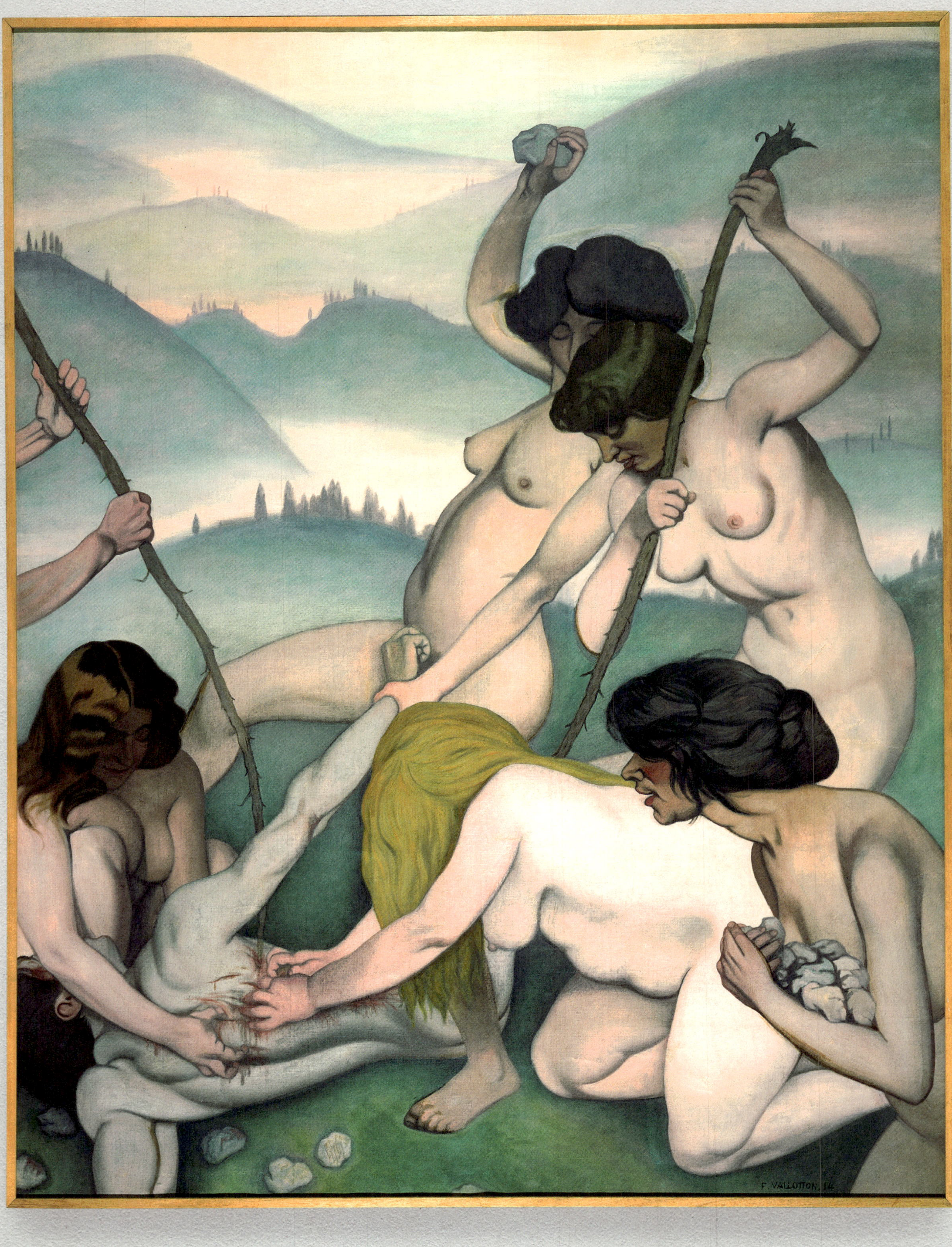

orphée dépecé par les ménades 1914

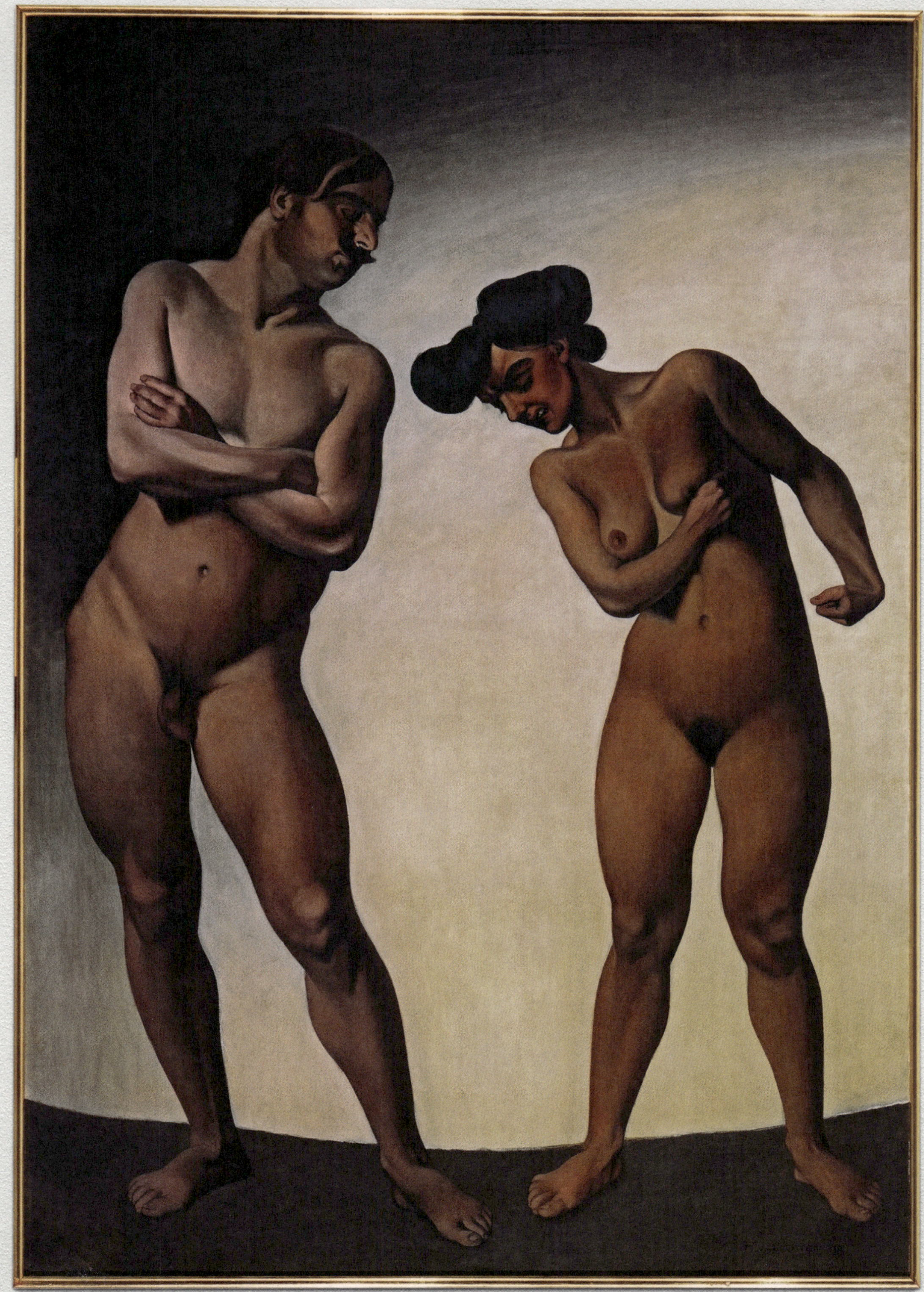

la haine 1908

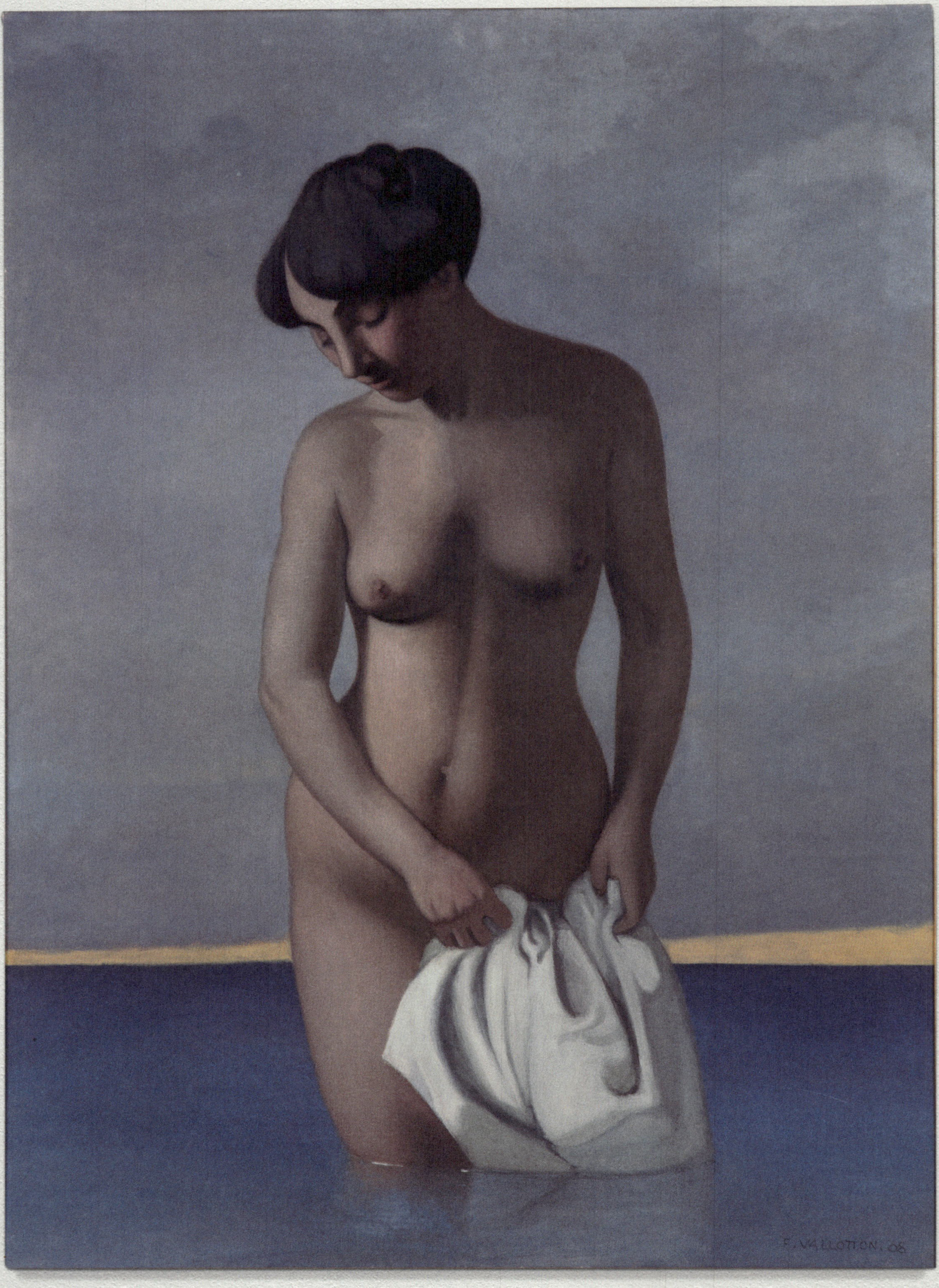

baigneuse 1908

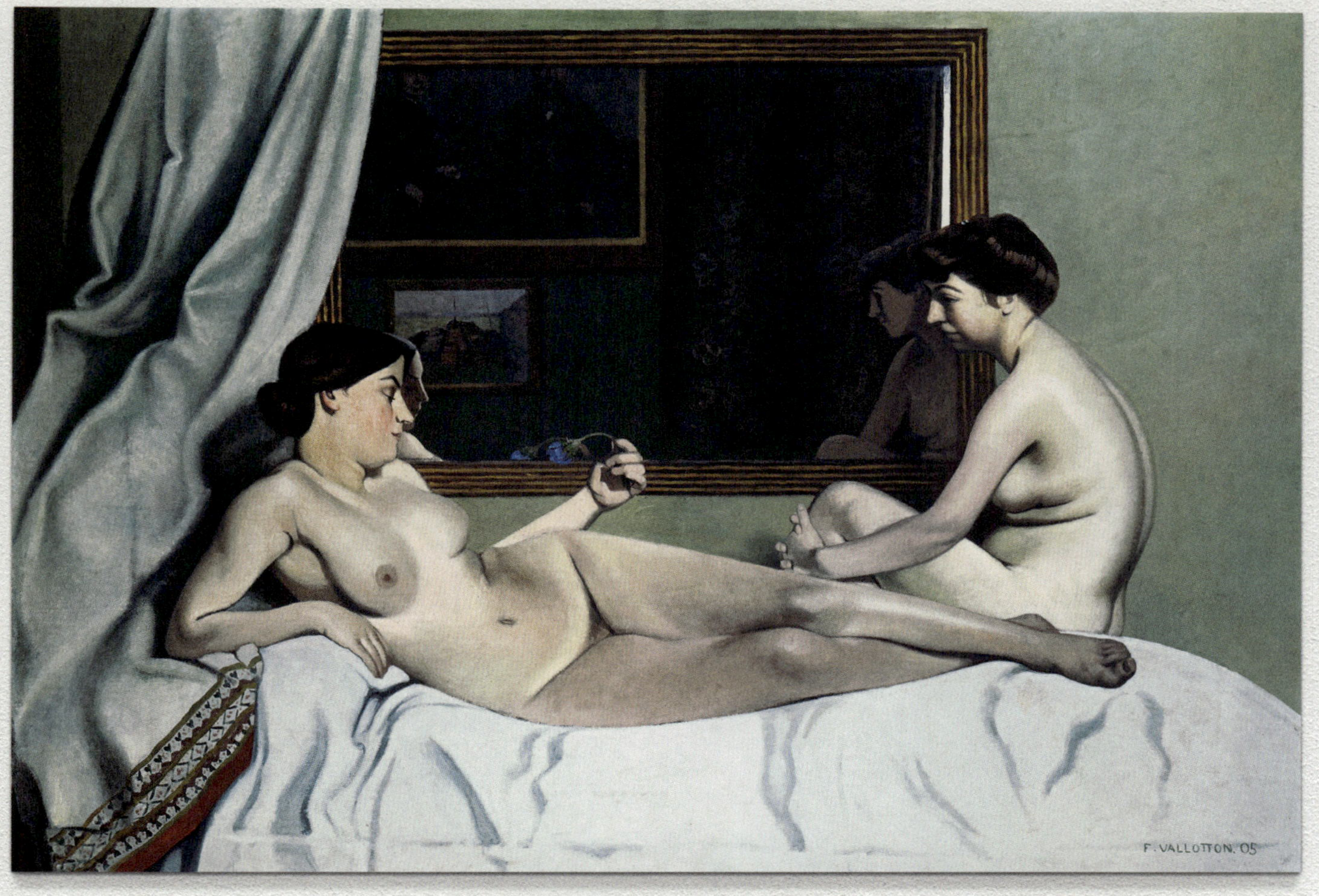

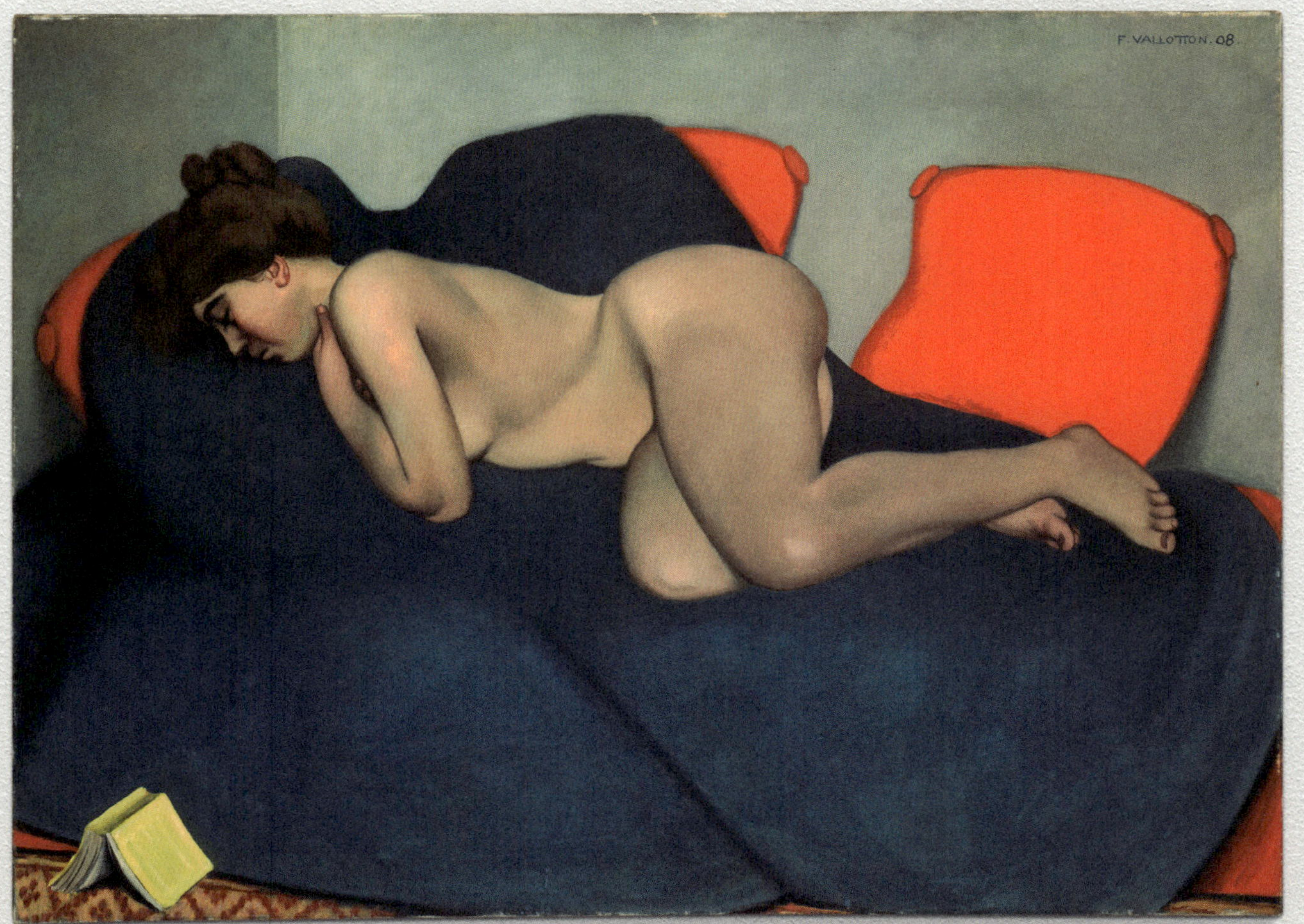

le repos des modèles 1905 . le sommeil 1908

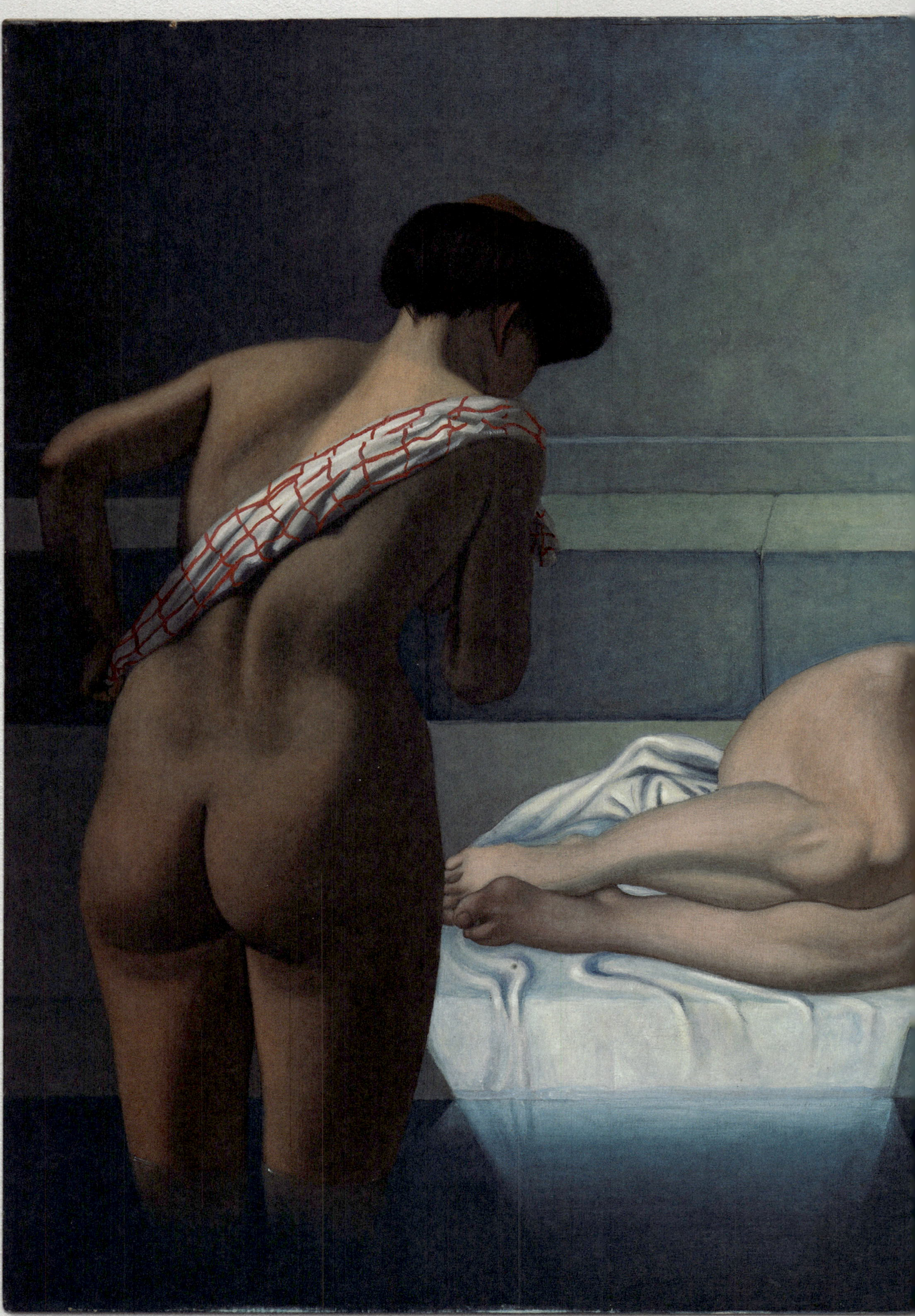

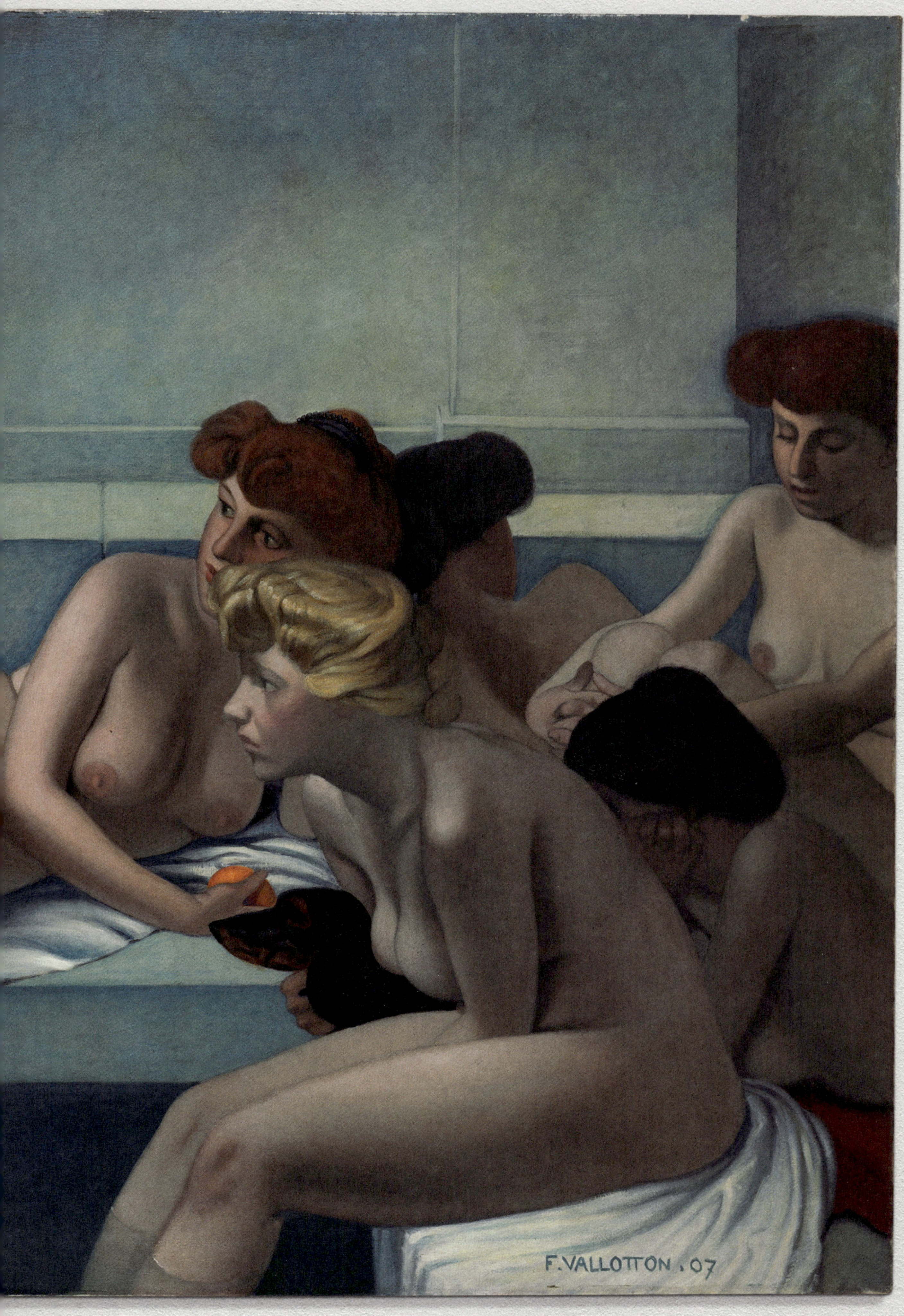

le bain turc 1907

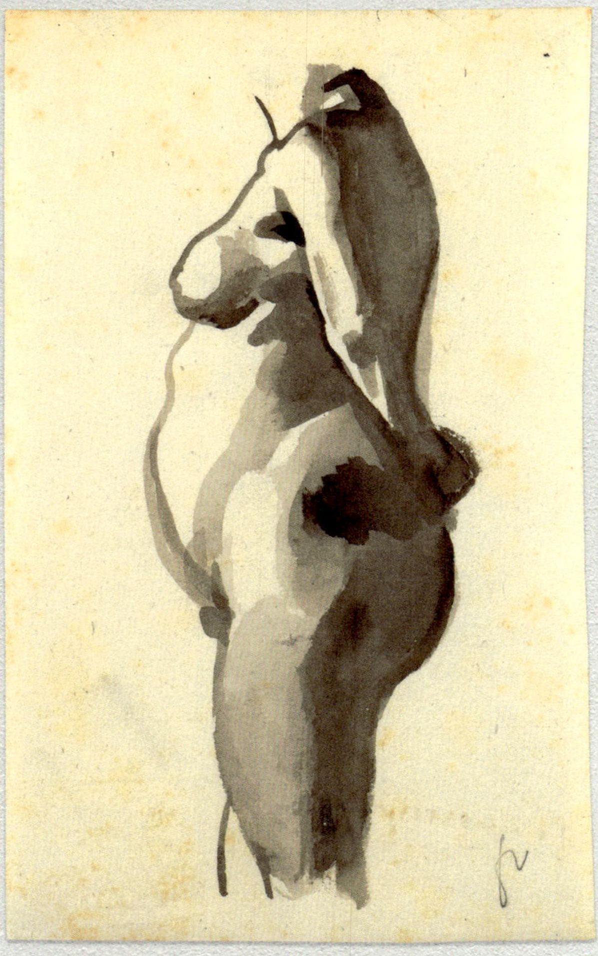

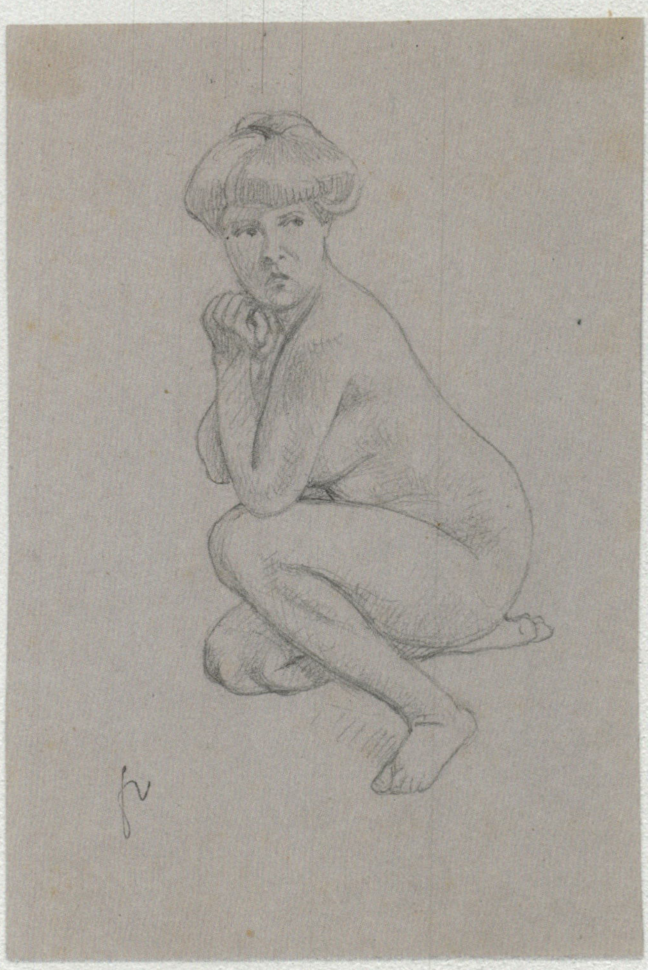

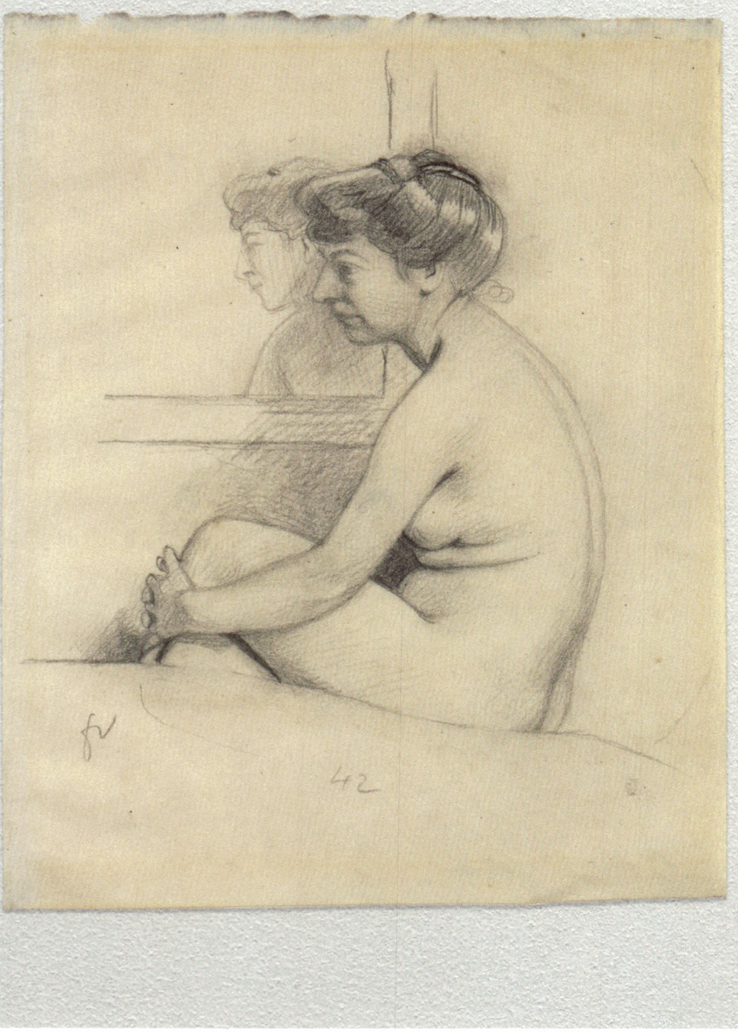
42

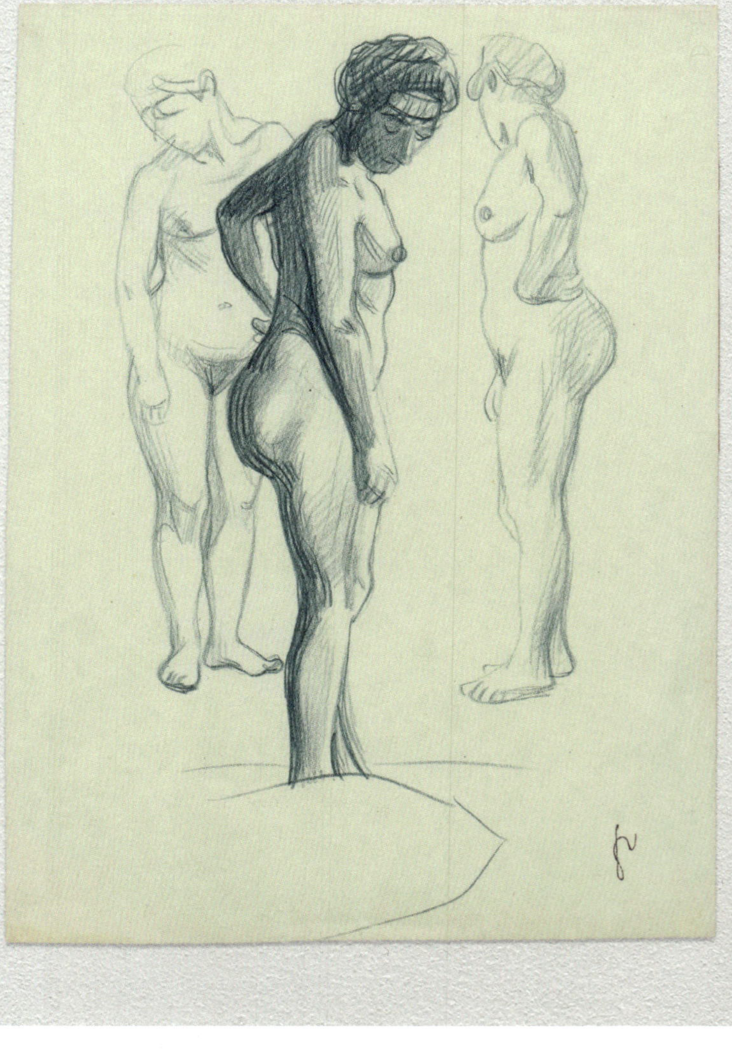

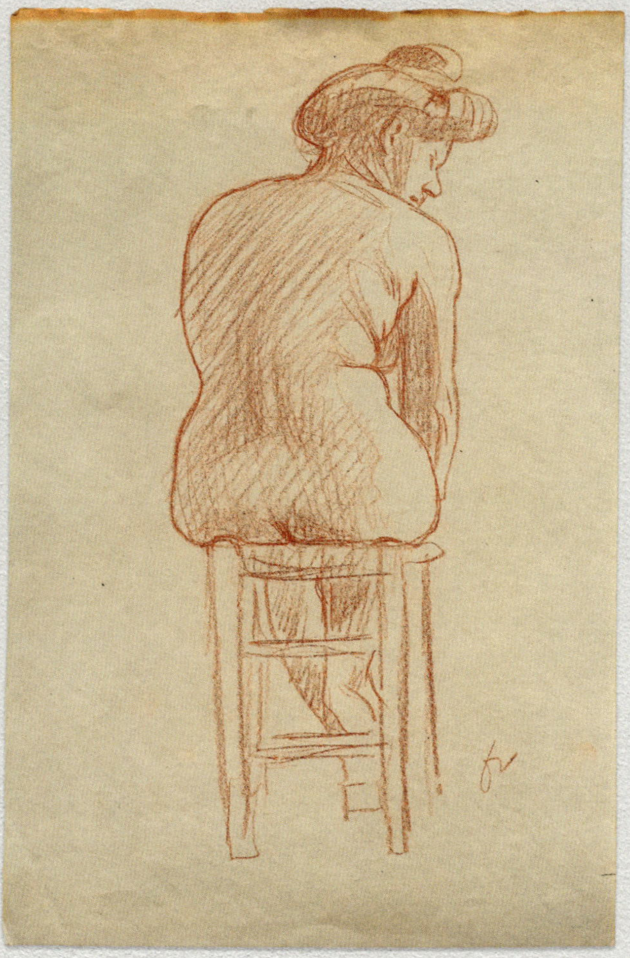

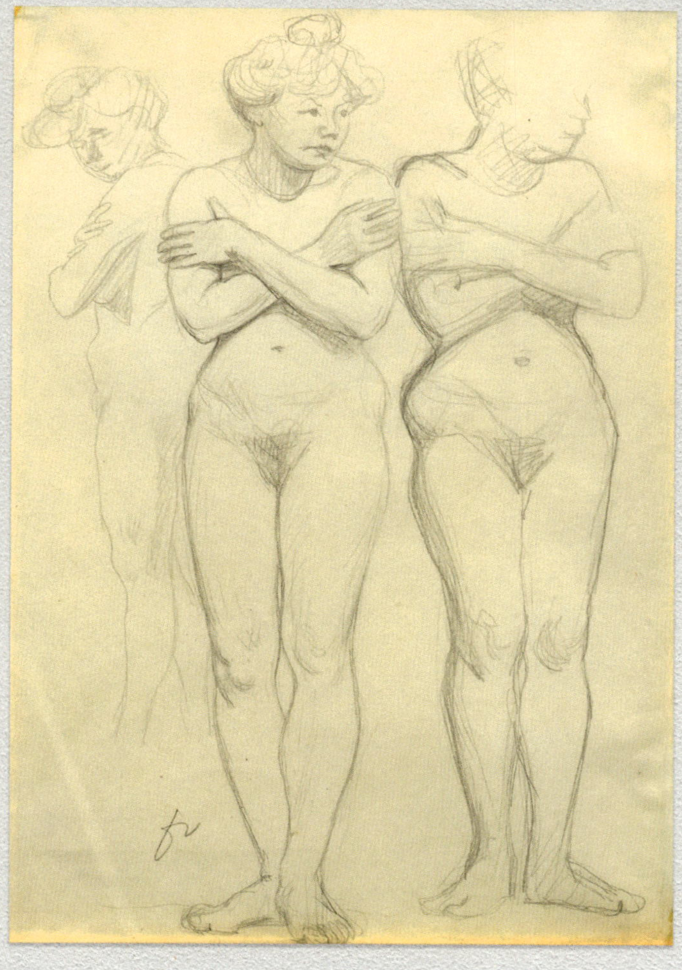

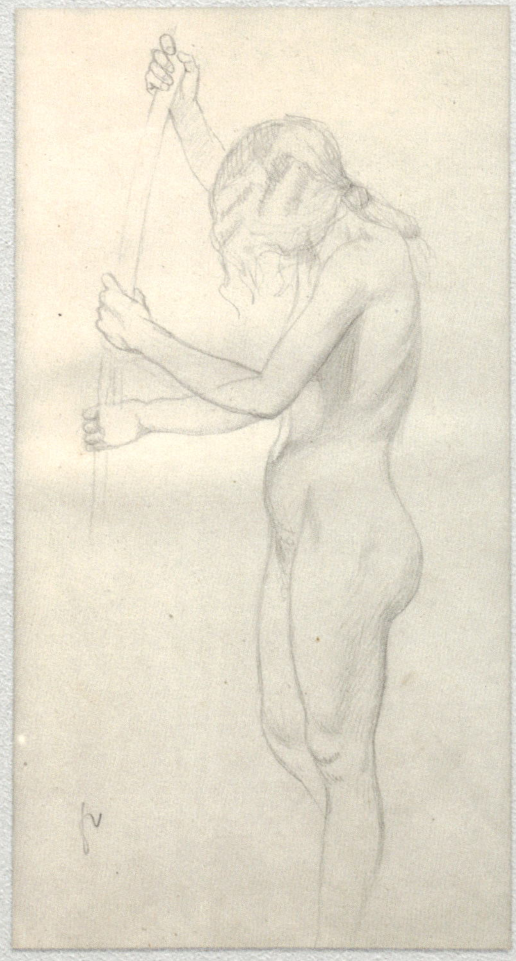

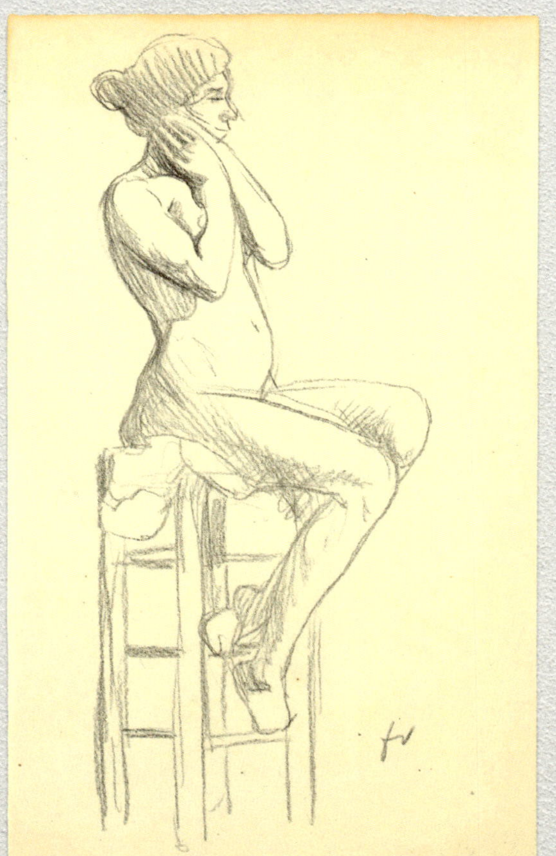

female nude studies 1890-1925

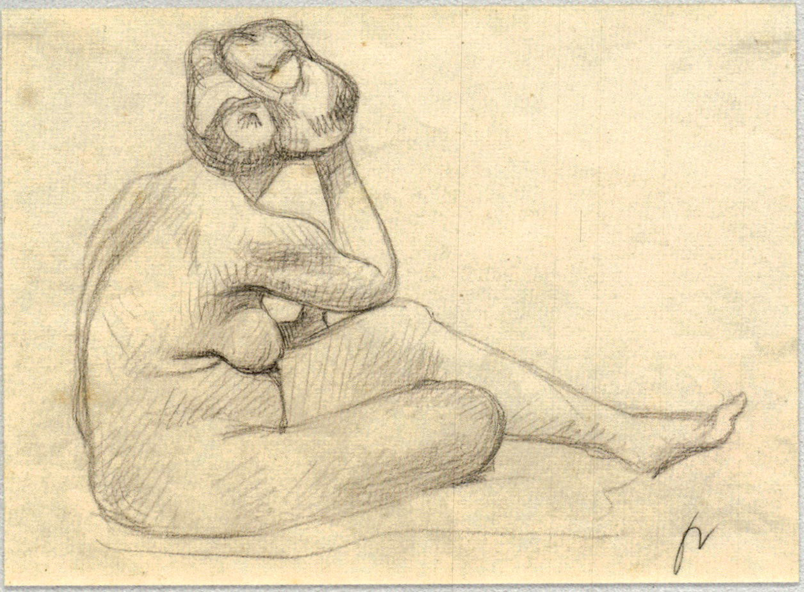

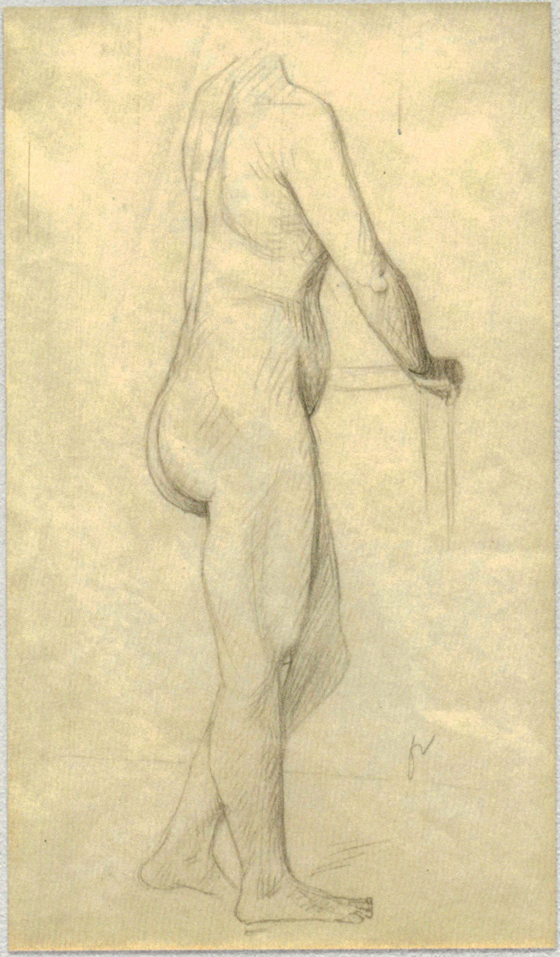

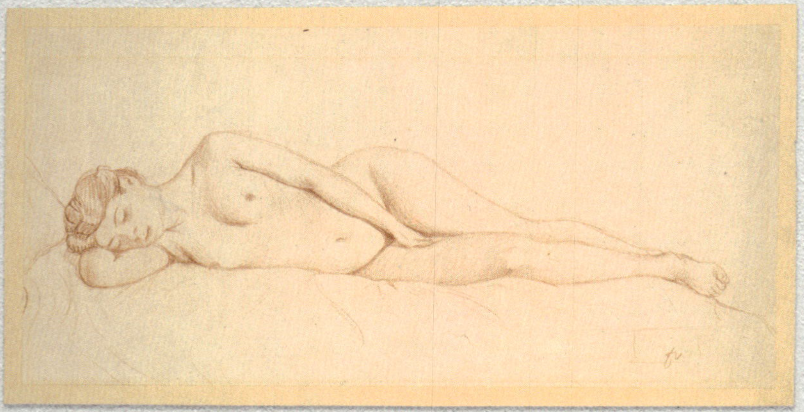

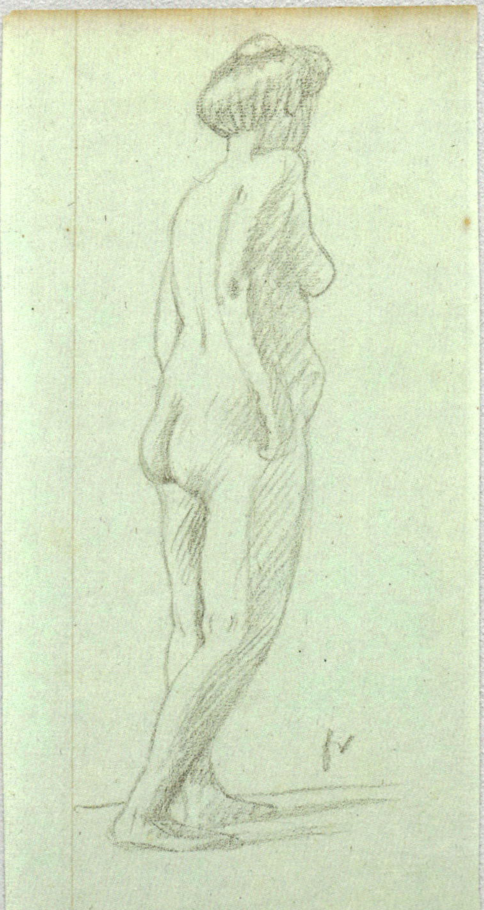

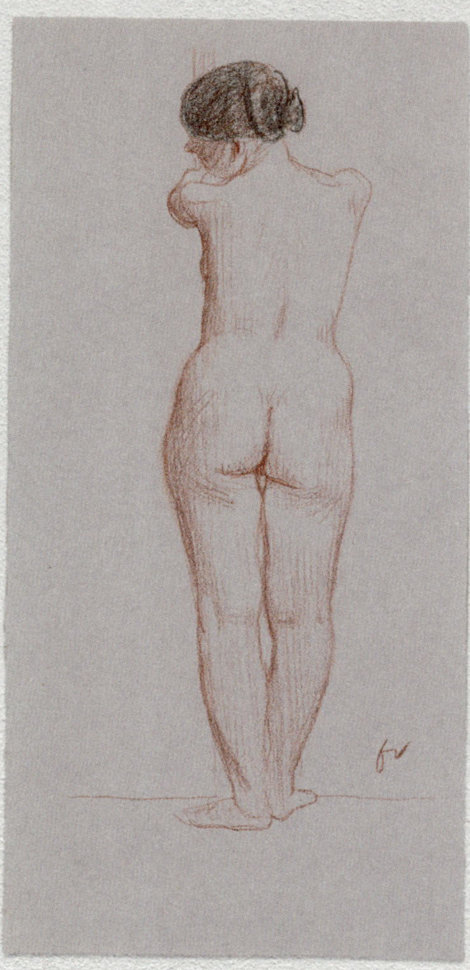

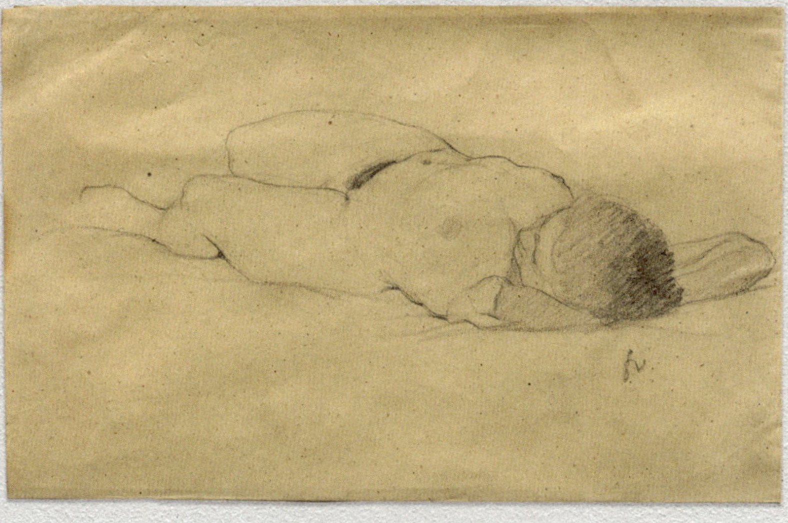

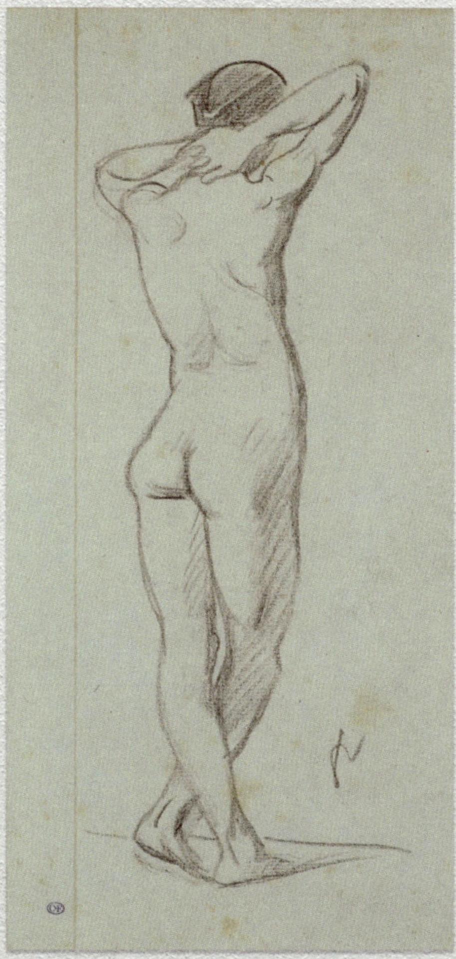

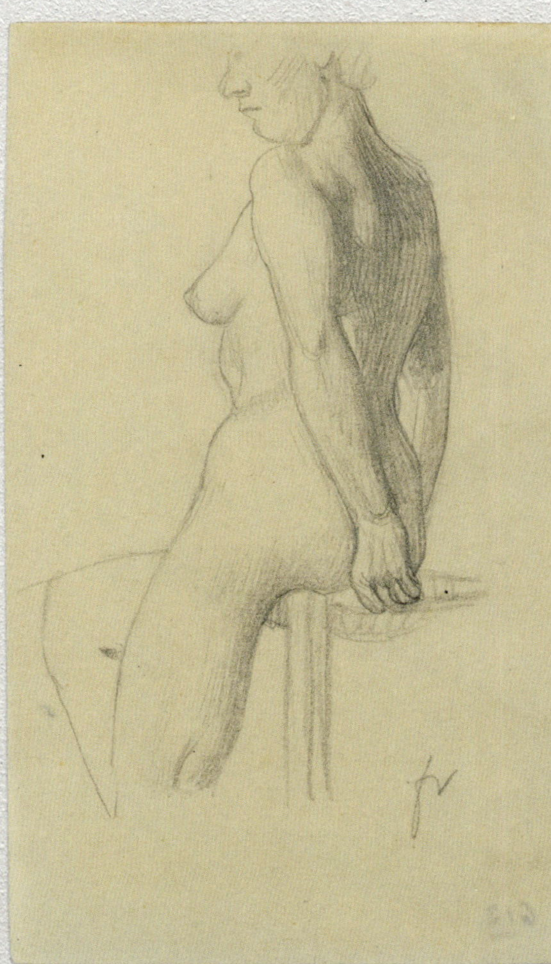

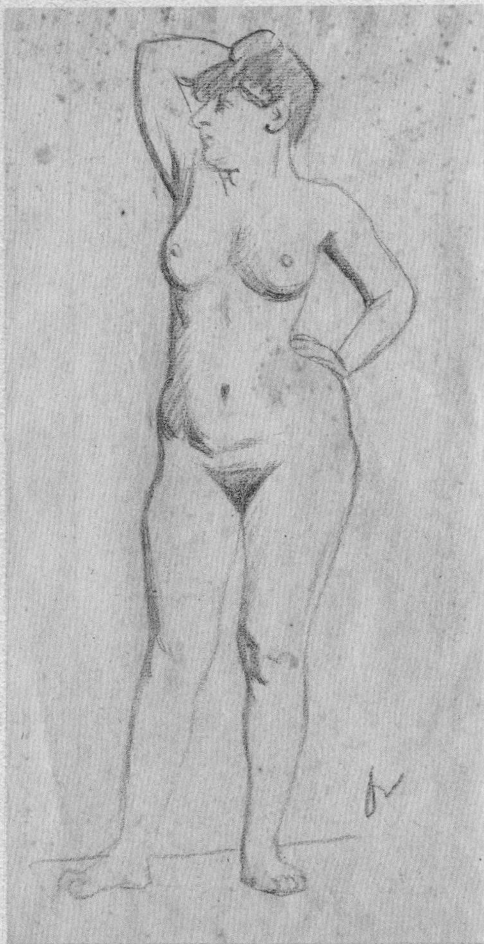

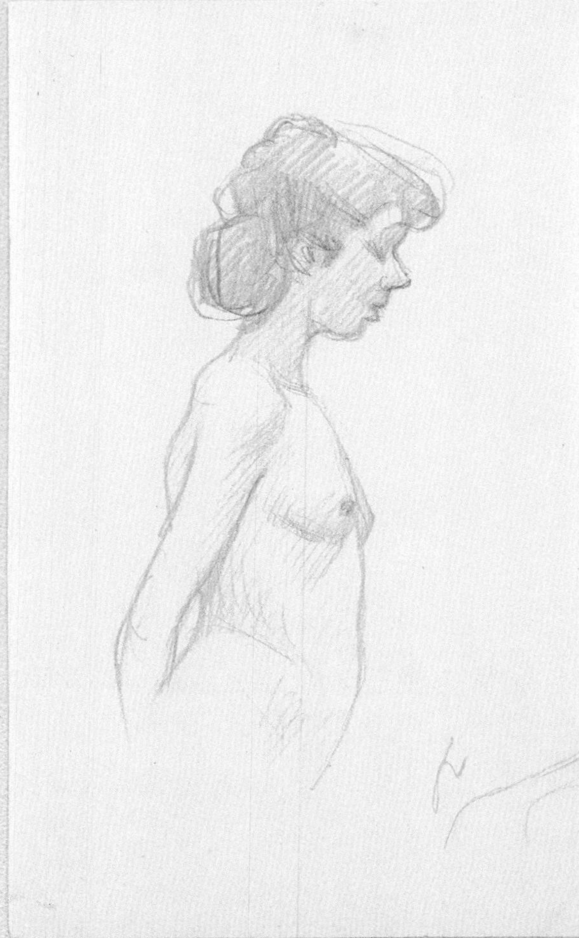

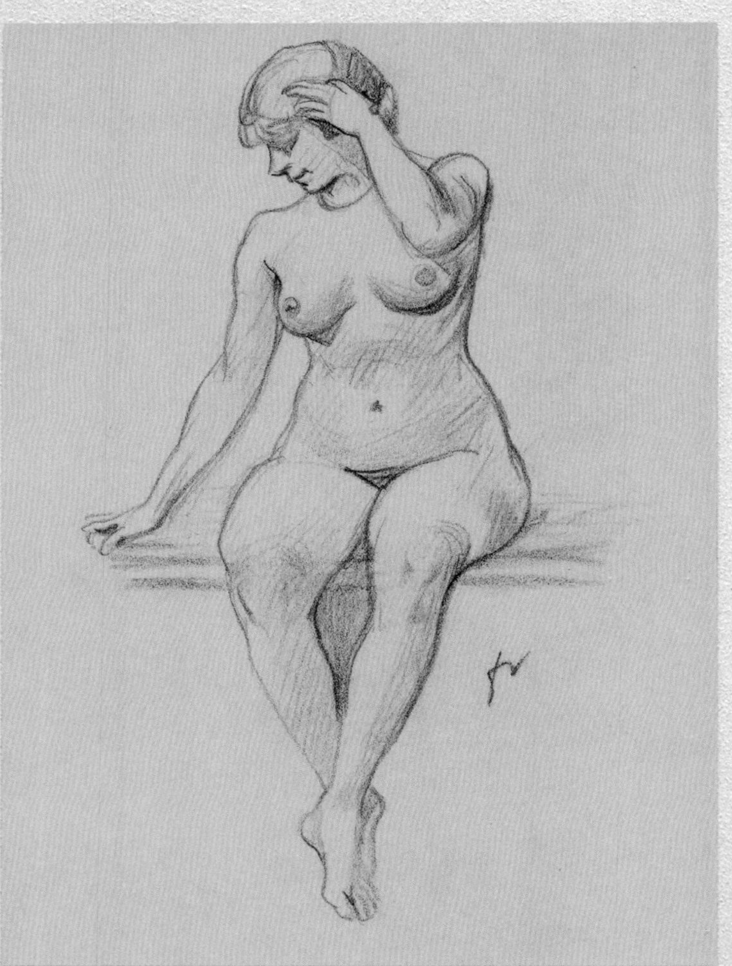

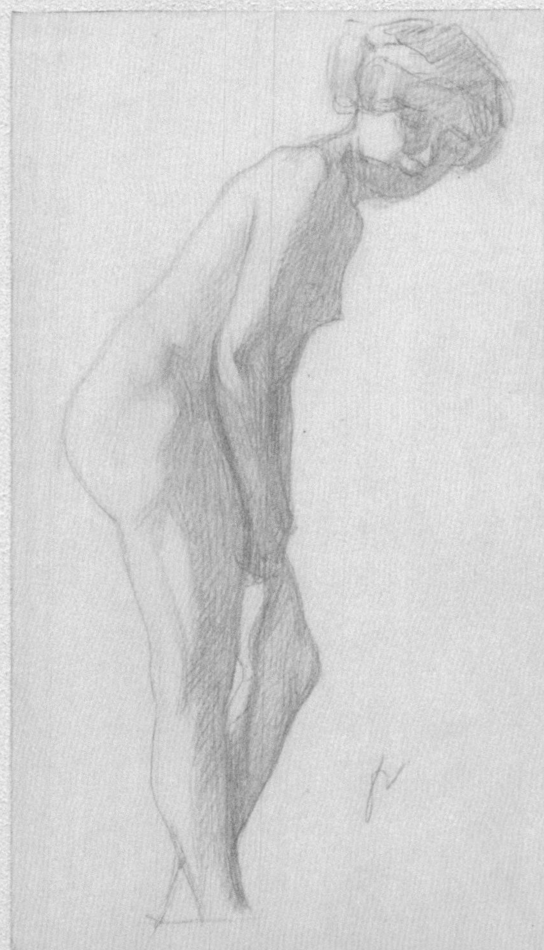

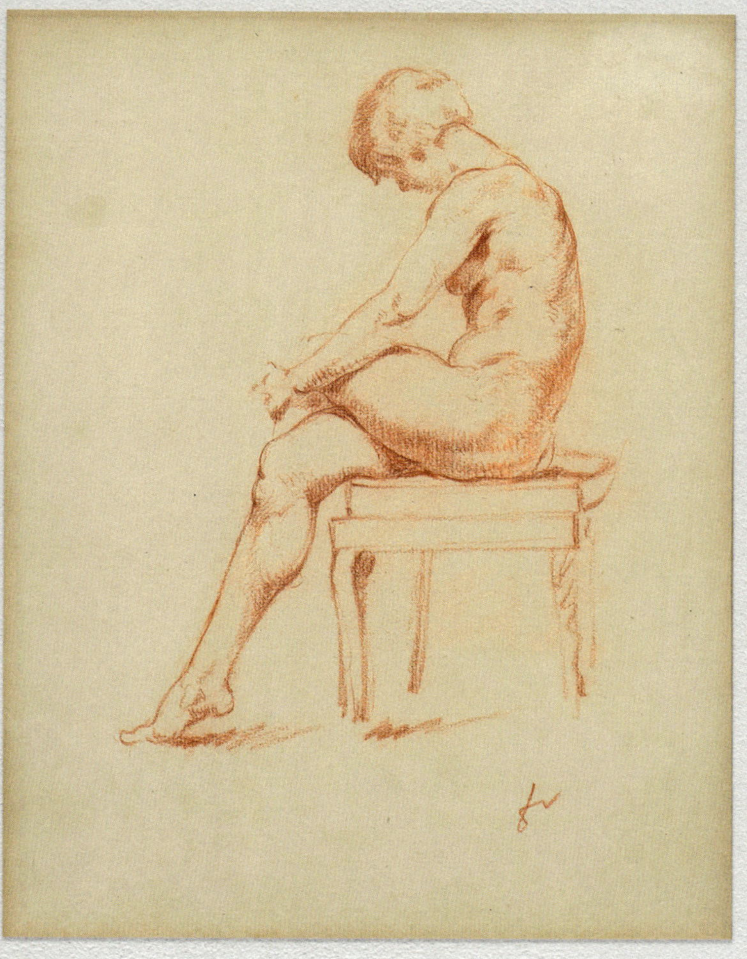

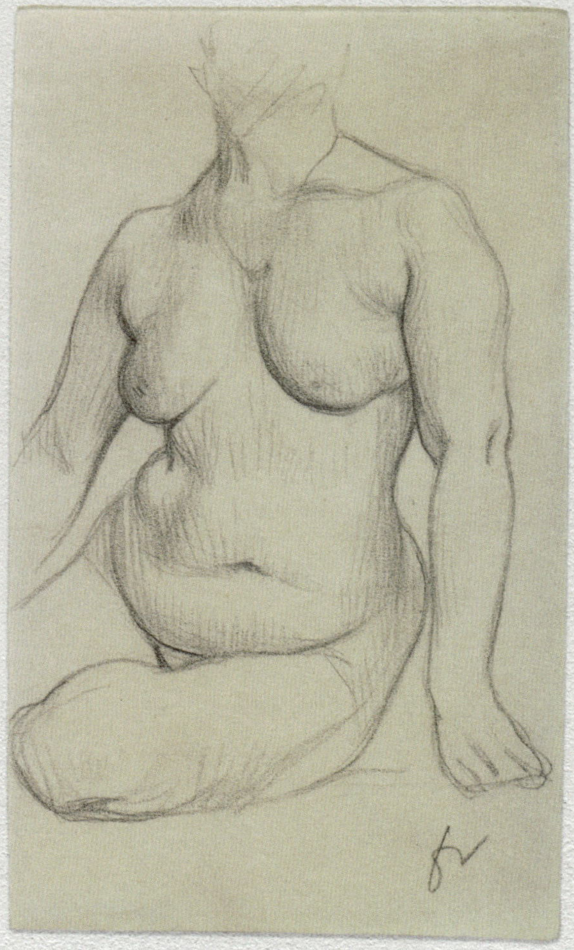

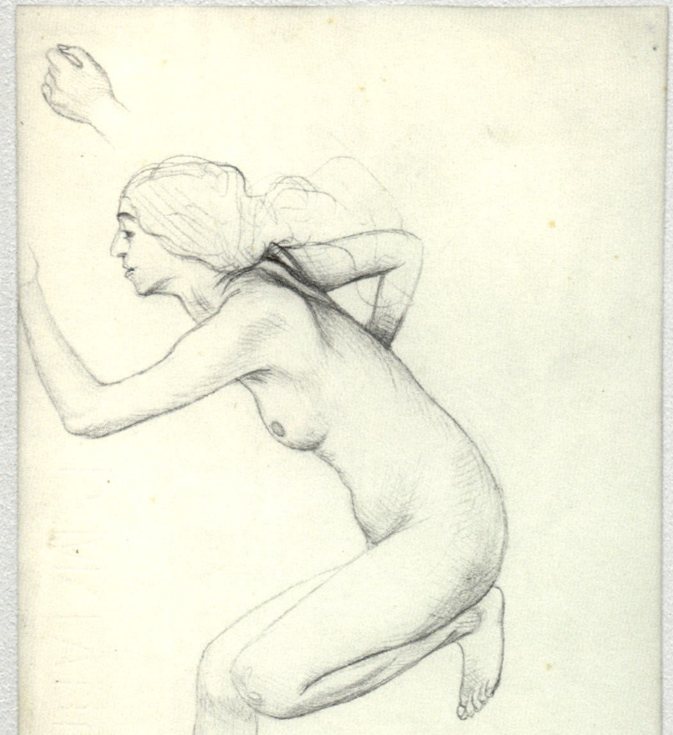

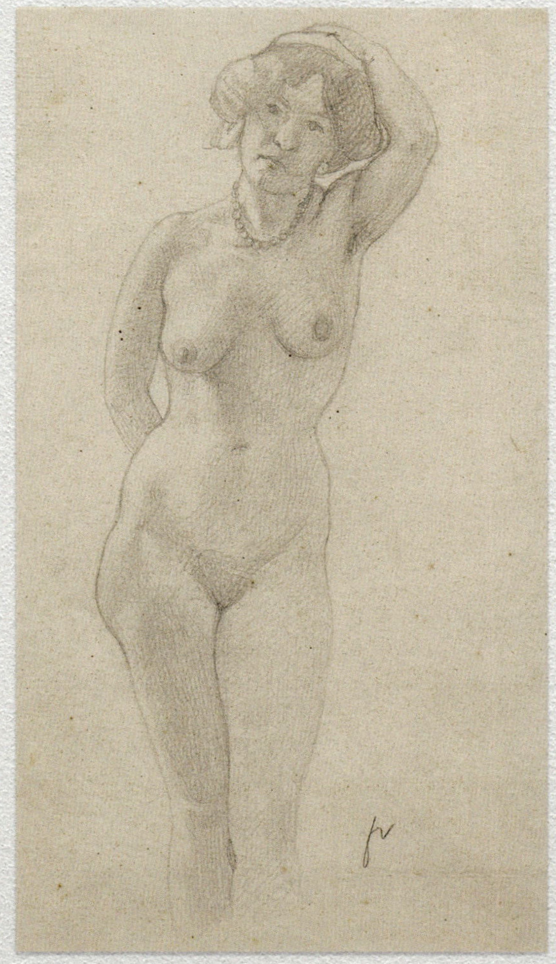

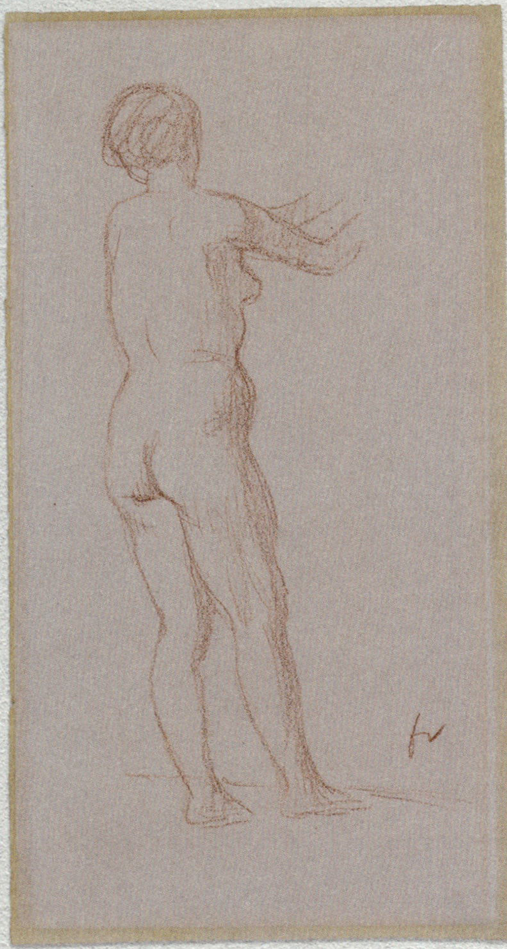

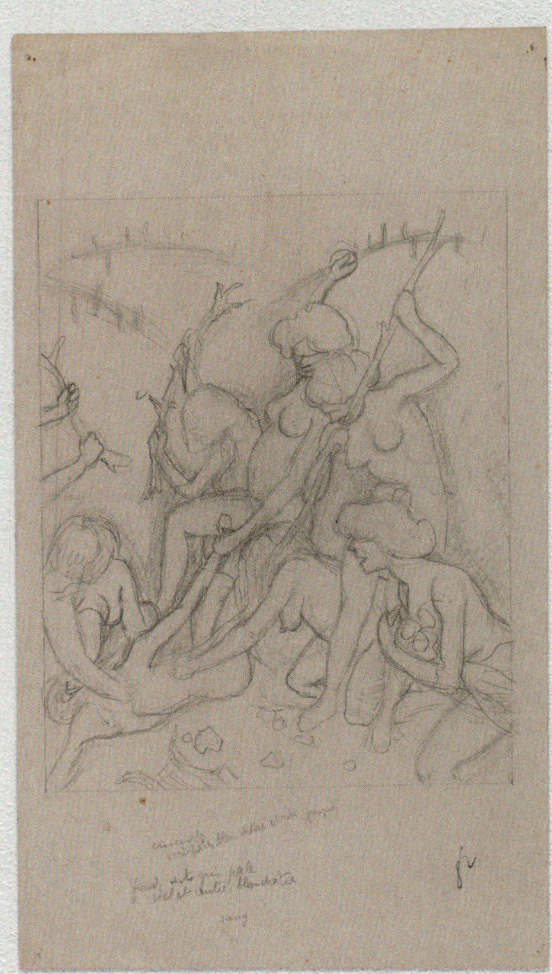

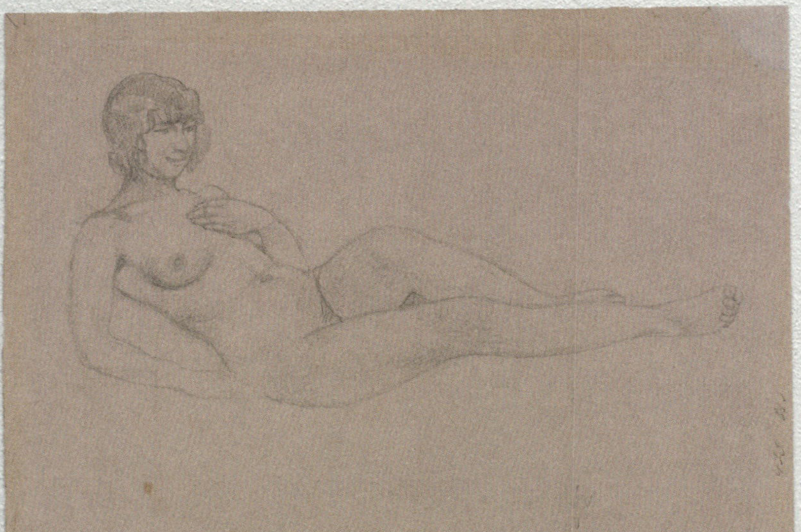

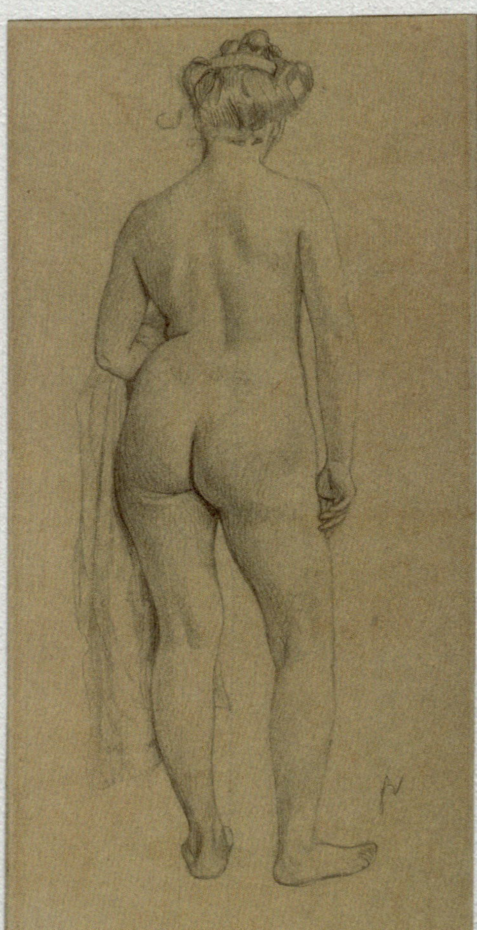

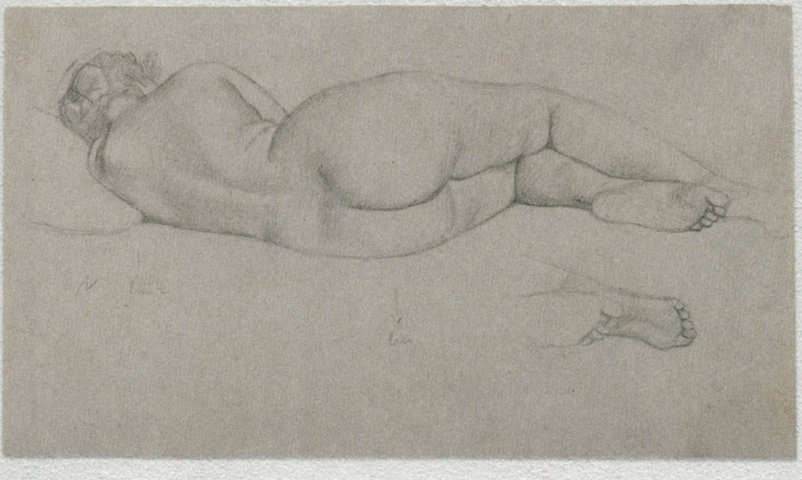

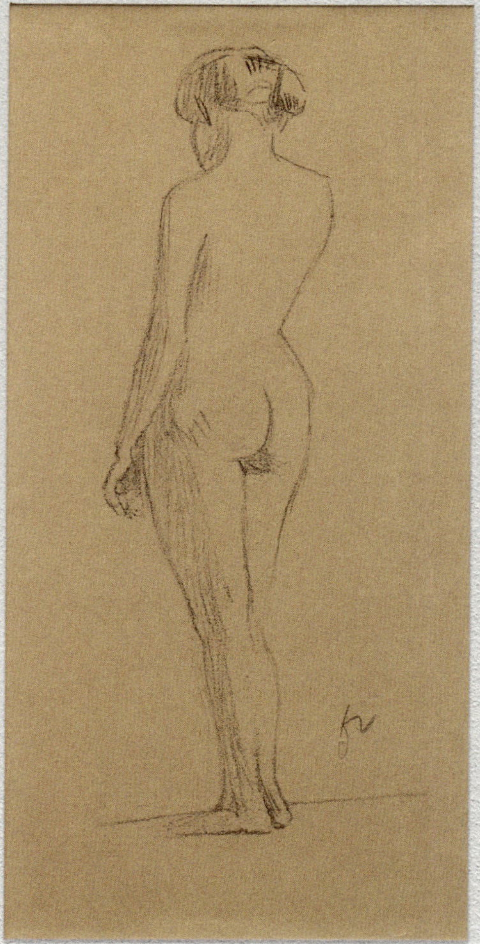

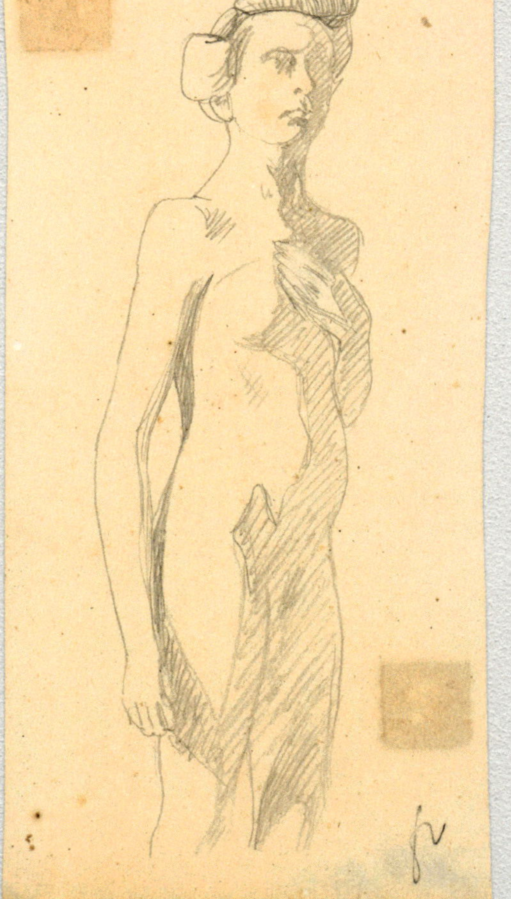

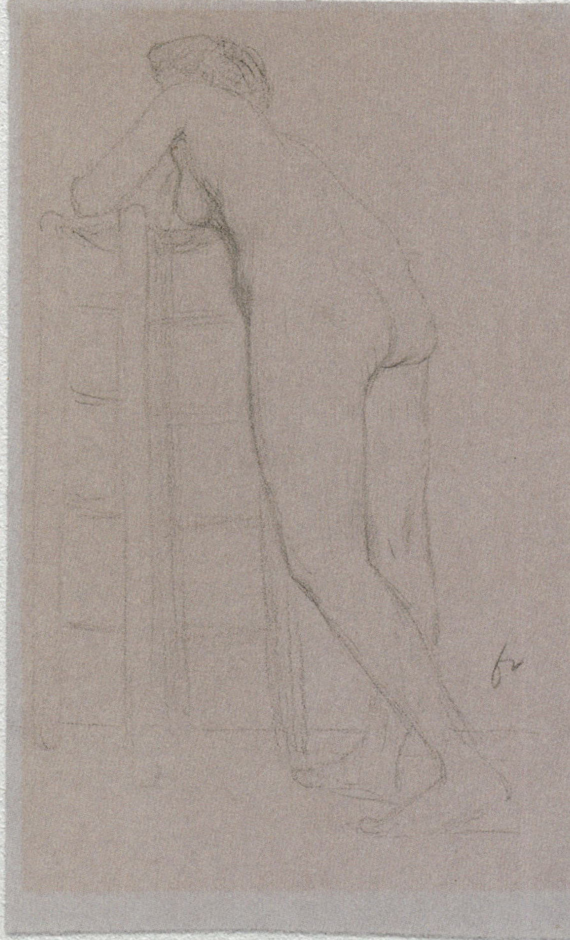

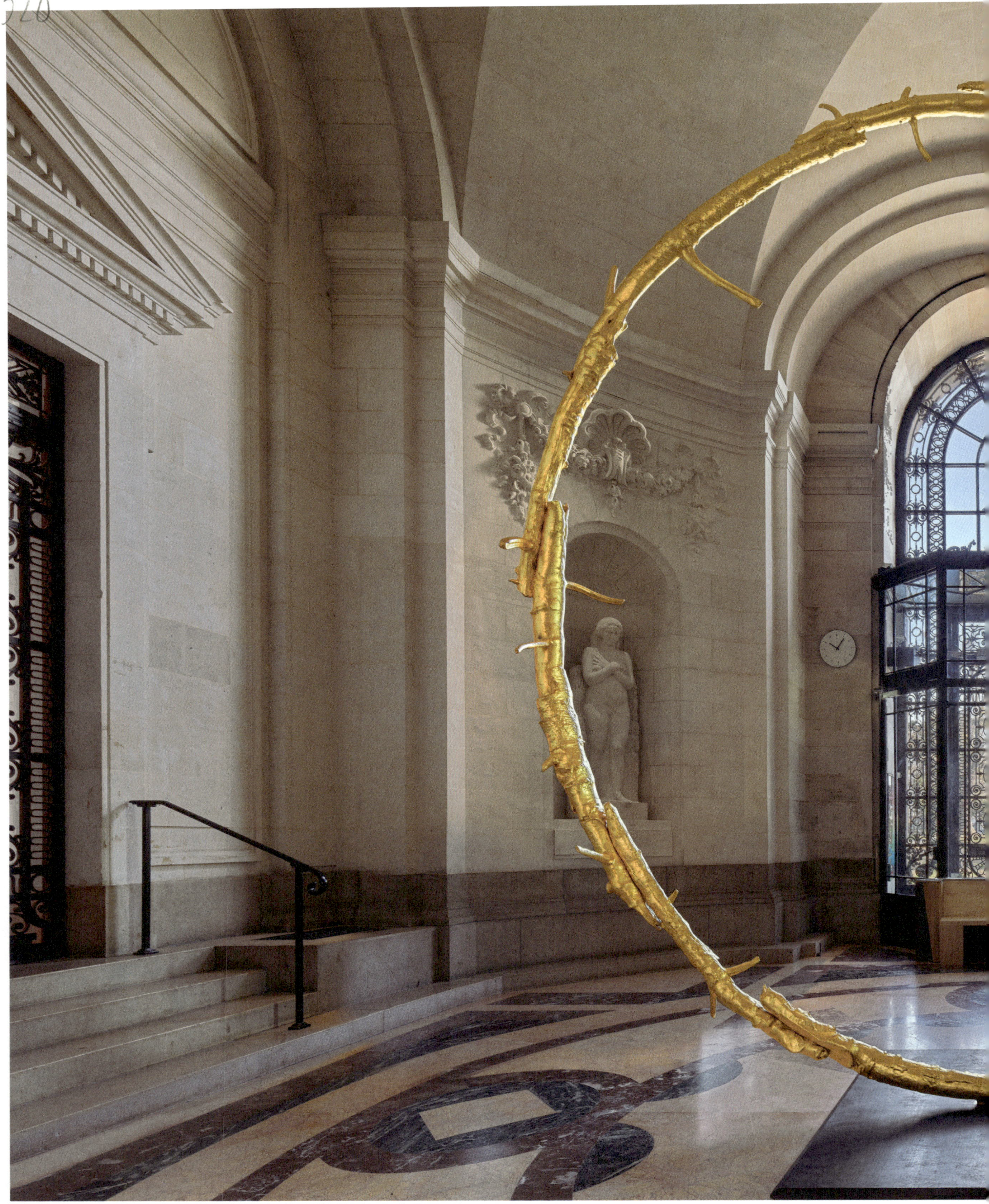

ugo rondinone

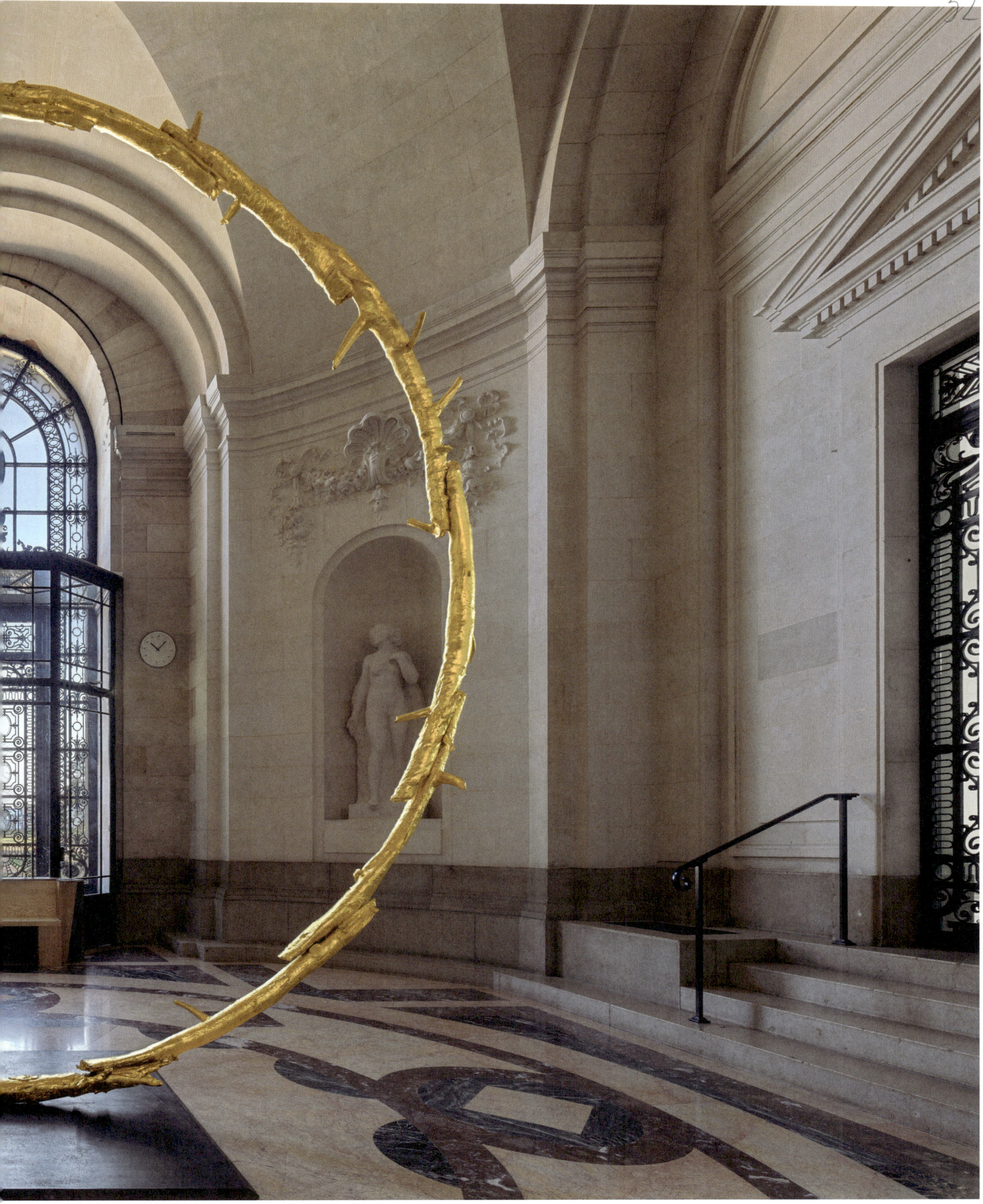

the sun 2022

when the sun goes down and the moon comes up

Marc-Olivier Wahler

Cet ouvrage témoigne d'une exposition qui a marqué l'histoire du MAH, tant par son succès public sans précédent que par la force créative, la pertinence intellectuelle et l'élégance artistique qui transformaient chaque salle investie par Ugo Rondinone en véritable parcours initiatique.

Cette exposition "Carte blanche" conçue par l'artiste suisse nous invitait à une véritable révolution : le parcours circulaire sans début ni fin suggérait une mécanique céleste ordonnée autour d'un soleil et d'une lune. Cette révolution était propice à la création d'accords harmoniques entre les œuvres de Ferdinand Hodler, Félix Vallotton et Rondinone lui-même. Se nouait alors un dialogue à trois voix qui convoquait plus de 800 pièces de la collection du MAH. Les œuvres de Rondinone fonctionnaient ici de manière transitive : elles reliaient les œuvres les unes aux autres et créaient des systèmes de correspondances toujours renouvelés. Elles incitaient la visiteuse et le visiteur à prendre conscience de leur propre implication physique dans des espaces tantôt intimes, voire oppressants (les appartements de Hodler et Vallotton, les salons historiques), tantôt ouverts, où les lumières (teintées) du dehors venaient brouiller toute hiérarchie entre mondes extérieurs et intérieurs, entre sensations épidermiques et regards contemplatifs.

En investissant ainsi l'espace du MAH, Rondinone créait un véritable écosystème marqué par la présence de deux de ses œuvres emblématiques, The Sun et The Moon, qui scandaient le parcours des visiteuses et produisaient un premier effet de miroir. Ces jeux de symétrie et ces correspondances pouvaient s'exercer entre les deux ailes – les guerriers d'Holder répondant par exemple aux nus de Vallotan –, mais étaient aussi constamment convoqués dans chaque espace traversé par le public. Ainsi, les chevaux de verre de Rondinone, évoquant les eaux des différentes mers du globe, offraient-ils un surprenant vis-à-vis aux vues lacustres d'Hodler, comme si la silhouette d'un paysage pouvait soudainement s'incarner dans l'intérieur d'un corps animal et inversement. Les thèmes du double, du semblable et du contraire hantaient chaque espace, et le ballet des astres, The Sun and the Moon rappelait cette tension mimétique et antithétique qui parcourait l'intégralité du cosmos.

Mais ce mouvement était aussi temporel : en s'éclipsant momentanément, the sun laissait la voie libre à l'exploration de la face cachée des choses. L'attrait pour le nocturne et le secret prenait alors le dessus et aimantait le désir des artistes, repensé, redessiné par Rondinone lui-même à partir des coordonnées d'un Éros joueur. Il transformait alors deux salles du musée en proposant une version imaginaire des appartements d'Hodler et de Valloton, les peuplant de centaines d'objets de la collection du musée (porcelaines, montres, statuettes de nus masculins, etc.). La volonté d'esthétisation du quotidien trouve dans ces appartements (réalisés en collaboration avec Frédéric Jardin) une figuration, qui n'était pas sans rappeler les intérieurs que l'écrivain Gabriele d'Annunzio avait modelé sur les descriptions d'À Rebours de Huysmans.

L'intervention de Rondinone invitait enfin à une exploration profonde et esthétisée de notre rapport à la vie et à la nature. L'artiste aime en effet travailler avec des matières fondamentales, des éléments naturels incluant dans les figures de ses danseurs nus différentes terres recueillies sur la surface du globe, jouant ailleurs avec les corps, les teintes de la chair, ou avec l'élément aquatique, mais aussi avec la lumière grâce aux chatoiements de Love Invents Us, une installation de filtres colorés sur les vitres du musée. Cette transformation venait littéralement teinter l'expérience visuelle des visiteurs et visiteuses, brouillant les frontières entre l'intérieur et l'extérieur, faisant du musée, à la nuit tombée, un lieu de projection et de rayonnement lumineux, espace recevant des œuvres d'art et œuvre d'art lui-même.

Symphonie des symétries, exploration de l'univers nocturne et alchimie des éléments, l'expérience proposée par Ugo Rondinone transformait cette exposition en un parcours initiatique, faisant ainsi échos à l'entreprise de réinvention et de revalorisation du musée menée par le MAH depuis quelques années. S'éloignant de l'idée d'un musée pensé comme une tour d'ivoire, le MAH s'attache en effet à le penser comme un espace de transformation, un lieu où l'expérience du quotidien s'intensifie et se réinvente.

Après Jakob Lena Knebl (Walk on the Water-Marcher sur l'eau) qui repensait les notions de catégories et de statut des objets, après Jean-Hubert Martin (Pas besoin d'un dessin) qui nous invitait à lire les œuvres d'une manière à la fois ludique et radicale, cette carte blanche donnée à Ugo Rondinone met la notion de transfiguration au cœur de l'identité du MAH. Transfiguration du regard, de l'espace, des relations entre les œuvres, du musée tout entier et enfin transfiguration de l'expérience même du visiteur.

when the sun goes down and the moon comes up

Marc-Olivier Wahler

This book bears witness to an exhibition that marked the history of the MAH, both by its unprecedented public success and by the creative force, intellectual relevance and artistic elegance that transformed each room invested by Ugo Rondinone into a true initiatory journey.

This "Carte Blanche" exhibition designed by the Swiss artist invited us to a real revolution: the circular route without beginning or end suggested a celestial mechanism ordered around a sun and a moon. This revolution was conducive to the creation of harmonic chords between the works of Ferdinand Hodler, Félix Vallotton and Rondinone himself. A dialogue between three voices then took place, bringing together more than 800 pieces from the MAH collection. Rondinone's works functioned transitively here: they connected the works to each other and created ever-renewed systems of correspondences. They encouraged the visitor to become aware of their own physical involvement in spaces that were sometimes intimate, even oppressive (the apartments of Hodler and Vallotton, the historic salons), sometimes open, where the (tinted) lights from outside came to blur any hierarchy between exterior and interior worlds, between epidermal sensations and contemplative gazes.

By taking over the MAH space in this way, Rondinone created a real ecosystem marked by the presence of two of its emblematic works, The Sun and The Moon, which punctuated the visitor's journey and produced a first mirror effect. These games of symmetry and these correspondences could be exercised between the two wings – the warriors of Holder responding for example to the nudes of Valloton –, but were also constantly summoned in each space crossed by the public. Thus, the glass horses of Rondinone, evoking the waters of the different seas of the globe, offered a surprising vis-à-vis to the lake views of Hodler, as if the silhouette of a landscape could suddenly be embodied in the interior of an animal body and vice versa. The themes of the double, the similar and the opposite haunted each space, and the ballet of the stars, The Sun and the Moon, recalled this mimetic and antithetical tension that ran through the entire cosmos.

But this movement was also temporal: by momentarily slipping away, the sun left the way open for exploration of the hidden side of things. The attraction for the nocturnal and the secret then took over and attracted the desire of the artists, redesigned, redesigned by Rondinone himself from the coordinates of a playful Eros. He then transformed two rooms of the museum by proposing an imaginary version of the apartments of Hodler and Valloton, populating them with hundreds of objects from the museum's collection (porcelain, watches, statuettes of male nudes, etc.). The desire to aestheticize everyday life finds in these apartments (realized in collaboration with Frédéric Jardin) a figuration, which was reminiscent of the interiors that the writer Gabriele d'Annunzio had modeled on the descriptions of À Rebours by Huysmans.

Finally, Rondinone's intervention invited a deep and aesthetic exploration of our relationship to life and nature. The artist indeed likes to work with fundamental materials, natural elements including in the figures of his naked dancers different earths collected on the surface of the globe, playing elsewhere with the bodies, the tints of the flesh, or with the aquatic element, but also with the light thanks to the shimmers of Love Invents Us, an installation of colored filters on the windows of the museum. This transformation literally tinted the visual experience of visitors, blurring the boundaries between interior and exterior, making the museum, at nightfall, a place of projection and light radiation, a space receiving works of art and a work of art itself.

Symphony of symmetries, exploration of the nocturnal universe and alchemy of the elements, the experience proposed by Ugo Rondinone transformed this exhibition into an initiatory journey, thus echoing the company of reinvention and revaluation of the museum carried out by the MAH for several years. Moving away from the idea of a museum thought of as an ivory tower, the MAH strives to think of it as a space of transformation, a place where the experience of everyday life is intensified and reinvented.

After Jakob Lena Knebl (Walk on the Water-Marcher sur l'eau) who rethought the notions of categories and status of objects, after Jean-Hubert Martin (Pas necessit d'un dessin) who invited us to read the works in a way that is both playful and radical, this carte blanche given to Ugo Rondinone puts the notion of transfiguration at the heart of the MAH's identity. Transfiguration of the gaze, of the space, of the relationships between the works, of the museum as a whole and finally transfiguration of the very experience of the visitor.

ugo rondinone
when the sun goes down and the moon comes up
Musée d'art et d'histoire, Genève/Geneva
26 01 2023 – 18 06 2023

Curator
Ugo Rondinone

Sur une invitation de Marc-Olivier Wahler, directeur du MAH, dans le cadre des expositions "Carte blanche" / Upon an invitation from Marc-Olivier Wahler, director of the MAH, as part of the "Carte Blanche" exhibitions.

Production / Exhibition production
Stuart Mitchell, Studio Rondinone
Frédéric Jardin, architecte d'intérieur/interior designer (pour les appartements/for the appartments)
Caroline Ziani, MAH

Prêteurs / Lenders
Musée suisse de la Mode – MuMode
Musée cantonal des beaux-arts de Lausanne
Musée cantonal de zoologie de Lausanne
Musée de l'Ariana
Sammlung Glarner Kunstverein
Kunst Museum Winterthur
Galerie Latham
Iwo von Neumann
Frédéric Jardin
Galerie Eva Presenhuber, Zurich

Avec l'aimable participation de / Courtesy of

Gladstone, New York
Kukje Gallery, Seoul
kamel mennour, Paris
Galerie Eva Presenhuber, Zurich
Sadie Coles HQ, London
Esther Schipper, Berlin
Katherine Codega

Mécènes / Partners

L'exposition et le livre d'artiste bénéficient du généreux soutien de/the exhibition and the artist's book benefit from the generous support of

CBH Compagnie Bancaire Helvétique, partenaire principal/main partner
Fondation Jan Michalski
Piaget

MUSÉE D'ART ET D'HISTOIRE DE GENÈVE

VILLE DE GENÈVE

CBH Compagnie Bancaire Helvétique

Fondation Jan Michalski

PIAGET

Musée d'art et d'histoire
de la Ville de Genève

Sylvie Aballea Schätti
Rosanna Aiello
Tariq Aouamri
Arsim Arifi
Fabian Aydin
Anne Baezner
Marie Barras
Carole Baud
Thierry Becker
Kadri Bekteshi
Véronique Bel
Jean-Charles Berra
Francine Besson
Mathieu Beurgaud
Flora Bevilacqua
Maryline Billod
Laurie Bischoff
Béatrice Blandin
Pierre Boesiger
Patricia Bonadei
Didier Bonvin
Gaël Bonzon
Corinne Borel
Françoise Borgeat
Thomas Bossi
Arnault Bouffard
David Bourceraud
Murielle Brunschwig
Shani Brutsch
Daniel Bugnon
Isabelle Burkhalter
Laurent Bussat
Claudio Calegari
Marco Camos
Maria Campagnolo
Nadia Caron
José Carvalho Da Silva
Marcel Castella
Véronique Castella
Alessia Catellani
Marie-Ève Celio
Dominique Chatillon
Anne-Sophie Chéreau
Francesco Cimmino
Fabrice Cirnigliaro
Marc-Antoine Claivaz
Patrick Couturier
Christophe Crausaz
Jessy Cretton
Christine Crottaz
Paulo Da Silva Pinto
Emelita David
Bénédicte De Donker
Fabienne de Quay
Noé Decosterd
Latif Demirsoy
Miguel Diaz
Samuel Dos Santos
Bruno Dos Santos Lopes
Annabelle Duc
Anne-France Dupuis
Chérine El Sherbiny Belkebir
Stéphane Equey

Estelle Fallet
Régis Faure
Nathalie Ferrando
Alix Fiasson
Alexandre Fiette
Normand Fontaine
Nathalie Forte
Sebastiano Forte
Nuno Gameiro
Mayte Garcia
Susana Garcia
Elisa Garin
Karl Gasser
Patrick Goedtler
Anne Golay
Jesus Gonzalez
Loyse Graf
Pierre Grasset
Valentine Greco
Samuel Gross
Caroline Guignard
Joanna Haefeli
Camila Hansen
José-Luis Herrero Garcia
Christophe Hertig
Patricia Hugo
Daniel Huguenin
Bettina Jacot-Descombes
Fatoumata Jaiteh
Michel Jordan
Nathalie Jordan
Robin Keller
Edwige Kuffer-Chabloz
Philippa Kundig
Patricia Larrazabal
Steve Leguy
Didier Ligney
Gabriella Lini
Sarah Lis
Victor Lopes
Nicolas Mahassen
Sylvie Makhoukhy
Elena Manco
Maureen Marozeau
Philippe Martin
Miguel Martinez
David Matthey
Bertrand Mazeirat
David Meier
Benoît Meunier
Daniel Meyer
Romain Militello
Gabrielle Mino-Matot
Fadil Mirena
Jonathan Moix
Ismet Morina
Nicolas Moro
Thiago Nascimento De Moraes
Neda Navi
Agripine Ngono
Julien Nicod
Benoît Nicolin
Esteban Pages
Roberto Papis
Muriel Pavesi
Michel Pedrazzoli
François Perez

Gilles Perret
Dominique Perruchoud
José Petruzzo
Jean-Paul Picciolo
Jean-Gabriel Pla
Sébastien Press
Rita Reis Colaco
Dominik Remondino
Didier Reuteler
Louis-Paul Reutter
Bernadette Rey-Bellet
Maelle Rigotti
Jean-Claude Rilcy
Svitlana Sadovnik
Sadri Saieb
Nicole Salvi
Matthias Schmid
José Senin Porto
Véronique Serex
Konstantin Sgouridis
Fairouz Stern
Daniela Stifani
Martine Struelens
Jessica Sultan
Ivan Szabo
Anne-Christine Tallent
Anabela Teixeira
Ivan Theodoloz
Laïla Tourki
Tu Khanh Tran N'guyen
Sylvie Treglia-Détraz

Michala Ugnivenko
Régina Ugnivenko
Claudia Vittet
Grégoire Vodoz
Marc-Olivier Wahler
Nathalie Wüthrich
Laura Zani
Angélique Zeender
Caroline Ziani

Studio Rondinone

Ashlee Baldwin
Jerry Blackman
Matteo Callegari
Thomas D'Enfert
Thomas Evans
Markus Herrmann
Mattias Herold
Richard McDonough
Stuart Mitchell
Francisco Ramirez Barrera
Lauren Woods

Copyrights

Catalogue

Concept et réalisation/Concept and production
Ugo Rondinone

Texte / Text
Marc-Olivier Wahler

Coordination éditoriale et recherches iconographiques/
Editorial coordination and picture research
Maureen Marozeau, chargée des publications/publications officer MAH
Armelle de la Bouillerie, chargée des publications/publications officer MAH

Graphisme / Graphic Design
Francisco Ramirez Barrera, studio Rondinone

Photographie des salles/Installation Views
Stefan Altenburger, Zurich
Flora Bevilacqua, MAH
Bettina Jacot-Descombes, MAH
Annik Wetter, Genève/Geneva

Photothèque / Photo Library
Susana Garcia, gestionnaire/manager
Pierre Grasset, collaborateur technique/technical collaborator

Impression/Printing
Print Alliance HAV Produktions GmbH, Bad Vöslau

ISBN MAH 978-2-8306-0288-3
ISBN 5 Continents 979-1-2546-0039-9

Prix / Prices
€ 45.00 | £ 40.00 | Can $ 65.00 | US $ 50.00

Diffusion / Distribution
5 Continents Editions, Milan
www.fivecontinentseditions.com

CONTINENTS